GOLDMANN

Buch

Interpol ist eine riesige polizeiliche Nachrichtenzentrale mit Hauptsitz in Lyon und über 170 Büros in fast allen Ländern, die mehr als 200 000 Akten über Verbrecher und kriminelle Delikte gespeichert hat. Auf Anfrage werden diese Informationen an nationale Polizeistellen weitergegeben oder internationale Fahndungen durchgeführt.
Der Autor schildert die wechselvolle Geschichte von Interpol seit ihren Anfängen im Jahr 1914 und legt die heutige Arbeitsweise der Organisation offen, die es bislang vorgezogen hat, unauffällig ihrer Arbeit nachzugehen. Für sein Buch konnte der Autor die Hauptzentrale von Interpol mehrfach besuchen und zahlreiche Führungspersönlichkeiten interviewen. Er gibt hier einen tiefen Einblick in Struktur, Aufgaben und Methoden von Interpol.

Autor

Fenton Bresler ist Rechtsanwalt und lebt in London und Los Angeles. Er arbeitet zusätzlich als Journalist für verschiedene Zeitungen und hat mehrere Bücher veröffentlicht. Seine Hauptthemen sind Kriminalität und Rechtsprechung.

FENTON BRESLER

INTERPOL

Der Kampf gegen das internationale Verbrechen von den Anfängen bis heute

Aus dem Englischen von Christoph Arndt

GOLDMANN VERLAG

Umwelthinweis:
Alle bedruckten Materialien dieses Taschenbuches
sind chlorfrei und umweltschonend.
Das Papier enthält Recycling-Anteile.

Der Goldmann Verlag
ist ein Unternehmen der Verlagsgruppe Bertelsmann

Vollständige Taschenbuchausgabe August 1995
Wilhelm Goldmann Verlag, München

Originalverlag: Sinclair-Stevenson Ltd., London
Originaltitel: Interpol
Umschlaggestaltung: Design Team München
Druck: Presse-Druck, Augsburg
Verlagsnummer: 12629
ss · Herstellung: Ludwig Weidenbeck
Made in Germany
ISBN 3-442-12629-0

1 3 5 7 9 10 8 6 4 2

Für meine Kinder
Bethanie, Nicholas, Katherine
und Billy

Inhaltsverzeichnis

Erster Teil
Geschichte und (zuviel) Politik

Zweiter Teil
Der Boden wird bereitet

Dritter Teil
Der Kampf gegen das internationale Verbrechen. Die unendliche Geschichte unserer Gegenwart

Vierter Teil
Die Zukunft

Danksagung

Dieses Buch wäre nicht möglich gewesen ohne die große Hilfe und tatkräftige Unterstützung sehr vieler Menschen, in erster Linie natürlich Polizeibeamter, in Europa, den Vereinigten Staaten und Kanada, die mit mir – teilweise anonym – zu sprechen bereit waren. Jedem einzelnen von ihnen, auch denen, die ich hier nicht erwähnen kann, gilt mein herzlicher Dank und mein tiefer Respekt – allen voran Raymond Kendall, dem Generalsekretär von Interpol, ohne den dieses Vorhaben niemals aus den Startlöchern gekommen wäre, der mir großzügig Zugang zum Archiv verschaffte und dessen ständige Unterstützung mir alle Türen im Interpol-Hauptquartier in Lyon sowie in den Nationalen Zentralbüros (NZB) der Mitgliedsstaaten in aller Welt öffnete. Von den anderen, ehemaligen wie auch noch aktiven Interpol-Beamten danke ich in:

Frankreich: Jean Nepote und André Bossard, ehemalige Generalsekretäre; Ivan Barbot, damaliger Präsident von Interpol; Patrick Debaere vom Pariser NZB; Mireille Ballestrazi, Leiterin im französischen Zentralbüro für die Bekämpfung von Kunstdiebstählen; und den folgenden vierundfünfzig Stabsmitgliedern im Lyoner Hauptquartier: Raouf Atallah, Richard Bell, Jean-Claude Benoit, Pierre Blairon, Sven Borjesson, Veronique Castan, Miguel Chamorro, Catherine Chevrier, Jackson Chik, Lucas Christopanos, Robert Codere, Jim Collier, Odilon Emond, Helene Fraize, Alan Freeland, Elisabeth Graae, Alain Giaroli, Guido Gombardi, Pascal Hurou, Gordon Henley, Charles Kozlosky, Sven-Erik Ladefoged, Donald Lavey, Antonino Lazzoni, Patrick Leroy, Robert Liscouski, Harald Maass, Sabine Manke, Paul McQuillan, Roger Mellet, Jacques Mercier, Gerald Moebius, Herman Neerings, Paul Nesbitt, Gerhard Neurohr, Jean Penicaud, Viviane Razafindranaly, Sydney Ribeiro-Bittancourt, Serge Sabourin, Dr. Egon Schlanitz, Ismaila Seck, Helmut Sipple, Chanemougane Sivamalnessane, James Sullivan, Ramachandra Sundaralingham, Abdelaziz Tabka, Joey Thurman, Claude Trassard, Georges Tremeac, Brigitte Turrel, Jean Claude Vuillierme, Thomas Winker und Hans-Peter Wolfram.

Monte Carlo: Adrien Viviani vom NZB in Monaco.

Belgien: Robert van Hove, ehemaliger Vizepräsident von Interpol und hoher belgischer Polizeibeamter im Ruhestand, der mich sehr gastfreundlich in seinem Brüsseler Haus aufnahm und mir seine Zeit widmete.

Großbritannien: William Wooding und Tomasz Dorantt vom Londoner NZB bei Scotland Yard und Robert Littas, Interpol-Mitarbeiter im früheren Hauptquartier in Saint-Cloud und heute leitender Angestellter bei Visa International, London.

Deutschland: Rainer Schmidt-Nothen, Leitender Kriminaldirektor in der Abteilung Drogenbekämpfung des Bundeskriminalamts (BKA), ehemals Chef des Wiesbadener NZB und Jürgen Storbeck, sein Nachfolger als Chef des Wiesbadener NZB.

Niederlande: J. Wilzing, Peter Broeders, Pieter D. Carter, Toon Schalks und Ernst M. J. Moeksis vom NZB in Den Haag.

Vereinigte Staaten: John Simpson, Leiter des amerikanischen Geheimdienstes und ehemaliger Präsident von Interpol, Richard C. Steiner, ehemaliger Chef des NZB in Washington, Darrell W. Mills, sein jetziger Leiter, und seinen Kollegen Jan Stromsen, Curtis Fitzgerald und Beverly R. Sweatman, Michael Moore und Wayne »Duke« Smith vom US Marshals Service und Mary Jo Grotenrath vom US-Justizministerium.

Kanada: Hier interviewte ich 1990 auf der Generalversammlung in Ottawa zahlreiche Polizisten und Politiker aus der ganzen Welt, und zwar Beamte von Interpol wie auch andere, unter ihnen Zhu En Tao, damaliger Vizepräsident von Interpol; Wassili P. Truschin, stellvertretender Innenminister der früheren Sowjetunion; den Ehrenwerten George »Ajau« Ola, Tongas Minister für Polizeiwesen, Strafvollzug und Feuerwehr; General Mohammed Khaddour, Leiter der CID-Behörde in Damaskus; Oberstleutnant Krerkphong Pukprayura vom Auswärtigen Amt in Bangkok; Marian Grabowski, Leiter von Interpol Polen, und Lassek Lamparski, Oberbefehlshaber der polnischen Polizei. Ich traf mich auch mit Budimir Babovic, Leiter des NZB Belgrad, der mir ein Exemplar seines interessanten Buchs *»Interpol Face au Terrorisme«* gab, welches normalerweise nur im ehemaligen Jugoslawien erhältlich ist.

Alle in dieser Danksagung und im Text genannten Dienstgrade und Titel beziehen sich auf den Zeitpunkt der Interviews.

Sehr dankbar bin ich auch meinem Assistenten David Moya, der über zwei Jahre lang fast so eng mit diesem Buch verbunden war wie ich; Stephen Evers, Carmel Hartman, Mike Stannard und Matthew Curness, die sich als meine Privatsekretäre neben ihrer Arbeit begeistert um Faxnachrichten und Botschaften kümmerten; Lord Shawcross; Pierre Assouline, einem ehemaligen Kollegen in Paris, der mich Laurent Greilsamer vorstellte, welcher mir, obwohl ich nicht alle seine Ansichten in seinem *»Interpol: Le Siège du Soupçon«* teile, in sehr großzügiger Weise Einblick in einen Teil seiner Forschungsunterlagen gewährte; Robert Wolfe, US-Militärarchivar am Nationalarchiv in Washington; Chris Mason von der Zivilen Luftfahrtbehörde; K. P. R. Smart, Oberinspektor für Luftunfälle bei der Königlichen Luft- und Raumfahrtbehörde in Farnborough; Giff Marr und Paul Powers von Bell Helicopter Textron Inc., Fort Worth, Texas; John B. Drake vom Nationalen Sicherheitsrat für das Transportwesen der USA in Washington; Geoffrey Burton vom Innenministerium; Gerald Fleming (†) von der Surrey University; William Davis für die Erlaubnis, aus einem alten, in seinem Firmenmagazin *High Life* erschienenen Artikel von mir zu zitieren; meinem Freund Georg Schmidt in Berlin; Commander Roy Penrose von Scotland Yard; Detective Sergeant Steve Young von der Londoner Stadtpolizei sowie vier Freunden in London, die mir mit weiteren Informationen halfen: Cyril Frankel, Emma Crichton Miller, Fred Rosner und Helga Zitcer.

Abschließend möchte ich mich noch unbedingt bei meinem Redakteur und neuen Verleger Christopher Sinclair-Stevenson und bei meiner neuen Agentin Carole Blake bedanken, mit denen die Zusammenarbeit stets eine Freude war.

Zum Zweck der für die vorliegende deutsche Buchausgabe erforderlichen Aktualisierung und ergänzenden Überarbeitung habe ich erneut Ottawa, Scotland Yard und das Londoner NZB, das NZB Washington und das Interpol-Hauptquartier in Lyon besucht, um nochmals mit einigen der bereits interviewten Personen zu sprechen und um wichtige neue Mitarbeiter zu treffen. Danken muß ich deshalb nun auch:

In Ottawa: Norman Inkster, Commissioner der Royal Canadian Mounted Police (RCMP) und neuer Präsident von Interpol, Greg Peters, ebenfalls von der RCMP, und den folgenden Mitarbeitern des NZB Ottawa: Claude Desroches, Robert A. Richard, Daniel Lafleur, Lisa Schur und Claude Perrault.

Bei Scotland Yard und dem NZB London: Assistant Commissioner William Taylor, Detective Sergeants David Lowe, Bruce Roberts und Gareth Hale.

Beim NZB Washington: Jack Ballas, der neu ernannte Stellvertretende Leiter, und Ben Baker.

Beim Lyoner Hauptquartier: Luc Genereux, Stuart Cameron Waller, Laurence Torti, Dino Fumignan und William Ward.

Außerdem bin ich noch meinem neuen Assistenten Frédéric Constant Dank schuldig, der ein enormes Arbeitspensum zu erledigen hatte.

Wer ist die Interpol?

Kein Außenstehender vermag diese Frage genauer zu beantworten. »Das ist eine internationale Polizeiorganisation«, würden wohl die meisten Leute erwidern. Doch das stimmt nur so ungefähr. Hakt man nach und möchte wissen, was Interpol eigentlich tut, so werden sie sich wahrscheinlich in vage Auskünfte flüchten wie: »Sie koordiniert internationale Aktivitäten der Polizei« oder »Sie ist so etwas wie ein internationales Postamt der Polizei.«

Erkundigt man sich, wo Interpol ihren Sitz hat, werden die meisten wohl herumraten: »Irgendwo in Europa – vielleicht in Frankreich«, und dann, in einem plötzlichen Triumph des Erinnerungsvermögens: »Jetzt weiß ich es, in Paris!«

Das verwundert auch kaum bei einer einzigartigen Gruppierung von Polizeikräften aus 158 (jetzt 169) Ländern der Erde, die im Zentrum des Kampfes gegen das internationale Verbrechen steht – und die sich bis heute stets absichtlich zurückhaltend gab und darauf bestand, ihre Arbeit in gut bewachter Abgeschiedenheit zu tun. Selbst als sie im Mai 1989 vom beengten, antiquierten Domizil dicht vor den Toren von Paris in ihr neues, prachtvolles, hypermodernes und vierzig Millionen Mark teures Hauptquartier nach Lyon umzog, fanden viele der international renommierten Zeitungen dieses Ereignis kaum einer Notiz wert – sie waren allerdings auch nicht unbedingt darauf hingewiesen worden.

Doch dann erzählte mir sogar Interpols eigener Chef, Raymond Kendall, der als erster britischer Polizeibeamter diese Position bekleidet, daß ihm bis zu seiner Versetzung 1971 nach Paris zur Übernahme der Drogenabteilung – nur weil er gut französisch sprach – kaum ewas von Interpols Existenz bekannt war.

Heute sagt er: »Wir sind noch immer nicht in der Lage, weltweit unser Image in angemessener Form zu präsentieren. Die Leute wissen einfach nicht, was sich durch Interpols Bemühungen bewegt. Damit soll jetzt Schluß sein. Es besteht ein echter Bedarf nach einem Buch wie Ihrem, das sich mit der Geschichte unserer Vergangenheit, unserer Gegenwart und – noch wichtiger – unserer Zukunft befaßt.«

Ich kenne Kendall seit dem ersten meiner vielen Besuche bei Interpol im Jahr 1975, als die Organisation noch fest in der Hand der Franzosen war. Damals interviewte ich Jean Nepote, den langjährigen französischen Generalsekretär, für eine britische Zeitschrift. Ich blieb die ganze Zeit über mit Kendall in Verbindung (interviewte auch zweimal André Bossard, Nepotes Nachfolger und letzter französischer Generalsekretär) und verfolgte voller Bewunderung, wie mit amerikanischer Mithilfe – jedoch beschämend geringer Unterstützung von seiten Großbritanniens – die französische Dominanz gebrochen wurde und Interpol Mitte der achtziger und Anfang der neunziger Jahre endlich zu einer modernen, computerisierten, wachsamen internationalen Kraft im Kampf gegen das Verbrechen avancierte: eine Rolle, die noch an Bedeutung gewinnen sollte, da seit dem 1. Januar 1993 in Westeuropa die Schlagbäume hochgegangen sind und sich den High-Tech-Kriminellen ein wahres Tummelfeld für ihre zwielichtigen Aktivitäten eröffnet hat.

Die Recherchen für dieses Buch nahmen über zwei Jahre in Anspruch. In dieser Zeit habe ich dreimal die Zentrale besucht und sogar fast zwei Monate in Lyon gewohnt; an jedem Werktag bin ich mit meinem Tonbandgerät unterm Arm zur Zentrale gepilgert, um viele der achtzig Polizeibeamten und andere Mitarbeiter aus vierzig Ländern, die hier ihren Dienst versehen, zu interviewen. Die Zusammenarbeit gestaltete sich von Beginn an hervorragend. Kendalls Freibrief erwies sich als unschätzbar wertvoll. Ich durfte Material einsehen, von dem ich nicht mal zu träumen gewagt hätte.

Das gleiche passierte mir in jedem anderen Land, in dem ich mich mit Polizisten unterhielt, die mit Interpol-Angelegenheiten beschäftigt waren. Sie vertrauten auf meine Diskretion – und obwohl dieses Buch viele Informationen und Anekdoten enthält, habe ich, wie ich hoffe, keinen einzigen Ermittlungsvorgang gefährdet. Es bleiben trotzdem noch mehr als genug gute Geschichten übrig.

Wenn ich im Text jemanden ohne Quellenangabe zitiere, dann deshalb, weil ich mit dieser Person ein Interview geführt habe. Interpol ist ein Fundus voller Geheimnisse, von denen im vorliegenden Buch viele gelüftet werden. Wenn einem beispielsweise der Leiter des amerikanischen Secret Service und bislang einzige Amerikaner, der Präsident von Interpol war, in seinem großzügig verglasten Büro in Washington nahe beim Weißen Haus gegenübersitzt und drauflos erzählt, braucht man nichts zu erfinden – was ich auch unter keinen Umständen zu tun bereit gewesen wäre.

Die Geschichte der Organisation ist bis jetzt noch nie vollständig erzählt worden. Dank dem Zugriff auf bis dato unveröffentlichtes Material, das sich als eine eigene Story entpuppte – und den Beteiligten nicht nur zur Ehre gereichte – habe ich nun die Gelegenheit dazu. Interpol war nicht immer, was sie hätte sein sollen.

Außer im Stab der Zentrale arbeitet Interpol in jedem ihrer jetzt hundertneunundsechzig Mitgliedsstaaten mit Nationalen Zentralbüros (NZB), die zwar von lokalen Polizeikräften besetzt, jedoch ausschließlich mit der Arbeit der Organisation befaßt sind. Für die westliche Welt sind die wichtigsten NBZ jene in Washington, London, Paris, Wiesbaden und Den Haag – und ich habe sie sämtlich besucht. Alle NZB stehen untereinander in direktem Kontakt (etwa wenn ein Angehöriger eines Landes im Zuständigkeitsbereich eines anderen NZB ermordet wird), und bei wirklich internationalen Fällen wird die Zentrale fortlaufend informiert, damit Lyon ein Gesamtbild erstellen kann.

Lyon ist technisch gleichzeitig Zentralstelle (CS) für das gesamte Netz sowie Regionalstation (RS) für die Regionen Europa und Mittelmeerraum, Nordamerika und Naher Osten. Fünf über den Erdball verstreute NZB fungieren zudem als Regionalstationen (RS), die via Computer und Funk vernetzt sind.

Diese anderen fünf Regionalstationen sind:
Nairobi – Ostafrika
Abidjan – Westafrika
Buenos Aires – Südamerika
Tokio – Asien
Puerto Rico – Karibik und Mittelamerika.

Zusätzlich gibt es in Bangkok ein Rauschgift-Verbindungsbüro, das den Kampf gegen den Heroinhandel koordiniert, der die Welt von den Opiumfeldern im Goldenen Dreieck, dem Grenzgebiet von Thailand, Laos und Burma, aus überschwemmt.

Vielleicht noch wichtiger ist unserer Ansicht nach jedoch ein Elitekorps von Verbindungsoffizieren, die sich auf Antidrogenarbeit spezialisiert haben. Sie sind zwar bei der Zentrale stationiert, verbringen aber die meiste Zeit im Ausland, wo sie mit Spezialeinheiten zusammenarbeiten. Anders als die übrigen Stabsangehörigen in Lyon sind diese Leute vor Ort aktiv: Ein Beispiel ist der junge italienische Polizeibeamte, der mit mir zwar offen redete, mich aber seinen Namen nicht veröffentlichen lassen wollte, weil er auf der Abschußliste der Roten Brigaden, einer Terrorgruppe in seiner Heimat, steht.

In den sechziger Jahren lief damals eine beliebte Serie im britischen und amerikanischen Fernsehen über einen smarten »Mann von Interpol«, der in der Weltgeschichte herumreiste und international gesuchte Verbrecher verhaftete. Das war reine Fiktion: So etwas wie einen »Agenten« von Interpol gibt es nicht. Kein Beamter von Interpol hat die Befugnis, eine Verhaftung vorzunehmen; nur ein Polizist, der innerhalb seines eigenen juristischen Hoheitsgebiets handelt, ist dazu berechtigt. Doch die realen Verbindungsoffiziere der neunziger Jahre kommen dem Bild des Fernsehhelden dreißig Jahre zuvor schon ziemlich nahe.

Die damalige Sowjetunion trat der Interpol 1990 auf der Generalversammlung in Ottawa bei. Zum erstenmal schloß sich der ehemals größte kommunistische Staat der Welt formell der internationalen Polizeigemeinschaft an, alarmiert durch die neuen Gefahren, die seine Wirtschaft in den Anfangsphasen seiner Öffnung zur westlichen Welt bedrohten. Seine einstigen Satelliten, Polen und die frühere Tschechoslowakei, traten zum gleichen Zeitpunkt der Organisation abermals bei. In Ottawa wurde Geschichte geschrieben, und ich war während der gesamten Konferenz anwesend und interviewte Delegierte aus aller Welt, unter ihnen Wassili Truschin, den damaligen stellvertretenden sowjetischen Innenminister.

Doch bei aller Teamarbeit machte ich Kendall und den anderen eines von vornherein klar: Ich wollte nicht bloß ein Reporter sein, der dankbar und kritiklos wiedergibt, was ihm die Leute erzählen. Nach über vierzig Jahren Praxis in der englischen Anwaltskammer, mit beträchtlicher Erfahrung darüber, wie Polizeikräfte rings um den Globus arbeiten, vertraue ich meinem eigenen Urteil.

Dies ist kein Buch der Kategorie »offizielle Biographie«. Weder hat irgend jemand darum nachgesucht, das Manuskript vor der Veröffentlichung einsehen zu dürfen, noch hätte ich dem zugestimmt. Ich bin fest von der guten Sache der internationalen Polizeiarbeit überzeugt, fungiere jedoch für niemanden als Sprachrohr oder Wortführer. Ich habe die Fakten so dargelegt, wie ich sie sehe – und zum Abschluß meine aufrichtige, persönliche Bewertung abgegeben.

Die obigen Worte wurden im März 1992 geschrieben. Inzwischen haben wir April 1993. Interpol ist seitdem nicht untätig gewesen. Es gab neue Herausforderungen und neue Erfolge – getrübt von neuen Fehlschlägen. Ich habe den jeweiligen Schluß der Kapitel 17 bis 24 mit Ergänzungen versehen, Kapitel 25 gründlich überarbeitet und Kapitel 26 praktisch neu geschrieben.

Innerhalb wie außerhalb von Interpol haben einschneidende Veränderungen stattgefunden. Westeuropa erlebte am 1. Januar 1993 die Abschaffung der Grenzen, die allen Unkenrufen zum Trotz verwirklicht wurde. Es gab weitere Gespräche – ansonsten aber nicht viel – über den Aufbau einer Konkurrenzorganisation namens Europol für die zwölf EG-Mitgliedsstaaten. Unterdessen hat eine neue, mächtige Form der Kriminalität, die aus der ehemaligen Sowjetunion und dem Ostblock herüberschwappt, die internationale Szene in dramatischer Weise umgewandelt.

Auf der Generalversammlung im westafrikanischen Dakar im November 1992 traten Interpol elf weitere Staaten bei. Die Organisation zählt nunmehr hundertneunundsechzig Mitglieder – zehn mehr als die Vereinten Nationen. Aus der ehemaligen Sowjetunion kamen Armenien, Aserbaidschan, Estland, Kasachstan, Lettland und die Ukraine hinzu. Desgleichen schlossen sich trotz des anhaltenden Blutvergießens in Bosnien die aus dem Rumpf des früheren Jugoslawien herausgerissenen neuen Republiken Kroatien und Slowenien an sowie auch Bosnien selbst.

Die Organisation hat einen neuen – kanadischen – Präsidenten, und es fand eine Überarbeitung von Taktiken und Einstellungen statt. Der Schwerpunkt hat sich von der technischen Aufrüstung der Vorjahre in Richtung Modernisierung und Ausbau ihrer eigentlichen Tätigkeit hin verlagert. Man liefert nicht mehr bloß kriminaltechnische Erkenntnisse, sondern übernimmt auch deren *Auswertung*. Und die Verbindungsoffiziere sind nicht länger ausschließlich auf Antidrogenarbeit beschränkt, sondern auch bereit, andere Aufgaben zu übernehmen.

Die Story ist noch aufregender als bisher.

Fünf Minuten im Interpol-Hauptquartier

Die Szene könnte aus einem aufgefrischten James-Bond-Film stammen. Der große Raum ist klinisch hell, kühl und anonym – ein Ort, wie er tausendfach auf der Welt vorkommt. Jedoch ist die Message Response Branch (MRB), die Datenzentrale im dritten Stock, das Gehirn einer komplizierten »Festung« aus Granit und Glas, die mit ihrem Burggraben und einem durch modernste elektronische Sicherungsanlagen geschützten Stahlzaun uneinnehmbar zu sein scheint.

Charles Kozlosky, der verantwortliche Leiter, wurde als leitender Kriminalbeamter im US-Postermittlungsdienst nach Lyon abgestellt. »Bei uns in den Staaten bin ich vom Kongreß ermächtigt, ebenso Leute zu verhaften und eine Waffe zu tragen wie die Angehörigen des FBI«, sagt er. Seine neuen Vorgesetzten gehen keine Risiken ein. »Sehen Sie die vier großen Kästen da drüben?« Er deutet auf vier IBM-Zentralrechner. »Sie enthalten sämtliche Daten von Interpol. Sollte irgendwann einmal das Unmögliche eintreten und das Gebäude beschädigt oder zerstört werden – wir hatten vor unserem Umzug von Paris in der Tat zwei Bombenattentate –, könnten sie in längstens vierzig Stunden vollständig reaktiviert werden.«

Das Geräusch eines Computerausdrucks wird in einer Ecke des Raums laut, und ein Operator reißt das Papier mit der entschlüsselten Nachricht ab. Sie kommt aus London. Ein tunesischer Staatsangehöriger ist in Großbritannien ermordet worden. London hat zuvor Tunis um Informationen über das Opfer ersucht. Dies geschah direkt über das Interpol-Netz, ohne Lyon mit einzubeziehen. »Aber jetzt«, sagt Kozlosky, »werden sie ungeduldig. Sie versuchen so viele Informationen aus Tunis herauszuquetschen wie möglich, und diesmal schicken sie uns eine Kopie für den Fall, daß in unseren eigenen Akten irgendwas über den Toten steht. Wir werden den Computer befragen, und was auch immer mit Tunis passiert, sie werden unsere Antwort in weniger als vierundzwanzig Stunden haben.«

Eine weitere Nachricht kommt herein, diesmal von Teheran an Neu-Delhi. Ein Richter im Iran hat einen Haftbefehl gegen mehrere namentlich genannte Iraner wegen großangelegten Wirtschaftsbetrugs in Höhe von zweihundert Millionen Rial erlassen. Sie haben sich aus dem Iran abgesetzt und sollen sich in einem bestimmten Hotel in Kalkutta aufhalten. Die Teheraner Behörden wünschen, daß die indische Polizei sie in Auslieferungshaft nimmt. »Die müssen uns diese Nachricht nicht schicken«, erklärt Kozlosky. »Das Ganze hätte ohne uns zu informieren direkt ablaufen können, aber sie lassen es uns wissen, denn wenn einer der Männer hier aktenkundig ist, können wir mit einigen Einzelheiten über ihn weiterhelfen. Sollte das nicht der Fall sein, so dürfen sie davon ausgehen, daß wir eventuell eine Akte über diese Typen anlegen werden.«

Dann kommt eine dritte Nachricht. London antwortet Kopenhagen – mit gleichzeitiger Übermittlung nach Italien, Frankreich, der Schweiz, Den Haag, Ankara und Lyon –, daß dort nichts über einen wegen einer größeren Drogensache in Dänemark festgenommenen Briten bekannt ist. Warum die anderen Orte? »Sie spielen auch in dem Fall eine Rolle. London weiß, daß wir eine Akte darüber haben, und man informiert uns, damit wir diese Auskunft, auch wenn sie negativ ist, unseren Unterlagen hinzufügen.«

Eine vierte Nachricht rattert aus dem Printer. Sie ist französisch und mit »00« überschrieben, was »sehr dringend« bedeutet. Die Polizei in Luxemburg hat einen Österreicher und einen Deutschen auf der Fahrt von Wien nach Brüssel mit acht Kilo Heroin aufgegriffen. Es wird vermutet, daß woanders noch mehr Kuriere mit weiteren Lieferungen unterwegs sind. Ist irgend etwas bekannt? Kann Interpol irgendwen vorwarnen?

»Nichts Dramatisches. Das waren ziemlich langweilige fünf Minuten«, sagt Charles Kozlosky. »Sie sollten mal hier sein, wenn es hier so richtig rundgeht!«

Erster Teil

Geschichte und (zuviel) Politik

1. Kapitel
Eine Idee wird geboren (Die Geschichte bis 1914)

Das Verbrechen existiert, seit Kain seinen Bruder Abel erschlug. Die alten Römer stellten Falschgeld her. Raub kannten schon die Bewohner des antiken Hellas. Mord, Vergewaltigung und Diebstahl begleiten uns, solange Gewalt, Lust und Gier das Wesen des Menschen mit geprägt haben. In London beispielsweise kam zu Beginn des 19. Jahrhunderts auf jeweils zweiundzwanzig Einwohner ein Verbrecher. Kein Land oder Volk vermochte je ein Monopol auf Tugendhaftigkeit für sich in Anspruch zu nehmen.

Die Polizei hingegen war niemals annähernd so fest etabliert wie das Verbrechen. Im Europa des achtzehnten Jahrhunderts hatten Frankreich, Deutschland, Österreich und Rußland ihre eigene Staatspolizei, doch fungierten diese Institutionen hauptsächlich als Instrumente der Machtausübung und politischen Unterdrükkung. Die Vorbeugung gegen kriminelle Delikte gehörte nicht unbedingt zu ihrer wichtigsten Aufgabe.

Den Vereinigten Staaten gebührt die Ehre, das erste wirksame Polizeiorgan geschaffen zu haben, das sich allein der Verbrechensbekämpfung widmete: Das war 1789, als Präsident George Washington dreizehn US-Marshals ernannte und damit die älteste über Recht und Gesetz der Nation wachende Institution schuf. Die meisten von uns stellen sich unter den Marshals jene grimmig dreinblickenden, pistolenbewehrten »Guten« aus vorklärenden Westernfilmen vor. Es gibt sie jedoch heute noch: eine moderne, dreitausend Mann starke Truppe, die flüchtige Gesetzesbrecher quer durch die Vereinigten Staaten und mit Interpols Hilfe um die ganze Welt jagt.

Erst zu Anfang des neunzehnten Jahrhunderts begannen in Europa zaghafte Versuche, Polizeitruppen nach heutigem Verständnis aufzustellen: 1817 wurde die Pariser Sûreté ins Leben gerufen und 1829 Londons Metropolitan Police, die Stadtpolizei, die man im Volksmund nach ihrem Initiator Sir Robert Peel zuerst »Peelers« und später »Bobbys« nannte.

Wenig später folgte fast jede andere Nation oder Großstadt der Welt diesen Beispielen: 1844 wurde die New Yorker Polizei gegründet mit ihrem markanten, achteckigen Kupferabzeichen (dem die amerikanischen Polizisten seither ihren Spitznamen »Cop« oder »Copper« verdanken); in Australien nahm 1862 eine zentrale Polizeiorganisation ihre Arbeit auf; in Kanada wurde 1873 die North-West Mounted Police (die spätere Royal Canadian Mounted Police, die Königlich Kanadische Berittene Polizei) geschaffen. Um 1890 waren in Berlin, Wien, Madrid und Rom – wie auch in San Francisco, Chicago, Buenos Aires, Montevideo und Rio de Janeiro – moderne, gut ausgebildete Polizeikräfte am Werk.

Nachdem sich die ersten Polizeieinheiten formiert hatten, ließen die Pioniertaten auf dem Gebiet der modernen Gerichtswissenschaft nicht lange auf sich warten.

1843 wurde in Brüssel das erste Polizeifoto von einem Verbrecher aufgenommen. Eine Aufnahme existiert noch aus dem Jahr 1865 von einer Polizeitruppe in Glasgow, und eine wenige Jahre danach entstandene zeigt einen sich heftig wehrenden Verdächtigen aus New York, der von vier kräftigen Kriminalbeamten für ein frühes Fahndungsbild gewaltsam zu Boden gedrückt wird. Bis zum Jahr 1874 verfügte die Pariser Polizei bereits über eine stattliche Sammlung von Verbrecherfotos. 1878 setzte die Metropolitan Police Londons ihre erste Ermittlungsabteilung ein. 1889 wurde ein stark verwester Leichnam als der des Pariser Rechtsanwalts Marcel Goufle identifiziert, als der Lyoner Pathologe Alexandre Lacassagne nachwies, daß der in einem verfaulenden Sack in der Rhône gefundene Tote zu Lebzeiten hinkte und unter einer Knöchelentzündung sowie Wassersucht im Knie litt – genau wie der von seiner Familie seit etlichen Monaten vermißte Jurist. Später fand man heraus, daß er von einer Prostituierten namens Gabrielle Bompard und ihrem Zuhälter Michel Eyraud ermordet worden war.

In den frühen neunziger Jahren des letzten Jahrhunderts behauptete ein leitender Polizeibeamter in Berlin von sich, er könne einem Zeugen, der einen Einbrecher als zwischen 1,60 und 1,68 Meter groß zu beschreiben in der Lage sei, Akten von bekannten Tätern in genau der fraglichen Größenspanne vorlegen – und der Gesuchte würde darunter sein. Und in Wien hatte die k. u. k. Monarchie bereits ihr umfassendes Kriminalarchiv aufgebaut, dessen Unterlagen bis ins letzte Detail sogar die Religion Verdächtiger enthielten, wie wir noch sehen werden.

Schließlich gelang die größte kriminaltechnische Entdeckung des 19. Jahrhunderts: die Methode, Personen anhand jener Tatsache zu identifizieren und klassifizieren, daß keine zwei Menschen auf der ganzen Welt identische Linien an den Fingern haben. Allgemein wird angenommen, daß die Auswertung von Fingerabdrücken erstmals zu Beginn des 20. Jahrhunderts durch die Metropolitan Police Londons unter ihrem charismatischen neuen Polizeichef Sir Edward Henry erfolgte. Tatsächlich aber war Argentinien 1896 das erste Land, das sie als Grundlage für ein nationales Verbrechererkennungssystem verwendete, nachdem ein örtlicher Polizeichef namens Juan Yucetich einen Mordfall in Buenos Aires aufgeklärt hatte, indem er einen blutigen Daumenabdruck auf einer Tür identifizierte.

Aufgrund dieser weltweiten Entwicklung konnte man den Durchschnittskriminellen des 19. Jahrhunderts beinahe bedauern: Er wurde überrumpelt, ja, er hatte überhaupt keine Chance mehr. Zudem war er nicht sehr helle. Sir Henry Smith, Chef der Londoner Metropolitan Police, kommentierte diesen Umstand mit der typischen Arroganz eines hohen Polizeibeamten der spätviktorianischen Zeit: »Kriminelle, wenn sie mir meine Worte nachsehen mögen, zeigen einen sonderbaren Mangel an Originalität. Mit erstaunlicher Dummheit benutzt der Omnibus-Dieb dieselben Buslinien, kehrt zu denselben Straßen zurück und stiehlt die gleichen Artikel. In den höheren Schichten des Berufs treten diese Eigenheiten noch mehr zutage. Bankräuber und Geldfälscher sind fasziniert von ihrer individuellen Arbeitsmethode. Sie haben niemals etwas anderes im Kopf als Bankraub und Geldfälschen.«

Die nationalen Polizeikräfte klopften sich selbst auf die Schulter. Sie hatten berechtigten Grund, sich zu ihren Leistungen zu gratulieren.

Doch dann begannen ein paar herausragende Polizeibeamte und Juristen plötzlich zu registrieren, daß ein ganz neues und beängstigendes Phänomen in den letzten fünfzehn Jahren des 19. Jahrhunderts aufgetaucht war: Das Verbrechen hatte die Landesgrenzen überschritten. Kriminelle konnten nicht mehr ausschließlich innerhalb der eigenen Grenzen bekämpft werden.

Denn mit Beginn des Eisenbahn- und des Dampfschiffzeitalters um die Mitte des 19. Jahrhunderts stand nun die Welt einer ganzen neuen Generation von abenteuerlustigen Reisenden offen – legalen wie illegalen. Und das geistige Niveau dieses neuen, zeitgemäßen Verbrechertypus übertraf das seiner herkömmlich »arbeitenden« Kollegen bei weitem.

Als eines der ersten Länder erkannte Deutschland die aktuelle Entwicklung. In seiner Einleitung zu einem juristischen Lehrbuch schrieb Professor Franz von Liszt von der Berliner Universität 1893: »Wir leben in einer Zeit, wo sich der professionelle Dieb oder Betrüger in Paris ebenso heimisch fühlt wie in Wien oder London, wo gefälschte Rubel in Frankreich oder England produziert und in Deutschland in Umlauf gebracht werden, wo Banden von Kriminellen permanent über mehrere Länder arbeiten.«

Eine neue Art von Verbrecher fuhr nun nach Belieben durch die Weltgeschichte. Das Flugzeug war noch nicht erfunden, und er genoß nicht den Vorzug schneller Jetreisen – doch für seine Zwecke kam er allemal schnell genug voran. Pässe und Visa existierten noch nicht auf allgemeiner Basis (sie wurden erst aufgrund der dem Ersten Weltkrieg folgenden Turbulenzen eingeführt). Die Grenzen stellten somit kein Hindernis dar – wie es bei uns in Europa zur Freude etlicher Krimineller nun auch wieder der Fall ist.

Der internationale Verbrecher des späten 19. und frühen 20. Jahrhunderts befand sich am Ziel seiner Wünsche. Ein weites Betätigungsfeld breitete sich vor ihm aus.

Die einzigen, die ihre Hände mehr oder weniger tatenlos in den Schoß legen mußten, waren die jeweiligen nationalen Polizeikräfte, denn sie hatten außerhalb ihrer Landesgrenzen keine Amtsgewalt. Ein französischer Polizist konnte in Großbritannien keinen flüchtigen Landsmann verfolgen, wie dies umgekehrt dem Briten in Frankreich ebensowenig möglich war. Das gilt auch heute noch, jedoch gab es damals nicht jenen effektiven Mechanismus, über den er (wie heute über Interpol) die britische Polizei hätte bitten können, den Job für ihn zu erledigen.

Eine Auslieferung war theoretisch möglich. Ein Flüchtiger konnte in das Land ausgewiesen werden, in dem er ein schweres Verbrechen begangen hatte; aber zuvor war ein langwieriger, umständlicher Prozeß vonnöten, der diplomatische Verbindungen und eine Riesenmenge Papierkram erforderte. »Was für Formalitäten! Was für eine Zeitverschwendung!« beklagte sich Léon Mouquin, Generaldirektor der Polizeipräfektur von Paris. »Ein Übeltäter kann eines Morgens fröhlich dasitzen und sich Kaffee und

Hörnchen schmecken lassen, wobei er in der Lokalzeitung liest, daß die Polizei des Landes, in dem er ein Kapitalverbrechen verübt hat, ihm auf der Spur ist und die nötigen Dokumente zwecks Überführung der Polizei seines Gastlandes übergeben hat. Er muß nicht mal sein Frühstück herunterschlingen. Ihm verbleibt jede Menge Zeit, gemächlichen Schrittes zu seiner Unterkunft zurückzukehren, seine Koffer zu packen und den Zug in ein anderes Land zu besteigen – ohne Probleme an der Grenze.«

Henri Simard, ein anderer hoher Beamter, sagte: »Die jetzige internationale Rechtslage ist unzureichend, und obwohl sie Mut haben und eine professionelle Dienstauffassung beweisen, werden Polizeibeamte ständig durch die fast unüberwindlichen Schwierigkeiten behindert, die ihnen die Gesetze ihres jeweiligen Landes bereiten.«

Etwas mußte geschehen. Als die ersten Flugzeuge am Himmel erschienen und das Auto sich nicht nur bei Reichen großer Beliebtheit erfreute, mußte irgendwo jemand den ersten Schritt tun, etwas in Bewegung zu setzen, um die Polizeikräfte der Welt in ihrem Kampf gegen diesen zunehmend mobilen, neuen Feind zu organisieren. Von dem Mann, der schließlich den entscheidenden Anstoß gab, hätte man dies vielleicht am wenigsten erwartet: Es war der Herrscher über einen der kleinsten Staaten der Erde, Prinz Albert I. von Monaco.

Der monegassische Fürst galt als so etwas wie ein internationaler Wichtigtuer, der bei jeder sich bietenden Gelegenheit das Prestige seines winzigen Landes zu fördern trachtete, dessen Existenz eng mit dem Spielkasino verknüpft war, welches Alberts Vater, Prinz Charles III., gegründet hatte.

Wie sein Urenkel Fürst Rainier hatte auch Albert eine schöne, blonde, reiche Erbin aus den USA geheiratet, die ihm eine noch größere Mitgift bescherte als jene, die Rainier seinerzeit erhielt: Damals, 1988, reiste die zur Hautevolee zählende Alice Heine mit acht Millionen Dollar im Gepäck an, gegen die sich Grace Kellys zwei Millionen Dollar von 1956 ziemlich bescheiden ausnehmen. Indes, die Ehe endete mit Scheidung, und 1914 war Albert ein einsamer, etwas verhärmter Mann von sechsundsechzig Jahren.

Es läßt sich schwer sagen, wie er plötzlich auf die Idee kam, sich mit den Problemen der internationalen Polizeiarbeit zu befassen. Der Schriftsteller François Beauval hat eine eigenwillige Begründung präsentiert, die so glaubhaft ist wie jede andere in dieser zynischen Welt: nämlich, daß Albert eine Liaison mit einer »jungen und hübschen« Dame aus Deutschland eingegangen war, die mit ihrem Freund an den Spieltischen des Kasinos ihr Glück probierte. Sie hatte Albert mehrmals in seiner Privatwohnung im Palast besucht, wobei sie durch einen Geheimgang an den Wachen vorbeigelangt war. Eines Nachts dann brachte sie den verliebten Prinzen dazu, mit ihr auf einer Bank in seinem Garten herumzuturteln. Ihr Freund drang über den Geheimgang in Alberts Privatgemächer ein, plünderte diese aus, und die beiden setzten sich nach Italien ab. Wegen der desolaten internationalen Rechtslage konnte Alberts Polizeitruppe nichts in dieser Sache unternehmen.

Was auch immer sein wahres Motiv war – für den April 1914 lud Albert führende Juristen, Polizeibeamte und Rechtsanwälte aus aller Welt ein, den hochtrabend betitelten »Ersten Internationalen Kriminalpolizeilichen Kongreß« in Monaco zu besuchen. Hundertachtundachtzig Teilnehmer (darunter drei Frauen) reisten aus vierundzwanzig Ländern an. Léon Mouquin eröffnete ihnen, sie seien »Vertreter nahezu aller Polizeikräfte der zivilisierten Welt«, und läßt man einmal Großbritannien und die Vereinigten Staaten außer acht, so hatte er zweifellos recht. Offizielle Delegationen kamen aus Monaco (was sich von selbst versteht), Frankreich, Belgien, Dänemark, Deutschland, Italien, Österreich, Ungarn, der Schweiz, Spanien, Portugal, Serbien, Rumänien, Bulgarien, dem zaristischen Rußland, Persien (Iran), Ägypten, der Türkei, Mexiko, Kuba, El Salvador, Guatemala und Brasilien. Von den westlichen Mächten demonstrierten nur die Vereinigten Staaten und Großbritannien, wie wenig sie interessiert waren: Die USA waren nur durch einen einzigen Richter aus Dayton, Ohio, vertreten, während die britische Krone ein Richter aus Hove an der Küste von Sussex sowie ein hochrangiger und zwei weniger hochrangige Juristen aus London repräsentierten.

Das änderte jedoch nichts am Erfolg des Kongresses. Sechs Tage lang, vom 14. bis 20. April, waren unter dem Vorsitz des Dekans der Juristischen Fakultät der Universität von Paris bemerkenswert interessante Debatten und wortgewaltige Reden zu hören – und man fand trotzdem die Zeit für einen Regierungsempfang, einen Galaabend in der Oper, einen Ausflug nach Italien ins nahe San Remo und zwei luxuriöse Autotouren entlang der Französischen Riviera. Jedoch kam die Arbeit nicht zu kurz. Wichtige Vorschläge wurden eingebracht, ferner wurde über die Schaffung zentraler, internationaler Verbrecherkarteien (so, wie sie heute beim Interpol-Hauptquartier in Lyon existieren) und über ein einheitliches, schnelles Auslieferungsverfahren beraten, das gleichermaßen für alle Länder der gesamten zivilisierten Welt gelten sollte – was bis heute nicht verwirklicht werden konnte.

Bis zu der Zeit, da Esperanto – eine künstliche, erst siebzehn Jahre zuvor von einem polnischen Sprachwissenschaftler entwikkelte Sprache – allgemein akzeptiert sein würde, sollte laut Beschluß Französisch die Amtssprache sein, und als Termin für den zweiten Kongreß in der rumänischen Hauptstadt Bukarest wurde der August 1916 festgelegt.

Stolz verkündete eine monegassische Zeitung: »Der Kongreß hat sein wichtigstes Ziel erreicht: engere Kontakte zwischen den Polizeichefs der ganzen Welt herzustellen und sie zu ermutigen, einander im immer schwierigeren Kampf gegen internationale Verbrecherbanden zu unterstützen. Insbesondere werden sie die Gelegenheit und den Wunsch haben, sich bei der Jagd nach Verbrechern, denen die modernsten Mittel zur Verfügung stehen, gegenseitig über Fortschritte der Wissenschaft auf den jeweils für sie relevanten Gebieten zu informieren.

Die vom Kongreß geäußerten Wünsche lassen tatsächlich hoffen, daß – vorausgesetzt, die betreffenden Regierungen geben ihre Zustimmung – eine Organisation geschaffen wird, deren Aufgabe es ist, bestimmte Arten von Informationen zu sammeln, die von den Polizeibehörden aller Länder verwendet werden können.«

Doch etwa ein Vierteljahr darauf wurden an einem heißen Sommertag bei Sarajewo Erzherzog Franz Ferdinand von Österreich-Ungarn und seine Frau bei einem Attentat ermordet, und die Schrecken des Ersten Weltkriegs machten den Plänen von Monaco vorläufig ein Ende.

2. Kapitel
Ein zweiter Start (1923)

Ein Prinz hatte versucht, vor dem Ersten Weltkrieg eine internationale Polizeiorganisation aufzubauen. Fünf Jahre nach Kriegsende, im Juni 1923, war es ein Polizist, der sich dieser Aufgabe erneut annahm.

Es wurde auch höchste Zeit dafür, denn der Krieg hatte das Gesicht Europas verändert und den letzten Rest von Stabilität beinahe zum Einsturz gebracht. Eine neue Form internationaler Gewalttaten bedrohte das kontinentale Europa. In den grausamen Nachwehen des Krieges war es nicht mehr jenes internationale Verbrechen des Überflusses wie in den Vorkriegsjahren, während denen die Missetäter per Zug und Dampfer durch die Welt reisten. Es war eine Kriminalität der Armen, der Hungrigen und der Naiven – mit einem Anflug von politischer Gewalttätigkeit und Rücksichtslosigkeit von Militanten auf allen Seiten.

Anarchisten sprengten Züge; selbsternannte Nationalisten, allem gegenüber blind und nur dem Ruf ihrer ethnischen Zugehörigkeit gehorchend, benutzten politischen Mord als Ausdruck des Protests; rechtsgerichtete Extremisten putschten, um noch wacklige junge Demokratien zu stürzen und die absolute Macht an sich zu reißen; überzeugte Kommunisten, berauscht vom Triumph ihrer russischen Genossen, die den Zaren gestürzt und die Sowjetunion ausgerufen hatten, predigten die Revolution und randalierten auf den Straßen.

An der Wirtschaftsfront bemühte sich anstelle des geschlagenen deutschen Kaiserreichs die schwache, von einer SPD-Mehrheit geführte Weimarer Republik während der frühen zwanziger Jahre, eine astronomische Inflation zu bekämpfen, auf deren Höhepunkt eine Schachtel Streichhölzer eine Milliarde Mark kostete. Nicht nur die Arbeiterklasse, auch Mittel- und Oberschicht litten große Not, denn ihre Renten, Geldanlagen und Versicherungen waren nicht mal mehr das Papier wert, auf dem sie standen. So war es kein Zufall, daß im November 1923 Adolf Hitler versuchte, mit seinem berüchtigten »Marsch auf die Feldherrnhalle« gegen die Regierung zu putschen und sich zum Präsidenten des Deutschen Reichs auszurufen. Er scheiterte, und es dauerte weitere neun Jahre, bis er legal den Wahlsieg errang und von Hindenburg zum Reichskanzler ernannt wurde. Wer jedoch die Zeichen der Zeit erkannte, der spürte, daß das Schicksal der Weimarer Republik nur noch eine Frage der Zeit sein konnte.

Auch war das nicht alles. Durch den Versailler Vertrag von 1919 war die andere unterlegene Großmacht in kleine Stücke zerteilt worden – das längst schon morsche Kaiserreich von Österreich-Ungarn. Aus der Donaumonarchie gingen sechs neue Staaten hervor: das befreite Ungarn, die Länder Jugoslawien, Tschechoslowakei und Polen in neuen Grenzen, das winzige Fiume, eingekeilt zwischen Jugoslawien und Italien – und Österreich selbst, das nunmehr auf einen kleinen Rumpf von einem Achtel seiner ursprünglichen Größe geschrumpft war. Zwei weitere Staaten, Italien und Rumänien, ließen ihre Grenzen auf Kosten des alten, ausgeweideten Kaiserreichs ausdehnen.

Verwirrung und Elend regierten. Die Situation war wie geschaffen für Fälscher, Schwindler, Falschmünzer, Scheckbetrüger, Hochstapler und Schieber aller Art. Da jeder der neuen Staaten völlige Autonomie verlangte und es kaum oder gar keine Zusammenarbeit zwischen den verschiedenen neuen nationalen Polizeikräften gab, konnten Kriminelle ohne weiteres die Grenzen überqueren – trotz des neumodischen Paßsystems.

Niemand schätzte die Lage besser ein als Dr. Johann Schober, der österreichische Polizeichef und zugleich Leiter der Polizei Wiens, der Hauptstadt der alten Monarchie und des neuen Rumpfösterreich. Er war ein dynamischer, untersetzter Mann von neunundvierzig Jahren, der das Geschehen in der Welt durch seinen goldgerandeten Kneifer genau beobachtete und die Revolution in den turbulenten Monaten nach dem Zusammenbruch des alten Kaiserreichs mit starker Hand niederschlug. Nicht zuletzt deswegen leitete er von 1921 bis 1922 als Kanzler die Geschicke der neuen Republik.

Er war kein gewöhnlicher Polizist. Als erfahrener Politiker wie auch als Polizeichef erwies er sich in vielerlei Hinsicht als der starke Mann seiner Nation: gewillt und bereit, für ihr Überleben zu kämpfen, ihre Währung vor den vielen »Blüten« zu schützen, die den Markt überschwemmten (wie es auch mit den Währungen aller übrigen neuen Staaten in Mitteleuropa geschah), Verbrechen und Aufruhr zu unterdrücken und, soweit möglich, Österreich wieder zu einem gewissen Teil seines früheren Glanzes zu verhelfen.

Nach den Worten des erfahrenen amerikanischen Journalisten John Gunther in *Inside Europe,* seiner Studie über Westeuropa in den zwanziger und dreißiger Jahren, »war das vorrangige psychologische Problem Österreichs in den Nachkriegsjahren sein Abrutschen von imperialer Größe auf kärgliche Belanglosigkeit«.

Schober spürte das akut. Er war auf seine Weise ebenso entschlossen, sein kleines Land nach dem Krieg auf internationaler Bühne in Szene zu setzen, wie es vor dem Krieg Prinz Albert mit

Monaco gewollt hatte. Und er verfügte diesbezüglich über ein wirkungsvolles Instrument. »Die Wiener Polizeiakten waren die umfangreichsten in ganz Europa, und natürlich waren die Polizeikräfte der Nachfolgestaaten des Kaiserreichs daran interessiert«, schreibt Professor Malcolm Anderson von der Edinburgher Universität in seinem akademischen Lehrbuch *»Policing the World«*. Laurent Greilsamer, ein bekannter Journalist der französischen Tageszeitung *Le Monde*, hat über Interpol ein wenig schmeichelhaftes Buch[1] geschrieben – das mir dennoch von Raymond Kendall, dem heutigen Generalsekretär, empfohlen wurde. Denn Greilsamer hat recht, wenn er sagt: »Schober verfügte in Österreich über das entscheidende Potential. Diesem durch den Krieg verstümmelten Staat, der auf einen Bruchteil seiner ursprünglichen Größe reduziert war und keine Armee mehr besaß, verblieb die Polizei als einzige effiziente Kraft im Land. Sie war ›der letzte Schutzwall‹.«

Wenige Monate nach seinem Rücktritt als Kanzler und der Rückkehr in seine frühere Doppelfunktion als nationales Oberhaupt der Polizei und Polizeichef von Wien beschloß Schober, Prinz Alberts Idee einer internationalen Polizeiorganisation wieder aufzugreifen – doch diesmal sollte Wien der Standort sein. In über dreihundert Briefen, die er an Polizeichefs in der ganzen Welt verschickte, lud er für September 1923 zum »Zweiten Internationalen Kriminalpolizeilichen Kongreß« in die österreichische Hauptstadt ein. Und um die Ernsthaftigkeit seines Vorhabens zu unterstreichen, bat er einen Teilnehmer des Kongresses von 1914, den Polizeirat Robert Heindl aus Dresden, die Einladungen gegenzuzeichnen.

Sie ergingen an Polizeichefs in aller Welt, außer an jene in der Sowjetunion. Doch nur dreißig wurden an die Leiter nationaler Polizeikräfte verschickt, die übrigen erhielten lokale Polizeidirektoren von so unterschiedlichen Städten wie Berlin, Tokio, Kairo, London, Los Angeles, Buenos Aires, Cincinnati oder Marienbad. Es war ein ehrgeiziges Projekt.

Dennoch kamen von den hundertachtunddreißig Delegierten, die sich am Montag, dem 3. September 1923, in Wien versammelten, nur siebenundsechzig aus dem Ausland. Die Polizeietats litten damals ebenso wie heute unter Mangelerscheinungen: Schober mußte wegen der geringen Zahl ausländischer Polizeichefs einundsiebzig seiner Landsleute bemühen. Trotzdem konnte sich das Ereignis, bei dem siebzehn Nationen vertreten waren, sehen lassen. Interessant ist die Anwesenheitsliste, die bis auf drei Ausnahmen nur europäische Länder umfaßte: Ägypten, Belgien, China (dessen Abgeordneter allerdings erst nach Ende des Kongresses eintraf), Deutschland, Fiume (das von Italien einige Wochen annektiert wurde und zu existieren aufgehört hatte), Frankreich, Griechenland, Italien, Jugoslawien, die Niederlande, Österreich, Polen, Rumänien, Schweden, die Schweiz, Ungarn und die Vereinigten Staaten – jedoch nicht Monaco.[2]

Auch Großbritannien glänzte durch Abwesenheit. Seine ranghohen Polizeibeamten, die sich selbstgefällig in ihrem damals unbestrittenen Ruf als »beste Polizei der Welt« sonnten, sahen keinen Grund, warum sie sich mit so vielen Ausländern an einen Konferenztisch setzen sollten.

Schober, der sich durch die arrogante Engstirnigkeit der Briten nicht verunsichern ließ, erklärte in seiner programmatischen Rede: »Das Ziel ist nicht bloß eine Erneuerung der Kontakte zu den Polizeibehörden in den neu entstandenen Ländern der alten Monarchie. Es gilt auch, neue Kontakte zwischen den Völkern der Erde zu schaffen.«

Der Kongreß verlief äußerst erfolgreich. Nach fünf Tagen intensiver Diskussionen ging er am Freitag, dem 7. September, mit der Gründung einer völlig neuen Einrichtung im Weltpolizeiwesen zu Ende: Es war die Geburtsstunde der Internationalen Kriminalpolizeilichen Kommission (IKPK) mit einem ständigen internationalen Büro in Wien, deren jährliche Generalversammlungen in verschiedenen europäischen Hauptstädten abgehalten werden sollten. Erst 1946 erhielt die Kommission den heutigen Namen »Interpol« – eine Abkürzung des Begriffs »Internationale Polizei« als Kennwort für telegraphische Mitteilungen –, und 1956 wurde ihr voller Name in Internationale Kriminalpolizeiliche Organisation abgeändert, da man fand, daß dies dauerhafter klinge.

Die heutige Organisation hat ihr Bestehen stets vom 7. September 1923 an gerechnet, und ich werde das Gebilde vor 1956 entweder »die Kommission« oder »Interpol« nennen – je nachdem, was mir vom Zusammenhang her geeigneter scheint.

Diese Kommission war im wesentlichen eine österreichische Angelegenheit. Schober wurde zum Präsidenten gewählt, und seinen Assistenten Dr. Oskar Dressler ernannte man zum Generalsekretär. Das Personal war rein österreichisch und wurde von der österreichischen Regierung bezahlt. Die österreichischen Polizeiakten bildeten das Herzstück einer neuen internationalen kriminalpolizeilichen Informationssammlung. Es gehörte zu einem internationalen Zentralbüro, das auf Grundstücken stand, die von der Wiener Stadtpolizei zur Verfügung gestellt worden waren. Die Hauptstadt Österreichs erlangte wieder einige schmerzlich vermißte internationale Bedeutung.

Wie der französische Jurist Claude Valleix schrieb, »war die Kommission praktisch ein Büro des Bundesdirektoriums der Wiener Polizei, das sich mit internationalen Kriminalfällen beschäftigte«.

Schober hatte gute Arbeit geleistet. Auf irgendeine geisterhaft-nebulöse Weise konnten so seine früheren Herren, die Habsburger als Herrscherdynastie des alten Kaiserreichs, durch ihre ehemalige Polizei erneut auf das politische Geschehen Einfluß nehmen.

In der Tat hatten die Delegierten auf dem Kongreß von 1923 Österreichs Engagement als so selbstverständlich erachtet, daß sie nicht mal daran dachten, finanzielle Beiträge zu leisten. Während der ersten fünf Jahre wurde jeder Heller, der für die Arbeit der Kommission ausgegeben wurde, von den Österreichern aufgebracht. Erst auf der Generalversammlung von Antwerpen 1928 beschlossen die Mitgliedsstaaten endlich, einen Obulus in Höhe von einem Schweizer Franken pro zehntausend Einwohner zu entrichten.

Doch wer waren die Mitgliedsstaaten?

Bei den Delegierten von 1923 hatte es sich um Polizisten und nicht um Juristen gehandelt. Aus der Satzung, die der Kongreß verabschiedete, ging nicht klar hervor, ob die einzelnen anwesenden Polizisten Mitglieder waren – oder die Regierungen ihrer Heimatländer. Das Problem bestand darin, daß nicht alle mit offizieller Erlaubnis ihrer Staatsführung angereist waren: Manche kamen mit einer amtlichen Sondergenehmigung ihrer Heimatstadt oder Staatspolizei, wogegen andere – wie der New Yorker Polizeichef Richard E. Enright – als Privatperson und ohne jegliche Amtsbefugnis an dem Kongreß teilnahmen.

Im Grunde genommen hatte sich eine Gruppe europäischer Polizisten getroffen, um einen eigenen »Herrenklub« zu gründen. Um noch einmal den Franzosen Claude Valleix zu zitieren: »Die Kommission verkörperte nicht mehr als einen Zusammenschluß von

Personen, die man für Staatsvertreter hielt. Die Grundidee war, andere Länder zum Beitritt zu ermutigen, aber es gab kein festgelegtes Verfahren. Ja, es ist ungewiß, ob die verabschiedeten Maßnahmen nach internationalem Recht überhaupt akzeptabel waren.«

Heutzutage muß jeder Staat, welcher der Interpol beitreten möchte, sich zunächst einer sorgfältigen Prüfung durch die gesamte Organisation unterziehen, bevor er akzeptiert wird. Jedoch was die Kommission betraf, so erklärten neue Bewerber lediglich ihren Beitrittswunsch, zahlten ihre Gebühren und waren automatisch Mitglied.

Alles wurde so locker gehandhabt, daß auch heute noch Zweifel darüber bestehen, welche Staaten nun eigentlich der Organisation auf dem Kongreß von 1923 beitraten und welche später hinzukamen. So wird etwa in der Sonderausgabe von Interpols *International Criminal Police Review,* die aus Anlaß der feierlichen Einweihung des neuen Hauptquartiers Lyon im November 1989 in Anwesenheit des französischen Staatspräsidenten François Mitterrand erschien, behauptet, Frankreich sei 1923 Mitglied geworden. Das ist unrichtig: Zwar besuchten einige hochrangige französische Polizeibeamte den Kongreß, jedoch erfolgte der offizielle Beitritt Frankreichs erst im Dezember 1928.

Weiter heißt es in der Festschrift von 1989, auch die USA hätten sich der Kommission 1923 angeschlossen. Das ist ein noch schwerwiegenderer Irrtum. Der ersten Begeisterung des New Yorker Polizeichefs Richard E. Enright folgten keine Taten. J. Edgar Hoover, Chef des FBI 1924 bis zu seinem Tode 1972, ließ sich sehr viel Zeit mit der Entscheidung, ob er seine Organisation an die neue Institution binden solle oder nicht.

Ich zitiere aus einem unveröffentlichten internen FBI-Bericht »Interpol and its Association with the FBI«, der mir im Mai 1991 in Washington von Darrell W. Mills, dem FBI-Spezialagenten, der das Interpol-Büro in den Vereinigten Staaten leitet, übergeben wurde: »Von 1925, als das Bureau of Investigation [das Wort ›Federal‹ wurde erst 1935 hinzugefügt] erstmals Informationen über die Einrichtung diverser Büros durch die IKPK sammelte, mit denen die Festnahme internationaler Verbrecher erleichtert werden sollte, bis 1938 herrschte eine abwartende Haltung vor, was jegliche Bindung seitens der USA an die IKPK betraf.

Im wesentlichen wurden drei Faktoren genannt, um von einer Mitgliedschaft abzuraten. Hierzu zählten: (1) die hohen Kosten im

Zusammenhang mit der Errichtung und dem Unterhalt der IKPK-Organisation; (2) der anteilmäßige Beitrag der USA zu den IKPK-Abgaben, die damals nach dem Wohlstand des Mitgliedslandes und seiner Stellung in der Welt bemessen wurden; und (3) die Unterbringung der Akten bei der Wiener Polizei in Österreich – eine Situation, welche von den amerikanischen Beamten wegen der politischen Instabilität in diesem Land abgelehnt wurde. Außerdem meinte man, daß die Kosten nicht durch den begrenzten Nutzen wettgemacht werden könnten, den die USA aus einer Mitgliedschaft in der IKPK zu jener Zeit ziehen würden.«

Es sollten noch fünfzehn Jahre vergehen, bis das FBI 1938 Mitglied von Interpol wurde – doch bis dahin waren viele Dinge im Umfeld der Organisation geschehen.

3. Kapitel
Die ersten zehn Jahre (1923 bis 1933)

Während Johann Schober als Präsident der neuen Organisation alle Ehren einheimste, auf kostenlose Reisen ging, Vorträge hielt, die Kommission bei offiziellen Anlässen vertrat und den Vorsitz bei den jährlichen Generalversammlungen innehatte, erledigte sein fünfundvierzigjähriger Stellvertreter Oskar Dressler als Generalsekretär die meiste Arbeit. Er war groß, energisch und beherrschte fünf Sprachen (Deutsch, Englisch, Französisch, Italienisch und Spanisch) fließend – ein prädestinierter Administrator.

Schließlich mußte Schober noch zusätzlich die österreichische Staatspolizei und seine eigene Wiener Polizeitruppe befehligen, ganz zu schweigen vom Fortgang seiner Karriere als hohes Tier in der nationalen Politik. So widmete sich Dressler zusammen mit seinem eigenen Assistenten Dr. Bruno Schultz ganz der Arbeit der Kommission: Er führte strikt das tägliche Kommando.

Im Prinzip war er der wahre »Mister Interpol« in den Jahren vor dem Zweiten Weltkrieg – wie es später noch einmal zwei Generalsekretäre sein sollten: der Franzose Jean Nepote und der Brite Raymond Kendall. Eine effektive Organisation braucht eben eine starke Persönlichkeit an der Spitze.

Auch als Schober im Mai 1925 über den Atlantik reiste, um einen internationalen Polizeikonvent in New York zu besuchen (als Geldgeber fungierte ein exzentrischer amerikanischer Millionär namens Baron G. Collier[3], der gern mit Polizeiabzeichen protzte und mit heulender Polizeisirene auf seinem Auto durch die Gegend fuhr), hielt Dressler in Wien die Stellung. Jemand mußte sich ja um den Laden kümmern.

Dressler war es, der in den ersten Jahren von Interpol die Wiener Zentrale in Abteilungen aufgliederte, die sich mit Falschgeld, Fingerabdrücken, Paßfälschereien, Drogenhandel (auch damals schon akut) und Schwerverbrechern beschäftigten. Die offizielle Sprache der Organisation war Französisch, doch verständigte man sich ebenfalls in deutsch, englisch und italienisch.

Er richtete eine internationale kriminalpolizeiliche Informationssammlung ein und hatte dafür schon ein fertiges Konzept zur Hand. Denn er wies seine Leute an, die gesamten Polizeiakten von Österreich sowie jene des alten Kaiserreichs durchzukämmen und neue Einträge bei all den Kriminellen vorzunehmen, die sowohl innerhalb als auch außerhalb der Grenzen des heutigen Österreich aktiv gewesen waren. Dressler ergänzte dann seine erste Datei mit jenen Informationen, die er von Mitgliedsstaaten betreffs der aktuellen Übeltaten internationaler Verbrecher anforderte.

Frühere Autoren verwiesen gern auf »die Interpol-Akten« (was bis zur Systemumstellung auf EDV gegen Ende der achtziger Jahre andauerte), doch das stimmt nicht ganz. Es waren keine Aktenordner, die bündelweise Papiere enthielten, sondern lediglich Karteikarten mit allen Angaben über eine Person – davon konnte ich mich selbst überzeugen.

Die Fragebogen, die Dressler den Mitgliedsstaaten zusandte, um sich von diesen mit neuen Informationen für sein Register zu versorgen, waren faszinierend. Sie basierten noch auf dem alten österreichisch-ungarischen Stil und gingen auf beinahe sämtliche über die Person bekannte Details in einer Weise ein, die man heute als groben Verstoß gegen das Recht auf Privatsphäre werten würde, selbst wenn es sich um einen Kriminellen handelte.

So war aus dem Register der Kommission auch zu erfahren, wer Zigeuner oder wer homosexuell war – und Dressler wollte immer die Religionszugehörigkeit des Betreffenden wissen. Wozu diese letzte Frage? Auch die meisten Verbrecher sind doch christlich getauft worden. Die einzige Ausnahme bildeten die Juden. Was hatte das mit dem Strafregister einer Person zu tun?

Dr. Egon Schlanitz, der derzeitige Leiter der modernen Rechtsabteilung von Interpol, ein gebürtiger Österreicher, erklärt: »Das hatte nichts mit religiösen oder Rassenvorurteilen zu tun. Es stammt aus jenen Tagen, in denen das Kaiserreich die Zivilehe abgelehnt hatte. Nur wenn die Religion der betreffenden Person bekannt war – römisch-katholisch, evangelisch, oder, jawohl, auch jüdisch –, konnte man wissen, bei welchen religiösen Einrichtungen in ihrer Geburtsstadt man suchen mußte, um Unterlagen über die Heirat ihrer Eltern und andere Einzelheiten über ihr Vorleben zu finden.«

Dies klingt einleuchtend. Doch bei allem Respekt vor Dr. Schlanitz, es sind einige Zweifel angebracht. Viele Österreicher waren in jenen Tagen beinahe selbstverständlich antisemitisch eingestellt. Wie Dorothy Gles McGuigan in ihrem Buch »*The Habsburgs*« sagt: »Nahezu die Hälfte der Stadtbevölkerung im Wien der Jahrhundertwende waren Neuankömmlinge, darunter Abertausende jüdischer Flüchtlinge, die sich vor den Verfolgungen des zaristischen Rußland hierher retteten. Der große Ansturm der Ostjuden entzündete bis dahin unterdrückte antisemitische Vorurteile und gab den rechtsextremen Politikern Wasser auf ihre Mühlen.«

Außerdem *war* die Zivilehe zu der Zeit, als Dressler seine Formulare verschickte, sowohl in Österreich als auch in den meisten Ländern Westeuropas anerkannt. Wäre ihm also die Frage nach dem religiösen Glauben einer Person anstößig erschienen, so hätte er sie nicht aufzunehmen brauchen.

Die Effektivität einer jeden Polizeiorganisation zeigt sich darin, wie viele Verbrecher sie festnimmt oder festzunehmen hilft. Die Verhaftung mit anschließender erfolgreicher Verurteilung ist das wichtigste Ziel.

Auf internationaler Ebene kam schon immer das Problem der Auslieferung hinzu: Jemand wird zum Beispiel im Land A verhaftet, kann aber normalerweise nur im Land B vor Gericht gestellt werden, wo er das Verbrechen verübt haben soll.

Das Verfahren, um ihn in dieses Land zurückzubringen, war noch nie einfach. Ein souveräner Staat bittet einen anderen, jemanden auszuliefern, der dort Zuflucht gesucht hat; kommt jener nun diesem Ersuchen nach, ist das fast eine Verleugnung seiner eigenen Souveränität. Aus diesem Grund erfolgen solche Vorgänge im allgemeinen auf der Basis der Gegenseitigkeit: »Ich tu's für dich, wenn du das gleiche für mich tust.« Dafür ist in der Regel ein Vertrag zwischen den beiden Ländern erforderlich.

Ein klassisches Urteil des Obersten Gerichtshofs der USA von 1933 lautete hierzu wie folgt: »Das internationale Recht erkennt kein Recht auf Auslieferung ohne Zugrundelegung eines Vertrags an. Eine Regierung kann zwar, falls dies mit ihrer eigenen Verfassung und Rechtsprechung vereinbar ist, freiwillig einen flüchtigen Verbrecher dem Land überstellen, aus dem er geflohen ist, und es heißt, es wäre moralisch dazu verpflichtet... Der rechtliche Anspruch, seine Auslieferung zu verlangen, und die auf der anderen Seite entsprechende Verpflichtung, ihn dem ersuchenden Land zu übergeben, bestehen jedoch nur, wenn sie vertraglich festgehalten sind.«

Kein Vertrag, keine Auslieferung. Das erste verbürgte Auslieferungsübereinkommen datiert bereits aus dem Jahr 1290 v. Chr. und wurde zwischen dem ägyptischen Pharao Ramses II. und dem König der Hethiter geschlossen – doch so alt die Tradition auch sein mag, sie war stets mit Komplikationen verbunden.

1895 verkündete Lord Russell of Killowen, Lordoberrichter von England, zuversichtlich: »Das Auslieferungsgesetz ist auf dem breiten Prinzip begründet, daß es im Interesse zivilisierter Gesellschaften liegt, Verbrechen, die als solche erkannt wurden, nicht ungeahndet zu lassen; und es gehört zum guten Einvernehmen der Nationen, daß ein Staat einem anderen jede Unterstützung im Hinblick darauf gewähren sollte, Personen, die sich solcher Verbrechen schuldig gemacht haben, vor Gericht zu bringen.«

Doch das war eine typisch spätviktorianische Justizphrase, die wenig mit der Realität zu tun hatte. Der Auslieferung ging stets – und daran hat sich bis heute nichts geändert – ein langsamer, langwieriger Prozeß voraus, an dem die Diplomatie, Regierungen und Gerichte beteiligt waren und sind. Auch in unserer Zeit, von den frühen Zwanzigern ganz zu schweigen, kann er sich über Monate, nicht selten über Jahre hinziehen.

Allerdings ist eine Beschleunigung des Verfahrens möglich, wenn zumindest die ursprüngliche Verhaftung prompt erfolgt.

Die Polizei von Land B, wo das Verbrechen geschah, kann nicht einfach in Land A einmarschieren und einen Verdächtigen verhaften, der dort Zuflucht gesucht hat, aber seit der Gründung von Interpol immer rascher die dortigen Behörden bitten, für sie tätig zu werden. Das ist es, was Johann Schober meinte, als er mit einer etwas unbeholfenen Symbolik den Delegierten auf dem Kongreß von 1923 sagte: »Der Wohlstand, die ruhige Arbeit und die nationale Wirtschaft eines jeden Landes müssen vor verbrecherischen Aktivitäten geschützt werden. Das ist nur möglich, wenn der Arm, der mit der Verfolgung eines Kriminellen betraut ist, auf der anderen Seite einer Staatsgrenze eine hilfsbereite Hand findet, die mit ihm zusammenarbeitet.«

Schon bald stellte sich heraus, daß das Internationale Büro in Wien, ganz auf sich allein gestellt, nicht besonders effektiv funktionierte. Es war besser, in der Hauptstadt jedes Mitgliedsstaats ein eigenes Büro einzurichten, in dem Polizeikräfte des jeweiligen Landes tätig sein würden, die sich jedoch ausschließlich um Interpol-Angelegenheiten kümmern sollten. Über diese Büros würden dann alle Mitteilungen vom und an das Internationale Büro laufen. Es ging nicht an, daß etwa der Polizeichef von Dresden oder Mailand oder Antwerpen direkt in Wien anrief, um Informationen oder Unterstützung zu erbitten: Chaos wäre – und war – die Folge.

So begann Belgien im Jahr 1925, ein eigenes Nationales Zentralbüro einzurichten (»NZB«, wie es noch immer im Interpol-Jargon heißt). Bald folgten neben anderen Deutschland, die Niederlande, Spanien, Rumänien und Bulgarien diesem Beispiel; ein paar Mitgliedsstaaten warteten allerdings so lange, bis man 1956 die Mitgliedschaft an diese Bedingung knüpfte.

Großbritannien jedenfalls trat der Organisation 1928 bei, ging aber – typisch für die Einstellung auf der Insel – erst einundzwanzig Jahre später daran, ein eigenes NZB zu eröffnen: nämlich 1949. Von den 392 Seiten von Douglas G. Brownes halboffizieller Dokumentation *»The Rise of Scotland Yard«*, die den Zeitraum von 1829 bis 1956 erfaßte, befaßt sich weniger als ein Abschnitt mit Interpol.

Die Wahrheit ist, daß bis vor relativ kurzer Zeit die Briten »nicht besonders begeistert waren« von der Organisation, um aus den Memoiren Sir Richard Jacksons, eines Abteilungsleiters des Kriminaldezernats (CID) von Scotland Yard in den fünfziger Jahren und des späteren ersten britischen Präsidenten von Interpol, zu zitieren. Sein Vorgänger war Sir Ronald Howe, der im Yard als nahezu einziger seit den frühen Dreißigern als großer Fürsprecher Interpols auftrat und so viele Generalversammlungen wie möglich besuchte. Doch wie Jackson bissig kommentiert, »nannten eifersüchtige Kollegen beim Yard die Organisation ›Ronnie Howes Amüsementklub auf dem Kontinent‹«.

Zum Glück für die Organisation hatten Vertreter der Polizei auf dem Festland eine weit positivere Meinung.

Die Stärke Interpols lag darin, daß sie von Anfang an ein Service der Polizei war, der von Polizisten für Polizisten geleistet wurde. Via Telefon oder Telegramm standen sie in ständigem Kontakt miteinander.[4] Die hochrangigen Beamten trafen sich zudem unter gastlichen Umständen bei den jährlichen Generalversammlungen. Sie lernten sich wirklich gut kennen. Alles ging dort sehr vornehm, ja fast gesellig zu; es war in der Tat ein europäischer Polizeiklub.

Dies ließ auch Harry Soderman, Direktor des Staatlichen Kriminaltechnischen Instituts von Schweden und viele Jahre lang der Interpol eng verbunden, in seinen Memoiren anklingen: »Wenn Herr Banzinger, der Chef der schweizerischen Bundespolizei in Bern, ein Telegramm von Polizeichef Mustafa Pascha aus Kairo erhielt, in dem dieser ihn bat, einen gewissen Spanier namens Ramon Gonzales wegen in Ägypten begangenen Betrugs zu verhaften, so wußte Herr Banzinger, daß Mustafa Pascha eine durch und durch zuverlässige Person war. Er brauchte sich also keine Sorgen zu machen, ob Gonzales irgendeines speziellen Verbrechens angeklagt wurde, für das er nicht in der Schweiz verhaftet werden konnte, und durfte sicher sein, daß die ägyptischen Behörden schließlich um seine Auslieferung nachsuchen würden.«

Man darf aber nicht vergessen, daß Mustafa Pascha wie alle wohlhabenden und professionell denkenden Ägypter seiner Generation fließend französisch sprach: Der Mann war beinahe Europäer – eine Art Mitglied vom Lande in diesem ganz speziellen europäischen Herrenklub.

Sogar die Engländer mit ihrer typisch bornierten Art kapierten schließlich, worum es ging. Als John Horwell, damals Chefinspektor des CID bei Scotland Yard, 1931 von der italienischen Polizei über das Internationale Büro alarmiert wurde, daß eine fünfköpfige italo-amerikanische Geldfälscherbande auf einem Ozeandampfer zum nordfranzösischen Seehafen Cherbourg unterwegs sei, ihre Koffer mit gefälschten Fünf- und Zehnpfundnoten der Bank von England vollgestopft, mußte er den Ärmelkanal überqueren, um sich mit den französischen und italienischen Behörden abzusprechen. Nun war Eile geboten. Begleitet von einem jungen Assistenten, der französisch sprach, bestieg er ein Flugzeug. »Noch nie hatten Detektive von Scotland Yard im Rahmen ihrer Ermittlungen den Luftweg gewählt, und ich war ziemlich stolz, der erste Detektiv in diesem Land zu sein, der zur Arbeit flog!« schrieb er später mit erfrischender Naivität in seinen Memoiren.

Schließlich wurden alle fünf Gangster verhaftet und ihre Druckerpresse demontiert. Horwell und sein Assistent mußten noch einige Zeit bei den französischen Kollegen in Marseille verbringen. »Ich genoß unseren Tagesausflug in vollen Zügen«, räumte er später ein. »Da mein Assistent die regionale Mundart beherrschte, wurde er rasch beliebt bei den Einheimischen, die enorm Gefallen an ihm fanden.«

Doch was waren das für Kriminelle und Straftaten, mit denen sich Interpol in ihren Anfangsjahren vorrangig beschäftigte?

Geldfälscher stellten eine besonders gefährliche Bedrohung für die schwache Wirtschaft vieler Gründungsnationen der neuen Organisation dar. Und eine von Oskar Dresslers ersten Amtshandlungen war die Einrichtung eines Antifälscherdezernats unter Leitung von Johann Adler, einem pensionierten Offizier der österreichischen Armee, der mit der Aufdeckung von Falschgeldverbrechen eine zweite Karriere begonnen hatte. Der Mann erwies sich als ein Volltreffer. Abgesehen von den Jahren des Zweiten Weltkriegs, als er wegen seiner jüdischen Herkunft aus Europa fliehen mußte, blieb Adler bis 1943 Interpols ständiger Experte und gründete die Quartalszeitschrift *Counterfeits and Forgeries Review,* die noch heute das weltweit führende Standardwerk zu diesem Thema ist.

In den zwanziger Jahren wurde, wie heute auch noch, bevorzugt der US-Dollar gefälscht, und bereits im Juli 1924 hatte Adlers Spezialeinheit dazu beigetragen, fünf verschiedene Banden von russisch-polnischen Emigranten (oder »russisch-polnischen Juden«, wie sie ein leitender Beamter der Wiener Polizei nannte[5]) in Berlin festzunehmen. Im Frühling jenes Jahres waren große Mengen britischer Fünfpfundblüten mit der Seriennummer D.62 in Wien, Budapest und Bratislawa (Preßburg) aufgetaucht; binnen drei Monaten konnte das Hauptquartier der Ganoven in Triest entdeckt und ausgehoben werden.

Im April 1929 brachte die hervorragende Arbeit von Adlers Dezernat der Kommission ihre erste internationale Anerkennung von Kreisen außerhalb der Berufspolizei ein. Damals unterstützte der Völkerbund eine Konferenz in Genf, welche die allererste internationale Konvention zur Bekämpfung der Falschgeldherstellung zum Ergebnis hatte. Mit der Aufgabe, die Vereinbarungen in die Tat umzusetzen, wurde das Antifälscherdezernat der Kommission betraut.

Unter den Delegierten der Kommission bei der Genfer Konferenz befand sich auch ein hagerer, leichenblasser vierzigjähriger belgischer Polizist mit tiefliegenden, stechenden Augen. Sein Name war Florent Louwage. Zwei Jahre zuvor hatte er die Leitung des belgischen NZB übernommen. Über ihn wird in späteren Kapiteln noch eine Menge zu berichten sein.

Im Januar 1925 erschien die Erstausgabe einer regulären Zweiwochenzeitschrift mit dem Titel *International Public Safety (Internationale öffentliche Sicherheit),* deren Herausgeber Oskar Dressler war. Sie wurde in deutsch, französisch, englisch und italienisch gedruckt und war ein brillantes fachjournalistisches Werk. Das Magazin enthielt nicht nur Artikel mit so abwechslungsreichen Titeln wie »Fälschungen von Dollarnoten«, »Gefälschte englische Pfundnoten«, »Hellseher und Kriminalpolizei«, »Scheckbetrug und Scheckbetrüger« und – durchaus faszinierend – »Sex und Befriedigung durch Bahnfahren«. Von weit größerer Bedeutung war, daß darin auch Steckbriefe der wichtigsten, von Mitgliedsstaaten wegen internationaler Verbrechen gesuchter Männer und Frauen aufgelistet waren. Lange bevor das FBI seine berühmten Plakate mit den »zehn meistgesuchten Männern« veröffentlichte, hatte Dresslers Polizeigenius schon diese Idee kreiert.

Er schrieb in der Erstausgabe: »Wir stehen gerade am Beginn unserer Arbeit. Unser Projekt muß organisch wachsen. Wenn wir derzeit Steckbriefe von gesuchten Verbrechern, Adressen verschiedener Polizeibehörden und technische Artikel veröffentlichen, so bedeutet das nicht, daß uns die Ideen ausgegangen sind.«

Das Magazin sollte eine über die Festnahme von Kriminellen hinausgehende nachrichtendienstliche Funktion haben: »Die Polizeibehörden erhalten nicht nur Informationen über Verbrecher, die von den jeweiligen Ländern gesucht werden, sondern erfahren auch sämtliche Aktivitäten aus der Welt des internationalen Verbrechers: was er plant, welche neue Ideen er ersonnen hat, um der Polizei zu entgehen, und dergleichen mehr. Dadurch wird die Polizei in der Lage sein, wertvolle Präventivmaßnahmen zu ergreifen.«

Dressler rief Polizeireviere in allen Mitgliedsstaaten auf, ihm

»Fotografien von gesuchten Verbrechern, vermißten Personen, gestohlenen Gegenständen und dergleichen« zu schicken. Die Veröffentlichung würde gratis erfolgen. »Wenn wir alle gemeinsam auf dasselbe Ziel hinarbeiten, müssen unsere Bemühungen von Erfolg gekrönt sein.«

Kopien der meisten Ausgaben des ersten Auflagenjahres von *Internationale öffentliche Sicherheit* werden in der Bücherei der Interpol-Zentrale in Lyon aufbewahrt. Kein Teil davon ist seit ihrer Erstveröffentlichung im Jahr 1925 je wieder in gedruckter Form erschienen. Sie gewähren einen einzigartigen Einblick in das europäische Verbrechen während der Mittzwanziger und in die Arbeit der jungen Internationalen Kriminalpolizeilichen Kommission.

Es folgen nun fünfzehn typische Beispiele für die vielen Fälle, die sich während der ersten sechs Monate ereigneten. Die Fahndungsersuchen sind in genau dem gleichen Wortlaut wiedergegeben, in dem sie vor fast siebzig Jahren erstmals verfaßt wurden:

Januar 1925:

Sklavenhandel mit Weißen

Otto Polacek (verkehrt auch unter den Namen Dr. Otto Polacek, Pollacek, Polandes und Polace) wird vom unterzeichnenden Gerichtshof gesucht wegen Verführung und Frauenhandels.
Beschreibung der Person: Weniger als mittelgroß, kräftig, dunkelbraune Haare, blasse Gesichtsfarbe, Nase etwas krumm, jüdischer Typ, dunkelbraune Augen, 3 cm lange Narbe über einem Auge, meist glattrasiert, trägt einen großen, goldenen Siegelring an der rechten Hand, trägt im allgemeinen blaue oder violette Seidenwäsche, behält gewöhnlich selbst im Zimmer den Hut auf, spricht fließend deutsch, französisch und spanisch, reist mit einem gefälschten Paß und stellt sich als der argentinische Generalkonsul vor. Sein Auftreten ist ziemlich impertinent, er redet viel, ist geschickt im Umgang mit Wurfmesser und Lasso und sucht Bekanntschaften bei Angehörigen der sozialen Unterschicht.
Er wurde angeblich in Prag geboren und ist im mechanisch-technischen Bereich der Zahnmedizin ausgebildet.
Möglicherweise ist er in Begleitung eines Mädchens mit Namen Frieda Fuchs anzutreffen; letztere ist von mittlerer Größe, sehr

hübsch, frischer Teint, grüne Augen, rotbraune Haare, stammt aus einfachen Provinzkreisen, und ihre Muttersprache ist ein deutsch-österreichischer Dialekt. Nennt ihren Verführer Ditto oder Fell.
Er gibt sie als seine Gattin aus.
Festnahme und Übergabe erbeten.
Landgericht Wels, Abt. IX, 10. Oktober 1924.
[Vier Wochen darauf besagt ein Folgeeintrag, daß er sich inzwischen in Gewahrsam befand – jedoch leider nicht, wo.]

Taschendiebe

Am 9. Oktober 1924 stahlen Taschendiebe im Bahnhof von Verona einem Reisenden auf dem Bahnsteig die Brieftasche. Darin befanden sich 3000 Lire und eine Bahnfahrkarte auf den Namen Dr. Martin Mugdan, geboren am 14. August 1869 in Breslau, sowie ein Reisepaß, ausgestellt von den Münchner Polizeibehörden. Alle Informationen sind an das Polizeihauptquartier in München zu senden.
Polizeidirektion in München, Bayern, Telephon 22-3-31, Nebenstelle 46, Fundamt.

Sexualmord

Krause, Friedrich Otto, geboren am 28. November 1888 in Leipzig, wird vom Reichsgericht Leipzig gesucht wegen Sexualmordes, begangen am 19. Mai 1924 an einem 15jährigen Mädchen. Krause ist von Beruf Maschinist, arbeitet aber nur gelegentlich. Er hat einige Freiheitsstrafen verbüßt und ist ein professioneller Räuber. Er ist 163 cm groß, hat breite Schultern, dunkelblonde Haare, ein ovales Gesicht und mehrere Tätowierungen. Auf der Unterseite des linken Unterarms ist ein Wappen mit einem Anker tätowiert, innerhalb des Ankers die Buchstaben »O.K.«; zwischen Daumen und Zeigefinger der linken Hand ist ein »K«, auf dem linken Handgelenk ein Armband, auf dem rechten Handgelenk ein Stern (dieser ist inzwischen stark verblaßt).
Es ist denkbar, daß Krause ins Ausland geflohen sein könnte. Seine Verhaftung und Überstellung an das Eidgen. Justiz- und Polizeidepartement wird erbeten.
Polizeiab. V.T.

[Elf Monate später erfolgte der Eintrag, daß Krause inzwischen verurteilt und hingerichtet worden war.]

Hoteldieb

In der Nacht des 17. November 1924 wurden einem amerikanischen Geschäftsmann folgende Wertgegenstände in einem Wiener Luxushotel geraubt:
Zwei Reiseschecks, einer über $ 650 und einer über $ 800. Der erste ist mit Harold Sinclair unterschrieben, der zweite mit Lila Sinclair. Diese Schecks wurden von der Bankers Trust Co. ausgestellt. Außerdem wurde folgendes gestohlen: 42 Millionen österreichische Kronen in Banknoten zu 500 000 Kronen, 5000 französische Francs, ein 50-Dollar-Schein; eine Platinbrosche, zirka 5–6 cm lang, 1 cm breit, besetzt mit 9 Diamanten und mehreren Diamantsplittern; ein Perlencollier aus sogenannten Teklaperlen mit goldenem Verschluß.
Der des Verbrechens Verdächtigte ist der angebliche Kaufmann Charles (Karl Sproge) Sproga (auch Sparage), der am 3. April 1889 in Kossov geboren wurde. 1922 hielt er sich vermutlich in Amsterdam auf. Er soll auch in Riga gelebt haben. Am frühen Morgen des 17. November 1924 verließ er plötzlich das Hotel, in welchem der Raub geschah, und ist seither verschwunden. Er gab an, seine Familie in Berlin besuchen zu wollen, bei der er früher wohnte, ist dort aber bisher nicht eingetroffen.
Er ist nach Angaben der Polizeibehörden in Genua mittelgroß, hat ein blasses Gesicht und blondes Haar (Bericht datiert vom August 1922). Dort wurde ein angeblicher Charles Sproga (Vater: Giovanni, Mutter: Maria Wehrmann), geboren am 15. Oktober 1886, als Hoteldieb verhaftet. Die Identität dieses Mannes mit dem Gesuchten wurde nicht voll bestätigt.
Alle Informationen über diesen Fall sollten bitte an die Kriminalpolizei Berlin, Dienststelle B. I,4, weitergeleitet werden.

Unterschlagung

Josef Maria Varela, geboren 1902 in England (wo er seinen ständigen Wohnsitz hat), katholisch, ledig, beschäftigt als Kassier bei Swift & Co. Ltd, Wien I, Schwarzenbergplatz 2, früher wohnhaft in der Preßgasse 1, Wien IV, verließ seinen Arbeits-

platz am 26. Juli 1924 und reiste aus Wien mit all seinen Guthaben ab. Es wird vermutet, daß er nach London ging. Eine Überprüfung seiner Bücher ergab, daß Varela 3100 Dollar und 20 Millionen Kronen an sich nahm und Gelder veruntreute, die an Banken zu liefern gewesen wären. Er manipulierte seine Bücher durch Hinzufügen von Ziffern in seinen Empfangsspalten.
Varela ist mittelgroß, schlank, er hat dunkles Haar, gute Zähne, eine hohe Stirn, er ist glattrasiert und trägt einen randlosen Zwicker.
Der oben Beschriebene ist festzunehmen, und sämtliche Wertgegenstände in seinem Besitz sind ihm abzunehmen.
Alle Informationen bitten wir an das Sicherheitsbüro der Polizeidirektion Wien, Rossauer Lande 7–9, zu senden.

Februar 1925:

Bilderdiebstahl

Am 17. Februar 1925 wurde aus dem Wallraf-Richartz-Museum zu Köln ein Ölgemälde gestohlen. Das Bild zeigte die Heilige Jungfrau; es war 30 cm hoch und 20 cm breit und in einem Rahmen aus schwarzer Eiche gerahmt.
Die heilige Maria ist vor einem Brokatteppich sitzend dargestellt, wie sie das nackte Kind auf ihrem Arm betrachtet. Ihre blonden Locken, die mit einem mit Perlen und anderen kostbaren Steinen besetzten Diadem zusammengebunden sind, fallen ihr über die Schultern. Die rechte Brust ist entblößt. Ihr Mantel fällt über eine steinerne Balustrade, auf der man eine Walnuß erkennt. Zu beiden Seiten des Teppichs sieht man eine Miniaturlandschaft, links ein Schloß auf einem hohen Berg, rechts einen See. Am oberen Rand ist das Bild durch einen Bogen aus Edelsteinen und Ranken in spätgotischer Manier abgeschnitten.
Die Suche nach diesem Gemälde wird ausdrücklich erbeten, und wir bitten dringend, die Presse über den Diebstahl zu unterrichten.
Für die Wiederbeschaffung des Bildes ist eine Belohnung von 1000 Goldmark ausgesetzt, auf die jedoch niemand irgendeinen gesetzlichen Anspruch hat.
Kriminaldirektion Köln, K.D. No. 41.869/I.

Ein gewisser Ray Tewanna, ansonsten bekannt als Häuptling Weißer Elch, wurde unter dem Vorwurf verhaftet, er habe über eine Million italienische Lire gestohlen und seine Hotelrechnung nicht bezahlt.
Nach seiner Festnahme erklärte er, er heiße Edgard La Plante, sei der Sohn der verstorbenen Domegue Verginia und am 17. März 1884 in Woodlawn, Rhode Island, Vereinigte Staaten von Amerika, geboren worden.
La Plante gibt an, er lebe seit 1923 in Europa (London, Paris, Brüssel, Italien und Schweiz) und habe in den Vereinigten Staaten, London, Paris und Brüssel ein professionelles Engagement als Sänger gehabt. In Paris, behauptet er, sei er Filmschauspieler gewesen und habe in dem Paramount-Streifen »The Caravan of the West« unter dem Namen Tewanna Ray oder Häuptling Weißer Elch mitgewirkt.
Er sagt, er sei in Manchester verheiratet. Seine Frau, Ethel Elisabeth Holmes, wohne noch dort in der Albert Road 65 in Levenshulme. Ein Sohn soll bei seiner Frau leben. Der Name des Jungen ist Lislie Tewanna, geboren 1915, Vater unbekannt.
In Italien machte er die Bekanntschaft einer reichen Familie, die er um mehr als eine Million italienische Lire betrog.
In Italien war er in Bari, Florenz, Triest, Venedig, Genua und Turin unter dem Namen Prinz Weißer Elch oder Prinz Tewanna Ray bekannt.
Dieser Mann trägt ein Dokument bei sich, das an Personen »ohne Nationalität« ausgegeben wird und auf den Namen Tewanna Ray oder Häuptling Weißer Elch ausgestellt ist. Das Schriftstück wurde vom Chefinspektor des Innenministeriums, London, S.W.1, am 14. Mai 1924 ausgefertigt.
Informationen über oben beschriebene Person erbittet die Kantonsgendarmerie in Bellinzona, Kanton Tessin, Schweiz, No. 46, Br.z. 19. Januar 1925.

März 1925:

Internationale öffentliche Sicherheit ermöglicht Festnahme von Hoteldieb

Nach Informationen vom Polizeihauptquartier in Danzig wurde in dieser Stadt ein gewisser Charles Sproga verhaftet. Seine Festnahme wurde möglich durch die Veröffentlichung seines Steckbriefs in »International Public Safety« in Ausgabe 1/25 unter Fall Nummer 22. Sproga ist ein gefährlicher Hoteldieb. Neben den in seiner Ausschreibung zur Fahndung aufgeführten Straftaten hat Sproga offenbar noch mehrere Hoteldiebstähle in Wien und auch in anderen Ländern begangen.
Wir berichten mit Freude, daß diese Festnahme aufgrund der in unserem Journal gemachten Ankündigung erfolgte. Dies ist nur ein weiteres Beispiel, wie nützlich, ja, wie notwendig ein internationales Journal ist, das sich mit der Suche nach Verbrechern und vermißten oder gesuchten Personen befaßt.

Mörderin

Wijman Antonia, geboren in Wamel am 31. August 1881, Ehefrau von W. Siebers, wohnhaft in Herzogenbusch, Holland, ist flüchtig seit dem 20. März 1925, nachdem sie ihre beiden Kinder im Alter von zwei und vier Jahren getötet hat.
Die Gesuchte ist klein und etwas bucklig, sie trägt ein hellblaues Trägerkleid mit violetten Streifen an Hals und Taille und zwei Troddeln an der Brust, Schuhe mit polierter Oberseite, schwarze Strümpfe und keine Kopfbedeckung.
Eine gründliche Suche mit abschließender Verhaftung und sofortiger telegraphischer Nachricht hiervon wird dringend erbeten.
Herzogenbusch (Holland), 3. April 1925. Der Polizeikommissar.
[Binnen zwei Monaten erfolgte ihre Verhaftung.]

April 1925:

Veruntreuer

Kardamakis Mikulas (Nikolaus), geboren am 23. April 1898 in Mulet, Bezirk Chania auf Kreta, ständiger Wohnsitz in Grie-

chenland, hat eine große Anzahl Schecks veruntreut, die der »American Express Company« in Athen gehören. Der Gesuchte ist 160 cm groß, hat schwarzes Haar und einen ebensolchen Bart, dunkelbraune Augen, wulstige Lippen. 1000 Dollar Belohnung werden für seine Festnahme bezahlt, 1000 Dollar des zurückgebrachten Geldes stellen die Zahlungsgarantie. (418.417.)
Polizeidirektion in Prag.

Ein rätselhafter Unbekannter
Wer weiß etwas über ihn?

Vor ungefähr fünf Jahren setzte ein ausländisches Schiff bei der Mündung des Tejo einen Matrosen an Land. Er wurde von der Polizei als unerwünschte Person aufgegriffen, denn er streunte in den Straßen herum und schlief an öffentlichen Orten. Aufgefordert, sich auszuweisen, gab er seinen Namen und seine Nationalität auf einem Zettel mit Ivan Cuichusa, rumänischer Staatsbürger, an.
Er wurde ins Zivilgefängnis von Lissabon gebracht, wo er kein einziges Wort sprach, obwohl eine medizinische Untersuchung ergab, daß er weder taub noch stumm war. Sein Betragen im Gefängnis war gut, sowohl seinen Aufsehern als auch seinen Mitgefangenen gegenüber, und er hat alle von ihm verlangten Arbeiten ausgeführt.
In Anbetracht seiner guten Führung hat der Justizminister seine Freilassung angeordnet. Als man ihn jedoch aufforderte, zu gehen und einen Geldbetrag anzunehmen, den seine Mithäftlinge für ihn gesammelt hatten, lehnte er sowohl das Geld als auch seine Freiheit kategorisch ab. Er wünschte im Gefängnis zu bleiben und wollte keine finanzielle Unterstützung haben. Der Mann bekam schließlich eine Arbeit als Küchenhelfer.
Der rumänische Konsul konnte keine Angaben zu dieser rätselhaften Person machen. Die Kriminalpolizei in Lissabon hat Anfragen an alle ausländischen Polizeidienststellen gerichtet, insbesondere an die rumänischen, aber bislang keine Informationen erhalten, die die Identität des Mannes, der sich in ihrem Gewahrsam befindet, klären könnten.
Policia Investigação Criminal,
Lissabon, 7. April 1925.

Mai 1925:

Vermißt

Seit dem 2. April 1924 wird der Lehrling Walter Bütow (siehe Foto), geboren am 17. Dezember 1904 in Berlin, vermißt. Er ist 180–182 cm groß, dunkelblond, glattrasiert, schlank, hat dunkelbraune Augen, ein vollständiges Gebiß, ein sonnengegerbtes Gesicht. Er hat eine Narbe über dem rechten Auge und dem rechten Nasenflügel. Er trug einen dunkelblauen Mantel mit schwarzem Pelzkragen, einen grünen Schlapphut, einen Anzug aus braunem Mischgewebe, spitze Halbschuhe, gemusterte Strümpfe und ein weißes Hemd. Er spricht deutsch, englisch und französisch. Bütow ist ein Spieler und hatte die Absicht, nach Amerika auszuwandern. In seinem Besitz befanden sich etwa 450 Mark.

Es besteht auch die Möglichkeit, daß er in Homosexuellenkreise geraten ist. Es wird dringend gebeten, die Suche nach Bütow aufzunehmen und, falls man ihn findet, ihn in Gewahrsam zu nehmen. Informationen sollten an die Nachrichtenstelle über Vermißte und unbekannte Tote beim Polizeipräsidium, Berlin, Fall No. 2160 IV ko. 3. 24, gesandt werden.

[Zwei Monate später erfolgte der knappe Hinweis, daß dieser Eintrag »nicht länger gültig« sei.]

Nicht identifizierte Leiche

Am 31. Januar 1925 wurde der nachfolgend beschriebene Mann bewußtlos im Dresdner Hauptbahnhof aufgefunden und ins Krankenhaus gebracht, wo er am 3. Februar starb, ohne das Bewußtsein wiedererlangt zu haben.

Beschreibung: Etwa 35 Jahre alt, 170 cm groß, kräftige, untersetzte Statur, vollständiges Gebiß in gutem Zustand, blonde Augenbrauen und Haare, blaugraue Augen. Auf Höhe des linken Ringfingers hat er auf dem Handrücken eine Narbe; rechts am Bauch eine 24 cm lange Operationsnarbe; am rechten Knie eine weitere, H-förmige Operationsnarbe; die Kniescheibe wurde bei einer Operation entfernt; am linken Schienbein ist eine krumme Narbe von 23 cm Länge, und das rechte Bein ist 7,5 cm kürzer als das linke.

Der Tote war bekleidet mit einem weißen Unterhemd, einem weiß-blau gestreiften Hemd, weißen Unterhosen, einem weichen, weißen Umschlagkragen mit schmalen, schwarzen Streifen, einem dunkelbraunen Anzug mit rötlichen Längsstreifen, einem dunkelgrauen Paletot mit grauen und hellbraunen Nadelstreifen, einem weichen, braunen Filzhut mit breiter, vorstehender Krempe und hellbraunem Band, schwarzen Schnürschuhen, der rechte mit einer hohen orthopädischen Einlage. Er trug einen breiten, schwarzen Ledergürtel mit einer Schnalle aus Echtsilber sowie eine Gestellbrille mit grünen Gläsern und goldenem Steg. In seinem Besitz fanden sich ein Fahrradschein für Mitteldeutschland, ein Reiseführer über das Erzgebirge, ein vernickeltes Trinkgefäß und vier mit M. M. markierte, kleine Schlüssel. In einem Schrankkoffer, den er bei sich hatte, waren drei gute Anzüge und neue, mit E. L. gekennzeichnete Leibwäsche.
Informationen, die zur Identifizierung des Mannes führen, sollten bitte an U. T. m. 25/25 geschickt werden.
Landeskriminalamt Dresden, 28. April 1925.
[Im Dezember kam die Nachricht, daß er als der Kaufmann Ernst Leitritz aus Frankfurt identifiziert worden war. Über die Umstände seines Todes wurden keine Angaben gemacht.]

Juni 1925:

Vermißt
25 Millionen österreichische Kronen Belohnung

Egon Heimann, Kürschnerlehrling, geboren in Wien am 15. Januar 1908, ständiger Wohnsitz in Wien, jüdisch, ledig, verließ das Elternhaus im V. Bezirk, Stollberggasse 21, am Nachmittag des 4. Mai 1925 um halb zwei und ist seitdem verschwunden. Der Junge ist groß, hat ein ovales Gesicht, blondes, gelocktes Haar, Scheitel weit links, blaugraue Augen, gute Zähne, hellblonde, über der Nase zusammengewachsene Augenbrauen. Er war bekleidet mit einem dunkelblauen Sackmantel, schwarzer Krawatte, grauem Raglanpullover und graubraunem Hut.
Der Junge sollte in Gewahrsam genommen werden, sobald man seiner ansichtig wird. Seine Eltern haben eine Belohnung von 25 Millionen österreichischen Kronen ausgesetzt, falls man ihn lebend findet.

Mitteilungen sollten an das Sicherheitsbüro der Polizeidirektion in Wien gerichtet werden.

Gesucht

Turk, Josef Franz, Sohn von Josef Turk und Walburga (geborene Schmidt), wird vom Badischen Landespolizeiamt, Deutschland, gesucht. Er ist von Beruf Tapezierer, gibt sich jedoch als Uhrenhändler aus; geboren am 16. Juni 1892 in Baden-Baden, geschieden. Er wurde schon früher wegen Betrugs und Diebstahls zu Haftstrafen verurteilt. In jüngster Zeit soll er in München, in der Schweiz und in Brasilien gewesen sein. Dabei wird allerdings nur vermutet, daß er sich in der Schweiz oder in Brasilien aufgehalten hat. Er ist ein Betrüger, der so vorgeht, daß er sich für gekaufte Waren Kredit geben läßt und sie dann nicht bezahlt. Im November 1924 betrog er mehrere Uhrenfabrikanten um die Summe von 3000 Mark. Er ließ sich große Posten von Waren (Uhren) zusenden, verkaufte die Waren anschließend oder ließ sie durch einen Mittelsmann veräußern und floh mit dem Erlös.
Ein Haftbefehl wurde gegen ihn vom Amtsgericht (Baden) mit Datum vom 1. April 1925 ausgestellt; Haftbefehl ausgestellt von der Staatsanwaltschaft Offenburg A (Tr) unter Fall No. 285/24. Sollte der Gesuchte in der Schweiz festgenommen werden, so wird seine Überstellung an die unterzeichnete Behörde erbeten. Tatsächlich wurde Turk am 6. April 1925 von der Schweiz ausgeliefert, ihm gelang jedoch die Flucht, nachdem er deutsches Territorium erreicht hatte.
Badisches Landespolizeiamt, Abt. Erkennungsdienst.

Der Kommission ging bereits ein solcher Ruf voraus, daß, obwohl Kanada erst 1949 der Organisation beitrat, im Februar 1925 eine lange, detaillierte Anfrage vom Polizeipräsidenten von Winnipeg einging, in der er tausend Dollar Belohnung für Hinweise bot, die zur Festnahme eines Finanziers namens Joseph Xavier Hearst alias Nathaniel Hirsch führten. Dieser war mit unbekanntem Ziel ins Ausland »gereist«, nachdem er sich mit einem »gut geplanten und über zwei Jahre lang ausgeführten Betrug« fünfhunderttausend Dollar verschafft hatte.

Der Wortlaut des Eintrags (gedruckt ohne Einwände von seiten

Dresslers) zeigt, daß zur Mitte der zwanziger Jahre nicht nur österreichische Polizeibeamte antisemitischer Tendenzen bezichtigt werden konnten. So beschrieb der gute Polizeipräsident Chris H. Newton aus Winnipeg diesen Gesuchten als »sehr gerissen, wichtigtuerisch, egoistisch und streitsüchtig. Jüdische Nationalität [von der Tatsache abgesehen, daß es so etwas nicht gibt!], läßt jedoch keine dieser Eigenschaften im Gesicht oder Verhalten erkennen.«

Die zweite große Innovation des Generalsekretärs, die internationale kriminalpolizeiliche Informationssammlung, erwies sich als ebenso erfolgreich wie sein Magazin *Internationale öffentliche Sicherheit* mit den darin enthaltenen nützlichen Berichten und Listen von gesuchten Personen.

1933, im Jahr des zehnjährigen Bestehens der Kommission, ordnete er eine Inventur der Karteikarten an. Das Ergebnis war umwerfend: Es zeigte, daß nicht weniger als 3240 Verbrecher international in der Welt operierten, die meisten davon in Europa.

Und ihre Aufgliederung nach ihrem »Gewerbe« war nicht minder interessant: 47 Geldschrankknacker, 23 Haus- und Wohnungseinbrecher, 104 andere Einbrecher, 10 Bankbetrüger, 73 Schaufenstereinbrecher, 86 Falschspieler, 77 Urkundenfälscher, 6 Museums- und Kirchendiebe, 29 Zugräuber, 138 Trickbetrüger, 13 Imitationenhändler, 1248 Taschendiebe, 58 Hoteldiebe, 14 bewaffnete Räuber, 296 andere Räuber, 19 Hehler, 52 Wirtschaftsbetrüger, 13 Heiratsschwindler, 127 Scheckbetrüger, 124 Personen, die gefälschte Schecks in Umlauf brachten, 21 Personen, die gefälschte Akkreditive in Umlauf brachten, 7 Personen, die gefälschte Spielchips in Umlauf brachten, 2 Versicherungsbetrüger, 320 andere Betrüger, 27 Vergewaltiger, 11 Frauenhändler, 26 Drogenhändler, 269 weitere Gesetzesbrecher.

Das Bild, das vom länderübergreifenden Verbrechen im Europa jener Tage entsteht, ist vielleicht das Gegenteil dessen, was wohl die meisten erwartet hätten: sehr wenig Gewalt, wenige brutale bewaffnete Gangster, wie sie damals die amerikanische Szene beherrschten, so gut wie kein organisiertes Verbrechen im Stil der Mafia, keine großen Banden von plündernden Gewaltverbrechern – dafür aber ziemlich viele kleine Ganoven, Schwindler und Betrüger, Hochstapler und Wanderdiebe, deren zahlenmäßig stärkste Gruppe die Taschendiebe stellten.

Johann Schober war im August des Vorjahres noch in Ausübung seines Amts verstorben. Nächster Präsident wurde Franz Brendl, der auch die Nachfolge als Wiener Polizeichef angetreten hatte: ein fähiger, aber weit weniger dynamischer Funktionär. Der Wechsel diente nur dazu, Oskar Dresslers Position als eigentlicher Chef zu festigen.

Doch im Januar 1933 hatten der aus Österreich gebürtige Adolf Hitler und seine Nazipartei die Macht in Deutschland übernommen. Hitler hatte schon lange aus seinen ehrgeizigen Plänen kein Hehl gemacht, Deutschland und Österreich zu einer großen Nation von Menschen derselben Sprache und desselben »Rassenerbes« zu vereinen. Die Zukunft des kleinen, wehrlosen Österreich als selbständiger Staat war ernstlich in Gefahr, Wiens Status als freie Hauptstadt nicht länger gesichert.

Die Internationale Kriminalpolizeiliche Kommission ging schwierigen Zeiten entgegen.

4. Kapitel
Die Kommission und die Politik (1923 bis 1939)

Blenden wir noch einmal in den September 1923 zurück, als die Internationale Kriminalpolizeiliche Kommission (IKPK) ihre Arbeit aufnahm.

Keine internationale Organisation kann auf eine lange Zukunft hoffen, wenn man erkannt hat, daß sie sich in die inneren Angelegenheiten ihrer Mitgliedsstaaten einmischt. Ein solcher Passus ist ausdrücklich in der Charta der Vereinten Nationen und war davor in der Satzung des Völkerbundes festgeschrieben: Selbst im Golfkrieg von 1991 waren die Führer der alliierten Truppenverbände der UNO, die gegen den Irak kämpften, trotz aller wütenden verbalen Proteste gegen Saddam Husseins entsetzliche »Kriegsverbrechen« sehr auf Verlautbarungen bedacht, in denen geäußert wurde, daß man keinen Groll gegen das irakische Volk hege und auch, daß man sich nicht in die innerirakischen Angelegenheiten einzumischen gedenke.

Handelt es sich um eine internationale Organisation der *Polizei*, so gilt dieses Prinzip der politischen Nichteinmischung einem bestimmten Zweck: nämlich daß man nicht selbst in politische

Verbrechen involviert wird, das heißt Verbrechen, in die die Innenpolitik von Mitgliedsstaaten verwickelt ist. Der Grund ist einfach: Länder wären wohl bereit, gemeinsam auf internationaler Ebene das zu bekämpfen, was die Experten als »gewöhnliches Verbrechen« bezeichnen, doch kein souveräner Staat wird eine internationale Organisation dulden, die sich mit seinen politisch motivierten Verbrechen zu beschäftigen droht. Dies betrachtet man als eigene Angelegenheit – eine zwangsläufige Begleiterscheinung nationaler Souveränität.

Hochrangige Polizeibeamte haben daher immer versucht, eine Trennlinie zu ziehen zwischen dem politischen Verbrechen (wie es von Terroristen, politisch motivierten Mördern und Anarchisten verübt wird) und dem, was Sir Ronald Howe, für viele Jahre Großbritanniens ständiger Vertreter bei Interpol, als »jene Verbrechen im allgemein gesetzeswidrigen Sinne wie Mord, Brandstiftung, Diebstahl, Gewalt und Drogenhandel« bezeichnete.

Jean Nepote, der brillante französische Polizeiadministrator und während dreier Jahrzehnte nach dem Zweiten Weltkrieg die führende Persönlichkeit von Interpol, griff dieses Thema in einem Vortrag vor britischen Polizeikräften im September 1977 auf: »Keine Gesellschaft kann Diebe, Mörder, Betrüger oder Fälscher tolerieren, und aus diesem Grund befaßt sich die internationale Kooperation der Polizei mit Strafrechtsverstößen allgemeiner Natur. Zwar gibt es Grenzfälle, etwa wenn Verbrechen vermutlich aus politischen Motiven begangen werden, und die Zahl solcher Fälle ist in den letzten zwanzig Jahren erheblich gestiegen. Eine Zusammenarbeit kann es jedoch nur in bezug auf Verstöße gegen das normale Strafrecht geben.«

Und so hat die moderne Interpol stets das Bild verbreitet, man habe sich von Anfang an verpflichtet, sich aus der nationalen Politik herauszuhalten.

Das stimmt aber nicht ganz.

Hohe Interpol-Beamte haben in den Jahren nach dem Zweiten Weltkrieg eine ständige Schönfärberei betrieben, was die Vorkriegsperiode betrifft. Die Satzung der Kommission von 1923 schwieg sich vollkommen über die Frage nach politischen Verbrechen aus – auf die eine oder andere Weise.

In der heutigen Satzung der Interpol aus dem Jahr 1956 ist folgendes festgelegt (was, wie wir noch sehen werden, immense Probleme aufgeworfen hat!): »Es ist der Organisation streng verboten, irgendwelche Interventionen oder Aktivitäten politischer, militärischer, religiöser oder rassischer Natur durchzuführen.« Der beliebte Mythos, den die Interpol der Nachkriegsära und ihre leitenden Beamten pflegten, besagt, daß auch die ursprüngliche Kommission jene Grundvoraussetzung erfüllte. Sie tat es nicht.

Marcel Sicot, Generalsekretär von 1951 bis 1963, betont in seinen Memoiren *»A la Barre de l'Interpol«* ausdrücklich: »Die Satzung der Kommission verbot es der Organisation, sich mit politischen Fragen zu beschäftigen.« Sir Ronald Howe ging in seinem eigenen Rückblick noch weiter: Um seine Ansicht durchzusetzen, schrieb er die Satzung von 1923 neu.

Denn er übersetzte den Text wie folgt: »Ziel der Organisation ist es ... alle Institutionen auf- und auszubauen, die einen Beitrag zur wirksamen Bekämpfung des gewöhnlichen Verbrechens zu leisten imstande sind« – wo der betreffende Paragraph in Wahrheit besagt, daß sich die Kommission verpflichte, alles Notwendige zu tun, »um den Kampf gegen Verbrecher voranzutreiben«. Es gab keinerlei Einschränkung hinsichtlich der Art des Verbrechers. In der Tat tauchen die Worte »gewöhnliches Verbrechen« oder etwas Vergleichbares in den zehn Artikeln der Satzung nirgends auf.

Die Wahrheit sieht so aus, daß man die Position vorsätzlich vage formulierte. Schober war nicht dumm. Zweifellos sagte er vor dem im September 1923 in Wien versammelten Kongreß in seiner programmatischen Rede: »Das Ziel, welches wir mit der Schaffung der Kommission verfolgen, ist frei von allen politischen Ambitionen. Unser Bemühen ist rein ziviler Natur, denn wir wenden uns einzig gegen den gemeinsamen Feind jeder menschlichen Gesellschaft, den allgemeinen Kriminellen.«

Doch er vermied es, daß ihm durch Aufnahme dieser Einschränkung in die Satzung die Hände gebunden wurden. Er war ein listiger Fuchs im mittleren Alter, der sich durch die Dornbüsche und Disteln des Gestrüpps der mitteleuropäischen Politik schlich. Nach den Worten Professor Malcolm Andersons »förderte die starke Tradition des Polizeistaats in Österreich und den Nachfolgestaaten den Glauben, daß die polizeiliche Zusammenarbeit bei der Aufrechterhaltung der politischen Stabilität in Mitteleuropa eine Rolle spielte«. Schober brauchte seine Organisation, die noch in den Kinderschuhen steckte, um sich soviel Handlungsfreiheit wie möglich zu verschaffen.

Heute gedenkt man seiner nur als des Gründers von Interpol und ihrem ersten Präsidenten: Seine Bronzebüste hat auf der rechten Seite des Eingangs zur modernen Zentrale in Lyon einen Ehrenplatz. Zu seinen Lebzeiten war er indes weit mehr als bloß ein hoher Polizeibeamter.

Als er im August 1932 nach langer, schwerer Krankheit (wahrscheinlich Krebs) starb, schrieb die Londoner *Times,* daß er »eine prominente Position in der österreichischen Politik seit dem Sturz der Doppelmonarchie innegehabt« habe. Während er weiterhin das Amt des Präsidenten der »unpolitischen« Kommission bekleidete, war er zum zweitenmal Kanzler seines Landes (1929/30), danach Abgeordneter des österreichischen Parlaments und von Dezember 1930 bis Februar 1932 Vizekanzler und Außenminister.

Es war klar, daß unter einem solchen Mann (und angesichts der gesamten Struktur jeder Organisation, bei der er seine Finger im Spiel hatte) die Rolle der Polizei hauptsächlich darin bestand, die etablierte Ordnung inmitten des politischen und wirtschaftlichen Chaos im Europa der Nachkriegszeit aufrechtzuerhalten. Demzufolge gab er als Wiener Polizeichef im Juli 1927 seinen Männern den Befehl, in eine Menge aufgebrachter Sozialisten zu feuern, die vor dem Justizpalast demonstrierten; dabei wurden sechsundachtzig Männer, Frauen und Kinder getötet. »Die sozialistischen Zeitungen nannten ihn einen brutalen Mörder, und bei Protestmärschen der Arbeiter konnte man sein Bildnis an einem Galgen hängen sehen«, stand später in seinem Nachruf in der Londoner *Times* zu lesen. »Schober war einer der größten Schweinehunde, die je gelebt haben«, erzählte mir im August 1991 in London ein Überlebender jenes Vorfalls, noch immer mit Bitterkeit in der Stimme.

Niemand erwartete von Schobers Kommission etwas anderes, als daß sie die bestehende Machtkonstellation unterstützte. Die Sowjetunion trat der Kommission nicht bei, weil ihre Führer Kommunisten waren: Sie wußten, daß die »unpolitische« Kommission genauso Partei ergriff wie ihre eigene Polizei – nur in entgegengesetzter Weise.

Tatsache ist, daß man sich bei der Kommission überhaupt nicht abgeneigt zeigte, als ihr gegenüber der Wunsch geäußert wurde, bei der Untersuchung dessen zu helfen, was durchaus als »politisches Verbrechen« bezeichnet werden könnte. Und – bleiben wir fair – viele werden wahrscheinlich sagen: »Warum auch nicht?«

Beispiele aus den zwanziger und dreißiger Jahren sind nicht

leicht zu finden: Die Dokumentation ist dürftig, und wie wir im vorigen Kapitel gesehen haben, war die Kommission hauptsächlich an mehr oder minder gewaltlosen Formen des Verbrechens interessiert.

Doch hier ist ein unwiderlegbares Zeugnis aus Schobers Lebzeiten:

In der Neujahrsnacht 1931 machten sich Unbekannte an einer Eisenbahnstrecke etwa dreißig Kilometer vor Wien zu schaffen; wie durch ein Wunder wurde niemand ernsthaft verletzt. Einen Monat später verursachten an einem anderen Streckenabschnitt der Österreichischen Reichsbahn auf die Schienen gebundene Holzblöcke die Entgleisung der ersten Waggons eines Zuges; es gab zwar einige Verletzte, jedoch keine Toten. Im April 1931 brachten rund fünfzig Kilometer vor Berlin zwei Sprengsätze einen Güterzug zum Entgleisen; wieder gab es keine Todesopfer. Doch endlich hatten die Verbrecher »Erfolg«: Im September 1931 gelang es ihnen, einen Schnellzug von Wien vierzig Kilometer vor der ungarischen Hauptstadt Budapest zu sprengen, wobei zahllose Reisende verletzt und über zwanzig getötet wurden.

In allen drei Ländern hatte die Polizei keine Anhaltspunkte bezüglich der Identität der Täter. »Gewöhnliche« Verbrecher schieden ganz sicher aus. Niemand hatte die einzelnen Eisenbahnpräsidenten gewarnt: »Zahlen Sie uns soundso viele Millionen, oder auf Ihre Züge werden Attentate verübt!« Diese Taten konnten nur politisch motiviert sein.

Doch alle drei Polizeitruppen kooperierten ohne zu zögern – und das mit Recht! – über das Internationale Büro in Wien. Die politischen Querelen hielten sie nicht davon ab.

Schließlich kam der Durchbruch: Sylvestre Matuska, ein gutgekleideter Ungar, der in Wien lebte, ging in Budapest zur Polizei und sagte, er sei in dem gesprengten Zug gewesen und habe sein Gepäck verloren; ob irgendeine Chance bestünde, es zurückzubekommen.

Das war überaus kühn, denn wie sich herausstellte, handelte es sich bei ihm um einen der für die Anschläge verantwortlichen Männer.

Die Budapester Polizei, durch die Kommission mit präzisen Informationen von ihren deutschen und österreichischen Kollegen versorgt, verhörte ihn mehrere Tage lang, bis er endlich gestand. Er war ein eleganter, kleiner Mann, und als man ihn durchsuchte, fand man in seiner Jackentasche eine kleine Kleiderbürste. Sie wies Spuren desselben Sprengstoffs auf, wie er bei dem Attentat auf den Zug verwendet wurde, in dem sein Gepäck »verlorengegangen« war.

Warum hatte er so viele unschuldige Menschen in den Tod gestürzt? Als überzeugter Kommunist, der alle kapitalistischen Regierungen haßte, wollte er beweisen, daß diese unfähig waren, ihre Bürger zu schützen.

Nach dem Zusammenbruch des Habsburgerreichs im November 1918 verlangten viele Menschen in Österreich den Anschluß an die neue deutsche Republik. Doch dies verboten die Friedensverträge von Versailles und Saint-Germain.

Dennoch gärte es während der gesamten zwanziger Jahre und danach in beiden Ländern weiterhin auf breiter Front.

Johann Schober, Interpols »unpolitischer« erster Präsident, einigte sich in seiner Eigenschaft als österreichischer Vizekanzler und Außenminister mit dem deutschen Außenminister im März 1931 auf die Gründung einer Zollunion zwischen ihren beiden Ländern. Es konnte nur ein erster Schritt bis zu einer völligen politischen Union sein. Der Protest Frankreichs und seiner europäischen Verbündeten folgte postwendend, und bei einer Versammlung des Völkerbunds im September jenes Jahres mußte ein kleinlauter Schober öffentlich Abbitte leisten.

Doch nach der Machtübernahme in Deutschland durch Hitler und die NSDAP im Januar 1933 wurde die Forderung nach dem »Anschluß« Österreichs stetig lauter. Im Juli 1934 schlug ein Putschversuch der Nazis gegen die österreichische Regierung fehl, aber Österreichs Kanzler Dollfuß hatte dabei so schwere Schußverletzungen erlitten, daß er kurz darauf verblutete. Die Unabhängigkeit des Landes war bedroht, die Annexion durch die Deutschen nur noch eine Frage der Zeit.

Unter diesem Aspekt stimmte 1934 in Wien die Generalversammlung der Kommission mit überwältigender Mehrheit für eine Resolution, die – für einen Probezeitraum von fünf Jahren – vorsah, als Präsidenten automatisch den amtierenden Polizeichef von Wien zu bestimmen. Nach Schobers Tod war damals der Leiter der Wiener Polizei sein Nachfolger geworden, und diesen hatte zwei Jahre später wiederum ein Wiener ersetzt; eine diesbezügliche gesetzliche Regelung bestand jedoch nicht.

Viele leitende Polizeibeamte, von ihren Regierungen ganz zu schweigen, waren nicht eben glücklich bei dem Gedanken, daß angesichts der bevorstehenden Vereinigung von Österreich und Deutschland die Kontrolle über die einzige internationale Polizeiorganisation der Welt in deutsche Hände übergehen würde. Nun konnten sie sich wenigstens ein bißchen entspannen: Schließlich hatte man im kommissionseigenen Regelwerk festgelegt, daß der leitende Amtsinhaber österreichischer Staatsbürger bleiben mußte.

Und der wahre Kopf der Kommission war natürlich nach wie vor der österreichische Generalsekretär Oskar Dressler, der innerhalb eines Monats zeigte, daß auch er den Nazis zumindest nicht gänzlich ablehnend gegenüberstand.

Denn trotz der angeblichen Nichtverfolgung von politischen Verbrechen durch die Kommission erlaubte Dressler 1934 der französischen Polizei, den Dienstweg der Organisation zu benutzen, um ausgerechnet ihre deutschen Kollegen vor einem Mordanschlag auf Adolf Hitler zu warnen.

Die Einzelheiten sind unklar, aber die Franzosen hatten Informationen erhalten, daß eine in Deutschland geborene Frau namens Ruth Charles, die für eine britische Firma arbeitete, welche mit der Sowjetunion Geschäfte tätigte, versucht hatte, Kontakt zu deutschen Exilkommunisten im Saarland herzustellen. Dieses Gebiet im Rheinland zwischen Frankreich und Deutschland oblag damals dem Mandat des Völkerbunds, wurde jedoch von der französischen Polizei kontrolliert. Die Franzosen verfügten offensichtlich über eindeutige Hinweise, die sie mit einem Attentatsversuch gegen den deutschen »Führer« in Verbindung brachten.

Wie auch immer es sich in Wahrheit verhielt – Hitlers damaliger Chef der Staatspolizei sah sich bemüßigt, einen überschwenglichen Brief zu schreiben, der in den Archiven des französischen NZB in Paris aufbewahrt wird und worin er seinen »allerherzlichsten Dank für die Hinweise, die Sie mir freundlicherweise zu dem geplanten Anschlag auf das Leben des Führers zukommen ließen«, ausdrückt.

Im selben Monat lieferte die »unpolitische« Kommission ein weiteres Beispiel für ihre Bereitschaft, sich bei der Suche nach den Hintermännern einer Tat zu engagieren, die man ohne weiteres als »politisches« Verbrechen betrachten könnte. Am Nachmittag des 9. Oktober 1934 wurden König Alexander von Jugoslawien und der französische Außenminister Louis Barthou in den Straßen von Marseille niedergeschossen, kurz nachdem der König zu einem Staatsbesuch eingetroffen war. Petrud Kaleman, ein junger kroatischer Fanatiker, sprang auf das Trittbrett ihres Wagens und feuerte einen Kugelhagel aus einer automatischen Waffe ab. König Alexander war auf der Stelle tot, der blutüberströmte Barthou lebte noch eine Stunde. Kaleman wurde von der Polizeieskorte buchstäblich zu Tode geprügelt; eine Szenerie des Grauens spielte sich in der französischen Hafenstadt ab.

Aber dies war nicht die Tat eines einzelnen. Kaleman gehörte zu einer kleinen Gruppe glühender »Volkspatrioten«: die Taschen voller Geld, sehr mobil, ausgestattet mit falschen Pässen und erstklassigen Waffen – und mit einer ausgezeichneten Organisation im Rücken. Drei Mitverschwörer wurden in Frankreich festgenommen, zwei weitere mit Hilfe der Kommission in Turin dingfest gemacht.

Dann kam die zynische Wendung: Die »unpolitische« Kommission hatte zu ihrer Verhaftung beigetragen, doch die italienische Regierung verweigerte ihre Auslieferung – aus politischen Gründen. Mussolini, Italiens faschistischer Diktator, hegte Gebietsansprüche auf den Nordteil Jugoslawiens. Er war kein Freund von König Alexander, also gewährte er den Mördern politisches Asyl.

Was Winston Churchill »den dräuenden Sturm« nannte, der in Angst und Entsetzen des Zweiten Weltkriegs kulminierte, begann sich allmählich in der Tätigkeit der Kommission abzuzeichnen. So schrieb Sir Ronald Howe in seinen Erinnerungen: »Während die Deutschen bisher angesehene Berufspolizisten als Delegierte zu den Hauptversammlungen der Kommission entsandten, begannen sie nun vielversprechende junge Nazischergen zu schicken.«

Ein solcher Mann war Kurt Daluege, der im Juni 1935 zur Generalversammlung in Kopenhagen in einem eindrucksvollen Mercedes-Coupé vorfuhr und die hellgrüne Uniform eines Polizeigenerals trug. Als man ihn fragte, wie er einen so hohen Rang in der deutschen Polizei erlangt habe, erwiderte er: »Meine wichtigste Qualifikation ist die, daß ich im Moabiter Gefängnis in Berlin beinahe jede Zelle kennengelernt habe.« (Er endete ungefähr zehn Jahre später an einem Galgen in Prag, hingerichtet wegen Kriegsverbrechen, die er als Hitlers letzter Statthalter des Reichsprotektorats Böhmen und Mähren begangen hatte.)

Bei zwei anderen Generalversammlungen war Hitler-Deutschland durch Graf Wolf-Heinrich von Helldorf, den Polizeipräsidenten von Potsdam und später von Berlin, vertreten. Er verdankte seinen Aufstieg in erster Linie einer antisemitischen Einstellung und dem erklärten Ziel, Synagogen niederzubrennen. Doch muß gesagt werden, daß er schließlich – nachdem sich immer mehr abzuzeichnen begann, daß der Krieg verloren war – wegen seiner Beteiligung am fehlgeschlagenen Attentat auf Hitler am 20. Juli 1944 zum Tod durch Erdrosseln verurteilt wurde.

Zwei weitere Hitler-Nominierte für die Interpol-Generalversammlungen waren der Kriminalpolizeichef Arthur Nebe (später ebenfalls wegen seiner Teilnahme am Mordkomplott gegen Hitler durch Erdrosseln hingerichtet) und Karl Zindel, Beauftragter für Polizeifragen beim deutschen Innenminister. Der hohe Polizeibeamte Harry Soderman bezeichnete diese beiden Männer später als »sehr harmlose Nazis« – ein seltsamer Ausdruck, den der verdienstvolle Schwede da gebrauchte.

Abgesehen von der wachsenden Bedrohung durch die deutsche Vorherrschaft waren die dreißiger Jahre für die Kommission eine Phase der Expansion und des stetig steigenden Prestiges.

Mit Beginn des Jahres 1938, im fünfzehnten Jahr ihres Bestehens, hatte sich die Zahl der Mitgliedsstaaten mehr als verdoppelt. Wenngleich sie noch immer eine überwiegend europäische Organisation war und nur ein Land aus Lateinamerika (Ecuador) vertreten war, las sich ihre Mitgliedsliste sehr eindrucksvoll. Insgesamt gehörten ihr nun vierunddreißig Staaten an: Ägypten, Belgien, Bulgarien, Chile, China, Dänemark, Deutschland, Ecuador, Finnland, Frankreich, die Freie Stadt Danzig, Griechenland, Großbritannien, Irland, Italien, Jugoslawien, Lettland, Litauen, Luxemburg, die Niederlande, Niederländisch-Ostindien, Niederländisch-Westindien (Niederländische Antillen), Norwegen, Österreich, Persien (Iran), Polen, Portugal, Rumänien, Spanien, Schweden, die Schweiz, die Tschechoslowakei, die Türkei und Ungarn.

1935 hatte sie ein eigenes Funknetz erhalten, und zum erstenmal in der Geschichte der Verbrechensbekämpfung konnten die Polizeistationen in Amsterdam, Berlin, Brüssel, Budapest, Bukarest, Preßburg (Bratislava), Warschau, Wien und Zürich über ihre exklusive Funkverbindung miteinander kommunizieren.

Im Juni 1937 hatte man Großbritannien endlich doch überreden können, als Gastgeber eine Generalversammlung in London auszurichten. Die *Times* würdigte das Ereignis mit keiner Silbe, aber die Delegierten brachten einige nützliche Ergebnisse zustande: Unter anderem wurde die von der Generalversammlung 1934 probeweise beschlossene Bedingung, daß der Wiener Polizeichef automatisch als Präsident der Kommission fungiere, für weitere fünf Jahre bestätigt.

Im Januar 1936 veröffentlichte das FBI, das sich seit 1925 abwartend verhalten hatte, schließlich zwei Steckbriefe von flüchtigen Kidnappern in Dresslers Magazin *Internationale öffentliche Sicherheit* und entsandte 1936 und 1937 erstmals Beobachter zur Generalversammlung der Kommission.

Deren Berichte fielen so positiv aus, daß J. Edgar Hoover letztlich einwilligte, der Kommission beizutreten. Durch ein vom Kongreß verabschiedetes und am 10. Juni 1938 ratifiziertes Gesetz war der amerikanische Justizminister »befugt, im Namen der Vereinigten Staaten die Mitgliedschaft in der Internationalen Polizeilichen Kommission anzunehmen und weiterzuführen, verbunden mit der Auflage, daß die notwendigen Kosten hierfür 1500 Dollar pro Jahr nicht übersteigen«.

Das Gesetz enthielt einen »versteckten Passus«, in dem sich der Justizminister bereit erklärte, Hoover zum persönlichen Vertreter der USA bei der Kommission zu ernennen, und ihm zusicherte, daß das FBI die einzige über Recht und Gesetz wachende Bundesbehörde der USA sei, die mit der Kommission zusammenarbeiten dürfe. Wieder einmal konnte Hoover gegenüber seinen heimischen Konkurrenten einen Erfolg verbuchen.

Es ist bedauerlich, daß die amerikanischen Gesetzgeber den Namen der Internationalen Kriminalpolizeilichen Kommission nicht ganz korrekt festhielten, aber wenigstens bekamen sie die Mitgliedschaft sehr billig. Nach der üblichen Gebührenstaffelung der Kommission hätte sich der Jahresbeitrag auf dreitausend Dollar belaufen müssen, doch Hoover, schlau wie er war, hatte Dressler und seine Kollegen heruntergehandelt: Sie brauchten seine öffentliche Unterstützung mehr als er ihre.

Denn im Juni 1938 war das Unvermeidliche geschehen: Deutschland hatte Österreich annektiert, und über die Kommission brach nun die stürmischste Phase ihrer Geschichte herein.

Am Abend des 11. März 1938, einem Freitag, richtete der österreichische Kanzler Dr. Kurt Schuschnigg mit gebrochener Stimme über den Rundfunk seine Abschiedsansprache an sein Volk.

Am darauffolgenden Tag, dem 12. März 1938, überquerte um acht Uhr der Großteil der achten Armee der deutschen Wehrmacht die österreichische Grenze. Bis zum Mittag hatten die deutschen Truppen Innsbruck erreicht. Um 9.15 Uhr landeten Einheiten der deutschen Luftwaffe in Wien. Es gab keinen Widerstand. Das Land war dem Deutschen Reich in einer triumphalen, unblutigen Aktion einverleibt worden.

Hitler nannte sie den *»Anschluß«*. Er sonnte sich in der Demütigung des Landes, in dem er geboren worden war. Mussolini lobte ihn in ekelerregender Weise. Das übrige Europa begnügte sich damit, sein Mißfallen kundzutun.

Der amerikanische Schriftsteller John Gunther lebte zu jener Zeit in Wien. Seine Worte verdienen es, hier wiederholt zu werden: »So ging Österreich unter. Das Land, das mehr Anmut, Kultiviertheit und galanten Charme als jedes andere auf der Welt besaß, wurde von den Stiefeln der Nazis niedergetrampelt. Sogar der Name wurde getilgt. Österreich wurde eine Gruppe von Provinzen, die sogenannte ›Ostmark‹. Wien, die Hauptstadt des stillen, zweifelnden Lachens, die Heimat des Individualismus, der Kunstverehrung und des Intellekts, verkam zu einer deutschen Provinzstadt – gleichgeschaltet im Despotismus, in der kulturellen Eintönigkeit, der schrecklichen Uniformiertheit des Dritten Reiches.«

Am Mittag des 12. März, des ersten Tags der Besatzung, betrat Dr. Michael Skubl, der Wiener Polizeichef und Präsident der Kommission, die einstige Konsulatskanzlei, wo man ihm mitteilte, daß Heinrich Himmler, Hitlers oberster Polizeichef, der über Nacht eingetroffen war, seinen Rücktritt verlangte. »Den kann er ohne weiteres haben«, antwortete Skubl, »denn ich habe mich bereits in den frühen Morgenstunden hierzu entschlossen.«

Als Skubl acht Jahre später bei den Nürnberger Kriegsverbrecherprozessen als Zeuge vernommen wurde, schilderte er, was ihm damals widerfahren war. »Zuerst wurde ich in meiner Dienstwohnung von SS und Polizei unter Arrest gehalten. Am 24. Mai brachten mich dann zwei Beamte der Kasseler Gestapo in eine Wohnung nach Kassel, wo ich bis zu meiner Befreiung durch die

Alliierten bleiben mußte.« Er gehörte zu jenen sechsunddreißigtausend aufrechten Österreichern, welche die Nazis zwischen 1938 und 1945 mit politischem Arrest belegten.

Von Dr. Oskar Dressler, seit den Anfangstagen Generalsekretär der Internationalen Kriminalpolizeilichen Kommission, konnte man das nicht behaupten. Alle seine Bestrebungen zielten nun auf die Zusammenarbeit mit den neuen Herren ab. Vielleicht war er insgeheim schon immer ein Anhänger der Nazis gewesen, jedenfalls führte er sich jetzt eindeutig wie einer von ihnen auf. »Es war beunruhigend zu sehen«, schrieb der Jurist Alexei Goldenberg 1953 in seiner Dissertation an der Pariser Universität, »wie Generalsekretär Dressler, der mit der Kommission seit ihrer Gründung eng verbunden war, ganz bewußt in eine Rolle wechselte, die vollkommen auf die Verherrlichung Deutschlands abzielte.«

Reinhard Heydrich, Himmlers Stellvertreter, wollte sich sofort zum neuen Präsidenten der Kommission ernennen – und er hatte sich hierfür ein scheinbar legales Argument zurechtgelegt.

»Seit der Annahme einer Resolution im Jahr 1934«, zitiert ihn Sir Ronald Howe, »amtiert der Leiter der Wiener Polizei zugleich auch als Präsident der IKPK. Österreich ist nun ein Teil Deutschlands, und die Resolution müßte deshalb auf den Leiter der Sicherheitspolizei des Dritten Reiches angewandt werden, nämlich auf mich.« Mit derselben Logik verlangte er auch, daß das Hauptquartier der Kommission unverzüglich nach Berlin umziehen müsse, der Hauptstadt des vereinigten Reichs. Wien, zur Provinzstadt degradiert, wurde aus Sicht der Nazis nicht mehr für wert befunden, daß der dortige Polizeichef als Präsident einer so prestigeträchtigen internationalen Organisation vorstand.

Dressler hingegen mahnte zur Vorsicht. »Heydrich sollte nichts überstürzen«, riet er Arthur Nebe, dem deutschen Kripochef. Er begründete seine Zurückhaltung damit, daß die nächste Generalversammlung schon zwei Monate später in Bukarest stattfände. Es bestand kein Anlaß, die übrigen mächtigen Mitglieder in diesem frühen Stadium zu verprellen. Die USA standen kurz vor dem Beitritt, und er glaubte, daß (wie es auch dann tatsächlich der Fall war) Großbritannien und Frankreich bereit sein würden, den momentanen Stand der Dinge zu akzeptieren, solange das neue Regime nicht zu scharf durchgriff.

Heydrich, der schließlich erst vierunddreißig Jahre alt war, wurde überredet, hinsichtlich des von ihm begehrten Postens zunächst einmal abzuwarten.

Man einigte sich auf eine zynische Behelfslösung: Otto Steinhausl, ein ehemaliger hochrangiger österreichischer Polizeibeamter und überzeugter Nazi, hatte kurz zuvor eine mehrjährige Haftstrafe wegen Vergehen gegen den österreichischen Staat abgesessen. Daß er Österreicher war und kein Deutscher, würde andere Kommissionsmitglieder gnädig stimmen – und gegen einen Nazihelden hätte auch das neue Regime nichts einzuwenden.

Der geniale Schachzug aber bestand darin, daß man von Steinhausls Erkrankung an Tuberkulose während seiner Jahre im Gefängnis wußte und es ihm nach Harry Sodermans Worten »schon damals ziemlich schlecht ging«. Es bestanden also reelle Aussichten, daß er den ehrgeizigen Heydrich nicht allzu lange »warten« lassen würde.

Und so wurde am 15. April 1938 ein erklärter österreichischer Nazi und Exsträfling zum Präsidenten von Interpol ernannt.

Noch eine weitere Hürde galt es zu nehmen: die Generalversammlung 1938 in Bukarest, deren Beginn schon seit Monaten auf Dienstag, den 7. Juni, festgelegt war. Wie Harry Soderman schrieb, »waren die Westmächte, insbesondere Frankreich und Großbritannien, nicht sehr erfreut, daß ein Nazi und Polizeichef aus der Provinz automatisch als Leiter einer internationalen Polizeiorganisation fungierte. Es herrschte eine sehr gespannte Atmosphäre, als sich die Kommission in Bukarest traf.« Wie würden sich die Dinge entwickeln?

Wie es der Zufall wollte, mußte das neue Regime nur eine wirklich kritische Situation überstehen: als ein französischer Polizeidelegierter namens Louis Ducloux (dem wir nach Kriegsende wiederbegegnen werden) vorschlug, die Zentrale der Organisation von Wien nach Genf zu verlegen, jener Stadt in der Schweiz, wo auch der Völkerbund seinen Sitz hatte. Nach einer hitzigen Debatte wurde der Antrag abgelehnt.

Während der übrigen Zeit amüsierten sich alle prächtig. Carol II., Rumäniens diktatorisch herrschender König, warb damals um Hitlers Unterstützung, wobei er den Öl- und Weizenreichtum seines Landes für seine geschäftlichen Interessen nutzte: Er griff gern etwas tiefer in die Tasche, um dieses Ereignis unter deutscher Führung zu einem prestigeträchtigen Erfolg zu machen.

Harry Soderman erinnerte sich zwanzig Jahre später: »Die Gastfreundschaft war verschwenderisch, und selbst das ist noch untertrieben. Wenn man eine solche Show für Polizeichefs inszenierte, was muß da erst beim Besuch königlicher Hoheiten geboten worden sein? Zunächst verbrachten wir alle eine Woche in Bukarest. Danach schipperten wir in der zweiten Woche auf der königlichen Jacht gemütlich die Donau bis zum Schwarzen Meer hinab.«

König Carols Polizeichef, General Marinescu, begleitete die Delegierten und teilte sich die Suite mit einer hübschen, jungen Sekretärin. »Wahrscheinlich, damit er ihr jederzeit etwas diktieren konnte«, kommentierte Sodermann.[6] Ihr Ehemann, »ein hagerer, junger Mann«, mußte sich mit einer Koje auf irgendeinem Unterdeck begnügen.

Es muß eine phantastische Reise gewesen sein:

»Zu jeder Mahlzeit wurden unglaubliche Mengen russischen Kaviars gereicht. Champagner floß vom Frühstück bis spät in die Nacht, schöne Zigeunerinnen sangen immerzu melodische Lieder aus Transsylvanien. Eine Bar, ausgestattet, mit sämtlichen Drinks der Welt aufwarten zu können, stand den Gästen rund um die Uhr kostenlos zur Verfügung, und zwei Orchester spielten in Hörweite. Wenn wir abends kleine Fischerstädtchen passierten, kamen die Fischer alle mit ihren Booten zu uns heraus. Zu Hunderten umringten sie das Schiff, und in jedem mit einem Lampion ausgestatteten Boot spielte ein Mann Mandoline. Wer dann von der Brücke aus die schwarzen Fluten der Donau betrachtete, dem bot sich in einer dunklen Nacht ein zauberhaftes Schauspiel.

Schließlich fuhr die Jacht aufs Schwarze Meer hinaus, und wir machten alle beim Störangeln mit und hatten noch mehr Kaviar. Dann dampften wir wieder stromaufwärts die Donau hinauf bis zu einer Bahnstation und bestiegen einen Zug nach Bukarest. Das war gewiß eine fabelhafte Reise, die so gar nichts mit dem normalen Alltag im Leben eines Polizisten zu tun hatte.«

Man kann es Soderman durchaus abnehmen, daß »man nach ein paar Tagen in einer Art angenehmen Wahnsinns versank«. Als sie alle schließlich wieder in Bukarest waren, vereinbarten diejenigen, die noch halbwegs gerade stehen konnten, ein Wiedersehen bei der nächsten Generalversammlung im September 1939 – in Berlin.

Doch dazu kam es nicht mehr.

5. Kapitel
Die Kriegsjahre – und die Wahrheit (1939 bis 1945)

Auf einem berühmten Rekrutierungsplakat im Ersten Weltkrieg fragt ein kleines Mädchen seinen betreten in Zivilkleidung dasitzenden Vater: »Papa, was hast du im Krieg gemacht?« Dieselbe Frage könnte sehr wohl und vielleicht noch verschämter auch nach der Rolle Interpols im Zweiten Weltkrieg gestellt werden.

Während der fünfzehn Monate zwischen der Generalversammlung von Bukarest und dem Ausbruch des Krieges im September 1939 hatten sich die Nazis zielstrebig der Organisation bemächtigt. Sie übernahmen nicht nur die österreichische Polizei und entfernten alles, was sich nicht ihrer Sache verschrieben hatte. Auch wurde jeder Mitarbeiter der Interpol-Zentrale, der nicht auf ihrer Seite stand, durch eigene Leute, ganz gleich, ob Österreicher oder Deutsche, ersetzt.

In dem mittlerweile in *Internationale Kriminalpolizei* umbenannten Magazin der Kommission empfahl Generalsekretär Oskar Dressler in der Ausgabe vom März 1939 seinen Lesern ein Buch über die deutschen Rassengesetze von Dr. Wilhelm Stuckart, der mitverantwortlich für Hitlers berüchtigte Nürnberger Gesetze gegen die Juden war und später von den siegreichen Alliierten ins Gefängnis geworfen wurde. »Die Reinhaltung der Rasse«, schrieb Dressler, »ist von immenser Bedeutung für die Bekämpfung Krimineller.«

Das FBI, jüngstes Mitglied der Organisation, sandte weiterhin Steckbriefe zur Veröffentlichung an das Magazin, doch als Arthur Nebe, der Chef der deutschen Kriminalpolizei, im Juni 1939 an J. Edgar Hoover schrieb und Dresslers offizielle Einladung, die bevorstehende Generalversammlung in Berlin zu besuchen, bekräftigte, schrillten selbst in Hoovers rechtsseitig »tauben« Ohren die Alarmglocken. Er bat sein Sekretariat um genauere Angaben und erhielt folgende Antwort: »Österreich wird zur Zeit von Deutschland kontrolliert, und die Kommission unterliegt einem ausgesprochen österreichisch-deutschen Einfluß.« Das interne Büromemorandum verwies auf »die heikle internationale Lage«. Also schrieb Hoover an Nebe »mit besten Wünschen und freundlichen Grüßen«, er sei überzeugt, die Konferenz werde für die anwesenden Beamten von großem Interesse sein, aber: »Ich bedaure zutiefst, daß mir aufgrund meiner dringenden geschäftlichen Verpflichtungen hier in Washington eine Teilnahme nicht möglich ist.«

Dann kam der Krieg: Deutschland überfiel Polen am 1. September 1939 und überrannte das Land binnen vier Wochen. Zwei Tage darauf erklärten Großbritannien und Frankreich Deutschland den Krieg, waren aber zu schwach und unvorbereitet für eine Landoffensive. Im April 1940 besetzten deutsche Truppen das wehrlose Dänemark und bezwangen wenig später Norwegen. Ohne Vorwarnung rollten im Mai 1940 ihre Panzerkolonnen unaufhaltsam in Belgien, Luxemburg und den Niederlanden ein und drangen tief in den Norden Frankreichs vor. Am 22. Juni 1940 fiel Frankreich. Großbritannien stand als alleiniger Gegner da, denn bis auf Italien übte sich das restliche Europa in schöner Neutralität.

Die offizielle Darstellung war stets die, daß Interpol während des Zweiten Weltkriegs nicht existierte. »Sie stellte ihre Funktion ein«, stand 1971 unverblümt im Lehrmaterial der Metropolitan Police Detective Training School. »Die Organisation hörte [während des Krieges] praktisch zu existieren auf«, schrieben die ungenannten Verfasser einer offiziellen Ausgabe zum fünfzigjährigen Jubiläum der *International Criminal Police Review* (*Internationale Kriminalpolizeiliche Rundschau*) der heutigen Organisation im April 1973. »Die IKPK war im Grunde europäischer Prägung und bis zum Ausbruch des Zweiten Weltkriegs tätig«, hieß es in einem weiteren Artikel in der *Review* im Juni 1986.

Selbst der ansonsten gutinformierte amerikanische Wissenschaftsautor Michael Fooner sagt in seiner 1989 erschienenen Studie *»Interpol, Issues in World Crime and International Criminal Justice«*: »Grundsätzlich wird in der Interpol-Geschichte der Zweite Weltkrieg als eine Phase dargestellt, in der die Organisation erloschen war.«

Der einzige erwähnenswerte Hinweis, daß es anders gewesen sein könnte, findet sich in zwei rätselhaften Passagen der Festrede François Mitterrands anläßlich der Einweihungsfeier von Interpols neuem Hauptquartier in Lyon im November 1989.

In einem kurzen geschichtlichen Abriß der Organisation sagte der Präsident, im Krieg selbst französischer Widerstandskämpfer: »Wie nicht anders zu erwarten, führte der Einmarsch der Nazis in Österreich dazu, daß die Institution gegen den Willen ihrer Gründer und der meisten ihrer Mitglieder für inakzeptable Zwecke benutzt wurde.« Dann ergänzte er: »Nach dem Krieg stellte sich das Problem der Kontinuität für die Organisation nicht, da die IKPK während des Kriegs weiterbestand und ihre Aktivitäten offenbar nur 1945 unterbrochen waren.« Er ging aber nicht näher auf diese Äußerung ein.

Wer also hat recht? Bestand die Organisation weiter, oder war sie außer Kraft gesetzt? Wie sieht die Wahrheit über Interpol zur Zeit des Krieges aus? Gab es nach Kriegsende umfangreiche Vertuschungen seitens der neuen Chefs bei Interpol – und wenn ja, warum?

Die heutigen Leiter von Interpol jedenfalls sind an der Wahrheit interessiert. Aus diesem Grund stellte mir Raymond Kendall in Lyon die komplette Bibliothek uneingeschränkt zur Verfügung, und Rainer Schmidt-Nothen, bis April 1991 Leiter des deutschen NZB in Wiesbaden, arrangierte für mich einen Besuch im Archiv des Bundeskriminalamts oder BKA, wie es allgemein abgekürzt wird.

Die Spur führte mich nach Lyon, Paris, in eine provenzalische Kleinstadt bei Narbonne, nach Den Haag, Wiesbaden, Koblenz und Washington, D.C.

Denn es sind nur sehr wenige Originalunterlagen vorhanden. Die Dokumente lassen sich nicht einfach auftreiben. »Schauen Sie sich in unserem Kriegsarchiv um«, meinte Kendall, doch Madame Catherine Chevrier, die Bibliothekarin bei Interpol, sagte, sie habe sie einfach nicht und wisse auch nicht, wo sie seien oder ob sie überhaupt noch existierten.

Oskar Dresslers Magazin *Internationale Kriminalpolizei* war auch während des gesamten Zweiten Weltkriegs von September 1939 bis April 1945 jeden Monat erschienen. Damit bestünde also die Chance für einen einmaligen Einblick in die Aktivitäten Interpols – so es denn diese gab – während dieser Zeit. Doch die Bibliothek in Lyon besitzt kein einziges Exemplar: Ihre Ausgaben von Interpols offiziellem Magazin enden mit dem Dezember 1937 und beginnen erst wieder 1946.

»Ich war mir sicher, daß sie einige Kriegsausgaben in der Bibliothek hätten«, sagte Jean Nepote, der begabte französische Polizeiadministrator, der nach dem Krieg Interpol neu zu gründen half und die Organisation erst inoffiziell, dann offiziell als Generalsekretär bis zu seiner Pensionierung 1978 leitete. »Mir ist unverständlich, wieso die nicht irgendwelche Kriegsexemplare dort haben«, wunderte er sich.

Laurent Greilsamer, ein französischer Journalist, der 1986 ein Buch über Interpol schrieb, sagte mir, er habe merkwürdige, fotokopierte Seiten des Magazins gesehen, aber nie eine komplette Ausgabe. Wo ich denn wenigstens davon etwas finden könne? Er wußte keine Antwort.

Dann überlegte ich: Während des Krieges schickte Dressler sein Magazin allmonatlich an die verschiedenen NZB im von den Deutschen besetzten Europa, einschließlich Frankreichs und der Niederlande. Gewiß müßten diese Ausgaben noch in den jeweiligen Archiven schlummern. Ich fuhr zum französischen NZB nach Paris, wo dessen stellvertretender Leiter, Kriminalrat Patrick Debaere, einen Assistenten bat, für mich nachzusehen. Als es wiederum hieß: »Fehlanzeige«, meinte er: »Sie müssen verstehen, es waren schwierige Zeiten.« (Er erkundigte sich, ob ich denn schon bei Scotland Yard nachgeforscht hätte, doch ich machte ihn höflich darauf aufmerksam, daß dies nicht viel bringen würde: England war im Krieg nicht besetzt gewesen. »Ach ja, natürlich«, sagte er.)

Eine ähnliche Niete zog ich beim Archiv des holländischen NZB in Den Haag, doch dessen PR-Beauftragter Ernst Moeksis gab mir einen nützlichen Hinweis. Er hatte eine Fotokopie des Titelblatts einer Ausgabe des Magazins aus dem Jahr 1943 gefunden, das in einem holländischen Buch über die Geschichte der niederländischen Polizei erschienen war. Moeksis konnte sich nicht an den Namen des Buchs erinnern, aber mir fiel auf, daß die Fotokopie mit dem deutschen Vermerk »Bundesarchiv« versehen war. Was konnte das sein, und wo in aller Welt befand es sich?

Zwei Tage später erklärte mir Herr Schmidt-Nothen in Wiesbaden, daß es sich um das deutsche Bundesarchiv in Koblenz handle. Er bat einen Kollegen, dort anzurufen, und dann kam die Bestätigung, daß alle Ausgaben des Jahrgangs 1943 und einige von 1944 noch vorhanden seien! Schmidt-Nothens Assistent arrangierte für den nächsten Tag einen Besuch in Koblenz und veranlaßte, daß ich Fotokopien erhielt.

Es gab noch eine weitere wertvolle Informationsquelle, an die ich unbedingt herankommen mußte. Ich wußte, daß Dressler 1943 in Berlin ein Buch über Interpol in den Kriegsjahren veröffentlicht hatte mit dem Titel *»Die Internationale Kriminalpolizeiliche*

Kommission und ihr Werk«. Wenn ich davon ein Exemplar erhalten könnte, stünde mir eine Fülle wichtiger Informationen zur Verfügung. Während meines Aufenthalts beim amerikanischen NZB fand ich es endlich: ausgerechnet in der Kongreßbibliothek der Vereinigten Staaten.

Ein netter junger Bibliothekar erklärte mir, daß nach Kriegsende amerikanische Forscher Westeuropa nach Nazidokumenten abgegrast hätten, die bei der intensiven Suche nach Aktenmaterial für die Nürnberger Kriegsverbrecherprozesse eventuell übersehen worden waren – und im Büro der deutschen Staatspolizei in Frankfurt am Main hatten sie eine Ausgabe von Dresslers Buch entdeckt. Mein Assistent kopierte alle hundertdreiundzwanzig Seiten – ein beträchtlicher Umfang für eine Abhandlung über eine zeitweilig »erloschene« Organisation. Und wie schon die Magazine aus den Kriegsjahren habe ich auch das Buch von einem Fachmann übersetzen lassen.

Folgendes Bild ergibt sich nun:

Am 20. Juni 1940, zwei Tage vor der Niederlage Frankreichs, starb Interpols kränkelnder Interimspräsident, der österreichische Nazi Otto Steinhausl. Und sofort machte Reinhard Heydrich seinen Anspruch auf den Posten geltend, bezüglich dessen ihm zwei Jahre zuvor Dressler zur Vorsicht geraten hatte. Jetzt bestand kein Anlaß mehr für solche Rücksichtnahme.

Denn nicht nur Deutschland feierte seine Blitzsiege, auch Heydrich machte Karriere innerhalb der Nazipolizei. Über sich nur Heinrich Himmler, den obersten deutschen Polizeichef, war er der mächtigste – und gefürchtetste – Mann im Terrorapparat der Nazis. Ihm oblag nicht mehr bloß, wie bis dahin, die Leitung der *Sicherheitspolizei* und des *Sicherheitsdiensts*, des SD, jener kleinen nachrichtendienstlichen Eliteeinheit der Geheimpolizei. Er war zum Oberbefehlshaber des neu geschaffenen, kolossalen RSHA *(Reichssicherheitshauptamt)* befördert worden, unter welchem die Sicherheitspolizei, der SD, die Kripo (die »normale« Kriminalpolizei unter Arthur Nebe) und die gefürchtete Gestapo (Geheime Staatspolizei) selbst zusammengefaßt waren.

In dieser Schlüsselposition kontrollierte Heydrich unter Himmler sämtliche Abteilungen der deutschen Polizei, die Konzentrationslager und die Vernichtungskommandos. Er war einer der brutalsten und skrupellosesten aller Naziführer.

Nun verlangte er nicht nur den Vorsitz über Interpol, sondern auch, daß deren Zentrale, das Internationale Büro, von Wien nach Berlin verlegt werden solle. Der schlaue, willfährige Dressler – der, als Heydrich zwei Jahre darauf von tschechischen Patrioten ermordet wurde, in seinem Kriegsbuch vom »tragischen Ableben des SS-Obergruppenführers Reinhard Heydrich, des ehrenwerten Präsidenten der IKPK«, sprach – breitete über den dubiosen Vorgang den Mantel der Scheinlegalität. Er erkundigte sich schriftlich bei allen Interpol-Mitgliedern, ob sie mit beiden Vorschlägen Heydrichs einverstanden seien, und gab ihnen – mitten in einem Großkrieg – gerade drei Wochen Frist für die Antwort. Und als wenn dies nicht schon anmaßend genug wäre, fügte er noch hinzu, daß eine Nichtantwort als Jastimme gewertet würde.

Harry Soderman schreibt in seinen Memoiren: »In Schweden konnten wir darüber bloß die Achseln zucken.« Doch das ist typisch für das selektive Gedächtnis dieses sogenannten neutralen Polizeioffiziers. Denn Alexei Goldenberg entdeckte bei seinen gewissenhaften Nachforschungen für seine juristische Doktorarbeit an der Pariser Universität (auf die Madame Chevrier, die Bibliothekarin der Lyoner Interpol-Zentrale, mich hinwies), daß sich unter den fünfzehn Ländern, die auf Dresslers Brief innerhalb der gesetzten Frist und ausnahmslos zustimmend reagierten, auch Schweden befand.

Die übrigen vierzehn Länder waren – natürlich – Deutschland, die von den Nazis besetzten Länder Belgien, Dänemark, die Niederlande und Norwegen sowie die Hitler wohlwollend gesonnenen Staaten Bulgarien, Finnland, Griechenland, Italien, Portugal, Schweiz, Türkei und Ungarn. Dresslers Briefen an Frankreich, Großbritannien und Irland verweigerte laut Goldenberg die Deutsche Reichspost die Annahme. J. Edgar Hoover vom FBI zog es diskret vor, nicht zu antworten.

Im August 1940 wurde Heydrich – »einstimmig« laut Dressler – Präsident der Interpol, und es begann die Suche nach einem geeigneten neuen Domizil in Berlin. Nun hatte Deutschland die Organisation völlig unter Kontrolle. Der Kripochef Arthur Nebe, ein »sehr harmloser Nazi« (Harry Soderman), avancierte zum Direktor des Internationalen Büros, ein Posten, den man extra für ihn geschaffen hatte, und die Kommission wurde formell dem Reichssicherheitshauptamt unterstellt. Sie wurde Teil des

Amts V, dessen Ressort die Verbrechensbekämpfung war – das Amt IV war die Gestapo.

Interpol war jetzt eine Schwesterorganisation der Gestapo.

Am 15. April 1941 bezog die Organisation in Berlin prachtvolle Räumlichkeiten, die am Westrand der Stadt in einer parkähnlichen Gartenanlage am Ufer des Wannsees lagen. Die neue Adresse lautete »Am Kleinen Wannsee 16«, eine schmucke Vorstadtstraße gegenüber dem See.

»Auf der einen Seite«, schrieb Dressler in seinem Buch, »mußte im neuen Haus genügend Platz für die Unterbringung der internationalen Karteien, die Verwaltungsarbeit des Internationalen Büros und die internationale Arbeit des Generalsekretärs, vor allem seine viele Auslandskorrespondenz vorhanden sein. Andererseits sollte das Haus den Mitgliedern, wenn sie Berlin besuchten, eine komfortable Unterkunft bieten, wo sie zwanglos und umsonst wohnen konnten, und die wichtigen Büros mußten angemessen und bequem ausgestattet sein. In Übereinstimmung mit der bestehenden Tradition der Kommission, sich vor allem um die persönlichen Beziehungen der Mitglieder untereinander zu kümmern und so die zuverlässigste Basis für eine freundschaftliche und fruchtbare internationale Zusammenarbeit zu schaffen, bot der Präsident [Heydrich] auch edelste Annehmlichkeiten bei der Möblierung und Ausstattung des Hauses auf, denn das Fehlen adäquater Räume hatte sich in der Vergangenheit als ein deutliches Manko herausgestellt. Nun konnte man mit Überzeugung sagen, daß das neue Haus in besonders glücklicher Weise genau jenen Ansprüchen entsprach, so daß die IKPK sicher die Grundlage und das Umfeld für eine langfristig ergiebige und erfreuliche Arbeit besaß.«

Und all diese Annehmlichkeiten gab es vollkommen gratis. Denn wie es Dressler in seiner abstoßenden, devoten Art formulierte, war das Haus »der Kommission von ihrem neuen Gastgeberland, dem Deutschen Reich, kostenlos zur Verfügung gestellt worden«. Daß sich Heydrich kurzerhand der luxuriösen Vorstadtvilla eines wohlhabenden jüdischen Kaufmanns bemächtigt hatte, erwähnte er mit keiner Silbe.

Eine nicht eingeplante Konsequenz hatte der Umzug nach Berlin vielleicht doch: Er kostete die Organisation die Unterstützung von J. Edgar Hoovers FBI. Die Vereinigten Staaten wurden offiziell erst am 11. Dezember 1941 Hitlers Feind, als ihnen Deutschland und Italien vier Tage nach dem Angriff der Japaner auf Pearl Harbor den Krieg erklärten. Bis zum Frühjahr 1941 hatte das FBI die Zusammenarbeit mit der IKPK auf Routinebasis fortgesetzt, Steckbriefe im Magazin veröffentlicht und gelegentlich beim Internationalen Büro um Material über internationale Verbrecher nachgesucht, an denen man in Washington interessiert war.

Erst als Dressler eine solche Anfrage mit einem Brief, datiert vom 23. September 1941, beantwortete, auf dem die neue Adresse der Organisation gedruckt stand, erkannte einer von Hoovers Assistenten, daß etwas Einschneidendes passiert war. In einem internen Memorandum vom 22. November 1941 stellte er die Frage, ob das Büro mit der Kommission in Kontakt bleiben solle »in Anbetracht der Tatsache, daß man dem Büro in diesem Fall nachsagen könnte, es würde die Übernahme der Kommission durch die Deutschen stillschweigend anerkennen. Es ist nicht bekannt, ob dies irgendeine Grundlage für Kritik am Büro bieten würde.«

Nun sah sich der Chef des Büros zu einer Stellungnahme gezwungen. Hoover ließ am 4. Dezember 1941 verlautbaren: »Es ist nicht erwünscht, künftig Kontakte mit der Internationalen Kriminalpolizeilichen Kommission aufrechtzuerhalten, deren jetziger Sitz Berlin, Deutschland, ist.«

Am 23. September 1941 war dem ehrgeizigen Heydrich als Chef des RSHA und von Interpol ein weiteres Amt zugefallen: stellvertretender Leiter des Reichsprotektorats Böhmen und Mähren (der heutigen Tschechischen Republik). In dieser neuen Rolle bestätigte er rasch seinen Ruf als Schlächter. Und sie kostete ihn das Leben.

Am Morgen des 27. Mai 1942, als er in seinem offenen Mercedes von seiner Landvilla zum ehemaligen Prager Schloß, dem Hradschin, chauffiert wurde, riß eine Handgranate britischer Herkunft den Wagen in Stücke und zertrümmerte Heydrich das Rückgrat. Geschleudert hatten sie zwei im englischen Exil ausgebildete tschechische Patrioten, die von einem britischen Flugzeug per Fallschirm über dem Protektorat abgesetzt worden waren. Acht Tage später erlag Heydrich seinen Verletzungen.

Die Folge war ein Blutbad. Die Attentäter fielen zusammen mit 120 anderen Widerstandskämpfern in einer Kirche der SS zum Opfer. Zudem wurden nach einem Gestapobericht 1331 Tschechen, darunter 201 Frauen, exekutiert und 3000 Juden aus dem »Vorzeige«-Getto von Theresienstadt verschleppt und zur Hinrichtung in den Osten deportiert. Am Tag des Attentats wurden 500 der wenigen Juden, die in Berlin noch auf freiem Fuß waren, verhaftet, und an Heydrichs Todestag wurden 152 von ihnen als »Vergeltungsmaßnahme« hingerichtet.

Schließlich ging Lidiče, der Name einer kleinen Ortschaft unweit der Stelle, wo sich das Attentat ereignet hatte, als Schauplatz abscheulicher Greueltaten in die Kriegsgeschichte ein. Ausschließlich aus dem Grund, an einem unterjochten Volk ein Exempel zu statuieren, wurde das ganze Dorf gesprengt und dem Erdboden gleichgemacht. Zuerst wurden alle Männer und Jungen über sechzehn Jahren erschossen, dann schnitt man sämtlichen neugeborenen Babys die Kehle durch. Einige der Frauen wurden auf der Stelle getötet, andere ins Konzentrationslager Ravensbrück transportiert. Die Kinder wurden in ein anderes Konzentrationslager gebracht, wo man die gesündesten unter ihnen aussortierte, um sie als Deutsche mit deutschen Namen aufzuziehen. Das Schicksal der übrigen ist ungewiß. Lidice wurde vom Antlitz der Erde getilgt – und dies geschah, wie die anderen Grausamkeiten, alles nur wegen Reinhard Heydrichs Tod.

In seinem Buch über die Interpol zu Zeiten des Krieges erwähnte Oskar Dressler nichts von alldem. »Mit seinem Tod erlitt die IKPK einen überaus schmerzlichen Verlust«, schrieb er mit pathetischem Schwulst. »Denn mit ihm trat aus den Reihen der Kommission ein Mann, der bereits in der relativ kurzen Zeit seiner Präsidentschaft deutlich gemacht hatte, welch gewaltigen Ansporn er unserer internationalen Organisation zu geben gewillt und imstande war.

Der Name des Präsidenten wird für alle Zeiten im Goldenen Buch der Kommission stehen.«

Himmler, Hitlers oberster Polizeichef, ernannte nicht sofort einen Nachfolger. Arthur Nebe blieb geschäftsführender Präsident der Kommission, und für eine Weile übernahm Himmler selbst die Leitung des RSHA.

Dann bestimmte er im Januar 1943 den vierzigjährigen österreichischen Polizeichef und eingefleischten Nazi Ernst Kaltenbrunner zum Leiter der Sicherheitspolizei, des SD und zum Direktor des RSHA; damit wurde er auch automatisch Präsident der

Kommission. Kaltenbrunner, ein Hüne von einem Mann, besuchte häufig die Konzentrationslager, um Massenexekutionen beizuwohnen, während er mit den Wächtern lachte und scherzte.

Dressler präsentierte ein anderes Bild von seinem neuen Vorgesetzten. Er brachte ein leicht retuschiertes Foto von »Dr. Ernst Kaltenbrunner« in Naziuniform auf der Titelseite seines Magazins vom 10. Juni 1943 und zitierte in seinem Buch ein Rundschreiben des Heydrich-Nachfolgers an die Mitglieder der IKPK, dessen Urheber wahrscheinlich Dressler selbst war:

»Infolge meiner Ernennung zum Oberbefehlshaber der deutschen Sicherheitspolizei stehe ich vor der Entscheidung, diese internationale Funktion auszuüben, welche mir nach den Statuten zusteht, und ich denke, ich sollte die Präsidentschaft über die IKPK übernehmen, denn dies ist ein wahrhaft großes Werk der Zivilisation, in welchem ich sogar ein kostbares Erbe von meinem Landsmann Schober zu erkennen glaube.

Es ist meine ehrliche Absicht, die IKPK im jetzigen Zustand ungeachtet aller Schwierigkeiten im alten, bewährten Geist zu erhalten und sie in eine Zukunft zu führen, die eine neue Glanzzeit und weitere Ausdehnung dieser unter dem Aspekt der Zivilisation gesehen so wichtigen internationalen Einrichtung erleben wird.«

Und dieser Mann antwortete etwa um die gleiche Zeit, als ihn Heinrich Müller, der Leiter des Amts IV, der Gestapo, fragte, was er mit fünfundzwanzig an Syphilis erkrankten französischen Prostituierten tun solle, ohne zu zögern: »Erschießen Sie sie!«

Kaltenbrunner, der bei Kriegsende nach einem Feuergefecht im Haus seiner Geliebten festgenommen wurde, zählte neben Hermann Göring, Rudolf Heß und weiteren zu den zwanzig Hauptangeklagten bei den Nürnberger Kriegsverbrecherprozessen, die im Oktober 1945 begannen. Er wurde wegen »Verbrechens gegen die Menschlichkeit» schuldig gesprochen und im Oktober 1946 gehängt.

»Der Mann war wie ein Ochse und nur in betrunkenem Zustand vernünftig«, schrieb Airey Neave, ein britischer Jurist, der ihm in Nürnberg seine Anklageschrift übergab. Der hünenhafte Österreicher weinte wie ein Kind. »Ich stand voll stiller Abscheu da«, erinnerte sich Neave später. »Er kann es nicht fassen«, sagte ich mir. »Dieser Mann, der Folterungen und Exekutionen veranlaßte und bei privaten Dinnerpartys Filme über Opfer anschaute.«

Und über diesen Mann schrieb Dressler nach dessen Berufung in die Kommission: »Der neue Präsident versicherte den Mitgliedern, daß er den internationalen und streng unpolitischen Charakter der IKPK erhalten werde.«

In welche Richtung lenkten Heydrich und Kaltenbrunner die glücklose Organisation, die ihnen ohne den geringsten Widerstand ihres Generalsekretärs so leicht in den Schoß gefallen war?

Wie wir im nächsten Kapitel sehen werden, wird aus Dresslers Buch und den Magazinausgaben der Kriegsjahre eindeutig ersichtlich, daß die Kommission während der gesamten Kriegsdauer eben doch als internationale Polizeiorganisation, wenngleich auf Routineebene, weiterbestand. Und das ist schon an sich faszinierend genug.

Doch diente die Kommission noch einem finstereren Zweck? Das einmalige, was die Kommission besaß, waren ihre Akten. Nirgends in Europa, ja nicht einmal in der Welt, gab es etwas Vergleichbares: eine vollständige Aufschlüsselung internationaler Verbrecher, komplett mit familiären Einzelheiten, bekannten Spezialitäten, Arbeitsmethoden – und der Religionszugehörigkeit. Wie wir im dritten Kapitel erfahren haben, bestand die Verbrecherkartei im Jahr 1933 bereits aus nicht weniger als 3240 Karten. Diese Zahl ließe sich bis Anfang der vierziger Jahre gut und gerne auf fast zehntausend verdreifachen.

Multipliziert man dann mit dem Faktor drei, um die Eltern der Person mit einzurechnen (von Ehegatten mal ganz abgesehen), so ergibt sich eine Zahl von nahezu dreißigtausend Menschen, deren Adresse, Rasse, Religion und sexuelle Vorlieben von rassistischen Ausrottern, die Deutschland von »unerwünschten Elementen reinwaschen« wollten, jederzeit eingesehen werden könnten.

Somit hätte eine erstklassige Möglichkeit bestanden, Juden, Zigeuner und Homosexuelle zu identifizieren, die drei wichtigsten Zielgruppen für Männer vom Schlage Heydrichs und Kaltenbrunners. Wurden nun die Unterlagen der Kommission diesbezüglich verwendet? Lord Shawcross, der als Sir Hartley Shawcross, QC [Queen's Counsel, Kronanwalt – Anmerkung des Übersetzers], Hauptanklagevertreter in Nürnberg war, hat mir hierzu folgendes geschrieben: »Ich erinnere mich leider gar nicht mehr daran, ob Kaltenbrunners Kontrolle der Internationalen Kriminalpolizeilichen Kommission bei der Beweisaufnahme gegen ihn irgendeine

Rolle spielte. Ich habe im Inhaltsverzeichnis der beiden führenden Bücher über die Nürnberger Prozesse unter Kaltenbrunner nachgeschlagen, und dort ist diese Organisation nicht erwähnt. Ich bedaure sehr, Ihnen einen abschlägigen Bescheid senden zu müssen. Das ist natürlich schon eine ganze Weile her, und es könnte durchaus möglich gewesen sein, daß Kaltenbrunner das IKPK-Netz tatsächlich dazu benutzte, um Nazigegner aufzuspüren. Doch ich kann leider nicht bestätigen, daß es so war.«

Jean Nepotes Kommentar hierzu fällt kurz und bündig aus: »Ich habe nicht die leiseste Ahnung, aber es wäre bestimmt sehr praktisch gewesen.«

Jeder von uns kann sich eine eigene Meinung über die Wahrscheinlichkeit eines solchen Falls bilden. Dabei sollten Sie aber bedenken, daß die Kommission ein fester Bestandteil des Reichssicherheitshauptamts war, dem auch die Gestapo und die Konzentrationslager mit ihren Gaskammern unterstanden. Beachten Sie auch diese Worte aus dem Urteil des Nürnberger Gerichts:

»Die Gestapo war eine wichtige Gruppe innerhalb der Organisation aus Sicherheitspolizei und SD und eng mit ihnen verbunden. Sicherheitspolizei und SD unterstanden selber einem einzigen Kommando, dem von Heydrich und später Kaltenbrunner; sie hatten ein gemeinsames Hauptquartier, das RSHA; sie verfügten über eigene Kommandowege und arbeiteten als eine Organisation sowohl in Deutschland, in den besetzten Gebieten als auch in den Abschnitten unmittelbar hinter den Frontlinien. Bewerber für eine Stelle in der Sicherheitspolizei und im SD wurden in all ihren Abteilungen ausgebildet, in der Gestapo, der Kriminalpolizei und dem SD.

Die Gestapo und die Sicherheitspolizei wurden für Zwecke benutzt, welche nach der Satzung kriminell waren: die Verfolgung und Vernichtung der Juden, Grausamkeiten und Tötungen in Konzentrationslagern, Übergriffe seitens der Verwaltung besetzter Gebiete, die Durchführung des Zwangsarbeitsprogramms und die Mißhandlung und Ermordung von Kriegsgefangenen, um nur einige zu nennen.

Der Angeklagte Kaltenbrunner, der ein Mitglied dieser Organisation war, gehörte zu jenen, die sie für diese Zwecke mißbrauchten.«

Einen Blick in die in der Zentrale der Sicherheitspolizei untergebrachten Akten der Kommission zu werfen, wäre das Einfachste von der Welt gewesen: ein abgekürztes Verfahren für den Massenmord.

Und obwohl es vielleicht bloß ein Hälmchen im Wind ist, gilt es einen weiteren Punkt zu betrachten. In der Ausgabe der *Internationalen Kriminalpolizei* vom 30. März 1944 steht ein langer Artikel von Dr. Bruno Schultz, Dresslers altem Kollegen bei der österreichischen Polizei aus den Anfangstagen in Wien, der mit ihm nach Berlin gegangen war. Schultz berichtet darin über seine persönlichen Aktivitäten seit der letzten Generalversammlung in Bukarest vom Juni 1938. Das meiste davon ist unglaublich langweilig, doch dann kommt eine Passage, in der er über eine statistische Untersuchung schreibt, die er bei den 1886 von der Kommission zwischen 1929 und 1940 veröffentlichten Steckbriefen durchgeführt hatte und worin er speziell auf internationale Taschendiebe eingeht.

Er führt aus, daß von 1929 bis 1932 in Berlin die Zahl der jährlichen Taschendiebstähle stetig anstieg und in jenem letzten Jahr mit über vierhundert Vergehen einen Höhepunkt erreichte. Ab 1933 jedoch – dem Jahr, als Hitler an die Macht kam – erfolgte ein drastischer Rückgang, bis schließlich 1940 kein Fall mehr Eingang in die Akten fand.

Schultz' Kommentar ist einen Abdruck in voller Länge wert: »Daraus ist klar ersichtlich, daß die energischen und effektiven Maßnahmen, die man 1933 im Deutschen Reich gegen Berufskriminelle ergriff, eine derart abschreckende Wirkung auf internationale Taschendiebe – hauptsächlich Juden, vor allem polnische – ausübten, daß sie von weiteren Aufenthalten im Deutschen Reich Abstand nahmen.«

Mit anderen Worten: Den Juden erging es in Deutschland von 1933 an so schlecht, daß jüdische Kriminelle aus dem Ausland sich eine Einreise zweimal überlegten. Wenn sich nun die Kommission anschickte, sich aus religiösen oder rassischen Gründen ihrer Akten zu bedienen, und sei es auch nur für die Polizeistatistik, wären da solche Fanatiker wie Schultz und Dressler, von ihren deutschen Herren ganz zu schweigen, nicht versessen darauf gewesen, dies für andere, weniger löbliche Zwecke zu tun?

Am 20. Januar 1942 berief Reinhard Heydrich die »Wannsee-Konferenz« ein, um die Details dessen zu klären, was unter einem der beklemmendsten Begriffe der gesamten Naziära als »Die Endlösung der Judenfrage« bezeichnet wurde. Sechs Monate zuvor hatte Hitlers Stellvertreter Hermann Göring Heydrich schriftlich angewiesen, »mir in Bälde einen Gesamtentwurf über die organisatorischen, sachlichen und materiellen Vorausmaßnahmen zur Durchführung der Endlösung der Judenfrage vorzulegen«.

Und so saßen in Heydrichs Büro fünfzehn hochdekorierte Nazis, unter ihnen ein mittelrangiger Gestapofunktionär namens Adolf Eichmann als Protokollführer, in bequemen Sesseln in der Runde und planten in nicht einmal zwei Stunden, nach denen sie ein delikates Mittagsmahl mit Cognac und Zigarren abschlossen, die systematische Ermordung von rund sechs Millionen Menschen. Die »Stimmung« bei diesem Treffen läßt sich anhand der folgenden Protokollpassage aus dem Prozeß beurteilen, der Eichmann – erstaunlicherweise der einzige Teilnehmer der »Konferenz«, der später hingerichtet wurde – neunundzwanzig Jahre danach vor einem israelischen Gericht gemacht wurde.

> *Eichmann: »Ich weiß nur, daß die Herren ihre Sitzung einberiefen und dann das Thema in sehr deutlicher Manier – nicht in der Sprache, die ich im Protokoll zu verwenden hatte, sondern mit allergröbsten Ausdrücken – erörterten, ohne ein Blatt vor den Mund zu nehmen. An all das kann ich mich aber kaum noch richtig erinnern, bis auf eine Sache – ich weiß noch genau, wie ich damals zu mir sagte: Sieh an, der Stuckart[7], der ewige, gesetzestreue Bürokrat, immer pedantisch und kleinlich, und was für ein anderer Ton jetzt! Die Wortwahl entsprach in keinster Weise dem gesetzlichen Protokoll aus Absätzen und Paragraphen. Ich sollte noch hinzufügen, daß dies das einzige ist, was mir von der Konferenz klar im Gedächtnis haften geblieben ist.«*
> *Vorsitzender Richter: »Was sagte er zu diesem Thema?«*
> *Eichmann: »Also speziell, Herr Präsident, möchte ich ...«*
> *Vorsitzender Richter: »Nicht speziell – ganz allgemein!«*
> *Eichmann: »In der Diskussion ging es um Tötung, Vernichtung und Ausrottung.«*

Die Frage, welche uns nun beschäftigt, ist: Wo traf man sich zu dieser Konferenz? Welches Gebäude Berlins beherbergte jenes spezielle Büro Heydrichs, in dem die entsetzliche Besprechung stattfand?

Gerald Reitlinger schreibt in seinem bereits 1953 erschienenen Klassiker über die Endlösung ganz eindeutig, daß sie »im Büro der Internationalen Kriminalpolizeilichen Kommission ›Am Großen Wannsee 56/58‹« war, wobei die Adresse als direktes Zitat dem Protokoll Eichmanns entnommen wurde. Viele andere Autoren folgten dem Beispiel eines so berühmten Gelehrten wie Reitlinger und schrieben getreulich, die »Wannsee-Konferenz« habe im Hauptquartier der IKPK stattgefunden. Das ist die allgemeingültige Darstellung.

Und sie ist falsch. Die Adresse des Hauptquartiers der Kommission lautete Am *Kleinen* Wannsee 16. Ein Stadtplan von Berlin wird bestätigen, daß es sich um zwei verschiedene Straßen handelt – oder vielmehr um eine lange Straße beiderseits einer Kreuzung, die auf der einen Seite »Am Großen« und auf der anderen Seite »Am Kleinen Wannsee« heißt. Außerdem stimmen die Hausnummern nicht überein.

In der Tat sind es zwei völlig unterschiedliche Gebäude. Das Haus Am Großen Wannsee 56/58 ist eine dreistöckige Stuckvilla, in der heute eine Holocaust-Gedenkstätte und ein Informationszentrum untergebracht sind. Das Haus ließ 1915 ein Zahnpastafabrikant erbauen, der es dann an einen Wirtschaftskriminellen veräußerte. Dieser wiederum verkaufte das Anwesen während seiner Haft an eine Nazistiftung, die es als beschaulichen Altersruhesitz im Grünen für hohe Beamte von Hitlers Nachrichtendienst herrichtete. Das Haus Am Kleinen Wannsee 16 besteht zwar ebenfalls aus drei Etagen, liegt jedoch ein Stück weit die Straße hinunter und ist in einem völlig anderen Stil erbaut.

Die »Wannsee-Konferenz« fand nicht im Interpol-Hauptquartier statt – aber so stand es auf Heydrichs Einladungen. Der Beweis versteckt sich in einer Fußnote in Gerald Flemings 1985 erschienenem Buch *»Hitler and the Final Solution« (»Hitler und die Endlösung«)*. Der Autor zitiert Heydrichs formelle Einladung an einen der Gäste, den Unterstaatssekretär im Auswärtigen Amt, Martin Luther: »Ich lade Sie daher für den 9. September 1941, 12 Uhr, zu einer Besprechung mit anschließendem Frühstück[8] in das Büro der Internationalen Kriminalpolizeilichen Kommission in Berlin, Am Großen Wannsee 56/58, ein.«

Der Termin wurde später auf den 20. Januar 1942 verschoben; aber als ich Flemings Übersetzung jener entscheidenden Passage »in das Büro der Internationalen Kriminalpolizeilichen Kommission« in Zweifel zog, war er beinahe empört. »Ich kann Ihnen versichern, daß meine Übersetzung nicht den kleinsten Fehler enthielt«, sagte er. »So stand es wortwörtlich in Heydrichs Einladung.«

Aber warum? Fleming vermutet: »Wahrscheinlich benutzte die Kommission das Haus unten an der Straße als eine Art ›Zweigstelle‹ oder Nebengebäude für spezielle Zusammenkünfte, bei denen die übliche Arbeitsatmosphäre gestört hätte.«

Diese Annahme wird zu einem gewissen Grad durch einen Artikel gestützt, den Tyler Marshall im Mai 1990 in der *Los Angeles Times* veröffentlichte. Darin berichtet er von einem Gedenktreffen, das der Jüdische Weltkongreß im Haus Am Großen Wannsee 56/58 abhielt: »Man wählte die Villa, die damals ein selten benutztes Refugium für hohe SS-Offiziere war, wegen der Brisanz des Themas, das es zu diskutieren galt.«

Im selben Artikel zitiert Tyler auch den Verwalter der Gedenkstätten der Westberliner Regierung mit den Worten, sowohl Heydrich als auch Eichmann seien »äußerst besorgt« gewesen, daß einige der Konferenzteilnehmer angesichts der entsetzlichen Tagesordnung protestieren könnten.

Heute wissen wir, daß für derlei Befürchtungen kein Anlaß bestand; entscheidend aber ist die Tatsache, daß Heydrich speziell den »Schirm« der IKPK benutzte, um die Konferenz einzuberufen, und man muß sich fragen, warum. Auf alle Fälle kann kaum ein Zweifel daran bestehen, daß die Interpol der Kriegsjahre – ihre Akten, ihre Verbindungen, ihr Personal, was immer gerade gebraucht wurde – in vollem Umfang jenem skrupellosen Personenkreis zur Verfügung stand, der mit »der Endlösung der Judenfrage« betraut war.

Zweiter Teil

Der Boden wird bereitet

6. Kapitel
Kriegsverbrechen und Kollaborateure (1939 bis 1945)

In Großbritanniens schwärzestem Jahr während des Zweiten Weltkriegs, 1940, erschien die offizielle Sammlung von Gerichtsurteilen bei Zivil- und Strafprozessen vor der Ersten Kammer des High Court und vor Berufungsgerichten wie gewöhnlich in zwei Bänden.

Was tat sich also in Kriegszeiten auf dem Gebiet der Verbrechensbekämpfung in Europa? Die verbreitete Darstellung ist die, daß nur sehr wenige Delikte verübt wurden, zumindest insoweit, als die Internationale Kriminalpolizeiliche Kommission betroffen war. So sagt Jean Nepote, der den Wiederaufbau der Kommission nach dem Krieg übernahm: »In den Jahren des Krieges gab es nicht viele kriminelle Aktivitäten auf internationaler Ebene. Es liegt lange zurück, aber ich denke, Sie werden sehen, daß noch bis 1941 oder 1942 ein paar Meldungen über Gesetzesbrecher – Taschendiebe und andere völlig unwesentliche Typen – veröffentlicht wurden und danach nichts mehr.«

Das stimmt nicht. Wie bereits erwähnt, konnte ich keine Originalausgaben des Magazins der Kommission von 1941 und 1942 auftreiben – in denen natürlich auch die Meldungen gestanden hätten –, doch die fotokopierten Exemplare der *Internationalen Kriminalpolizei* von 1943 und 1944 ergeben ein ganz anderes Bild.

Was für das normale, gesetzestreue Leben in Zeiten von Leid und Verwüstung zutrifft, gilt ebenso für kriminelle Energien. Meine Fotokopien belegen eindeutig, daß selbst im kriegsgeplagten Europa sich nach wie vor Verbrechen ereigneten – »nach guter, alter Tradition«, ist man beinahe zu sagen versucht. Familiäre Tötungsdelikte, Vergewaltigung, Einbruch, Brandstiftung, Taschendiebstahl[9], Raub und Diebstahl, Falschgeldherstellung und Betrug – nichts davon fand ein Ende, nur weil gerade Krieg war.

Zufällig – ich halte das für erwähnenswert, wenngleich ich meine Hefte schließlich im Koblenzer Bundesarchiv fand – waren sie nicht einfach von Hitlers Polizei ihren Nachfolgern in Friedenszeiten überlassen und freundlicherweise in deutschem Polizeigewahrsam aufbewahrt worden: Diese Ausgaben stammten aus den Vereinigten Staaten. In Koblenz trafen sie erst viele Jahre nach Kriegsende ein.

Robert Wolfe, US-Militärarchivar beim Nationalarchiv in Washington (den ich nach meiner Abreise aus Koblenz besuchte), erklärte mir hierzu: »Soldaten der US Army fanden die Hefte, sechzehn insgesamt, in den Amtsräumen der deutschen Kriminalpolizei in Trier. Sie wurden gemeinsam mit einem Berg von rein militärischem Material hierher gebracht. Es dauerte sehr lange, den ganzen Kram zu sichten und zu katalogisieren, doch als wir endlich fertig waren und sahen, was das für Dokumente waren und daß sie nichts mit dem Militär zu tun hatten, fotokopierten wir sie für unser Archiv und schickten die Originale an das Koblenzer Bundesarchiv. So sind sie heute in dessen Besitz.«

Nach Wolfes Wissensstand sind diese Exemplare die einzigen, die noch existieren. Das wirft die Frage nach dem Warum auf. Wie wir noch sehen werden, fehlen auch sämtliche Akten der Kommission aus den Kriegsjahren 1939 bis 1945. Nicht ein Fetzchen Papier aus dem Hauptquartier der Organisation in Berlin hat überdauert, um uns zu sagen, wer in jenen Jahren des Terrors durch die Hände von Interpol ging und, noch wichtiger, was mit ihm geschah. Selbst besagte sechzehn Hefte wurden nur durch Zufall in der Polizeiwache einer kleineren deutschen Stadt nahe der luxemburgischen Grenze entdeckt. Hat womöglich jemand in der letzten Phase des Krieges – etwa der österreichische Generalsekretär Dressler – angeordnet, alles zu vernichten, um die Kollaborateure und Sympathisanten aus ganz Europa zu schützen, die durch die Akten und den vollständigen Text der Hefte bekannt geworden wären?

Denn schon die Kopien von Dresslers Buch aus der US-Kongreßbibliothek und jene der sechzehn Hefte des Koblenzer Bundesarchivs reichen aus, um etwaige Gedächtnislücken bei mehreren hochrangigen Polizeibeamten quer durch Europa aufzufrischen. Sie sind der positive Beweis, daß sich diese Männer nicht annähernd in jenem Maß von Hitler-Deutschland distanzierten, wie sie es nach dem Krieg jedermann glauben machen wollten.

Doch bevor wir Interpols Rolle zur Zeit des Krieges beleuchten, wäre es doch interessant zu sehen, was Europas Kriminelle im Krieg so alles im Schilde führten.

Im besetzten Norwegen verzeichnete die Hauptstadt Oslo 1941 nach offiziellen Zahlen, die man trotz der Furcht vor der Gestapo und der Arbeit der örtlichen Polizei bei der Zentrale der Kommission in Berlin hinterlegte, nicht weniger als 11 438 Straftaten. Ein Mord war nicht dabei, aber ein Totschlag, ein versuchter Totschlag, ein »von Fahrzeug Erschlagener« – und 39 »Todesfälle aufgrund unbekannter Ursachen, die noch untersucht werden«.

Die Liste nannte außerdem:

Einbrüche in Läden, Büros, Fabriken und Werkstätten	*916*
Einbrüche in Wohnungen, Häuser, Keller, Außengebäude und Dachböden	*886*
Diebstähle in Geschäften, Büros, Lagern, Fabriken und Werkstätten	*306*
Diebstähle in Wohnungen, anderen gelegentlich genutzten Behausungen, Kellern, Dachböden und Treppenhäusern	*1206*
Gestohlene Motorfahrzeuge	*95*
Gestohlene Fahrräder	*1156*
Gestohlene Transportmittel	*448*
Diebstähle in Zügen, Bussen usw.	*553*
Taschendiebstähle und bestohlene Betrunkene	*292*
Ladendiebstähle	*384*
Sexualdelikte	*505*
Veruntreuungen	*1025*
Betrugsdelikte	*617*

1942 wurden in Belgien 11 157 gefälschte belgische Münzen – und eine ausländische – aus dem Verkehr gezogen, daneben 94 belgische und 20 ausländische Blüten. Im Frühjahr 1943 tauchten in Oslo gefälschte Gemälde des französischen Malers Gustave Courbet sowie der großen englischen Meister Gainsborough, Romney, Constable und Turner zum Verkauf auf: Sie waren das Werk eines einheimischen arbeitslosen Schauspielers.

Bis zum März 1943 hatte die Prostitution in Frankreich derart überhand genommen, daß die Vichy-Regierung eine neue, strengere Fassung eines alten Kuppeleiparagraphen bekanntgab, die prinzipiell für das ganze Land gelten sollte. Doch selbst in Kriegszeiten obsiegte bei neuen Sittenverordnungen die Scheinheiligkeit. Allein im von Deutschland besetzten Paris florierten weiterhin hundertzwanzig Bordelle: Vierzig davon waren für deutsche Soldaten, vier für deutsche Offiziere und eines für deutsche Generäle reserviert.

Dem guten Dr. Dressler mag solch energisches Vorgehen gegen das Zuhälterunwesen gefallen haben, und so schrieb er im folgenden Monat einen Brief an Jean Félix Buffet, einen leitenden Polizeibeamten in Vichy, worin er ihn zu den Maßnahmen beglückwünschte: »... einem Thema, das der Internationalen Kriminalpolizeilichen Kommission schon mehrfach Anlaß zu Besorgnis gab und den belgischen Abgeordneten der Kommission, M. Florent Louwage, zutiefst beunruhigt hat«.

(Diesen Mann haben wir bereits in den Anfangstagen der Kommission kennengelernt als einen ihrer Vertreter bei der Konferenz des Völkerbunds 1929 in Genf, bei der die Internationale Konvention zur Bekämpfung von Falschgeld ins Leben gerufen wurde.)

Im März 1944 drang im holländischen Apeldoorn ein Einbrecher in das Haus eines wohlhabenden Kaufmanns ein und raubte die Schmuckschatulle von dessen Frau. Der Kasten enthielt eine Goldkette mit Saphir und australischem Amethyst, eine Perlenkette mit Rubinen und Diamanten, einen diamantbesetzten Türkisring, zwei Ohrringe mit Opalen und Diamanten und eine mit Opalen und Diamanten besetzte Brosche.

Im Mai 1944 ereignete sich in Brüssel ein Vorfall, der aus unseren Tagen stammen könnte: Bei einem nächtlichen Apothekeneinbruch wurden über ein Kilogramm Morphium und vierundzwanzig Gramm Kokain gestohlen. Der einträgliche Handel mit illegalen Drogen mußte weitergehen, wenn die normalen Bezugsquellen versiegt waren.

Natürlich veröffentlichten auch deutsche Polizeichefs in Oskar Dresslers Magazin Einzelheiten über Verbrechen im eigenen Land für den Fall, daß sich die Täter ins Ausland abgesetzt hatten. So wurde im März 1944 ein Ölgemälde von Otmar Elliger aus dem 17. Jahrhundert aus seinem Rahmen geschnitten und aus einem Berliner Sitzungssaal entwendet. Und in einer offiziellen Meldung aus demselben Monat steht, daß sich in München ein vertrauensseliger Kunsthändler von einem aalglatten französischen Betrüger hatte überreden lassen, ihm sieben alte Meister zu überlassen, für die dieser angeblich einen Käufer hatte – und der natürlich auf Nimmerwiedersehen verschwand.

Im März 1944 gab es in Mittel- und Osteuropa eine regelrechte »Blütenschwemme«, denn in jenem Monat kursierten gleich drei Falsifikate von Banknoten:

polnische Hundert-Zloty-Scheine von einer solch schlechten Qualität, daß sie die Gauner, wie es auch heute noch bei billigen Imitationen oft der Fall ist, absichtlich in einem anderen Land (hier war es Österreich) in Umlauf brachten als dort, wo sie offizielles Zahlungsmittel sind;

ebenfalls in Wien »plumpe Reproduktionen« britischer Fünfzig-Pfund-Noten und – noch bizarrer:

falsche Fünfzig-Dollar-Scheine ausgerechnet in Minsk, einer Industriestadt tief im von den Deutschen besetzten Weißrußland und Hunderte Kilometer von jedem möglichen Kontakt entfernt: Wie um alles in der Welt kamen sie dorthin, und welchen Zweck konnten sie hier, weit im sowjetischen Hinterland erfüllen?

Außer den besetzten Ländern und dem Deutschen Reich selbst belieferten auch mehrere sogenannte »neutrale« Mitglieder der Kommission Dresslers Magazin mit Angaben zu jeweiligen nationalen kriminellen Aktivitäten – und nicht nur die faschistischen Diktaturen Spaniens und Portugals unter Franco und Salazar.[10]

Schweden war offiziell neutral, doch was heißt das in unserem Fall? Wie wir gesehen haben, beschrieb Dr. Harry Soderman, der langjährige Direktor des Schwedischen Kriminaltechnischen Instituts, die beiden höchsten deutschen Berufspolizisten bei Interpol, Arthur Nebe und Karl Zindel, in seinen Memoiren beschwichtigend als »sehr harmlose Nazis«. Er behauptete auch: »In der unmittelbaren Nachkriegshysterie hieß es, die Nazis hätten die Kommission für ihre eigenen Zwecke benutzt. Ich halte das für ungerecht. Soweit ich es beurteilen kann, wahrten sie ihr äußeres Erscheinungsbild, zumindest aus Gründen der Eitelkeit, und vermieden es gewissenhaft, die der IKPK verbliebenen Aktivitäten mit irgendwelcher Politik zu vermischen.«

Der berühmte Kriminologe hatte anscheinend ein selektives Gedächtnis. Oder vielleicht hatte er es wirklich vergessen, als er 1954 schrieb, daß man ihn 1942 zum Landesvertreter der Organisation ernannte? Und daß für eben jenes Jahr sein eigenes Institut der Kommission berichtete, wie es in ihrem Magazin exakt nachgedruckt wurde, daß das Labor 3526 Fälle (darunter 13 Mordfälle und 82 »an Fahrrädern unkenntlich gemachte Herstellernummern«) untersuchte – und daß seine Spurensicherung 19 Fingerabdrücke internationaler Verbrecher »von der Internationalen Kriminalpolizeilichen Kommission, Berlin« erhielt?

Angesichts der Aussage, »die Nazis hätten die Kommission nicht für ihre eigenen Zwecke benutzt« und es gewissenhaft vermieden, ihre Aktivitäten mit »irgendwelcher Politik zu vermischen«, fragt man sich, was Soderman wohl zu den beiden folgenden Angelegenheiten gesagt hätte:

Erstens: Anfang Mai 1942 traf General Carl-Albrecht Oberg in Paris ein, um das Kommando über die SS und die deutsche Polizei im besetzten Frankreich – das heißt im Nordteil des Landes – zu übernehmen (wenngleich die deutsche Wehrmacht einige Monate darauf auch in den Süden einmarschieren sollte, den sie jedoch unter der formalen Autorität der Vichy-Marionettenregierung beließ). Am 8. August 1942 lud Oberg in Paris hohe französische Polizeichefs wie auch regionale Leiter von Gestapo und SD (dem Nachrichtendienst der deutschen Geheimpolizei) aus seinem eigenen Territorium zu einer Konferenz ein. René Bousquet, von der Vichy-Regierung erst kurz zuvor zum Generalsekretär der französischen Polizei mit nominalen Befugnissen für das gesamte Land ernannt, war ebenfalls anwesend. Oberg hielt vor der Versammlung einen Vortrag über die Bedeutung des Kampfs gegen das internationale Verbrechen – und betonte dabei, welch wichtige Rolle der Kommission zukam.

Dieser kurzsichtige kleine Mann mit dem Borstenschnitt, der später von den Alliierten inhaftiert wurde, erzählte vor seiner respektvollen Zuhörerschaft: »Polizeiliche Aktivitäten, insbesondere die Frage nach einer energischen Bekämpfung von Kriminellen, haben seit jeher internationale Bedeutung. Dies dürfte Ihnen ja bereits daher bekannt sein, daß sich vor vielen Jahren mehrere Nationen in der Internationalen Kriminalpolizeilichen Kommission zusammenschlossen, um auf ein gemeinsames Ziel hinzuarbeiten.« Nachdem er die engagierte Arbeit seines »Kollegen und engen Freundes« Reinhard Heydrich, der einige Wochen vorher »infolge eines kriminellen Anschlags« ums Leben gekommen war, im Dienste der Kommission gewürdigt hatte, sagte er, daß er sich noch mehr als bisher für die Förderung der ehrbaren Ideale der Kommission einsetzen wolle.

Und dann sprach er aus, was dies im Klartext hieß: »Die französische Polizei muß sich eigenverantwortlich am Kampf gegen unsere gemeinsamen Feinde – Kommunisten, Terroristen, Saboteure – beteiligen, und zwar im Konzert mit den Einheiten der SS und der deutschen Polizei unter meinem Kommando.«

Mit anderen Worten: Für General Oberg mußte das Ansehen der Kommission als Deckmantel herhalten, um die französischen Polizeibehörden (von denen jedoch nur die wenigsten Kollaborateure waren) zu überreden, der Gestapo dabei behilflich zu sein, die deutsche Kontrolle über ihr erobertes Land zu erhalten und zu sichern.

Zweitens: Es gilt als nahezu erwiesen, daß die Nazis sogar soweit gingen und die Kommission dazu benutzten, ihnen bei der Durchführung der größten Falschgeldaktion in der Geschichte des Verbrechens zu helfen.

Die Idee war brillant, ja regelrecht verrückt. Sie hieß »Operation Bernhard« und war das Geistesprodukt von Alfred Naujocks, einem jungen SD-Offizier und Schützling seines direkten Vorgesetzten Reinhard Heydrich. Als »eine Art intellektuellen Gangster« bezeichnete ihn William L. Shirer in seinem Buch *»Aufstieg und Fall des Dritten Reiches«*.

Gegen Ende des Jahres 1940 war klargeworden, daß Hitler keine Invasion Großbritanniens über die ungemütlichen Gewässer des Ärmelkanals riskieren würde. Daher argumentierte Naujocks: Warum die Briten nicht wirtschaftlich in die Knie zwingen statt militärisch? Und was gäbe es da für eine bessere Möglichkeit, als die Welt mit falschen Pfundnoten zu überschwemmen, mit der Folge, daß die englische Wirtschaft zusammenbräche und eine völlig demoralisierte Regierung um Frieden bitten müßte?

Heydrich hat die Idee offensichtlich erfreut aufgenommen und erhielt, höchstwahrscheinlich mit Himmlers Unterstützung, Hitlers Zustimmung. So ließ die deutsche Regierung falsche britische Banknoten im Wert von 630 Millionen Pfund herstellen: Ein Teil wurde direkt nach England eingeschleust, ein Teil in neutralen Ländern in Umlauf gebracht, und mit einigen wurden US-Dollar gekauft – in der Hoffnung, auf dem einflußreichen amerikanischen Markt für Turbulenzen zu sorgen. Das ganze Vorhaben erwies sich freilich als Fehlschlag und hatte absolut keine Auswirkungen auf die englische Wirtschaft oder den erklärten Vorsatz der Briten, den Krieg zu gewinnen, diente aber letztlich doch einem

Zweck: Die Deutschen honorierten mit den Blüten die Dienste ihrer zweitklassigen Kollaborateure und Spione. Jeder hinterging hier jeden; das vielleicht bekannteste Beispiel war »Cicero«, der Kammerdiener des britischen Botschafters in der Türkei, der für zwanzigtausend Pfund geheime Papiere aus dem Tresor des Botschafters fotografierte, dieses Material an die Deutschen verkaufte – und dann entdecken mußte, daß man ihn nur mit Falschgeld bezahlt hatte.

Wie fanden die Urheber der »Operation Bernhard«, die ursprünglich unter Heydrichs Kommando arbeiteten, die hervorragenden Fälscher, die sie für eine solche Großaktion benötigten? Zweifellos bedienten sie sich eigener Polizeiakten im Falle deutscher Staatsangehöriger, doch Simon Wiesenthal, der berühmte Nazijäger der Nachkriegszeit, behauptet in dem 1977 gedrehten holländischen Dokumentarfilm *Dossier Interpol,* daß sie auch auf Interpol-Akten zurückgriffen, um die internationale Elite der Fälschergilde ausfindig zu machen, nach der sie wirklich suchten. Jedenfalls wäre es, um es mit den Worten des pensionierten Generalsekretärs Jean Nepote im Hinblick auf die vermutete Nutzung der Interpol-Akten zum Aufspüren von Juden für die KZs auszudrücken, »sehr praktisch gewesen«.

Über einen Umstand scheint es aber wirklich gesicherte Erkenntnisse zu geben: Die Blüten wurden ausgerechnet in einem Konzentrationslager (Sachsenhausen) unter der Aufsicht eines SS-Offiziers namens Friedrich Schwend hergestellt. Er konfrontierte die unglücklichen Fälscher mit der einfachen, aber wirksamen Alternative: entweder die Ärmel hochkrempeln und die Arbeit durchziehen – oder in den Gaskammern des KZs sterben.

Selbst nach so langer Zeit sind die Einzelheiten nebulös, und die »Operation Bernhard« bleibt eine der wenigen Episoden aus dem Zweiten Weltkrieg, über die noch immer nicht die ganze Wahrheit bekannt ist. Doch kann man sich nur schwer vorstellen, daß Heydrich auch nur einen Moment gezögert hätte, die Akten der IKPK, einer Organisation unter seinem Kommando, zu plündern, um die Idee eines jungen Mannes (Naujocks) aus einem anderen Bereich unter seiner Leitung in die Tat umzusetzen.

(Ironischerweise findet sich im Jahresreport des Generalsekretariats anläßlich der Generalversammlung im Juni 1965 in Rio de Janeiro ein letztes Echo auf die Saga über die »Operation Bernhard«: »Im November 1963 entdeckte die österreichische Polizei rund 100 000 gefälschte Banknoten zu 5, 10, 20 und 50 englischen Pfund sowie 41 Druckplatten – die Reste jener im KZ Sachsenhausen während des letzten Krieges als Teil des deutschen Plans für einen ›Währungscoup‹ hergestellten Blüten.«)

Wenden wir uns wieder dem Magazin der Kommission zu. Dort ist zu lesen, daß die anderen »Dauerneutralen« Europas, die Schweizer, ebenso glücklich waren wie die Schweden, Informationen mit der Kommission zu teilen. Die *Internationale Kriminalpolizei* vom 30. Juni 1943 bringt zwei Meldungen aus der Schweiz. Die erste beklagt den drastischen Anstieg der Kriminalität aufgrund der nächtlichen Verdunklung, die zweite handelt von Falschgeld:

> *Es sind Banknoten zu 20 und 50 Schweizer Franken aufgetaucht, bei denen ein zirka 1,5 cm breiter Streifen fehlt. Der Fälscher, der noch nicht gefaßt werden konnte, trennt guterhaltene Geldscheine mit einem scharfen Schnitt. Der verkürzte Schein wird dann sorgfältig wieder zusammengeklebt. Beim Ausgeben wird er achtsam gefaltet, so daß nur das unauffällige Porträt auf dem Schein sichtbar ist. Auf diese Weise lassen sich aus acht Geldscheinen neun machen oder aus neun zehn.*[11]

Im März 1943 verschickte Arthur Nebe in seiner Funktion als amtierender Präsident von Interpol während des Interregnums nach Reinhard Heydrichs Tod ein Rundschreiben an alle Mitgliedsstaaten. Beigefügt war ein neues Standardformular, das diese ausfüllen sollten, um das Hauptquartier in Berlin mit letzten Informationen zu versorgen. Man hatte zwei alte Vordrucke in einem neuen zusammengefaßt, der aber nach wie vor unter Absatz 8 den speziellen Punkt »Religiöser Glaube« enthielt.

Dies hat jedoch offenbar weder die Schweiz noch andere Nationen daran gehindert, künftig Informationen nach Berlin zu schikken oder dem Magazin der Kommission Steckbriefe zur Veröffentlichung vorzulegen.

Es folgen drei Beispiele aus dem Jahr 1944:

> *Meldung über internationalen Verbrecher (Betrüger)*
>
> *Der Untersuchungsrichter von Basel erhebt Anklage gegen den Geschäftsmann Walter Herbert Back, geb. am 27. 11. 13 in Wien,*

Sohn von Louis und Erna Cohn, ehemaliger österreichischer Staatsbürger, inzwischen vermutlich staatenlos, Jude, zuletzt wohnhaft in Grenoble.
Back hat sich auf Kredit- und Hotelbetrug spezialisiert. 1943 und Anfang 1944 hat er im Großraum Zürich–Basel durch Betrügereien insgesamt 3000 Franken ergaunert. Meist erzählte er den Leuten, daß er auf die Überweisung einer großen Summe aus Frankreich warte, die er für seine kranke Frau benötige. Hierfür benutzte er den Namen Henri Martin, Sohn von Louis und Margaret Meyer, geb. am 2. 9. 18 in Lille, um sich als französischer Staatsbürger ausgeben zu können.
Er benutzte auch die falschen Namen Georg Hirsch und Alfred Bloch.
Beschreibung der Person: 170 cm groß, korpulente Figur, dunkelbraune, zurückgekämmte Haare, dunkelbraune Augen, Zahnlücke im linken Oberkiefer, rundliches Gesicht, glattrasiert, Hornbrille, aufgeblasene Erscheinung. Spricht deutsch und französisch.
Er ist Diabetiker und sucht häufig Krankenhäuser auf. (Photographie ist beigefügt.)

Meldung über einen Straftäter

Der Hotelangestellte und Vertreter Karl Jakob Dudler, Sohn von Karl Gottlieb und Marie-Christine Schulthaus-Müller, geb. am 30. 10. 08 in St. Gallen (alias Jakob Mader, geb. am 8. 6. 09 in Goldbach, Chauffeur, und auch alias Alfred Etter, geb. am 20. 3. 12 in Chaum, Maler), ist mehrfach wegen Diebstahls, Raubes und Betrugs vorbestraft.
Dudler, der die Vollzugsanstalt in St. Gallen am 24. 8. 43 verließ, befindet sich wegen Hotel- und Zimmerdiebstahls seit 1. 3. 44 erneut in Haft. Er soll auch in anderen Fällen solche Diebstähle begangen haben, und es ist mit hoher Wahrscheinlichkeit davon auszugehen, daß Dudler nach Verbüßung seiner letzten Haftstrafe in der gesamten Schweiz und im Ausland weitere Straftaten begangen hat. Nähere Informationen sind erbeten.
Beschreibung der Person: 164 cm groß, mittlere Statur, hellkastanienbraune Haare, senkrechte Stirn, gelblich-blaugrüne Augen, leichte Hakennase, Zahnlücken, langes, spitzes Gesicht,

glattrasiert, Warzen vor dem rechten Ohr und auf der rechten Wange, Ostschweizer Akzent.
Bei seinen Diebstählen zieht er in der Regel die Schuhe aus. Er leistet bei einer Festnahme Widerstand. Photographie und Handschriftproben sind beigefügt.

Flüchtiger Einbrecher und entflohener Sträfling

In der Nacht vom 26. auf den 27. 5. 44 ist der Schreiner Walter Signer, geb. am 20. 3. 19 in St. Gallen, Sohn von William und der verstorbenen Irma, geb. Pollheim, wegen Einbruchdiebstahls zu zwei Jahren Haft verurteilt, aus dem Gefängnis in Gmunden entflohen.
Beschreibung der Person: 163 cm groß, schlank, dunkelbraunes Haar, schmale Stirn, buschige Augenbrauen, braune Augen, gerade Nase, vollständiges Gebiß, rundes Kinn, auffällig blasses, schmales Gesicht, diverse große Narben am linken Handgelenk (versuchte Selbstverstümmelung). Photographie ist beigefügt.
Es wird darum ersucht, Signer, einen gefährlichen Einbrecher und Flüchtigen, ausfindig zu machen. Vorsicht bei der Festnahme; es besteht Fluchtgefahr!

Somit dürfte es vielleicht nicht allzusehr verwundern, daß sich unter den im Impressum des Magazins veröffentlichten Personen auch ein gewisser Oberst Werner Müller, Chef der Berner Sicherheits- und Kriminalpolizei, befand – ihm werden wir ebenfalls noch einmal begegnen.

Die Steckbriefrubrik der *Internationalen Kriminalpolizei* ließ in den späteren Kriegsjahren eine bemerkenswerte Komplexität des Verbrechens erkennen. Natürlich gab es reichlich Mord, Raub, Diebstahl und Betrug, aber es wurden auch solche eher sonderbaren Straftaten begangen:

Betrug und Diebstahl durch falsche Polizisten

Am 8. 1. 44 erschienen auf dem Grundstück des Briefmarkenhändlers Laurent in der rue de Faubourg-Montmartre No. 57, Paris, zwei falsche Polizisten und erklärten, sie müßten eine

Durchsuchung des Anwesens durchführen. Dabei stahlen sie folgende Briefmarken:
[Es folgt eine ausführliche Liste von zwölf roten Alben, die bis ins Jahr 1849 zurückreichen.]
Die Auswahl der gestohlenen Marken zeigt, daß die Täter sehr gezielt vorgegangen waren. Als solche kommen daher nur Sammler oder Händler in Frage.

Unerlaubter Export

Der Blumenzüchter Teunis Adrianus Johann Hoogenboom, geb. am 7. 12. 04 in Nieuw-Beyerland (Niederlande), wohnhaft in Kleve, wird dringend des unerlaubten Exports von einer Million Blumenzwiebeln verdächtigt.
Er wird gesucht, damit ihn der Untersuchungsrichter in Arnheim (Niederlande) in dieser Sache als Angeklagten und Zeugen vernehmen kann. Hoogenboom ist bei Auffinden festzunehmen.

Internationale Trickbetrügerin

In der Zeit zwischen dem 21. und 26. April 1944 tauchte in Prag eine unbekannte Frau auf, der es mittels betrügerischer Machenschaften gelang, Personen deutscher und tschechischer Nationalität zu überreden, ihr eine große Summe Bargeld und diverse Gegenstände wie Pelze und Mäntel auszuhändigen. Der Schaden beläuft sich bis jetzt auf über 150 000 Kronen. Sie ist im Besitz eines Reisepasses auf den Namen Madeleine de la Croix, geb. am 3. 10. 13 in Marseille, ausgestellt von der Polizeihauptwache in Paris am 13. 1. 42, No. 378/42.
Nach Aussagen der Geschädigten gibt sie sich als die Tochter des früheren französischen Botschafters, aber auch als Künstlerin oder Filmschauspielerin aus.
Es handelt sich um eine reisende Trickbetrügerin, die mit Sicherheit nicht die Person ist, für die sie sich ausgibt. Sie spricht slowakisch, tschechisch, gutes Deutsch, französisch, ungarisch und russisch und verfügt über hervorragende Ortskenntnisse von Prag, Wien, Budapest, Berlin und anderen Städten. Angeblich soll sie von Budapest über Wien nach Prag gekommen sein. Beschreibung der Gesuchten: etwa 31 Jahre alt, zirka 155 cm

groß, schlank, auffällig schwarz gefärbte Haare, dunkle Augen, rasierte, mit Brauenstift nachgezogene Augenbrauen, sehr großer Mund.
Besondere Kennzeichen: Ihre beiden oberen Schneidezähne sind offensichtlich falsch und schlecht eingepaßt. Sie sieht in etwa wie eine Spanierin aus, könnte aber sogar eine ungarische Zigeunerin sein.
Intensive Fahndung und Festnahme sind erbeten.

Zur besonderen Beachtung!
Schmuck in Verwahrung genommen

Anläßlich einer Hausdurchsuchung, die bei einer Prostituierten in Frankfurt/Oder durchgeführt wurde, fand man folgende Dinge:
24 Diamantringe (585 vergoldet mit Platin);
2 Paar Diamantohrringe;
1 Damenarmbanduhr oder Armspange, die sie vermutlich von einem Angehörigen der Streitkräfte bekommen hat.
Nach Aussage eines Juweliers dürfte der Schmuck aus Frankreich stammen und in Friedenszeiten etwa 15 000 RM wert sein (Photos liegen bei).
Da der starke Verdacht besteht, daß der Schmuck im Ausland gestohlen oder auf unredliche Weise erworben wurde, ist eine Überprüfung sämtlicher während des Krieges gemeldeter Verlustanzeigen erforderlich.

Die Mobilität des Verbrechens im kriegsgeschüttelten Europa mit seinen schwerbewachten Grenzen, wo maximale Sicherheit herrschte und wichtige Eisenbahnknotenpunkte und Rangierbahnhöfe sich ständigen Luftangriffen der Alliierten ausgesetzt sahen, war wirklich erstaunlich:

Festnahme von internationalem Briefmarkenfälscher

Nach einer Meldung aus Madrid wurde dort Giovanni (Juan) Marra de Renci, Sohn von Silvio und Irene, geb. am 6. 1. 07 in Neapel (Italien), verheiratet, wegen Briefmarkenfälschens verhaftet. Er soll bereits von Frankreich und Belgien abgeschoben worden sein.

Wo ist Marra, dessen Photographie und Fingerabdrücke den Unterlagen beiliegen, zuvor in Erscheinung getreten?

Betrug

Laut einer Meldung im Danske Politi Efterretninger *No. 82 vom 8. 4. 44, Ziffer 1555, wird um die Festnahme des Arbeiters Christian Willy Vollertsen, geb. am 22. 12. 15 in Odense (Dänemark) wegen Betrugs nachgesucht.*
Vollertsen hält sich möglicherweise in Frankreich auf.
Er ist 182 cm groß, hat mittelblonde Haare und graugelbe Augen.
Informationen über seinen Aufenthaltsort nimmt die Internationale Kriminalpolizeiliche Kommission, Am Kleinen Wannsee 16, Berlin, entgegen.

Veruntreuung

Der Briefträger Alphonse Rion, geb. am 23. 10. 16 in Hermalle sur Argenteau (Belgien), ist dringend verdächtig, mehrere Personen um insgesamt zirka 100 000 belgische Francs betrogen zu haben. Er befindet sich auf freiem Fuß und hält sich vermutlich in Frankreich auf.
Angaben über seinen Aufenthaltsort und seine Festnahme bei Auffinden werden erbeten.

Verhafteter Dieb

Die Kripo in Bratislava [Preßburg] hat über Funk die Festnahme des Mechanikers Franz Hilburger, geb. am 29. 6. 23 in Dolce, Bezirk Prestice (Böhmen-Mähren), wohnhaft in Pilsen, Sohn von Franz und Emilie, geb. Krasna, bekanntgegeben.
Hilburger hat nach einem Diebstahl die Grenze bei Luhacovic illegal überquert.
Bestätigung von Hilburgers Aussagen sowie Angaben zu seinen Akten und früheren Verurteilungen werden erbeten.

Die Leute fuhren in Urlaub – und verschwanden:

Vermißte Person

Wie bereits von der IKPK Bratislava [Preßburg] unter Aktz. 6845/44 gemeldet, wird der Hausierer Johann Skrina, geb. am 1. 1. 03 in Zakopcie, Bezirk Cadca (Slowakei), Sohn von Paul und Anna Lucan, zuletzt wohnhaft in Darkau No. 99 bei Karwin, Oberschlesien (Deutsches Reich), wo er Kaufmann war, seit dem 27. 1. 44 vermißt.
Skrina weilte auf Urlaub in Zakopcie und wollte nach Erhalt eines slowakischen Visums am 31. 1. nach Darkau zurückkehren. Seitdem hat es von ihm kein Lebenszeichen gegeben.
Beschreibung der Person: etwa 167 cm groß, volles, ovales Gesicht, bartlos, braune Augen, gerade Nase, braune Haare, gesunde Zähne.
Bei seiner Abreise trug er einen kurzen, grünen Mantel, eine dunkle, gestreifte Hose, ein bläulich gestreiftes Hemd, eine graugestreifte Krawatte, ein Paar Leinen- und ein Paar braune Flanellunterhosen und ein gestreiftes Sportleibchen.
Skrina war im Besitz einer Reiseerlaubnis und anderer persönlicher Dokumente. Er trug eine Nickelarmbanduhr sowie eine silberne Taschenuhr mit solider Kette.
Es wird gebeten, eine Suche nach seinem Verbleib einzuleiten.

Gefangenen glückte die Flucht selbst aus den strengsten Kriegsgefängnissen:

Entflohener Verbrecher

Am 28. 4. 44 entwich der Sträfling Verner Bruno Mertz, geb. am 25. 4. 23 in Sonder Kongenslev, aus der Haftanstalt in Aalborg, Dänemark.
Beschreibung des Gesuchten: etwa 184 cm groß, schlank, hellblonde Haare (gewellt), blaue Augen. Zuletzt trug er eine dunkelbraune Lederjacke mit Reißverschlüssen vorn und an den Seitentaschen, eine dunkelblau gestreifte Jacke mit Reißverschluß und Rollkragen, eine braune Hose und hohe, schwarze Stiefel.
Es wird ersucht, die Fahndung nach Mertz aufzunehmen und ihn bei Auffinden zu verhaften.

Entflohener Verbrecher

In der Nacht vom 14. auf den 15. 2. 44, zwischen 24:00 und 2:00, entfloh Camiel De Neef, geb. am 1. 6. 13 in St. Catherine-Lombeek (Belgien), aus dem Gefängnis in Oudenarde.
Beschreibung der Person: ungefähr 180 cm groß, athletische Figur, dunkler Teint, dunkle Augenbrauen, hellgraue Augen, dunkelbraune Haare, Narben am linken Zeige- und Ringfinger, auf dem rechten Handrücken, an Daumen, Mittel- und Ringfinger der rechten Hand und auf der Nase.
Er war mit einer dunkelblauen Jacke, einer braunen oder khakifarbenen Reithose, dunkelblauen Sportsocken und Schuhen bekleidet.
Es wird um eine Fahndung nach ihm mit anschließender Festnahme gebeten. Vorsicht, da sehr aggressiv.

Entflohener Gewalttäter

Der bereits zu einer langjährigen Haftstrafe verurteilte Gewalttäter Karl Pippan, geb. am 13. 8. 16 in Feistritz, Bezirk Villach (Kärnten), der nach seiner Flucht aus dem Gefängnis Bieburg, Deutschland, verschiedene Einbrüche und einen Mordversuch begangen hat, konnte bisher nicht gefaßt werden. Seine Eltern, Lukas Pippan und Pauline, geb. Zollner, wohnen angeblich noch in Feistritz.
Gegen Pippan ist ein Verfahren beim Sondergericht in Darmstadt anhängig, und auch von den Rechtsbehörden in Klagenfurt ist er zur Fahndung ausgeschrieben.
Er ist 172 cm groß, schlank und hat dunkelblonde Haare.
Eine intensive Fahndung wird erbeten. Vorsicht bei seiner Festnahme!

Doch es gab nicht bloß Verbrechen der »normalen«, für Friedenszeiten typischen Art. Die Steckbriefe konnten auch einen Widerstandskämpfer im Visier haben:

Eine Fahndung und Festnahme werden erbeten im Falle des Lastwagenfahrers Jan Berghuis, bekannt als »Little John«, geb. am 19. 5. 03 in Groningen, wohnhaft in Deventer (Holland), Emmaplein 52.
Berghuis steht unter dringendem Tatverdacht, am 4. 4. 44 gegen 21:30 einen Freiwilligen der niederländischen Armee ermordet zu haben, während dessen Einheit an der Hauptstraße Holten–Deventer nahe beim Bahnübergang Bannink, Stadtbezirk Diepenveen, eine Kontrolle durchführte.
Waffe: kleinkalibrige Pistole. Da der Getötete in Notwehr einen Schuß aus seinem Jagdgewehr abgefeuert hatte, ist der Verbrecher, der sein Fahrrad am Tatort zurückließ, eventuell verwundet.
Beschreibung der Person: 170 cm groß, schlank, längliches Gesicht, blonde, wellige, hochstehende Haare, blonde Augenbrauen, blaue Augen, niedrige Stirn, breites Kinn, schmale Lippen, gute Zähne, Warze auf einem Oberlid. (Photographie ist beigefügt.)

Das ganze Spektrum menschlicher Unzulänglichkeiten fand sich in den Seiten jener Kriegsausgaben der *Internationalen Kriminalpolizei*.

Dann war alles zu Ende. Am 20. Februar 1945 erschien die letzte Ausgabe des Magazins. Wenige Tage zuvor hatten britische und amerikanische Streitkräfte die deutsche Vorkriegsgrenze von Westen her überquert. Am 28. April vereinigten sie sich an der Elbe mit der von Osten vorrückenden sowjetischen Roten Armee, wodurch das Land effektiv in zwei Teile getrennt wurde. Hitler erschoß sich am 30. April in seinem Berliner Bunker. Unter dem neuen, kurzzeitigen Nachfolger Admiral Karl Dönitz erfolgte durch Generaloberst Alfred Jodl am 7. Mai die bedingungslose Kapitulation Deutschlands.

Inzwischen war Kaltenbrunner verhaftet worden, und Oskar Dressler hatte es – zum Glück für ihn – geschafft, irgendwie in seine österreichische Heimat zurückzukehren.

Seit jeher fühlen sich Polizisten in aller Welt als eigener Menschenschlag, und daran wird sich wohl auch künftig nichts ändern. Vorausgesetzt, die Rassengegensätze sind nicht zu gravierend, wird man nur selten einem Polizeibeamten begegnen, der einen Kollegen wegen dessen Verhalten in der Öffentlichkeit kritisiert. Hier existiert eine innere Sperre, selbst den schlimmsten Gesetzesbrecher in Polizeiuniform zu verdammen.

Als Dressler schließlich 1960 in seiner Heimatstadt Wien im Alter von einundachtzig Jahren friedlich im Bett starb, gedachte der damalige französische Generalsekretär von Interpol, Marcel Sicot, der während der deutschen Besatzung im Dienst der französischen Polizei geblieben war, des Österreichers in einem offiziellen Nachruf in eben jenem Magazin, das Dressler ins Leben gerufen und so lange geleitet hatte, mit folgenden sanften Worten:

»Gewiß hat seine Haltung in der Zeit von 1938 bis 1945 manche Kritik und Zweifel an seinem Charakter laut werden lassen, doch ein Faktum stand nie zur Debatte: Siebzehn Jahre lang war er in seiner Heimatstadt das treibende Element hinter der IKPK, und er setzte jeden Tag seine Tatkraft und sein Wissen aufs neue für die Gruppe ein, der er vertraute. Es ist an der Zeit, seinen Namen aus der Versenkung verlorener Reputationen emporzuheben.«

Zu welcher Einschätzung könnten wir gelangen? Sollten wir Sicots schmeichelhafte, auf Verurteilung verzichtende Plattheiten übernehmen? Oder wenden wir auf Dressler jene bitteren Worte von Amos Elon an, der im Sommer 1991 im Magazin *New Yorker* in seinem Brief aus Wien schreibt: »Von allen Geistern, die in Wien spuken, sind die zählebigsten vielleicht die Geister des Nazismus. Anteilmäßig gab es in Österreich mehr hochrangige Nazis als in Deutschland, und so war es nicht anders zu erwarten, daß die meisten Österreicher ihre Annexion durch Deutschland 1938 als einen Akt nationaler Befreiung ansahen. Es heißt, daß die Österreicher – obwohl sie kaum ein Zehntel der Gesamtbevölkerung Großdeutschlands ausmachten – über die Hälfte des Personals in den Vernichtungslagern stellten.«

Ab Mai 1945 gehörte der idyllische Vorort Wannsee zum amerikanischen Sektor der besetzten Stadt Berlin. Das Gebäude Am Kleinen Wannsee 16 war von der US Army übernommen worden.

Wie wir gesehen haben, hatte Interpol zu Beginn des Krieges nicht zu existieren aufgehört – nun aber war es fast soweit. Es gab keinen Präsidenten, keinen Generalsekretär, kein Hauptquartier mehr: nichts.

7. Kapitel
»Laßt die Flamme nicht sterben!« (1946)

Das Chaos auf dem europäischen Kontinent nach diesem Krieg war zumindest ebenso schlimm wie nach dem Ersten Weltkrieg.

Aus der Sicht des vergleichsweise stabilen Nachkriegsengland konnte sich Sir Ronald Howe, der damals als stellvertretender Polizeipräsident bei Scotland Yard für die Kriminalitätsbekämpfung zuständig war, eine gewisse blasierte Distanziertheit leisten:

»Das Problem, dem wir uns in London bei Kriegsende gegenübersahen, stand in keinem Verhältnis zu jenem, mit dem sich die Polizei auf dem Kontinent auseinandersetzen mußte. Die Woge der Kriminalität in England war Teil einer allgemeinen europäischen Krankheit, die wir in ihrer virulentesten Form nicht zu spüren bekamen. In den Ländern, die unter der deutschen Besatzung gelitten hatten, war eine neue Generation herangewachsen, deren Einstellung gänzlich auf Umsturz basierte und die in der Polizei einfach die Stelle für die Abrechnung mit der Gestapo sah sowie Autorität als etwas betrachtete, das sich, wenn schon nicht regulär bekämpfen, so doch gewiß umgehen ließ. Diese Denkweise konnte man nicht einfach durch einen Regimewechsel abschütteln. Diejenigen, die aus den Flüchtlingslagern kamen, fühlten keine Untertanenpflicht gegenüber einer Welt, die sie so grausam behandelt hatte. Menschen werden selten durch fortgesetztes Leiden geläutert, und wenn sie ihr Heim in einem Land verlieren, liegt man sehr häufig falsch mit der Annahme, daß sie für den Rest ihres Lebens eine Dankesschuld gegenüber dem Land abtragen, das sie letztlich aufnimmt. Innerhalb weniger Wochen nach Kriegsende gab es gutorganisierte Verbrecherbanden, die von vielen dieser Lager aus operierten.

Die Währungen spielten verrückt. Keiner wollte französisches oder deutsches Geld haben, wenn man in Naturalien bezahlt werden konnte. Schwache Währungen wurden noch weiter abgewertet durch eine Flut von Falschgeld, von dem ein großer Teil in deutschen Konzentrationslagern in der Absicht produziert worden war, die Wirtschaft jenes Landes zu zerrütten, in dem es in Umlauf gebracht werden sollte.[12] Die Soldaten der alliierten Besatzungsarmeen fingen, von wenigen Unbestechlichen abgesehen, Großhandelsgeschäfte über NAAFI- und PX-Läden an; relative Werte bedeuteten nichts. Eine teure Armbanduhr konnte man gegen ein Stück Seife eintauschen, einen alten Meister für einen Karton Zigaretten, und alte Familienerbstücke wurden gegen Tee und Rasierklingen gekungelt. Wie ein Journalist schrieb: ›Ein Pelzmantel war für einen Sack Kartoffeln zu haben, sein Besitzer für weit weniger. Europa war zu einem Paradies für Schwarzhändler und internationale Gauner geworden.‹«

Es mußte etwas geschehen, und so entschloß sich bald jemand, die Initiative zu ergreifen: der achtundfünfzigjährige Oberstleutnant Florent Louwage, ein Spitzenbeamter der belgischen Polizei (Generalinspekteur für innere Sicherheit) und, wie wir bereits gesehen haben, einer der klügsten Köpfe der Vorkriegs-Interpol. Er faßte den Plan, ein Treffen von möglichst vielen Polizeichefs der Vorkriegsmitglieder der Organisation zu arrangieren, und um die Kontinuität der Aktion zu betonen, nannte er es »Fünfzehnte Generalversammlung« der IKPK – die vierzehnte war ja die luxuriöse Zusammenkunft in Bukarest im Juni 1938 gewesen. Er »verkaufte« die Idee seinem Justizministerium, das dann die Einladungen über diplomatische Kanäle verschickte. Somit war das Ereignis nicht nur offiziell abgesegnet, sondern es bedeutete auch, daß die belgische Regierung die nicht unbeträchtlichen Kosten trug.

Und so versammelten sich am Montag, dem 3. Juni 1946, dreiundvierzig Abgeordnete aus siebzehn Ländern im eindrucksvollen, säulenverzierten Brüsseler Justizpalast. Vertreten waren die Länder Ägypten, Belgien, Chile, Dänemark, Frankreich, Großbritannien, Iran, Jugoslawien, Luxemburg, die Niederlande, Norwegen, Polen, Portugal, Schweden, die Schweiz, die Tschechoslowakei und die Türkei. Griechenland entschuldigte sich für sein Fernbleiben. Die Vereinigten Staaten übermittelten ihre guten Wünsche, aber J. Edgar Hoover erklärte, die Einladung sei zu spät eingetroffen, und er bedaure, nicht anwesend sein zu können. Er versprach jedoch, die nächste Konferenz zu besuchen oder einen Stellvertreter zu entsenden. Die Delegierten fühlten sich davon so geschmeichelt, daß sie ihn einstimmig zu einem Vizepräsidenten wählten.

In Wirklichkeit nennt der unveröffentlichte FBI-Bericht *»Interpol and its Association with the FBI« (»Interpol und ihre Beziehung zum FBI«)*, von dem mir ein Exemplar vorliegt, den eigentlichen Grund für das Nichterscheinen des gerissenen Mr. Hoover: »Die Vereinigten Staaten waren nicht präsent, da FBI-Beamte die

Ansicht vertraten, die USA seien noch nicht mit den Ideologien und Hintergründen der Teilnehmerstaaten nach dem Krieg vertraut.« Des weiteren enthüllt er, daß Italien, Spanien, die Balkanländer und die Sowjetunion[13] »nicht eingeladen wurden, da M. Louwage meinte, sie seien für eine Teilnahme weder ausreichend organisiert noch völlig unabhängig nach dem Krieg«.

Die Konferenz war ein durchschlagender Erfolg. Louwage, mit Orden dekoriert und in Uniform, erklärte in seiner Eröffnungsrede: »Die im Ersten Weltkrieg von 1914 bis 1918 entstandene Psychose von Zerstörung und Elend, das Verschwinden einiger Länder und die Entstehung anderer, die Errichtung von Grenzen, die Umsiedlung großer Bevölkerungsteile, das innerhalb der kriminellen Polizeiorgane der am Krieg beteiligten Staaten ausgelöste Chaos – all dies hatte bis 1923 eine Situation heraufbeschworen, die eine engere Zusammenarbeit zwischen den in jedem Land für den Kampf gegen das Verbrechen zuständigen Abteilungen erforderte.

Kaum ein Jahr ist seit dem Ende des letzten Krieges vergangen, und da die Auswirkungen dieser jüngsten schrecklichen Katastrophe erheblich schlimmer sind als damals, gelten die Gründe, die seinerzeit für die Schaffung der Internationalen Kriminalpolizeilichen Kommission sprachen, heute in noch höherem Maße für ihren Wiederaufbau.

Unsere Organisation beabsichtigt, sich gemäß den nationalen und internationalen Gesetzen mit aller Kraft für die Wiederherstellung von Ordnung und Frieden in der ganzen Welt einzusetzen – mit Hilfe gutwilliger, verantwortungsbewußter Männer wie Ihnen. Laßt die Flamme nicht sterben!«

Jeder bekommt gern gesagt, wie toll er ist. Die Delegierten antworteten mit einer Orgie selbstbeweihräuchernder Reden, in denen sie sich gegenseitig ihrer Rechtschaffenheit – und jener von Louwage – versicherten und den Wunsch äußerten, eine solch kostbare Flamme erneut auflodern zu lassen.

Als sie Brüssel drei Tage später verließen, hatten sie sich auf einen neuen Hauptsitz – Paris[14] – geeinigt, einen neuen Präsidenten (Louwage, wen wundert's) und einen neuen Generalsekretär gewählt: Louis Ducloux, einen großen, stämmigen Franzosen, der in der Nachkriegszeit als Kriminaldirektor der weithin angesehene Leiter der französischen Kriminalpolizei, der Sûreté Nationale, war. Sie hatten zwei neue Amtssprachen für die Organisation beschlossen (Englisch und Französisch) und in jenen Anfangstagen des kalten Krieges eine dritte (Russisch) für die slawischen Mitglieder abgelehnt – ungeachtet massiver Proteste der Delegierten aus Jugoslawien und Polen, deren Länder bereits in den sowjetisch-europäischen Einflußbereich gerückt waren.

Zudem waren sie sich über neue Beitragssätze einig geworden (grundsätzlich zweieinhalb Schweizer Franken pro zehntausend Menschen für Länder mit weniger als zehn Millionen Einwohnern; größere Staaten sollten ihren Obulus nach einer komplizierten Staffelskala entrichten), und sie hatten die Statuten radikal geändert. Eine neue Satzung trat an die Stelle der alten Version von 1923. Künftig sollte es keine automatischen Ernennungen mehr geben. Alle Spitzenfunktionäre mußten nun gewählt werden: der Präsident und sieben Vizepräsidenten als weitgehend ehrenamtlicher Vorstand sowie der Präsident und Generalsekretär, die gemeinsam mit drei »Hauptreferenten« ein Exekutivkomitee bilden sollten, dem die eigentliche Leitung der Organisation oblag. Diese »Großen Fünf«, wie sie bald genannt wurden, sollten »soweit irgend möglich aus verschiedenen Ländern stammen«.

In Wirklichkeit war es, sieht man einmal vom rigorosen Ausschluß all dessen, was mit Deutschland oder Österreich zu tun hatte, ab, ein sehr deutlicher Rückfall in die Zeit vor 1938 und der Machtübernahme durch die Nazis. Die »Großen Fünf« waren allesamt führende Figuren aus der Vorkriegsära: Louwage selbst, Louis Ducloux, der als französischer Polizist schon seit 1930 mit der IKPK in Verbindung stand, und die drei »Hauptreferenten«, Sir Ronald Howe von Scotland Yard, Professor Harry Soderman aus Schweden und Oberst Werner Müller aus der Schweiz. Es hätte nicht gemütlicher zugehen können.

»Wir waren alte Freunde, die einander kannten und vertrauten«, schrieb Soderman später. Es ist jedoch traurige Tatsache, daß drei von diesen illustren »Großen Fünf« ehemalige Kollaborateure oder Sympathisanten der Nazis waren. Howe und Ducloux waren »sauber«: Howe erfreute sich untadeliger Integrität, und Ducloux mußte wegen seiner Antinazihaltung 1941 auf Betreiben der Vichy-Regierung seinen Posten aufgeben.

Doch wir haben bereits gesehen, welch zweifelhafte Einstellung die sogenannten »Neutralen« Soderman und Müller der Kommission zur Kriegszeit gegenüber vertraten. Und die unangenehme

Wahrheit sieht so aus, daß Louwages Kriegsakten noch schlimmer ausfallen. »Er war das einzige prominente Mitglied der alten Kommission, das die Feuerprobe unbeschadet überstanden hatte«, behauptet Soderman in seinen Memoiren. Er muß doch gewußt haben, welchen Unsinn er damit niederschrieb.

Bis ich mit meinen Recherchen für dieses Buch begann, war ich immer der Meinung, Louwage habe sich im Krieg aus allem herausgehalten und wie Ducloux in ehrbarer Zurückgezogenheit gelebt. Als dann der Horror vorüber war, sei er von einer dankbaren belgischen Regierung zum Generalinspekteur für innere Sicherheit ernannt worden und wie ein Ritter in blanker Rüstung auf die Bühne der Welt gesprungen, um erneut die Flagge der Ehre und Freiheit seiner geliebten IKPK zu hissen. Falsch! Er diente im Gegenteil beflissen in Partnerschaft mit der Gestapo und der deutschen Besatzungspolizei während der gesamten Kriegsdauer als Generalinspekteur für innere Sicherheit in Brüssel. Er stand im Impressum von Oskar Dresslers Magazin *Internationale Kriminalpolizei* neben anderen Figuren wie Eugen Blanu, dem gefürchteten Leiter der Pronazi-Geheimpolizei Rumäniens, dem Vichy-Polizeichef Jean Félix Buffet und Antonio Pizzuto, Mussolinis Polizeichef in Rom. Als er 1944 ein Buch über die Methoden und Praktiken kriminaltechnischer Untersuchungen veröffentlichte, waren seine Redaktionskollegen so entgegenkommend, ihm freie Werbefläche zu einem günstigen Preis zu überlassen.

Die Dreistigkeit dieses Mannes ist überaus bemerkenswert. Er erzählte vor der Delegiertenversammlung in Brüssel, er habe »Kontakt mit Doktor Dressler, dem vormaligen Generalsekretär der IKPK, aufgenommen«, um zu fragen, was mit den Geldern der Kommission geschehen sei[15] – ohne ein Wort der öffentlichen Kritik an der entwürdigenden Rolle, die Dressler während des gesamten Krieges gespielt hatte. Es kam sogar noch dicker. Mit charmanter Bescheidenheit entschuldigte er sich bei den Delegierten, daß er »auf Betreiben einiger Angehöriger des Komitees« die Initiative übernommen habe und als ständiger Referent der Kommission auftrete, »um diese Versammlung einzuberufen«. Was er ihnen verschwieg – und das taucht nur in Dresslers Buch aus dem Krieg und in den Ausgaben des Magazins von 1943 bis 1944 auf –, ist, daß er von Reinhard Heydrich persönlich zum ständigen Berichterstatter (der alten Verfassung zufolge ein ständiges Mitglied des Exekutivkomitees, das häufig Versammlungen im Berliner

Hauptquartier besuchte) ernannt und in dieser Funktion von Ernst Kaltenbrunner bestätigt worden war: demselben Kaltenbrunner, den Richter Robert H. Jackson, der oberste Anklagevertreter der USA in Nürnberg, in seinem Schlußplädoyer als einen Mann beschrieb, »der den blutigen Mantel Heydrichs angezogen hat, um Opposition zu unterdrücken und Willfährigkeit zu erzeugen und der die Macht des Nationalsozialismus auf einem Fundament von unschuldigen Opfern gestärkt hat«.

Das ist also Sodermans »makelloser« Charakter, wie ihn Howe in gleicher Tonart in seinen eigenen Memoiren als »einen der ranghöchsten und angesehensten Polizeibeamten in Belgien« beschrieb.

Der Fairneß halber sei erwähnt, daß er in Interpol-Kreisen allgemein auch heute noch so gesehen wird. Aber als ich im November 1990 nach Brüssel zu einem Gespräch mit Robert van Hove fuhr, einem pensionierten hohen Beamten der belgischen Polizei, der Anfang der achtziger Jahre auch Vizepräsident von Interpol war, erzählte mir dieser etwas überrascht, daß er versucht habe, zur Vorbereitung unseres Treffens Louwages Personalakte auszugraben – und sie habe gefehlt. »Ich kann nicht begreifen, wieso«, sagte er mir. »Ich kann nicht glauben, daß Louwage, den ich nie persönlich kennengelernt habe, möglicherweise ein Kollaborateur war. Er erhielt doch nach dem Krieg 1949 die Goldene Widerstandsmedaille!«

Wenigstens räumt Sir Ronald Howe in seinen Memoiren offen ein, daß »ein Mitglied der Polizei zu sein bedeutet, der feinsten Gewerkschaft der Welt anzugehören. Ich glaube fest, daß selbst auf dem Höhepunkt der Suezkrise 1956, wenn ich mich damals zufällig in Ägypten aufgehalten hätte, meine Freunde in der ägyptischen Polizei sehr um mein Wohl besorgt gewesen wären«. Eine Krähe hackt eben der anderen kein Auge aus. So, wie Interpols offizielles Magazin nach Dresslers Tod eine schmeichelhafte, beschönigende Eloge abdruckte, so schrieb, als Louwage im Juli 1967 starb, ein ungenannter Verfasser in seinem Nachruf teilnahmsvoll: »Im Zweiten Weltkrieg wurde er zum belgischen Generalinspekteur für innere Sicherheit berufen und hatte als solcher eine besonders schwierige Aufgabe zu erfüllen.«

Das ist eine bemerkenswert taktvolle Formulierungsweise.

Denn in Wahrheit hätte Louwage ebensogut auf den Posten als ständiger Berichterstatter verzichten können, ohne in Berlin mit

Kaltenbrunner an einem Tisch zu sitzen und in der beschlagnahmten Villa eines Juden an den Ufern des Wannsees kurzweilige Abende zu verbringen. Es gab viele Ehrenmänner in Europas Polizeibehörden, die sich auf das Spiel der Nazis in keiner Form einließen: Michael Skubl, Chef der Wiener Polizei und Präsident von Interpol zur Zeit des Anschlusses, verbrachte den gesamten Krieg unter Hausarrest; Louis Ducloux wurde 1941 »seiner polizeilichen Pflichten enthoben«; Kristian Welhaven, Polizeichef von Oslo, wurde zu Zwangsarbeit in ein Konzentrationslager gesteckt, bevor man ihn in eine Zelle tief unter dem Berliner Gestapo-Hauptquartier warf – und 865 französische Polizisten wurden von den Deutschen getötet oder hingerichtet oder kamen bei Aktivitäten für die Widerstandsbewegung ums Leben.

Selbst Arthur Nebe, deutscher Berufspolizist und während des Krieges Leiter von Interpols Internationalem Büro, endete schließlich wegen seiner Verbindungen zu den Hintermännern des fehlgeschlagenen Bombenanschlags auf Hitler vom 20. Juli 1944 in einer Drahtschlinge.

In Louwages belgischer Polizei begann Robert van Hove, der spätere Vizepräsident Interpols, als junger Mann von zwanzig Jahren im November 1943 in Brüssel seine Laufbahn als Kriminalbeamter. Lassen wir ihn erzählen: »Für einen Polizisten waren es schwierige Zeiten. Wir wurden von unseren Vorgesetzten beispielsweise angewiesen, einen Mord an einem deutschen Offizier oder Kollaborateur nicht zu intensiv zu untersuchen oder den Täter zu ermitteln, da es den sicheren Tod für ihn bedeutet hätte. Vielleicht ist das einer der Gründe, warum einige unserer Vorgesetzten von den Deutschen verhaftet und ins Gefängnis geworfen wurden. Ein paar von ihnen kannte ich persönlich.«

Er erinnert sich an einen speziellen Fall, als seine Einheit ein Haus nach gefälschten Lebensmittelkarten durchsuchte und statt dessen »eine Menge Waffen und eine Druckerpresse für eine Widerstandszeitung fand. Ich fragte also meinen Chef, den Kommissar: ›Was soll ich damit machen?‹, und er antwortete mir: ›Nun, Sie haben's nicht gesehen.‹ Und so verließen wir das Haus. Etwa einen Monat später führten die Deutschen im selben Haus eine Suchaktion durch, fanden exakt die gleichen Sachen vor wie wir, und der Typ sagte auch ihnen: ›Nun, machen Sie's wie die anderen vor einem Monat – nehmen Sie's einfach nicht zur Kenntnis!‹ Das war also der Grund, warum mein Chef anderntags verhaftet worden ist.

Nein, wie ich schon sagte, es waren ziemlich schwierige Zeiten für einen Polizisten!«

Es gibt keinerlei Entschuldigung für Verrat oder Kollaboration mit dem Feind. Man hat wenig Achtung vor den Louwages dieser Welt, trotz all ihrer unbestrittenen beruflichen Fähigkeiten.

Doch warum das alles ans Tageslicht zerren – jetzt, nach fünf Jahrzehnten? Wird so nicht in ungerechtfertigter Weise eine Organisation mit Schmutz beworfen, die wir alle respektieren sollten?

Die Antwort lautet: »Nein« – und zwar aus zwei Gründen. Erstens: Was immer vor einem halben Jahrhundert im Namen von Interpol geschah, kann doch wohl kaum der heutigen Organisation angelastet werden. Es war eine andere Zeit, es herrschten andere Umstände, alles war anders.

Zweitens: Die Gefahr bei Polizisten ist den offenherzigen Worten von Sir Ronald Howe zufolge jene, daß sie »der feinsten Gewerkschaft der Welt angehören« – und daß sie sich bei ihrer Arbeit selbst im Weg stehen können. Die Vogel-Strauß-Politik der Organisation angesichts der Schande der Kriegsjahre – und nichts anderes war es – ist für die Gegenwart relevant: Polizisten dürfen bei Verrat oder Untreue von Amtskollegen nicht zur Seite blicken. Kein Berufsstand oder Gewerbe hat die Tugend für sich gepachtet.

Die Augen vor der Vergangenheit zu verschließen heißt, der Zukunft mit Scheuklappen zu begegnen. Wir tun gut daran, uns zu erinnern, daß vor gar nicht langer Zeit, nämlich von 1980 bis 1984, Jolly Bugarin als Präsident von Interpol amtierte – jener Mann, der als Polizeichef unter der Diktatur Ferdinand Marcos' dem Gesetz auf den Philippinen nicht eben zur Genüge verhalf. Wie üblich trug Imelda Marcos eines ihrer dreitausend Paar Schuhe, als sie auf der Generalversammlung im November 1980 in Manila sogar eine Rede hielt. Bei der Präsidentenwahl gaben dann die Delegierten nicht dem integren Gegenkandidaten Stuart Knight, dem damaligen Leiter des amerikanischen Secret Service, sondern Bugarin den Vorzug.

Vor über hundert Jahren wetterte Königin Viktorias Premierminister William Ewart Gladstone: »Der Preis für die Freiheit ist ewige Wachsamkeit!« Die Geschichte von Florent Louwage – und die bis zum heutigen Tag anhaltende Beschönigung der Wahrheit über ihn – zeigen, daß Gladstones Worte nichts von ihrer Gültigkeit eingebüßt haben.

8. Kapitel
Der Neuanfang (1946 bis 1947)

Ein absolut unvorhersehbares Ereignis der Brüsseler Generalversammlung war, daß nun die Franzosen in Friedenszeiten jene Rolle übernahmen, welche den Deutschen im Krieg vorbehalten blieb, und folglich Paris Berlin als Operationszentrum ablöste. Dies wird allgemein als völlig logische Wende dargestellt. Michael Fooner beispielsweise behauptet entschieden: »Die Gründe für die Wahl waren vernünftig: Frankreich lag zentral, hatte überragende Verbindungen, war ein privilegierter Ort für internationale kriminelle Aktivität und akzeptierte die finanziellen wie auch andere Verpflichtungen als Gastgeberland.«

In Wirklichkeit war daran gar nichts Logisches. Der bedeutsame Schritt beruhte allein auf Zufall. Louis Ducloux wußte nicht, daß er Generalsekretär werden würde, als er in Brüssel eintraf. Er kam, in Begleitung seines dreißigjährigen Assistenten Jean Nepote, als Leiter der französischen Kriminalpolizei und hatte nicht die leiseste Ahnung, daß er zum höchsten Chef mit Entscheidungsgewalt hinsichtlich des Alltagsgeschäfts aufsteigen und sein Land die Führungsposition in der wiederbelebten Organisation übernehmen sollte.

Fünfundvierzig Jahre später läßt uns Jean Nepote hinter die Kulissen blicken:

»Monsieur Ducloux sagte, ich solle mitkommen, da ich ein bißchen Englisch konnte: Mittlerweile spreche ich es schlecht, damals beherrschte ich es sehr schlecht! Er hatte auch, glaube ich, die Idee – obwohl er es nicht offen aussprach –, daß ich die Leitung des französischen NZB [Nationalen Zentralbüros] übernehmen sollte. Der französischen Delegation gehörten noch zwei weitere Mitglieder an, aber ich war mit Abstand der Jüngste: Ducloux selbst war schon dreiundsechzig, und die anderen müssen auch so Ende fünfzig, Anfang sechzig gewesen sein.

In dieser Phase stand nicht zur Diskussion, daß Paris der neue Hauptsitz sein sollte. Die Holländer wollten ihn unbedingt in ihrem Land haben, und die Tschechen hatten für ihn Prag auserkoren. Ja, es kamen sogar vor der Konferenz drei hochrangige Beamte der holländischen Polizei Ducloux in Paris besuchen, um sich seiner Unterstützung zu versichern, doch ich denke, daß man der Idee politisch nicht wohlgesonnen war: Der Belgier Louwage würde fast sicher zum Präsidenten gewählt werden, und das wäre dann auf eine Benelux-Kommission hinausgelaufen. Und auch die tschechische Alternative konnte politisch nicht akzeptiert werden: Die Tschechoslowakei stand damals bereits unter erheblichem kommunistischen Einfluß.

So fuhren wir völlig unvoreingenommen nach Brüssel. Das kann ich mit Bestimmtheit sagen. Die Delegation hatte keine speziellen Weisungen seitens der französischen Regierung, vor allem nicht vom französischen Innenminister, der ja für uns Polizisten der oberste Dienstherr war. Man sagte uns lediglich, wir sollten schauen, wie sich die Situation darstellte, und unser Bestes tun.

Wissen Sie, solche Probleme werden viel eher hinter den Kulissen diskutiert als auf formalen Treffen.

Na ja, als wir uns dann in Brüssel mit den übrigen Delegierten unterhielten, stellten wir fest, daß auch sie nicht allzu glücklich waren über die Wahl zwischen Den Haag und Prag. Ducloux genoß aufgrund seiner Aktivitäten in der Vorkriegs-Interpol einen vorzüglichen Ruf innerhalb der Kommission, und er war ein sehr weiser Mann von eindrucksvoller Statur, ein Burgunder, untersetzt, und auch die französische Polizei erfreute sich einer gewissen Reputation. Daher wandten sich einige der Delegierten an ihn und meinten: ›Wieso sollte eigentlich die Internationale Kommission nicht ihren Sitz in Frankreich haben, in Paris?‹ Doch er sagte: ›Schauen Sie, ich bin nicht befugt, das zu akzeptieren. Ich werde meinen Minister anrufen.‹

Wenn ich mich recht erinnere, war zu jener Zeit ein gewisser Monsieur Le Troquer Innenminister – General de Gaulle war einige Monate zuvor als Premierminister zurückgetreten, und in dieser Phase durchliefen wir in Frankreich eine Menge Regierungen. Gerade war ein Innenminister so drei, vier Monate im Amt, da kam schon wieder ein anderer. Jedenfalls teilte Ducloux dieses Monsieur Le Troquer telefonisch von Brüssel aus mit; dieser wußte wahrscheinlich gar nicht genau, um was es überhaupt ging, gab aber seine Zustimmung. Also sagte Ducloux ›ja‹, und wir kehrten mit einem ziemlich ›schwerwiegenden‹ Gepäckstück zurück: der Internationalen Kriminalpolizeilichen Kommission. So hat sich das damals abgespielt.«

Nepote hat recht: Frankreichs Innenminister André Le Troquer »wußte wahrscheinlich gar nicht genau, um was es überhaupt ging«. Er sollte, noch nicht mal sechs Monate im Amt, mit dem

Sturz der Regierung Félix Gouin schon weniger als eine Woche nach dem Telefonat mit Ducloux zurücktreten. Doch eines war allen fünfundzwanzig kurzlebigen Regierungen, mit denen Frankreich zwölf Jahre lang leben mußte, bis endlich de Gaulle im Mai 1958 wieder an die Macht gelangte, zu eigen: der Wunsch, zumindest in einer Hinsicht in dessen Fußstapfen zu treten, und zwar ihrem Land wieder jenes ruhmreiche Ansehen zu verschaffen, das es für viele außenstehende Beobachter durch die Niederlage im Krieg und die Demütigung durch Nazideutschland eingebüßt hatte. Sie fristeten ihr kurzes Dasein im Schatten des großen Charles de Gaulle, und seine Entschlossenheit, »la gloire de la France« wiederherzustellen, war eine Maxime, die sie alle ungeachtet jeglicher politischer Differenzen übernehmen mußten.

Es kommt daher nicht überraschend, daß André Le Troquer Paris als neuen Hauptsitz der Internationalen Kriminalpolizeilichen Kommission so rasch akzeptierte. Und um aus diesem neuerlichen Anlaß zur Aufpolierung des französischen Nationalstolzes maximalen Nutzen zu ziehen, wurde in der Satzung von 1946 auf Vorschlag der französischen Delegation verfügt: »Der Generalsekretär soll vorzugsweise aus jenem Land stammen, in dem die Kommission ihren Sitz hat.«

Es liegt jedoch auf der Hand, daß die französische Regierung keinen blassen Schimmer hatte, worauf sie sich da einließ.

Jean Nepote erinnert sich: »Als wir in einer dieser berühmten schwarzen Citroën-Gangsterlimousinen, wie man sie aus französischen Kriminalfilmen jener Zeit kennt, nach Paris zurückkehrten, war mein Chef, Monsieur Ducloux, natürlich noch der Leiter der französischen Kriminalpolizei. Das war seine Arbeit, sein Beruf, er konnte nicht alles auf einmal erledigen. Deshalb sagte er zu mir: ›Sie werden die Internationale Kriminalpolizeiliche Kommission übernehmen.‹ Ich, ganz allein, mit dreißig!

Er beschaffte mir also ein Zimmer an der rue Alfred de Vigny, gleich um die Ecke vom Parc Monceau, in einem dieser wunderschönen alten Herrenhäuser, die im Krieg von den Franzosen oder den Deutschen requiriert worden waren. Die offizielle Adresse der Kommission wurde allerdings mit rue des Saussaies 11 angegeben, dem Hauptquartier der französischen Polizei, wo Ducloux sein eigenes Büro hatte.

In Wirklichkeit logierte Interpol in einem bescheidenen Raum –

viel bescheidener als dieser [wir saßen im großen Arbeitszimmer seines Landhauses, eines schönen Altbaus in einem Dörfchen bei Narbonne im Südwesten Frankreichs]: im Prinzip nur ein Tisch in einem großen Zimmer. Nichts weiter außer einem Blatt Papier und einem Bleistift, und immer wieder kamen kleine Vögel aus dem Parc Monceau hereingeflogen und pickten auf meinem Teppich herum. Doch mehr war nicht da: kein Geld, keine Schreibarbeit (bis auf das, was wir von der Brüsseler Konferenz mitgebracht hatten), keine Akten, nicht mal bedrucktes Briefpapier.

Wir hatten überhaupt keinen Kontakt zu früheren Leuten von Interpol. Monsieur Louwage sagte zu uns: ›Ich schicke Ihnen, was ich hier in Brüssel habe, und Sie können damit weitermachen‹, und das war's auch schon. Wir Franzosen mögen eine solche Arbeitsweise. Also kümmerten wir uns darum, ohne irgendwelches Geld geschweige denn Personal!

Ich bat Monsieur Ducloux um eine Schreibkraft, und er teilte mir einen Polizeiinspektor zu, der sehr gut maschineschreiben konnte. Dann fingen wir an, um kleine Summen zu bitten – ich glaube, mein erstes Budget lag so bei sechzigtausend Schweizer Franken – absolut nicht der Rede wert! Aber allmählich brachten wir die Sache ins Rollen.«

Am 11. Juni 1946, binnen einer Woche nach der Rückkehr aus Paris, verließ ein Brief die rue des Saussaies 11 (unterzeichnet von Louwage und Ducloux, aber höchstwahrscheinlich von Nepote verfaßt), worin man die Interalliierte Finanzkommission in Berlin um die Freigabe der Gelder in Höhe von insgesamt zwanzigtausend Reichsmark und tausend oder zweitausend Schweizer Franken ersuchte, die auf dem Konto der Kommission bei der örtlichen Filiale der Deutschen Bank lagen. »Das Geld wurde uns einige Zeit später überwiesen«, sagte Nepote, »aber nach heutiger Währung können es nicht mehr als dreißigtausend französische Francs [etwa neuntausend D-Mark] gewesen sein. Das war äußerst wenig, und es dauerte seine Zeit, bis die fälligen Mitgliedsbeiträge eingingen. Jahrelang hatten wir keinen richtigen Etat. Die Guthaben, über die wir verfügten, waren nicht der Rede wert. In Wirklichkeit finanzierte Frankreich die Organisation – abgesehen von den Holländern, die für uns eine neue Falschgeldabteilung in Den Haag einrichteten unter Dr. Adler, vor dem Krieg Dezernatsleiter in Wien, der nun eingebürgerter Holländer war. Frankreich gab uns die Grundstücke, bezahlte die Gehälter und kaufte die Briefmarken.«

Eine Telegraphenadresse für das neue Generalsekretariat wurde benötigt, und am Montag, dem 22. Juli 1946, machte Jean Nepote Geschichte. Er ließ bei den Pariser Postbehörden das Wort »Interpol« eintragen – eine Zusammenziehung aus »Internationale Polizei«. Wie jeder andere hatte auch er keine Ahnung, wie berühmt es werden sollte.

Nepote sagt: »Dann sattelte ich auf Journalismus um. Ich entwarf die erste *Internationale Kriminalpolizeiliche Rundschau,* wie wir das Magazin der Organisation mittlerweile nannten. Es erschien im September, und ich gab auch die nächsten Folgenummern heraus.«

Der Lebenssaft der Interpol sind seit jeher die Informationen, die sie von den NZB erhält und an diese schickt: ein regelrechtes Geben und Nehmen. Das Vorkriegsfunksystem der Kommission bestand nicht mehr, und die Organisation war auf den Anschluß ans französische Polizeinetz angewiesen. Dies machte alternative schriftliche Methoden der Kommunikation um so wichtiger – und schon früh stellte sich Nepote die Aufgabe, die Standardformulare, über welche die Kommission mit den NZB in Verbindung stand, zu aktualisieren.

»Ich sah sofort, daß es da etwas gab, das mir nicht in den Kram paßte«, sagt er. »Die alten Vordrucke hatten alle ein Feld, wo die Religionszugehörigkeit der Person – jüdisch, katholisch oder was immer – eingetragen gehörte, und ich dachte: ›Nun, das geht doch nicht. Nie!‹ Und ich habe das abgeschafft.« (Nepote hat dies niemals zuvor anläßlich einer Veröffentlichung gesagt, und es ist von eminenter Bedeutung für die Kontroverse, die sich, wie wir bald sehen werden, in Frankreich zu Beginn der achtziger Jahre entzündete über Anspielungen, es gäbe »jüdische Akten« beim Interpol-Hauptquartier.)

Es ist heute nicht allgemein bekannt, nicht einmal innerhalb der Organisation selbst, daß dieser junge französische Polizist auf eigene Faust jenes Nachrichtensystem mit den farblich gekennzeichneten Ecken erfand, das die Organisation noch immer benutzt – und bei aller Computerisierung auch noch weit bis in unser Jahrzehnt hinein benutzen wird:

»Rotecken« – so benannt wegen der rot markierten Ecke (offiziell heißen sie »Internationale Ausschreibungen«) – enthalten eine Beschreibung einschließlich Foto, Paßnummer und Fingerabdrücke einer Person, die von der Polizei eines Mitgliedslandes gesucht wird. Sie haben die Rechtsgültigkeit eines internationalen Haftbefehls und ermächtigen einen Polizisten in jedem beliebigen Mitgliedsstaat, jemanden bis zu seiner Auslieferung in Gewahrsam zu nehmen – vorausgesetzt, das Land, von dem die Person gesucht wird, hat ein Auslieferungsabkommen mit dem Land, in dem die Festnahme erfolgt. Allerdings ist nach der jeweiligen Rechtslage eine Auslieferung grundsätzlich nach Einzelentscheidung (ohne Auslieferungsvertrag) möglich.

Grüne Ausschreibungen (»Grünecken«) enthalten Details über internationale Schwerverbrecher, bei denen das Generalsekretariat Mitgliedsstaaten zu Wachsamkeit oder anderen geeigneten Maßnahmen[16] rät, sollten sie je ihr Territorium betreten.

Blaue Ausschreibungen (»Blauecken«) bitten um Informationen – wirklicher Name, Aliasnamen, Verurteilungen, bekannte Aktivitäten und dergleichen mehr – zu einer Person, über die entweder das Generalsekretariat selbst oder die Polizei eines Mitgliedslandes mehr wissen will. Die Blauecken dienen aber vor allem der Ermittlung des Aufenthalts von Personen im Rahmen eines strafrechtlichen Verfahrens: Zeugen, Straftätern deren Auslieferung aber nicht beantragt werden soll.

Gelbe Ausschreibungen (»Gelbecken«) machen Angaben über vermißte Personen oder Menschen, die ihr Gedächtnis verloren haben – in der Hoffnung, sie vielleicht identifizieren zu können.

Schwarze Ausschreibungen (»Schwarzecken«) geben Informationen zu Toten, die ohne irgendwelche Identifizierungsmerkmale oder mit einer falschen Identität gefunden werden – wiederum mit der Hoffnung auf etwaige Identifikation.

Gelbe und schwarze Ausschreibungen beschäftigen sich im Unterschied zu den andersfarbigen meist nicht mit Kriminellen, sondern mit Unschuldigen, die deren Opfer sind oder keinerlei Verbindung mit irgendwelchen Verbrechen haben.

Diese Ausschreibungsformulare – sowie Diebstahlsmeldungen ohne farbliche Kennzeichnung – gehen sämtlich auf Nepote zurück.[17] Doch er mußte auch ein neues Strafregister für internationale Verbrecher anlegen. Und sofort gab es ein Problem: Ihm stand kein Quellenmaterial zur Verfügung, damit er anfangen konnte.

»Wie ich schon sagte, wir hatten keine Unterlagen, und zunächst blieb das auch so. Doch nach ein paar Monaten schickte uns Louwage aus Brüssel die Karteikarten über internationale Verbrecher, die von der belgischen Polizei aus den Vorkriegstagen aufbewahrt worden waren. Die Vorkriegskommission hatte sie in Umlauf gebracht. Ich spreche von ›Karten‹. Tatsächlich waren es entweder Kopien der Originalkarten oder Kopien von anderen Karten, die mit Hilfe zweier altgedienter Polizisten rekonstruiert werden konnten, weil die Beamten über ein bemerkenswert gutes Gedächtnis verfügten, wie es ja mitunter der Fall ist. Insgesamt waren es etwa zweitausend dieser Karten. Es war eine langwierige Arbeit, aber wir begannen sie zu klassifizieren, und das bildete – gemeinsam mit den aktuellen Informationen, die nun von den NZB eintrafen – den Grundstock einer neuen Verbrecherkartei.«

Zwei Dinge sind in diesem Stadium erwähnenswert. Erstens: Selbst wenn es sich nur um Vorkriegskarten handelte – wieso waren lediglich zweitausend vorhanden? Im dritten Kapitel haben wir gesehen, daß schon damals, 1933, weit über dreitausend internationale Verbrecher mit Namenskarten die Kartei der Kommission füllten. Was also geschah mit dem Rest? Und zweitens: Warum war das belgische Register nur auf die Zeit vor dem Krieg beschränkt und enthielt nicht eine Akte aus den Jahren danach?

Das Schicksal des Archivs im von den Nazis kontrollierten Berliner Hauptquartier der Kommission liegt noch immer im dunkeln. Diese fehlenden Akten stellen uns bis zum heutigen Tag vor ein Rätsel, und wir müssen die chronologische Schilderung zu seiner Auflösung abbrechen.

Auch hierzu präsentiert uns Dr. Harry Soderman, der langjährige Vertreter Schwedens bei Interpol, seine Version des damaligen Geschehens. »Unmittelbar vor dem Zusammenbruch des Dritten Reichs verließ Karl Zindel[18] Berlin und fuhr mit seinem Wagen, der bis zum Rand mit Dokumenten der Kommission gefüllt war, in Richtung Süden. Als er sich bei der französischen Hauptkommandantur in Stuttgart meldete und sich ergeben wollte, wurde er schlecht behandelt, hinausgeworfen und aufgefordert, am Nachmittag wiederzukommen. In tödlich verletztem Stolz ging er in einen Park und schluckte eine Kapsel mit Zyankali.«

Das ist eine tolle Geschichte, aber sie entbehrt jeder Grundlage und ergibt obendrein keinen Sinn. Von Berlin nach Stuttgart sind es über sechshundert, von Stuttgart bis zur Schweizer Grenze aber gerade noch mal hundertfünfzig Kilometer – warum also fuhr Zindel nicht einfach weiter, bis er sich auf sicherem, neutralem Boden befand? Wie »harmlos« ein Nazi auch sein mochte – es scheint kaum denkbar, daß er seine Freiheit bloß wegen der Übergabe einiger Dokumente aufs Spiel gesetzt haben würde. Es klingt auch nicht eben plausibel, daß hohe französische Militärs so »ungastlich« gewesen sein sollen: Ihr Nachrichtendienst hätte sich bestimmt überaus gefreut, einen hohen Offizier des deutschen Innenministeriums in die Finger zu bekommen.

Und was geschah mit den Dokumenten, mit denen Zindels Auto »bis zum Rand gefüllt« war? Darüber schweigt sich Sodermans Bericht völlig aus.

Es muß gesagt werden, daß die offizielle Version von Interpol darüber, was mit dem Berliner Archiv geschah, ebenso inakzeptabel ist. »Die Unterlagen waren im Zweiten Weltkrieg vernichtet worden«, heißt es in einer achtundachtzigseitigen Broschüre zum fünfzigsten Jahrestag der Organisation, welche das Generalsekretariat 1973 veröffentlichte. »Ein großer Teil des Archivs versank in den Trümmern Berlins«, sagt Marcel Sicot, der nach Louis Ducloux Generalsekretär wurde, in seinen Memoiren. »Die Akten, die man nach Berlin gebracht hatte, gingen im Krieg verloren oder wurden vernichtet«, behauptet Sir Richard Jackson, der britische Präsident von Interpol, in *seinen* Memoiren. »Schließlich erreichten die schonungslosen Bombardements [der Alliierten] den Wannsee. Die Villa wurde getroffen, und die meisten der IKPK-Akten wurden vernichtet«, sagt Michael Fooner in seinem 1973 unter offizieller Mitwirkung von Interpol erschienenen Buch *»Interpol: The Inside Story of the International Crime-Fighting Organisation«*.

Tatsächlich blieb die Villa am Wannsee vom Bombenhagel der Alliierten verschont, wie jeder, der heute Berlin besucht, selbst feststellen kann. Das Gebäude überstand den Krieg unbeschadet. Soviel geht eindeutig aus dem unveröffentlichten internen FBI-Memorandum *»Interpol und ihre Beziehung zum FBI«* hervor, von dem ich in Washington ein Exemplar erhielt:[19]

»Im Herbst 1945 tauchten Informationen auf, denen zufolge die Akten der IKPK in Berlin entdeckt worden waren. Das FBI erbat daraufhin eine Untersuchung, um den Wahrheitsgehalt dieser Meldung zu prüfen. Der in Berlin stationierte stellvertretende Direktor für öffentliche Sicherheit (Army) berichtete, die Unterlagen würden von einem gewissen Paul Spielhagen in einer kleinen Garage beim Anwesen Am Kleinen Wannsee 16, Berlin [dem Hauptquartier der Organisation zur Zeit des Krieges] aufbewahrt. Andere Gebäude in der Gegend wurden damals als Unterkünfte für amerikanische Truppen benutzt.«

Nun wissen wir also, daß die Akten die Bombenangriffe der Alliierten überlebten und in einer Garage bei Interpols Nazihauptquartier gelagert wurden. Was geschah dann mit ihnen?

An diesem Punkt wird der FBI-Bericht ausgesprochen vage: »Die Unterlagen wurden von einem Angehörigen der US-Armee unter Mithilfe von Herrn Spielhagen durchgesehen, der angab, mit der IKPK seit 1941 in Verbindung gestanden zu haben und davor Inspektor bei der Berliner Kriminalpolizei gewesen zu sein.

Laut Spielhagen waren in den Verzeichnissen rund fünfzehntausend Personen aufgelistet, die in verschiedenen Ländern gesucht wurden. Von den fünfzehntausend Akten enthielten schätzungsweise nur zweitausend Informationen, die zur positiven Identifizierung notwendig waren, das heißt Photographien und Fingerabdrücke. Viele Karten waren lediglich mit dem Namen des Gesuchten und der Dienststelle, die eine Festnahme wünschte, versehen. Bei jenen mit Fingerabdrücken hatte man ein anderes Klassifizierungsverfahren als das (weithin gültige) Henry-System verwendet sowie andere Karteikarten, die sich in der Größe von denen des FBI unterschieden.

Als Folge davon erachtete man die Akten als ziemlich wertlos, und das FBI entschied, daß es nutzlos wäre, sie nach Washington zu bringen [...] Man hielt es für das Beste, sie an dem zuvor erwähnten Ort zu belassen. Es gibt keinen weiteren Hinweis auf den Verbleib dieser Unterlagen.«

Also läßt man, soweit es das FBI angeht, die Akten mit all ihrem faszinierenden Material über die Aktivitäten der Kommission zur Zeit des Krieges in der Garage beim Hauptquartier zurück – vermutlich, um sie der Verrottung preiszugeben oder zumindest jeder weiteren Benutzung zu entziehen.

Doch jetzt greift Jean Nepote die Geschichte auf: »1948, drei Jahre nach Kriegsende, trafen beim Hauptquartier der Kommission in Paris sieben oder acht Kisten ein. Sie kamen von der US Army, und man sagte uns, dies seien Akten aus der Villa in Wannsee. Aber sie waren fast alle in deutsch geschrieben, und in unserer kleinen Mannschaft beherrschte niemand diese Sprache. Wir räumten den Kram auf eine Seite und schafften es, mit Unterstützung zweier deutsch sprechender Polizisten, die schließlich zu unserem Kreis stießen, schrittchenweise den ganzen Haufen zu übersetzen. Aber es war ein langwieriger Vorgang, der etwa zwanzig Jahre dauerte!

Doch ich kann Ihnen versichern, daß diese Kisten nichts Aufregendes enthielten. Es handelte sich vorwiegend um verwaltungstechnisches Material mit rund anderthalbtausend Karteikarten von Kriminellen. Sie waren sämtlich vor dem Krieg angelegt worden und befaßten sich nur mit ›kleinen Fischen‹ – Taschendieben und dergleichen. Auch ein israelischer Professor und Richter am höchsten Gerichtshof seines Landes, der Ende der siebziger Jahre angereist kam, um in Saint-Cloud den ganzen Kram durchzusehen, stimmte mit uns überein, daß es sich nur um Routinesachen handelte.«

Wie ist also die Lage der Dinge? Wir wissen jetzt, daß Interpol eben doch während des Krieges weiterbestand. Aus den sechzehn Kriegsausgaben ihres Magazins aus dem Koblenzer Bundesarchiv ersehen wir, daß zumindest Steckbriefe weiterhin veröffentlicht wurden – und zwar für Kriminelle, die wichtiger waren als Taschendiebe. Doch das genaue Ausmaß solcher Aktivitäten bleibt im dunkeln. Ebenso wie die ganze Geschichte von der Aktenauswertung durch die Nazis, um Juden, Zigeuner, Homosexuelle und andere »Unerwünschte« ausfindig zu machen und in die Gaskammern der Vernichtungslager zu schicken. Die Vorkriegsakten, die teilweise über Louwage bis zu Nepote durchsickerten, sind keine Hilfe bei der Beantwortung dieser ungelösten Fragen – die Akten aus dem Krieg hingegen wären es ganz sicher.

Was geschah also mit ihnen in der Zeit zwischen dem Tag, als das FBI sie in der Garage des Hauses Am Kleinen Wannsee 16 zurückließ, und dem Tag, als die US-Armeelaster drei Jahre später die Kisten beim Pariser Hauptquartier der Kommission ablieferten?

Dr. Egon Schlanitz, ein österreichischer Rechtsanwalt, der heute der Leiter von Interpols Rechtsabteilung ist und der Organisation seit 1972 angehört, sagt: »Ich persönlich bin davon überzeugt, daß die Amerikaner sie als erstes unter die Lupe nahmen, um herauszufischen, was für sie interessant war. Es gab eine Menge Verfahren gegen Nazis und Konsorten nach dem Krieg. Alle diese Papiere waren, da bin ich mir sicher, für die Alliierten sehr interessant.«

Dies würde bestätigen, daß Interpols Kriegsunterlagen tatsächlich Einzelheiten über Kollaboration von Beamten der Kommission mit Hitlers Nazi-Terrorapparat enthielten. Natürlich gibt es keine Garantie, daß die in der Berliner Garage gefundenen Dokumente die gesamten Akten der Kommission oder immerhin den größten Teil davon darstellten. Vor allem erhebt sich die Frage, warum nach drei langen Jahren im Verbleib des US-Militärs von den ursprünglich fünfzehntausend Dokumenten nur noch ganze anderthalbtausend Karteikarten übrig waren, die man Jean Nepote übergab. Darauf kann sich jeder einen eigenen Vers machen, je nachdem, wie man die Entschlossenheit der Amerikaner, nach Hitlers Niederlage Kriegskollaborateure auszusortieren, beurteilt.

Ihre Weste ist auch nicht blütenweiß. Man braucht nur an Wernher von Braun zu denken, den brillanten deutschen Wissenschaftler, der die V2-Rakete perfektioniert hatte, die noch während der letzten Kriegsmonate für Angst und Schrecken unter der englischen Zivilbevölkerung sorgte. Nach Kriegsende steckten ihn die Amerikaner nicht sofort bis zu einem etwaigen Prozeß wegen seiner Beteiligung an diesem menschenrechtswidrigen Verbrechen ins Gefängnis – vielmehr nahmen sie ihn mit in die Staaten, weil sie sich von ihm tätige Mithilfe bei ihrem Raumfahrtprogramm erhofften. Und so entwickelte er als Leiter der US Ballistic Missile Agency jene Rakete, die 1958 Amerikas ersten Erderkundungssatelliten ins All trug, und die Saturnrakete, mit der den Vereinigten Staaten im Juli 1969 die erste bemannte Mondlandung in der Geschichte gelang. Er starb erst 1977 und wurde im Gegensatz zu so vielen seiner Kriegsopfer mit allen Ehrungen beigesetzt.

Wenn es um die Behandlung der Nazis und ihrer Handlanger nach dem Zusammenbruch des Dritten Reichs geht, hat keine einzige Nation eine makellose Vergangenheit.

Das Thema Akten beschäftigt uns auch weiterhin, doch was ist mit jenen Gerüchten, die Anfang der achtziger Jahre in Frankreich die Runde machten – zum Beispiel im Mai 1981 in der Tageszeitung *Matin* und der Zeitschrift *L'Express*[20] –, Interpol habe noch »jüdische Akten« aus dem Berliner Archiv der Kommission und von der Vichy-Regierung, welche ihre Polizisten unter Frankreichs Juden Zählungen für die Gestapo durchführen ließ? Raymond Kendall, der damalige Chef von Interpols Polizeiabteilung, äußerte sich gegenüber dem *Matin* kurz und bündig: »Wir haben keine Akten über Juden und hatten auch nie welche.«

Infolge permanenter Interventionen jüdischer Gruppen konnte die strittige Thematik bis in die heutige Zeit nicht beigelegt werden. Im März 1984 zitierte der damalige Innenminister Gaston Deferre, der sich für Interpols völlige Unabhängigkeit von der französischen Regierung als (inzwischen) weltweit anerkannte internationale Behörde einsetzte, vor der Nationalversammlung die präzise Zusicherung des damaligen Generalsekretärs André Bossard, Nepotes Nachfolger, daß »Interpol keine speziellen Akten betreffend Personen jüdischen Glaubens besitzt«.

Trotzdem ist die Frage für den französischen Journalisten Laurent Greilsamer in seinem 1986 veröffentlichten Buch *»Interpol: Le Siège de Soupçon«* noch dermaßen aktuell, daß er dem »Geheimnis der jüdischen Akten« ein ganzes Kapitel widmet. Er schließt sich dem Argument an, die Organisation könne selbst damals noch mit Spuren des Antisemitismus behaftet gewesen sein, und zitiert folgenden Abschnitt aus einer Buchbesprechung von Paul Marabuto, einem langjährigen hohen Stabsmitglied, welche in der *Internationalen Kriminalpolizeilichen Rundschau* vom April 1950 erschien:

Verbrechen und religiöse Überzeugungen

Das Verbrechen ist auch eine zweideutige Sache, wenn man es unter dem Aspekt der religiösen Überzeugung betrachtet: Juden und Katholiken unterscheiden sich nicht so sehr im Ausmaß wie in der Form ihrer Verstöße.

Juden sind kaum an Straftaten beteiligt, zu denen sich ein Mensch von der Gesellschaft entfernen und eine rein passive Haltung annehmen muß. Auf der anderen Seite neigen sie anscheinend eher zu Straftaten mit einem für sie materialistischen Vorteil. Doch was vor allem bei statistischen Vergleichen auffällt, ist die Vorliebe jüdischer Täter für Vergehen, die den Einsatz von Geschicklichkeit und gleichermaßen ihren Abscheu vor Gewalt erfordern. Diese statistische Erhebung steht im Widerspruch zu den Behauptungen der deutschen Vorkriegspropaganda; sie erklärt aber andererseits, wieso die IKPK, die sich vornehmlich um die Bekämpfung von Betrug (finanziell und auch anderweitig) kümmert, so viele jüdische Namen in ihrer Kartei stehen hat.

Nicht sehr angenehm, doch ist dies wenig relevant für die heutige Interpol – oder selbst für die von 1986. Elf Jahre nach Marabutos Buchbesprechung schrieb Sir Ronald Howe, der als stellvertretender Polizeichef von London erst 1959 in Pension ging, in seinen

Memoiren: »Es gibt eine weitere Sorte Betrüger, mit denen Interpol seit ihren Anfängen vor vielen Jahren häufig zu tun gehabt hat. Die meisten von ihnen sind Juden polnischer Herkunft, ältere Männer mit beträchtlicher finanzieller Deckung, die den Anschein ehrbarer Geschäftsleute erwecken und die Hände von Taschenspielern haben.« Kein hoher britischer Polizeibeamter würde heutzutage einen so offen rassistischen Kommentar verfassen.

Laurent Greilsamer zitiert auch aus vertraulichen Beweismitteln, die André Bossard im März 1982 der Nationalen Französischen Kommission für Information und Freiheit (CNIL) gab, jenem Gremium, das zur Wahrung der Datenschutzgesetze Frankreichs eingerichtet wurde. Bossard erzählte der Kommission, Interpol habe sich 1970 entschlossen, »aus ihrer Verbrecherkartei all die alten Unterlagen herauszunehmen«. Dies seien in erster Linie die von Louwage geerbten Vorkriegsdokumente gewesen, in denen natürlich die Religionszugehörigkeit der Person vermerkt war: jüdisch, katholisch oder was auch immer.

Beim Lesen dieser Sätze kam mir sofort der Gedanke: »Kann das die Antwort sein?«

»Ja«, sagt Jean Nepote. »Der Hinweis auf die Religion stand in all den alten Unterlagen, die wir von Louwage bekamen, doch haben wir uns darum nie gekümmert. Das kann ich Ihnen versichern. Zu meiner Zeit wurde beim Generalsekretariat in Paris in keinem Fall die Glaubenszugehörigkeit auf irgendwelchen neuen Akten neben dem Namen eines Gesetzesbrechers vermerkt. Ich sagte Ihnen ja bereits, daß es 1946 meine Entscheidung war, sie unverzüglich aus allen neuen Formularen herausnehmen zu lassen, und ich habe auch veranlaßt, daß sie 1970 gleichfalls aus den alten Akten entfernt wurde.

Ich kann insbesondere bestätigen, daß wir nie Akten über Juden hatten – oder über Katholiken oder Moslems. So etwas empfand ich sofort als Angriff auf die persönliche Freiheit. Man hat es zu keiner Zeit in Erwägung gezogen.«

Ich akzeptiere vorbehaltlos, was Nepote sagt – soweit Interpols eigene Akten betroffen sind. Aber es ist nur rechtens, wenn ich festhalte, daß im November 1991, nach siebenundvierzig Jahren hartnäckigen Leugnens von seiten französischer Behörden, Serge Klarsfeld, ein französischer Rechtsanwalt, der sich ausschließlich der Klärung des Schicksals französischer Juden im Krieg verschrieben hat, in den Archiven des französischen Ministeriums der Kriegsveteranen eine »Judenkartei aus dem Zweiten Weltkrieg«, zusammengestellt von der französischen Polizei, zutage förderte. Hübsch geordnet nach Registerkarten, auf denen Name, Adresse und Alter vermerkt waren, sollte sie es Gestapo und SS ermöglichen, hundertfünfzigtausend im Großraum Paris lebende Juden zur Vernichtung nach Deutschland zu deportieren. Der Name des Vaters von Klarsfeld befand sich auch darunter. »Einem Beamtenklüngel ist es während der letzten siebenundvierzig Jahre gelungen, eine Lüge aufrechtzuerhalten«, erzählte er einem Reporter. Und wer will ihm da widersprechen?

Soviel zur ausgedehnten Diskussion über fehlende und jüdische Akten. Kehren wir nun zurück zu Nepotes Bericht über den Neuanfang der Organisation im Anschluß an die Brüsseler Generalversammlung.

»Im Oktober 1946 stieß Monsieur Paul Marabuto zu uns. Er war um vieles älter, von Beruf Rechtsanwalt und Polizist, und ich nehme an, Monsieur Ducloux erkannte, daß es nicht sehr angemessen war, nur einen jungen Hüpfer im Generalsekretariat zu haben: Wir brauchten jemanden mit etwas Autorität (ich will nicht sagen mit mehr Gewicht, denn er war ein schwächlicher Mann!). Seine Aufgabe bestand in erster Linie darin, sich um die rechtlichen Aspekte von Fällen zu kümmern. Er pflegte beispielsweise Konferenzen über das Drogenproblem zu besuchen und arbeitete die Berichte für die Generalversammlung aus und dergleichen. Alles andere machte ich.

Schließlich stellte mir Monsieur Ducloux einen weiteren Kollegen zur Seite, Monsieur Lucien Aube, der eine Ewigkeit bei uns blieb. Er sprach gut englisch, also übersetzte er das neue Monatsblatt ins Englische und übernahm schließlich auch die Redaktion.

In meinem Zimmer türmte sich allmählich immer mehr Papierkram. Daher stellte man uns einige Räume in einer umgebauten Wohnung zur Verfügung, die einmal einem Nachkommen des Schriftstellers Guy de Maupassant gehört hatte. Sie lag gleich um die Ecke in einem alten Mietshaus in der rue de Monceau 61. Wir bauten alles stufenweise auf. Allein im ersten Jahr traten acht weitere Nationen der Organisation bei.[21] Es war eine außergewöhnliche Aufgabe für mich – erst dreißig Jahre alt, und die sagten mir, ich solle eine internationale Organisation in Schwung bringen. Außergewöhnlich!«

Am Ende jenes ersten Jahres wurde im Juni 1947 die Generalversammlung passenderweise in Paris abgehalten. Der französische Innenminister Edouard Depreux begrüßte die Abgeordneten mit einer »Würdigung der Ehre, die Frankreich durch die Wahl zum Hauptsitz der IKPK zuteil geworden ist«, und vier Tage lang schwelgten vierundfünfzig Delegierte (elf mehr als im Vorjahr) in einer Glückwunschorgie und gratulierten sich gegenseitig zu ihrer gemeinsamen Weitsicht, die Organisation neu aufzubauen. J. Edgar Hoover hielt sein Versprechen, einen persönlichen Stellvertreter zu entsenden: Horton Telford, den »Rechtsattaché«[22] bei der amerikanischen Botschaft in Paris, der für seine Erklärung: »In der Einigkeit wird die Anwendung des Gesetzes ihre Stärke finden. Das FBI hält sich bereit, hierbei mitzuwirken«, herzlichen Applaus erhielt.

Die Atmosphäre war geschäftlich wie feierlich. Giuseppe Dosi, der launische, aber scharfsinnige Leiter des römischen NZB, schlug vor – und alle willigten in einer formalen Resolution ein –, daß künftig jedes NZB als telegraphische Adresse das Wort »Interpol«, gefolgt vom Namen der Stadt, verwenden sollte, was auch sofort in die Praxis umgesetzt wurde. Bis heute nennen sich NZB im Alltagsgebrauch beispielsweise Interpol London, Interpol Washington, Interpol Wiesbaden, und das nicht bloß für telegraphische oder postalische Zwecke.

Und obwohl der Name »Interpol« erst neun Jahre später offiziell in den Titel der gesamten Organisation einging, wurde sie schon jetzt von Polizisten und in der Öffentlichkeit so genannt.[23]

Selbst in dieser frühen Phase war es möglich, neue Trends im internationalen Verbrechen auszumachen. Ein leitender französischer Staatsanwalt berichtete der Konferenz: »Die internationalen Verbrecher sind nicht mehr jenen Kalibers, das wir von früher her kannten. Der Krieg hat ihnen ein Arsenal an Handfeuerwaffen und automatischen Waffen, Maschinengewehren und -pistolen hinterlassen, aber auch das Wissen um die Technik, per Fallschirm jenseits von Länder-, ja sogar von Erdteilgrenzen zu landen. Die momentane Situation ist glänzend für Möchtegernterroristen, weiße Sklavenhändler, Drogenschmuggler und Verbreiter von obszöner Literatur, vor allem aber rollt nun eine Fälscherwelle auf die Welt zu.«

Die neu begründete Kommission hatte einen guten Start. Und selbstverständlich nahmen die Delegierten den Vorschlag von Präsident Louwage, Jean Nepote den Titel eines »Stellvertretenden Generalsekretärs« zu verleihen, einstimmig an. Er hatte es sich auch redlich verdient.

9. Kapitel
Die Verbindung zu den USA
(1947 bis achtziger Jahre)

Die wenigen Bücher und Artikel, die bis heute über Interpol geschrieben wurden, und die eigenen offiziellen Erklärungen der Organisation behaupten ganz entschieden, in der 1946 von der Brüsseler Generalversammlung verabschiedeten Satzung sei festgelegt worden, daß Interpol in keine politischen, religiösen oder rassischen Fragen irgendwelcher Art verwickelt sein durfte.

Sir Ronald Howes Memoiren sind typisch für Äußerungen in diesem Stil:

»Es war stets die Praxis von Interpol gewesen, sich nur mit solchen Verbrechen zu beschäftigen, wie sie in allen zivilisierten Ländern vorkommen. Bis zum Zeitpunkt ihrer Neugründung war dies eine Frage von gesundem Menschenverstand und Zweckmäßigkeit gewesen, aber keine formale Bedingung. Nach der bitteren Erfahrung des Krieges und Heydrichs Machtübernahme waren wir entschlossen, daß dieses Prinzip klar definiert gehörte. Deshalb wurde eine neue Satzung verfaßt, deren erster Artikel die Ziele der Organisation wie folgt definierte:

›Der Zweck der Internationalen Kriminalpolizeilichen Kommission ist es, den Entwicklungsprozeß hin zur größtmöglichen gegenseitigen Unterstützung zwischen allen kriminalpolizeilichen Behörden innerhalb der Grenzen der in den einzelnen Staaten bestehenden Gesetze zu gewährleisten und offiziell zu fördern sowie alle Institutionen zu gründen und zu fördern, die zu einer wirkungsvollen Bekämpfung allgemeiner Verbrechen und Straftaten beitragen dürften, unter striktem Ausschluß aller Angelegenheiten mit politischem, religiösem oder rassischem Charakter.‹«[24]

Howe, der immerhin als hochrangiger Delegierter an der Brüsseler Versammlung teilgenommen hatte, hätte es besser wissen müssen. Denn das, was er da behauptet, ist unwahr. Diese eminent wichtigen Worte »unter striktem Ausschluß aller Angelegenheiten mit politischem, religiösem oder rassischem Charakter« finden sich nicht in der Satzung von 1946. Selbst Dr. Egon Schlanitz, der heutige Leiter der Rechtsabteilung, hatte dies aber geglaubt. »Sind Sie sicher, daß sie nicht drinstehen?« fragte er mich in Lyon.

Ich blieb dabei: Der offizielle Wortlaut von Artikel 1, in englisch und französisch abgefaßt, enthält sie nicht.

Er überprüfte seine Unterlagen – und fand die Wahrheit. Der Artikel 1 wurde erst mehr als zwei Jahre danach durch die fragliche Formulierung ergänzt: im September 1948 auf der 17. Generalversammlung in Prag. Und der Mann, der sie vorschlug, war Louis Ducloux. Er zitierte vor den Delegierten den folgenden Absatz aus Florent Louwages Brüsseler Eröffnungsrede:

»Aufgrund ihrer flexiblen Vermittlungsmethoden bei kriminaltechnischen Untersuchungen über Ländergrenzen hinweg und bei der Auslieferung gewöhnlicher Straftäter war es unserer Organisation gelungen, sich dank ihrer strikten Zurückhaltung in Fällen von politischer, rassischer oder religiöser Natur in allen Ländern den Respekt der Regierungs- und Justizbehörden zu erwerben.«

Dann fuhr Ducloux fort: »Die strenge Eingrenzung unserer Aktivitäten auf den Bereich des allgemeinen Strafrechts hat es uns ermöglicht, den Einfluß der IKPK ohne größeren Widerstand auszudehnen, und nach unserer Ansicht hängt ihre Zukunft zu einem großen Teil von der konsequenten Einhaltung dieser Neutralität ab. Nun stellt sich bei eingehender Betrachtung der Statuten ein gravierendes Versäumnis heraus, das, und da bin ich mir der Zustimmung aller Mitgliedsstaaten sicher, der schnellstmöglichen Korrektur bedarf.« Er schlug daher vor, den entscheidenden Satz »unter striktem Ausschluß usw.« an den Schluß des bestehenden Artikels 1 anzuhängen.

Seine Resolution fand einhellige Zustimmung, ohne daß sie überhaupt diskutiert wurde. Warum? Ein Foto in der *Internationalen Kriminalpolizeilichen Rundschau* aus jenem Monat, auf dem ein Fakultätsgebäude der Prager Universität, wo die Konferenz stattfand, zu sehen ist, liefert sofort einen Anhaltspunkt: Von der Fassade hängt ein langer, schwarzer Trauerflor zum Gedenken an Dr. Eduard Beneš, den früheren Staatspräsidenten der Tschechoslowakei, der erst wenige Tage zuvor im frühen Alter von vierundsechzig Jahren gestorben war, an Leib und Seele gebrochen angesichts der politischen Vergewaltigung seines Landes durch die Kommunisten.

Denn der mächtige Schatten der sowjetischen Nachkriegsdominanz legte sich bereits über Mittel- und Osteuropa. Im Februar 1948, unmittelbar vor Neuwahlen im Mai, hatte Klement Gottwald, der kommunistische Ministerpräsident einer tschechischen Koalitionsregierung, eine erfolgreiche Umgestaltung seiner Regierung durchgeführt, die im Endeffekt nichts anderes als ein von Polizei und Arbeitermiliz unterstützter kommunistischer Staatsstreich war. Im März 1948 war Jan Masaryk, der nichtkommunistische hochangesehene Außenminister, bei einem mysteriösen Sturz aus einem Fenster seines eigenen Ministeriums ums Leben gekommen. Beneš, der vor dem Krieg bereits die Geschicke des Landes lenkte, bemühte sich tapfer, seine Tätigkeit als unabhängiger Präsident fortzusetzen, wurde jedoch im Juni zur Aufgabe gezwungen.

Ich bin überzeugt, daß Ducloux' plötzliche Einsicht, das »Versehen« in Artikel 1 korrigieren zu müssen, nur Schau war. Wieso hatte man den »Fehler« nicht schon im Vorjahr bemerkt, wenn es sich in der Brüsseler Satzung wirklich bloß um einen echten Irrtum handelte? Es wurde deswegen nicht in die ursprünglichen Statuten aufgenommen – und davon bin ich überzeugt –, weil die Delegierten in dieser entscheidenden Phase unmittelbar nach dem Krieg die Dinge vorsätzlich angenehm vage belassen wollten. Diffuse Formulierungen haben ihren Wert bei Schriftstücken aller Art, von gewöhnlichen Geschäfts- oder gar Privatbriefen bis zu internationalen Verträgen. Die Neugründer von Interpol wollten sich im Juni 1946 nicht selbst mit juristischer Präzision festnageln lassen.

Aber bis zum September 1948 hatte sich die Lage verändert. Ich bin sicher, daß Ducloux (der, obwohl er die Routinearbeit seinem jungen Assistenten überließ, sich für seine sich hochrappelnde neugeborene Organisation aufrieb) fürchtete, die Tschechoslowakei und die übrigen kommunistischen Länder Europas würden schon bald aus der Kommission austreten. Wenn es eine Möglichkeit gab, dies zu verhindern, dann, indem er den unpolitischen Charakter der Organisation unterstrich: Das könnte sie vielleicht zum Bleiben veranlassen. Wenigstens war es den Versuch wert.

»Ihre Theorie klingt sehr plausibel«, sagt Jean Nepote. »Monsieur Ducloux erklärte mir nie, warum er das tat; aber ich erinnere mich noch, als wär's erst gestern gewesen, wie er zu mir sagte: ›Ich habe einen kurzen Bericht geschrieben, den wir in Prag vorstellen. Wir sagen, daß wir nichts mit Politik am Hut haben. Es auszusprechen, ist eine Sache – noch besser ist es, es schriftlich festzuhalten.‹ Er war der Urheber dieses fundamentalen Satzes. Er handelte sehr klug.«

Die Ironie daran ist, daß der Zusatz zum Artikel 1 weder die Tschechoslowakei noch eines der drei anderen Länder hinter dem Eisernen Vorhang lange in der Interpol hielt: Binnen vier Jahren waren sie alle ausgetreten (Bulgarien 1951, die Tschechoslowakei, Ungarn und Polen 1952). Doch noch vor allen anderen hatte der ominöse Passus zum Artikel 1 den mächtigsten Gegner der Kommunisten vertrieben: die Vereinigten Staaten. Und das war, was Ducloux zuallerletzt gewollt hätte.

Zum besseren Verständnis der Sachlage müssen wir hier unterbrechen und einen Blick auf die verworrene Geschichte der amerikanischen Verstrickungen mit Interpol seit dem Ende des Zweiten Weltkriegs werfen.

J. Edgar Hoover, der allmächtige Chef des FBI, der unter acht US-Präsidenten und achtzehn Justizministern diente, bis er 1972 mit fünfundsiebzig Jahren – und noch immer im Amt – starb, agierte nach zwei Grundprinzipien: erstens daß »sein« Bureau stets Vorrang vor allem anderen hatte – ganz gleich, an welchen Aktionen es beteiligt war – und zweitens, daß es den Kommunismus und seine Anhänger zu fürchten, zu bekämpfen und wo immer möglich auszuradieren galt.

Obwohl der Kongreßbeschluß von 1938, der den Vereinigten Staaten die Mitgliedschaft in der IKPK ermöglichte, das FBI als die einzige für das Gesetz zuständige Bundesbehörde bestimmte, die mit der Kommission zusammenarbeiten durfte[25], erwies sich das Bureau in Wahrheit als die für diesen Zweck am wenigsten geeignete aller derartigen Institutionen. Es war fest ins US-Justizministerium eingegliedert und kümmerte sich hauptsächlich um Straftaten im eigenen Land. Die dringlichsten Varianten des internationalen Verbrechens zu jener Zeit – Schmuggel, Drogenhandel und Falschgeldherstellung – lagen gänzlich außerhalb von Hoovers Zuständigkeitsbereich, ja sogar von dem des Justizministeriums selbst. Die Zollämter, die Betäubungsmittelbehörde und der Secret Service hatten sich darum zu kümmern – und die arbeiteten zu der Zeit alle für das Finanzministerium. Sie gehörten nicht zu Hoovers Imperium, und er hatte nur sehr wenig Zeit für sie übrig.

Aber Interpol war stark auf sie angewiesen.

Der amerikanische Beitrag zur Arbeit der Kommission war von einer gravierenden Unausgewogenheit geprägt. Hoover gebrauchte die Kommission lediglich zur Förderung seines eigenen »Ruhms« (er gefiel sich in der Rolle des Vizepräsidenten und hegte Absichten auf die Präsidentschaft) und als zweifellos wertvolle Schaltstelle zu ausländischen Strafverfolgungsbehörden. Dagegen wünschte die Kommission eine umfassende Unterstützung seitens der USA – und das hieß sowohl von den drei wichtigen Behörden des Finanzministeriums als auch von Hoovers prestigeträchtigerem, aber nur beschränkt nützlichem FBI.

Tatsächlich war aufgrund von Hoovers krankhaftem Haß auf den Kommunismus und alles durch den Kontakt mit diesem »Besudelte« nicht einmal ein amerikanischer Delegierter bei der Prager Konferenz anwesend, um zu hören, wie Louis Ducloux die Satzung von 1946 um seinen »unpolitischen« Zusatzartikel ergänzte.

Das interne FBI-Memorandum erklärt: »Die USA waren nicht vertreten wegen der russischen Dominanz in diesem Land. Das FBI erhielt zuvor Informationen, aus denen hervorging, daß einige Teilnehmer möglicherweise bedrängt und/oder verhaftet werden könnten, insbesondere jene aus freien Nationen.« Was geschah also? Ducloux und Nepote, die beiden gewieften Franzosen, beschlossen, daß es an der Zeit war, zu versuchen, Hoovers größten Rivalen ins Spiel zu bringen: das Finanzministerium und seine drei über das Gesetz wachenden Behörden. Es war ein kluger Schachzug, aber sie bedachten wohl nicht, daß es zu einem Kompetenzgerangel zwischen dem FBI und dem Justizministerium einerseits und dem US Secret Service und dem Finanzministerium andererseits führen würde, das, wie wir noch sehen werden, hinter den Kulissen bis zum heutigen Tag mit erstaunlicher Kleinlichkeit fortgesetzt wird.[26]

Warum der US Secret Service? Wie um alles in der Welt hängen die da mit drin? Richard C. Steiner, ein früherer Beamter des amerikanischen Secret Service und langjähriger Leiter des Washingtoner NZB (von 1981 bis 1990), erläutert: »Das ist nicht mit dem britischen Geheimdienst vergleichbar, der sich mit Spionage befaßt. Der amerikanische Geheimdienst schützt Präsidenten und Vizepräsidenten daheim und auf Auslandsreisen. Es besteht somit ein offensichtlicher Bedarf nach einer engen Zusammenarbeit mit dem Ausland auf diesem Sektor, um so mehr, da der US Secret

Service auch für die wirtschaftlichen Belange und die Integrität der Vereinigten Staaten zuständig ist. Sein Tätigkeitsfeld ist breiter und beschränkt sich nicht bloß auf Dollarfälscher. Er bekämpft aktiv jede Verletzung der monetären Glaubwürdigkeit der USA: Fälschungen von Schecks oder Anleihen der Bundesregierung, Kreditkartenbetrug, Verstöße von Bausparkassen in der Bankengemeinschaft, eben alles, was aufgrund illegaler Handlungen dem finanziellen Ruf der US-Regierung schaden und die Glaubwürdigkeit – wir nennen das die ›Verbindlichkeit‹ – irgendeines amerikanischen Geldinstruments erschüttern könnte.«

Ducloux und vor allem Nepote dachten also angesichts des Umstands, daß in Prag kein Amerikaner anwesend war, Hoover auszutricksen, indem sie sich direkt an das Finanzministerium und seine Behörden wandten, und stießen dort auf freundliches Interesse. Das FBI-interne Memorandum bemerkt hierzu bissig: »Obwohl der IKPK bekannt war, daß die Mitgliedschaft des FBI und seine Verbindungsfunktion auf der Voraussetzung beruhten, daß das FBI alleiniger Vertreter der USA ist, äußerte sie die Ansicht, daß sich durch direkte Kontakte mit dem Finanzministerium eine effektivere Zusammenarbeit ermöglichen ließe [...] Die Kommission vertrat auch den Standpunkt, daß sich der Beitrag der Vereinigten Staaten proportional erhöhen würde, falls sich mehrere Behörden des Finanzministeriums beteiligten.

Die Kommission strebte einige Jahre lang danach, als beratende Organisation der UN anerkannt zu werden, um die Sichtbarkeit und den Expertenrang der IKPK im Spektrum der Verbrechensbekämpfung zu erhöhen. Der Leiter des Federal Bureau of Narcotics war damals Mitglied der Vereinten Nationen und wurde von einigen Leuten für die steuernde Kraft der Betäubungsmittel-Kontrollbehörde der UN gehalten. Die IKPK erlangte 1949 die Anerkennung als beratende Organisation der UN.«

Doch Hoovers Groll machte bei Worten nicht halt. Auch seine paranoide antikommunistische Einstellung steigerte sich ins Unerträgliche. Nach der Prager Generalversammlung ließ er »wegen fehlender Einrichtungen und Personalmangels« die Funkverbindung zwischen dem FBI und der IKPK, die man erst ein Jahr zuvor eingerichtet hatte, abbrechen. »Die Entscheidung beruhte auf den unsicheren Bedingungen, die in Europa noch herrschten«, heißt es im FBI-internen Memorandum, »sowie auf der Kritik, der sich das FBI vielleicht ausgesetzt sah, weil es Funkkontakte mit Polizeibehörden unterhielt, die womöglich von Kommunisten unterwandert waren oder beherrscht wurden.«

Als sich im Oktober 1949 bei der nächsten Generalversammlung in Bern sechsundsechzig Delegierte aus dreißig Ländern trafen, saßen in den Rattansesseln des Schweizer Bundespalasts auch zwei Repräsentanten der Vereinigten Staaten: je einer vom FBI und vom Finanzministerium. Hoover ertrug das nicht – und hatte schon bald die Gelegenheit (oder die Begründung), der Organisation den Rücken zu kehren.

Am Freitag, dem 24. März 1950, schwenkten nachmittags drei tschechoslowakische Zivilflugzeuge über dem US-Luftwaffenstützpunkt bei Erding, dreißig Kilometer nordöstlich von München, ein und landeten. Sie waren auf Linienflügen von den Städten Bratislava (Preßburg), Ostrava (Ostrau) und Brno (Brünn) nach Prag von ihren eigenen Besatzungen entführt worden. Fünfundachtzig Passagiere und das Bordpersonal betraten von US-Truppen besetzten deutschen Boden. Dreiundfünfzig von ihnen kehrten wenig später freiwillig in ihr Heimatland zurück, und auf einer Pressekonferenz zwei Tage danach erzählten zwei der Piloten ihre Geschichte.

Beide hatten während des Zweiten Weltkriegs bei der britischen Luftwaffe gedient. Der eine hatte den Tapferkeitsorden für seinen Beitrag zur Versenkung eines deutschen Schiffs bekommen, der andere, ein ehemaliger Spitfire-Pilot, war für den Abschuß von fünf deutschen Flugzeugen geehrt worden. Gemeinsam mit dem Kopiloten der dritten Maschine hatten sie sich erst einen Tag vor dem Flug bei einem Essen im Prager Flughafenrestaurant zur Flucht entschlossen. Ein Pilot, der unverheiratet war, nahm Frau und Kind des anderen in seiner Maschine mit sowie acht Freunde und deren Frauen, die sich ihnen freiwillig angeschlossen hatten. Der andere Pilot hatte in der Luft eine Pistole auf seinen Kopiloten und den Navigator gerichtet und sie mit Hilfe eines Passagiers gefesselt.

Was war der Anlaß für diese spektakuläre Flucht? Die beiden Hauptbeteiligten gaben an, daß sie wegen ihrer Dienstzeit bei der britischen Luftwaffe im Krieg Repressalien befürchteten; ein weiterer Grund sei ihre katholische Glaubenszugehörigkeit gewesen. »Wir sind draußen in der Welt gewesen und kennen die Freiheit, wir können nicht mehr darauf verzichten.« Bis auf einen Sack mit Kleidungsstücken hatten sie alles zurückgelassen.

Die kommunistische Regierung der Tschechoslowakei verlangte postwendend von den amerikanischen Behörden die Überstellung der beiden Piloten und acht weiterer Besatzungsmitglieder wegen des »kriminellen Vergehens« der Entführung von Landsleuten. Die USA weigerten sich, worauf das tschechische NZB das Interpol-Generalsekretariat in Paris bat, Fahndungsersuchen (»Rotecken«) für ihre Festnahme mit nachfolgender Auslieferung auszuschreiben.

Doch war ihr Verbrechen »politisch«? Ducloux und Nepote entschieden sich für ein Nein, weil sie das Motiv der Täter nicht interessierte. Entführung war eine normale Straftat – »ein Verbrechen, wie es in allen zivilisierten Ländern vorkommt«, um es einmal etwas flapsig auszudrücken. Wenn die Tschechen sie also zurückholen wollten, so waren sie berechtigt, hierfür das Interpol-Netz einzuschalten.

Tatsächlich aber wurden die zehn »Verbrecher« niemals ausgeliefert, und die Fahndungsausschreiben mit der roten Ecke erwiesen sich als nutzlos. Hoover aber kochte vor Wut darüber, daß die Organisation sich dazu hergab, bei der Festnahme solcher tapferen Antikommunisten mitzuhelfen. Er wetterte, daß ihr Delikt »politisch« sei, und behauptete, die Ausschreibung der »Rotecken« sei ein direkter Verstoß gegen den erweiterten Artikel 1.

Im Dezember desselben Jahres zog sich das FBI aus der Organisation zurück. Das unveröffentlichte interne Memorandum des Bureaus nennt hierfür neben den roten Fahndungsersuchen nicht weniger als neun weitere Gründe. Die meisten klingen so banal, daß es schon ans Lächerliche grenzt, aber drei sind es wert, im vollen Wortlaut abgedruckt zu werden:

»6. Die IKPK ignorierte wiederholt den Status des FBI als offizieller Verbindungsstelle und unterhielt direkte Verbindung mit anderen US-Bundesbehörden. Der Generalsekretär behauptete, die Zahlstelle des FBI habe die Kommission etwas benachteiligt. Im Protokoll der Generalversammlung von 1950 in Den Haag wurden Vertreter des Geheimdiensts und der Betäubungsmittelbehörde, die lediglich Beobachter hätten sein sollen, als tatsächliche Delegierte neben dem FBI genannt.

7. In einem inoffiziellen Protest forderte die IKPK, daß die USA einen größeren Kostenanteil – 6500 Dollar statt 3000 Dollar – zu bezahlen hätten. Das Bureau war jedoch der Meinung, daß die IKPK beträchtliche Summen verschwende, indem sie die Konfe-

renzen des Exekutivkomitees in diversen ›Seebädern‹ Europas finanziere.

9. Ein wichtiger Beschwerdepunkt vieler Mitgliedsstaaten seit der Umgestaltung ist die Dominierung der IKPK durch die französische Regierung gewesen.«

Kein Wunder, daß Louis Ducloux, als er bei der nächsten Generalversammlung in Lissabon im Juni 1951 »mit tiefem Bedauern« die Entscheidung der USA bekanntgab, lediglich vage andeutete, daß diese »ohne Vorwarnung« gefallen sei, und er ergänzte überflüssigerweise: »Sie sehen, meine Herren, wie heikel die Probleme sind, mit denen wir uns beschäftigen müssen.« Und der überragende Taktierer beeilte sich sogleich hinzuzufügen: »Dennoch stehen wir über die beiden anderen wichtigen Bundesbehörden Finanzministerium und Betäubungsmittelabteilung nach wie vor in regelmäßigem Kontakt mit den Vereinigten Staaten.«

Das Konzept ging auf. Inoffiziell – und obwohl das interne US-Gesetz (wie es vom Kongreß 1938 verabschiedet wurde) noch immer besagte, daß das FBI der einzige Ansprechpartner für die Interpol-Arbeit sei – trat das Finanzministerium an die Stelle des Bureaus. Seine Vertreter besuchten die Generalversammlungen, seine Behörden hielten den Informationsaustausch mit dem Generalsekretariat aufrecht; die Kosten des Beitrags an die IKPK wurden im Haushalt des Ministeriums unter »Zahlung für Informationen« verbucht. Alle waren's zufrieden – bis auf J. Edgar Hoover.

Dann überarbeitete man auf der Generalversammlung im Juni 1956 in Wien die Satzung mit neuen Statuten, änderte den Namen offiziell in Interpol, verbunden mit dem dauerhafter klingenden Zusatz »Internationale Kriminalpolizeiliche *Organisation*« anstelle der weniger eindrucksvollen »Kommission«[27] und präsentierte sich der Welt insgesamt als eine unabhängigere Organisation. Wie um diese (zugegebenermaßen großenteils kosmetische) Freiheit von der französischen Vorherrschaft zu unterstreichen, wurde der Chef des US Secret Service, Urbanus E. Baughman, zum Vizepräsidenten gewählt; heute ist dies ein hoher, leitender Rang und nicht bloß, wie zu Hoovers Zeit, ein Ehrentitel.

Von da war es nur ein kleiner Schritt zum August 1958, als das vom US-Kongreß verabschiedete Gesetz von 1938 abgeändert wurde: Nun konnte der amerikanische Justizminister jedes Ministerium oder jede Behörde zum offiziellen Verbindungsbüro für Interpol bestimmen. Prompt wurde das Finanzministerium beauftragt, das FBI als alleinige Vertreterbehörde abzulösen, und ein stellvertretender Abteilungsleiter erhielt den Status eines offiziellen Vertreters der USA bei Interpol.

Es ist amüsant, wenn man die säuerlichen Kommentare des internen FBI-Memorandums hierzu liest, das diese Entwicklung mit den Worten kritisiert, daß hier »eine Funktion zum Politikum gemacht wird, die in allen anderen Ländern dem Bereich der professionellen Strafverfolgung obliegt«, und noch verächtlich anmerkt: »Viele Beamte meinen, diese Praxis habe die amerikanische Regierung seit jeher davon abgehalten, einen Funktionär lange genug in der Interpol-Kette der gewählten Ämter zu belassen, damit er das Amt eines Vizepräsidenten oder Präsidenten erlangen kann, was aufgrund der Präsenz der Vereinigten Staaten in dieser internationalen Organisation dem Staat und dem Ansehen nützt.«

Der Kommentar war freilich bereits Makulatur, als er geschrieben wurde, wo doch zu diesem Zeitpunkt ein Chef des US Secret Service bereits als Vizepräsident amtierte. Und er sollte als noch dümmer (und kleinlicher) entlarvt werden, als sechsundzwanzig Jahre danach, 1984, ein weiterer Leiter des amerikanischen Secret Service (John Simpson) zum Präsidenten gewählt wurde – mit mehr Macht und Einfluß, als sie seine Vorgänger je besaßen.

Der Sieg des Finanzministeriums in dieser kindischen Auseinandersetzung wurde schließlich im Oktober 1960 der Welt vor Augen geführt, als sich hundertsiebzehn Delegierte aus vierundsechzig Mitgliedsstaaten in Washington D. C. zur ersten Generalversammlung auf amerikanischem Boden trafen. Dabei wurde eine Grußbotschaft von Präsident Eisenhower verlesen, und die Eröffnungsrede hielt Finanzminister Robert B. Anderson. »Es gibt viele herausragende und dramatische Beispiele für den Triumph von Recht und Ordnung dank der Arbeit der Interpol«, sagte Anderson. »Ihre wahre Leistung und der spürbare Fortschritt sind das Resultat Ihrer permanenten Aufmerksamkeit für die Aufgaben, die Gerechtigkeit in unseren Gesellschaften zu wahren [...] Im Namen der Delegation der Vereinigten Staaten darf ich Ihnen unsere persönlichen guten Wünsche für eine anregende und erfolgreiche Konferenz übermitteln.«

Hoover blieb nichts anderes übrig, als sich in den Schmollwinkel zurückzuziehen. Sein Bureau hatte eine Einladung zu der Konferenz mit folgender Begründung ausgeschlagen: »Angesichts der Vergangenheit der Organisation, die ihren Mangel an Objektivität und ihre Nutzung für politische Zwecke widerspiegelt, scheint diese weit davon entfernt, jene echte, internationale kriminalpolizeiliche Organisation zu sein, als die sie sich darstellt. Es ist bedauerlich, daß die Vereinigten Staaten eine zweifelhafte Sache unterstützen und deren Ansehen sogar noch mehren.« Inzwischen hatte jedoch selbst das Justizministerium begonnen, seine Meinung über Interpol – jedenfalls für eine Weile – zu ändern. Ein stellvertretender Justizminister mit Verantwortung für die Kriminalabteilung dieser Behörde besuchte die Generalversammlung als »überaus willkommener« Beobachter.

Dieser Gesinnungswandel wurde ein Jahr darauf von höchst unerwarteter Seite beschleunigt: Im November 1961 übernahm Robert Kennedy nach der Wahl seines Bruders zum fünfunddreißigsten Präsidenten der Vereinigten Staaten den Posten des Justizministers – und er war ein großer Freund von Interpol. Dies war nur einer der vielen Punkte, in denen er nicht mit J. Edgar Hoover, der fast doppelt so alt (fünfundsechzig gegenüber fünfunddreißig) wie er war, übereinstimmte; ihm offiziell aber unterstellt war. Sie konnten sich nicht ausstehen: Hoover ließ das gesamte Justizministerium – einschließlich Kennedys Privatlift, den einzigen Ort, wo jener meinte, unbehelligt reden zu können – mit Abhörgeräten ausstatten, während Kennedy ihn als »gefährlich» und »ziemlich psychotisch« beschrieb.

Robert Kennedy war aber letztlich der Herr im Haus, von seinem Bruder, dem Präsidenten, ganz zu schweigen. Dieser erklärte unmittelbar nach seinem Amtsantritt dem organisierten Verbrechen den Krieg und gründete hierzu eine Spezialeinheit des Justizministeriums. Wie Hoovers Biographen, Athan G. Theoharis und John Stuart Cox, kommentieren, »konnte das nur die Aufmerksamkeit auf die frühere Untätigkeit des FBI lenken«, doch das mußte Hoover einstecken. In schmeichelhaften Worten berichtet das interne FBI-Memorandum: »1961 führten der Justizminister [Kennedys Name wird nicht mal erwähnt!] und Mr. Hoover einen Stufenplan gegen das organisierte Verbrechen in den Vereinigten Staaten ein. In diesem Zusammenhang beurteilte der Justizminister den Interpol-Mechanismus als ein wirksames Werkzeug zur Ergänzung dieser Bemühungen.«

Diesen wiederum bekämpfte Hoover energisch auf ganzer Linie – nicht nur wegen seines schon seit der Episode mit den tschechischen Flugzeugentführern erklärten Widerstands gegenüber der Organisation, sondern auch, weil er in ihr eine Bedrohung für eines seiner Lieblingsprojekte sah, das mittlerweile aber schon auf sicheren Füßen stand: Es handelte sich um das Rechtsattachéprojekt des Bureaus, bei dem FBI-Beamte in den US-Botschaften von elf großen Hauptstädten in aller Welt stationiert waren. Dabei war das keine fixe Idee von ihm persönlich. Das inzwischen stark ausgeweitete Projekt ist beim FBI noch immer sehr beliebt und zweifellos sehr effektiv. Es bleibt einer der Gründe, warum das Bureau (und Darrell W. Mills, der jetzige Leiter des Washingtoner NZB und der erste FBI-Mann in diesem Job) im Innersten noch immer nicht eben begeistert ist von einer umfassenden Kooperation mit Interpol.

Jan Stromsen, viele Jahre lang stellvertretende Leiterin des NZB (als Beamtin des Finanzministeriums), bis Mills 1990 die Leitung übernahm, sagt: »Es gibt wirklich eine Aufgabe für beide, den örtlichen Rechtsattaché *und* Interpol und das NZB. Es ist unersetzbar, gemeinsam an einem Tisch zu sitzen, zu verhandeln und für heiklere Fälle Lösungen zu finden. Wir sind darauf nicht eingerichtet und sollten ebensowenig versuchen, das zu übernehmen. Andererseits können die Rechtsattachés nicht alle fünf Minuten zu den Cops rüberlaufen und das Archiv nach Hintergrundinformationen und Hinweisen abklopfen und all die anderen alltäglichen Dinge bewältigen, die wir hier im NZB erledigen – und die sicher auch in jedem anderen NZB der Welt erledigt werden.

Jeder hat also seine Funktion. Doch sobald man Auslandsreisen und das Prestige von so was erwähnt, geht's schon los! Da sind sie alle scharf drauf.«

So verhielt sich das FBI trotz eines Justizministers, der auf eine engere Zusammenarbeit mit Interpol drängte, abwartend. Es entsandte zwar nun wieder einen Delegierten zu den Generalversammlungen – das taten aber auch der amerikanische Geheimdienst, der amerikanische Zoll, die Steuerbehörde, die Betäubungsmittelbehörde, das Außenministerium, das Verteidigungsministerium und das Marineamt. Die amerikanische Öffentlichkeit wußte im Prinzip so gut wie nichts über Interpol – im Gegensatz zur amerikanischen Regierung.

Auf der Madrider Generalversammlung im September 1962 wurde Arnold Sagalyn, ein leitender Beamter im Finanzministerium, zum Vizepräsidenten gewählt, und das FBI-interne Memorandum kommentierte gallig: »Die beachtliche Stärke der amerikanischen Delegation aus all diesen verschiedenen Behörden ließ bei manchen Mitgliedsstaaten die Sorge aufkommen, kleinere Länder könnten womöglich den Eindruck gewinnen, daß die Vereinigten Staaten Interpol zu kontrollieren versuchten.«

Diese letzte Bemerkung stimmte einfach nicht. Im selben Jahr gründete das Finanzministerium schließlich in Washington ein Interpol-NZB, doch fungierte es nur als eine »Briefkopf«-Agentur. Wie Richard C. Steiner sagt, »war sie im Grunde nicht aktiv tätig. Es handelte sich mehr oder weniger um einen Verbindungsposten, wo Konferenzbesuche koordiniert und nur sporadisch amtliche Anfragen nach Informationen bearbeitet wurden. Es war wirklich nichts Amtliches«.

Robert Kennedy wurde ungeduldig. Er wollte mehr positive Resultate von seinem Ministerium – in diesem Kontext also vom FBI. Aber selbst der Justizminister mußte beim Umgang mit Hoover taktieren, wollte jedoch einen Versuch wagen, den sturen, alten Mann zu überrumpeln. Im August 1963 entsandte er seinen persönlichen Vertreter zur Generalversammlung nach Helsinki, der dort eine Rede halten sollte.

Joseph Tydings, wie Kennedy ein smarter, jugendlich wirkender Anwalt, ließ niemanden im Zweifel darüber, wo die persönlichen Präferenzen des Justizministers lagen. »Ich möchte Ihnen mitteilen«, sagte er zu den Delegierten, »daß die Bedeutung der Kooperation zwischen den Strafverfolgungsbehörden der Länder dieser Welt gar nicht genug hervorgehoben werden kann. In den Vereinigten Staaten trägt dieses Konzept der engen Zusammenarbeit und gegenseitigen Unterstützung zwischen den jeweiligen Strafverfolgungsbehörden und Polizeieinheiten beim Kampf gegen das organisierte Verbrechen in den einzelnen Städten und Staaten erste schöne Früchte.

Eine effektive Eindämmung des internationalen Drogenhandels und anderer grenzübergreifender Verbrechen ist nicht zu erreichen ohne eine gemeinsame, koordinierte Anstrengung der Polizeikräfte in den betroffenen Nationen. Der Justizminister gratuliert den Mitgliedsstaaten und dem Generalsekretariat zu den Erfolgen, die Interpol in den letzten vierzig Jahren auf diesem Gebiet errungen hat – ein Erfolg, der wohl beispiellos sein dürfte auf internationaler Ebene.«

Tydings lobte die Delegierten wegen des »äußerst glücklichen

Umstands, daß das Fundament Ihrer Organisation auf dem Berufspolizisten ruht«, und grüßte sie »im Namen des Justizministers und des amerikanischen Justizministeriums«. Die Rede war ein hervorragendes Beispiel für jene Art Lob, das die Interpol-Generalversammlungen schon immer gern über sich hörten, und alle Anwesenden fühlten sich sehr gebauchpinselt. Nach seiner Rückkehr berichtete Tydings Robert Kennedy in Washington: »Meiner Ansicht nach ist es wichtig, daß Interpol die moralische Unterstützung des Justizministeriums hinter sich weiß und dies auch die anderen Länder erkennen. Als Fazit meiner Rede [...] denke ich, daß wir zuletzt gute Beziehungen geschaffen haben, und es bleibt die Verpflichtung des Justizministeriums, diese Unterstützung fortzusetzen.«

Doch dann wurde am 23. November 1963 in Dallas Präsident John F. Kennedy auf offener Straße erschossen, und binnen eines Jahres war sein Bruder Robert nicht mehr Justizminister; er sattelte um auf eine politische Karriere, die auch ihm schließlich den Tod bringen sollte. Hoover war wie ehedem der unbestrittene Chef des FBI, und bis zu seinem Tod neun Jahre später – sogar noch danach – redete niemand mehr von einer engeren Zusammenarbeit zwischen Justizministerium und Interpol.

Damit war das Finanzministerium wieder vorrangig mit dem Projekt betraut. 1969 wurde ein Rechtsanwalt namens Eugene Rossides zum stellvertretenden Schatzkanzler für Strafverfolgung und operative Einsätze ernannt, und »ihm gebührt die Ehre«, sagt Richard C. Steiner, ehemaliger Secret-Service-Beamter und NZB-Chef von 1981 bis 1990, »daß die Vereinigten Staaten wirklich ein operatives Interesse an der Organisation zu entwickeln begannen«.

Rossides machte aus dem »Briefkopf«-NZB eine amtliche Einheit und übergab die Leitung an Kenneth Giannoules, einen erfahrenen Praktiker des Secret Service. Beginnend mit einem winzigen Dreimannteam, das sich anfänglich nur um rund dreihundert Fälle im Jahr kümmerte, »katapultierte er das NZB statusmäßig aus dem Nichts in die Höhe«, erzählt Jan Stromsen, die 1972 seine Mitarbeiterin wurde. Dann übernahm ein hochtalentierter Secret-Service-Mann namens Larry Sims das Kommando, und, um Steiner zu zitieren, »mittlerweile bekam das Finanzministerium ab 1976 eine Menge positive PR von der Interpol-Initiative in der

Gemeinschaft der amerikanischen Strafverfolgungsbehörden. Irgendwer im Justizministerium sagte dann: ›He, Moment mal, die kriegen 'ne Menge Vorteile durch Interpol. Zu diesem Programm muß was gesagt werden. Wir müssen das rückgängig machen.‹«

Inzwischen war Hoover schon vier Jahre tot und der alte Geist gegen Interpol schwächer geworden. »Es tobt buchstäblich eine Schlacht zwischen dem Finanz- und dem Justizministerium«, sagt Steiner. »Bei manchen der Dokumente, die da gewechselt wurden – und ich habe sie gelesen –, fiel mir wirklich die Kinnlade herunter. Diese Leute schrieben sich vielleicht feine Dinge! Das war schon ganz schön gemein.«

Schließlich erzielte man im Januar 1977 einen Kompromiß: Das NZB sollte als Abteilung des Justizministeriums geführt, die Verantwortlichkeit hingegen zu gleichen Teilen von Finanz- und Justizministerium übernommen werden. Alle zwei Jahre sollten sich Nominierte beider Ministerien als Leiter des NZB ablösen, während das andere Ministerium für diese Zeit den Stellvertreter stellte. »Es war eine harte Zeit«, erinnert sich Jan Stromsen. »Im Grunde waren wir eine Finanzbehörde mit Sitz im Justizministerium, und wir mußten ungelogen selbst für Kopierpapier noch um Geld betteln.«

Ebenso freimütig fährt Steiner fort: »Es war ein Kompromiß, der sich als untauglich herausstellte« – und an den man sich nicht mal hielt. Larry Sims, der damalige Leiter aus dem Secret Service, blieb noch weitere zwei Jahre »der Kontinuität wegen«, dann übernahm ein Mann von der Drogenbekämpfungsbehörde DEA (und somit ein Vertreter des Justizministeriums) das Steuer. Steiner, der frühere Secret-Service-Mann, führte schließlich den Laden neun Jahre lang in sehr profilierter Weise (wobei ihm, entgegen dem Abkommen, in Jan Stromsen ein Stellvertreter aus dem Finanzministerium zur Seite stand). Derzeit hat mit Darrell W. Mills der erste FBI-Angehörige den Posten inne, und sein Stellvertreter kommt (ebenfalls nicht im Sinne des Kompromisses) aus dem Justizministerium.

Es ist ein heilloses Durcheinander. Das amerikanische Interpol-Büro, das heute mit Personal von sechzehn Bundes- und regionalen Gesetzesbehörden außerhalb des Spektrums der beiden leitenden Abteilungen besetzt ist, wird noch immer von innerministeriellen und innerbehördlichen Querelen geplagt, die sich in nächster Zeit kaum beilegen lassen dürften. Jan Stromsen über das NZB zu Beginn der siebziger Jahre: »Man mußte das Format des Agenten, der einem zugeteilt wurde, charakterisieren. Wir hatten es hier nicht mit erstklassigen Leuten zu tun, sondern mit solchen, deren Dienststellen sie nicht unbedingt wollten. Selbst heute noch berichtet eine Behörde ausführlich über die besten oder die schlechtesten Leute in ihren Reihen. Die wollen entweder mit ihnen angeben oder sie abschieben. Und die praktizieren das auch durch die Bank, selbst wenn einige von ihnen zurückgeschickt werden müssen, weil sie so unfähig waren.«

Der Arbeitsetat des NZB ist von hundertfünfundzwanzigtausend Dollar im Jahr 1969 auf sechs Millionen Dollar im Jahr 1989 angewachsen, und inzwischen hat es über hundert Mitarbeiter, die »verdammt viel und gute Arbeit jedes Jahr leisten«, wie sich einer von ihnen ausdrückt. Besucht man aber das Gebäude an der Washingtoner E Street NW, so gewinnt man nicht den Eindruck, daß hier eine rundum zufriedene Truppe am Werk ist.

Trotzdem setzte sich, wie Richard C. Steiner es formuliert, »zu Beginn der achtziger Jahre zunehmend die Erkenntnis durch, daß wir eingreifen und uns viel aktiver um die Leitung von Interpol außerhalb Europas kümmern mußten. Ich sage nicht, daß auch wir zu der Zeit so gute Arbeit leisteten, doch Frankreich stellte keine effektive Führungsspitze mehr. Die Organisation war in Unordnung geraten, und es mußte etwas geschehen«.

Bevor wir jedoch zum Höhepunkt der Verbindung mit den USA kommen, müssen wir in der Zeit zurückgehen und uns anschauen, was mit Interpol in Europa und in der übrigen Welt seit jenen fernen Tagen passiert war, da J. Edgar Hoover wutentbrannt der Organisation den Laufpaß gegeben hatte.

10. Kapitel
Fünfundzwanzig Jahre französischer Vorherrschaft (1947 bis 1972)

Was aber war mit Europa? Was war aus Jean Nepotes »Ziehkind« geworden in den dreizehn Jahren, seit wir es 1947 in der alten Maupassant-Wohnung in der rue Monceau das letztemal sahen?

Die Inlandsfront verzeichnete einen stetigen, jedoch keinen gravierenden Fortschritt. Acht Jahre lang hatten Nepote und seine allmählich anwachsende Gruppe in einer schäbigen Behausung weitergearbeitet, die das französische Innenministerium gratis zur Verfügung stellte. Nach einem weiteren Jahr in der rue Monceau bezogen sie größere, aber bedrückende Büroräume in einem modernen, regierungseigenen Fertighausbau im Bezirk Porte Maillot, Boulevard Gouvion Saint-Cyr 96, wo sie zwischen einem Herrenfriseur und einer Feuerwache eingezwängt waren. Dort blieben sie bis 1955. Ein britischer Besucher, A. J. Forrest, hat die triste Szenerie beschrieben: »Hier in diesem langen, rechteckigen, mausgrauen Block, dessen nüchterne und völlig schmucklose Fassade an ein Gefängnis erinnert, auf dessen Eingangsstufen zwei Gendarmen wachsam patrouillieren, befindet sich jetzt das ständige Hauptquartier der Kommission. Der gerade vierzig Mann starke Stab kann sich wirklich nicht über zuviel Platz beklagen. Dem Besucher vermittelt sich der Eindruck, daß alle Abteilungen mit zum Bersten vollen Schränken vollgestopft sind, zwischen denen sich Spezialisten vereinzelt in Ecken quetschen, wo es das Mobiliar zuläßt.«

Doch sie leisteten gute Arbeit dort. 1949 waren Kanada wie auch Israel hinreichend beeindruckt, um der Kommission beizutreten, und auf der Berner Generalversammlung im Oktober verkündete Ducloux, daß die Kartei nun fünfunddreißigtausend neue Namenskarten enthielte sowie »beträchtlich viele« Sonderakten über ganz spezielle Fälle. Dieselbe Generalversammlung stimmte einem Emblem zu, das künftig das dienstliche Briefpapier der aufstrebenden Organisation schmücken sollte: eine Weltkugel mit einem Schwert und einer Waage, umrankt von einem Lorbeerkranz – das Ganze auf hellblauem Hintergrund, der bevorzugten Farbe der meisten internationalen Organisationen. Das Schwert verkörperte das Wirken der Polizei, die Waage symbolisierte Gerechtigkeit, die Lorbeerblätter standen für den Frieden, denn das Ziel aller polizeilichen Tätigkeit ist es, den Frieden in der Gesellschaft zu erhalten – und mit den Worten einer offiziellen Beschreibung: »Da sich die Aktivitäten der Organisation über die ganze Welt erstrecken und sich ihr Hauptsitz in Paris befindet, ist die Weltkugel mit Paris auf der Mittellinie dargestellt.« Wer zahlt, bestimmt eben auch.

Auf der Generalversammlung im Juni 1951 in Lissabon nahm Florent Louwage, der seine großenteils zeremoniellen Aufgaben in vollen Zügen genoß, seine Wiederwahl als Präsident für eine zweite fünfjährige Amtsperiode freudig an: Louis Ducloux aber trat mit achtundsechzig Jahren als Generalsekretär zurück. Sein

Nachfolger wurde ein weiterer französischer Polizeibeamter: Marcel Sicot. Vom Äußeren schien er maßgeschneidert für den Posten: attraktiv, Anfang fünfzig, volles, weißes Haar – aber im Unterschied zu Ducloux hatte er keine frühere Erfahrung mit der Organisation und wußte auch nur sehr wenig über sie. Wieso wurde er dann gewählt? Weil ihn Frankreichs Premierminister auserkoren hatte: Die eigentliche Abstimmung war eine Farce. Das folgende Zitat aus dem Veranstaltungsbericht in der *Internationalen Kriminalpolizeilichen Rundschau* spricht denn auch für sich:

»Präsident Louwage nahm unter dem langanhaltenden Applaus der Versammlung wieder Platz; er dankte allen Delegierten und versprach, auch künftig mit der gleichen Hingabe für die IKPK zu arbeiten wie bisher.

Er erinnerte daran, daß die Wahl des Generalsekretärs noch auf dem Programm stand. Monsieur Ducloux, der scheidende Generalsekretär, hatte sich im Hinblick auf seine Nachfolge mit Monsieur Henri Queuille beraten, der sowohl Premier- als auch Innenminister war. Diese hohe Persönlichkeit riet, die IKPK solle Monsieur Marcel Sicot wählen, den Generalinspektor der Sûreté Nationale in Paris. Monsieur Louwage kannte ihn und seine Qualitäten persönlich; er war überzeugt, daß letzterer der Kommission mit größtem Enthusiasmus und bestem Geschick dienen würde.

Die Ernennung von Monsieur Sicot zum Generalsekretär [...] wurde einstimmig angenommen.«

In der Tat ergibt die Generalversammlung von Lissabon das Bild der frühen Kommission auf ihrem absoluten Tiefpunkt. Da war nicht nur die feige Annahme des Vorschlags von Frankreichs Premierminister für den neuen Generalsekretär – es war auch die erste Generalversammlung, seit Hoover sich mit seinem FBI wegen der Sache mit den roteckigen Fahndungsausschreibungen für die tschechischen Luftpiraten aus der Organisation verabschiedet hatte.

Dadurch war erstmals die bedeutsame Frage aufgeworfen worden, in welchem Umfang, wenn überhaupt, sich die Nachkriegskommission mit »politischen« Verbrechen befassen sollte, aber die Delegierten legten lieber wieder einmal die Scheuklappen an. Eine starke Führung war notwendig – die Welt würde kein bißchen weniger gewalttätig werden. War das Verbrechen der Luftpiraten »politisch«, wie Hoover behauptete, oder erfüllte es den gewöhnlichen Straftatbestand einer Entführung, wie die tschechische Regierung erfolgreich argumentiert hatte?

Der Vorfall wurde während der gesamten fünf Tage der Generalversammlung nicht einmal konkret erwähnt. Unter der schmeichelhaften Überschrift »Gesuche für internationale Erkundigungen« berichtet die *Internationale Kriminalpolizeiliche Rundschau* über eine laue Debatte, zu deren Teilnahme sich nicht mal ein halbes Dutzend Abgeordnete bemüßigt sahen. Und was war das Resultat? Ein einstimmiger Beschluß, daß »im Falle von Zweifeln hinsichtlich des politischen, rassischen oder religiösen Charakters eines Gesuchs« der Generalsekretär über Annahme oder Ablehnung zu befinden habe sowie eine »Empfehlung« an Mitarbeiter und Leiter von NZB:

»1. darauf zu achten, daß kein Gesuch im Zusammenhang mit Verstößen von überwiegend[28] politischem, rassischem oder religiösem Charakter je beim Generalsekretariat eingereicht wird, selbst wenn es sich im Land des Antragstellers um ein Verbrechen gewöhnlicher Natur handelt; und

2. soweit wie möglich auch dafür zu sorgen, daß die Gesuche, die sie von ausländischen Polizeibehörden erhalten, nicht den Anschein erwecken, diesen Grundsatz zu verletzen.«

Couragiert konnte man diesen Beschluß nun wirklich nicht nennen. Die Delegierten spielten den Ball zurück in die Hände des Generalsekretärs, und ihre einzige Richtlinie, wie er damit umzugehen habe, waren fromme Plattheiten. Die Organisation als Ganzes hatte die Chance, das Problem im Keim zu ersticken – und versagte.

Derweil war die Arbeit in Paris selbst von wachsendem Erfolg gekrönt. Die Verbrecherkartei füllten nunmehr 60 000 Namenskarten in sowohl alphabetischer als auch phonetischer Ordnung, 1650 Fingerabdruckkarten, 277 Personenbeschreibungen und 2500 Fotokarten. 1952 trat Deutschland – oder besser gesagt Westdeutschland – der Kommission erneut bei. 1954 erhielt Interpol eine eigene Funkzentrale in Pomponne nahe Paris (auf einem Gelände, das die Franzosen unentgeltlich zur Verfügung stellten). Außerdem wurde ein System von »All Points Bulletins« (APBs) zur Verbesserung der roten Fahndungsausschreibungen eingerichtet, damit in dringenden Fällen Einzelheiten sofort über Funk mitgeteilt werden konnten, was die Polizei eines Mitgliedslandes ermächtigte, einen Verdächtigen bis zur schriftlichen Bestätigung vorübergehend festzunehmen. 1955 schmückte sich die Organisation mit einer eigenen Flagge, vom gleichen Design wie ihr Emblem, die von nun an über dem Hauptquartier und überall da, wo die Generalversammlungen stattfanden, wehen sollte. Ungefähr zur gleichen Zeit wurde ein Geheimsystem aus verschlüsselten Botschaften eingeführt, die in etwa folgendermaßen lauteten:

Sopef: Bitte alle relevanten Informationen schicken, die Sie über diese Person besitzen oder sich verschaffen können. (Falls notwendig) bitte Foto und Fingerabdrücke beilegen, Einzelheiten über irgendwelche früheren Verurteilungen und, falls sie gesucht wird, lassen Sie uns bitte wissen, ob ihre Auslieferung beantragt ist (werden wird) und unter welchen Bedingungen.
Carmo: Bitte alle relevanten Informationen schicken, die Sie über diese Person besitzen oder sich verschaffen können, insbesondere über ihr Strafregister, ihre wahre Identität und ihre kriminellen Aktivitäten.
Dudol: Sollte diese Person in Europa gefunden werden, bitte festnehmen. In jedem anderen Land bitte ihre Schritte und Aktivitäten im Auge behalten.

Welchen Beschränkungen sie auch unterlag – die wiedergegründete Kommission eröffnete neue Dimensionen bei der Anwendung von Recht und Gesetz.

Jean Nepote spricht nicht gern über Louis Ducloux' oder Marcel Sicots Jahre als Generalsekretär: »Ich will nichts von mir geben, wodurch ich mich auf Kosten meiner Vorgänger profilieren könnte. Das wäre nicht fair«, sagt er. »Sie hatten beide andere Jobs zu erledigen, Vollzeitjobs.« Doch nach 1951 führte die absolute Unerfahrenheit des neuen Generalsekretärs der Organisation dazu, daß den Schultern seines jüngeren Assistenten noch mehr Verantwortung aufgebürdet wurde.

Nepote gibt zu, daß er bald nach Sicots Ernennung »einen Bericht verfaßte, den ich nie weitergegeben habe. Ich habe ihn noch zu Hause in Paris. Man wird ihn nach meinem Tod finden. Ich schmiedete einen Plan: Erstens brauchen wir Geld, zweitens eine eigene Zentrale, drittens müssen wir das Grundstück für das neue

Hauptquartier kaufen, viertens können wir, sobald wir unsere eigene Zentrale haben, wirklich damit beginnen, uns als internationaler Organisation Glaubwürdigkeit zu verschaffen.

Um all das zu erreichen, mußten wir zunächst die Satzung von 1946 abändern, damit wir uns auf rechtlich sicherem Boden befanden. Danach konnten wir mit offizieller finanzieller Unterstützung etwas Geeignetes bauen. Von Anfang an sollte eine genau formulierte Satzung vorliegen.

Louwage hatte sie 1946 auf dem alten Wiener Modell aus den zwanziger Jahren begründet – als der gesamte Stab aus acht oder zehn entliehenen Österreichern bestand! Die Beiträge wurden nach der Bevölkerungsgröße berechnet, was Blödsinn ist, weil die Schweiz mit ihren sechseinhalb Millionen Einwohnern weit mehr vom internationalen Verbrechen betroffen ist als Indien mit achthundert Millionen Menschen. Unter der Satzung von 1946 war unser Etat absolut lächerlich, und ohne Geld sind einem die Hände gebunden. Geld ist die Mutter des Kampfes.«

Die nächsten fünfzehn Jahre arbeitete er auf diesen großen Plan hin. Doch als erstes mußte Interpol, wenn auch nur als kurzfristige Behelfsmaßnahme, aus dem schrecklichen Haus am Boulevard Gouvion Saint-Cyr raus. Das Innenministerium signalisierte Bereitschaft, geeignete Räume für sie anzumieten, wenn sie in der Lage wäre, die Vorlaufkosten zusammenzukratzen. Nepote sah sich um und fand in der rue Paul Valéry 93 ein prachtvolles altes Haus mit vierzig Zimmern. Es lag gleich um die Ecke vom Arc de Triomphe, und bis kurz zuvor war dort die irische Botschaft untergebracht. Das Innenministerium willigte ein, die Miete für neun Jahre ab dem 1. Oktober 1955 auf Pachtbasis zu entrichten, falls die Organisation die ersten Einrichtungskosten von zweihunderttausend Schweizer Franken auftreiben konnte. Nepote rechnete und kam zu dem Ergebnis, daß es machbar wäre, wenn alle Mitgliedsstaaten ihren Beitrag für das folgende Jahr ausnahmsweise gleich zu Beginn jenes Jahres bezahlten.

Es war zwar wieder nur etwas Angemietetes, doch hatten sie nun endlich den benötigten Platz – und ihr neues Domizil sah gut aus. »Kein Gebäude konnte vom Erscheinungsbild weniger an ein Polizeihauptquartier erinnern«, schrieb Sir Ronald Howe. »Man betritt das Anwesen über einen gepflasterten Hof, der zu einem mittelalterlichen Gasthaus im Herzen Frankreichs gehören könnte. Die hohen Zimmer sind mit feinen, vergoldeten Barockdecken und prächtigen Kronleuchtern ausgestattet. Es ist ein kleiner Palast, der eher für große Empfänge geeignet wäre [...]«

Auf der Wiener Generalversammlung im Juni 1956 wurde nach mehr als zwei Jahren interner Diskussionen endlich eine neue Satzung verabschiedet. Es war ein kühner Vorstoß; dennoch waren einige Dinge unverändert übernommen worden. Artikel 1 besagte klipp und klar: »Der Sitz der Organisation soll in Paris[29] sein«, und Artikel 43 der den Statuten angehängten allgemeinen Bestimmungen wiederholte die alte Formulierung: »Der Generalsekretär sollte vorzugsweise aus dem Land stammen, in dem die Organisation ihren Sitz hat.« (Seit Raymond Kendalls Ernennung 1985 ist dieser Artikel bedeutungslos und überflüssig geworden.)

Artikel 2 definierte die Ziele der Organisation: »a) die gegenseitige Unterstützung zwischen allen kriminalpolizeilichen Behörden auf breitestmöglicher Ebene innerhalb der Grenzen der in den jeweiligen Ländern bestehenden Gesetze und im Geiste der ›Internationalen Menschenrechtsdeklaration‹ zu garantieren und zu fördern; und b) alle Einrichtungen zu schaffen und aufzubauen, die einen effektiven Beitrag zur Vorbeugung und Bekämpfung gewöhnlicher Verbrechen zu leisten imstande sind.« (Wie wir gesehen haben, schrieb dann Artikel 3 eine Ausklammerung von »Aktivitäten von politischem, militärischem, religiösem oder rassischem Charakter« fest.)

Jeder Mitgliedsstaat hatte, unabhängig von seiner Größe, eine Stimme. Der Präsident, drei Vizepräsidenten und neun Mitglieder eines Exekutivkomitees (welches damals zweimal tagte und sich heute dreimal jährlich trifft) sollten in geheimer Abstimmung gewählt werden, der Präsident für vier und das Exekutivkomitee für drei Jahre. Keiner dieser Beamten konnte damals für eine weitere Amtszeit wiedergewählt werden, zu einem späteren Zeitpunkt war dies jedoch ohne weiteres möglich.[30]

1964 kam es zu einer »stillschweigenden Abmachung«, die gewährleistete, daß alle großen geographischen Regionen im Rahmen dieser Ernennungen Berücksichtigung fanden. Der Präsident und drei Vizepräsidenten sollten aus verschiedenen Kontinenten stammen, und zwar nach folgendem Schlüssel: je drei aus Afrika, Nord- und Südamerika, aus Asien sowie vier aus Europa.

Hinsichtlich des Generalsekretärs besagte die Satzung von 1956, daß seine Nominierung im Gegensatz zu derjenigen der anderen hohen Beamten nur vom Exekutivkomitee erfolgen konnte und er in geheimer Abstimmung gewählt werden mußte. Seine erste Amtszeit betrug fünf Jahre; er konnte zwar für weitere Amtsperioden wiedergewählt werden, mußte aber mit fünfundsechzig Jahren zurücktreten, selbst wenn dieser Zeitpunkt mitten in eine Amtszeit fiel. Er soll »aus einem Kreis von in Polizeibelangen sehr kompetenten Personen« selektiert werden und »in der Ausübung seiner Pflichten die Organisation und nicht irgendein spezielles Land vertreten«.

Diese Regelung gilt auch heute noch; sie ist aber in vielerlei Hinsicht nicht mehr zeitgemäß: Sie berücksichtigt nicht die erhebliche Regionalisierung der Organisation, die sich seitdem vollzogen hat, sie sagt nichts über einen stellvertretenden Generalsekretär oder ein Ausschlußverfahren für Mitglieder (Kuba beispielsweise ist noch Mitglied, obwohl es seit 1959 keinen Beitrag mehr entrichtet hat), und in etlichen Detailfragen wurde sie von den Ereignissen überholt. Doch wie Ivan Barbot, der vorletzte Präsident, sagte: »Eine Revision der Satzung steht auf unserem Programm, aber wir sind momentan mit vielen dringlicheren Angelegenheiten beschäftigt.«

Zu ihrer Zeit war die Satzung ein großer Schritt vorwärts, und Jean Nepote konnte mit Recht stolz darauf sein: »Ich erkannte, daß man kein Geld erwarten kann, solange man keine ordentliche Satzung vorzuweisen hat. Wir bekamen eine – und dann füllten sich unsere Kassen auch sofort mit Geld!«

Zwei Jahre darauf, bei der Generalversammlung in London im Juni 1958, einigte man sich auf neue finanzielle Regelungen. Die Idee bestand im Grunde darin, daß jedes Land bestimmte, wieviel es zahlen würde – ein etwas sonderbares Prinzip zur Finanzierung einer großen internationalen Organisation.

Das alte, starre, auf die Einwohnerzahl bezogene Beitragsschema wurde abgeschafft, und die Mitglieder mußten nach Rücksprache mit dem Generalsekretariat[31] wählen, in welche von elf Gruppen sie eingeordnet werden wollten. Jede Kategorie bekam ihre Anzahl »Budgeteinheiten« zugewiesen, deren Skala von einer Einheit in Kategorie eins bis zu sechzig Einheiten in Gruppe elf reichte. Die »Budgeteinheit«, noch immer in Schweizer Franken berechnet, sollte alle drei Jahre neu festgelegt werden. (Fast zwanzig Jahre später, auf der Generalversammlung 1976 in Accra, wurde eine neue Spitzenkategorie eingeführt: die Gruppe zwölf mit achtzig Einheiten pro Mitglied als eine Art optionales Extra für die reichsten Länder – doch von diesem Privileg sollten nur die USA Gebrauch machen. Großbritannien, Frankreich, die Bundesrepublik Deutschland und Japan, um nur einige zu nennen, begnügten sich damit, in der Gruppe elf zu bleiben, wo sie nur sechzig Einheiten zu bezahlen brauchten.)

Wie die Satzung von 1956 entsprachen auch diese neuen Bestimmungen genau Nepotes Plänen, und solange Frankreich weiterhin die Hauptlast der finanziellen Verantwortung für die Organisation trug und ihre Ansprüche in einem vernünftigen Rahmen gehalten wurden, reichte ihr Etat aus. Doch mit dem Anstieg der Mitgliederzahl – von einundfünfzig im Jahr 1956 auf hundertvierundfünfzig im Jahr 1990 – und der Ausweitung ihrer Aktivitäten konnte die finanzielle Infrastruktur der Organisation nicht mit ihren Erfordernissen Schritt halten, auch wenn eine Anpassung der Budgetgrundeinheit in dreijährigem Turnus vorgesehen war.[32]

»Fraglos dürfte Interpol wohl die am wenigsten wohlhabende internationale Organisation der Welt sein«, schrieb Michael Fooner 1989. »Ihr Jahreshaushalt erreichte erst um 1969 die Millionengrenze. Zehn Jahre danach kletterte er auf drei Millionen Dollar und zur Mitte der achtziger Jahre auf sechs Millionen Dollar.«

Auf der Generalversammlung in Ottawa im September/Oktober 1990 erkannten die Mitglieder endlich die harte Realität ihrer Finanzlage, und es wurden neue finanzielle Regelungen vereinbart, die mit Beginn des Jahres 1991 in Kraft treten sollten.

Doch das war alles noch Zukunft. Gegen Ende der fünfziger Jahre konnten sich Nepote und Marcel Sicot, dem Titel nach sein Vorgesetzter (der 1956 für eine zweite Amtsperiode wiedergewählt wurde), zum bisher Erreichten gratulieren. Nun freuten sie sich auf die erste Generalversammlung, die außerhalb Europas stattfinden sollte: in Lahore, Pakistan. Sie war für September 1959 angesetzt. Alle Vorzeichen standen günstig für einen neuen und bedeutenden Meilenstein in der Entwicklung der Organisation. Doch es kam anders: Sie mußte statt dessen ihre schwerste Krise seit Hoovers Abgang im Dezember 1950 verkraften.

Richard Jackson, damals britisches Mitglied des Exekutivkomitees, gibt die Geschichte in seinen Memoiren in seiner gewohnt freimütigen Art zum besten: »Kurz vor dem Konferenztermin wurden wir plötzlich darüber informiert, daß sich das moslemische Gastgeberland Pakistan nicht nur weigerte, eine Delegation aus

Israel einzuladen – man lehnte es sogar ab, Visa für die Israelis auszustellen, selbst wenn diese vom Generalsekretär eingeladen würden.

Besorgt trat das Exekutivkomitee eilends zusammen und faßte den Beschluß, über den Generalsekretär das Gastgeberland davon in Kenntnis zu setzen, daß die Versammlung nicht in Pakistan stattfinden könne, falls israelische Delegierte abgewiesen würden. Sie wurden – und das Treffen fand nicht statt. Die ursprüngliche Konferenz wurde abgesagt und statt dessen im Dezember 1959 eine außerordentliche Tagung der Generalversammlung in Paris abgehalten.«

Bei dem Treffen in Paris zeigte Marcel Sicot Zivilcourage. Er sagte: »Aus dieser Affäre müssen wir Lehren ziehen und Wiederholungen solcher Vorkommnisse künftig vermeiden. Es muß lediglich dafür gesorgt werden, daß jede Delegation, die eine Einladung ausspricht, sich im Namen ihrer Regierung feierlich verpflichtet, alle Delegierten aus jedem Land, das Mitglied der Organisation ist, ohne Ausnahme oder Vorbehalt zu akzeptieren.« Es mußte nicht einmal darüber abgestimmt werden. Die *Internationale Kriminalpolizeiliche Rundschau* kommentierte: »Der Vorfall wurde damit als abgeschlossen betrachtet, und die Generalversammlung ging zum nächsten Punkt auf der Tagesordnung über.«

Dieses eine Mal hatte die Organisation Stärke bewiesen, und das zahlte sich aus. Während der zwei aufeinanderfolgenden arabisch-israelischen Kriege entsandten beide Seiten weiterhin Delegierte zu den Generalversammlungen; warum sollten arabische und israelische Polizeibeamte auch nicht zusammenarbeiten? Die Gesetzesbrecher in diesen Ländern taten es doch auch seit einiger Zeit schon: Vier Jahre zuvor hatte das Generalsekretariat anläßlich der Istanbuler Generalversammlung berichtet, daß gemischte Banden von israelischen und arabischen Drogenhändlern Rohopium über Israel nach Ägypten einschleusten.

Ebenso entsandten der Iran und der Irak ständig Delegationen zu den Generalversammlungen, auch wenn sich ihre Soldaten im Krieg von 1981 bis 1989 Gefechte von unvorstellbarer Grausamkeit lieferten.

Diese Einstellung war zweifellos das Vernünftigste überhaupt. Eine internationale Organisation muß über einzelne Streitigkeiten zwischen ihren Mitgliedern und den Verdacht von Voreingenommenheit oder Ressentiments gegenüber irgendeiner Nation erhaben sein. Auf der Generalversammlung 1990 in Ottawa wurde ich Zeuge, wie der libysche Delegationsleiter zum Podium des Generalsekretariats hinaufschrie, man habe sein NZB bei einem Fall mit angeblicher Beteiligung libyscher Terroristen nicht konsultiert, und Generalsekretär Raymond Kendall daraufhin den Vorwurf mit ruhiger Stimme zurückwies, ohne auch nur ein bißchen lauter zu werden.

Einige Monate darauf, als ich mich gerade in der Cafeteria des Lyoner Hauptquartiers zum Lunch anstellte, durfte ich einem liebenswürdigen, englisch sprechenden Polizeibeamten aus dem Iran, der einen NZB-Ausbildungskurs besuchte, erklären, warum Margret Thatcher, die britische Regierungschefin, plötzlich ihre Macht verloren hatte. Man hätte nicht einen Moment lang geglaubt, daß wir aus verschiedenen Kulturkreisen stammten oder daß sich unsere Länder jahrelang gewaltsam und erbittert beharkt hatten.

Polizisten dürfen wie alle Menschen eigene politische Ansichten haben; auf internationalem Parkett müssen sie diese jedoch unbedingt für sich behalten.

Kaum hatte Marcel Sicot auf der Pariser Tagung im Dezember 1959 die Sache mit Lahore vom Tisch, als Jorge A. de Castroverde, der Leiter des kubanischen NZB, sich erhob und mitten in den dahinplätschernden Diskussionen eine Bombe platzen ließ. Im Januar desselben Jahres war der skrupellose rechtsgerichtete kubanische Diktator Fulgencio Batista von Fidel Castro gestürzt worden. Batista selbst konnte in der Dominikanischen Republik Zuflucht finden, aber mehrere seiner hohen Polizisten waren in die Vereinigten Staaten geflohen. »Diese Polizisten«, berichtete de Castroverde den Delegierten, »haben Verbrechen begangen, die in der Tat gegen das normale Strafrecht verstoßen. Sieben Jahre lang hat sich die Polizei in meinem Land über ihre Rechte und Pflichten hinweggesetzt. Ja, diese Leute, die sich als Polizisten ausgeben, sind in Wirklichkeit Diebe und Kriminelle. Sie haben zwanzigtausend Menschen getötet. Sie [...] haben gegen das allgemeine Strafrecht verstoßen und verdienen eine gerechte Strafe; man sollte sie nach Kuba zurückholen und ihnen dort den Prozeß machen.«

Aber Generalsekretär Sicot hatte es abgelehnt, zwecks ihrer Verhaftung mit anschließender Überstellung internationale Ausschreibungen ausstellen zu lassen – und damit, wie der verärgerte

Kubaner sagte, »Verbrecher geschützt, indem er sie zu politischen Flüchtlingen erklärte«.

Er wollte daher eine Resolution vorschlagen, die »Gewalt und unmenschliche Methoden, begangen von Polizeibeamten, verurteilt und nach einer sofortigen Anzeige bei den zuständigen Zivilgerichten auf eine Bestrafung dringt«. Es kam nicht einmal zu einer Abstimmung in dieser Sache. Marcel Sicot warnte, »es würde für die Organisation eine schwerwiegende Gefahr bedeuten«, und Richard Jackson ergänzte: »Wenn ein Land unter einem neuen politischen Regime darum nachsucht, das frühere Verhalten seiner eigenen Polizei von anderen Ländern überprüfen zu lassen, heißt dies im allgemeinen, daß der Bitte ein politisches Motiv zugrunde liegt.« Andere Abgeordnete vertraten eine ähnliche Linie, nur Haiti und Venezuela befürworteten die kubanische Resolution.

Der Antrag wurde mit überzeugender Mehrheit von vierzig zu zwei Stimmen abgelehnt. Seit jenem Tag haben die Kubaner keine Beiträge mehr an Interpol bezahlt und die Teilnahme an sämtlichen Veranstaltungen verweigert. Doch was erwarteten sie? In früheren Jahren waren genau dieselben Polizisten des Batista-Regimes – oder ihre engen Kollegen oder Komplizen – Delegierte bei Generalversammlungen und wurden vom Vorsitzenden, wie es auch heute noch der Fall ist, mit pedantischer Höflichkeit als »der ehrenwerte Delegierte« angeredet. Rainer Schmidt-Nothen, der frühere Leiter des deutschen NZB, drückte es folgendermaßen aus: »Die Organisation wollte nie in Polizeioperationen gegen Leute mit hineingezogen werden, die einmal an der Macht waren und anschließend der Rache ihrer Nachfolger ausgesetzt sind. Einige wissen nie, wann vielleicht die Reihe an ihnen ist!«

Unsere Welt ist nicht vollkommen, und wie auch der entschiedenste Fürsprecher der Vereinten Nationen zugeben muß, sind selbst der Effektivität der mächtigsten internationalen Institutionen Grenzen auferlegt. Das bedeutet nicht, daß bei Interpol Leute am Ruder sind, die Diktaturen oder Länder mit repressiven Regimes befürworten. Das ist Unsinn. Es gibt zwangsläufig eine Grenze bei dem, was dieser Polizeiverein (und genau das ist er im wesentlichen bis heute geblieben) tun kann. Interpols Aufgabe ist es nicht und war es auch nie, die bestehende Ordnung zu ändern: Ihre Rolle besteht darin, im Rahmen dieser Ordnung zu arbeiten.

Im weltüberdrüssigen Zynismus von Sir Richard Jacksons 1967

veröffentlichten Memoiren dringt dennoch eine Menge Lob durch: »Wenn Polizisten manchmal meinen, andere Polizeieinheiten seien weniger kooperativ, als sie es sein könnten, ist diese Beschwerde selten und harmlos, verglichen mit der nahezu universellen Annahme, die Regierungen ließen sie im Stich. Viele Resolutionen der Generalversammlungen liefen auf eine Entscheidung hinaus, daß auf Regierungen Druck ausgeübt werden sollte, um irgendein Ziel zu erreichen, das für Polizisten wünschenswert erscheint – etwa die Zwangseinweisung von Drogensüchtigen in Krankenhäuser.

Doch es war die Schlange des politischen Geschehens, die sich überaus hartnäckig hineinzuwinden versuchte und die es ebenso rigoros zu vertreiben galt.«

Als die damalige Kommission eine Generalversammlung in einem faschistischen Staat abhielt, wie Portugal es 1951 war, lobte der ehemalige Kriegskollaborateur Louwage als Präsident in überschwenglichen Tönen die »grandiose« Arbeit des Gastgebers Agostinho Lourenço, Diktator Salazars »Leiter der Internen Staatssicherheit« – derselbe Lourenço, der 1943 dem Nazi-Kriegsverbrecher und Interpol-Präsidenten Ernst Kaltenbrunner in einem schleimigen Telegramm seinen Dank für die Beileidsbezeigungen zum Tode seiner Frau ausgesprochen hatte.[33] Als zehn Jahre später anläßlich der Generalversammlung in Madrid Spaniens Innenminister in seiner Begrüßungsansprache *seinen* Diktator Franco untertänig über den grünen Klee lobte, begnügte sich der damalige Präsident Sir Richard Jackson damit, ihm für seine Worte zu danken und erinnerte die Delegierten daran, daß ihre Satzung »jede Diskussion über politische, militärische, religiöse oder rassische Probleme« verbot.

Man mag der angelsächsischen Contenance in Jacksons Haltung den Vorzug geben, doch war es wirklich nur eine Stilfrage. Beide Präsidenten vollführten den gleichen Drahtseilakt auf ihre ganz persönliche Weise.

Unterdessen fuhr Nepote, der erst 1963 mit Sicots Abtreten formal Generalsekretär werden sollte, unbeirrt mit seiner eigentlichen Lebensaufgabe fort, Interpol zu einer stabilen internationalen Organisation auszubauen. Wie 1959 begann man im Pariser Hauptquartier internationale Symposien abzuhalten, die dem Austausch vertraulicher Arbeitsinformationen über spezielle Themen wie Drogen, organisiertes Verbrechen, Gerichtswissenschaft und internationaler Betrug dienten. Sie dauerten drei bis vier Tage und wurden von vierzig bis hundertzwanzig Polizisten besucht. Solche Zusammenkünfte finden auch heute noch statt, doch inzwischen werden sie durch Arbeitsgemeinschaften von rund zwanzig Polizisten ergänzt, die sich nicht mit generellen Themen von allgemeinem Interesse befassen, sondern Sonder- und Problemfälle erörtern; und dies ist vom praktischen Alltagsstandpunkt aus betrachtet sogar nutzbringender.

Im März 1962 wurde eine weitere von Nepotes brillanten, innovativen Ideen verwirklicht: In der liberianischen Hauptstadt Monrovia traf man sich zur ersten Regionalkonferenz. Damit wurde den Mitgliedsstaaten aus der dritten Welt zum erstenmal wirklich bestätigt, daß Interpol nicht mehr ausschließlich für Westeuropa oder die sogenannten Großmächte zur Verfügung stand.

Dies ist auch heute noch ein wichtiges Anliegen. »In der Förderung und Unterstützung der stetig zunehmenden Regionalisierung von Interpol sehen wir eine der Hauptaufgaben für die neunziger Jahre«, sagte mir Ivan Barbot, der vorletzte Präsident, im Juni 1991 in Paris.

Doch es galt auch grundlegendere Schwierigkeiten zu meistern. Erinnern Sie sich an die beiden letzten Punkte in Nepotes ehrgeizigem Vierpunkteplan von 1951: daß Interpol Baugrund erwerben und ihr eigenes Hauptquartier bauen sollte? Anfang der sechziger Jahre war es schließlich soweit.

Auf seine dringlichen Bitten hin strapazierte die Organisation im Juli 1962 ihre eiserne Reserve bis zum äußersten und kaufte ein Grundstück auf einem Hügel in Saint-Cloud westlich von Paris. Der Vorort bot einen großartigen Blick über die Hauptstadt und war leicht mit dem Zug, der Metro oder dem Auto zu erreichen. Im Juli 1963 gewährte die französische Regierung ein Baudarlehen über vier Millionen Francs auf zwanzig Jahre zum äußerst günstigen Zinssatz von 5,25 Prozent. Im Juli 1966 zog die Organisation in ihr erstes maßgeschneidertes Hauptquartier um – ein modernes, siebenstöckiges Gebäude in der rue Armengaud 26 –, und am 25. Mai 1967 erfolgte in Anwesenheit von achtundvierzig Botschaftern und zwanzig anderen Vertretern von Mitgliedsstaaten die feierliche Einweihung durch den französischen Innenminister.

Es war natürlich ein großer Tag für Jean Nepote, doch bis dahin mußte er sich mit einem anderen organisatorischen Problem herumschlagen. Neben seinen Verhandlungen wegen des Baudarlehens der französischen Regierung hatte er klugerweise beim französischen Finanzministerium die gleichen Befreiungen von bestimmten Steuern beantragt, wie sie anderen öffentlichen Organisationen zugebilligt wurden – und erhielt bloß die ziemlich niederschmetternde Antwort, Interpol habe keinen formalen rechtlichen Status. Über all die Jahre hatte die Organisation Personal eingestellt und entlassen, Bank- und Postkonten geführt, Miete bezahlt, Versicherungen überweisen lassen und Kredite ausgehandelt – und dabei die Tatsache völlig übersehen, daß, wie es in einem taktvollen Brief des Ministeriums vom 16. Juli 1963 heißt, »[die Organisation] unter diesen Umständen und ohne irgendwelche Voreingenommenheit gegenüber den von Interpol ausgehandelten Verträgen keinen rechtlichen Status in Frankreich besitzt«.

Die »Schwierigkeiten« wegen der Steuerbefreiung auf das Baudarlehen wurden aus dem Weg geräumt, aber nun hatte sich Nepote ein neues Ziel gesteckt: seiner Organisation eine rechtliche Identität zu verschaffen. Sechs Jahre schwieriger, aber hartnäckiger Verhandlungen waren notwendig, bis endlich im Mai 1972 ein Abkommen mit der französischen Regierung zustande kam, mit dem nicht nur dieses Ziel erreicht wurde, sondern das der Organisation auch gewisse Steuerbefreiungen und andere Sonderrechte und Privilegien einräumte, die Interpols Gebäude, Archiv und Korrespondenz unter gesetzlichen Schutz stellten.

Nachdem Nepote im Jahr zuvor eine Zeitlang in De-Gaulle-Manier darauf bestanden hatte, man möge ihm bei Tagungen der UN-Drogenkommission einen Platz bei Delegierten von zwischenstaatlichen Organisationen zuweisen anstatt bei Delegierten von nichtstaatlichen Organisationen mit lediglich beratender Funktion, bekam Interpol von den Vereinten Nationen den umfassenden rechtlichen Status einer internationalen zwischenstaatlichen Organisation bewilligt.

Nun mußte nur noch der eigene Name gerichtlich abgesichert werden, was Interpol vor Erlangung des vollen internationalen Rechtsstatus verwehrt blieb. In den fünfziger und sechziger Jahren hatte sich die Organisation in mindestens zwei Fernsehserien und mehreren Büchern wiedergefunden, die alle das Wort »Interpol« in ihrem Titel benutzten, vor hanebüchenen Gangsterdialogen nur so strotzten und in denen »Ein Mann von Interpol« als furchtloser internationaler Kriminalist dargestellt wurde, der mit der Knarre in der Hand durch die Weltgeschichte reist, um Missetäter festzunehmen. Es handelte sich in diesen fiktiven Stories stets um grobe Übertreibungen der Wirklichkeit, doch bis zu ihrer vollen rechtlichen Anerkennung auf internationaler Ebene konnte die Organisation nicht verhindern, daß ein falsches Bild über sie in Umlauf kam.

Sobald jedoch sozusagen ihre Geburtsurkunde von den Vereinten Nationen ausgestellt war, konnte Nepote die umständliche, in der Pariser Konvention zum Schutz von industriellem Eigentum festgelegte Prozedur in Gang setzen. Diese ermöglicht es, den Namen einer internationalen überstaatlichen Organisation mitsamt deren Initialen, Emblem und Flagge bei der World Intellectual Property Organisation registrieren und damit weltweit vor unbefugter Benutzung gesetzlich schützen zu lassen.

Es war ein langer Weg, doch schließlich wurden 1980 Name und Insignien von »Interpol« bei der WIPO eingetragen und dadurch vor künftigem Mißbrauch per Gesetz geschützt. Ohne die Erlaubnis des jetzigen Generalsekretärs Raymond Kendall hätte ich dieses Wort also nicht als Titel für mein Buch verwenden können.

Doch wir greifen den Ereignissen zu weit voraus. Damals, in den sechziger Jahren, wuchs und expandierte Interpol munter weiter. Frankreich trug noch immer den Löwenanteil der finanziellen Belastung, doch zum erstenmal entsandten einige Mitgliedsländer wie Großbritannien und die Bundesrepublik Deutschland (jedoch noch nicht die Vereinigten Staaten) ein paar ihrer eigenen Polizeibeamten für eine zwei- oder dreijährige Tätigkeit in das Generalsekretariat – bei voller Gehaltsfortzahlung, was sich Interpol nie hätte leisten können.

Die Organisation legte bei den Generalversammlungen stellenweise noch immer eine bemerkenswerte Naivität an den Tag, so etwa im Falle einer im Juni 1965 in Rio de Janeiro verabschiedeten Resolution zur Prostitution, die eine »Empfehlung« beinhaltete, daß »Anstrengungen unternommen werden sollen, Jugendliche zu erziehen, damit sie den Fallstricken der Prostitution entgehen«. Oder der Wortlaut einer Achtpunkte-»Empfehlung« in einer Resolution über Drogen auf der Konferenz in Locarno im September des folgenden Jahres, in der es unter anderem hieß:

»Jeder unerlaubte Anbau von Schlafmohn, Koka und Cannabis

soll entdeckt und die Ernte vernichtet werden; Geheimlabors sollen entdeckt und zerstört werden; [und] bestehende Gesetze gegen Drogenhändler sollen noch strenger angewandt werden.«

Außerdem ließ sich die von Anbeginn vorhandene politische Heuchelei nie völlig ausschließen – wie etwa damals im Oktober 1968, als Amir Abbas Howaida, der damalige iranische Ministerpräsident, die Delegierten in Teheran mit den Worten willkommen hieß: »Ihre gesamten Bemühungen, die auf die Vorbeugung und Bekämpfung von Verbrechen auf internationaler Ebene abzielen, stellen lediglich eine Seite der Medaille dar. Wie sich Seine Kaiserliche Majestät der Schah kürzlich vernehmen ließ, sind die wahren Feinde der Menschheit Krankheit, Unwissenheit, Hunger und soziale Ungerechtigkeit, und Verbrechen werden nur begangen, wo Armut oder Gesetzlosigkeit herrschen. Solche Übel müssen wir bekämpfen.« Dieses pompöse Blabla kam ausgerechnet aus dem Mund eines Mannes, der einer der höchsten Repräsentanten eines der wirtschaftlich ungerechtesten und tyrannischsten Regimes der Welt war und dessen Geheimpolizei Hitlers Gestapo an barbarischer Grausamkeit in nichts nachstand.

Aber die Organisation erwies sich trotz alledem als wertvolle Hilfe für die Polizeikräfte der Welt. 1971 etwa kooperierte das Wiesbadener NZB über das Interpol-Netz mit 98 Ländern, das NZB Tokio mit 55 und das von Delhi mit 37. An das Generalsekretariat geschickte statistische Daten für dieses Jahr zeigten, daß in 19 Ländern 994 Festnahmen auf Betreiben anderer NZB erfolgten und daß diese 19 Länder – hauptsächlich in Westeuropa – 87 981 Einzelinformationen an andere NZB übermittelten und 66 608 erhielten.

1972 ging im Hauptquartier Saint-Cloud die bis dato höchste Anzahl an Telegrammen, Fernschreiben und anderen Mitteilungen ein: Insgesamt 178 431 Nachrichten tickerten über Interpols fünfzig Funkstationen in aller Welt. Doch die meisten waren gemorst und keine Fernschreiben. Drei Jahre später erklärte man mir bei meinem ersten Besuch in Saint-Cloud: »Sie können eine Nachricht mit der Morsetaste in die Atmosphäre funken, und es kostet Sie nichts, aber ein Telex ist teuer!« Der Druck, von der französischen Regierung dermaßen finanziell abhängig zu sein, begann sich auszuwirken, doch die übrigen Polizeiverbände der Organisation gaben sich allgemein mit ihrer Statistenrolle zufrieden und ließen Frankreich auch weiterhin den Ruhm einheimsen.

Doch genau zu dieser Zeit präsentierte Nepote einen kühnen Plan, der nach Regelung der Finanzen und dem Einverständnis der Mitgliedsstaaten zu intensiverer Kooperation der internationalen Polizeiarbeit den Weg in eine neue und aufregende Zukunft weisen würde. Am 1. Januar 1972 hatte in Saint-Cloud eine neue Spezies von Polizisten Premiere: der Interpol-Verbindungsoffizier.

Endlich stand der Organisation ein Mittel zur Verfügung, mit dem sie ein bißchen ihr hausbackenes »Mann-von-Interpol«-Bild aufpolieren konnte. Um ehrlich zu sein, sie hat hierbei auch zwanzig Jahre danach keine allzu großen Fortschritte erzielt. Nichtsdestotrotz saßen diese Männer nicht mehr die ganze Zeit hinter ihrem Schreibtisch im Hauptquartier, sondern bereisten die weite Welt und arbeiteten mit anderen Polizeiorganen zusammen: indem sie koordinierten, halfen und Kontakte für Ermittlungen vorschlugen.

Zuerst waren es nur drei (inzwischen sind es immer noch weniger als zwanzig), und damals wie heute konzentrieren sie sich ausschließlich auf den Drogensektor; aber ihr Arbeitsplatz war und ist die Straße. Bis heute sind sie nicht befugt, Verhaftungen vorzunehmen – doch im Laufe der Jahre sind sie schon oft bei Festnahmen dabeigewesen.

Bei meinem ersten Besuch in der Zentrale im Frühjahr 1975 sagte mir Jean Nepote: »Es ist immerhin ein Anfang. Es ist, da bin ich überzeugt, eine unserer wichtigsten Entwicklungsmöglichkeiten. Das ist die Zukunft, eines unserer Projekte der Zukunft!« Doch ich erinnere mich auch an die Worte eines hohen Kriminalbeamten von Scotland Yard im Sommer 1972: »Sollten sich die Franzosen zurückziehen, dann würde die ganze Organisation zusammenbrechen.«

Das war zweifellos schmeichelhaft für die französische Regierung, konnte jedoch kaum im Interesse der Organisation selbst liegen.

11. Kapitel
Und die Verbrecher? (1947 bis 1972)

Soviel zur Politik und Administration von Interpol in diesen fünfundzwanzig Jahren. Doch worin lag der Zweck dieser langen Plakkerei? Abgesehen vom Positionsgerangel, den taktischen Manövern hinter den Kulissen und der wirklich enormen Verbesserung ihrer Dienstleistungen – was *tat* die Organisation wirklich während jener zweieinhalb Jahrzehnte im Hinblick auf ihre eigentliche Aufgabe: die Bekämpfung des internationalen Verbrechens?

Die Statistiken sprechen für sich. 1947 behandelte die IKPK (mit 24 Mitgliedern) 280 Fälle und erließ 67 rote, blaue und grüne Fahndungsausschreibungen (siehe Seite 117f.). 1972 bearbeitete die IKPO (mit nunmehr 116 Mitgliedern) 22 733 Fälle, schickte 571 neue Ausschreibungen in alle Welt, ließ 1177 Personen kraft internationaler Haftbefehle festnehmen, befaßte sich mit einem schwindelerregenden Plus von Fällen internationalen Rauschgifthandels von 304 Prozent gegenüber 1970 und informierte über weltweite Sicherstellung von US-Dollar-Blüten (die damals wie heute meistgefälschte Währung) im Nennwert von insgesamt 34 429 773 Dollar – eine bemerkenswert hohe Erfolgsquote von 86,2 Prozent –, bevor das Falschgeld in Umlauf gebracht werden konnte.

Was die Art von Verbrechen, die im Laufe jenes Vierteljahrhunderts begangen wurden, und den hierin verwickelten Verbrechertyp – von der enormen Zunahme bei internationalen Drogenverstößen während der letzten beiden Jahre einmal abgesehen – betrifft, so war alles (mit Ausnahme gegen Ende dieser Periode) sehr viel »persönlicher« als beim anonymen, mehr syndikatmäßig organisierten Verbrechens- und Verbrechertypus, der seitdem das Geschehen bestimmt. Harry Soderman schreibt hierzu in seinen Memoiren, daß in den ersten Nachkriegsjahren »viele der alten, vertrauten Gestalten aus den Zeiten vor dem Krieg wieder auftauchten und, durch ihre Kriegserlebnisse offenbar weder geschädigt noch geschickter geworden, ihre altbekannten Tricks auspackten. Bloß hatten sie mittlerweile graumelierte Schläfen, so daß man sie anhand ihrer Vorkriegsfotos in den alten, restaurierten Akten nur schwer wiedererkennen konnte.«

Bald schon erschienen neue »Tricks« und neue Gesichter auf der Bildfläche, doch noch lange Zeit behielt vieles im internationalen Verbrechen einen fast »zeitgeschichtlichen« Charme, wie die folgenden Fälle bezeugen, die ich aus persönlichen Erinnerungen und Interpols eigenen amtlichen Unterlagen, insbesondere den jährlichen »Fortschrittsberichten«, die vor den Generalversammlungen verlesen wurden, hervorgekramt habe. Letztere sind wörtlich wiedergegeben, damit ihr charakteristischer Polizeijargon erhalten bleibt:

Verbrechen in den vierziger Jahren

Ein Fall von wahrer Identität

Im Januar 1949 fand die Londoner Metropolitan Police in einem Londoner Bahnhof einen Koffer mit doppeltem Boden, in dem 8000 falsche Banknoten zu 1 Pfund versteckt waren. Die Inaugenscheinnahme ergab, daß ihn ein Mann namens H... felder von Paris aus abgeschickt hatte. Gemeinsam mit der Pariser und der Londoner Polizei stellte das Internationale Büro [der damals noch gebräuchliche Vorkriegsname des Generalsekretariats] fest, daß es sich beim Absender des Koffers in Wirklichkeit um einen gewissen H... berger handelte, einen in Deutschland, Ungarn und der Schweiz bereits einschlägig vorbestraften Gewohnheitsdieb und Betrüger. Er wurde erneut in Paris festgenommen, da er einen gefälschten Paß bei sich trug, und aufgrund eines Auslieferungsantrags den Schweizer Behörden übergeben.

Der Drogenhändler mit den vielen Aliasnamen

Im September 1949 verhaftete die kanadische Polizei in Montreal wegen Drogenhandels in großem Stil einen Mann namens Michael S., gebürtig aus British Columbia. Man übersandte dem Internationalen Büro seine Fingerabdrücke sowie einige Einzelheiten aus einem Notizbuch, das dem Beschuldigten gehörte. Von dem Fall in Kenntnis gesetzt, ermittelte die Polizei von Marokko, daß es sich in Wirklichkeit um den in Frankreich und Algerien schon fünfmal verurteilten A. handelte. Früher benutzte er den falschen Namen Louis F., und das Internationale Büro fand heraus, daß er unter diesem Namen von der italienischen Polizei wegen Herstellung von Falschgeld in San Remo gesucht wurde.

Die Polizei- und Justizbehörden in Kanada, Marokko, Algerien, Italien und Frankreich sind von nun an über A. alias F. alias S. genau im Bilde.

Internationale Betrüger

Im Juli 1949 betrogen drei Personen namens C., B. und Cl. einen Juwelier in Lissabon um 25 000 Dollar. Das Internationale Büro wurde von der portugiesischen Polizei benachrichtigt und identifizierte die beiden letzteren als schon mehrmals vorbestrafte britische Staatsangehörige. Man spürte B. in der Schweiz und Cl. in Argentinien auf. C. wurde im folgenden Oktober in Tel Aviv unter dem Namen Ch. verhaftet; er ist mehrfach vorbestraft und wird auch in Argentinien gesucht. Es handelt sich bei allen dreien um hartgesottene internationale Gewohnheitstäter, die in Banden arbeiten. Sämtliche betroffenen Polizeidienststellen und Gerichte sind nun umfassend informiert.

Verbrechen in den fünfziger Jahren

»Prinz Wronski«

So lautet der klangvolle Name eines russischen Hochstaplers, Kunstdiebs und Malers, der sich als Sammler ausgibt und den Kurator der städtischen Kunstgalerie in einer kleinen Provinzstadt in Südfrankreich überredete, nach Belieben kommen und gehen zu dürfen – bis er in einem unbeobachteten Moment das einzige im Besitz der Galerie befindliche Goya-Gemälde aus dem Rahmen herausschnitt. Einige Wochen danach wurde ein »Graf Ludenbeck« bei einem Antiquitätengeschäft in Venedig vorstellig, dessen Wissen über Kunst so groß war, daß er und der Besitzer rasch Freundschaft schlossen. Eines Tages äußerte er gewisse Zweifel hinsichtlich zweier Neuerwerbungen des Ladeninhabers, eines Guardis und eines Manets – ob er von der Echtheit der beiden Werke auch wirklich überzeugt sei. Er bot sich an, sie einem Freund, einem weltbekannten Experten, auf dessen Echtheitszertifikate sich die großen Kunstgalerien verließen, zu zeigen. Der etwas gutgläubige Besitzer willigte ein, und nach ein paar Tagen kam sein neuer Freund mit der betrüblichen Nachricht zurück, daß es sich nur um gutgemachte Fäl-

schungen handle. Er sah ihn nie wieder, und erst, als er die Bilder einer gründlichen Betrachtung unterzog, merkte er, daß es nicht dieselben waren, die der »Graf« mitgenommen hatte. Diese beiden Vorfälle wurden dem Interpol-Hauptquartier vom französischen und vom italienischen NZB gemeldet, und man fand heraus, daß »der Prinz« und »der Graf« mehrere Dinge gemein hatten: Beide behaupteten, wegen der sowjetischen Unterdrückung aus Weißrußland emigriert zu sein, beide bereisten Europa in Begleitung einer betagten Mutter – und beide hatten eine starke Ähnlichkeit mit einem Mann, welcher der französischen Polizei schon fünfzehn Jahre zuvor aufgefallen war. Auch dieser hatte angegeben, vor den Revolutionswirren in Rußland geflohen zu sein, und versucht, einige Bilder zu verkaufen, die er aus dem Palast seines Vaters gerettet haben wollte, jedoch in Wirklichkeit Diebesgut aus Pariser Privatsammlungen darstellten.

Bei dieser Gelegenheit konnte er nicht gefaßt werden, doch jetzt schickte man eine Fahndungsausschreibung (»Blauecke«) mit der Bitte um weitere Angaben über ihn an alle europäischen NZB heraus, und es war tatsächlich ein- und derselbe Mann, der unter nicht weniger als dreiunddreißig Decknamen auf dem gesamten Kontinent Bilder zu stehlen oder abzusetzen versucht hatte, der in Hotels häufig die Zeche prellte – und der sich stets in Begleitung seiner alten Mutter befand. Jetzt erging eine rote internationale Fahndungsausschreibung, und kurze Zeit später wurde der Gesuchte in der Schweiz verhaftet, nach Frankreich überstellt und dort zu zehn Jahren Gefängnis verurteilt. Die Geschichte erwähnt nicht, was mit seiner alten Mutter geschah, die so plötzlich allein ihr Dasein fristen mußte.

Der Flüchtling aus religiösen Motiven

Ein begabter Linguist, der sich als religiös Verfolgter von jenseits des Eisernen Vorhangs ausgab, lebte jahrelang von der Barmherzigkeit verschiedener Einrichtungen der römisch-katholischen Kirche, indem er einen gefälschten Empfehlungsbrief in fehlerfreiem Kirchenlatein vorlegte, der angeblich vom Abt eines Benediktinerklosters in Ungarn stammte. Stets behauptete er dabei, daß er in Australien einen Posten als Schullehrer anstrebe, sobald er das Geld für die Überfahrt beisammen habe. Er muß diese Summe vielfach aufgebracht haben, bevor ihn Interpol schließlich in Algier dingfest machen konnte. Eine blaue Ausschreibung erbrachte zwar nichts von den Ungarn, doch das tschechische NZB berichtete, daß man ihn von Vorkriegszeiten noch in bester Erinnerung habe. Damals hatte er sich darauf spezialisiert, sich als Sproß aus altem Adel durchzuschlagen, war aber in der eher klassenlosen Gesellschaft der Nachkriegsjahre dazu übergegangen, als falscher Heiliger die Großzügigkeit der Kirche auszunutzen.

Ein Mantel zuviel

Anfang der fünfziger Jahre machte sich ein gutaussehender junger Gigolo ein feines Leben, indem er in mindestens fünf Ländern Europas reiche ältere Damen schröpfte. Es gelang ihm stets, der Verhaftung zu entgehen. Nebenbei wandte er noch einen anderen miesen Trick an, um zu Geld zu kommen. Nachdem er allein in einem teuren Restaurant gespeist und die Rechnung bezahlt hatte, behauptete er einige Male, jemand habe seinen Mantel von der Garderobe gestohlen. Um Aufsehen zu vermeiden, erbot sich dann in der Regel der Geschäftsführer, ihm einen neuen zu bezahlen. Doch eines Abends in einem Restaurant auf den Champs-Élysées in Paris zog diese Masche nicht mehr: Der Manager rückte zwar das Geld heraus, aber irgend etwas erregte sein Mißtrauen, und er informierte die Pariser Polizei über den Vorfall.

Über das französische NZB lief eine blaue Fahndungsausschreibung, und die Resonanz war verblüffend: Dieser Mann wurde in Madrid gesucht (wo er einer Schauspielerin 150 000 Pesetas abgegaunert hatte), in Italien (wo er eine Dame in Venedig um 95 000 belgische Francs betrogen hatte) – und er hatte neun Vorstrafen wegen Betrugs in seiner tschechoslowakischen Heimat. Dieser eine kostenlose Mantel zuviel brachte ihn für sehr lange Zeit hinter Gitter.

1953 kam die türkische Polizei Gangstern auf die Spur, die irgendwo in den Bergen um Uşak in einem illegalen Labor Rohopium zuerst zu Morphium und anschließend zu Heroin verarbeiteten. Ein verdeckter Ermittler von der amerikanischen Drogenbehörde, der sich als Einkäufer eines amerikanischen Syndikats ausgab, nahm in Istanbul mit dem Bandenchef Kontakt auf und erklärte sich bereit, viertausend Pfund [eine Menge Geld zu jener Zeit] für dreißig Kilo Morphinbasis zu bezahlen – doch er bestand darauf, die Ware an Ort und Stelle in Empfang zu nehmen.

Die örtliche Polizei stellte ihm einen Wagen und einen Beamten in Zivil als Fahrer zur Verfügung. Zusammen fuhren sie von Uşak los und nahmen unterwegs zwei Mitglieder der Bande als Führer mit. Hoch droben in den Bergen hielt der Wagen neben einer Straße, die zu einem großen weißen Gebäude führte, einer ehemaligen Schule. Hier wurde das Rauschgift hergestellt. Während die zwei Männer im Auto warteten, gingen die beiden Bandenmitglieder hinein und kamen zusammen mit einem großen Koffer und mehreren bewaffneten Männern zurück. Den Koffer, sagten sie, würden sie nur gegen das Geld aushändigen, während die anderen Gangster die beiden Polizisten drohend umringten.

Der Amerikaner geriet nicht in Panik. Er verlangte, zuerst die Ware zu prüfen. Der Mann mit dem Koffer stieg zu ihm ins Auto. Der Beamte inspizierte den Inhalt und meinte, der Stoff sei hervorragend, jedoch werde er das Geld nur dem Anführer der Bande im Inneren des Hauses übergeben. Sein Fahrer ließ den Motor an. Statt jedoch zur einstigen Schule hinaufzufahren, wendete er abrupt und raste den Berg hinunter – und der Kofferbesitzer starrte in den Lauf des geladenen Revolvers des amerikanischen Detektivs.

Es folgte eine filmreife Verfolgungsszene: Die bewaffneten Gangster sprangen in einen Wagen und rasten wild feuernd hinter dem Polizeiauto her, das über Haarnadelkurven talwärts jagte, zurück ins sichere Polizeihauptquartier von Uşak. Inzwischen war die Nacht hereingebrochen, und die Straßen waren dick vereist; man hatte sich indes entschlossen, sofort zum Gegenschlag auszuholen, bevor die Gangster mit ihrer Produk-

tion über alle Berge waren. Die Polizisten wurden von heftigen Gewehrsalven begrüßt, doch sie waren ebenfalls schwer bewaffnet, und es gelang ihnen, sich ins Gebäude vorzukämpfen. Bei dem Gefecht wurden einer der Gangster getötet und mehrere verletzt, aber der Kopf der Bande fiel lebend in die Hände der Polizei.

In dem ehemaligen Schulgebäude fand man ein vollständig ausgerüstetes Labor und eine große Menge Drogen von jedem Reinheitsgrad: Rohopium bis Heroin, vorbereitet für den US-Markt. Es war einer der ersten Coups einer amerikanischen Strafverfolgungsbehörde, bei dem sie über Interpol mit einer ausländischen Polizeieinheit kooperierte.

Die erfolgreiche »Grünecke«

Auf einem französischen Schiff wurde in Montreal ein französischer Seemann mit Heroin im Wert von zwanzigtausend Dollar festgenommen. Er hatte einen Zettel mit Namen und Telefonnummer eines Landsmanns bei sich, der in Montreal lebte und mit dem er angeblich locker befreundet war. Die kanadische Polizei hatte keine anderen Beweise gegen diesen Mann und mußte ihn daher laufen lassen. Als er aber wenig später Kanada für einen ausgedehnten Urlaub Richtung Karibik verließ, bat man mittels einer grünen Fahndungsausschreibung die dortige Polizei, den Mann zu observieren. Aufgrund eines glücklichen Zufalls wurde er in Havanna nach einer kleineren Schlägerei in einem Spielkasino festgenommen. Mittlerweile hatte die französische Polizei genügend Beweismaterial zusammengetragen, um erfolgreich seine Auslieferung nach Paris zu betreiben, wo er vor Gericht gestellt und wegen Drogenhandels zwischen Frankreich und Kanada zu einer Haftstrafe verurteilt wurde.

Ein grauenhafter Fall in England

John Donald Merrett hatte zwar drei Morde auf dem Gewissen, war aber nie deswegen vor Gericht gestellt worden. Im Februar 1927 konnte man ihm nicht nachweisen, seine Mutter erschossen zu haben (er behauptete, es sei Selbstmord gewesen). Dafür verurteilte man ihn zu einem Jahr Gefängnis, weil er ihre Schecks gefälscht hatte. Da er nicht des Mordes an seiner Mutter schuldig gesprochen wurde, gab es keine gesetzliche Handhabe, ihn daran zu hindern, sein Erbe in Höhe von fünfzigtausend Pfund anzutreten, die sie ihm testamentarisch vermacht hatte. Kurze Zeit nach seiner Entlassung aus der Haft änderte er seinen Namen in Ronald Chesney und heiratete die siebzehnjährige Vera Bonner. Während des Zweiten Weltkriegs diente er tapfer in der Freiwilligenreserve der königlichen Marine, doch dann tauchte er in der Schwarzmarktszene Nachkriegsdeutschlands unter.

Nachdem ihm 1954 das Geld ausgegangen war, beschloß er, seine schon lange von ihm getrennt lebende Ehefrau zu berauben, die damals mit ihrer Mutter, Lady Menzies, ein Altersheim im Londoner Vorort Ealing leitete. Im Februar kehrte er heimlich nach England zurück, machte seine Frau mit Gin betrunken und ertränkte sie im Bad. Weil ihre Mutter den Mord beobachtet hatte, mußte auch sie sterben. Merrett schlug sie trotz ihrer verzweifelten Gegenwehr nieder und erwürgte sie.

Nachdem Interpol weltweit über Funk die Fahndung nach ihm ausgelöst hatte, fand man dreizehnTage später seine Leiche in einem Wald bei Köln. Merrett hatte sich durch einen Schuß in den Mund getötet. Man trennte seine beiden Unterarme ab und brachte sie nach London, wo die von Lady Menzies verursachten Blutergüsse und Kratzwunden bei einer gerichtsmedizinischen Untersuchung zweifelsfrei ergaben, daß er sie und damit zwangsläufig auch ihre Tochter ermordet hatte. Die Arme sind heute noch, konserviert in einem Glasbehälter, im »Schwarzen Museum« von Scotland Yard zu sehen.

Der britische Mörder, der über Interpol stolperte

Wie Merrett hatte auch Brian Donald Hume Glück und kam beim ersten Mord ungeschoren davon. Im Oktober 1949 fand ein Erntehelfer in Essex in einem schlammigen Pfuhl ein mit Wasser vollgesogenes Paket. Dieses enthielt den kopflosen Torso des Schwarzmarkthändlers und Autohehlers Stanley Setty, der schon seit mehreren Tagen nicht mehr an seinen Stammplätzen in London gesehen worden war. Er hatte gerade erst über tausend Pfund in bar durch Autogeschäfte eingenommen. Die Polizei nahm Hume, einen ehemaligen Piloten der Königlich-Britischen Luftwaffe, Settys Freund und chronisch knapp bei Kasse,

fest, nachdem sie erfuhr, daß er ein Sportflugzeug gemietet hatte und mit zwei Paketen losgeflogen war.
Er gab an, die Pakete enthielten Teile einer Druckerpresse zur Herstellung von gefälschten Lebensmittelkarten, und des weiteren, drei Männer hätten ihn gezwungen, sie am Meer abzusetzen. Allerdings räumte er ein, eines der Pakete habe so merkwürdig gegluckert, als er es bewegte, und plötzlich fiel ihm ein, »daß da Settys Leiche drin sein könnte«. Er habe in den Zeitungen über den vermißten Mann gelesen.
Im Januar 1950 wurde ihm im Old Bailey, dem ehrwürdigen Gerichtshof Londons, der Prozeß wegen Mordes gemacht, jedoch sahen sich die ersten Geschworenen mangels Beweisen zu keinem Urteilsspruch imstande. Humes Anwälte reichten ein Bittgesuch bei der Staatsanwaltschaft ein, und als eine neue Jury vereidigt wurde, ließ die Staatsanwaltschaft die Anklage wegen Mordes fallen: Er wurde nur wegen Beihilfe zum Mord an Setty zu zwölf Jahren Haft verurteilt. Nach seiner vorzeitigen Entlassung 1958 verkaufte er prompt seine Mordgeschichte für zehntausend Pfund an eine Sonntagszeitung. Aber das hielt ihn nicht lange über Wasser. Innerhalb weniger Monate hatte er zwei Londoner Banken überfallen und dabei in einem Fall den Filialleiter angeschossen und verletzt.
Im Januar 1959 floh er in die Schweiz, weil er, wie er später bei der Schweizer Polizei aussagte, der Meinung war, daß die Schweiz als Nichtmitglied der Vereinten Nationen auch nicht Interpol angehöre. Das war ein teurer Irrtum. Wenige Wochen nach seiner Ankunft wurde er in Zürich verhaftet, weil er einen Taxifahrer erschossen hatte, der ihm nach einem Überfall auf eine örtliche Bank in die Quere gekommen war. Seinen Namen gab er mit John Stanislaw an. Aber die Polizei war mißtrauisch. Sie überprüfte seine Aussage über die Interpol-Zentrale in Paris, woraufhin anhand der Fingerabdrücke die wahre Identität Humes ermittelt werden konnte. Er wurde zu lebenslanger Haft verurteilt.
Nachdem er sechzehn Jahre in einem Schweizer Gefängnis abgesessen hatte, wurde er im August 1976 gerichtlich für geisteskrank erklärt und in Handschellen und Fußketten nach Großbritannien zurückbefördert. Man brachte ihn sogleich ins Hochsicherheitskrankenhaus von Broadmoor. Von dort wurde er schließlich zwölf Jahre später, inzwischen siebenundsechzig

und weißhaarig, in die Sicherheitsabteilung einer gewöhnlichen Heilanstalt überwiesen.

Verbrechen in den sechziger Jahren

Ein typischer Falschgeldfall

1610 gefälschte US-Banknoten zu zehn und zwanzig Dollar wurden im Januar 1965 in Athen beschlagnahmt. Sie befanden sich im Besitz von drei Österreichern und einem Libanesen. Einer dieser Österreicher, der Anführer der Bande, war in Bombay wegen Uhrenschmuggels zu drei Monaten Gefängnis verurteilt worden. Nach seiner Entlassung hatte er einen Schweizer Paß gestohlen und verändert, und als man ihn aufforderte, Indien zu verlassen, ging er nach Pakistan, wo er seine beiden Landsleute traf. Das Trio hatte dann mit Uhren, Waffen und (meisterhaft manipulierten) gestohlenen Reiseschecks gehandelt und sich ein feines Leben gemacht.

In Beirut trafen sie einen Libanesen, der sie mit einem in der Türkei lebenden Franzosen zusammenbrachte, und dieser Mann lieferte ihnen gefälschte US-Banknoten im Wert von über dreitausend Dollar. Diese brachten sie in Griechenland und der Türkei in Umlauf. Ein Ladenbesitzer in Athen, dem sie einige der Blüten andrehten, schöpfte jedoch Verdacht. Geistesgegenwärtig notierte er sich ihre Autonummer und informierte die griechische Polizei.

Einige Tage nach dieser Verhaftung spürte die türkische Polizei den französischen Lieferanten auf und beschlagnahmte bei ihm Blüten im Wert von fast fünfeinhalbtausend Dollar, die mit denen in Athen identisch waren.

Das nächste Glied in der Kette war ein weiterer Franzose, der sich im Marseiller Geldfälschermilieu einen Namen gemacht hatte. Er wurde festgenommen und gab im Verhör zu, die Scheine nach Istanbul geschickt und sich dort eines türkischen Mittelsmanns – der ebenfalls hinter Gitter wanderte – als Kuriers bedient zu haben. Die portugiesische Geliebte dieses Mannes hatte, wie sich herausstellte, eine Zeitlang mit einem französischen Verbrecher internationalen Formats zusammengelebt, der gleichermaßen als Einbrecher und Falschgeldverteiler Interpols Akten zierte. Sie hatte ihn nicht mehr gesehen, seit

er aus einem Hotel in Österreich, wo sie logierten, abgereist war – mitsamt ihrem Geld, für das sie von ihm mit drei falschen Zwanzigdollarscheinen entschädigt wurde.
Er war die eigentliche treibende Kraft hinter dieser internationalen Bande. Was aber geschah mit ihm? Der Fortschrittsbericht des Generalsekretariats für 1965, der auf der Generalversammlung von Locarno im September 1966 vorgelegt wurde und auf dem diese Geschichte basiert, verliert hierüber keine Silbe. Doch das ist typisch für so viele Interpol-Geschichten: Das Ende fehlt häufig. Das Generalsekretariat weiß einfach in vielen Fällen nicht, wie die Sache letztlich ausging, weil irgendein lokales NZB es nicht für nötig hielt, Paris und später Lyon zu informieren. Warum nicht? »Weil wir Polizisten hier nicht Däumchen drehen, sondern andere, dringlichere Aufgaben zu erledigen haben«, bekommt man als Standardantwort von NZB-Mitarbeitern in verschiedenen Ländern zu hören. »Empfinden Sie das nicht als frustrierend?« habe ich mehrere Mitglieder des Generalsekretariats gefragt. »Keineswegs«, lautet deren stereotype Erwiderung. »Wir tun nur unsere Arbeit und sagen den NZB, was sie wissen wollen. Was danach kommt, ist deren Sache. Vom Standpunkt der Kriminalitätsanalyse aus gesehen möchten die Kriminaltechniker hier in Lyon natürlich wissen, wie's weitergeht – und sie erfahren es ja auch immer öfter –, doch auf der rein amtlichen Ebene führen wir nur das aus, worum wir gebeten werden.«

Betrogener Gauner

Am 2. März 1963 ereignete sich in Santiago de Chile im Heim eines wohlhabenden Geschäftsmanns, der vier Freunde zum Dinner eingeladen hatte, ein bewaffneter Raubüberfall. Drei mit Revolvern bewaffnete Männer drangen ins Haus ein, sperrten die vier Gäste ins Badezimmer und zwangen den Hausherrn, seinen Safe zu öffnen. Sie schnappten sich tausend Escudos in bar sowie Schmuck im Wert von weiteren fünftausend Escudos und flohen in seinem Wagen, der später verlassen aufgefunden wurde.
Es war eine clever geplante Aktion, denn am Morgen zuvor hatte eine junge Prostituierte, die neueste Flamme eines der Räuber, den Geschäftsmann, »der eine enge Beziehung mit ihr pflegte«,

zu Hause besucht und sich bei ihrem üblichen Geschäft gleich auch versichert, daß er des Abends daheim sein würde.
Der Geschäftsmann zögerte nicht, ihren Namen bei der Polizei mit Monica Guichard (achtzehn Jahre und eines der schönsten »Mädchen« in der Stadt) anzugeben: Auf diese Weise ließ sich der Rest der Bande schnell identifizieren. Es handelte sich um Juan Maciel, ihren siebenunddreißigjährigen Macker, der mehrere Vorstrafen wegen Diebstahls und Betrugs in seiner Heimat Argentinien wie auch in Uruguay und Italien auf dem Konto hatte; Julio Escarpizo, einen neunundzwanzigjährigen Uruguayer, der bereits in den Akten des Interpol-Generalsekretariats in Paris stand; Sara Varas (22), eine weitere Prostituierte und Escarpizos Geliebte, und Sixto Mauri (33), den Maciel in einem Gefängnis von Buenos Aires kennengelernt hatte. Die beiden Argentinier Maciel und Mauri hatten eine Zeitlang geplant, in Chile »ein Ding« zu drehen, doch Escarpizo war es, der das Ganze schließlich ausbaldowerte. (Diese Namen sind, wie im ursprünglichen Bericht in der Internationalen Kriminalpolizeilichen Rundschau, *allesamt frei erfunden.)*
Nach dem Raub zahlte Escarpizo Mauri mit lediglich 75 Escudos aus unter dem Vorwand, die Sache sei nicht sehr einträglich gewesen. Merke: Im wirklichen Leben ist es mit der vielbeschworenen »Ganovenehre« nicht weit her.
Um ihnen zu helfen, aus Chile herauszukommen, nahm Escarpizo mit Eduardo Escobar Kontakt auf, einem alten Schurken von fünfundsiebzig Jahren, der schon vor dem Zweiten Weltkrieg »Gast« in Interpols Akten war. Als Gegenleistung für ein paar der geraubten Juwelen übergab Escobar die vier Flüchtigen in die Obhut eines siebten Komplizen, Rene Balados, dem sie tausend Escudos bezahlten, damit er sie auf seinem Boot mitnahm.
Er sollte sie mehr als dreitausend Kilometer weit die Küste nordwärts zu einem kleinen Hafen in Peru schippern, doch für ein Zehntel der Beute sah er nicht ein, ein solches Risiko auf sich zu nehmen. Etwa auf halber Strecke setzte er sie an einem kleinen Strand nahe der zentralchilenischen Hafenstadt Iquique an Land. Sie hatten immer noch den Großteil der Juwelen, da ihnen jedoch das Geld ausging, versuchten sich die beiden Paare nun eben so die Küste hinauf durchzuschlagen: zuerst zu Fuß, dann per Anhalter in einem Lastwagen und schließlich mit

dem Überlandbus. Ihre Fotos hingen aber in jeder Polizeistation Chiles, und bei einer Fahrtunterbrechung über Nacht wurden sie von einem Polizisten erkannt und festgenommen.
Der einzige, der nicht im Gefängnis landete, war Balados. Er schipperte unbehelligt weiter die Küste nach Peru hinauf und wurde nie mehr gesehen.

Ein deutscher Mörder in Asien gefaßt

In einer Neujahrsnacht töteten vier Männer einen Wildhüter, der sie beim Einbruch in eine Jagdhütte in einem Wald bei Lambrecht, Bundesrepublik Deutschland, ertappt hatte. Drei von ihnen wurden gefaßt, der vierte aber, ein Mann namens Geit, entkam. Das bundesdeutsche NZB alarmierte über das Interpol-Funknetz seine Partner in Europa und Afrika. Drei Monate später meldete das NZB Tunesiens, Geit sei dort gewesen und vermutlich unterwegs nach Fernost.
In jenem Herbst stellte die zuständige Justizbehörde in der Bundesrepublik einen Haftbefehl gegen Geit aus. Dies diente dem Generalsekretariat als Grundlage, weltweit mit einer roten internationalen Ausschreibung nach dem Deutschen zu fahnden. Fünf Tage darauf berichtete die Polizei in Neuguinea, sie sei Geit auf der Spur, und noch nicht einmal zwei Wochen später wurde er auf der Pazifikinsel Guam verhaftet und an die bundesdeutsche Polizei übergeben.

Der Mann, den es nie gab

Im Januar 1968 schickte das Schweizer NZB eine Funkmeldung an die NZB in Europa und Afrika und bat sie um die vorläufige Festnahme eines fünfundzwanzigjährigen kanadischen Staatsangehörigen namens André Martin mit schriftlicher Bestätigung. Er wurde gesucht, weil er mit gefälschten Schecks bezahlt und einen Mietwagen der Firma Hertz gestohlen hatte. Aber der Name tauchte nicht in den Akten des Generalsekretariats auf, und die Funkmeldung verpuffte im Leeren. Nun versuchte es die Schweizer Polizei mit einer anderen Methode. Martin hatte den Wagen, einen Chrysler, einem Studenten als Sicherheit für ein Darlehen von sechseinhalbtausend Schweizer Franken überlassen. Das Kennzeichen des Wagens war bekannt: Würde das Generalsekretariat damit irgendwas anfangen können? Es konnte. Zu diesem Kennzeichen gab es einen Hinweis in einer Akte mit der Aufschrift »Handel mit gefälschten Gemälden«.

Wie das? In der Akte waren zwei Männer genannt. Der eine hieß Real Lassard und hatte zwei Jahre zuvor in einem italienischen Hotel einige Gepäckstücke zurückgelassen – und darin fand sich ein Hinweis auf eben jenes Kennzeichen! Die Akte zeigte auch, daß eines der gefälschten Gemälde in dem Koffer an einen »Mr. Martin« in London geschickt werden sollte. Das Generalsekretariat gab diese Fakten über Funk weiter, und im Februar 1968 ging Lassard der Schweizer Polizei ins Netz: mit einem Reisepaß auf den Namen Martin in der Tasche. Er wurde an Frankreich ausgeliefert, wo man ihn unter anderem wegen des Fälschens von Gemälden und Künstlersignaturen schwer belastete – und die Schweizer sahen schließlich von einer Anklage wegen der vergleichsweise geringfügigen Delikte Scheckfälscherei und Mietwagendiebstahl ab, welche die ganze Sache erst ins Rollen gebracht hatten.

Die frühen siebziger Jahre

Der betrügerische japanische Bankangestellte

Zwischen Februar 1967 und April 1970 erleichterte ein Mitarbeiter der Geschäftsleitung einer japanischen Bank seinen Arbeitgeber um 1,9 Milliarden Yen. Er hatte einen Komplizen, einen Firmendirektor, der ihm fortlaufend gefälschte, auf die Bank ausgestellte Wechsel lieferte, die er dann entgegennahm – im vollen Bewußtsein, daß sie unecht waren. Der Trick flog auf. Die japanische Polizei war bereits mit Haftbefehlen unterwegs, und im April 1970 setzten sich die beiden Männer aus Japan ab. Aber jetzt wurden die roten Fahndungsausschreibungen erlassen, und im Oktober 1970 wurde einer der Flüchtigen in Hongkong gefaßt, der andere drei Tage später auf der anderen Seite der Erdkugel, in Paris, in Gewahrsam genommen.

Noch heute zeigt man Besuchern in Lyon stolz einen Samuraihelm – ein Geschenk der japanischen Polizei.

Eine internationale Gaunerbande

Im Juni 1969 informierte das Wiesbadener NZB das Generalsekretariat, daß ein Mann, der sich als Alessandro Fraschi ausgab, in der Bundesrepublik einige gefälschte Reiseschecks eingelöst habe. Drei Tage später verbreitete das Londoner NZB Hintergrundinformationen zu den Reiseschecks, die es von der betroffenen Bank erhalten hatte. Das hatte eine ganze Welle von Verhaftungen zur Folge: In den nächsten Monaten wurde ein internationaler Gaunerring in Jugoslawien, in der Schweiz, in der Bundesrepublik und in Schweden zerschlagen.
Die Verhaftungswelle setzte sich im Februar 1970 mit der Festnahme von zwei weiteren Männern und einer Frau in Hongkong fort. Informationen vom NZB Hongkong an das NZB Rom führten die italienische Polizei zu einem Haus in Mailand, wo man Schußwaffen, gestohlene Pässe und eine Druckerausrüstung fand. Das letzte Mitglied der Bande erwischte es im November 1970 in Rom. Das war gute internationale Teamarbeit, doch bis zur letzten Verhaftung war es diesen weltweit operierenden Schurken gelungen, mit gefälschten Schecks in nicht weniger als siebzehn Ländern viele tausend Dollar zu ergaunern.

Ein inkonsequenter Fälscher

Am 18. August 1972 wurden bei einer Razzia in einer geheimen Druckerwerkstatt in Frankfurt am Main siebzigtausend türkische Fünfhundert-Lira-Noten sichergestellt. Die drei Täter, allesamt bundesdeutsche Staatsangehörige, wurden verhaftet. Als sich das NZB Wiesbaden mit dem Generalsekretariat in Verbindung setzte, stellte man fest, daß einer von ihnen bereits 1967 in Spanien zu acht Jahren Gefängnis verurteilt worden war, weil er spanische Hundert-Peseta-Scheine nachzumachen versucht hatte.
Gewöhnlich bleiben Fälscher bei ein- und derselben Währung – vielleicht wurde dieser Mann deshalb auch gleich zweimal geschnappt.

Alle hier aufgeführten Delikte ließen sich eindeutig in die Kategorie »gewöhnliches Verbrechen« einordnen – ohne daß also eine Gefahr »politischer« Komplikationen in den eigentlichen Fällen oder den zugrundeliegenden Motiven bestand. Gegen Ende dieser Phase allerdings trat das internationale Gangstertum in eine neue und weitaus gefährlichere Dimension, die Interpols Arbeit bis zum äußersten beanspruchen und sie letztlich in ihrer bloßen Existenz bedrohen sollte.

In einer bemerkenswerten Textpassage ihres Buchs *»War Without End«* (»Krieg ohne Ende«) stellen die britischen Journalisten Christopher Dobson und Ronald Payne ganz richtig fest: »Im Kalender des neuzeitlichen Terrorismus markierte 1968 den Wendepunkt. Auch wenn die Wurzeln vieler terroristischer Konflikte viel tiefer liegen, war es die damals ausgebrachte Saat, aus welcher der Terrorismus erwachsen ist, den wir heute kennen [...] Es war die Geburtsstunde des internationalen Terrorismus.«

Dies war das Jahr, in dem die Araber – ohne Hoffnung, nach der Niederlage im Sechstagekrieg von 1967 Israel militärisch schlagen zu können – den Terrorismus als ihre hinterhältigere und wirksamere Waffe einsetzten. Sie starteten mit kleineren Anschlägen im Landesinneren von Israel, bei denen Kibbuzniks getötet und Wasserpumpen gesprengt wurden. Doch diese Aktionen brachten prompte und schlimme Vergeltung, weshalb sie ihre Terrormaßnahmen ins Ausland verlegten.

Und sie begannen Flugzeuge in der Luft zu entführen. Das gab es in den zwanzig Jahren zuvor zwar auch schon immer mal wieder, vor allem am Himmel über den Vereinigten Staaten, wo Flugzeuge in Richtung Castros Kuba »umgeleitet« wurden. Hierbei handelte es sich jedoch im Grunde um eine Form von erzwungener Beförderung in ein anderes Land. Diese neue Entwicklung hingegen war etwas viel Skrupelloseres und Gefährlicheres, denn man setzte gezielt das Leben völlig unschuldiger Menschen aufs Spiel.

Der erste Fall dieses modernen »Skyjackings«, wie man es damals nannte, ereignete sich im Juli 1968, als Angehörige von Georges Habaschs Volksfront zur Befreiung Palästinas (PFLP) eine Boeing 707 der israelischen Fluggesellschaft El Al auf dem Weg von Rom nach Tel Aviv entführten und zur Landung in Algier zwangen, wo man die Israelis an Bord zwei Monate lang gefangenhielt. Im Dezember desselben Jahres schlug die PFLP erneut zu: Zwei Palästinenser mit Maschinenpistolen und Granaten eröffneten wiederum das Feuer in einer El-Al-Boeing 707, als diese gerade vom Athener Flughafen abhob. Ein Passagier kam ums Leben, und die Attentäter wurden verhaftet – jedoch wieder freigelassen, nachdem man eine griechische Maschine auf dem Flug nach Kairo entführt hatte und das erbarmungslose Spiel der Geiselnahme als Vergeltung erstmals durchgezogen worden war.

Doch nicht nur für die Araber markierte 1968 den Beginn einer gewalttätigen Dekade. Es war auch das Jahr, in dem fast überall auf dem europäischen Kontinent die Studenten gegen ihre Universitäten und Regierungen rebellierten und in Frankreich sogar beinahe Staatspräsident de Gaulle stürzten. Die Studenten vermochten ihre wichtigsten Ziele jedoch nicht zu erreichen, hauptsächlich deshalb, weil die Arbeiter in Frankreich und der Bundesrepublik weitaus konservativere Vorstellungen vom Leben hatten als die »Rebellen« von den Hochschulen und sich weigerten, ihre proletarischen Muskeln zur Unterstützung einer intellektuellen Utopie spielen zu lassen. Die »Werktätigen« hielten mehr von guten Löhnen und Arbeitsbedingungen als von einer politischen Revolution. Doch während die meisten Studenten ihre Niederlage achselzuckend hinnahmen und mit einem resignierten Seufzer ihr Studium fortsetzten, verlegten sich einige wenige auf Stadtterror zur Durchsetzung ihrer Ziele, für die sie auf die Straße gegangen waren und sich pflastersteinbewaffnet regelrechte Straßenschlachten mit der Polizei geliefert hatten.

Im April 1968 hatten Andreas Baader, ein fünfundzwanzigjähriger ehemaliger Fürsorgezögling, und Gudrun Ensslin, die Tochter eines Geistlichen und Philosophiestudentin, ein großes Frankfurter Kaufhaus in Brand gesteckt. Die in späteren Jahren berüchtigte Baader-Meinhof-Gruppe verzeichnete damit ihre ersten Kriegsmeriten. Baader und Ensslin wurden verhaftet, verurteilt und inhaftiert, gingen aber in die Berufung und erreichten ihre vorläufige Freilassung – prompt erschienen sie nicht zum erneuten Gerichtstermin, sondern tauchten unter. Zusammen mit Ulrike Meinhof, der Tochter eines Kunsthistorikers und Journalistin, gingen sie nach Jordanien, wo sie sich bei Georges Habaschs PFLP ausbilden ließen.

Nach ihrer Rückkehr in die Bundesrepublik Deutschland gelang der Gruppe eine Reihe spektakulärer Terroranschläge auf Gebäude, Einrichtungen und Personen der Bundesrepublik, der NATO und der US Army. Um die weltumspannende Verbundenheit von Terrororganisationen zu unterstreichen, änderten sie schließlich ihren Namen in »Rote Armee Fraktion« (RAF)[34] um – zu Ehren der japanischen Gruppe gleichen Namens, die ihrerseits aus linksgerichteten Unruhen hervorging, welche im selben »Geburtsjahr« 1968 über Japan hinwegfegten. Der Westen hatte kein Terrorismusmonopol: Diese extreme japanische Vereinigung führte ihr erstes eigenes spektakuläres internationales »Skyjacking« im März 1970 aus, als neun Studenten, mit Samuraischwertern fuchtelnd, ein Flugzeug der Japan Airlines nach Nordkorea umleiteten, wo Passagiere und Besatzung gegen inhaftierte Anhänger ausgetauscht wurden.

Auch die Roten Brigaden (*Brigate Rosse* oder BR) in Italien, die in den siebziger und Anfang der achtziger Jahre sehr aktiv waren und bis vor kurzem noch über eine schlagkräftige Truppe verfügten, gingen aus den Studentenunruhen von 1968 hervor. Ebenso entstand durch Bürgerrechtsdemonstrationen in ganz Nordirland 1968 unerbittlich jener Druck, der sich im August des folgenden Jahres in Londonderry und Belfast in schlimmen Straßenschlachten entlud und zum Bürgerkrieg ausartete, dem bis Oktober 1991 zweitausend Bürger zum Opfer gefallen waren. Und in Rio de Janeiro veröffentlichte Carlos Marighella, ein brasilianischer Kommunist alter Schule, sein »Handbüchlein für Stadtguerillas«, dessen achtundvierzig dichtbeschriebene Seiten in vielen Ländern zum Lehrbuch der Stadtguerilla werden sollten.[35]

Mit anderen Worten: Der weitflächige Terrorismus explodierte 1968 förmlich auf der Weltbühne – und was unternahm Interpol deswegen? Auf der Generalversammlung im Oktober 1969 in Mexico City votierten die Delegierten mit fünfunddreißig zu dreizehn Stimmen bei fünfundzwanzig Enthaltungen, einen Bericht über die Luftpiraterie nicht einmal zu erörtern. Obwohl Nepote ihnen versicherte, der Report habe »alle politischen Aspekte des Problems ausgeklammert«, hielt die Mehrzahl von ihnen (darunter die Delegierten aller arabischen Staaten) das bloße Thema schon für »politisch«, und es wurden beschwörende Reden gehalten, um jeden daran zu erinnern, daß Artikel 3 der Satzung von 1956 jegliche Einmischung in politische Angelegenheiten untersage.

Bei der Brüsseler Generalversammlung im Jahr darauf nahmen die Delegierten tatsächlich allen Mut zusammen, den Bericht zu überdenken, und warteten mit einer jener typisch harmlosen, höflichen Resolutionen auf, in der man »das Generalsekretariat bat«, auch künftig mit den zivilen Luftfahrtbehörden der Welt zusammenzuarbeiten, eine jährliche Liste mit den in den angeschlossenen Ländern getroffenen gesetzlichen Vorkehrungen und Sicherheitsmaßnahmen zu veröffentlichen, um die Sicherheit von Einrichtungen und Dienstleistungen auf Flughäfen zu gewährleisten oder zu verbessern sowie bei Flugzeugen am Boden und in der Luft... und so weiter. Der einzige brauchbare Satz in diesem wortgewaltigen Dokument war: »Die von der IKPO-Interpol bereitgestellte Maschinerie und ihre Dienste sollten in den Grenzen von [...] Artikel 3 angewandt werden.«

Denn natürlich stehen nicht hinter jeder Flugzeugentführung politische Motive. Es laufen etliche Verrückte und auch eine Menge Kriminelle auf der Welt herum: In solchen Fällen spielte Interpol wirklich eine nützliche Rolle und bearbeitete allein 1972 nicht weniger als hundertvierzehn Fälle, die der jährliche Fortschrittsbericht als »ungesetzlichen Eingriff in die Zivilluftfahrt« bezeichnete.

Ein typisches Beispiel für eine solch lobenswerte Intervention war die rote Fahndungsausschreibung zur Festnahme eines Mannes, der rings um den Globus Vorstrafen wegen schweren Diebstahls gesammelt hatte und nun drohte, er werde eine Maschine der Lufthansa in die Luft sprengen, falls die Fluggesellschaft ihm nicht eine halbe Million Dollar zahle. Das war eine einfache, direkte Erpressung, ein Verbrechen gegen das »gewöhnliche Recht«, sofern es denn so etwas gibt, und niemand beschwerte sich – außer dem Erpresser vielleicht –, als man ihn mit Hilfe des Interpol-Netzes in der neuseeländischen Hauptstadt Wellington aufspürte, wo er bescheiden als Buchhalter arbeitete.

Doch seit dieser ersten richtungweisenden Entführung einer El-Al-Maschine nach Algier durch Araber im Juli 1968 drückte sich die Organisation und vermied es konsequent, sich mit dem Problem der neuen Welle von Gewalt, die gerade über die Welt hereinbrach, auseinanderzusetzen. Aber am Morgen des 5. September 1972, während der Olympischen Sommerspiele von München (und nur zwei Wochen vor der Generalversammlung in Frankfurt, der ersten auf deutschem Boden seit dem Krieg), kletterten um halb fünf morgens acht maskierte palästinensische Araber vom Terrorkommando »Schwarzer September« lautlos über eine Mauer im Olympischen Dorf, stürmten das Quartier der israelischen Mannschaft und eröffneten mit ihren Maschinenpistolen das Feuer.

Interpols Zeitpunkt einer Entscheidung war gekommen.

12. Kapitel
Interpol verliert an Boden
(1972 bis 1980)

Der Schrecken des Terroranschlags auf die israelischen Sportler bei den XX. Olympischen Sommerspielen in München brachte die ganze wacklige Struktur der modernen Olympiade zum Einsturz. Die 1896 neu ins Leben gerufenen Spiele hatten noch die die stark einheitliche Struktur und Organisation, unter denen die Athleten in dem Geist, der achtundzwanzig Jahrhunderte zuvor im antiken Griechenland geboren worden war, gegeneinander antraten. Gemeinsam mit dem Journalisten Howard Bass (der drei Jahre später selbst einem Terroranschlag der IRA zum Opfer fallen sollte) schrieben damals die Brüder Norris und Ross McWhirter: »Viele der achtzigtausend Zuschauer, die bei der Schlußfeier im Stadion waren, glaubten, sie würden nie mehr erleben, daß die olympische Flamme ihren symbolischen Schein auf die jungen Männer und Frauen wirft, die aus aller Welt zusammenkommen, um sich im athletischen Wettkampf zu messen.

Zu groß war die Tragödie, zu unglaublich, zu erschreckend.«

Doch zum Glück erwies sich dieses Gefühl als unrichtig. Die Olympischen Spiele der Neuzeit haben sich einen festen und einzigartigen Platz im internationalen Sport gesichert; reflektieren jedoch auf ihre Art die weltweit heftige, von Angst geschürte Reaktion auf die Bluttat vom 5. September 1972.

Das Kommando »Schwarzer September« selbst überlebte nicht lange auf der Weltbühne. Der terroristische Flügel der Al-Fatah, der wichtigsten Gruppierung innerhalb von Jasir Arafats Palästinensischer Befreiungsorganisation (PLO), der sich nach dem »schwarzen September« von 1970 benannte, als die PLO von König Husseins Truppen erfolgreich aus Jordanien vertrieben wurde, existierte ganze vier Jahre, bevor er in mehrere Splittergruppen von nicht minder skrupellosen Mördern zerbrach.

Doch dieser 5. September 1972 allein reichte aus, den Namen »Schwarzer September« in Blut ein für allemal zu verewigen. Während die israelischen Athleten im Olympischen Dorf schliefen, drangen die maskierten Killer in ihr Mannschaftsquartier ein und eröffneten das Feuer. Der dreiunddreißig Jahre alte Ringercoach Mosche Weinberg war auf der Stelle tot. Yosef Romano, ein Gewichtheber, wurde tödlich getroffen, als er heldenmütig eine

Tür zuhielt, damit zwei seiner Teamkameraden durch ein Fenster entkommen konnten. Auch fünfzehn anderen Athleten glückte die Flucht durch Fenster und Seitenausgänge.

Doch neun weitere nahmen die Terroristen als Geiseln und drohten, sie zu erschießen. Sie verlangten die Freilassung von zweihundert Arabern, die in israelischen Gefängnissen einsaßen, und ein Flugzeug, um sie in Sicherheit zu bringen. Die bundesdeutschen Behörden waren in größter Verlegenheit: Einen solchen Anschlag hatten sie zuallerletzt erwartet – oder gewollt. Diese Spiele wurden zum erstenmal wieder in einer deutschen Stadt veranstaltet seit den vom Dritten Reich organisierten Spielen von Berlin 1936, wo nahezu die ganze Welt sich über den Rassismus und die demonstrative Mißachtung der im internationalen Sport üblichen Höflichkeit geschockt zeigte.[36] Die Münchener Olympiade sollte ein Triumph für das neue, demokratische Westdeutschland der Nachkriegsjahre sein – und dann geschah diese entsetzliche Tragödie.

Die Israelis verweigerten die Freilassung ihrer zweihundert Gefangenen: Sie würden dem Terrorismus nicht nachgeben. Zwanzigtausend bundesdeutsche Polizisten wurden zusammengezogen, um das olympische Dorf zu umstellen, und die Spiele erlebten erstmals in ihrer Geschichte eine Unterbrechung. Der damalige Bundeskanzler Willy Brandt flog nach München, um persönlich die Verhandlungen mit den Terroristen zu führen. Um zehn Uhr abends sah es so aus, als ob diese gewonnen hätten, denn nachdem man ihnen die freie Ausreise mit ihren Geiseln in ein arabisches Land zugesichert hatte, führten sie die neun gefesselten und mit Augenbinden versehenen Israelis zu Bussen, die sie alle zu bereitstehenden Hubschraubern brachten. Die Maschinen hoben dann ab und flogen zum nahe gelegenen Luftwaffenstützpunkt Fürstenfeldbruck, wo (was die Araber natürlich nicht wußten) die deutsche Polizei Scharfschützen in Stellung gebracht hatte.

Es sollte in einer tragischen Panne enden. Als zwei der Terroristen aus einem der Helikopter stiegen und zu der auf dem Rollfeld bereitstehenden Boeing 727 liefen, um sie zu inspizieren, wurde plötzlich die Flugplatzbeleuchtung ausgeschaltet, und die Scharfschützen eröffneten das Feuer. Aber die Aktion war ein Fehlschlag. Einer der Araber schleuderte eine Handgranate in einen der Hubschrauber, der sofort explodierte und in Flammen aufging. Dabei kamen sämtliche Geiseln an Bord ums Leben, und nach der

Schießerei (die weltweit live im Fernsehen übertragen wurde) lagen neben den Israelis auch fünf Terroristen und ein deutscher Polizist tot am Boden.

Drei Araber wurden in Haft genommen. Doch schon weniger als zwei Monate danach entführten zwei bewaffnete Terroristen vom Kommando »Schwarzer September« eine deutsche Lufthansa-Maschine auf dem Flug von Beirut nach Ankara und drohten mit der Sprengung des Flugzeugs, falls die drei Überlebenden des Münchner Massakers nicht freigelassen würden. Am 30. Oktober 1972 gab man der Forderung nach, und die drei Killer wurden in Libyen wie Helden empfangen.

Auf das Attentat von München folgten drei überaus wichtige Ereignisse, von denen zwei der Öffentlichkeit bekannt sind. Erstens: Am 12. September 1972 kündigte Israels Premierministerin Golda Meir den arabischen Terroristen öffentlich den Kampf an. »Wir haben keine andere Wahl, als die Terrororganisationen zu zerschlagen, wo immer wir sie finden können«, sagte sie – und gut vier Wochen darauf starb der erste Anführer der Al Fatah: Abdel Wa'il Zwaiter, der Vertreter der Organisation in Rom, wurde von einem Kugelhagel niedergestreckt, als er vor seiner Wohnung auf den Fahrstuhl wartete.

Und zweitens: Die deutsche Bundesregierung gelobte angesichts der Schmach des verpatzten Polizeieinsatzes von Fürstenfeldbruck, daß so etwas nie wieder passieren werde. An dieser Stelle sei der deutsche Polizeihistoriker Rolf Tophoven zitiert: »Die fehlgeschlagene Rettungsaktion zeigte die offensichtliche Unfähigkeit der Polizei angesichts terroristischer Aktivitäten – konventionelle Polizeieinheiten waren unzulänglich.« Am 26. Februar 1972 unterzeichnete der damalige Bundesinnenminister Hans-Dietrich Genscher ein Dekret zur Schaffung einer Spezialeinheit innerhalb der Grenzen der BRD, um die Bedrohung des Terrorismus abzuwehren. So entstand das inzwischen bundesweit berühmte Sondereinsatzkommando GSG 9. Diese Truppe ist das deutsche Pendant zur britischen SAS: eine überaus effiziente, bewaffnete Spezialeinheit, die sofort auf Terroranschläge, ganz gleich aus welchem Lager sie kommen mögen, reagieren kann.[37]

Vom dritten Folgeereignis auf das Münchner Massaker weiß man in der Öffentlichkeit nichts. Die Geschichte ist noch nie zuvor gedruckt erschienen. Die Welt hat keine Ahnung davon – aber hinter den Kulissen, in den Etagen von Einfluß und Macht in

Westeuropa und in den Vereinigten Staaten, sollte Interpol für fast anderthalb Jahrzehnte, soweit es die Bekämpfung des Terrorismus betraf, viel von ihrer Glaubwürdigkeit und einen Großteil ihrer praktischen Unterstützung einbüßen.

Warum? Es ist eine seltsame Geschichte von verwirrter Feigheit und von lautersten Absichten, und sie muß erzählt werden als Voraussetzung um Interpols selbst heute noch vorhandene Zwiespältigkeit im Kampf gegen den internationalen Terrorismus verstehen zu können.

Die Grundidee hinter dem olympischen Massaker, die kurz darauf von einem Sprecher der »Schwarzer-September«-Terroristen zum Ausdruck gebracht wurde, war (zitiert in einem Buch von C. P. Coogan über die IRA): »Eine Bombe im Weißen Haus, eine Mine im Vatikan, der Tod Mao Zedongs, ein Erdbeben in Paris hätten nicht in dem Maß das Bewußtsein der Weltöffentlichkeit wachgerüttelt wie die Aktion von München [...] Es war, als hätte man den Namen Palästinas hoch oben auf einen Berg gemalt, der aus allen vier Himmelsrichtungen zu sehen ist.« Die kontroverse Ansicht wäre natürlich, daß man nicht erwarten kann, die internationale Gesellschaft würde eine solche Greueltat in ihrer Mitte dulden; daß im Gegenteil alle gesetzlichen Mittel eingesetzt werden müssen, um dieses eine Beispiel von Gesetzlosigkeit zu bekämpfen; daß – mit den Worten von Schwedens Ministerpräsident Olof Palme, der siebzehn Jahre danach selbst auf offener Straße erschossen werden sollte – »Terror immer Terror bleibt und Verbrechen immer Verbrechen sein werden, selbst wenn sie im Namen großer Prinzipien und hoher Ideale begangen werden«.

Im März 1987 sagte der französische Staatspräsident François Mitterrand während eines Staatsbesuchs in Spanien, wo die baskische Separatistenorganisation ETA schon seit geraumer Zeit vor Francos Tod 1975 gewaltsam die Unabhängigkeit für die Basken zu erkämpfen versucht, in einem von *Radio Televisión Española* ausgestrahlten Communiqué: »Da der Terrorismus eine internationale Angelegenheit ist, sollten es auch Ermittlungen, Vorbeugung, Bekämpfung und Sanktionen sein.« Das war wie so viele geschliffene Sätze führender Politiker lediglich eine Übung in Heuchelei: Wie Professor Malcolm Anderson beobachtete, »hat Frankreich Probleme, seinen Leumund als zuverlässiger Partner in anderen westlichen Hauptstädten zu wahren. Zu dem Ruf, berüchtigte Fälle nicht zu lösen, kam hinzu, daß man Forderungen von Terroristen nachgab, um weitere Zwischenfälle zu vermeiden.«

Es ist jedoch unbestritten, daß Mitterrand mit seiner untrüglichen Gabe, das in Worte zu kleiden, was der kleine Mann auf der Straße im Herzen fühlt, genau ansprach, wie nach Meinung der meisten Menschen die internationalen Hüter über Recht und Ordnung auf internationalen Terrorismus reagieren sollten: nämlich mit einer konzertierten Aktion aller Länder, die sich als zivilisiert bezeichnen. Der Durchschnittsbürger hatte sicherlich von Interpol erwartet, daß sie das Blutbad von München mit sämtlichen verfügbaren Mitteln und aller Härte beantwortet.

Was aber geschah nun wirklich? Erst jetzt kann ich die bittere Wahrheit enthüllen, wie sie mir Raymond Kendall damals im November 1985 erzählte, kurz nachdem er als erster nichtfranzösischer Generalsekretär seit dem Zweiten Weltkrieg im Amt bestätigt worden war: »Anfang der siebziger Jahre, als sich der Terrorismus, wie wir ihn heute kennen, zu entwickeln begann, war die offizielle Denkweise: ›Terrorismus ist in der Regel politisch motiviert und fällt daher unter Artikel 3 der Satzung von 1956 – *und wir sollten uns damit nicht befassen!*‹

Ich muß Ihnen sagen, daß das bundesdeutsche NZB nach dem Überfall der arabischen Killer auf das israelische Quartier das Generalsekretariat in Saint-Cloud bat, eine Liste mit allen verfügbaren Informationen über bekannte oder verdächtigte arabische Terroristen zu erstellen und zu verbreiten – und Jean Nepotes Antwort lautete: ›nein‹. Er sagte, das Verbrechen von München sei ›politisch‹, und Interpol solle sich da nicht einmischen. Mir waren damals die Hände gebunden – ich war der Organisation erst ein Jahr zuvor beigetreten, und meine Arbeit beschränkte sich auf den Drogenhandel, aber ich empfand sofort, daß dies falsch war.«

So wird es auch vielen anderen gehen; Nepote aber, der das tat, was er als für die Organisation am besten ansah, zog zur Beschlußfassung den scheidenden Interpol-Präsidenten Paul Dickopf hinzu, der selbst Deutscher war und damaliger Chef des Bundeskriminalamts. Zu diesem Zeitpunkt hatte der Präsident noch keine Macht; sein Posten war lediglich ein Ehrenamt für hochrangige Polizeidirektoren kurz vor der Pensionierung. In seinen Memoiren brüstet Sir Richard Jackson sich fast mit seinem eigenen mangelnden Ruhm (oder Respekt) innerhalb der Organisation:

»Anfang 1963 nahm ich einige Tage meines Resturlaubs und ging in der Ägäis auf Stan Joels Yacht, dem Mary und ich uns in Istanbul anschlossen, auf Kreuzfahrt. Sehr schmeichelhaft war, daß der Chef der türkischen Polizei eigens aus Ankara angeflogen kam, um uns zu begrüßen. Bevor wir die Türkei verließen, sagte uns der Leiter des NZB, er werde die Kollegen in Athen benachrichtigen, damit uns jemand bei unserer Ankunft in Piräus erwartet. Als wir jedoch griechischen Boden betraten, nahm niemand auch nur die geringste Notiz von uns. Später erfuhr ich, warum.

Das türkische NZB hatte rechtzeitig die Nachricht abgeschickt, daß Mr. Jackson schon unterwegs sei und ob die griechische Polizei ihn vielleicht in Empfang nehmen könne. Die Griechen fanden diese Mitteilung offenbar verwirrend und baten die Interpol-Zentrale in Paris um weitere Einzelheiten über diesen Mr. Jackson und fragten, welche Straftat oder Straftaten er begangen habe. Paris war vermutlich sprachlos, denn ich wurde weder verhaftet noch ausgewiesen und auch, soweit ich mich erinnern kann, nicht auf meiner kurzen Fahrt von Piräus zum Flughafen beschattet.

Das war zweifellos eine heilsame Lektion. Der gewichtigste Präsident von Interpol [eine Anspielung auf die Leibesfülle Jacksons] ist ein kleiner Fisch im großen, weltumspannenden Kampf, den sich Polizisten und Räuber tagtäglich liefern.«

1972 hielt Jean Nepote effektiv seit sechsundzwanzig Jahren die Fäden in der Hand – er war der Regisseur. Kein Ehrenpräsident, vor allem nicht jemand wie Dickopf in den letzten Wochen seiner vierjährigen Amtszeit, sollte sich ihm widersetzen. Zudem war der Deutsche kein Mann, dem das Massaker an elf unschuldigen Juden allzusehr zu Herzen ging: Er war SS-Offizier, bis er sich im Juli 1943 in die Schweiz absetzte.

Selbst ohne diese Tatsache hätte Dickopf auch nicht eine Sekunde lang den Erfolg der Generalversammlung von 1972 gefährden wollen, die exakt zwei Wochen später, am 19. September, in Frankfurt eröffnet werden sollte. Dies war nicht nur das erstemal seit den Tagen vor dem Krieg, daß sein Land als Gastgeber der Organisation fungierte – es sollte auch die triumphale Krönung seiner gesamten Nachkriegskarriere bei der Polizei werden: Nachdem er schon im Vorjahr seinen Posten als Leiter des Bundeskriminalamts (BKA) seinem Nachfolger übergeben hatte, sollte zum Ende der Generalversammlung das gleiche mit dem Präsidentenamt geschehen.

Mit Dickopf als Vorsitzendem sowie einem glänzend gelaunten und äußerst erfahrenen Nepote neben ihm auf dem Podium durfte nichts den üblichen, selbstgefälligen Tenor der Debatte der zweihundertsiebzig Delegierten beeinträchtigen. Ein amerikanischer Beobachter verfaßte diesen aufschlußreichen Bericht: »Viele Mitglieder waren gewillt, zu argumentieren, der Terrorismus sei ein kriminelles Vergehen, das nicht durch seine politischen Motive entschuldigt werden könne. Die israelischen Delegierten scheiterten bei dem Versuch, über diese Frage abstimmen zu lassen [...] Etliche Mitglieder hielten eine Überarbeitung der Satzung für angebracht. Wie verlautete, befürwortete eine Mehrheit die Einrichtung einer speziellen internationalen Dienststelle zur Bekämpfung terroristischer Aktivitäten; als Hauptsitz wurde Scotland Yard in London vorgeschlagen, die Leitung sollte Robert Mark, der neue Polizeikommissar von London, übernehmen.« Doch wer den vierundvierzig Seiten starken Bericht über die Tagung in der *Internationalen Kriminalpolizeilichen Rundschau* (deren Herausgeber formal Nepote als Generalsekretär war) durchblättert, wird weder hierüber noch über das Drama von München und die damit einhergehende Herausforderung an die internationale Polizeiarbeit auch nur eine Silbe finden.

Statt dessen wird man über illegalen internationalen Drogenhandel, internationale Geldfälscher, verbotenen Handel mit Diamanten, Kooperation bei Devisenverstößen ausführlich und knapp über gefälschte Uhren, bei denen Billigimitationen mit Namen oder Zifferblättern feiner Uhren »veredelt« werden, informiert. Man erfährt von den Plänen einiger Mitgliedsstaaten, zum fünfzigjährigen Jubiläum der Interpol (gerechnet ab der allerersten Generalversammlung in Wien 1923) Sonderbriefmarken herauszubringen. Außerdem wird Nepotes visionärer Vorschlag einer internationalen Computerdatenbank über Verbrechen und Verbrecher, auf die die NZB direkten Zugriff haben würden, ausführlich diskutiert. Diese brillante Idee war ihrer Zeit weit voraus und nimmt erst jetzt langsam Gestalt an. Damals wurde das FIR-Projekt, wie es nach den Anfangsbuchstaben des französischen Projektnamens *Fichier Informatisé des Recherches* hieß, nur halbherzig begrüßt, auf eine eigens hierfür ernannte Arbeitsgruppe abgewälzt und schließlich, nach Nepotes Pensionierung 1978, einstweilen still und leise ad acta gelegt.

Nur über die Tragödie von München wird kein Wort verloren.

Wieso tat Nepote das? Er ist kein Antisemit; er persönlich verabscheut Terrorismus und die Zerstörung menschlicher Grundregeln, die diese nach sich ziehen; er ist kein Freund menschenverachtender Killer: Warum erlaubte er seiner Organisation – denn es war *seine* Organisation – nicht, einzugreifen und dazu beizutragen, die Verbrecher, die eine solche Greueltat zu planen und auszuführen imstande waren, vor Gericht zu bringen?

»Er befürchtete, falls er sich nicht zurückhielt und der Organisation ein Eingreifen untersagte, würden die arabischen Staaten reihenweise austreten und seine geliebte Interpol auseinanderfallen«, sagt Robert van Howe, zu der Zeit ein hoher Beamter der belgischen Polizei und im folgenden Jahrzehnt Mitglied des Exekutivkomitees. »Die Organisation war mittlerweile, um es mal salopp zu formulieren, ›Papas Interpol‹. Denn die Wahrheit ist, daß Nepote nach über einem Vierteljahrhundert an der Spitze zum Übervater geworden war. So wie J. Edgar Hoover, der bereits im Mai 1972 friedlich im Schlaf das Zeitliche gesegnet hatte, zu lange das FBI beherrschte, so daß das Bureau seitdem mit seinem persönlichen Image als ehernem Vermächtnis behaftet ist, so mögen viele Leute denken, daß Nepote, vor dessen herausragenden Fähigkeiten man einfach nur den größten Respekt haben kann, im September 1972 inzwischen auch schon zu lange der tatsächliche Boß von Interpol war.

Drei Jahre später erzählte er mir in Saint-Cloud bei meinem ersten Interview mit ihm (für einen Artikel über Interpol im *Daily Telegraph*), aber ohne Bezugnahme auf seine Meinung vom September 1972 (von der damals kein Außenstehender wußte): »Interpol ist eine freiwillige Organisation auf der Basis gegenseitigen guten Willens – wie alle internationalen Organisationen. Wir können unsere einzelnen Mitglieder nicht zu sehr bedrängen.« Überleben war zum Selbstzweck geworden.

Es gibt noch einen anderen möglichen Punkt: die starke Einflußnahme der Franzosen auf die Organisationsführung zu jener Zeit, ihre wichtige finanzielle Unterstützung, ihre bis heute bestehende Vorherrschaft quer durch das gesamte Spektrum der Interpol-Aktivitäten. Und man sollte noch einen weiteren Kommentar eines unabhängigen amerikanischen Beobachters der Frankfurter Generalversammlung berücksichtigen: »Hätten die israelischen Delegierten damit Erfolg gehabt, das Massaker bei den Olympischen Spielen vor der Versammlung zur Diskussion zu stellen, dann hätten, so wurde erwartet, die arabischen Vertretungen sowohl die Konferenz als auch die Organisation verlassen. Die Franzosen hingegen, die enge Kontakte mit Algerien unterhielten, den Arabern gegenüber eine Politik der Freundschaft vertraten und sich bei Interpol außerordentlich engagiert hatten, wären in einer äußerst prekären Lage gewesen.«

Es ist unbestritten, daß Frankreich seit dem Zweiten Weltkrieg – welche Regierung auch gerade das Sagen hatte – als einzige Nation Westeuropas überaus stolz auf eine dauerhafte Freundschaft mit der arabischen Welt blickte. Die britischen Regierungen rühmten sich jeweils ihrer »besonderen Beziehungen« zu den Vereinigten Staaten – die Franzosen taten so ziemlich das gleiche mit den arabischen Ländern des Nahen Ostens und Nordafrikas. Selbst als die übrige Welt im Herbst 1990 in der Eskalationsphase vor dem Golfkrieg schließlich die Geduld mit Saddam Hussein verlor, war es Staatspräsident Mitterrand, der fast bis zum letzten Moment die massive Front antiirakischer Haltungen durchbrach, indem er seine eigenen Verhandlungen mit dem Diktator aufrechtzuerhalten versuchte.

Soweit es Interpol betrifft, liegen die Tatsachen klar auf der Hand: Der Vizepräsident für Afrika zur Zeit des Münchener Anschlags war Ahmed Ben Ammar aus Tunesien (das der PLO seit 1982 öffentlich sicheres Asyl gewährt), ein Mitglied des Exekutivkomitees war E. Al Ali aus Kuwait, und bei der Frankfurter Generalversammlung in eben jenem Monat wurde der tunesische Vizepräsident durch Mohammed Messaid – aus Algerien – abgelöst.[38]

Wie denkt Nepote selbst heute, zwanzig Jahre später, über seine Entscheidung? Er sagt, er weiß nichts mehr darüber! Dieser Mann, mit seinen sechsundsiebzig Jahren noch aktiv und rüstig, erzählte mir, daß er sich einfach nicht an das damalige Geschehen erinnere: »Da erwarten Sie zuviel von meinem Gedächtnis.«

Aber er behauptet, er habe Terroristen nie mit Samthandschuhen angefaßt. »Ich kann Ihnen sagen, daß wir uns schon vor München mit Fällen von Terrorismus abgeben mußten. Der erste war das Theater mit den tschechischen Luftpiraten. Wir mußten Stellung beziehen, was wir denn auch taten – und was Hoover mißfiel. Doch nach mehr als zwanzig Jahren waren es die USA, die als erste jedermann nach dem Grundprinzip fragten, das wir damals angewandt hatten und sie jetzt anwenden wollten«: nämlich die politischen Motive für eine Tat außer acht zu lassen und einzig deren Strafbarkeit an sich zu beurteilen. Denn genau das taten der erste Nachkriegs-Generalsekretär Louis Ducloux und sein »Assistent« Nepote im März 1950, als sie dem Antrag der Tschechen auf Ausstellung eines internationalen Fahndungsersuchens zur Verhaftung der Luftpiraten wegen des Verbrechens der Flugzeugentführung entsprachen, wogegen sie das politische Motiv – Flucht vor einer kommunistischen Diktatur – unberücksichtigt ließen.

Er räumt ein, daß seit 1968, dem Beginn ausgedehnter terroristischer Aktivitäten auf der internationalen Szene, »wir uns vor einige äußerst schwierige Entscheidungen gestellt sahen, da Terrorismus nirgends definiert ist. Es gibt keinen Straftatbestand des Terrorismus – na ja, vielleicht gibt es jetzt einen deutschen –, aber im großen und ganzen existiert keine Definition.[39] Es laufen Mörder herum, die Bombenanschläge ausführen und dergleichen, aber es gibt keine Definition, die einem sagt, welche Leute politische und welche unpolitische Terroristen sind, die ›gewöhnliche Verbrechen‹ begehen. Solch eine Definition existiert nicht, und das machte unseren Job sehr schwierig. Die ersten Fälle dieser Art hatten wir 1966 oder 1967 mit den Roten Brigaden in Italien. Ich erinnere mich an einen Fall, bei dem sogenannte ›politische‹ Terroristen eine Bombe in einer Mailänder Bank deponiert hatten. Sechzehn oder siebzehn Menschen kamen ums Leben, darunter Frauen und Kinder. Man betraute mich mit dem Fall. Ich übernahm die Verantwortung (dafür ist der Chef ja da) und sagte: ›Wir können das nicht alles als politisch ansehen, auch wenn wir es nach Meinung mancher Leute tun sollten‹; und ich erteilte die Genehmigung, das Interpol-Netz einzuschalten.[40]

Wir untersuchten die Fälle einen nach dem anderen, ob sie politisch waren oder nicht. So ist etwa eine Bombe unter einem Auto, das einem Premierminister oder einem Regierungschef gehört, ein politischer Mordversuch – man könnte sagen: Berufsrisiko! Wenn aber ein Polizist bei der Verlegung eines als Terrorist beschriebenen Mannes von einem Gefängnis in ein anderes getötet wird, dann ist *dieser* Mord nicht politisch. Schritt für Schritt versuchten wir ein Grundsatzprogramm aufzustellen – und wir hatten nie irgendein Problem.«

Nach München allerdings hatten sie mit Sicherheit eines. Raymond Kendall erzählte mir dreizehn Jahre danach: »Die Organisation machte daraufhin eine Art Identitätskrise durch. Hier spielte sich diese dumpfe, internationale Kriminalität ab – Flugzeugentführungen, Bombenanschläge, Morde und all solche Sachen –, durch die Unschuldige ums Leben kamen, und doch sahen wir da scheinbar tatenlos zu.«

Nichts davon drang an die Öffentlichkeit durch. Als ich beispielsweise 1976 das Hauptquartier in Saint-Cloud zum zweitenmal besuchte, um einen weiteren Artikel für eine britische Zeitschrift zu schreiben, hätte niemand angenommen, daß dies eine Organisation war, die zu jenem Zeitpunkt im Grunde orientierungslos herumirrte und – wie das FBI in Hoovers letzten Jahren – schon froh war, am bisher Erreichten festhalten zu können. Und die, obwohl sie offensichtlich in Geldnöten steckte (und welche große Polizeitruppe ist hiervon ausgenommen?), alles voll im Griff zu haben schien, was die weltweite Verbrechensbekämpfung anging.

Um eine zeitgenössische, »bissige« Darstellung von der Situation zu geben, seien hier einige Auszüge aus dem Bordmagazin *High Life* der British Airways, Ausgabe November 1976, abgedruckt:

Die stahlgraue Telexmaschine erwachte ratternd zum Leben, und über eine Entfernung von dreitausend Meilen kam eine Nachricht aus Ottawa herein. Ein Bankier, in Kanada wegen Betrugs angeklagt, war nicht vor Gericht erschienen und wurde nun an jenem Morgen um 11.40 Uhr am Zürcher Flughafen erwartet: Würde ihn die Schweizer Polizei in Haft behalten? »Die amtlichen Dokumente folgen später«, sagte man mir. »Aber wir geben diese Informationen nach Zürich durch. Damit ist die örtliche Polizei gesetzlich hinreichend befugt, den Mann festzunehmen.«
Dies alles spielte sich in einem zehn Jahre alten Bürogebäude ab, das wie ein spanisches Hotel aussah – mit Glas und Pflanzen überall, einem preisgünstigen und bemerkenswert guten Restaurant (nur für Personal und Besucher) im Untergeschoß. Im obersten Stock besichtigte ich die Funkstation. Rings um mich standen in einigen vollgestopften Kämmerchen zahllose drahtlose Telegraphen, Fernschreiber, Morsegeräte und Druckempfänger.
Eine weitere Nachricht tickerte herein, wiederum für Zürich. Die französische Polizei meldete, sie habe einen Tip von seiner

sitzengelassenen Freundin bekommen, daß ein Engländer, der des Mordes verdächtigt und in Frankreich flüchtig ist, unterwegs nach Zürich sei – könnte ihn die örtliche Polizei beobachten? Dann ging noch eine Nachricht an Israel heraus: An diesem Nachmittag sollte ein internationaler Betrüger auf dem Flughafen von Tel Aviv eintreffen. Konnte auch er observiert werden?

[...] Jeder in Saint-Cloud denkt äußerst ökonomisch. »Ein Telex nach Australien zu schicken wegen der Reste von dem, was man in Kanada an einer Leiche fand und was wie eine australische Polizeiuniform aussah, kostet nur siebzig französische Francs«, hieß es. »Das ist nicht teuer!« [...] Mehrere NZB besitzen schon ein Bildübertragungsgerät, mit dem man »Fotos« sofort via Telefon übermitteln kann – doch die Pariser Zentrale hat bis heute nichts dergleichen! »Wir hoffen, daß wir uns in Kürze eins leisten können, in ein paar Jahren vielleicht«, erhielt ich zur Antwort.

[...] »Wir verschaffen uns selbst ein Bild davon, wann die Aktivitäten eines Verbrechers eine internationale Dimension annehmen und somit zu unserer Angelegenheit werden«, sagt Chefsuperintendent Raymond Kendall, einer der beiden derzeit in Saint-Cloud stationierten Männer von Scotland Yard und neu ernannter Leiter der Polizeiabteilung. In seinem Büro im sechsten Stock spricht Kendall, hinter sich an der Wand zwei Fotos von seinem Ruderachter aus seiner Collegezeit in Oxford, in lockerer Atmosphäre begeistert über seine Arbeit: »Nehmen wir mal den jüngsten Bankraub in Nizza, bei dem über fünfzig Millionen Francs erbeutet wurden.[41] Ich bin sicher, daß dies nicht das Werk irgendeiner internationalen Verbrecherorganisation war, sondern vermutlich das Resultat internationaler Kontakte zwischen nationalen Syndikaten. Gehen wir mal davon aus, daß es sich bei dem Superhirn hinter der Aktion um einen Franzosen handelte. Für eine spezielle Aufgabe im Rahmen des Unternehmens brauchte er einen Experten, der, sagen wir, aus England kam. Ein weiterer Fachmann – der beste auf seinem Gebiet – war vielleicht ein Jugoslawe oder ein Italiener. Also schickte er seine Mittelsmänner in dieser Sache nach England, Jugoslawien und Italien und rekrutierte seine Leute dort von den bestehenden nationalen Syndikaten. Wir haben es also mit keiner internationalen Or-

ganisation als solcher zu tun, sondern lediglich mit Verbindungen zwischen den jeweiligen Landesorganisationen.[42] *Was aus unserer Sicht bei dem Coup von Nizza so ermutigend ist, war die Tatsache, daß uns binnen vierundzwanzig Stunden die NZB von vier europäischen Staaten über Funk mitteilten, daß sie glaubten, darin die Handschrift von einigen ihrer eigenen ›Kunden‹ wiedererkannt zu haben, woraufhin sie uns die Namen ihrer Verdächtigen durchgaben. Das taten sie ganz von sich aus und ohne daß wir sie darum gebeten hätten. Das* ist der Weg zum Fortschritt. *Das* ist der Weg, auf dem wir wirklich vorankommen.«

Alles schien wunderbar, doch das wirkliche Bild war keineswegs so idyllisch. Im Jahr zuvor, am 12. September 1975, hatte das US-Außenministerium nach Rücksprache mit den Kollegen im Finanzressort Nepote informiert, daß man es begrüßen würde, wenn man die Tagesordnung für die Generalversammlung einen Monat später in Buenos Aires um eine öffentliche Diskussion über Terrorismus ergänzte. Nepote lehnte ab – und begründete das mit »der Möglichkeit, daß die arabischen Delegationen sich vielleicht zurückziehen könnten, falls solche Diskussionen zustande kämen«: Das ist der Originalwortlaut im Bericht des FBI-internen Memorandums zu dieser Angelegenheit.

So fand denn die Generalversammlung im prachtvollen San-Martin-Kulturzentrum der argentinischen Hauptstadt statt – umrahmt vom üblichen Schwulst an Reden, in denen sich alle gegenseitig bestätigten, was für überragende Arbeit sie leisteten,[43] und zwei Monate später einigte sich in Rom der EG-Ministerrat auf Vorschlag des damaligen britischen Außenministers James Callaghan auf die Einsetzung einer speziellen Arbeitsgemeinschaft zur Bekämpfung von Terrorismus innerhalb der Europäischen Gemeinschaft. Die Existenz dieser Trevi-Gruppe ist in der Öffentlichkeit nahezu unbekannt. Ihren Namen verdankt sie dem damaligen holländischen Innenminister Fontein (»Brunnen«), der anläßlich des EG-Ministertreffens in Rom vom Fenster aus auf die Fontana di Trevi blickte und sagte: »Nennen wir sie doch ›Trevi‹!« Und alle waren einverstanden.

Interpol hatte sich diese Blamage selbst zuzuschreiben. Künftig sollte die Organisation übergangen werden. Die internationale Strafverfolgung brauchte sich, zumindest innerhalb der damals neun (inzwischen zwölf) EG-Mitgliedsstaaten, keine Gedanken mehr zu machen, ob irgendein bestimmter terroristischer Akt »politisch« war oder nicht; die Polizisten würden endlich wieder ihrer Arbeit nachgehen können und den Terrorismus wie jedes andere Verbrechen bekämpfen.

Die Innenminister der EG-Länder hatten sich zuvor bereits alle sechs Monate getroffen, um wichtige Routinedinge zu besprechen, und man vereinbarte, daß sie ab der nächsten Konferenz im Juni 1976 in Luxemburg von hohen Polizeibeamten aus ihren Ländern begleitet werden sollten. Diese sollten den Politikern direkt ihre Wünsche und Sorgen schildern, in der Zeit zwischen den offiziellen Halbjahrestreffen Arbeitsgemeinschaften zu besonderen Projekten bilden und untereinander eigene, zwanglose Alltagskontakte schaffen. Es sollte die perfekte Mischung aus spezialisiertem »Polizeiklub« und direkt installiertem Zugang zur politischen Macht werden. Auf diesem Spezialgebiet kann Interpol auch heute kaum konkurrieren. Dazu Commander Roy Penrose, verantwortlich für Einsatzfragen beim New Scotland Yard: »Sobald die einzelnen Arbeitsgruppen einem Vorschlag zustimmen, bekommt man zum Ende des laufenden Halbjahrs eine grundsätzliche ministerielle Entscheidung. Sie müssen bedenken, daß der größte Klub der Welt die Leute sind, die über Recht und Ordnung wachen – und bei Trevi kommen noch ministerielle Kompetenzen hinzu!«

Wie verkraftete Interpol diesen Schlag ins Gesicht? Nepote räumt wehmütig ein: »Ich war nicht schockiert, als Trevi ins Leben gerufen wurde. Andererseits war ich schon sehr verärgert, daß man mir nichts sagte.« Damals hat er seinen Stellvertreter André Bossard (einen französischen Polizisten, den er fünf Jahre zuvor in die Organisation gebracht und zu seinem Nachfolger auserkoren hatte), sämtliche Terrorismusakten auszugraben und eine Analyse der Vorgehensweise auszuarbeiten, die er vertreten hatte. Bossard gestaltete sie in offizielle, schriftliche »Richtlinien« um, die Nepote auf der nächsten Konferenz dem Exekutivkomitee präsentierte. Dort war man sich einig, daß das Generalsekretariat künftig danach verfahren solle; jedoch sei das Thema noch »zu heikel«, und es sei ratsam, diese Dinge den Mitgliedern vorzuenthalten. »In meinen Augen war das ein Fehler«, erzählte mir Kendall später, »weil die Mitglieder damals selbst völlig unsicher waren, ob sie über die Interpol-Verbindungen kooperieren konnten oder lieber nach einer anderen Lösung suchen sollten. Ich persönlich bin davon überzeugt, daß der Mangel an Entscheidungskraft seitens der Organisation zu jener Zeit großenteils für den Umstand verantwortlich ist, daß sich mittlerweile andere Initiativen gebildet haben, insbesondere jene wie die von den Innenministern der EG-Länder koordinierten Antiterrormaßnahmen. Das, so denke ich, wäre nicht passiert, wenn die Organisation entschieden Stellung bezogen hätte; aber sie versäumte dies zu Beginn der siebziger Jahre.«

Es kam sogar noch schlimmer. Gegen Ende der siebziger Jahre zeigte nicht nur die Arbeit der Trevi-Gruppe erste positive Resultate, es entstand auch eine neue, ständig operierende, noch effizientere intereuropäische Antiterrororganisation. Jan Wilzing, der derzeitige Leiter des holländischen NZB, erzählt die Geschichte: »Als Sir Richard Sykes, der britische Botschafter in den Niederlanden, und sein holländischer Diener im März 1979 vor der Eingangstür zu seiner Residenz in Den Haag erschossen wurden, fiel der Verdacht sofort auf die IRA. Mein Vorgänger fand allerdings heraus, daß Interpol über diese Organisation absolut nichts in ihren Akten hatte. Deshalb sagte er: ›Schauen Sie, wer hat unter dem Terror der IRA zu leiden? Die Holländer, die Belgier, die Deutschen und natürlich die Briten.‹ Also berief er hier in Den Haag eine Konferenz der Sonderabteilungen aller vier Polizeiverbände ein, und wie sich herausstellte, hatte man eine Menge nützlicher Informationen auszutauschen.«

Daraus ging die Polizeiliche Arbeitsgemeinschaft Terrorismus hervor, der heute die zwölf EG-Staaten sowie Finnland, Norwegen, Schweden und Österreich angehören. Sie erhielt ihren Segen von den europäischen Innenministern der Trevi-Gruppe und erweist sich dank dieser vitalen politischen Unterstützung als enorm wirkungsvoll. Wie die Trevi-Gruppe treffen sich auch ihre Mitglieder offiziell alle sechs Monate, wobei der Tagungsort zwischen den jeweiligen Hauptstädten wechselt. Wie es jedoch ein Sonderausschuß des Unterhauses im Juli 1990 formulierte, liegt ihre größte Stärke vielleicht darin, »daß sie es Polizeibeamten ermöglicht, die engen persönlichen und beruflichen Beziehungen aufzubauen, denen sie ihre prächtige Entwicklung verdankt«.

Ein Mitarbeiter der Antiterrorismusabteilung beim New Scotland Yard, der nicht namentlich genannt sein möchte, erzählte mir im Juni 1991: »Ohne die Ereignisse von 1972 wären wir froh gewesen, wenn wir zu Interpol hätten gehen können, aber wie sich die Dinge entwickelt haben, kann ich die Bedeutung der Polizeilichen Arbeitsgemeinschaft auf dem gesamten Sektor des Terrorismus in Westeuropa einschließlich Nordirlands gar nicht genug betonen. Wir kennen diese Leute, es sind unsere persönlichen Freunde, sie schauen hier beim Yard vorbei, wenn sie sich in London aufhalten. Wir nehmen Kontakt mit ihnen auf, wenn wir ins Ausland reisen, ganz gleich, zu welchem Zweck. Wir sind zu einer sehr soliden Gruppe von Arbeitskollegen zusammengewachsen, vertrauen einander bedingungslos und geben gegenseitig Informationen ohne große Umschweife weiter.«

Welche Rolle spielt bei alledem Interpol? »Soweit es den Terrorismus in Europa anbelangt, würde ich mich gar nicht an Interpol wenden. Ich stimme mit Ihnen überein: Die Organisation hat damals, 1972, den Anschluß verpaßt. Ich brauche sie heute nicht – bis auf eine Ausnahme, und die ist wichtig: Wenn ich tatsächlich eine Verhaftung vornehmen will, muß ich nach wie vor Interpol einschalten. Niemand wird einen Ausländer irgendwo in der EG – oder außerhalb – wegen einer in einem anderen Land begangenen Straftat ohne die internationale Ausschreibung von Interpol festnehmen. Und wenn ich mit den Vereinigten Staaten oder Rußland oder Südamerika zu tun habe oder irgendeinem Land außerhalb des europäischen Kontinents, dann gehe ich natürlich zu Interpol, wo man endlich Nägel mit Köpfen gemacht hat.«

In den späten siebziger Jahren jedoch, als Kendall in seinem bequemen Büro in Saint-Cloud saß, seine alten Ruderbilder aus Oxford hinter sich an der Wand, konnte er lediglich zuschauen und sich über Interpols verpaßte Gelegenheiten grämen. Bei der Generalversammlung in Panama im Oktober 1978 war Nepote nach zweiunddreißig Jahren an der Spitze schließlich zurückgetreten. »Keiner verdient den Titel ›Mister Interpol‹ mehr als Sie«, sagte sein Schützling und designierter Nachfolger als Generalsekretär, André Bossard, zu ihm. »Um meine Mission zu erfüllen, gibt es nur eine Methode, und zwar Ihrem Beispiel und dem Weg, den Sie vorgezeichnet haben, zu folgen.« Das wollte Kendall wohl am allerwenigsten hören, doch als Leiter der Polizeiabteilung, der zweitwichtigste Posten im Hauptquartier, war er couragiert genug, dafür zu sorgen, daß Interpol noch ein gewisses Maß an antiterroristischen Aktivitäten erhalten blieb – selbst wenn er seine Aktionen tarnen mußte.

»Wir konnten nur in einer ziemlich diskreten und scheinheiligen Weise agieren«, erinnert sich Kendall. »Als sich beispielsweise im August 1980 der verheerende Bombenanschlag im Bahnhof von Bologna ereignete, bei dem vierundachtzig Menschen getötet und fast hundert verletzt wurden, fand tatsächlich eine gewisse Zusammenarbeit statt. Dennoch bezeichneten wir den Vorfall nicht als ›terroristisch‹, denn diese Vokabel hatte in unserem Wortschatz nichts zu suchen. Der Geist Nepotes war immer noch spürbar: Wir nannten das Attentat ein ›Gewaltverbrechen durch organisierte Gruppen‹.«

Die Organisation konnte nicht ewig so weitermachen. Da Nepote nun nicht mehr im Amt war, wurden all die Klagen und Sorgen laut, die jahrelang ungehört geblieben waren. Es ging nicht nur um das peinliche Debakel an der Antiterrorfront, es wurde auch allgemeine Unzufriedenheit geäußert über die zunehmende Schwerfälligkeit der Organisation, ihren beinahe erstickenden Bürokratismus, ihre mangelhafte Ausstattung mit modernen Geräten – und, wie Robert van Hove, der bald darauf dem Exekutivkomitee angehören sollte, sagt: »Man vertrat allgemein die Auffassung, der Generalsekretär, der ja ein Franzose war, stehe dem französischen Innenminister zu nahe, der Kontakt zwischen den beiden sei zu eng.«

Doch nicht nur in Europa herrschte Aufbruchstimmung. Kurz vor Beginn der achtziger Jahre erkannten die Vereinigten Staaten endlich Interpols ganzes Potential im internationalen Kampf gegen Drogen und Terrorismus. Ein neuer Wind wehte nun über den Atlantik herüber, und dieser sollte – im Verbund mit Raymond Kendalls Talent, bisheriger Wut und Enttäuschung – die Organisation binnen fünf Jahren von Grund auf umkrempeln.

Um ein anderes Beispiel zu gebrauchen: Unter Kendalls Führung und mit starker amerikanischer Unterstützung rappelte sich Interpol nun wieder hoch. Doch zuerst mußte der in Lethargie verharrenden französischen Vorherrschaft ein Ende gemacht werden.

13. Kapitel
Frankreichs Einfluß schwindet (1980 bis 1983)

Die tatsächliche Rolle Interpols in den frühen achtziger Jahren läßt sich nur schwer einschätzen. William Higgitt, der Kommissar der Royal Canadian Mounted Police (Königlich-Kanadische Berittene Polizei, RCMP), der die Nachfolge Paul Dickopfs als Präsident von Interpol antrat, erzählte damals, 1974, einem Reporter der Londoner Zeitung *Sunday Times:* »Wenn's nach mir ginge, würden alle Terroristen als Mörder behandelt. Das Problem ist jedoch: Sollten wir eine politische Körperschaft werden, so liefe die Organisation Gefahr, auseinanderzubrechen. Wir wären dann nicht mehr als ein Debattierklub der Vereinten Nationen, während wir momentan bei unseren nachrichtendienstlichen Operationen beträchtliche Erfolge verzeichnen.«

Doch selbst dieser bescheidene Anspruch scheint fragwürdig. Robert van Hove, 1981 und 1982 Mitglied des Exekutivkomitees und von 1983 bis 1985 Vizepräsident für Europa, erinnert sich: »In den frühen achtziger Jahren, als Monsieur Nepote schon nicht mehr im Amt war, begannen wir ihre Arbeitsmethoden zu kritisieren, und ich fürchte, es war berechtigt. Die Akten wurden immer noch vom Personal handschriftlich angelegt und hatten lediglich Postfachcharakter: Nie wurde etwas hinzugefügt. Man erbat eine Auskunft von der Zentrale, und die erzählte einem dann: ›Nun, aus unseren Unterlagen ersehen wir, daß der Kerl sich mittlerweile so und so nennt‹, oder ›Wir kennen ihn nicht‹ – das war alles! Zu keiner Antwort, die man aus Paris erhielt, wurde irgendeine Bewertung abgegeben.«

Das Verwunderliche daran ist, daß man überhaupt irgendwelche Erfolge hatte. Nichtsdestotrotz wurden von Mitte der siebziger bis Anfang der achtziger Jahre durchschnittlich etwa zweitausend international tätige Verbrecher pro Jahr als direktes Ergebnis der Tätigkeit der Organisation verhaftet. Einzelheiten über diese Phase lassen sich nur schwer auftreiben, doch hier seien einige angeführt, die vorwiegend aus den Jahresberichten für die Generalversammlungen stammen:

Zwei Falschgeldfälle

Im Januar 1975 identifizierte die Polizei in Montreal, Kanada, unter Mithilfe der portugiesischen Polizei und des Generalsekretariats die Mitglieder einer Bande, die US-Dollar und portugiesische Escudos gefälscht und verbreitet hatten, und hoben ihre Druckerwerkstatt aus. Sechstausend Zehn-Dollar-Blüten wurden beschlagnahmt, ferner diverses Fälschermaterial (Bögen mit unfertigen Tausend-Escudo-Noten, Bogenlampe, Papierschneidemaschine, Negative, Druckvorlagen). Ermittlungen in Kanada, Portugal und den Vereinigten Staaten führten zu zahlreichen Festnahmen. Drei Kanadier wurden in Montreal, ein portugiesischer Staatsangehöriger in Newark, USA, verhaftet. Zum Jahresende lief noch immer die Fahndung nach weiteren Personen, meistens vollständig identifizierten Portugiesen.
Im November 1975 wurde auf dem Wiener Flughafen aufgrund des »guten Riechers« eines erfahrenen Zöllners ein Deutscher aufgehalten, der gerade eine Maschine nach Zürich besteigen wollte. In seinem Koffer befanden sich, versteckt in einem Geheimfach, 5101 gefälschte libanesische Hundert-Pfund-Noten. Der Mann gab zu, als Kurier zu arbeiten, und sagte, er habe die Blüten von einem Araber erhalten, den er auf einer Party kennengelernt hatte – diesen identifizieren könne er jedoch nicht. Nach Untersuchung eines der Scheine stellte die Falschgeldabteilung in Saint-Cloud fest, daß es sich bei den Blüten um denselben Typ wie bei den 3363 falschen libanesischen Hundert-Pfund-Noten handelte, die man zwei Monate zuvor bei einem ausländischen Reisenden auf einem anderen Schweizer Flughafen beschlagnahmt hatte. Auch dieser hatte zugegeben, daß er sie für einen Araber mitnahm, den er angeblich nicht identifizieren konnte. Diese Informationen wurden an das Wiener NZB weitergegeben.

Wurden die gesuchten portugiesischen Fälscher je geschnappt? Was konnte die österreichische Polizei mit den Auskünften über die libanesischen Blüten anfangen? Wir werden es nie erfahren. Der Jahresbericht der Falschgeldabteilung für die nächste Generalversammlung schweigt sich über beide Vorfälle aus. Wie bereits angesprochen, ist der stereotype Satz »Wir kennen das Ende der Geschichte nicht« eine in Saint-Cloud – und selbst heute noch in Lyon – oftmals gehörte Klage.

Zwei Drogenfälle

Am 4. März 1976 informierte das NZB Hongkong die Zentrale in Saint-Cloud per Telex, daß ein Mann, Name unbekannt, jedoch eine Tasche mit Golfschlägern mit sich führend, soeben ein Flugzeug nach Europa, Zielort unbekannt, bestiegen habe. Es könne sich möglicherweise um einen Heroinschmuggler handeln. Saint-Cloud gab sofort einen Funkspruch an alle europäischen NZB heraus. Drei Tage später wurde ein Kanadier mit einer Golftasche, der seinen Flug von Hongkong außerhalb Europas unterbrochen hatte, bei seiner Ankunft auf dem Kopenhagener Flughafen festgenommen – und die Golfbälle in seiner Tasche enthielten insgesamt viereinhalb Kilo Heroin No. 3.

Im Februar 1976 berichtete ein Informant in Bern der dortigen Kantonspolizei von einer Gruppe tschechischer Haschischdealer, die in Westeuropa operierte. Das war eine neue Masche bei emigrierten Kriminellen aus der Tschechoslowakei. Das Schweizer NZB leitete die Information über Saint-Cloud an die NZB von Frankreich, Spanien und Marokko weiter. Der Erfolg ließ nicht lange auf sich warten: Am 24. Mai 1976 nahm die Polizei der südfranzösischen Hafenstadt Sête einen Kurier mit 187 Kilo Haschisch fest, und am 12. August 1976 wurden auf dem Campingplatz »Dorado Jaraco« bei Valencia 260 Kilo Haschisch (fast die Hälfte davon in Form von Haschischöl) beschlagnahmt.

Zwei erfolgreiche Tips

Am 20. März 1977 teilte das NZB Hongkong Saint-Cloud über Funk Namen und Einzelheiten von vier Chinesen mit, die im Verdacht standen, in Kürze Heroin von Bangkok in die Niederlande schmuggeln zu wollen. Die Zentrale gab sofort eine grüne Fahndungsausschreibung an die NZB von Thailand und Holland heraus. Am 14. April 1977 verhaftete die holländische Polizei die vier Männer gemeinsam mit ihren örtlichen Komplizen und beschlagnahmte, nachdem sie zuvor die Chinesen ab dem Amsterdamer Flughafen beschattet und sie scheinbar unbemerkt die Zollsperren passieren lassen hatte, in einer Wohnung in Amsterdam 2,815 Kilo Heroin.

Am 27. Januar 1978 funkte das holländische NZB in Den Haag das griechische NZB in Athen an, daß zwei namentlich genannte Holländer, die mit einer KLM-Maschine von Bangkok via Karatschi und Athen nach Wien reisten, vermutlich eine große Lieferung Heroin mitführten. Am nächsten Tag nahm die griechische Polizei die beiden Männer in Empfang – und fand in ihrem Gepäck fast achtzehn Kilo Heroin No. 3.

Die Geschichte eines Drogenbeamten

Robert Littas, ein schwedischer Verbindungsmann der Drogenabteilung in Saint-Cloud, erinnert sich: »Einer meiner Kollegen, auch ein Verbindungsmann, brachte aus Lissabon ein Foto eines Hochseekutters mit, von dessen Besatzung die portugiesischen Behörden annahmen, sie könnte in Drogengeschichten verwickelt sein. Sie hatten aber keine sicheren Beweise und wollten daher nichts offiziell herausgeben. Mein Kollege gab mir das Foto zusammen mit einer Liste der Besatzungsmitglieder, und ich schickte die Sachen mit der Bitte um weitere Informationen an meine Kontaktpersonen in Großbritannien weiter.

Dann sickerte durch, daß die Briten selbst schon seit einiger Zeit genau diese in der Crewliste genannten Personen im Verdacht hatten! Sofort stellten sie neue Nachforschungen an und beschleunigten ihre Ermittlungen – mit dem Ergebnis, daß schließlich jenes Schiff, als es mit derselben Mannschaft in britischen Gewässern aufkreuzte, gestoppt wurde. Bei der Durchsuchung des Kutters wurde eine der größten Haschischmengen der letzten Jahre – über zwei Tonnen – beschlagnahmt.«

Passagier statt Entführer verhaftet

Am 2. März 1981 entführten drei Anhänger des hingerichteten pakistanischen Präsidenten Ali Bhutto eine Boeing der Pakistan International Airlines (PIA) auf dem Flug nach Kabul. Die Kidnapper töteten einen pakistanischen Beamten an Bord und dirigierten die Maschine in die syrische Hauptstadt Damaskus um, wo sie die Fluggäste und die Besatzung dreizehn Tage lang als Geiseln festhielten. Sie drohten mit der Ermordung aller *ausländischen Passagiere, falls Präsident Ziaul Haq (der für die Hinrichtung Bhuttos verantwortlich war) nicht vierundfünfzig politische Gefangene freiließ. Ziaul Haq gab der Forderung nach, worauf die Entführer (denen von den syrischen Behörden politisches Asyl gewährt worden war) Passagiere und Besatzung freiließen. Doch einer der Passagiere, ein amerikanischer Staatsbürger, wurde danach von der syrischen Polizei kraft einer von Interpol auf Antrag des NZB Washington ausgestellten roten Fahndungsausschreibung festgenommen, weil er Drogen in die USA geschmuggelt hatte! Die Luftpiraten feierten ihren Sieg, die Geiseln flogen alle erleichtert weiter – und er tauschte den Flugzeugsitz mit der Zelle eines syrischen Gefängnisses.*

Man beachte, daß bis auf zwei Ausnahmen (die gefälschten libanesischen Banknoten und die rote Fahndungsausschreibung der Amerikaner) bei all diesen erfolgreich abgeschlossenen Fällen das Funknetz der Organisation zur Weiterleitung dringender Mitteilungen beteiligt war. Es gab so gut wie keine Verzögerungen. Eine Nachricht wurde in Saint-Cloud empfangen und sobald wie möglich dem rechtmäßigen Bestimmungsort übermittelt. Darin bestand der ganze Zweck des Manövers: die prompte Weitergabe von wichtigen Informationen.

Doch dieser »Postamt«-Aspekt war seit jeher nur die eine, wenngleich sehr wesentliche Hälfte von Interpols Rolle. Leider kam, wie Robert van Hove deutlich machte, der ebenso wichtige Analyseaspekt ihrer Arbeit beinahe zum Stillstand – und zwar nicht nur, weil die in Polizeibürokratie französischer Prägung erstarrten Mitarbeiter nicht gern Bewertungen zu Entwicklungen oder Ereignissen abgaben[44], sondern weil sie auch ihre Funktion allein auf ihrer Meinung nach unbestrittene Tatsachen begrenzt sahen. Man konnte angesichts der scheinbar endlosen Verzögerungen froh sein, insoweit überhaupt irgendeine Antwort von Saint-Cloud zu erhalten. Bis weit in die achtziger Jahre hinein hatte Interpol als Informationsquelle für Auswertungen einen miserablen Ruf. Antonino Lazzoni, ein langjähriger Beamter der italienischen Polizei und jetziger Leiter des Kriminalanalysedienstes in Lyon, erinnert sich noch sehr gut an früher: »Wenn man Interpol bat, etwas in den Akten nachzuschlagen und dann auf die Antwort wartete, so konnten Wochen vergehen, bis die mal reagierten. Es war einfach lächerlich!«

Das Problem war zweifacher Natur. Zum *einen* war das Kriminalarchiv überfrachtet mit Informationen, die meisten davon hoffnungslos veraltet und großenteils überflüssig. Zweifellos verfügte Saint-Cloud über der Welt größte und umfassendste Bibliothek des internationalen Verbrechens. Mußte jedoch wirklich noch in den Akten vermerkt sein, daß 1947 aus dem Nationalmuseum in Victoria, Australien, eine Schmetterlingssammlung als gestohlen gemeldet wurde, daß 1973 jemand in der Schweiz einen Elefanten aus einem Zirkus entführte oder daß im Juni 1975 in Heidelberg zwei Eulen geklaut wurden? Zum Jahresende 1982 enthielt die Kartei in Saint-Cloud, alphabetisch, phonetisch und nach Arbeitsweise geordnet, nicht weniger als 3 768 000 internationale Verbrecher. Und alle diese vielen Akten mußten bei jeder eingehenden Anfrage manuell durchforstet werden.

Ein Beamter erzählte mir einmal, wie das phonetische Register funktionierte. Es war ein überaus mühsames und zeitraubendes Verfahren: »Nehmen Sie den Buchstaben ›A‹. Sagen wir, wir empfangen einen Funkspruch über jemanden, dessen Name so klingt, als würde er mit diesem Buchstaben beginnen. Wir erkennen ihn nicht gleich. Was tun wir also? Wir gehen zu unserem phonetischen Register und klappern dort alle Namen unter ›A‹ ab. Sehen Sie selbst – das dauert natürlich seine Zeit: Denn Sie werden feststellen, daß es jemand sein könnte namens Haas, Hart, Hass, Hatt oder auch sonst fast jeder andere, dessen Name mit ›H‹ ebenso wie mit ›A‹ beginnt, je nach seiner Nationalität oder der Aussprache seines Namens.«

Zum *zweiten* »hinkte vor 1984 das Generalsekretariat vielen Mitgliedsstaaten auf dem Gebiet der Polizeitechnologie hinterher«, wie der Ausschuß für innere Angelegenheiten des britischen Unterhauses im Juli 1990 berichtete. Denn nicht genug damit, daß das Hauptquartier keinen Arbeitscomputer und auch sonst nur sehr wenige moderne Geräte besaß – man bediente sich bei vielen Nachrichten tatsächlich noch der Morsetaste; beim Rest vertraute man vorrangig auf Funk, was eine bekanntermaßen riskante Übertragungsmethode ist, bei der die Verbindung jederzeit aufgrund widriger Witterungsverhältnisse gestört werden oder ganz abreißen kann. Außerdem erzählte mir André Bossard bei meinem ersten Interview, das ich im September 1980 mit ihm als Generalsekretär führte, persönlich: »Nur fünfundsechzig Mitglieder sind über Funk mit uns hier in Saint-Cloud oder mit ihren Regionalbüros verbunden – das ist gerade etwas mehr als die Hälfte der Länder in der Organisation.«

»Interpol war als Lieferant von Daten über einige der übelsten Typen der Welt, darunter Drogenbarone, Terroristen und international flüchtige Personen, sozusagen am Schalter eingeschlafen« – ein bezeichnender Satz des amerikanischen Journalisten Edward Cone. Doch es gab keinen Schalter.

André Bossard war leider nicht jene Persönlichkeit, um Interpol aus dem Schlamassel herauszuhelfen. Damals versuchte er ein Bild des Vertrauens zu vermitteln, das er fast sicher nicht spürte. »Meiner Meinung nach«, erklärte er bei diesem ersten Interview im September 1980, »muß man ständig sein Wissen über die existierende Kriminalität erweitern. Als Polizeibeamte müssen wir uns an der Kriminalität orientieren. Wir haben uns verpflichtet, Kriminalität in jeder Erscheinungsform zu bekämpfen. Ein Wandel in der Kriminalität muß sich in der Entwicklung unserer Methoden zu ihrer Bekämpfung widerspiegeln.«

Dennoch war Bossard trotz seiner gallischen Eloquenz und der Pfeife im Tischständer hinter ihm kein Maigret. Eigentlich war er mehr Rechtsanwalt denn Polizist, und er hatte auf alle Fälle zu lange in Jean Nepotes Schatten gestanden. Robert van Hove sagt hierzu: »Monsieur Bossard war ein sehr scharfsinniger und kluger Mann, aber immer unschlüssig. Ich glaube, daß er nur ein Ziel hatte: nämlich bis zur üblichen Pensionsgrenze von fünfundsechzig Jahren im Amt zu bleiben und überhaupt nichts zu verändern... einfach alles wie seit Jahren schon weiterlaufen zu lassen.«

Das klingt hart? Vielleicht – aber rückblickend räumt Bossard im April 1991, als er die Altersgrenze schließlich erreicht hatte, in seiner Pariser Wohnung, deren Wände Erinnerungen an Interpol zieren (heute lehrt er Kriminologie an der Universität von Illinois), wehmütig ein: »Ich glaube, meine Zeit bei Interpol war eine Übergangsphase. Als ich 1971 dort anfing, war sie noch ein sehr kleiner Verein und das Gebäude in Saint-Cloud eben erst fertiggestellt worden. Viele von uns waren Franzosen: Damit meine ich, daß im Hauptquartier die Nichtfranzosen die Minderheit bildeten. Es liefen einige Inspektoren und Polizisten aus anderen Ländern herum, jedoch relativ wenige.

Der Etat wurde wie bei einem Tante-Emma-Laden festgelegt. Zuerst stellten Monsieur Nepote und danach ich unsere Posten auf einem Blatt Papier zusammen und addierten sie dann mit einem japanischen Taschenrechner. Wie mein Bäcker! Es war simpel, doch mehr brauchten wir nicht.

Wir versuchten unsere Arbeit so gut wie möglich zu machen und hatten auch wirklich einigen Erfolg. Aber der Bedarf – sowohl an Informationen als auch hinsichtlich von Arbeit und Zeit – war nicht eben berauschend. Uns blieb noch Zeit zum Leben, zum Überlegen, zum Nachsinnen über dies und das und so weiter.

Doch dann begann die Nachfrage natürlich zu steigen. Der Organisation gehörten immer mehr Länder an, die zunehmend anspruchsvoller wurden – und denen ging alles zu langsam.«

Er ist ein sympathischer, anständiger Mann, und er gab sich redlich Mühe – doch seine Probleme begannen fast schon bei seinem Amtsantritt. Der Angriff kam aus einer sonderbaren Ecke – von den Scientologen. Folgendes war passiert: Im Jahr 1959 hatte das Pariser Hauptquartier eine internationale blaue Ausschreibung mit der Nummer 500/59 A 3674 herausgegeben, in der man vor einem Mann namens Mark Moscowitz warnte, von dessen Aliasnamen einer mit »Leon Steinberg« angegeben wurde. 1974 stieß ein NZB anläßlich einer laufenden Ermittlung auf eine Person dieses Namens, und auf Anfrage teilte Saint-Cloud mit, daß es sich ihren Unterlagen zufolge vielleicht um den Gesuchten von jener fünfzehn Jahre alten Ausschreibung handeln könnte. Jedoch konnte Steinberg schließlich anhand seiner Fingerabdrücke beweisen, daß er nicht der Betreffende war, und am 15. September 1976 informierte Saint-Cloud alle NZB, daß man einen Fehler begangen hatte.

Damit war die Angelegenheit jedoch nicht erledigt. Die Scientologen griffen Steinbergs Fall auf und verklagten Interpol beim Bundesgericht in Washington D. C.: Sie verlangten eine öffentliche Entschuldigung und Schadenersatz. Die Kontroverse endete 1986 in einer außergerichtlichen Einigung. Doch nun folgte weltweit eine ganze Serie anderer, von Scientology unterstützter Ansprüche gegen die Organisation – und der glücklose Bossard erkannte kurz nach seiner Amtsübernahme, daß Interpol nicht über die üblichen rechtlichen Privilegien einer internationalen Organisation verfügte und daß sowohl Interpol als auch er selbst und jeder andere wichtige Beamte persönlich vor Gericht verklagt werden konnten. »Wir bekamen Telegramme aus vielen Ländern«, erinnert er sich, »in denen stand, man habe Vorladungen und

Rechtsdokumente erhalten – was man damit tun solle. Die Anfragen kamen fast von überallher! Wir sagten den NZB, sie sollten ihre Rechtsbehörden um Rat fragen – und wir merkten bald, daß wir das gleiche tun mußten!

Ich weiß noch, wie ich damals auf der Suche nach einem Anwalt unseren Generalstaatsanwalt anrief. Ich erzählte ihm, was vorgefallen war, und sagte: ›Ich weiß, daß ich Sie nicht danach fragen sollte, aber können Sie mir nicht wenigstens eine Liste von Anwälten geben, bei denen wir sicher sein können, daß sie sich unseres Falls gewissenhaft annehmen?‹ Auf diese Weise heuerte ich den ersten Anwalt der Organisation an. Wir waren naiv. Damals erkannten wir, daß die Organisation keinerlei Schutz genoß.«

Auf Anraten dieses Anwalts hin rief im Herbst 1979 Bossards Sekretärin im Büro von André Lewin,dem neu ernannten Direktor der Abteilung für die Vereinten Nationen und Internationale Organisation im französischen Außenministerium, an, um für ihren Chef einen Termin zu vereinbaren. Denn der Jurist hatte dargelegt, daß es nur einen Ausweg aus Interpols rechtlichem Dilemma gäbe: Frankreich müsse ein Sitzabkommen mit Interpol schließen, das dieser den vollen rechtlichen Status und die gesetzlichen Immunitäten einer internationalen Organisation auf französischem Boden einräumt, wie sie beispielsweise die UNESCO genießt, die ihren Hauptsitz bis heute in Paris hat.

Die französische Regierung lehnte dieses Ansinnen jedoch zunächst ab. Man fand es nämlich recht praktisch, Interpol ohne ihren vollen internationalen Status nach Gutdünken zu gängeln. Nur Bossards unbeirrbarer Zähigkeit ist es zu verdanken, daß er in drei Jahre dauernden langwierigen Verhandlungen mit seinem eigenen Land schließlich für seine Organisation den vollen internationalen Status und rechtliche Immunitäten (plus Steuerbefreiung für ranghöhere Beamte) erkämpfte. Das nahm einen Großteil seiner Zeit in Anspruch und erforderte sehr viel persönliche Hingabe, aber schließlich kam es im November 1982 zur Unterzeichnung eines entsprechenden Abkommens. Nichtsdestotrotz wurde es erst ein Jahr später und nur widerwillig vom französischen Parlament ratifiziert. Der Schlußstrich unter die Geschichte wurde erst am 14. Februar 1984 gezogen, als das neue Abkommen offiziell in Kraft trat und Frankreich endlich Nepotes früheres Ziehkind in rechtlicher Hinsicht von seinem Rockzipfel abtrennte.

Kaum hatte Bossard die Verhandlungen für seine Interpol ins Rollen gebracht, da brauten sich am Horizont der Organisation in juristischer Hinsicht auch schon neue Wolken zusammen; auch sie waren eine Folge ihres unzulänglichen Schutzes durch die französische Gesetzgebung.

Denn im Mai 1980 wurde endlich Interpols erster Computer in Saint-Cloud installiert. Doch bevor der junge Computerfachmann Patrick Leroy, damals eigens als Operator ins Team geholt und heute Chef der Computerdatenbank in Lyon, sich an die Arbeit machen konnte, stattete die französische Polizei dem Hauptquartier einen offiziellen Besuch ab. »Sie haben einen Computer«, eröffneten sie dem verblüfften Leroy. »Wir wüßten gern Bescheid über die Struktur Ihrer Akten und darüber, welche Daten sie möglicherweise enthalten.«

Sie waren hier im Namen des *Comité Informatique et Libertés*, (CNIL) einer Institution, die über das »Loi Informatique et Libertés« wachte – das französische Datenschutzgesetz –, das erst zwei Jahre zuvor, im Januar 1978, in Kraft getreten war. Dieses Gesetz der Franzosen ist weit strenger als sein britisches oder amerikanisches Pendant. Es schränkt »personenbezogene Informationen« sehr stark ein, also Dateien, die Namen von Personen enthalten und in Frankreich noch legal angelegt werden dürfen, sogar solche der französischen Polizei selbst.

»Seit ihrer Gründung«, erklärt Leroy, »hat das CNIL die Aufgabe, alle Computerdateien zu kontrollieren, die dazu verwendet werden könnten, sich mit illegalen Mitteln Zugriff auf personenbezogene Informationen zu verschaffen. Aber es kontrolliert jede Datei, mit deren Hilfe man direkt oder indirekt irgendwelche Informationen über bestimmte Personen herausfinden kann.

Das bedeutete: Galt dieses französische Gesetz auch für das Generalsekretariat, so konnten wir überhaupt keine Namensdateien anlegen, weil das einen ›direkten‹ Zugriff auf Informationen über namentlich genannte Personen erlauben würde; wir konnten nicht einmal die Standarddaten beispielsweise über harte Drogen oder Kunstdiebstähle in eine Datei eingeben, denn sobald jene Datei bestimmte Personen nannte (was sie ja zwangsläufig tun müßte) und wir sie mit einer Dateinummer versahen (was ja offensichtlich notwendig war), dann würde diese Dateinummer es selbst ohne irgendeinen namentlichen Vermerk ermöglichen, ›indirekt‹ die namentlichen Informationen in der Datei ausfindig zu machen. Wir steckten folglich in der Klemme! Wenn wir also dem französischen Gesetz unterstanden, konnten wir nur reine Statistik betreiben – wie viele Drogen im letzten Jahr beschlagnahmt wurden und dergleichen –, was für unsere Mitglieder wohl kaum von großem Nutzen war.«

Doch mehr war ihm während der kommenden fünf Jahre nicht gestattet.

Wenn Leroy heute darüber spricht, sind noch deutlich der Ärger und die Enttäuschung aus seinen Worten herauszuhören: »Wir haben zehn Jahre verloren! Erstens waren wir 1980 bei der Installierung eines Computers schon fünf Jahre im Rückstand, und dann kam bis 1985 noch einmal die gleiche Zeit hinzu. Es ist sinnlos, es anders darstellen zu wollen.

Zum Glück wurde im März 1985 beschlossen, daß bei der elektronischen Datenverarbeitung und auch der Telekommunikation die technischen Einrichtungen optimal genutzt werden müssen, um die Fahndungsarbeit zu erleichtern. Wäre diese Entscheidung nicht getroffen worden – der Initiator war übrigens Raymond Kendall[45] –, dann würde das Generalsekretariat heute wohl nicht mehr existieren. Reine Statistikarbeit war für die Organisation nutzlos. Nachträglich zu wissen, daß wir im Vorjahr x Tonnen Kokain beschlagnahmt hatten – was bringt das für die Ermittlungen der Polizei? Ich bin zwar kein Polizist, aber ich arbeite für eine Polizeiorganisation. Auf polizeilicher Ebene zu wissen, daß wir im letzten Jahr soundso viele Tonnen Kokain sichergestellt haben, ist ja gut und schön, aber wer kann damit was anfangen? Und genau das taten wir von 1980 bis 1985. Warum? Weil wir den Computer nicht mit Namen, mit ›personenbezogenen Informationen‹, füttern durften; wir konnten nicht alle Verbindungen in einem vorliegenden Fall herstellen. Für Interpol hieß die Parole: ›Auf Computer umstellen oder untergehen‹, und niemand außer Mister Kendall begriff das.«

Die ganze Affäre birgt einen noch beunruhigenderen Aspekt: Obwohl er die Frage nach Interpols legaler Computerkapazität in die Verhandlungen mit der französischen Regierung einbrachte, akzeptierte Bossard im Mai 1980, daß Interpol bis zur Klärung dieser Angelegenheit dem französischen Gesetz unterstand. Wenn dem so war – warum, um alles in der Welt, hatte er dann überhaupt erst den Kauf des Computers gutgeheißen? War ihm denn nicht bewußt, daß dies einen Verstoß gegen das französische Gesetz bedeuten konnte? Seine Antwort im April 1991 ist entwaffnend: »Nein. Daran habe ich keinen Gedanken verschwendet. Zu der Zeit dachte niemand an so was.«

Schließlich wurde ein Kompromiß erzielt und im Sitzabkommen ein Passus aufgenommen, der die gesetzliche Unversehrtheit der Interpol-Akten achtete, sie aber gleichzeitig, um ihre Exaktheit zu garantieren, der regelmäßigen Inspektion eines Überwachungsgremiums unterstellte – dessen Vorsitzender damals wie heute Mitglied des französischen Comité Informatique et Libertés ist.

In diesen vier langen Jahren bis zum Inkrafttreten des neuen Abkommens war man in einer absurden Situation. Rechtlich gesehen gehören alle von den NZB eingehenden Interpol-Informationen – namentliche wie statistische, von Hand und mit EDV aufbereitete – nicht der Organisation. Laut Interpols eigenen Bestimmungen sind sie ausschließlich Eigentum der NZB selbst. Interpol ist nur ihr Hüter, nicht ihr rechtmäßiger Eigentümer.

Doch Bossard, der Generalsekretär einer unabhängigen internationalen Polizeiorganisation, ließ als Arbeitsvoraussetzung von Mai 1980 bis Feburar 1984 zu, daß diese Informationen von einem der Mitgliedsländer eingesehen werden konnten: von Frankreich. Kein Wunder, daß Robert van Hove, der, wie bereits gesagt, 1981 in das Exekutivkomitee berufen wurde, sagt: »Inzwischen waren Nepote und sein starker Einfluß nicht mehr zugegen, und unter den Mitgliedern des Exekutivkomitees machte sich allgemein das Gefühl breit, die französische Politik mische sich zu sehr ein. Wir begnügten uns nicht mehr mit der Rolle von Jasagern und stellten eine Menge Fragen. Wir würdigten zwar Frankreichs zahlreiche Verdienste um die Organisation, nahmen es aber übel, daß Frankreich offenbar das Recht hatte, viel mehr als jedes andere Land in die internen Arbeitsabläufe der Organisation einzugreifen.«

Es gab nur einen Ausweg aus dem Dilemma: Ein anderes Land müßte die Führung übernehmen, und zwar eins, das nicht solch einen hohen Preis an Prestige und Gesamtkontrolle verlangen würde wie Frankreich.

Nach Großbritannien zu schielen, war zwecklos. Als Leiter der Polizeiabteilung mochte Kendall zwar der zweithöchste Polizeibeamte auf Interpols Gehaltsliste gewesen sein, jedoch waren die Briten seit jeher der Organisation nicht sonderlich wohlgesonnen, lange bevor deren Vogel-Strauß-Politik hinsichtlich des Terrorismus ihnen einen triftigen Grund für diese Abneigung lieferte.

Großbritannien richtete erst 1949 ein eigenes NZB ein, und selbst dieses bestand aus nur einem Raum bei Scotland Yard mit drei Mann Personal. Als Sir Richard Jackson 1960 zur Generalversammlung nach Washington D. C. flog, um das Präsidentenamt zu übernehmen – und dadurch seinem Heimatland großes Ansehen zu verschaffen –, mußte er sich mit den Behörden herumstreiten wegen der Erlaubnis, erster Klasse fliegen zu dürfen. Kendall hatte einen Großteil seines Polizistenlebens außer Landes – in Uganda – zugebracht, bevor er 1971 zur Interpol ging, und die britischen Polizeibehörden sahen und sehen in ihm selbst heute noch stets eine hervorragende Persönlichkeit – aber auch einen Einzelgänger.

Vom anderen Ufer des Ärmelkanals war also keine Hilfe für die geplagte Organisation zu erwarten. Die Desillusionierung bei Interpol erreichte zu Beginn der achtziger Jahre ein solches Ausmaß, sagt Richard C. Steiner, der Leiter des NZB Washington von 1981 bis 1990, daß – und dies ist noch nie zuvor veröffentlicht worden – sowohl Kanada als auch die Bundesrepublik Deutschland ernsthaft darüber nachdachten, entweder »auszusteigen« oder zu versuchen, ihre eigene internationale Polizeiorganisation aufzubauen. Sie hatten genug von Saint-Cloud mit seinem wohl übermäßigen französischen Einfluß, seinen Verzögerungen, selbstauferlegten Beschränkungen und seiner Unfähigkeit.

Wie wir jedoch wissen, stiegen sie nicht aus – und dafür gab es einen guten Grund. Die Vereinigten Staaten beschlossen, das sinkende Schiff zu übernehmen, frischen Wind in seine Segel zu pusten und es – mit Kendall anstelle eines zaudernden Bossard am Ruder – wieder auf die hohe See der engagierten Verbrechensbekämpfung hinauszuführen.

Der Mann mit dieser Vision war Richard C. Steiner: In gewisser Weise sollte diese Zweitausgabe »Buffalo Bill« Codys – groß, von wuchtiger Statur, mit langem, weißblondem Haar und widerspenstigem Schnauzer, nur der Kinnbart fehlte noch – in der ersten Hälfte der achtziger Jahre für die Organisation das sein, was Jean Nepote vier Jahrzehnte zuvor gewesen war. Doch es begann alles trügerisch harmlos. »Im November 1980«, so erinnert er sich, »war ich als stellvertretender Chef des NZB Washington unterwegs nach Manila zu meiner ersten Generalversammlung. Ich flog mit

Stew Knight rüber, damals Leiter des US Secret Service und ein Vizepräsident von Interpol. Er lud mich ein, neben ihm Platz zu nehmen, und erzählte mir, daß er bei der Ankunft seine Kandidatur für das Präsidentenamt bekanntgeben werde. Carl Persson, der schwedische Präsident, würde mit Beendigung der Generalversammlung in den Ruhestand treten, und Stew bat mich, sein Wahlkampfberater zu sein.

Jeder wußte, daß Jolly Bugarin, Chef der philippinischen Polizei und rechte Hand von Ferdinand Marcos, sich bewerben würde, und anscheinend war Knight schon im Jahr davor aufgefordert worden, gegen ihn anzutreten, doch der hatte damals abgelehnt. Nun hatte Carl Persson persönlich Kontakt zu ihm aufgenommen und ihn gebeten, die Angelegenheit doch noch einmal zu überdenken. Das war alles ziemlich auf den letzten Drücker improvisiert und die Niederlage denn auch vorprogrammiert. Dafür wurde ich gleich ins kalte Wasser geworfen und lernte eine Menge.[46]

Ich lernte, daß die Organisation wie eine Demokratie geführt wurde, und wenn in einer wahren Demokratie die Mitglieder nicht zu ihrer Verantwortung stehen, sich an der Leitung der Organisation aktiv zu beteiligen, so weiß man, daß das ganze Gebilde ineffektiv ist. Und so war es. Ich meine, Europa ließ die Organisation im Stich – genau wie die Vereinigten Staaten bis zu diesem Zeitpunkt. Ich denke nicht, daß es innerhalb der Weltgemeinschaft ein Gefühl der Verpflichtung gab, aus Interpol tatsächlich was zu machen.

Mit Carl Persson ging der erste Nachkriegspräsident, der wirklich mehr war als bloß eine Galionsfigur. Er war ein hervorragender Mann, und nachdem ich mir seine Abschiedsrede angehört hatte, in der er eindrucksvoll über seine Vorstellungen von Interpols zukünftiger Rolle sprach, spürte ich aufrichtig, daß es für eine solche Organisation ein Vakuum gab.«

Es war alles eine Frage des Timing. Bislang hatten die Vereinigten Staaten, von der Ost- zur Westküste über fünftausend Kilometer breit, aufgrund ihrer Größe mehr als genug mit eigenen ausgedehnten Gangstersyndikaten zu tun, doch mit ständig zunehmenden Auslandskontakten begann nun sogar das amerikanische Verbrechen, sich über die Grenzen der USA hinaus zu orientieren. Illegale Drogenimporte erreichten Anfang der achtziger Jahre neue Rekordhöhen, internationale Geldwäsche wurde rasch zu einem neuen großen Problem, die ganze Palette der Computerkriminalität und des internationalen Betrugs drängte in die Szenerie. Vor allem aber ging vom internationalen Terrorismus eine wachsende Bedrohung aus: Die Westeuropäer mögen mit der Trevi-Gruppe und der europäischen Polizei-Arbeitsgemeinschaft eigene praktikable Lösungsansätze entwickelt haben, aber US-Bürger wurden rings um den Erdball in Linienmaschinen entführt oder in die Luft gesprengt, und auch amerikanische Flugzeuge selbst waren nicht vor Anschlägen sicher. Also waren rasche Gegenmaßnahmen vonnöten. Wie Steiner sagt: »Wäre Interpol nicht bereits dagewesen, wir hätten sie erfinden müssen.« Es erschien sinnvoller, sich auf die Modernisierung der bestehenden Organisation mit all ihren Mängeln zu konzentrieren, als mit etwas Neuem noch einmal bei Null anzufangen.

»Ich konnte das nicht verkaufen! Nicht in tausend Jahren wäre mir das möglich gewesen! Es war schon schwer genug zu versuchen, die Amerikaner für den Plan zu gewinnen, bei Interpol zu bleiben und sie wiederzubeleben. Schon gar nicht irgendeinen Neubeginn zu starten. Ich war meilenweit davon entfernt, die amerikanischen Strafverfolgungsbehörden zu solchen Verhandlungen an einen Tisch zu bringen, vom Außenministerium und allen anderen gar nicht erst zu reden. Einen Weg, etwas gänzlich Neues innerhalb kurzer Zeit durchzuziehen, gab es beim besten Willen nicht. Es hätte Jahre gedauert.

Nein, unsere Unterstützung galt aus finanziellen Überlegungen dem kontinuierlichen Engagement bei Interpol – so war es viel billiger! – und wegen der bestehenden Interpol-Verfassung, der Satzung von 1956, die sie zu einer sehr demokratischen Organisation machte. Eine Verfassung, die ebenso viele Kontrollmöglichkeiten enthielt wie die amerikanische Regierungsverfassung. Ein sehr beeindruckendes Dokument.«

Nach einiger Zeit fand Steiner einen starken Verbündeten in Richter William H. Webster, der 1978 Chef des FBI geworden war. Dieser hatte nach einem Fall, bei dem das US-NZB dem FBI behilflich gewesen war, einen bedeutenden internationalen Verbrecher dingfest zu machen, seine Topleute angewiesen, auf Steiners Kurs einzuschwenken und ihn bei seinem Vorhaben zu unterstützen.

Doch selbst mit Websters Hilfe konnte Steiner sein Programm den anderen Behörden nicht »verkaufen«, wenn er bei der Umstrukturierung von Interpol und ihrem wachsenden Bewußtsein für interne Probleme keine Erfolgsmeldungen vorzuweisen hatte.

Zu diesem Zweck visierte Steiner die Übernahme der Organisation durch sein Land so clever und zielsicher an wie ein Industriemagnat, der die Einverleibung eines Konkurrenzbetriebs plant.

Nachdem er im Sommer 1990 vom NZB zur Untersuchungsabteilung des Obersten Rechnungshofs, der »Wachhundsektion« des Kongresses, gewechselt und im November 1991 schließlich aus dem Exekutivkomitee ausgeschieden war, gab er – nunmehr frei von den Zwängen einer direkten Tätigkeit für die Organisation – zu, daß er doch einen Plan hatte, mit dem er drei Ziele verfolgte:

»Erstens sollte das amerikanische NZB selbst mehr Mittel erhalten, um seine internationale Glaubwürdigkeit zu gewährleisten. Zu jener Zeit wurden die Vereinigten Staaten öffentlich kritisiert wegen ihrer mangelhaften Flexibilität hinsichtlich des Interpol-Netzes. Man bat uns um Auskünfte, und wir kamen einfach nicht rechtzeitig oder überhaupt nicht dem Gewünschten nach. Zweitens sollten US-Beamte ins Generalsekretariat einziehen und dort integriert werden, damit auch Amerikaner an der internationalen ›Operation Hauptquartier‹ beteiligt waren.«

So weit, so redlich. Doch sein drittes Ziel kommt einem Geständnis der geplanten Unterwanderung von innen heraus gleich: »Wir beschlossen, uns in dieser demokratischen Organisation engagiert und präventiv in den Wahlprozeß einzubinden und fortschrittliche Kandidaten zu unterstützen, welche die Organisation verbessern wollten. Diese Leute mußten von uns ausgesucht werden und wir dann für sie intensiv Wahlwerbung betreiben, um sicherzustellen, daß sie auch ins Exekutivkomitee und in die Organisationsleitung einrückten.« Es mag nach europäischen Vorstellungen verwunderlich sein, daß er über all das so freimütig redete, doch Steiner ist schließlich ein alter Agent des US Secret Service, dessen Zentrale mit Rufnummer erstaunlicherweise im amtlichen Telefonbuch von Washington D. C. vermerkt ist.

Er zeigt sich zufrieden mit seiner Arbeit: »Wir konzentrierten uns intensiv auf diese drei Bereiche. So kletterte der Etat des NZB von jährlich 125 000 Dollar auf sechs Millionen Dollar in einem Zehnjahreszeitraum, und das Personal wurde von zehn auf hundertfünfundzwanzig Leute aufgestockt. Die amerikanische Präsenz beim Generalsekretariat erweiterte sich von einer auf zwölf Personen, wobei ich betonen möchte, daß es sich sämtlich um Schlüsselpositionen handelte. Und bei Wahlen engagierten wir uns in der Fraktionsführung stark mit interessierten Ländern, bildeten Koalitionen zur Unterstützung fortschrittlich eingestellter Kandidaten und zeigten einen systematischen Weg auf, der die Regionalvertretungen ermutigen sollte, jene Kandidaten zu nominieren, die dem Bedürfnis nach internationalen Zielen für die Organisation am besten dienten.«

Sogar Präsident Reagan brachte er ins Spiel. Begierig, die feindseligen Pläne der Scientologen im Gerichtssaal bei jeder eventuellen künftigen Klage zu durchkreuzen und vielleicht auch, um zu demonstrieren, daß die Vereinigten Staaten Interpols Unabhängigkeit in stärkerem Maße achten würden als damals die Franzosen zu Zeiten Bossards, unterzeichnete Ronald Reagan am 16. Juni 1983 einen Regierungserlaß, der Interpol »als eine öffentliche internationale Organisation mit Anspruch auf die durch den International Organisations Immunities Act festgelegten Privilegien, Steuerbefreiungen und Immunitäten« benannte. Es war alles sehr eindrucksvoll.

Steiner scheute sich sogar nicht, formelle Vorgesetzte zu manipulieren, wenn es sich für sein Gesamtkonzept als zweckdienlich erwies. Es ist eine verbürgte Tatsache, daß John Simpson, als Leiter des US Secret Service seit Dezember 1981 theoretisch sein Chef, auf der Generalversammlung von Torremolinos im Oktober 1982 zu einem Vizepräsidenten von Interpol gewählt und zwei Jahre später in Luxemburg der erste amerikanische Präsident der Organisation wurde. Aber Steiner gibt offen zu: »Simpson ahnte zu Beginn seiner Karriere nicht, daß er zum Präsidenten aufsteigen würde. Er war nicht einmal der erste, dem wir rieten, sich als US-Kandidat um die Vizepräsidentschaft zu bewerben. Das war nämlich Bud Mullen, der damalige Leiter der DEA, weil diese international bekannter war als der amerikanische Secret Service, doch hatte er kein Interesse. Deshalb fiel unsere Wahl auf Simpson, und er war einverstanden. Als er sich um das Amt eines Vize bewarb, stand unsere Absicht dahinter, ihn auch 1984 für die Präsidentenwahl kandidieren zu lassen – aber John merkte nichts von all dem!

Doch als Simpson dann erst im Exekutivkomitee saß, kniete er sich wirklich in die Arbeit rein und wurde eine aktive Figur im Kräftespiel. Was sich durch John und Ray [Kendall] letztlich entwickelte, war ein professionelles Team im Hauptquartier und ein nicht minder professionelles Exekutivkomitee und Präsidium.«

In welcher Phase, wenn überhaupt, war Raymond Kendall in

das Ganze verwickelt? »Anfänglich gar nicht. Ray begegnete ich zum erstenmal 1980 auf der Generalversammlung in Manila, und ich erkannte sofort seinen Wert; aber als waschechter Brite würde er wohl Bossard die Treue halten. Er zeigte sich sehr enttäuscht über die Richtung, in die die Organisation abdriftete, doch er gab sein Bestes, um mit seiner Arbeit den Generalsekretär zu unterstützen.[47] Und um die Wahrheit zu sagen: In diesem frühen Stadium meinten wir, daß wir mit Bossard als Teil des von uns eingeleiteten Prozesses zusammenarbeiten sollten.

1981, kurz nach meinem Amtsantritt als NZB-Chef, ging ich mit einem stellvertretenden Finanzminister zu André, und wir diskutierten ausgiebig darüber, was wir für die Organisation jetzt und zukünftig tun könnten. In den folgenden zwei Jahren führten wir noch viele weitere solcher Diskussionen, ich muß aber zugeben, daß er sich schließlich aus unserer Sicht als der ungeeignete Mann für eine solche Aufgabe erwies. Und leider erkannten wir dies erst 1983 endgültig. Wir in den USA begannen uns nun auf Ray als Nachfolger zu konzentrieren: Wir waren gespannt, ob er sich hierzu bereit erklären und dem Job gewachsen sein würde.

Es war keineswegs eine vorweggenommene Entscheidung. Auf internationaler Ebene gab es eine Reihe von Leuten, die anderer Ansicht waren und meinten, Kendall sei inzwischen zu enttäuscht, um sich noch einmal motivieren zu können. Wir hingegen verließen uns auf das Gegenteil und ergriffen die Initiative, ihn als Generalsekretär einsetzen zu lassen. Warum? Weil sich bei Ray mittlerweile auch die Einsicht durchgesetzt hatte, daß er nicht mehr dem alten Loyalitätszwang gegenüber Bossard unterlag und wir für unseren Teil sicher waren, daß niemand auf der Welt besser geeignet war als Ray mit seiner Interpol-Erfahrung, seinen Kenntnissen über Großbritannien plus seinem großen Können. Und natürlich hat die Zeit gezeigt, daß wir damit richtig lagen.«

14. Kapitel
Amerika gewinnt an Macht (1983 bis 1985)

Nach seiner Wahl zum Vizepräsidenten im Oktober 1982 machte Simpson unverzüglich seinen Einfluß geltend und setzte dort den Hebel an, wo Interpols größte Schwäche lag: bei ihrer Antwort auf die Bedrohung durch den internationalen Terrorismus. Richard C. Steiner erklärt, warum: »Wir erkannten, daß dies die Front war, an der ein erster Anfang gemacht werden mußte. Und erst die Länder der dritten Welt gaben den Ausschlag für eine Veränderung. Sie bewirkten gemeinsam mit der Führung der Vereinigten Staaten den Wandel bei Interpol: eine Reform, wie die Organisation künftig auf Terrorismus reagieren solle.

Zu diesem Punkt schwiegen die Europäer – sie hatten ihre Trevi-Gruppe und die europäische Polizei-Arbeitsgemeinschaft. Aber davon konnten sich die Länder der dritten Welt nichts kaufen. Sie waren zornig, und sie litten unter der Untätigkeit. Was die Reform betrifft, so steht die Organisation in der Schuld dieser Staaten.

Ich kann Ihnen sagen, daß zwischen 1981, als wir erstmals erkannten, daß Simpson unser Mann war, und 1984 eine Menge getan wurde, um die Organisation mit Hilfe der dritten Welt auf eine Führung unter John Simpson vorzubereiten.«

Simpson, ein eleganter, aber knallharter Bostoner, zeigte jedenfalls prompt, daß er sein Metier verstand. Im Februar 1983 nahm er zum erstenmal an einer Sitzung des Exekutivkomitees teil und schlug vor, die Organisation solle ihre bezüglich der Terrorismusfrage bestehende Haltung zur Diskussion stellen beziehungsweise zumindest die von Nepote im Jahr 1976 aufgestellten Richtlinien veröffentlichen – doch eine Mehrheit seiner Kollegen mochte ihm da nicht beipflichten. Zu jener Zeit kamen diese sowie der Präsident und die beiden anderen Vizepräsidenten aus den verschiedensten Ländern mit sehr unterschiedlichen Regierungen: aus Algerien, den Niederlanden, Spanien, Thailand, Ägypten, Argentinien, Kamerun, Libanon, Chile, Schweden, Belgien und von den Philippinen.

Unverzagt brachte Simpson gleich im Monat darauf bei der amerikanischen Regionalkonferenz in der peruanischen Hauptstadt Lima die Frage erneut aufs Tapet. Er wußte, daß er fast sicher auf offene Ohren treffen würde, weil etliche der dort vertretenen

Regierungen – die meisten davon zugegebenermaßen rechtsgerichtete Regimes oder Militärdiktaturen – akut unter terroristischen Angriffen litten, die aus dem Ausland finanziert wurden oder aufgrund entsprechender Waffenlieferungen erfolgten. Und tatsächlich schloß sich eine bequeme Mehrheit der Länder unter der Führung von General Pinochets Militärjunta in Chile den Vereinigten Staaten an und verabschiedete eine Resolution, in der die Organisation aufgefordert wurde, ihren Standpunkt in der Terrorismusfrage neu zu überdenken.

Mit dieser Resolution unterm Arm bat Simpson das Exekutivkomitee bei der nächsten Sitzung im Juni 1983 noch einmal, sich mit dem Problem zu befassen – und erhielt abermals eine Absage.

Was tun? Wieder daheim in Washington D.C. beschlossen Simpson und Steiner, die Angelegenheit im Oktober bei der bevorstehenden Generalversammlung in Cannes erneut vorzutragen und das Exekutivkomitee bei dessen dritter Sitzung in diesem Jahr, die wie üblich auf den Tag vor der Generalversammlung angesetzt war, wiederum zu bearbeiten – auch diesmal vergeblich. Um jedoch sicherzugehen, daß sie auf dem richtigen Weg waren, holten sie vom Justizministerium ein Rechtsgutachten dahingehend ein, in welchem Umfang Interpol und ihre Mitglieder in Übereinstimmung mit der korrekten Auslegung von Artikel 3 trotz der offensichtlichen politischen Meinungsverschiedenheiten für die Bekämpfung von Terrorismus vorbeugend kooperieren konnten. Das Gutachten bestätigte, daß sich eine rechtliche Auslegung des Artikels 3 erübrigte, da die Generalversammlung selbst befugt war, ihre eigene Interpretation auszuarbeiten. Für Cannes bedeutete das also »volle Kraft voraus«! Die Organisation würde nun als Ganzes Gelegenheit haben, das Thema von neuem zu diskutieren.

Jemand würde die Debatte bei der Generalversammlung eröffnen müssen. Doch gemäß Steiners etwas skrupelloser, ja ausgesprochen CIA-typischer Art sollte es kein Delegierter der Vereinigten Staaten sein. Der Mann, der dies im renovierten Konferenzsaal des Hotels Martinez übernahm, war der chilenische Delegationsleiter Paredes Pizzaro, General Pinochets Polizeichef und seit November 1981 Mitglied des Exekutivkomitees.

Über zwanzig andere Delegationen schlossen sich ihm an – wobei sie auf die jüngsten Terroranschläge in ihren jeweiligen Ländern eingingen –, und schließlich wurde unter der Nummer

9/1983 eine historische Resolution verabschiedet: die Resolution zu Gewaltverbrechen. Darin wagte man sogar das Wort »Terrorismus« explizit zu nennen und forderte das Exekutivkomitee auf, »eine Studie zu erstellen, um die Position der Organisation bezüglich dieser Form des Verbrechens zu bestimmen und das Procedere einer internationalen Zusammenarbeit festzulegen, das es bei der Bekämpfung solcher Verbrechen zu befolgen gilt«. Ferner wurde dem Exekutivkomitee empfohlen, bei der Ausarbeitung dieser Studie die Ratschläge qualifizierter Fachleute aus den Mitgliedsstaaten – sprich: Vereinigten Staaten – zu berücksichtigen. Am Schluß wurde noch der Generalsekretär »instruiert« – so der tatsächliche Wortlaut –, irgendwann 1984 vor der folgenden Generalversammlung, die für September desselben Jahres in Luxemburg geplant war, ein internationales Symposium zu »dieser Kategorie des Verbrechens« zu arrangieren.

Nun gab es kein Zurück mehr. Bei der nächsten Tagung des Exekutivkomitees im Februar 1984 schlug Vizepräsident Simpson vor, eine Resolution für die Generalversammlung auszuarbeiten, in der die Organisation Terrorakte nachdrücklich verurteilte und die NZB in ihrer Zusammenarbeit bestärkte. Die Mehrzahl seiner Kollegen wollte sich dazu nicht verpflichten; sie willigten jedoch ein, das Thema bei jenem Terrorismussymposium zur Sprache zu bringen, das gemäß der »Resolution zu Gewaltverbrechen« aus dem Vorjahr für Mai im Interpol-Hauptquartier angesetzt war. Auf diesem Symposium sollte die amerikanische Initiative letztlich siegreich sein: Es wurde beschlossen, die Richtlinien von 1976 in entsprechend aktualisierter Form den Delegierten in Luxemburg vorzulegen und im Falle ihrer Zustimmung an alle NZB zu verschicken.

Und so geschah es auch. Auf der Luxemburger Generalversammlung wurde ein kühn als »Resolution zu Gewaltverbrechen, gemeinhin als Terrorismus bekannt« betitelter Antrag in zwei Abschnitten mit jeweils überwältigender Mehrheit verabschiedet. In der altehrwürdigen Tradition von Interpol, so zu tun, als habe sich nichts wirklich geändert (genau wie seinerzeit Generalsekretär Louis Ducloux auf der Prager Generalversammlung 1948 behauptet hatte, der »Antipolitikparagraph« sei in der ursprünglichen Satzung von 1946 nur rein versehentlich vergessen worden), wählte die Resolution als Thema das sogenannte »Prinzip des Übergewichts«. Dieser Begriff war erstmals in der harmlosen

Resolution aufgetaucht, welche die Generalversammlung von Lissabon 1951 verabschiedet hatte, nachdem J. Edgar Hoover ein Jahr davor die Organisation im Zorn verlassen hatte.

Wie Sie sich vielleicht erinnern, forderte jene Resolution die NZB auf, das Generalsekretariat künftig nicht durch Einreichen von Gesuchen für internationale (rote) Fahndungsausschreibungen in Fällen von »vorwiegend politischem, rassischem oder religiösem Charakter« zu belästigen. Ich bin ziemlich sicher, daß niemand der Delegierten von Lissabon dem einen entscheidenden Wörtchen »vorwiegend« irgendeine besondere Bedeutung beimaß – und darin stimmt Rainer Schmidt-Nothen, der überaus erfahrene frühere Leiter des Wiesbadener NZB, mit mir überein. Doch jetzt diente es der Luxemburger Generalversammlung von 1984 als Entschuldigung, die Sachlage so hinzustellen, als habe man im Grunde immer die gleiche Linie verfolgt und – im feinsten Interpol-Stil – daß Kontinuität schließlich alles sei.

Die neue Luxemburger Resolution betonte, daß es unmöglich sei, eine präzise Definition für »Übergewicht« abzugeben, und man müsse daher von Fall zu Fall entscheiden. Hier kamen nun die unveröffentlichten Richtlinien Nepotes von 1976 ins Spiel. Inzwischen »überarbeitet«, lagen sie jetzt erstmalig gedruckt in einer Kurzfassung vor.

Die Resolution sortierte sie auseinander: Manche Delikte, von verschiedenen nationalen Strafgesetzbüchern als »normale« Verbrechen deklariert, waren allein aufgrund ihrer Natur politisch, militärisch, religiös oder rassisch und fielen daher unter Artikel 3. Als Beispiele wurden genannt: Mitgliedschaft in einer verbotenen Organisation, Einschränkung der Meinungsfreiheit, Straftaten unter Beteiligung der Presse, Beleidigung von Behörden, Gefährdung der nationalen Sicherheit, Fahnenflucht, Verrat, Spionage oder Ausübung einer verbotenen Religion. Außerdem fielen sämtliche Handlungen, die von politischen Mandatsträgern in ihrer politischen Funktion selbst nach Ämterverlust oder im Exil, begangen wurden, ebenfalls unter Artikel 3. Mit ihnen konnte sich die Organisation nicht befassen.

Das war alles ziemlich klar und einwandfrei, doch nun begab sich die Resolution, was Interpols veröffentlichte Erklärungen zu dem Thema betraf, auf neues, wichtiges Terrain. Sie legte ganz eindeutig fest, daß politische Motivation für ein Verbrechen *allein* noch kein ausreichender Grund sei, sich auf die in Artikel 3 verankerte »Immunität« zu berufen – »wenn die begangenen Straftaten in keinem direkten Zusammenhang mit den politischen Zuständen in der Heimat des Täters oder der Sache, für die er kämpft, stehen. Das gilt insbesondere, wenn Straftaten in Ländern begangen werden, die nicht direkt involviert sind (das heißt außerhalb der ›Konfliktzone‹ liegen), und wenn die Taten eine ernstliche Bedrohung für persönliche Freiheit, Leben oder Eigentum darstellen. Beispiele sind Fälle, in denen

- außerhalb der Konfliktzone Polizeibeamte getötet oder Geiseln genommen werden mit dem Ziel, die Freilassung eines Komplizen zu erreichen;
- außerhalb der Konfliktzone ein Angriff auf Personen in der Öffentlichkeit erfolgt (wenn etwa eine Bombe in einer Bank deponiert oder eine Granate in ein Café geschleudert wird).«

Und die Resolution hielt entschieden fest: »Straftaten, die außerhalb der Konfliktzonen begangen werden, um die Aufmerksamkeit auf eine spezielle Sache zu lenken (Flugzeugentführung, Geiselnahme, Kidnapping), fallen nicht unter den Anwendungsbereich von Artikel 3.«

Man sieht sofort, daß das wahre Grundprinzip der Resolution nicht die fadenscheinige, vermutlich aus der zahmen Resolution von 1951 hergeleitete Doktrin des »Übergewichts« war, sondern die sehr reale – und vernünftige – Doktrin der »Konfliktzone«. Kendall erzählte mir einige Jahre später: »Wir unterscheiden zwischen dem, was innerhalb eines Gebiets, der Konfliktzone, geschieht, und dem, was außerhalb davon passiert. Nehmen wir also einmal an, wir hätten es mit Israel und Jordanien zu tun: Was in dieser speziellen Konfliktzone vor sich geht, wäre für unsere internationale polizeiliche Zusammenarbeit nicht von Interesse. Wenn andererseits aber ein Jordanier nach Paris kommt und den israelischen Botschafter erschießt, dann betrifft es uns, weil das Attentat außerhalb der eigentlichen Konfliktzone geschieht. Jenen Anhängern der PLO, die mir bei Tagungen öffentlich erklären: ›Wir sind Freiheitskämpfer‹, denen entgegne ich: ›Schön und gut, solange Sie in Ihrem eigenen Land für die Freiheit kämpfen! Wenn Sie aber unter einem solchen Vorwand Terrorakte außerhalb des Umfelds Ihres internen Freiheitskampfs dulden, so verlieren Sie damit nach meinem Dafürhalten den Schutzanspruch als Freiheitskämpfer – vor allem, wenn unschuldige Opfer getötet werden.‹«

Jean Nepote äußerte mir gegenüber im April 1991, die Luxemburger Resolution sei eine absolute Rechtfertigung seiner Terrorismuspolitik, da sie auf den unveröffentlichten Richtlinien basiere, die er selbst 1976 entworfen habe. »Sie besagen exakt das gleiche«, behauptete er. Doch das läßt sich angesichts der bekannten Fakten nur schwer nachvollziehen. Die Resolution von 1984 basierte auf den *überarbeiteten* Richtlinien. Und noch etwas gilt es zu bedenken: Würden sie tatsächlich die gleiche Politik widerspiegeln wie die, welche Nepote in seiner Zeit als Generalsekretär verfolgte, so hätte er dem bundesdeutschen NZB niemals die Erlaubnis verwehrt, nach dem Attentat vom September 1972 bei den Olympischen Spielen in München das Interpol-Netz zu benutzen – denn lag diese süddeutsche Stadt nicht eindeutig außerhalb der »Konfliktzone« der arabischen Terroristen?

Es fand noch ein weiteres bedeutendes Ereignis auf der Luxemburger Generalversammlung statt, und zwar die Wahl von John Simpson zum neuen Interpol-Präsidenten, der damit als erster Amerikaner diesen Posten innehatte. Und das ist eine Geschichte für sich.

Die französische Regierung war genau im Bilde. Den Franzosen war nicht verborgen geblieben, daß sie sich nun mit den Vereinigten Staaten um die Führungsrolle bei Interpol auseinandersetzen mußten. Sie hatten wohl relativ schnell begriffen, daß ihre lange Vorherrschaft in der Organisation nun offen und mit Erfolg angefochten wurde. Und dagegen mußten sie etwas unternehmen.

Wie bei Interpol üblich, setzte man auf französischer Seite der Kandidatur Simpsons keinen direkten Widerstand entgegen. Dazu war man auch gar nicht in der Lage. Man konnte ja nicht gut einen französischen Kandidaten für die Präsidentschaft nominieren, wenn der Generalsekretär ebenfalls Franzose war – das wäre wirklich zuviel gewesen. Der gestreßte André Bossard war zum Zeitpunkt des Jahres 1984 müde und deprimiert. Die von allen Seiten herangetragenen Herausforderungen hatten bei einem Mann mittleren Alters und von wenig robuster Gesundheit ihre Spuren hinterlassen. Auf der Generalversammlung von Cannes im Vorjahr hatte er sich zwar für eine zweite fünfjährige Amtsperiode zur Wiederwahl gestellt, jedoch auch zu verstehen gegeben, daß er schon nach etwas mehr als der Hälfte seiner Amtszeit in den vorzeitigen Ruhestand zu gehen gedachte: zu seinem sechzigsten Geburtstag 1986. Nichtsdestotrotz saß er in den Wochen vor der Präsidentschaftswahl 1984 gleichsam unerschütterlich an seinem aufgeräumten Schreibtisch im siebten Stock des Hauptquartiergebäudes in Saint-Cloud mit seinen Pfeifen neben sich: ein französischer Generalsekretär vom Scheitel bis zur Sohle.

Was den Gegenkandidaten John Simpsons betraf, so nahmen sich die Franzosen also ein Beispiel an den Amerikanern und entschieden sich für einen Vertreter der dritten Welt: den Algerier Mohammed Messaid, einen überaus erfahrenen Interpol-Veteranen von untadeliger Integrität, der schon zweimal Mitglied des Exekutivkomitees – und ein guter Freund Frankreichs – war.

Der Mann erwies sich als Volltreffer. Was Simpson als aktueller Vizepräsident für die Amerikaner war, das repräsentierte Messaid in der gleichen Funktion für Afrika. Bislang war es weder einem Amerikaner noch einem Afrikaner gelungen, Präsident zu werden. In einer internationalen Organisation war dies ein sehr wichtiger Faktor – auf beiden Seiten.

Doch es wurde nun wirklich kurios: Zum erstenmal wendeten angesichts ihrer ständigen Querelen hinter den Kulissen von Interpol sowohl Amerikaner als auch Franzosen eine Taktik an, die selbst in den neunziger Jahren noch gang und gäbe ist. Denn jeder der beiden Kontrahenten benutzt die Länder der dritten Welt zur eigenen Stimmungsmache. Die Amerikaner bedienen sich der Länder Mittel- und Südamerikas, vielfach noch repressive, rechtsgerichtete Diktaturen, und die Franzosen greifen auf ihre arabischen Freunde zurück – von denen viele sich nicht abgeneigt zeigen, den internationalen Terrorismus zu unterstützen, wann immer sie straffrei davonzukommen meinen[48] – sowie auf ihre ehemaligen Kolonien in Nordafrika (wie etwa Algerien), von denen einige korrupt und die meisten mehr oder weniger auf die wirtschaftliche Unterstützung Frankreichs angewiesen sind. Und dies alles geschieht bis heute im Namen der internationalen Gerechtigkeit! Großbritannien und Deutschland stehen im Abseits; und Raymond Kendall, mittendrin in dem Gemauschel, will einfach bloß seine Arbeit tun.

Als es dann zur Abstimmung kam, erwies sich die Kampagne der Amerikaner für Simpson – der wahrhaftig ein überragender Kandidat von Weltformat war – der französischen Lobby für Messaid überlegen, und am 11. September 1984 bekam Interpol ihren ersten amerikanischen Präsidenten. »Ich danke all jenen, die sich am demokratischen Prozeß der Wahl beteiligt haben«, sagte er in seiner gewohnten Höflichkeit.

Mittlerweile stand dem Fortschritt nur noch ein Hindernis im Wege, und dies war André Bossard.

Es gibt zwei Versionen, wie – und warum – Bossard seinen Abschied bei Interpol nahm. Laut offizieller Darstellung schoß er ein solch perfektes »Eigentor«, daß ihm gar kein anderer Ausweg mehr blieb, als zurückzutreten. Die Geschichte spielte sich folgendermaßen ab:

Es hing alles mit der Frage nach Interpols neuem Hauptquartier zusammen. Gegen Ende der siebziger Jahre hatte man bereits erkannt, daß auch die Zentrale in Saint-Cloud bald für die Organisation zu klein sein würde. Man brauchte dringend mehr Platz. Zuerst wurde die Möglichkeit geprüft, auf dem vorhandenen Grundstück ein zweites Gebäude zu errichten. Doch noch bevor hierüber entschieden werden konnte, wurde die ganze Operation wegen der Verhandlungen für das neue Abkommen mit der französischen Regierung auf Eis gelegt. In der Zwischenzeit, während ein diesbezüglicher Entwurf auf die Ratifizierung durch das französische Parlament wartete, hatte sich ein Meinungsumschwung vollzogen, und im Juni 1983 beschloß das Exekutivkomitee, die Errichtung eines kompletten Neubaus an anderer Stelle in Erwägung zu ziehen. Mit seiner wiedergefundenen Stärke – »Wenn er [Nepote] etwas sagte, dann sprang der Ausschuß – wenn ich etwas sagte, dann nicht!«, so die Erinnerung Bossards im April 1991 – wies das Nach-Nepote-Exekutivkomitee den Generalsekretär an, sich in der Planungsfrage und bei der Standortwahl von einem Experten beraten zu lassen.

Die Generalversammlung von Cannes im November 1983 (bei der Bossard wiedergewählt wurde) billigte beide Entscheidungen, und wie beschlossen ging Bossard zu einem prominenten Pariser Berater, der ihm rechtzeitig bis zur nächsten Sitzung des Exekutivkomitees im Februar 1984 einen Bericht liefern sollte.

Das termingemäß präsentierte Gutachten sprach sich eindeutig dagegen aus, jeden weiteren Gedanken an eine Nutzung des vorhandenen Grundstücks zu verschwenden, und riet der Organisation, sich woanders umzusehen. Die Namen von zwei möglichen Standorten wurden genannt: einmal Lyon, die zweitgrößte Stadt Frankreichs, der andere war Saint-Germain-en-Laye bei Paris. Auf seiner Konferenz im Februar akzeptierte das Exekutivkomitee die Expertise – »Der Planungsberater hat wirklich gute Arbeit geleistet«, kommentierte Robert van Hove, der damalige Vizepräsident

– und wies Bossard an, einen zweiten Bericht betreffend die organisatorische Umstrukturierung des Generalsekretariats in Auftrag zu geben.

Hier wird die Sache obskur: Wer sollte diesen zweiten Bericht verfassen? Van Hove besteht darauf, das Exekutivkomitee habe nicht spezifiziert, daß nun Bossard jenen Berater aufsuchen solle, der für die erste Expertise zuständig war, und machte sich tatsächlich auf die Suche nach jemand, der für diese völlig andersgeartete Aufgabe in Frage käme – nur um dann erstaunt festzustellen, daß Bossard wiederum den ersten Berater aufgesucht hatte. Bossard für seinen Teil dachte, er sei damit dem Auftrag des Exekutivkomitees nachgekommen – was durch einen entsprechenden Bericht über den Vorfall in der *Internationalen Kriminalpolizeilichen Rundschau* bestätigt wird.

Wie auch die Wahrheit über dieses Mißverständnis aussehen mag – es besteht kein Zweifel, daß das zweite Gutachten, das dem Exekutivkomitee rechtzeitig zu seiner Tagung Ende Mai 1984 vorgelegt wurde, sich als ziemlich wertlos herausstellte. Van Hove sagt, es war »absolut unbefriedigend«, ein interner technischer Ausschuß hielt es für »null und nichtig«, und als auf der Luxemburger Generalversammlung eine Mehrheit der Delegierten anstelle Saint-Germain-en-Layes für den Standort Lyon votierte, hieß es in der offiziellen Resolution zu diesem Punkt lediglich, die Expertise solle »beim abschließenden Bauvorhaben berücksichtigt werden«.[49]

Doch das Exekutivkomitee – und der neue amerikanische Präsident – waren empört über die gesalzene Rechnung für diesen zweiten Bericht: sechs Millionen Francs, umgerechnet etwas mehr als anderthalb Millionen D-Mark. Simpson bat Carl Persson, den weithin geachteten schwedischen Expräsidenten, dieser ganzen unglückseligen Angelegenheit einmal auf den Grund zu gehen, und der legte seine Erkenntnisse rechtzeitig zur nächsten Sitzung des Exekutivkomitees im Februar 1985 vor. Persson sprach darin Bossard von jedem persönlichen Unvermögen frei – und sowohl Simpson als auch van Hove haben mir gegenüber betont, daß sie darin mit Persson voll übereinstimmten –, er kritisierte jedoch scharf Bossards Urteilsvermögen und Verhalten in dieser Sache. Angesichts dieses Urteils aus so berufenem Mund trat Bossard zurück – offiziell »aus gesundheitlichen Gründen« – und schlug dem Exekutivkomitee vor, seinen Vertreter Kendall zum kommissarischen Generalsekretär zu ernennen, bis auf der bevorstehenden Generalversammlung in Washington D.C. im Oktober ein endgültiger Nachfolger gewählt würde.

»Ich klappte zusammen!« erzählte mir Bossard im April 1991. »Es war einfach zuviel, neben allem anderen auch das noch. Ich hatte kein Glück. Außerdem war es um meine Gesundheit wirklich nicht gut bestellt: Ich leide unter Bluthochdruck und nehme seit sehr vielen Jahren Medikamente gegen Herz- und Kreislaufbeschwerden.

Deshalb entschied ich mich, ein Jahr früher aus gesundheitlichen Gründen zurückzutreten, und empfahl Kendall als meinen Nachfolger.«

John Simpson erinnerte sich da ein bißchen anders. Im Mai 1991 läßt der Leiter des US Secret Service in seinem Büro die Ereignisse noch einmal Revue passieren: »Ich hatte Bossard eine Liste mit rund einem Dutzend Punkten gegeben, die er erledigen sollte, weil sie für die Organisation bis zum Ende dieses Jahrhunderts von Bedeutung waren. Als ich ihn das nächstemal sah, fragte ich ihn, ob schon etwas in Angriff genommen worden sei, und als Antwort bekam ich lediglich ein Achselzucken.

Die Episode mit dem Berater war bedauerlich – aber lachhaft! Ich glaube, daß Bossard wirklich versuchte, die Modernisierung von Interpol und die Erweiterung des Hauptquartiers auf der Basis seines Berichts herbeizuführen, was ja dann auch der Fall gewesen wäre. Nirgends findet sich eine Anspielung wegen Unfähigkeit gegen ihn, aber nachdem ich Carl Perssons Bericht gesehen hatte, sagte ich zu Bossard: ›André, ich denke, die Zeit ist gekommen, daß du deine Familie öfter siehst.‹«

Auch Simpson empfahl Kendall dem Exekutivkomitee als kommissarischen Generalsekretär. Er begründet dies so: »Ich wollte ihn als Andrés Vollzeitnachfolger haben. Das erstemal war ich ihm zwei Jahre, bevor ich Vizepräsident wurde, begegnet, und Dick Steiner hatte ihn mir wärmstens empfohlen. Er ist ein hervorragender Mann. Nichts von dem, was bei Interpol seit 1985 passiert ist, wäre ohne ihn gegangen. Die fast vier Jahre unserer Zusammenarbeit waren mit die aufregendste und schönste Zeit in meinem Leben. Ich bin stolz auf das, was wir gemeinsam erreicht haben, und denke doch, daß wir ein tolles Gespann waren.«

Mit André Bossard konnte sich Simpson eigentlich nicht einmal in derselben Sprache verständigen. Bossard hierzu: »Von einem praktischen Gesichtspunkt aus kam ich nur schwer mit ihm zurecht. Ich werde jetzt nicht englisch mit Ihnen sprechen, weil ich weiß, daß ich einen Akzent habe wie Maurice Chevalier, und das war noch nie anders. Ich verstand ihn phonetisch nicht. Ich kam mit seiner Ausdrucksweise nicht zurecht. Wir unterhielten uns nur auf englisch – ich habe noch nie einen Amerikaner französisch reden hören. Ich konnte nie gut mit ihm auskommen, weil er beim Sprechen die Worte verschluckte!«

Es ist müßig, über die Umstände zu spekulieren – er hatte genug. Dieser Mann, der mir erzählt hat: »Wie wir hier in Frankreich sagen, ist es schwer, Ludwig XV. zu sein nach Ludwig XIV.«, folgte »Ludwig XIV.« – will sagen: Jean Nepote – in den Ruhestand. »Sind Sie verbittert?« fragte ich ihn sechs Jahre später. »Jetzt nicht mehr«, erwiderte er mit einem Lächeln, das mir traurig vorkam.

Der Wechsel des Generalsekretärs war in Frankreich äußerst unpopulär. »Interpols amerikanische Stunde hat geschlagen«, hieß es in einer Schlagzeile von *Le Monde*, und in den Medien gab's viel Gerede über eine »angloamerikanische Übernahme«. Kendall versuchte alles herunterzuspielen. »Meine Frau ist Französin«, sagte er zu Laurent Greilsamer. »Ich habe sehr wohl meinen eigenen Charakter und eigene Wurzeln, aber ich gehöre niemandem. Hier bin ich kein Brite mehr, sondern ein internationaler Staatsbeamter.«

Nur einmal, da lüftete er seine Maske der Unerschütterlichkeit doch ein wenig. Bei einem Interview im französischen Rundfunk am 10. Juli 1985 über die unbestrittene Rückständigkeit der wissenschaftlichen Methoden der französischen Polizei im Vergleich zu jenen der bundesdeutschen oder der britischen Polizei sagte er: »Ich glaube, es ist extrem schwierig, einen Rückstand wettzumachen, der seit Jahrzehnten existiert. Indem man mehr Mittel hineinpumpt, hat man eine Chance, aufzuholen; ich glaube aber nicht, daß man jemals das Niveau der anderen erreicht.« Dieser clevere Schlag saß. Noch am selben Nachmittag betrat Frankreichs Innenminister Pierre Joxe das Podium im französischen Parlament und sagte verärgert: »Wenn der Rückstand gewaltig ist, was die Modernisierung der wissenschaftlichen Ausrüstung der französischen Polizeikräfte betrifft, so weigere ich mich trotzdem, den Pessimismus dieses Interpol-Funktionärs hinzunehmen, der heute morgen im Radio erklärte (entgegen aller üblichen Praxis, und ich werde deswegen bei seiner Regierung vorsprechen!), daß die französische Polizei es nie schaffen werde, ihre gegenwärtigen Probleme zu lösen.«

Der irritierte französische Politiker merkte offenbar nicht, daß er von einem unabhängigen internationalen Polizeibeamten sprach. Allein die Wortwahl »seine Regierung« zeigte, daß ihm noch nicht aufgegangen war, daß der Generalsekretär von Interpol nicht länger »seine« eigene Landesregierung hatte, wie bei den französischen Vorgängern üblich, sondern nur sich selbst und seinem beruflichen Gewissen gegenüber verantwortlich war.

In der Tat hatte Kendall bereits wenige Wochen nach seinem Amtsantritt seine grundlegend neue Haltung unmißverständlich klargemacht: daß er nämlich sein eigener Herr war – was er später den Amerikanern genauso eindrucksvoll demonstrieren sollte wie den Franzosen.[50] Denn am 3. April 1985 genehmigte er auf Betreiben des bundesdeutschen NZB die Herausgabe einer internationalen roten Fahndungsausschreibung zur Festnahme von Dr. Josef Mengele, dem berüchtigten »Todesengel« im Konzentrationslager Auschwitz.

Kendalls Entscheidung war ein totaler Bruch mit der Vergangenheit. Unter Nepote wie Bossard hatte sich Interpol beharrlich geweigert, derartige Fahndungsersuchen zwecks Verhaftung jener vom Glück begünstigten Nazi-Kriegsverbrecher auszustellen, denen die Flucht in sichere Gefilde, hauptsächlich in Südamerika, gelungen war. Seit Mitte der fünfziger Jahre erbaten sowohl Israel als auch die Bundesrepublik Deutschland in Abständen immer wieder solche »Rotecken«, doch die Antwort lautete stets: »Nein. Das angebliche Verbrechen war politisch.«[51]

»Diese Männer waren Mörder«, sagte Kendall einmal zu mir, »aber wir unternahmen nichts, um sie vor Gericht zu bringen. Es war ein Skandal!« Und bei der ersten Gelegenheit ließ er seinen Prinzipien Taten folgen. Zuverlässigen Berichten zufolge hielt sich Mengele in Brasilien auf, und so gab Kendall die rote Ausschreibung heraus, nur um zwei Monate danach festzustellen, daß man den früheren Lagerarzt tatsächlich in Brasilien gefunden hatte – freilich tot. Anfang Juni öffneten Beamte der brasilianischen Polizei ein Grab auf einem Friedhof außerhalb São Paulos, brachen einen Sarg auf und sammelten die Knochen und Kleiderfetzen eines Ortsansässigen namens »José Alvers Aspiazun« ein, der sechs Jahre zuvor beim Baden ertrunken war. Laut Aussagen medizinischer Fachleute handelte es sich fast sicher um Mengeles Leiche, und ein Ehepaar aus Österreich räumte ein, ihm Unterschlupf gegeben und geholfen zu haben, ein neues Leben anzufangen. »Es war das erstemal, daß wir wegen eines Kriegsverbrechers eine ›Rotecke‹ herausgaben«, erzählte Kendall Laurent Greilsamer, »doch leider war er schon tot!«

Gerade diesbezüglich bestehen aber noch gewisse Zweifel. Ich habe das Original der roten Ausschreibung noch in den Lyoner Akten gesehen. Nur die bundesdeutschen Polizeibehörden – nicht das Generalsekretariat selbst – können sie offiziell von dort zurückziehen; das Wiesbadener NZB hat indes beschlossen, es nicht zu tun. Warum? Bis heute ist nicht hundertprozentig sicher, daß »José Aspiazun« und Josef Mengele wirklich ein und derselbe Mann waren.

Falls er noch am Leben ist, wäre der 1911 geborene »Todesengel« heute erst Anfang achtzig. Vielleicht braucht man diese rote Ausschreibung ja irgendwann doch noch mal.

Denn es sollte angemerkt werden, daß 1987 der ehemalige Lagerkommandant Josef Schwammberger, der nur ein Jahr jünger als Mengele ist, in Argentinien aufgrund einer von Kendall genehmigten roten Ausschreibung gefaßt wurde. Nachdem sich die Gerichte zwei Jahre lang um seine Auslieferung gestritten hatten, wurde er im Mai 1990 nach Deutschland zurückgeflogen, wo man Anklage gegen ihn erhob wegen Mordes an mindestens 45 Juden und wegen Beihilfe zum Mord in 3374 weiteren Fällen. Im Juli 1991 begann vor dem Stuttgarter Oberlandesgericht sein auf viele Monate angesetzter Prozeß, begleitet von lautstarken Sprechchören von Neonazis, die mit Transparenten draußen protestierten.

Unter wüsten Beschimpfungen der Neonazis berichtete Simon Wiesenthal, dessen Jüdisches Dokumentationszentrum in Wien sich schon lange bemüht hatte, Schwammberger vor Gericht zu bringen, den Reportern: »Er hat unvorstellbare Verbrechen begangen, Verbrechen, die nicht bestraft werden können. Sein Urteil sollte dreißig-, fünfzigmal lebenslänglich sein für jeden Mord, den er auf dem Gewissen hat. [...] Er tötete aus Freude am Töten. Seit vierzig Jahren beschäftige ich mich nun mit dieser Angelegenheit.« Im Mai 1992 wurde Schwammberger schuldig gesprochen und zu lebenslanger Haft verurteilt.

Die Moral von der Geschichte ist, daß sich dank Raymond Kendall niemand, dem Nazi-Kriegsverbrechen zur Last gelegt werden, selbst in den neunziger Jahren vor den Fängen Interpols sicher wähnen kann.

Die in der ersten Oktoberwoche 1985 in Washington D. C. abgehaltene Generalversammlung war eine tolle Sache. Der bis dahin als kommissarischer Generalsekretär amtierende Kendall wurde vom Exekutivkomitee für den Dauerposten nominiert. Er war der einzige Kandidat, doch wollte Richard Steiner niemanden über den neuen Wind, der nun durch die Organisation wehte, im unklaren lassen. Auf seine Veranlassung fanden die Delegierten im Auditorium des US-Außenministeriums gedruckte Auszüge aus der Sommerausgabe des *Terrorism, Violence and Insurgency Journal* vor. Sie enthielten zwei freimütige Interviews mit Simpson und Kendall sowie einen Beitrag der Redaktion des Journals, in dem sich diese offen für Hintergrundinformationen aus Steiners NZB für einen Artikel bedankte.

Dabei handelte es sich praktisch um eine detaillierte Schilderung, wie Simpson die öffentliche Wende der Organisation in der Terrorismusfrage eingeleitet hatte. In seinem Interview sprach Simpson über sein Vertrauen in die umgestaltete Interpol und die »kontinuierliche Entwicklung« ihrer Rolle. Und Kendall wiederum enthüllte, daß es weltweit etwa »tausend international agierende Terroristen, die zum harten Kern gehören«, geben dürfte, von denen immer mehr in den Interpol-Akten zu finden seien. Doch seine Antwort auf die abschließende Frage: »Was ist Ihrer Ansicht nach der gefährlichste Trend im Terrorismus?« verdient es, hier in voller Länge wiedergegeben zu werden:

»Ich denke, wir müssen vor allem vermeiden, daß Terrorismus als eine alltägliche Form verbrecherischer Aktivität hingenommen wird. Wenn das geschieht, dann neigen die Menschen dazu, mit ihm zu leben, und bleibt er ungesühnt, steuern wir auf ernsthafte Schwierigkeiten zu. Wir dürfen keine Akzeptanz schaffen für eine Art gesetzlose Gemeinschaft. Das große Problem für uns und die Gesellschaft liegt darin, daß wir einige scheinbar unwichtige Gesetze haben. In den meisten unserer Mitgliedsländer ist der Besitz von Haschisch verboten. Doch da sein Konsum so weit verbreitet ist, kann die Polizei das diesbezügliche Gesetz nicht anwenden. Das heißt, da steht ein Gesetz auf Papier gedruckt, von dem niemand Notiz nimmt. Meiner Meinung nach besteht hier die Gefahr einer Ausuferung. Wenn die Polizei mit einem Problem nicht zurechtkommt, so interessiert das niemanden. Wir müssen auf der Hut sein, daß der Terrorismus nicht zu etwas Alltäglichem wird.«

Als Präsident brach John Simpson mit der gängigen Tradition, indem er die Abstimmung zu Kendalls Ernennung gleich für den ersten Tag der Konferenz, direkt im Anschluß an die Begrüßungsrede des amerikanischen Justizministers Edwin Meese, ansetzte. »Wie Sie wissen«, erklärte Simpson sechs Jahre danach, »finden die Wahlen normalerweise am Ende einer Generalversammlung statt, doch in diesem Fall hätte kein ständiger Generalsekretär neben mir auf dem Podium gesessen. André hatte sich aus naheliegenden Gründen entschlossen, nicht teilzunehmen – was ja vielleicht auch peinlich gewesen wäre –, und ich wollte Ray so schnell wie möglich da oben bei mir haben.«

Die Wahl, die in geheimer Abstimmung erfolgte, lieferte das erwartete Ergebnis: neunundneunzig Ja-, drei Neinstimmen und eine Enthaltung. Gemäß dem festgelegten Wahlablauf konnte niemand wissen, wer sich wie entschieden hatte.

Der »neue Look« der Organisation festigte sich am zweiten Tag, als der große Kommunikator, Präsident Reagan, höchstpersönlich in den Saal schritt, um die erste Ansprache eines US-Staatsoberhaupts in der Geschichte der Organisation zu halten. Ich habe bis dahin schon so manche langweilige Begrüßungsrede von Politikern bei Generalversammlungen lesen müssen, aber die Wärme und Herzlichkeit der Worte Reagans klingen deutlich aus dem Bericht über das Ereignis in der *Internationalen Kriminalpolizeilichen Rundschau* nach. Wie Anwesende bezeugen, hatten sie eine nachhaltige Wirkung auf die Delegierten:

»Die Vereinigten Staaten fühlen sich geehrt und sind stolz, daß Sie unsere Hauptstadt als Ihren Tagungsort gewählt haben. Wir sind besonders erfreut, daß Sie einem unserer hervorragenden Staatsbeamten, John Simpson, das Privileg eingeräumt haben, Ihnen als Präsident zu dienen [...] Wissen Sie, ich habe während meiner Zeit im öffentlichen Leben immer wieder mit Strafverfolgungsbehörden gesprochen und es wohl niemals versäumt, darauf hinzuweisen, daß Ihr Beruf einer der schwierigsten in der zivilisierten Gesellschaft ist; und doch ist keine Arbeit wichtiger für die Sicherheit und Freiheit Ihrer Mitbürger.

[...] Ich möchte jedem von Ihnen für sein Berufsleben und für seinen Aufenthalt hier in den Vereinigten Staaten alles Gute wünschen, und ich will Ihnen das herzlichste Willkommen und die freundlichsten Grüße des amerikanischen Volkes überbringen.«

Seine Rede war bei aller Schlichtheit doch ein Bravourstück, maßgeschneidert für sein Publikum.

In einem seiner ersten Interviews als vollamtlicher Generalsekretär erzählte mir Kendall einen Monat danach in Nepotes und Bossards altem Büro in Saint-Cloud: »Die Anwesenheit eines amerikanischen Justizministers bei der Eröffnung der letzten Generalversammlung und der Besuch von Präsident Reagan am darauffolgenden Tag sind ein sehr deutlicher Hinweis auf die Bedeutung, welche die Amerikaner dieser Organisation inzwischen beimessen, und natürlich hat John Simpson, deren amerikanischer Präsident, klargemacht, daß er an einem Mißerfolg am wenigsten interessiert war – genausowenig wie ich!«

Endlich waren die Weichen zu Interpols wahrer Bestimmung gestellt.

15. Kapitel
Die neue Leitung
(1985 bis heute)

Eine Menge Arbeit stand nun bevor, um die Organisation auf ihre neue, enorm ausgeweitete Rolle umzustellen. Das betraf nicht nur das Hauptquartier. Auch von den NZB verfügten nur wenige, darunter Washington, Wiesbaden, Den Haag und Tokio, über halbwegs genügende moderne Telekommunikationseinrichtungen, und weder das Londoner NZB bei Scotland Yard noch das Pariser NZB im französischen Innenministerium besaßen überhaupt einen eigenen Computer. Praktisch das komplette Netzwerk mußte auf den Stand des ausgehenden zwanzigsten Jahrhunderts gebracht werden – und Kendall bestimmte das Tempo der ganzen Aktion.

Von den damals hundertachtunddreißig Mitgliedsstaaten hatten hundertsiebzehn NZB einen Fernschreiber, doch nur zweiundsiebzig waren an das Funknetz der Organisation angeschlossen; siebzehn konnten nur über die bekanntermaßen unsicheren öffentlichen Einrichtungen wie Telefon, Telegraphie und Briefpost kommunizieren, und dreizehn, hauptsächlich in Südamerika und Afrika, standen – man glaubt es kaum – noch immer nur via Morsealphabet mit ihren Kollegen in Verbindung.

Trotzdem liefen 1985 insgesamt 690 458 Mitteilungen über das Netz, ein Anstieg um 6,4 Prozent gegenüber dem Vorjahr – und das, obwohl sie alle manuell und mit erheblicher Verzögerung von Saint-Cloud bearbeitet werden mußten.

Die Polizeiabteilung der Organisation als Zentrum der Verbrechensbekämpfung arbeitete noch immer so wie zu Jean Nepotes Zeiten: aufgegliedert in drei Sektionen. Diese hatten sich jeweils mit den breitgefaßten Kategorien Drogen, allgemeines Verbrechen und Wirtschaftskriminalität zu befassen, und dabei blieb ihnen wenig Spielraum für die hochspezialisierten neuen Elemente in der internationalen Kriminalität: etwa Geldwäsche, organisiertes Verbrechen, internationaler Menschenhandel, Warenfälschungen (im Unterschied zur Falschgeldherstellung) und vor allem Terrorismus, für den es nicht einmal eine spezielle Antiterroreinheit gab.

Erstaunlicherweise verzeichnete die Polizeiabteilung allen Schwierigkeiten zum Trotz für 1985 mit 62 715 Fällen einen neuen Rekord. Diese Gesamtzahl beinhaltete 3483 neue internationale Betrugsfälle, 6492 neue Falschgelddelikte, 5559 neue Eigentumsdelikte, 3808 neue Fälle von Straftaten gegen Personen, zusätzlich – und das war eine Neuerung infolge der bei der Luxemburger Generalversammlung von 1984 beschlossenen Antiterrorresolutionen – eine beträchtliche Anzahl terroristischer Aktivitäten. Wie immer kam der Löwenanteil mit 43 373 neuen Fällen aus der Drogenabteilung.

Als Kendall das Ruder übernahm, bestand sein Generalsekretariat aus 242 Mitarbeitern. Davon waren 162 Männer und Frauen direkt bei Interpol angestellt, und die Organisation zahlte ihre Gehälter – die meisten aber waren französische Büro- und Schreibkräfte. Die Mehrzahl der eigentlichen Polizisten in Saint-Cloud, also die übrigen achtzig Mitglieder der Belegschaft, standen weder bei der Organisation unter Vertrag noch wurden sie von ihr bezahlt. Ihr Gehalt bezogen sie von den 36 Interpol-Ländern, aus denen sie stammten.[52] Die wenigen französischen Polizeibeamten, die in Saint-Cloud übrigblieben, wurden zwar weiterhin von der französischen Regierung bezahlt, besetzten aber nicht mehr den Großteil der Spitzenpositionen. So trat beispielsweise auf derselben Generalversammlung in Washington, die Kendall als Generalsekretär bestätigte, Akira Kawada, ein hoher japanischer Polizeibeamter, sein Amt als Leiter der Polizeiabteilung an.

Wie sah es bei Spezialfällen aus? Mit welchen Formen des internationalen Verbrechens hatte Interpol seit 1985 zu tun?

Die im folgenden aufgeführten sind lediglich drei Beispiele für jenes Jahr:

Mord in Australien blieb nicht ungesühnt

Gegen einen gebürtigen Amerikaner und inzwischen eingebürgerten australischen Staatsangehörigen wurde in Sydney, Australien, Anklage wegen Mordes erhoben. Auf das Opfer war siebenmal mit einer Schrotflinte geschossen worden. Der Beschuldigte gestand, die tödlichen Schüsse abgegeben zu haben, behauptete aber, es sei ein Reflex gewesen, eine Selbstverteidigungsmaßnahme aufgrund seiner Spezialausbildung bei den US-Streitkräften in Vietnam. Er sagte, seine Rolle im Vietnamkrieg sei so geheim gewesen, daß die amerikanische Regierung jegliches Wissen über ihn oder seine Spezialausbildung verleugnen würde. Über das australische NZB bat die Polizei von Sydney die US-Behörden, die Angaben des Mannes zu überprüfen. Nach Kontaktaufnahme mit drei Bundesbehörden, vier FBI-Außenstellen und über zwanzig Zeugen bewies der FBI-Vertreter beim NZB Washington, daß der Mann dummes Zeug redete: Er hatte keine Spezialausbildung erhalten, und nichts in seiner militärischen Karriere bot Anlaß zu irgendeiner möglichen Entschuldigung für den Mord.
Nach vier Prozessen, bei denen die Geschworenen dreimal zu keinem Schuldspruch gelangten, wurde er überführt und zu lebenslanger Haft verurteilt.

Der erste Fall aus der Volksrepublik China

Im Oktober 1985, zwei Wochen, nachdem das kommunistische China Interpol beigetreten war (und Taiwan abgelöst hatte), erhielt das neugegründete NZB in Peking über Saint-Cloud eine Anfrage des Londoner NZB betreffs einer Diamantensendung im Wert von zwei Millionen Pfund, die auf dem Flug von London-Heathrow nach Peking verlorengegangen war. Das NZB in

Peking besaß noch keine geeignete Funkanlage, um auf die Anfrage zu antworten, doch einige Wochen darauf kam ein hoher chinesischer Polizist zu einem Fortbildungskurs für neue Interpol-Beamte nach Saint-Cloud und erzählte Raymond Kendall: »Gut, daß ich Sie treffe, ich habe Neuigkeiten für Sie. Wir haben die Diamanten!«

Der Täter war zwar noch nicht ausgemacht, aber eine gründliche Durchsuchung der verschachtelten Gebäude und Hangars am Pekinger Flughafen hatte die Juwelen in einem provisorischen Versteck zutage gefördert – sie waren mit Klebeband hinter einem Abwasserrohr befestigt.

Interpol unterstützt Kampf gegen Luftpiraten

Zehn Minuten nach dem Start von TWA-Flug 847 von Athen nach Rom am 14. Juni 1985 begaben sich zwei einundzwanzigjährige schiitische Araber nach vorn zum Cockpit. An der Tür drehte sich einer der beiden um und bedrohte die hundertfünfundvierzig Passagiere mit einer Neun-Millimeter-Maschinenpistole. Der andere stürmte in die Kanzel, fuchtelte dem Piloten John Testrake mit einer Handgranate vor dem Gesicht herum und befahl ihm, Kurs auf die libanesische Hauptstadt Beirut zu nehmen.

So begann ein sechzehntägiges, von Millionen an den Fernsehschirmen verfolgtes Martyrium, in dessen Verlauf Testrake gezwungen wurde, seine Maschine zweimal von Beirut nach Algier und zurück zu fliegen. Die meisten Passagiere wurden unterwegs freigelassen, doch als die beiden jungen Schiiten und ihre Komplizen am Boden den Geiseln schließlich am 30. Juni erlaubten, sich auf dem Beiruter Flughafen die Beine zu vertreten, befanden sich noch neununddreißig Amerikaner in ihrer Gewalt. Am folgenden Tag gab Israel der Forderung der Entführer nach und ließ siebenhundert schiitische Häftlinge frei, die im Libanon gefangengenommen worden waren.

Keiner der Gangster wurde vor Gericht gestellt, aber zum erstenmal in ihrer Geschichte spielte Interpol eine aktive, wenngleich kleine Rolle bei der Terrorismusbekämpfung, noch während eine Entführung im Gange war.

Erstens: *Als das Flugzeug nach seiner ersten Rückkehr aus Algier in Beirut landete, waren die beiden jungen Schiiten äu-*

ßerst aufgeregt über die anfängliche Weigerung Israels, seine Gefangenen freizulassen. An Bord befand sich auch ein junger Taucher der US Marines – und genau jene Marines hatte Präsident Reagan zwei Jahre zuvor erfolglos als Antiterror- und Friedenstruppe nach Beirut entsandt. Dieser unschuldige junge Mann gab einen ausgezeichneten Sündenbock her. Sie zerrten ihn aus seinem Sitz und schlugen ihn erbarmungslos. »Er wird sterben, wenn unsere Forderungen nicht erfüllt werden!« schrien sie. Dann drang ein Schuß nach draußen, und mit ruhiger Stimme meldete Flugkapitän Testrake dem Tower: »Sie haben soeben einen Passagier getötet.« Ein paar Minuten später wurde die Leiche des Soldaten auf die Rollbahn geworfen. Doch wer war er? Dank der NZB in Beirut und Madrid, die Fotos, Fingerabdrücke und anderes Material direkt vom Ort des Geschehens ans Washingtoner NZB schickten, konnte das US-Verteidigungsministerium das Opfer als den vierundzwanzig Jahre alten Robert Stetham identifizieren.

Zweitens: *Während die entführte Maschine noch über dem Mittelmeer hin und her flog, wurden auf Kendalls Anordnung die Angaben aus den Pässen sämtlicher Passagiere über das Interpol-Netz weitergeleitet. Warum? »Weil«, wie er mir später erzählte, »ich wußte, daß sich die Entführer diese Ausweise unter den Nagel reißen würden, damit später andere Terroristen mit ihrer Hilfe weitere Gewaltakte in der Welt verüben konnten. Wenigstens* diese Pässe *können sie nicht für ihr schmutziges Geschäft benutzen!«*

Kendalls persönliche Intervention bei der Entführung von TWA-847 war typisch für den Mann. Er war kein cooler Boß, der die Arbeit nur von Untergebenen erledigen ließ. Am 21. Oktober 1985, wenige Tage nach seiner Washingtoner Ernennung zum ständigen Generalsekretär, fuhr ich nach Saint-Cloud, um ihn für eine britische Zeitschrift zu interviewen – und die Veränderung im Hauptquartier seit meinem letzten Besuch vor drei Jahren anläßlich eines Gesprächs mit André Bossard stach sofort ins Auge.

»Hallo, Fenton. Wie geht's Ihnen? Möchten Sie auch 'nen Kaffee?« begrüßte er mich lässig, als er mich beim Empfang entdeckte. Er war nach unten gekommen, weil die Kaffeemaschine in seinem herrlichen Büro im siebten Stock nicht funktionierte, und nun holte er sich gerade sein Getränk vom Automaten im Parterre.

Keinen seiner beiden Vorgänger hätte man sich so locker und ungezwungen vorstellen können. Nepote und Bossard waren liebenswürdig, aber stets etwas distanziert: Sie wären niemals auf die Idee gekommen, sich ihren Kaffee aus einem Automaten zu holen. Seitdem habe ich Kendall viele Male in der Interpol-Kantine speisen sehen, und auch das wäre bei seinen beiden Vorgängern undenkbar gewesen. Der Schwede Robert Littas, von 1978 bis 1988 Polizeibeamter in Saint-Cloud und einer der wenigen Angestellten der Organisation, sagte: »Nepote und Bossard verkörperten die typisch französische Tradition leitender Staatsdiener – man mischt sich nicht unters Fußvolk. Ich finde, das ist eine von Rays großen Stärken. Er hat's schon immer so gehalten.«

Als wir jeder mit einer Tasse Kaffee in sein Büro zurückkehrten, sprach Kendall ganz entspannt und sachlich über die Realität der Gegenwart und seine Zukunftspläne: »Wir haben sicherlich insofern Schwierigkeiten, als wir der Welt unser Image nicht in angemessener Weise vermitteln können. Das ist ein großes Problem. Die Leute wissen einfach nicht, was sich durch die Anstrengungen von Interpol bewegt. Gleichzeitig muß ich aber sagen, daß unsere Organisation nach meinem Dafürhalten nicht die Leistung erbringt, die sie ihren Mitgliedsstaaten schuldig ist, da sie sich einfach nicht so entwickelt hat, wie es notwendig gewesen wäre.

Im modernen Polizeiwesen sollte sich ein Sekretariat einer internationalen Organisation wie dieser hier zum Ziel setzen, mit den besten der Mitgliedsländer Schritt zu halten oder ihnen, wo es sich ermöglichen läßt, voraus zu sein. Leider erweist sich das Generalsekretariat seit vielen Jahren als eine Art Hindernis für die eher fortschrittlich Orientierten.

Dafür gibt es alle möglichen Gründe. Einer ist natürlich unser knappes Budget – doch darf man nicht erwarten, daß die Leute in etwas investieren, das ihnen keinen sichtbaren Gegenwert zu bringen imstande ist. Meine erste Aufgabe ist es also, jene Länder zu überzeugen, die unserer Ansicht nach mehr bezahlen sollten. Denn wenn die richtige Organisation in der adäquaten Weise technisch und professionell unterstützt wird, können wir ihnen etwas weit Besseres geben, als sie es mit dem Abschluß eigener bilateraler Polizeiabkommen erreichen würden. Sie sollten ohne große Mühe auf die Dienste dieser Organisation vertrauen können. Ich bin sicher, daß dies momentan nicht der Fall ist.

Wir müssen modernisieren, und zwar schleunigst.«

Und so machte er sich daran, mit Hilfe der Amerikaner (»Ich verdanke ihnen mehr als den Briten«) die Arbeitsweise des Hauptquartiers zu zerpflücken und neu zu koordinieren. Die vorrangigste aller Prioritäten bestand darin, Interpols Glaubwürdigkeit in der internationalen Gemeinschaft der Strafverfolgungsbehörden wiederherzustellen – und das hieß vor allem, sie effizienter zu machen. Im Schnitt mußte man bei NZB-Anträgen vierzehn Tage auf Antwort warten: eine unendliche Zeitspanne in Tagen des modernen Flugverkehrs, in denen ein Verbrecher binnen weniger als vierundzwanzig Stunden um die halbe Welt flüchten könnte!

Die verkrusteten Arbeitsmethoden im Hauptquartier wurden unter die Lupe genommen und selbst die ehrwürdigsten heiligen Kühe einer zeitgemäßen Analyse unterzogen. Der Großteil des Maßnahmenpakets betraf die so wichtige Polizeiabteilung: Eine Antiterroreinheit wurde gegründet; die Abteilung für internationale Fahndungsausschreibungen und das Dezernat für gestohlene Kunstwerke wurden höhergestuft; neue Untergruppen oder Einheiten wurden gebildet, die sich unter anderem um organisiertes Verbrechen, Geldwäsche, Menschenhandel, gestohlene Kraftfahrzeuge, Sprengstoffe und Computerkriminalität zu kümmern hatten. Eine neugeschaffene Europa-Abteilung sollte sich ausschließlich mit europäischen Problemen befassen – und der Unterabteilung Drogen wurde ein neues Bewußtsein für Dringlichkeit eingeimpft, denn Mitte der achtziger Jahre war man dort etwas nachlässig geworden und hatte sich selbstgefällig in der Erinnerung vergangener ruhmvoller Tage gesonnt.

Das alles geschah nicht von heute auf morgen. Fünf Jahre lang leitete der Japaner Akira Kawada die Polizeiabteilung, doch obwohl er ein hervorragender Polizist war und fließend mehrere Fremdsprachen beherrschte, gab er nach Meinung einiger Experten keinen brillanten Administrator für eine internationale Polizeiorganisation ab. Erst als Kendall einen jungen Beamten von der Royal Canadian Mounted Police namens Odilon Emond über den Atlantik holte und dieser im Jahr 1991 seinen Posten antrat, begann die Polizeiabteilung wirklich ihr maximales Potential zu entfalten.

»Wenn ich irgend etwas an Ray Kendall auszusetzen habe«, sagt Robert Littas (heute Leiter der Abteilung Sicherheitsrisiken bei Visa International in London), »dann das, daß er mit der Übernahme des Chefpostens – obwohl er genau das bei Jean Nepote haßte, als er unter diesem Leiter der Polizeiabteilung war – sich den gleichen autoritären Führungsstil und die Einstellung, alles selber machen zu müssen, aneignete. Er sollte seinen Leuten mehr vertrauen und ihnen mehr Eigeninitiative lassen. Doch ich muß zugeben, daß er bei der Umgestaltung der Organisation phantastische Arbeit geleistet hat. Ich bin nicht mit all seinen Maßnahmen einverstanden, aber er traf wenigstens Entscheidungen – was ja als wesentliches Merkmal zu einer Führungspersönlichkeit gehört.«

Eine effektive Polizeiarbeit zeichnet sich aber nicht nur durch die richtige »Mischung« in der Bürotätigkeit aus, man braucht auch moderne Geräte und neuzeitliche Verfahren, um mit der Außenwelt zu kommunizieren. Während seiner Tagung im Februar 1985, bei der André Bossard seinen Rücktritt ankündigte, hatte das Exekutivkomitee auch beschlossen, das Generalsekretariat in eigens hierfür zu erstellende Räumlichkeiten nach Lyon zu verlegen. Doch eine moderne Fassade hätte die alten Mißstände nicht beseitigt.

Der erste Schritt bestand im Anlegen eines computerisierten Registers, damit man wußte, was die Akten des Generalsekretariats überhaupt alles enthielten. Zu diesem Zweck kaufte Kendall einen Großrechner vom Typ IBM 9370 und holte sich einen pensionierten Computerfachmann von der Polizei der englischen Grafschaft Sussex als Berater.

Dieses sogenannte *Criminal Information System* (CIS) war eine Art Zwischenstation auf dem Weg zur vollen EDV-Umstellung der Akten; außerdem konnte es erst im Februar 1987 eingesetzt werden. Doch von da an brauchte sich ein Polizist bei der Beantwortung einer NZB-Anfrage nicht länger durch ein antiquiertes Register zu einem ebensolchen Archivsystem durchzuarbeiten. Er konnte sich sofort ins System einschalten und schauen, was verfügbar war. Danach mußte er freilich noch von Hand die betreffende Akte heraussuchen – aber es war immerhin ein Anfang, den Vorgang zu beschleunigen.

Große Ereignisse standen erst noch bevor. Bei der Generalversammlung in Nizza im November 1987 wurden Kendall zehn Millionen Schweizer Franken für einen ehrgeizigen Fünfjahresplan zur EDV-Umstellung der Akten bewilligt und, was noch wichtiger war, für den Ausbau der Verbindungen zwischen dem

Generalsekretariat und dem internationalen Interpol-Netz. Woher sollte aber dieses Geld kommen? In den folgenden Jahren redete er auf die meisten der führenden Mitgliedsstaaten ein, ihre Beiträge aufzustocken, so daß sich bis 1990 Interpols Jahreshaushalt auf neuneinhalb Millionen Pfund (etwa vierundzwanzig Millionen D-Mark) belief – anderthalbmal soviel wie bei seiner Amtsübernahme.

Zu jener Zeit steuerten die sechs wohlhabendsten Länder vierunddreißig Prozent vom Gesamtetat bei: Die Vereinigten Staaten leisteten achtzig Budgeteinheiten, Großbritannien, Frankreich, Italien und die Bundesrepublik jeweils zweiundsiebzig und Japan sechzig. Dies war trotzdem nicht genug hinsichtlich der steigenden Betriebskosten, die für die neunziger Jahre prognostiziert wurden, und auf der Generalversammlung von 1990 in Ottawa mußte man sich auf eine neue und solidere Basis für alle verständigen; aber es war eine beachtliche Großtat. »Niemand sonst hätte das zustande bringen können«, meint John Simpson.

Werfen wir mal einen genaueren Blick auf diesen Fünfjahres-Reformplan – der allerdings schon nach drei Jahren so weit realisiert war, daß die Generalversammlung von Ottawa im Oktober 1990 einen weiteren Fünfjahresplan zur Modernisierung der Regionalstationen und der ärmeren NZB billigte.[53]

Bis 1985 hatte die Kartei des Kriminalarchivs im fünften Stock des Hauptquartiers in Saint-Cloud einen Umfang von unvorstellbaren 4 533 128 Karten angenommen, auf denen Tausende halbvergessener alter Verbrechen und über zwei Millionen Personen teilweise dreimal – alphabetisch, phonetisch und nach ihrer Arbeitsmethode – aufgelistet waren. Zusätzlich existierten 250 812 Karten mit Fingerabdrücken und 8348 hauptsächlich veraltete Fotos. Kendall meinte später dazu: »Sie wurde mit Recht als die umfassendste Kriminalkartei der Welt bezeichnet, aber als wir beschlossen, den ganzen Kram auf EDV umzustellen, stellten wir erfreut fest, daß das meiste davon über Bord geworfen werden konnte, ohne daß wir an Effizienz verlieren. Bei einer Analyse entdeckten wir, daß in den Akten wirklich nur etwa zweihunderttausend international agierende Verbrecher namentlich aufgeführt waren, an denen noch ein echtes, aktuelles Interesse bestand. Das restliche Material war für eine moderne Organisation nur von untergeordneter Bedeutung.«

Im März 1987 trat Chief Superintendent (Kriminaldirektor) und Computergenie Paul McQuillan von der Sussex Police als Vollzeitmitarbeiter seinen Dienst bei Interpol an, und Kendall rief eine neue Abteilung ins Leben, deren Leitung der Brite übernahm. Dies war die Abteilung IV (taktische Unterstützung), die künftig mit den bestehenden Abteilungen I (Hauptverwaltung), II (Polizei) und III (Forschung etc.) Hand in Hand arbeiten sollte. Die Verpflichtung McQuillans steht als gutes Beispiel für Kendalls Methoden, aber auch für die Gleichgültigkeit offizieller britischer Stellen gegenüber Interpol. Dies ist McQuillans Bericht vom November 1990 in Lyon:

»Es war schon 'ne etwas komische Geschichte. Mein aus dem Ruhestand geholter Kollege, der 1985 auf Kendalls Bitte zur Interpol gekommen war, um die Modernisierung in Angriff zu nehmen, wollte nach zwei Jahren wieder nach Hause, und er empfahl mich für den Job. Ich war beim Polizeihauptquartier in Sussex seit 1978 mit großen Computerprojekten beschäftigt, aber dann versetzt worden. Ich sollte in Horsham, einem hübschen Städtchen auf dem Lande, gewöhnlichen Polizeidienst schieben, und ich vermute, mein ehemaliger Kollege merkte – und damit lag er ja auch richtig –, daß ich zu meinen Computern zurückwollte.

Daher wandte sich Mister Kendall an mich und fragte, ob ich Interesse hätte. Um Ihnen gegenüber ganz ehrlich zu sein, ich wußte absolut nichts über Interpol. Also kam ich auf ihre Einladung für ein paar Wochen nach Saint-Cloud heraus, schaute mir die Situation an und sagte: ›Ja, ich möchte hier anfangen und versuchen, den Laden zu modernisieren.‹ Nun geschah jedoch folgendes: Die vom Innenministerium festgesetzte Quote für die Entsendung von Beamten zu Interpol für dieses Jahr war bereits erfüllt. Deshalb teilte das Innenministerium Mister Kendall mit: ›Nein, Sie können ihn nicht haben, weil uns das Geld fehlt‹, worauf er sich mit Roger Birch, meinem Polizeipräsidenten, in Verbindung setzte und ihn fragte, ob er irgendwelche Einwände habe, mich persönlich zu Interpol abzustellen, unabhängig vom reglementierten Personalkontingent für Interpol, doch Birch befürchtete, wiederum wegen der Kosten für mich Schwierigkeiten zu bekommen.

Also sagte Kendall: ›Wird das auch der Fall sein, wenn *wir* sein Gehalt zahlen?‹ – und so nahm alles seinen Lauf. Ich wurde zu Interpol abgestellt unter der Bedingung, daß Interpol mein Gehalt an die Sussex Police überwies, die mich dann ihrerseits bezahlte.

Das ging dann so bis September dieses Jahres, als ich meine dreißig Dienstjahre vollendet hatte und bei vollen Bezügen in Rente gehen konnte. Es war nun für mich und Interpol einfacher, dieses Spielchen zu beenden. Ich schied also aus der Sussex Police aus, und Interpol bot mir einen Vertrag an, den ich akzeptierte. Nun mache ich also seit September die gleiche Arbeit wie in den letzten drei Jahren, bloß daß mich Interpol jetzt direkt und nicht über die Sussex Police bezahlt.«

McQuillans erste Herausforderung bestand darin, die Arbeit seines ehemaligen Kollegen aus Sussex am Interpol-Netz abzuschließen. In einer modernen Welt wie dieser war es einfach lächerlich, daß – außer wenn ein Polizist mit einem ausländischen Kollegen telefonierte oder ihm direkt einen Brief schrieb – sämtliche Kommunikation über Saint-Cloud abgewickelt werden mußte.

Kendall war schon seit langem gegen diesen Mißstand Sturm gelaufen. Bereits im Oktober 1983 hatte man sich auf der Generalversammlung von Cannes, nicht zuletzt aufgrund seiner persönlichen Intervention im eigenen Haus, darauf geeinigt, in Saint-Cloud eine automatische Nachrichten-Schaltzentrale installieren zu lassen. Auf diese Weise ließen sich nicht nur Mitteilungen automatisch von einem Medium auf ein anderes umschalten (beispielsweise von Funk auf Telex oder BTX), sie mußten vor allem künftig nicht mehr sämtlich über die Zentrale laufen. Alle NZB könnten direkt miteinander kommunizieren – das Hauptquartier würde nur über das informiert, bezüglich dessen das betreffende NZB der Meinung war, daß die Zentrale hierüber Bescheid wissen sollte. Das Hauptquartier seinerseits würde die Nachricht nur dann speichern, wenn man sich dort der Meinung jenes NZB anschloß.

Die automatische Schaltzentrale, speziell von der deutschen Firma Dornier für die Organisation gebaut, wurde im Juli 1986 in Saint-Cloud installiert, jedoch erst ein Jahr darauf mit Hilfe von McQuillans »Unterstützungsabteilung« in Betrieb genommen. Sie erwies sich sofort als eine gute Investition und wurde später beim Umzug nach Lyon natürlich mitgenommen.

Was kam als nächstes? McQuillan wandte sich nun der EDV-Umstellung der Archive zu. Er konnte sich jedoch nicht vorstellen, das alte, verwinkelte Gebäude in Saint-Cloud mit einer modernen Computeranlage auszustatten – und dann alles wieder herauszureißen und im vierhundertsechzig Kilometer entfernten Lyon abermals zu installieren. Die Verkabelung müßte in die vorhandene Baustruktur eingepaßt werden, damit der Archivcomputer mit einem PC auf dem Schreibtisch eines jeden Polizeibeamten vernetzt werden konnte – *und* mit einem revolutionären, neuen »Message Response Branch« [sinngemäß etwa »Abteilung zur Beantwortung von Anfragen« aus den Mitgliedsländern, im folgenden MRB], deren Aufgabe es sein würde, sich ausschließlich mit Anfragen von NZB zu befassen.

Es war eine aufregende Zeit. Das neue Hauptquartier wurde als die modernste – und nach Meinung vieler Leute als die schönste – Polizeizentrale der Welt entworfen.

Nach den Plänen von Louis Manavelal, einem französischen Architekten aus Marseille, sollte es ein einundzwanzig Meter hohes, fünfstöckiges Gebäude mit verglasten Fronten und dreihundert um einen zentralen, glasbedachten Lichthof herum gruppierten Büroräumen werden. Das Haus sollte in einem Zierteich auf einem ein Hektar großen Gelände am Ufer der Rhône stehen.

Sicherheit stand an erster Stelle. Denn an einem späten Freitagabend im Mai 1986 war auf Saint-Cloude von einer Einheit der Action Directe, einer französischen Terrorbrigade der Ultralinken, ein Anschlag verübt worden. Der Anführer wurde später von der französischen Polizei festgenommen. »Die Angreifer eröffneten aus automatischen Waffen das Feuer«, berichtete Kendall einem amerikanischen Reporter. »Sie verletzten einen Wachposten, der sich noch die Treppe hinaufschleppen konnte, bevor sie ihre Bomben zündeten. Es war Glück, oder es lag am sehr guten Beton, daß der Gebäudeflügel nicht einstürzte, andernfalls wäre unsere Archivabteilung verloren gewesen.«[54]

Im Zeitalter des Computers wäre es ein leichtes, das Archiv binnen kurzem zu rekonstruieren. Doch Risiken werden mittlerweile weitestgehend ausgeschlossen. Das neue Hauptquartier in Lyon erinnert an eine Polizeiversion von Fort Knox: Sicherheitsschiebetüren aus Plexiglas und eingebaute Metalldetektoren begrüßen den Besucher, und sämtliche Türen, die zu den Etagen im Inneren des Gebäudes führen, können lediglich mit Hilfe eines elektronischen Kartenschlüssels geöffnet werden, der mit einem Lichtbildausweis verschweißt ist, den das diensthabende Personal an einer Kette um den Hals trägt. Ausschließlich die höchsten Beamten besitzen Kartenschlüssel zu den Türen aller Stockwerke;

die anderen haben nur Zutritt zu jenen Stockwerken, auf denen sie ihren Dienst versehen.

Und es gibt eine Unterabteilung für Sicherheit, die eng mit der örtlichen französischen Polizei zusammenarbeitet; die hier beschäftigten französischen Kräfte stehen bei der Organisation unter Vertrag.

Die Baukosten in Höhe von hundertzwanzig Millionen Francs (rund vierzig Millionen D-Mark) wurden fast ganz aus eigener Tasche bezahlt. Woher stammte das Geld? Von Interpols Reserven, einem kleinen Bankdarlehen – und der größte Teil vom sehr vorteilhaften Verkauf des alten Hauptquartiers in Saint-Cloud an eine spanische Finanzierungsgesellschaft. Die französische Regierung, die sehr froh war, daß die Organisation im Lande blieb, steuerte weitere achtundzwanzig Millionen Francs (umgerechnet etwa neun Millionen D-Mark) bei, indem sie auf die Mehrwertsteuer für das neue Gebäude verzichtete, und die örtlichen Behörden zahlten einen beträchtlichen Dezentralisierungsbonus sowie weitere drei Millionen Francs an Umzugskosten.

Am 18. Juli 1987 erfolgte die Grundsteinlegung durch John Simpson und Francisque Collomb, den Bürgermeister von Lyon: »Mögen diejenigen, die dieses Gebäude bewohnen, der Sache des Friedens und der Sicherheit in der Welt dienen«, lautet die Inschrift auf einem Bronzezylinder, der unter dem Stein vergraben liegt.

Schon im Mai 1989, sogar noch etwas vor dem geplanten Termin, konnte das Gebäude bezogen werden.

Nachdem am Spätnachmittag des 19. Mai 1989, eines Freitags, die Polizisten in Saint-Cloud um Viertel nach fünf ihren Dienst beendet hatten, begannen Arbeiter damit, die mit Fahndungsmaterial gefütterten Disketten des IBM-Computers, die Millionen Unterlagen und andere wesentliche Dinge zu verpacken und auf Lastwagen zu verladen. Die Transporter fuhren dann eilends über die Autobahn A 6 nach Lyon. Als dieselben Polizisten – oder die meisten von ihnen (zweihundertdreißig der insgesamt zweihundertachtzig Angehörigen des Personals von Saint-Cloud waren bereit gewesen, mit umzuziehen) – am Montag, dem 22. Mai 1989, morgens um neun Uhr in Lyon zum Dienst erschienen, war der Speicherinhalt der Disketten bereits in einen neuen IBM-9370-Großrechner eingegeben worden und das Archiv vorübergehend in einem provisorischen Strafregisterbüro neben dem neugeschaffenen MRB untergebracht. So konnte Kendall stolz einem Reporter der Lokalpresse berichten: »Alles lief perfekt. Der Arbeitsrhythmus wurde weder unterbrochen, noch war es notwendig, für die Dauer des Umzugs zwei Dienststellen zu unterhalten.«

Nun begann die Mammutaufgabe, das Archiv auf EDV umzustellen – oder vielmehr den kleinen, ausgewählten Teil, den man noch als wichtig erachtete. Das war weit schwieriger als die Erstellung des Computerregisters: Dieses katalogisierte ja lediglich die archivierten Akten; ansonsten ließ es sie unverändert. McQuillans Team mußte sich der mühsamen Arbeit unterziehen, genauestens zu prüfen, welche speziellen Details dieser Unterlagen dem Computersystem einzugeben waren. Bei diesem handelte es sich nicht um eine IBM-Anlage, sondern um ein völlig anderes, von Wang hergestelltes System, das im Unterschied zum IBM-Register sowohl Fotos und Fingerabdrücke als auch Text wiederzugeben imstande war. Das bedeutete, daß nun erstmals eine Akte auf einem Bildschirm reproduziert werden konnte – was das unwiderrufliche Ende für die sperrigen Originale auf Papier bedeutete.

Dieses Wunderding von Wang wurde im Juli 1989 installiert. Schon nach weniger als drei Monaten, am Montag, dem 2. Oktober 1989, konnte es in Aktion treten: angeschlossen an das Computerregister im IBM-Zentralrechner, das MRB – und den PC, den jeder Polizist auf seinem Schreibtisch stehen hatte.

Ab jenem Montag Anfang Oktober konnte sich ein Polizist im Generalsekretariat, statt wie bisher üblich eine ganze Woche mit der Sichtung einer Akte zuzubringen, ihren Inhalt innerhalb von dreißig Sekunden auf seinen persönlichen Monitor holen. Und das MRB war nun in der Lage, eine NZB-Anfrage binnen zwei Stunden verbindlich zu beantworten, und sogar in nur zwanzig Minuten, wenn die Anfrage den Vermerk »00« oder »22« (höchste Dringlichkeitsstufe) trug.

Bereits im November 1990 bearbeitete das MRB zehntausend Informationsgesuche pro Monat: 1,2 Millionen im Jahr. Chef dieser mehrsprachigen Einheit ist der umgängliche Charles (»Chuck«) Kozlosky, der ehemalige Beamte des US-Postermittlungsdienstes und ein Mann der ersten Stunde beim MRB.[55] Sie ist in vier Gruppen französischer Zivilisten unterteilt, denen jeweils ein ausländischer Polizeibeamter vorsteht. Zwei Gruppen kümmern sich in erster Linie um die Mitteilungen in englischer Sprache (welche mehr als die Hälfte des Gesamtaufkommens ausmachen), eine beschäftigt sich mit den französischen Meldungen und eine mit den spanischen.

Vorläufig befaßt sich das MRB noch nicht mit Arabisch, es mußte sich jedoch vielfach mit Deutsch auseinandersetzen.

»Deutsch ist keine Amtssprache bei Interpol«, erläutert Kozlosky, »aber die deutschsprachigen Länder Europas – Österreich, die Schweiz, das wiedervereinigte Deutschland selbst – tauschen alle untereinander Nachrichten in Deutsch aus und überlassen uns oft eine Kopie aus Informationsgründen. Die müssen wir übersetzen lassen, um beurteilen zu können, ob die Angelegenheit internationalen Charakter hat und etwas für unseren Computer ist. Ein oder zwei Leute hier verstehen Deutsch, und im Haus arbeiten viele deutsche Beamte, so daß uns keine wichtige Nachricht entgeht.«

Die Leistung des MRB kann nicht hoch genug bewertet werden, wenn man bedenkt, daß die mühselige Aufgabe, die Unmenge alter Akten zu analysieren und EDV-mäßig zu erfassen, neben der aktuellen Arbeit weiterlief. Im Dezember 1991 war Interpols Archiv endlich auf dem neuesten Stand, effektiv und auf die zweihunderttausend internationalen Verbrechen reduziert, die wirklich eine Rolle spielen.

»Wir werden nicht zulassen, daß unser Kriminalregister je wieder einen derart aufgeblähten Zustand erreicht wie vor der Umstellung auf EDV«, sagt Kendall.

Um in der Kartei berücksichtigt zu werden, müssen alle neuen Informationen nicht nur internationalen Charakter haben, sondern sich auch auf ein Schwerverbrechen wie Terrorismus, Falschgeldherstellung oder erhebliche illegale Drogentransaktionen (das heißt nicht weniger als hundert Gramm Kokain beziehungsweise Heroin oder zehn Kilo Haschisch) beziehen. Informationen über minderschwere Delikte gelangen zwar in den Computer, werden aber nach drei Monaten gelöscht, falls in dieser Zeit keine weiteren Details hereinkommen, die einen Hinweis auf einen wichtigen internationalen Aspekt geben: beispielsweise ein Diebstahl in einem venezolanischen Luxushotel im Mai, gefolgt von einem Delikt nach der gleichen Methode in einem Pariser Luxushotel im Juli. Findet der zweite Diebstahl jedoch erst im September statt, dann ist bis dahin der Vorfall von Venezuela aus dem Computer verschwunden.

Ebenso werden Informationen jederzeit aus dem Computer getilgt, wenn das NZB, das sie zuerst lieferte, ihre Löschung beantragt – wenn also etwa eine internationale rote Ausschreibung aus irgendeinem Grund zurückgezogen wird. Nach fünf Jahren kommt es sowieso zur automatischen Überprüfung und Löschung einer jeden Akte, falls sich bis dahin nichts Entscheidendes gerührt hat. »Wir haben eine Studie erstellt und herausgefunden, daß das von uns Archivierte nach fünf Jahren immer seltener abgerufen wurde, vielleicht in weniger als einem Prozent aller Anfragen«, erklärt Kendall.

Wie steht es um die Sicherheit in bezug auf Computerhacker? Interpol verwendet keine kodierten Nachrichten mehr. Paul McQuillan hat eine bessere Version des im Zweiten Weltkrieg benutzten Telefonverschlüsselungssystems entwickelt. Die Informationen werden bei der Eingabe in den Computer zerhackt und können dadurch nur durch spezielle Codes im Gerät selbst wieder zusammengefügt werden. »Ich kann Ihnen versichern, es funktioniert«, sagt Patrick Leroy. »Unsere Daten sind unversehrt« – doch wie wir im 20. Kapitel noch sehen werden, ist nicht jeder in Lyon so zuversichtlich.

Interpol besteht jedoch nicht nur aus dem Generalsekretariat, so modern und prachtvoll es sich auch präsentieren mag. Lyon kann nicht ohne die NZB funktionieren, und in geringerem Maße gilt das auch umgekehrt. Jedes NZB ist in einem sehr konkreten Sinn so etwas wie eine Miniaturausgabe der gesamten Organisation. Ruft man etwa das NZB bei New Scotland Yard an, dann meldet sich dort jemand mit den Worten »Interpol London«, und abgesehen vom jeweiligen Namen der Stadt ist es überall auf der Welt das gleiche.

Parallel zur Modernisierung des Generalsekretariats betrieben auch die führenden NZB in der zweiten Hälfte der achtziger Jahre ihre Aufrüstung. »Interpol London« unter Superintendent William Wooding, der Anfang der achtziger Jahre selbst nach Saint-Cloud abgestellt worden war, ist mittlerweile voll computerisiert: mit einer eigenen Nachrichten-Schaltanlage und einer Fallauslastung von bis zu zweihundert Vorgängen gleichzeitig für neunzehn Männer und Frauen, die aus verschiedenen britischen Polizeieinheiten zusammengezogen wurden.

1990 zählte das Büro hundertfünfzehntausend ein- und abgehende Mitteilungen. Kriminalinspektor Tom Dorantt sagt: »Wir können eine Mitteilung sehr, sehr rasch weiterleiten. Wenn ich etwa eine Nachricht aus Madrid empfange, worin man beispielsweise um Nachforschungen in Northampton bittet, so bekomme ich eine Fotokopie für die Akten und eine Nachricht auf meinen Monitor. Ich nehme die Kopf- und die Schlußzeile heraus – lösche also die Überschrift, die an mich gerichtet ist –, adressiere die Meldung an den Polizeipräsidenten von Northampton und setze irgendwelche ergänzenden Hinweise nach Belieben an den Schluß der Mitteilung. Wenn sie in Spanisch hereinkam, wird sie bereits ins Englische übersetzt sein, bevor ich sie auf meinen Monitor kriege. Auf Knopfdruck geht die Nachricht sodann runter in den Funkraum und wird via MSS (unsere Umschaltanlage) nach Northampton gesendet. Die Vorrichtung des teilbaren Monitorbildes ist sehr nützlich. Den Übersetzern steht sie ebenfalls zur Verfügung: Statt daß sie eine Nachricht ausdrucken und anhand einer kopierten Vorlage arbeiten, können sie ihren Bildschirm teilen – in der oberen Hälfte erscheint die Nachricht in der Originalsprache, in der unteren können sie sie ins Englische übertragen.«

Dorantt, ein Schotte polnischer Abstammung, kann – für einen britischen Polizisten höchst ungewöhnlich – in sieben Sprachen arbeiten und ist daher der europäische Verbindungsoffizier für dieses NZB. Er sagt: »Die Länder Europas beschlossen vor einigen Jahren, daß sie einen ›Mann für alle Fälle‹ brauchten, und Mehrsprachigkeit ist da unabdingbare Voraussetzung. Wenn ein dringender Fall vorliegt, der gesondert behandelt werden muß, statt ihn via Computer oder Telex oder anderweitig zu übermitteln, kann ich zum Hörer greifen und mich mit meinem Gesprächspartner in jedem der europäischen NZB unterhalten und die Angelegenheit am Telefon klären. Wir haben sogar ein Buch für europäische Verbindungsoffiziere mit Namen, Adressen, Fotos, Telefonnummern und dergleichen mehr. Unser Arbeitsbereich schließt folgende Länder ein: Österreich, Belgien, Zypern, Dänemark, Bulgarien, Finnland, Frankreich, Deutschland, Griechenland, Island, die Republik Nordirland, Italien, Schweden, die Schweiz, natürlich Großbritannien, die Türkei, die Tschechoslowakei, Ungarn, Polen und Rußland.«

Am 1. April 1992 trat das Londoner NZB aus der Metropolitan Police aus und schloß sich der neuen National Criminal Intelligence Unit (Nationale Kriminal-Informationssammlung und -analyseeinheit) an, die Spezialabteilungen der Polizei aus dem ganzen Land unter einem administrativen Dach zusammenfaßte. Mittlerweile ist sie von Scotland Yard in ihr neues Hauptquartier in Spring Gardens, Vauxhall, umgezogen. Somit ist Interpol ins routinemäßige Arbeitsleben der einzelnen Polizeistaffeln des Landes integriert, aber Woodings Leute kommen trotzdem nicht dazu, draußen auf eigene Faust zu recherchieren. Andere Polizisten sind wie gehabt für die Laufarbeit vonnöten.

Doch die Praxis unterscheidet sich von Land zu Land. In Frankreich ist die Funktion des NZB identisch mit jener in Großbritannien. In Griechenland und Portugal sind die NZB ihre eigenen Ermittlungsbeamten – wie in Deutschland, wo jeder Mitarbeiter des Bundeskriminalamts (BKA) den Status eines Interpol-Beamten hat. In Den Haag firmiert die gesamte vierhundertfünfzig Mann starke Kriminal-Nachrichtendiensteinheit unter Superintendent J. Wilzing als das niederländische NZB.

Washingtons NZB hat ein besonderes Problem, weil es eine Leitstelle sein muß für zwanzigtausend verschiedene Polizeiorgane des Bundes und der Einzelstaaten, welche quer über die USA verteilt sind. So, wie Kendall das Generalsekretariat in der zweiten Hälfte der achtziger Jahre reformierte, so krempelte auch Richard C. Steiner, von 1981 bis 1990 Leiter des Washingtoner NZB, in dieser Zeit sein eigenes Büro um.

Im Mai 1987 überredete er die Illinois State Police, das erste lokale Interpol-Verbindungsbüro in Springfield, der Hauptstadt des Staates Illinois, einzurichten. Innerhalb eines Vierteljahres hatte sich die internationale Ermittlungsarbeit vervierfacht, und zwei weitere Leute mußten eingestellt werden. »Das internationale Verbrechen ist nicht länger allein Sache der Gesetzesbehörden in unseren Grenzstädten«, äußerte er gegenüber einem Reporter. »Heute können ausländische Drogenhändler ebensogut nach Kansas fliegen wie in Grenzstädten untertauchen.« Die internationale Kriminalität ist inzwischen in den Vereinigten Staten auf Schritt und Tritt gegenwärtig.

Unter seinem Nachfolger Darrell W. Mills bearbeitet das Washingtoner NZB weit über zweihunderttausend Nachrichten im Jahr – und was dem Großteil der Bevölkerung unbekannt ist: Es gibt in den Hauptstädten aller US-Bundesstaaten ein Interpol-Verbindungsbüro. »Für die örtliche Polizei«, sagt Mills, »sind die Kosten für das Auftreiben von Kriminalakten aus der ganzen Welt nicht höher als für einen Telefonanruf beim staatlichen Verbindungsbüro, und auch die Bundesbehörden können diese Einrichtung nutzen.«

Seit Mai 1990 besteht außerdem die sogenannte Interpol-Schaltstelle USA/Kanada. Hierbei handelt es sich um ein Kontaktbüro zwischen den NZB in Washington und Ottawa, das es der Polizei beider Länder ermöglicht, die staatlichen Datenbanken des Nachbarn zu benutzen, um Führerscheine und Fahrzeugzulassungen zu überprüfen. Auf diese Weise konnten bei sage und schreibe neunzig Millionen Autos, die pro Jahr die amerikanisch-kanadische Grenze überqueren, Tausende gesuchter Personen festgenommen und gestohlene Fahrzeuge sichergestellt werden. Rund um die Uhr abrufbereit, mit einer Prüfungsdauer von längstens zehn Minuten, beträgt die Zahl der zwischen den beiden NZB ausgetauschten Anfragen im Schnitt fünfundvierzigtausend pro Monat.

Die Mitarbeiter des NZB selbst, das in prachtvollen, neuen Büros im Bicentennial Building im Zentrum Washingtons untergebracht ist, kommen von sechzehn Strafverfolgungsbehörden des Bundes und der Einzelstaaten. Mills befehligt eine Kriminalabteilung, die von einem FBI-Agenten geleitet wird, ein Finanzbetrugsdezernat unter einem US-Zollbeamten, eine Abteilung für flüchtige Ausländer unter einem Bamten der Einwanderungs- und Einbürgerungsbehörde (INS) und ein Drogendezernat unter einem Agenten der *Drugs Enforcement Administration* (DEA: Drogenbekämpfungsbehörde).

Angesichts eines Empfangsbeamten, der neben einem großen, pompösen Plakat »Interpol-Washington« sitzt, fühlt man sich an einen Besuch in einer Filiale des Generalsekretariats erinnert – was sie ja auch wirklich ist.

Nichts von alledem ist der Regierung Frankreichs entgangen, und wenn man mit seinen Beamten redet und die Presse des Landes liest, bemerkt man eindeutig eine gewisse Verstimmtheit.

Hinter den Kulissen hat Frankreich seinen Machtverlust bei Interpol nie auf die leichte Schulter genommen. Der Stachel des geschmähten Nationalstolzes sitzt bei vielen französischen Politikern tief, ungeachtet ihrer Parteizugehörigkeit. Als Kendall auf der Generalversammlung von Washington im Oktober 1985 im Amt bestätigt wurde, konnte niemand an der Position des Generalsekretärs rütteln – wenigstens nicht für die nächsten fünf Jahre.

Doch sobald die französische Regierung eine Chance witterte, sich für die Demütigung zu revanchieren und innerhalb der Organisation so etwas wie Macht zu erlangen, blieb sie nicht untätig. John Simpsons vierjährige Amtszeit als Präsident sollte mit der Generalversammlung von Bangkok im November 1988 zu Ende gehen. Und eine anschließende Wiederwahl war nicht möglich. Wer also sollte Simpsons Nachfolger werden?

»Wir hielten es für eine gute Idee, wenn Generalmajor Pow Sarasin, der scheidende Leiter der thailändischen Polizei, diesen Posten übernehmen würde«, erzähle mir Simpson im Mai 1991 in Washington. »Es wurde Zeit, daß die ›neue Interpol‹ mit ihrem erweiterten Horizont einen Präsidenten aus der dritten Welt, aus Südostasien, bekam. Dies war schließlich die erste Generalversammlung in Südostasien überhaupt. Und Pow genoß weltweit hohes Ansehen und galt als absolut integer – trotz der Fälle von polizeilicher Korruption, die mitunter sein Land belastet.«

Frankreichs sozialistische Regierung unter Michel Rocard dachte indes anders darüber. Sie stellte Ivan Barbot, den einundfünfzigjährigen Generaldirektor der französischen Landespolizei, für das Amt auf. »Barbot ist eher ein Verwalter, Sarasin dagegen ein Polizeiprofi«, äußerte sich Richrd C. Steiner in seiner typischen Unverblümtheit gegenüber einem Reporter von der *Washington Post*. Drei Jahre danach erfuhr ich von Simpson folgendes: »Mir war zu Ohren gekommen, daß die Franzosen Barbot gleich aus zwei Gründen nominierten. Er war im Januar 1987 von der rechtsgerichteten Regierung Jacques Chiracs zum Generaldirektor befördert worden. Chirac schied im Mai 1988 aus dem Amt; sein Nachfolger wurde der Sozialist Rocard. Hier bot sich also eine perfekte Gelegenheit, einen Franzosen auf den prestigeträchtigen Posten des Interpol-Präsidenten zu hieven – und Barbot gleichzeitig aus der Position des höchsten französischen Polizisten wieder herauszulavieren, damit die Sozialisten ihren eigenen Mann reinbringen konnten.«

Die Wahl von Simpsons Nachfolger war die gleiche Geschichte wie bei seiner eigenen Wahl – nur diesmal mit einem anderen Ausgang. Während die Franzosen die ihnen verbundenen Länder der dritten Welt unter Druck setzten, zugunsten Barbots abzustimmen – sie zahlten den Delegierten sogar die Reisekosten nach Bangkok –, taten die Amerikaner dies mit den *ihnen* ergebenen Staaten: Nach zwei hartumkämpften Wahldurchgängen ging Barbot als Sieger hervor.

Die *Internationale Kriminalpolizeiliche Rundschau* berichtete schmeichelhaft: »Mister Barbot sprach den thailändischen Behörden seine tiefe Dankbarkeit für ihre Gastfreundschaft aus und betonte insbesondere seine hohe Wertschätzung für General Pow Sarasin.«

Die französische Tageszeitung *Le Monde* war näher an der Realität. »Theoretisch«, hieß es dort, »bedingt Monsieur Barbots Wahl zum Präsidenten von Interpol nicht seinen Abschied vom Amt des Generaldirektors der Landespolizei. Es ist jedoch nicht ausgeschlossen, daß Monsieur Joxe [der neue sozialistische Innenminister] nach einer gemäßen Frist einen seiner engen Mitarbeiter für das Amt vorschlagen wird.«

Schon nach wenigen Monaten wurde Barbot von seiner Position des Generaldirektors in Paris in die Provinz versetzt und zum Polizeipräfekten von Poitou-Charentes ernannt. Er erhielt erst zwei Jahre danach wieder einen offiziellen Posten in Paris: polizeilicher Berater des persönlichen Stabs der neuen sozialistischen Premierministerin Edith Cresson. Manchem mag das vielleicht als ein recht seltsames Amt für den Präsidenten einer unpolitischen internationalen Organisation vorkommen.

Nach außen hin schien Frankreich zumindest teilweise seinen früheren Interpol-Glanz zurückerlangt zu haben. »Frankreich hat Interpol wieder klar im Griff«, berichtete die Londoner *Financial Times* kurz nach der Wahl. In Wahrheit waren Barbots Möglichkeiten bei einem so starken Generalsekretär wie Kendall schon ziemlich begrenzt, obgleich er bis November 1992 im Amt blieb.

Trotzdem vermochte er sich durchaus als Interpol-Präsident zu profilieren und reiste in ihrem Namen durch die Welt. Wie er mir im Juni 1991 in Paris sagte, sah er seine Aufgabe vorrangig darin, »durch Kontakte mit Regierungsbehörden, den Führern anderer internationaler Organisationen und der Presse bei der Meinungsbildung über Interpol und bei ihrer politischen Unterstützung mitzuwirken«. Zum erstenmal in der Geschichte der Organisation enthielt der Jahresbericht des Generalsekretariats nun an aufeinanderfolgenden Generalversammlungen einen Rechenschaftsbericht über die Aktivitäten des Präsidenten – mit der Zusicherung: »Die Aktivitäten des Präsidenten erfolgten ohne Rückgriff auf den Etat der Organisation.«

Die Fassade mußte gewahrt bleiben. Als Frankreichs sozialistischer Staatspräsident François Mitterrand im November 1989 in

Lyon das neue Hauptquartier mit allem Pomp eines Staatsbesuchs feierlich einweihte, hielten nur zwei Männer eine Rede – beide in französisch: Mitterrand und Barbot. Kendall, der wahre Boß, durfte nicht ein offizielles Wort sagen, weder auf englisch noch in seinem fließenden Französisch.

Schon nach nicht einmal einem Jahr waren die Franzosen wieder am Ball – und diesmal hatten sie Kendall selbst im Visier. Seine fünfjährige Amtsperiode würde mit der Generalversammlung von Ottawa im Oktober 1990 enden, und im Gegensatz zum Präsidenten *kann* sich der Generalsekretär zur Wiederwahl stellen. Kendall machte kein Hehl daraus, daß er genau dies zu tun gedachte: »Meine Arbeit hier ist noch nicht abgeschlossen«, verriet er mir im Mai 1990 in Lyon.

Doch laut der Satzung von 1956 gibt es keine formelle Wahl des Generalsekretärs. Er wird vom Exekutivkomitee nominiert, und dann kann die Generalversammlung den Vorschlag annehmen oder ablehnen. Wie zu erwarten war, hatte sie letzteres in der Praxis aber noch nie getan. Somit hing Kendalls zweite Amtszeit davon ab, ob die zwölf Mitglieder des Exekutivkomitees unter Barbots Vorsitz zu seiner Nominierung bereit wären.

Es ist bis heute nicht publik geworden – aber in der ersten Hälfte des Jahres 1990 betrieb die französische Regierung unter den Mitgliedern des Exekutivkomitees massiv Stimmungsmache gegen eine Wiederwahl Kendalls. Die Regierung Rocard war nicht so dumm, einen französischen Polizisten für diesen Posten vorzuschlagen – nicht nur, weil niemand auch nur annähernd die Qualifikationen vorzuweisen vermochte, sondern auch, weil die Aussicht auf einen französischen Präsidenten *und* einen französischen Generalsekretär einfach zuviel gewesen wäre.

Daher stellten sie als Gegenkandidaten einen Polizisten aus ihrer »eigenen« dritten Welt auf: einen liebenswürdigen, französisch sprechenden Tunesier. Nach außen hielt Kendall weiterhin weltgewandt das Ruder in der Hand. Hinter den Kulissen aber kämpfte er um sein berufliches Überleben.

Schließlich einigte sich das Exekutivkomitee bei seiner entscheidenden Sitzung im Juni 1990 auf seine Nominierung. Ich muß jedoch zitieren, was mir später ein hoher britischer Polizist auf der Generalversammlung in Ottawa sagte: »Es war lächerlich, wie sehr sich die französische Regierung bemühte, Ray auszubooten und den Tunesier zum neuen Generalsekretär wählen zu lassen. Sie bat die Regierungen aller Mitglieder des Exekutivkomitees, sich für ihren Mann zu entscheiden. Sie versuchte sogar die britische Regierung dazu zu bewegen, gegen Ray zu stimmen!

Ein Angehöriger des Exekutivkomitees berichtete mir, ein Vertreter der französischen Regierung habe ihn um drei Uhr morgens Ortszeit angerufen. ›Wie glaubten die, daß sie mich dazu bringen könnten, für irgendwen zu stimmen, wenn sie mich zu dieser nachtschlafenden Zeit aus dem Bett klingeln‹, meinte er. ›Das festigte nur noch meinen Entschluß, die Nominierung Kendalls zu befürworten.‹«

Auf Einladung des Generalsekretariats saß ich in einer der hinteren Reihen des Kongreßzentrums in Ottawa, als Barbot am 3. Oktober 1990 den Delegierten der Generalversammlung emotionslos eröffnete, das Exekutivkomitee habe Kendall für eine zweite Amtszeit vorgeschlagen. Er sprach nicht ein Wort einer persönlichen Empfehlung aus, und es blieb Leuten wie Norman Inkster, Kommissar der Royal Canadian Mounted Police und ein Vizepräsident von Interpol, Hugh Annesley, Polizeipräsident der Royal Ulster Constabulatory, und sogar Zhu En Tao, dem asiatischen Vizepräsidenten aus Rotchina, vorbehalten, das Wort zu ergreifen und die Nominierung begeistert zu unterstützen.

Ja, und dann wurde Kendall tatsächlich in geheimer Abstimmung wiedergewählt und erhielt stehende Ovationen. Doch einen kleinen Trost hatte die französische Regierung wenigstens: Bei der Erklärung, wie die Wahl ablaufen würde, sagte Barbot, der die ganze Zeit französisch gesprochen hatte, daß zwei Wahlurnen zu beiden Seiten der Tribüne bereitstünden, beschriftet mit A–J und K–Z, und die Mitgliedsländer seien aufgefordert, die »nach dem französischen Alphabet« für sie geltende Urne zu benutzen.

Heute ist Interpol als weltweite Kraft stärker als je zuvor in ihrer Geschichte. Auf der Generalversammlung in Ottawa waren nunmehr hundertvierundfünfzig Delegationen anwesend; neue Mitglieder waren die ehemalige Sowjetunion, Polen, die damalige Tschechoslowakei und die winzigen Marshall-Inseln im Südpazifik. Im November 1991 stieg auf der Generalversammlung in Punta del Este in Uruguay durch den Beitritt Albaniens, der Mongolei, Vietnams und Litauens die Mitgliederzahl auf hundertachtundfünfzig.

Es geht nicht bloß um Zahlen; vielmehr ist es eine Frage des Vertrauens und von bewährtem Können und Nutzen. Bereits wenige Tage nach dem gescheiterten Putschversuch gegen Präsident Gorbatschow im August 1991 meldete sich das Moskauer NZB wieder in Lyon mit der Bitte um Informationen – und hat seit der Auflösung der Sowjetunion den Kontakt auch nicht abreißen lasseen. Während des Golfkriegs herrschte Funkstille zwischen dem NZB Bagdad und Lyon, doch schon wenige Wochen darauf kontaktierten die Irakis wieder »Chuck« Kozloskys MRB und baten um Hilfe im Zusammenhang mit antiken Kunstschätzen im Wert von etlichen Millionen Pfund, welche in den Kriegswirren aus irakischen Museen gestohlen und für den illegalen internationalen Antiquitätenmarkt außer Landes geschafft worden waren.

Somit ist nun der Boden bereitet, die aktuelle Wirklichkeit im weltweiten Kampf der neu entstandenen Interpol gegen das internationale Verbrechen zu beleuchten.

Dritter Teil

Der Kampf gegen das internationale Verbrechen. Die unendliche Geschichte unserer Gegenwart

16. Kapitel
Drogen

An einem trüben Mittwochmorgen im März 1988 machte Zheng Bin, der in der düsteren Zollbaracke am Flughafen Hongqiao in Schanghai seinen Dienst versah, eine merkwürdige Entdeckung. Er hatte anläßlich einer Routineüberprüfung eine von fünfundzwanzig Kisten mit lebenden Goldfischen geöffnet, die für eine Zoohandlung in San Francisco bestimmt waren. Dabei stellte er fest, daß in dem großen wassergefüllten Plastikbeutel, in dem eine Menge Goldfische munter umherschwammen, dicht unter der Oberfläche mehrere tote Fische – nach normalem Ermessen zu viele – trieben. Er öffnete eine zweite Kiste, eine dritte – stets bot sich ihm das gleiche Bild. Daraufhin rief er das Amt für öffentliche Sicherheit an, das im kommunistischen China den Polizeidienst versieht.

Polizeichef Chen Huan Kang eilte zum Flughafen, öffnete alle Kisten und zählte insgesamt neunundsechzig tote Goldfische. Er schlitzte einen von ihnen auf und fand im Bauch, verpackt in einem Kondom, ein weißes Pulver. Chen wußte, daß Drogenkuriere oft mehrere heroin- oder kokaingefüllte Kondome schluckten, die dann auf natürlichem Weg den Körper wieder verließen, nachdem die Schmuggler unbehelligt den Zoll passiert hatten[56], doch ein Fisch als Rauschgiftdepot war ihm auch noch nicht untergekommen. Laboranalysen bestätigten denn auch rasch, daß es sich bei dem weißen Pulver tatsächlich um »China White No. 4 Heroin« aus dem berüchtigten »Goldenen Dreieck« von Thailand, Laos und Burma handelte.

Die Lieferung war aus Guangzhou (vormals Kanton) in Südchina mit Zielflughafen San Francisco im Auftrag einer in Hongkong ansässigen Firma für tropische Fische eingeflogen worden. China war seit vier Jahren Interpol-Mitglied, daher nahm der umsichtige Chen sogleich mit dem NZB in der Landeshauptstadt Peking Kontakt auf. Als Zhu En Tao, Interpols Vizepräsident für Asien, zwei Jahre danach die Geschichte zum besten gab, sagte er:

»Es war ein Drogenhändlerring aus Thailand, der eine neue Route ausprobierte. Statt daß das Heroin auf dem Landweg von Thailand durch China und dann mit dem Flugzeug nach Hongkong und auf diese Weise in die Vereinigten Staaten und weiter geschleust wurde, war diese Sendung aus Hongkong nach China gekommen und sollte nun von China aus direkt in die Staaten geflogen werden. Sehr interessant! Die Drogenhändler suchen ständig nach neuen Wegen – und neuen Methoden wie dieser.[57] Das Heroin wurde in Guangzhou im Bauch der goldenen Fische versteckt. Insgesamt waren es rund drei Kilo mit einem Straßenverkaufswert von ungefähr 1,8 Millionen Dollar auf dem Weltmarkt.«

Das NZB Peking nahm also über das Interpol-Netz eilig mit den NZB in Hongkong und Washington Kontakt auf. Dies war die Premiere einer Zusammenarbeit zwischen amerikanischen und chinesischen Polizeibeamten in einem speziellen Drogenfall, und man vereinbarte eine »kontrollierte Lieferung«: Nach der Laboranalyse wurde das Pulver wieder in seinen »Behälter« umgefüllt und im Bauch der toten Goldfische versteckt. Anschließend wurden die fünfundzwanzig Kisten verschlossen, als wäre nichts geschehen, und am folgenden Tag für ihren planmäßigen Flug nach San Francisco weitergeleitet – in unauffälliger Begleitung eines chinesischen Polizisten in Zivil und zweier eigens aus Hongkong eingeflogener DEA-Agenten. In San Franciso wurden sie von der Polizei und weiteren DEA-Beamten abgeholt, und als die Kisten später in einer kleinen Zierfischhandlung in San Franciscos Stadtteil Chinatown aufgebrochen werden sollten, traten bewaffnete Polizisten die Tür ein, stürmten den Laden und nahmen drei verdutzte Chinesen fest.

Verhaftungen erfolgten außerdem in Hongkong, Guangzhou und Schanghai – leider aber (und bezeichnenderweise) nicht in Thailand selbst. Trotzdem wurde bei dieser sehr erfolgreichen Aktion ein großer Dealerring gesprengt. Chefinspektor Jackson Chik aus Hongkong, der bei Interpols Drogendezernat in Lyon Dienst tut, zieht Bilanz: »Insgesamt wurden vierzehn Personen festgenommen und 60 Kilo Heroin No. 4 mit einem Verkaufswert von 749 Millionen Dollar in Hongkong und anderen Großstädten in den USA, Australien und Europa konfisziert.«

Ohne Interpol wäre das nicht möglich gewesen.

»Der internationale Drogenhandel ist Interpols vorrangige Sorge«, berichtete Raymond Kendall den über fünfhundert Delegierten im November 1991 auf der Generalversammlung von Punta del Este. Seiner Schätzung nach entfallen fünfzig Prozent der Zeit seiner Beamten auf die Bearbeitung von Fällen, die mit Drogen im Zusammenhang stehen. Der Drogenhandel hält bei der internationalen Kriminalität die Spitzenposition.

Die Dimensionen des Problems sind unvorstellbar. Man kann die Gefahr, der skrupellose Zeitgenossen die Schwachen, die Versager, die gelangweilten Reichen, die mittellosen Armen und die bloßen Draufgänger dieser Welt in die Arme treiben, gar nicht genug dramatisieren. Nachfolgend ein kurzer Abriß über die gegenwärtige Weltsituation, zusammengestellt anhand diverser Quellen, darunter Interviews, die ich in Lyon und mit verschiedenen NZB geführt habe, sowie das wöchentliche Drogenkommuniqué des Generalsekretariats, das an alle Mitglieder der Organisation hinausgeht.

Traditionell sind die wichtigsten Produkte im internationalen Rauschgifthandel jene drei klassischen »Naturdrogen«: Cannabis, das aus dem Manilahanf (*Cannabis indica*) gewonnen wird[58], Kokain aus der Kokapflanze und Heroin aus dem opiumhaltigen Schlafmohn. In den letzten Jahren jedoch haben die synthetischen »Designerdrogen« in Europa, den USA, Japan und ausgerechnet in Kuwait und Saudi-Arabien eine ungeahnte Popularität erlangt.

Von den »natürlichen« Drogen ist Cannabis, mit dem Europa hauptsächlich aus Marokko und dem Libanon (trotz des jahrelangen blutigen Bürgerkriegs) und die USA aus Mexiko beliefert werden, aufgrund des allgemeinen niedrigeren Preises für Dealer finanziell weniger attraktiv – gleichwohl dürfte es die beliebteste Droge überhaupt sein. »Alljährlich rauchen oder, was seltener vorkommt, essen vielleicht eine Million Menschen in Großbritannien Cannabis«, berichtete das von der Regierung finanzierte Institute for the Study of Drug Dependence im Januar 1991. »Cannabismißbrauch zählt in Großbritannien bei einem erheblichen Prozentsatz der Bevölkerung, ausgenommen Personen mittleren Alters und darüber, zu einem festen Bestandteil der Freizeitgestaltung.« In den Vereinigten Staaten liegt ziemlich die gleiche Situation vor. Im Dezember 1990 berichtete das US National Institute on Drug Abuse, daß etwas mehr als zehn Millionen Amerikaner die Droge regelmäßig konsumieren.

Heroin repräsentiert im Welthandel »das alte Geld« im Unterschied zum »neuen Geld« der Kokainbarone. Die Mafia benötigte sechzig Jahre, um in den Vereinigten Staaten Unternehmen mit einem Jahresumsatz von fünfzig Milliarden Dollar aufzuziehen, wobei Heroin eine bedeutende Rolle spielt. Doch in nur zehn Jahren haben die beiden führenden kolumbianischen Kokainkartelle mit Sitz in den rivalisierenden Städten Medellín und Cali einen US-Markt in Höhe von vierunddreißig Milliarden Dollar geschaffen – Tendenz steigend. Obwohl Pablo Escobar, der berüchtigte Kopf des Medellínkartells, sich im Juni 1991 nach einem medienwirksamen Kuhhandel mit dem neugewählten Präsidenten Cesar Gaviria ergab, wofür dieser ihm mildernde Umstände und (trotz eines schon lange gegen ihn anhängigen Interpol-Haftbefehls in den USA) die Nichtauslieferung an die Vereinigten Staaten zusicherte, setzte er – wie auch sein Kartell – die Geschäfte wie bisher fort.

Escobar, der von einer komfortablen Suite in einem eigens für ihn errichteten »Gefängnis« in den Hügeln über seiner Heimatstadt Envigado aus operierte, war keineswegs unglücklich. Bogotás oberster Drogenbeamter räumte Reportern gegenüber ein, Escobar, der Zugang zu einer Telefonzelle habe und allein während seines ersten Haftmonats von zweihundert Leuten besucht worden sei, profitiere »von der Sicherheit seines Gefängnisses und dem relativ beschaulichen Leben darin, um ein Imperium neu zu ordnen, das zu bröckeln begann«. Doch nur für kurze Zeit. Nach einer schweren Schießerei im Juli 1992, bei der es zwei Tote und mehrere Verletzte gab, brachen Escobar und seine mit ihm inhaftierten Handlanger aus und verschwanden triumphierend in den Bergen Nordkolumbiens.

Jeder weiß, daß Kolumbien der Kokainlieferant Nummer eins in der Welt ist, doch nur wenigen ist bekannt, daß im Land selbst kein Kokain produziert wird. Seine Kartelle übernehmen lediglich die Verarbeitung des aus den Nachbarländern Peru und Bolivien gelieferten Rohkoka oder der Kokainpaste. Schon 1987 schätzte die DEA, daß Peru doppelt soviel an seinen Kokapflanzen verdient wie an Kupfer – offiziell seinem wichtigsten Exportgut – und daß die diesbezüglichen Exporte Boliviens den Wert aller übrigen Ausfuhren um das Dreifache übersteigen.

Nach Aussage von Serge Sabourin, einem belgischen Polizeibeamten, der stellvertretender Leiter von Interpols Drogendezernat ist, wird auch in Brasilien inzwischen Kokain für den Weltmarkt produziert. Von der Öffentlichkeit nahezu unbemerkt, raffinieren dort neuentstandene Kartelle die Droge aus jenen Kokablättern, die über die lange, von dichtem Urwald gesäumte Grenze zu Peru und Bolivien ins Land geschmuggelt werden.

Welches Volumen nimmt weltweit der illegale Handel mit »natürlichen« Drogen ein? Niemand kennt wirklich die genauen Zahlen, doch nach Meinung Sabourins und anderer Interpol-Beamter dürfte er sich auf schwindelerregende fünfhundert Milliarden Dollar pro Jahr belaufen. Diese Summe ist höher als die gesamten Profite der internationalen Ölindustrie und wird nur noch vom Waffenhandel übertroffen.

Der Heroinnachschub für die Drogenszene der Welt stammt vorwiegend aus dem »Goldenen Halbmond« (Pakistan, Afghanistan und Iran) und dem »Goldenen Dreieck« (Burma, Thailand und Laos); die Konkurrenz zum südamerikanischen Kokain ist ein ständiges Auf und Ab. »1990 explodierten die Kokainexporte nach Europa erstmals gewaltig«, sagt Gerhard Neurohr, ein deutscher Polizeibeamter im Lyoner Hauptquartier. Die Zahlen belegen diese Aussage: In jenem Jahr wurden allein in Europa 13 200 Kilo beschlagnahmt – zehnmal mehr als 1986.

In der Tat drängen die südamerikanischen Kartelle, die sich bis Ende der achtziger Jahre auf den näher gelegenen US-Markt konzentrierten, mittlerweile massiv nach Westeuropa – teilweise wegen der Erfolge der DEA bei der Drogenbekämpfung, aber auch, weil der US-Handel sich in gewissem Umfang auf das viel billigere Kokainderivat Crack umgestellt hat, das auch als das »Kokain der Gettos« bezeichnet wird. Spanien ist wegen der sprachlichen Verwandtschaft der wichtigste Anlaufpunkt, doch inzwischen sind die europäischen Kontakte speziell mit den kolumbianischen Kartellen dermaßen gefestigt, daß große Kokainsendungen auch in vielen anderen Häfen eintreffen, so etwa in Liverpool, Hamburg, Rotterdam und Genua.

Das Geschäft ist heutzutage so perfekt gesteuert, daß man eine Geld-zurück-Garantie gibt: Ein Vertreter des Kartells kontrolliert den Transport an Bord eines Schiffes, und falls etwas schiefgeht, beispielsweise eine Beschlagnahmung erfolgt, so wird der Kunde nicht zur Kasse gebeten. Die Lieferung des Rauschgifts erfolgt entweder in seiner fertigen Form oder als Kokainpaste, die dann noch in »Labors« weiterverarbeitet werden muß. Solche Einrichtungen haben die Behörden in Spanien, Italien und in den Niederlanden ausgehoben und auch, so Neurohr, »einige kleinere« in Frankreich und Deutschland.

»Das Wort ›Labor‹ klingt beeindruckend«, sagt Neurohr. »Doch reicht dafür auch einfach nur eine gewöhnliche Küche oder ein Badezimmer aus. Alles, was der üblicherweise vom Kartell eingeflogene ›Chemiker‹ benötigt, sind Chemikalien, mit denen er die Basispaste aufbereiten kann, und diese sind im allgemeinen problemlos erhältlich, weil es sich bei ihnen selbst meist um völlig legale Substanzen handelt.

Zudem ist es viel leichter, die Paste ins Land zu schmuggeln statt das Endprodukt. Schauen Sie sich das Foto hier an: Das Ding sieht doch wie ein ganz normaler Koffer aus – ist es aber nicht. Dieser Koffer wurde 1988 am Madrider Flughafen beschlagnahmt und besteht *selbst* aus reinem Kokain! Kokainpaste, vermischt mit Harz, läßt sich zu einer harten Schale in jeder gewünschten Form pressen: Sie können sie bemalen und damit anstellen, was immer Sie wollen. Es ist sinnlos, daß ein Zollbeamter im Gepäckstück eines Kuriers nach einem Geheimfach sucht, wenn das Ding selbst das Schmuggelgut ist! Ich habe nie verstanden, wieso Kokaindealer nicht öfter auf diese Masche umgestiegen sind – vielleicht taten sie's ja auch, und deshalb wissen wir nichts davon!«[59]

Ignoranz seitens der Behörden kann ebenso dazu beitragen. Im April 1991 berichtete die *Washington Post*, die spanische Polizei habe eine ganze Lieferung Badewannen und Waschbecken aus Kolumbien beschlagnahmt, die aus einem Gemisch aus Glasfaser und mehreren hundert Pfund Kokainpaste gefertigt waren, und zitierte einen Drogenbeamten mit den Worten: »Etwas derart Raffiniertes ist uns noch nie unter die Augen gekommen.« Er hat offenbar den Kokainkoffer vergessen, den man drei Jahre zuvor auf dem Flughafen der Hauptstadt seines Heimatlandes entdeckte.

Marktwirtschaftliche Aspekte beherrschten auch den illegalen Drogenhandel. Speziell für den britischen und europäischen Junkie raffinieren die Heroinerzeuger im Goldenen Dreieck ihren Stoff nun gezielt in der neuen, praktischeren Form »No. 3« statt der für die Region typischen, injizierfähigen »No. 4«, die in den Bäuchen der toten Goldfische verpackt war. Es handelt sich hier um eine Art »Instantkaffee« anstelle der komplizierten »Filterkaffee«-Variante.

Doch der stärkste und erschreckendste Trend der neunziger

Jahre ist die Eskalation bei Herstellung – und Konsum – von psychotropen Substanzen: jenen im Labor synthetisch hergestellten Rauschgiften, als deren beliebteste Vertreter Amphetamine, LSD und Ecstasy gelten. Amphetamine sind viel billiger als Kokain oder Heroin, sie vermitteln ein längeres »High« als Crack, die Billigversion von Kokain, und sie ziehen einen nicht so »down« wie Heroin, das auf Morphinbasis beruhigend wirkt. Sie sind außerdem viel problemloser bezüglich der Herstellung und noch einfacher erhältlich. Die Menge der 1991 in Großbritannien beschlagnahmten Amphetamine stieg gegenüber dem Vorjahr um schockierende dreieinhalbtausend Prozent.

Die Droge ist freilich nicht neu. Ihre Synthetisierung erfolgte erstmals im Jahr 1887. Methamphetamin in seiner (bei Konsumenten als »Speed« bekannten) Pulverversion wurde bereits in den zwanziger Jahren in Tablettenform als legitimes Arzneimittel entwickelt und von allen Armeen während des Zweiten Weltkriegs zum Wachhalten der Truppen verwendet. Adolf Hitler schluckte es zu demselben Zweck. In England wurde es erst 1964 verboten, und auch nur, weil der Mißbrauch so enorm um sich griff, daß es nun als das »Kokain des armen Mannes« bekannt war. In den neunziger Jahren sind die Süchtigen noch jünger: Vierzehnjährige britische Schulkinder kaufen Dosen im Wert von fünf und zehn Pfund. Einige versuchen sogar, es sich zu injizieren.

Woher kommt das Zeug? Minderwertiges Speed wird in England, Frankreich und Deutschland produziert, jedoch erklärt Sven Borjesson, ein schwedischer Detektiv-Superintendent und Experte für psychotrope Substanzen in Lyon: »Achtzig Prozent des für Europa bestimmten hochwertigen Methamphetamins stammen aus den Niederlanden, die restlichen zwanzig Prozent aus Polen, wo es trotz aller Anstrengungen der polnischen Polizei zu einem der wenigen beständigen Wirtschaftsfaktoren dieses Landes seit dem Ende der kommunistischen Herrschaft geworden ist.[60] Nachdem Anfang 1993 die Grenzen gefallen sind, muß mit einem totalen Boom für die holländischen Produzenten und jeden anderen, der innerhalb der EG Designerdrogen herstellt, gerechnet werden. Der Konsum dürfte explosionsartig zunehmen. Wieso? Je schwieriger sich aufgrund der strengeren Sicherheitsmaßnahmen, die an Überseehäfen und Flughäfen innerhalb der EG-Grenzen gegenüber der Außenwelt in Aussicht gestellt werden, desto lukrativer wird der Handel mit psychotropen Substanzen – für die alle erforderlichen Rohmaterialien innerhalb der EG zur Verfügung stehen. Wir haben Informationen, daß die Hell's Angels, jene Motorradfreaks aus den Staaten, die zwar nicht mit Kokain und Heroin dealen, jedoch keine moralischen Bedenken gegen den Handel mit Amphetaminen haben, mit der Eröffnung von ›Filialen‹ in der gesamten EG voll in das Geschäft eingestiegen sind.«

Dieser Aspekt der Hell's Angels wird von Richard Bell, einem von Borjessons Kollegen in Lyon, bestätigt. Bell deutet versteckt an, daß ihre neue Ortsgruppe in Moskau von einem Arzt an einem örtlichen Krankenhaus geleitet wird. Anscheinend verdankt er seinen hohen Rang der Tatsache, daß er stolzer Besitzer einer Harley Davidson ist!

Speed ist jedoch nicht die einzige bei Drogensüchtigen der frühen neunziger Jahre beliebte Amphetaminvariante. Ice, eine neue, rauchbare Version von Methamphetamin, die durch Rekristallisation des Basispulvers gewonnen wird, hat eine weitaus gefährlichere Wirkung und in Asien und den Vereinigten Staaten bereits viele Todesopfer gefordert. Europa ist hiervon bislang weitgehend verschont geblieben, doch schon hat es die Gettos der USA überschwemmt. Dorthin eingeführt wird es vor allem von Vietnamesen, Filipinos und Chinesen aus den Herstellungsländern Korea, Taiwan und Philippinen. »Die brauchen das Zeug kaum zu importieren«, sagte man mir beim Washingtoner NZB. »Es kann ohne weiteres aus problemlos erhältlichen Chemikalien gleich hier in den USA in einem Labor zusammengebraut werden. Es ist eine Droge für das Zeitalter der Wissenschaft.« Und im Unterschied zum Crack-»Trip« hält der »Kick« mit Ice bis zu vierundzwanzig Stunden lang vor.

LSD, dessen technischer Name Lysergsäurediäthylamid lautet und das im April 1943 rein zufällig von einem Schweizer Apotheker entdeckt wurde[61], überschwemmt inzwischen England, Frankreich, Italien und in geringerem Ausmaß auch Deutschland in der größten Acidwelle seit den sechziger Jahren. Die von Polizei und Zoll sichergestellten Mengen der halluzinogenen Droge haben sich in diesen Ländern in den ersten beiden Jahren unseres Jahrzehnts mindestens verdoppelt. Wie bei Speed stammt der Großteil der hochwertigen Ware in Europa aus den Niederlanden. In Klubs, Diskotheken und Bars hat es sich zu einer Modedroge entwickelt. Dieser Spleen folgt im Kielwasser des Erfolgs psychedelischer New-Wave-Bands wie »Stone Roses« oder »Happy Mondays«. Eine ganz neue Generation befolgt inzwischen Dr. Timothy Learys berüchtigten Rat, »antörnen, einklinken und ausflippen«, aus den Sechzigern – trotz berüchtigter Unfälle wie jenem, als ein Hippie sich im Drogenrausch für eine Orange hielt und, indem er aus dem zwanzigsten Stock sprang, zu entsaften versuchte.

Das derzeit neueste und angesagteste Amphetaminderivat die Designerdroge »Ecstasy« tauchte erstmals 1985 in den USA auf und kam wenig später über den Atlantik. Wie bei Speed erfolgt die Belieferung der europäischen Szene hauptsächlich über Holland. Man kann es ebenso in einer Hinterhofdisco wie auf einer »schikken« Dinnerparty im Londoner Stadtteil Chelsea oder im Pariser Bezirk Passy bekommen. Allein in London konfiszierte 1991 die Polizei 66 200 Tabletten (im Vorjahr noch 5500), die für bis zu zwanzig Pfund pro Stück abgesetzt werden. Doch die Droge kann leicht zum Tod führen: Allein in England fielen ihr 1991 mindestens sechs Jugendliche zum Opfer, darunter eine fünfzehnjährige Schülerin aus Oldham kurz vor Weihnachten.

Kein Land, wie groß oder klein es sein mag, scheint gegen die Verseuchung durch Drogen immun zu sein. Als die ehemalige Sowjetunion fünf Jahre, nachdem Michail Gorbatschow das Amt des Staats- und Parteichefs übernommen und den Liberalisierungsprozeß der *Perestroika* eingeleitet hatte, im Oktober 1990 der Interpol beitrat, gab ihr damaliger stellvertretende Innenminister Wassili P. Truschin mir gegenüber in seinem seiner seltenen Privatinterviews zu:

»Vor der Perestroika sagten wir stets, bei uns gäbe es keine Drogen, doch allmählich mußten wir erkennen, daß wir uns in die eigene Tasche gelogen hatten. Wegen der Veränderungen in unserem Land, in unserem täglichen Leben, konnten wir die Augen vor diesem Problem, das damals wie heute wirklich existierte, nicht länger verschließen. Welche Drogen in der Sowjetunion konsumiert werden? Es handelt sich überwiegend um Eigenanbau, denn sie sind pflanzlichen Ursprungs. Über fünfundachtzig Prozent dessen, was im Land verbraucht wird, ist quasi hausgemacht. In erster Linie handelt es sich um Cannabis und auch Haschisch in den moslemischen Landesteilen, wo es ja zur Tradition gehört.

Doch das ist nicht alles. Von 1985 bis heute hatten wir über tausend Fälle, bei denen Rauschgift von außerhalb ins Land gelangt war: sowohl im Transitverkehr – hauptsächlich vom Moskauer Flughafen aus – als auch zum Eigenverbrauch. Das ist einer der Gründe, warum wir der Interpol beitreten wollten, denn um zu ermitteln, welchen Weg die Drogen jeweils nehmen, sind wir auf internationale Zusammenarbeit angewiesen. Wir brauchen die Hilfe anderer Länder, um herauszufinden, woher das Rauschgift stammt und wohin es letztlich geht. Dazu muß man wissen, wer die Kuriere und die Dealer sind. Früher konnten wir keine Akten über diese Leute erhalten, weil wir kein Interpol-Mitglied waren. Das wird jetzt anders.«

Auf derselben Generalversammlung erläuterte der Ehrenwerte George »Akua« Ola, Polizeiminister der im Südpazifik gelegenen Tongainseln, eines der kleinsten Interpol-Mitgliedsländer mit insgesamt hunderttausend Einwohnern und einer kleineren Landfläche als New York City, wie selbst sein tropisches Paradies mit Drogen in Berührung gekommen war:

»Tonga selbst steht den Märkten der internationalen Drogenbosse nicht offen, da bin ich mir ganz sicher, doch die Australier und Neuseeländer sagen: ›Die kleinen Inseln im Südpazifik sind der Unterleib der größeren Länder mit ihren Metropolen, denn die Insulaner dort verreisen so gern.‹ Da sie also oft Honolulu und die Vereinigten Staaten oder Neuseeland oder Australien besuchen, nimmt man ihr Gepäck nicht genau unter die Lupe. Drogenhändler haben das herausgefunden und Tongaer, meistens völlig ohne deren Wissen, als Kuriere mißbraucht.

Unser NZB in der Hauptstadt Nuku'alofa arbeitet eng mit den NZB in Neuseeland und Australien zusammen, und in den letzten drei Jahren haben wir in Neuseeland zwei oder drei tongaische Kuriere ausweisen lassen.«

Wir haben bereits gesehen, daß das Geld aus dem internationalen Drogenhandel die Profite der gesamten Ölindustrie übersteigt. Es geht hier um wahrhaft astronomische Summen. Als die DEA und die örtliche Polizei im September 1989 in einem Lagerhaus außerhalb von Los Angeles die bis dahin größte Kokainmenge aller Zeiten beschlagnahmten – über zwanzigtausend Kilo mit einem geschätzten Straßenverkaufswert von sechs bis sieben *Milliarden* Dollar –, fanden sie auch zehn Millionen Dollar in bar aus früheren Verkäufen.[62] Als man zwei Monate später in New York die Monatseinnahmen von nur einem Crackhaus konfiszierte, waren es nahezu zwanzig Millionen Dollar. Zudem fand die Polizei siebzigtausend Dollar in Scheinen versteckt unter dem hölzernen Fußboden. Für die Crackdealer war dieses »Sümmchen« schlichtweg zu unbedeutend.

Welche Chance hat nun Interpol angesichts all dessen?

Bei dieser Frage setzt Raymond Kendall ausnahmsweise eine ungewohnt düstere Miene auf: »Keinem ernsteren Problem in der Welt der Kriminalität läßt sich einfach durch polizeiliche Aktionen beikommen – soviel steht fest. Doch was wir jetzt sehen, ist immerhin ein politischer Wille, etwas gegen Drogen zu unternehmen, und sobald dies geschieht, sind die Aussichten auf einen gewissen Erfolg gar nicht mal so schlecht. Ich schätze also, daß wirklich etwas Hoffnung besteht.

Wenn ich aber daran denke, wie ich Anfang der siebziger Jahre Leiter des Drogendezernats war – da warnten wir die Öffentlichkeit ständig vor der eskalierenden Heroinsucht in Europa und vor den Anzeichen einer massiven Zunahme des weltweiten Kokainhandels, bevor auch nur die kolumbianischen Kartelle sich in die Szene drängten. Doch wer hörte uns zu? Niemand!

Inzwischen *hören* sie uns zu. Ich hoffe bloß, daß es nicht zu spät ist. Manchmal kriege ich den Moralischen und denke, wir versuchen eine Schlacht zu schlagen, die wir schon großenteils verloren haben. Und ich meine damit nicht nur uns, sondern ebenso alle nationalen Strafverfolgungsbehörden und Zollbeamten. Doch wir können den Kampf nicht aufgeben, und wir *haben* einige große Erfolge vorzuweisen.«

Die Unterabteilung Drogen in Lyon ist die Haupteinheit der zur Verbrechensbekämpfung gegründeten Polizeiabteilung des Generalsekretariats. Unter ihrem von der amerikanischen DEA abkommandierten Chef Jim Collier zählt sie dreiundzwanzig Beamte, die von zwei weiteren Beamten in Interpols ständigem Verbindungsbüro für Südostasien in Bangkok unterstützt werden.

Collier weiß, was er von seinen Männern verlangt (weibliche Beamte gibt es in seiner Abteilung keine):

»Das Sammeln und Auswerten von Informationen und die anschließende Verbreitung der analytischen Erkenntnisse, die für die internationalen Strafverfolgungsbehörden entweder von praktischem oder taktischem Wert – oder beides – sind, ist die einzige und vorrangigste Aufgabe, mit der sich die Unterabteilung Drogen befassen kann.

Das Interpol-Generalsekretariat repräsentiert heute eine Mischung aus alt und neu. Das Alte sind die Beamten, die bestrebt sind, sich um die täglichen Belange der Mitgliedsländer und ihre jeweiligen Dienststellen zu kümmern [...] Das Neue sind die modernen und immer leistungsfähigeren Telekommunikations- und Datenspeicherungssysteme. Das bedeutet, daß Mitgliedsländer in Minutenschnelle Nachrichten empfangen und rausschicken können. Das Neue ist nicht vollkommen, und aus diesem Grunde sage ich, daß es immer leistungsfähiger wird.

Allerdings verkörpert das Neue eine direkte Herausforderung an das Alte. Der einzelne ist gefordert, sich neuen Denk- und Arbeitsweisen anzupassen und mit modernen Methoden auf die wachsenden Anforderungen seitens der Gesetzesbehörden zu reagieren. Rasches und entschlossenes Handeln bei kriminellen Taten in der ganzen Welt ist geboten, insbesondere auf dem Gebiet der Drogenszene.«

In Colliers Gruppe legt man die Betonung nicht nur auf Informationssammlung und -auswertung – das Wissen über die Vorkommnisse –, sondern auch auf eine Analyse, die das täglich sich Ereignende interpretiert. »Seit einem halben Jahr arbeitet einer unserer besten Analytiker in Lyon«, sagte J. Wilzing, der Chef des niederländischen NZB, im April 1991, »und ich weiß, daß die dort froh sind über die Einblicke, die er ihnen vermittelt hat.«

Colliers Stab gliedert sich in Teams aus Experten und Verbindungsoffizieren, wobei Sven Borjesson, der sowohl der Fachmann für synthetische Drogen als auch Verbindungsoffizier für Nordeuropa ist, eine Sonderstellung einnimmt. Spezialisten wie der vom Bundeskriminalamt nach Lyon beorderte Gerhard Neurohr, der sich um den Kokainhandel kümmert, sind dort vollzeitlich stationiert und verantwortlich für einen koordinierten Informationsaustausch über einen speziellen Drogentyp. Dagegen agieren Verbindungsoffiziere wie Ismaila Seck, der aus dem Senegal nach Lyon abgestellt wurde, um auf Afrika südlich der Sahara »aufzupassen«, folgendermaßen: Ihr Stützpunkt ist zwar Lyon, jedoch reisen sie während der meisten Zeit in jenen Ländern herum, denen sie als Kontaktperson für die örtlichen Drogenkommandos zugeteilt sind.

Wie Collier offen zugibt (und diesen Zustand bekämpft er momentan), haben die Verbindungsoffiziere den »schillernderen« Job von beiden. Sie unternehmen viele Auslandsreisen, was jeder Polizist liebt (wie wohl auch die meisten Normalbeschäftigten), und halten sich gern für etwas Besseres, was einer effektiven Teamarbeit nicht zuträglich ist.

Wie alle Polizeibeamten von Interpol haben sie keine Festnahmebefugnis, doch können sie ohne weiteres bei einer Verhaftung zugegen sein. »Ich erinnere mich an einen Fall«, sagt Giovanni Batista[63], ein italienischer Polizist und Verbindungsoffizier für den europäischen Mittelmeerraum, »als ich in Marseille den örtlichen Drogenfahndern bei einer Sache half. Damals kam die Nachricht herein, daß eine erst für den nächsten Tag erwartete Haschischlieferung aus dem Libanon schon binnen einer Stunde bei den Docks eintreffen würde. Der Frachter, in dem sie versteckt war, kam früher als geplant. ›Wollen Sie mitkommen?‹ fragte der französische Polizist. Natürlich wollte ich. So sah ich dabei zu, wie sie das Versteck im Laderaum entdeckten und zwei Matrosen verhafteten. Das war aber reiner Zufall.«

»Es gehört nicht zu unserer eigentlichen Rolle, dabei zu sein, wenn ›die Falle zuschnappt‹«, sagt Richard Bell, Kriminalhauptkommissar von der Londoner Metropolitan Police und derzeit Verbindungsoffizier für Frankreich, Großbritannien und die Beneluxstaaten. »Unsere wahre Funktion ist es, dafür zu sorgen, daß dank unserer Kontakte vor Ort und unserer Kenntnisse der unterschiedlichen Strukturen in Polizei und Rechtsprechung die Ermittlungen auch über Landesgrenzen hinweg reibungslos verlaufen.« Er nennt folgendes Beispiel:

»Vor gar nicht allzu langer Zeit wurde in Paris eine sehr große Menge Kokain beschlagnahmt, und dazu kam es wie folgt: Die Person, die den entscheidenden Hinweis gab, war kein Franzose, sondern ein britischer Polizist eines regionalen Kripodezernats, der anläßlich einer eigenen Ermittlung in seiner Heimatregion auf diese Information stieß. Er wußte aber nicht, was er damit anfangen sollte.

Zum Glück hatte er von mir gehört, denn in England bin ich mittlerweile recht gut bekannt bei den regionalen Sonderermittlungseinheiten – durch Besuche bei lokalen Seminaren, Fortbildungskursen und dergleichen. Er rief mich also an und bat mich um Hilfe. In Großbritannien gibt es einen Bewertungsschlüssel für

Informanten: Man beurteilt sie anhand ihrer Zuverlässigkeit, und jene seines Informanten war erstklassig. Er sagte, unter einer bestimmten Adresse in Paris gäbe es eine wichtige Umschlagstelle für Kokain – die französische Polizei wisse aber nichts davon.

Ich rief also einen französischen Kontaktmann an und sagte ihm: ›Das ist eine zuverlässige Information, und unter dieser angegebenen Adresse werden Sie einen zentralen Umschlagplatz für Kokain finden. Eine Witwe tarnt das Ganze als Wohnheim für südamerikanische Studenten, vorwiegend aus Kolumbien. Die bringen Stoff ins Land, und sie lagert und verteilt ihn.‹

Da man mich kannte, vertraute man meinen Informationen und griff zu. Den Beamten gelang ein großer Fang, und es wurden eine ganze Menge Leute verhaftet.«

Eine weitere bedeutende Aktion, an der Bell hinter den Kulissen beteiligt war, galt der bis dato größten in Europa sichergestellten Kokainmenge: Im Februar 1990 kassierte man in einem Lagerhaus im holländischen Städtchen Ijmuiden zweieinhalb Tonnen der Droge. Das Rauschgift mit einem geschätzten Straßenverkaufswert von zweihundertfünfzig Millionen Gulden (etwa zweihundertzehn Millionen D-Mark) war in hundertfünfzehn Fässern mit tiefgefrorenem Passionsfruchtsaft versteckt, die in zwei Überseecontainern vom kolumbianischen Hafen Buenaventura herübergelangt waren. »Ich hatte bereits meine Finger im Spiel, als die Container noch draußen auf hoher See waren«, sagte Bell. »Schon damals wußten wir, was die Ladung enthielt, nur über den Bestimmungsort herrschte noch Unklarheit. Zuerst meinten wir, Frankreich sei ihr Ziel, aber die von mir durchgeführten Nachforschungen ergaben, daß sie in Amsterdam anlegen würden. Bei ihrer Ankunft behielt man die Sendung im Auge und verfolgte ihren Weg lückenlos bis zu dem Lagerhaus in Ijmuiden.«

Serge Sabourin, der vor seiner Beförderung Bells Posten innehatte, nennt noch ein Beispiel, wie ein Verbindungsoffizier der Polizei eines Landes bei einer Festnahme behilflich sein konnte:

»Eines Morgens erhielt ich ein Telegramm vom NZB bei New Scotland Yard, worin man mir die Beschlagnahmung von einem Kilo Heroin in Oxford mitteilte. Es war unter dem Sitz eines Wagens gefunden worden, den ein junger Inder gefahren hatte. Dieser wurde von einer älteren Inderin begleitet. Rein routinemäßig überprüfte ich beide Namen in unserer Kartei und entdeckte, daß die Frau bei mehreren früheren Fahndungen in Belgien, den Niederlanden und Frankreich in Erscheinung getreten war – und immer spielten junge Inder als Kuriere dabei eine Rolle. Offenbar hegte sie eine Schwäche für junge Männer! Doch war ihr Interesse nicht nur romantischer Natur. Sie lebte damals in Paris, und jeder der Männer hatte bei seiner Festnahme ihre Telefonnummer bei sich. Sie waren sämtlich verurteilt worden, nur sie konnte stets der Verhaftung entgehen. In keinem Land waren genügend Beweise gegen sie vorhanden.

Ich ging also zu den Briten zurück und sagte ihnen das – aber bis dahin hatten auch sie die Frau gehen lassen! Gegen ihren neuen Freund wurde Anklage erhoben, doch sie fühlte sich so sicher, daß sie in Oxford blieb, um ihn im Gefängnis zu besuchen. Das sollte ihr zum Verhängnis werden.

Denn während ihr Freund auf seinen Prozeß wartete, organisierte ich eine Arbeitsbesprechung im Hauptquartier mit Polizisten aus vier Ländern, und die Briten kehrten mit einer völlig neuen Sicht des Falls zurück. Die Frau wurde erneut festgenommen und wegen Anstiftung zur Verübung einer Straftat angeklagt. Ich sorgte dafür, daß die Franzosen und die Holländer aussagten, und die Frau wurde schuldig gesprochen und zu vierzehn Jahren Haft verurteilt.«

Alfonso Bravo ist der Verbindungsoffizier für Südamerika. So lautet natürlich nicht der richtige Name dieses argentinischen Polizeioberst. Unter all seinen Kollegen ist er derjenige, der dem »Mann-von-Interpol«-Image aus der alten Fernsehserie am nächsten kommt. Er arbeitet als Geheimagent in Kolumbien und Bolivien, weshalb er um Anonymität gebeten hat. »1990 starben bei Antidrogenaktionen in Kolumbien vierhundertzwanzig Polizeibeamte«, erzählt er. »Das ist mehr als die Hälfte aller bei solchen Aktionen weltweit Getöteten. Am 6. Dezember 1989 bombardierten die Kartelle die Polizeizentrale von Bogotá – siebzig Menschen kamen ums Leben, und es gab viele Verletzte. Die Büros des NZB wurden völlig verwüstet. An jenem Tag verlor ich mehrere gute Freunde.

Kommen Sie mir nicht mit Korruption der Polizei in diesem Teil der Welt! Die Zeitungen sind immer voll davon. Natürlich gibt es das – was erwarten Sie denn? Die Besoldung eines Polizisten in

Kolumbien beläuft sich auf hundertachtundzwanzig Dollar im Monat, die eines Hauptmanns auf hundertachtzig Dollar. Ich entschuldige nicht, was manche tun, aber Sie müssen auch die große Mehrzahl derjenigen sehen, die keine Bestechungsgelder annehmen – und den morgigen Tag vielleicht nicht mehr erleben.

Ich habe einige Zeit in den Bergen bei einer Abteilung der bolivianischen Grenzpatrouillen verbracht. Sie hausen in Zelten in fünfeinhalbtausend Meter Höhe. Es ist kalt, und es ist erbärmlich. Sie versuchen die Schmuggler mit der Kokapaste auf ihrem Weg über die Gebirgspässe abzufangen. Die Zusammenarbeit mit dem NZB in der Hauptstadt La Paz und unserem Generalsekretariat funktioniert nicht, doch diese Männer – das sind unsere Helden, und niemand wird je wissen, wer sie sind. Sie werden niemals in der Lage sein, woanders hingehen zu können, und wenn man sie getötet hat – was mitunter geschieht –, dann bekommen ihre Witwen als einzige soziale Sicherheit ungefähr zweihundert Dollar. Und vielleicht läßt sich ja etwas Arbeit für sie finden.«

Beim illegalen Drogenhandel ist so gut wie nichts unmöglich. Die Yakuza, Japans eigene ethnische Form der Mafia, soll sich traditionell angeblich mit keinem anderen Verbrechersyndikat verbünden, doch gibt es, wie Bravo sagt, »mehrere japanische Gemeinden in Kolumbien und Bolivien, und wir wissen nicht, wer zuerst mit wem Verbindung aufnahm. Auf alle Fälle *wurde* ein Kontakt mit der Yakuza hergestellt, und sie führte Gespräche mit den Kartellen. Das Ergebnis war, daß nun Kokainlieferungen von Südamerika nach Japan einsetzten. Nicht auf dem kürzesten Weg über den Pazifik, sondern über die europäischen Flugrouten oder via Afrika«. Im Dezember 1990 meldete die nationale Polizeibehörde Japans, man habe in diesem Jahr bis zum November vierundsechzig Kilo Kokain sichergestellt, fünfmal mehr als im gesamten Zeitraum des Jahres 1989.

Interpols Verbindungsoffiziere haben einen einzigartigen Einblick in die Welt des internationalen Drogenhandels und die Mentalität jener Leute, die es vorziehen, damit ihren Lebensunterhalt zu bestreiten. Im folgenden erzählt Giovanni Batista eine wahre Begebenheit:

»Es war einmal ein italienischer Gauner, der mit dem Diebstahl von Nobelautos so viel Geld gemacht hatte, daß er sich schon früh mit fünfzig zur Ruhe setzen konnte. Er kaufte sich eine schmucke Villa in den Hügeln oberhalb von Nizza und wollte sein Leben genießen. Doch bald schon überkam ihn die Langeweile. Wohin nur mit all seiner Zeit? Er beschloß, einen kleinen Heroinschmuggel aufzuziehen. Durch seine frühere ›Arbeit‹ kannte er einige nigerianische Dealer – sie schafften das meiste Zeug aus Afrika heraus, wie Ihnen sicher mein Kollege Ismaila Seck gesagt hat –, und er hatte ihnen einige gestohlene weiße Mercedes-Limousinen verkauft, die sie so liebten. Also nahm er Kontakt mit ihnen auf und gründete sein eigenes Händlernetz.

Aber es lief nicht. Er kannte nicht die Tricks in diesem Geschäft. Nach wenigen Monaten wurde sein kleiner Ring zerschlagen – ich war selbst daran beteiligt –, und seine Leute wanderten ins Gefängnis. Er hatte Glück, daß er nicht selbst hochging.

Daher nahm er Verbindung zu seinen Freunden von der Camorra, der neapolitanischen Mafia, auf, und da man einem alten Freund doch gern einen Gefallen tut, brachten die ihn mit einem Kartell in Kolumbien in Kontakt – allerdings nicht mit einem der beiden ›Multis‹ in Medellín und Cali. Dennoch lebte er einige Jahre lang sehr gut von seinem neuen Erwerbszweig – bis schließlich auch diesem Ring durch Interpol ein Ende bereitet wurde, und diesmal mußte er selbst dran glauben. Nun durfte er im Gefängnis von Nizza auf seinen Prozeß warten.

Doch wissen Sie, was dann passierte? Er versuchte es noch einmal bei seinen alten Freunden von der Camorra, und die halfen ihm wieder raus. Er brach sich selbst den Arm in seiner Zelle und wurde mit dem Krankenwagen zum Zentralkrankenhaus von Nizza in den Gassen hinter der Place Garibaldi gefahren. Auf dem Weg dorthin wurde der Wagen von bewaffneten Männern aus dem Hinterhalt überfallen, und ihm gelang die Flucht. Seitdem ist er nicht wieder aufgetaucht.«

Wer nun der Meinung ist, daß das Ganze zu sehr einer Szene aus einem James-Bond-Film ähnelt – ich erzählte die Geschichte einem italienischen Freund in London, und der meinte: »Ich glaube das! Wenn du vor zwanzig Jahren in Italien als junger Mann nicht zur Armee wolltest – es bestand ja eine allgemeine Wehrpflicht –, brachst du dir einfach den kleinen Finger, indem du ihn in eine Mineralwasserflasche stecktest und ihn dann mit einem Ruck umknicktest. Dadurch warst du aus medizinischer Sicht untauglich für den Militärdienst. Ein gebrochener Finger, um nicht in die Armee reinzukommen, ein gebrochener Arm, um aus dem Knast rauszukommen – für mich klingt das plausibel.«

Entgegen der landläufigen Meinung sind die Vereinigten Staaten nicht die einzige Nation, die weltweit spezielle Antidrogenbeamte im Einsatz hat. Auch wenn die DEA gern den Eindruck der Einzigartigkeit vermittelt – sie ist es nicht.

Großbritannien, Deutschland, Frankreich, die Niederlande und Australien gehören zu jenen Ländern, die Verbindungsoffiziere haben, teilweise als sogenannte »Drogen-Attachés« bei örtlichen Botschaften. Was Deutschlands vierzig in aller Welt stationierte Verbindungsoffiziere betrifft, so arbeiten sie manchmal als verdeckte Ermittler, und nach den Worten von Gerhard Neurohr kann die Arbeit ziemlich gefährlich werden. Ohne näher ins Detail zu gehen, gibt er zu, daß schon einige tapfere Männer dabei ihr Leben ließen: »In Europa bisher nicht, aber bei Schießereien in Amerika schon.«

Wie die DEA, so sieht sich auch Interpol nicht als Konkurrenz zu diesen nationalen Einrichtungen. Jim Collier, ein, wie man sich erinnern wird, vorübergehend nach Lyon abgestellter DEA-Agent, meint: »Die dem Generalsekretariat zugeteilten Spezialbeamten und Verbindungsoffiziere können und sollen nicht die durch bilaterale Abkommen zwischen Ländern postierten Verbindungsleute ersetzen. Deren Arbeit ist unschätzbar wertvoll.«

Ein Fall, bei dem Deutschlands eigene Verbindungsoffiziere und Interpol in Gemeinschaftsarbeit eine Rekordmenge sicherstellten, ereignete sich im November 1990, als das BKA in Mönchengladbach eine Tonne Kokain und achteinhalb Tonnen Haschisch beschlagnahmte. »Es war ein klassischer Schlag, an dem alle Formen kriminalistischer Aktivitäten wie verdeckte Ermittler und dergleichen beteiligt waren«, sagte Neurohr. »Es begann mit einer Ermittlung in England anderthalb Jahre zuvor, bei der neun Kilo sichergestellt wurden. Mehrere europäische Länder waren in die Sache verwickelt, und bislang gab es zwanzig Verhaftungen. Ich kann Ihnen aber nicht mehr sagen, weil die Ermittlungen noch laufen. Der Fall ist noch nicht abgeschlossen.«

Doch fast wie zur Entschädigung durfte ich ihn zu seiner eigenen Arbeit als höherem Drogenbeamten beim Bundeskriminalamt befragen. Wie läuft das ab, wenn ein Objekt gestürmt und eine Menge Stoff sichergestellt wird? Danach konnte ich mich bisher bei niemandem erkundigen. Zuerst hörten sich seine Antworten nicht eben vielversprechend an, doch dann lockerte sich seine Zurückhaltung:

»Nun, so ein Einsatz ist nichts Besonderes! Für mich ist das einfach ein ganz normaler Job. In der Regel findet so was am Wochenende statt, dieses können Sie dann von vornherein vergessen. Oder wenn es unter der Woche passiert, dann nachts, was einem den Arbeitstag verdirbt. Darauf könnte man gut verzichten! Aber andererseits, wenn wir Erfolg haben, dann freut man sich natürlich riesig, weil es gewöhnlich den Schlußpunkt hinter wochen- oder gar monatelange dröge Telefonüberwachung oder was auch immer setzt. Es ist nicht so wie im Film, wo man immer nur so Ausschnitte gezeigt kriegt. Überwachungen sind echt langweilig, und bei einer telefonischen ist's noch schlimmer: Du mußt auf alles hören und es dann aufschreiben und durchlesen, um sicherzugehen, daß du auch nichts verpaßt hast. Langweilig, kann ich Ihnen sagen!

Selbst wenn man dann zu dem Lagerhaus oder sonstwohin fährt, ist man wirklich nicht sehr aufgeregt. Man hat noch immer dieses Gefühl von Langeweile, weil man weiß, daß dieser Fall nun mehr oder weniger zum Abschluß kommt und dann schon der nächste Fall auf einen wartet.

Interessant ist jedoch, wie sich die Leute bei ihrer Festnahme vorhalten. Die meisten sind absolut baff, denn sie haben keinen Moment daran gedacht, daß die Polizei sie erwischen könnte. Natürlich gibt es Ausnahmen, aber die Mehrzahl ist sprachlos. Sie stehen gleichsam unter Schock. Besonders, wenn man sie sofort befragt und ihnen den Eindruck gibt, daß sie schon eine Zeitlang observiert worden sind und daß wir dies und das wissen, dann sollten Sie die mal sehen! Diese kleine Welt, die sie sich in den letzten paar Monaten oder so aufgebaut haben, bricht einfach zusammen. Plötzlich erinnern selbst diese abgebrühten Typen an Kinder, die mit großen Augen einen Weihnachtsbaum angucken. ›Scheiße! Was wissen sie? Was wissen sie sonst noch?‹ Man kann sehen, wie es in ihren Köpfen arbeitet. Sie sind total verloren.

Ob sie zu fliehen versuchen? Nein, das habe ich noch nie erlebt. Denn schauen Sie, bei einer solchen Aktion sind ja nicht nur einer oder zwei Beamte im Einsatz. Wir kommen immer mit vielen Leuten, und wir ziehen stets unsere Waffen, zerschmettern die Tür – und rumms! sind wir da! Für solche Festnahmen holen wir sogar unsere Spezialisten von den Antiterroreinheiten zu Hilfe. Mit ihren kugelsicheren Westen stehen sie da wie Ritter, und ihre Waffen sind auf diese Typen gerichtet. Sehr eindrucksvoll. Du siehst das und bleibst einfach stehen. Du rührst dich nicht vom Fleck. Wenn du dich bewegst, weißt du nicht, was mit dir passiert.«

Das klingt alles sehr aufregend. Doch wenn dieses Bild von einer gelungenen Drogenrazzia die Wahrheit der Szene ist, mit der die ganze wertvolle Arbeit von Interpol gekrönt wird, möchte ich dieses Kapitel nach meiner Meinung bestmöglich beschließen, indem ich Ihnen den »Geschmack« der Arbeit der Unterabteilung Drogen vermittle.

Hier nun also ein Auszug aus einer typischen Ausgabe des Drogenkommuniqués, das wöchentlich an alle NZB herausgeht. Aus rechtlichen Gründen sind die Namen und Daten abgeändert, der Rest ist jedoch absolut authentisch:

Teil I: Fälle von besonderem Interesse

1. 341 Kilo Kokain auf den Bahamas beschlagnahmt

Am 7. Januar 1992 befanden sich Beamte der bahamaischen Polizei gemeinsam mit US-Personal im Gebiet von Georgetown, Exuma, auf einer Routinepatrouille mit dem Flugzeug, als sie mehrere mit Band umwickelte Pakete in internationalen Gewässern treibend entdeckten, die 341 Kilo Kokain enthielten. Vermutlich war das Rauschgift von einem Flugzeug abgeworfen worden. Die Bahamas dienen hauptsächlich als Transitland für den Kokainschmuggel von Süd- nach Nordamerika. Beachten Sie bitte auch in Ausgabe 2/92 den Artikel über die Beschlagnahmung von 378 Kilo Kokain auf den Bahamas.

2. 233 Kilo Heroin im Dezember 1991 in Indien beschlagnahmt, davon 205 Kilo in Bombay

Am 14. 12. 1991 fing die Polizei von Bombay in Bombays Lamington Road einen Wagen vom Typ Maruti ab. 26 Kilo Heroin, in Beuteln zu je 1 Kilo verpackt und mit der Aufschrift »777« wurden aus dem Fahrzeug geborgen. Das Rauschgift stammte aus Südwestasien.

Am 15.12. 1991 wurde Mohammed Ali Khan, ein pakistanischer Staatsbürger, von der Polizei Bombays im Besitz von einem Kilo Heroin angetroffen und verhört. Die Befragung des Verdächtigen führte zur Beschlagnahmung einer großen Heroinsendung von 170 Kilo in der Wohnung eines Zia Ali Khan, Adresse: Rose View, Meadow Road, Brandra (West), Bombay. Ein geladener sechsschüssiger Revolver pakistanischer Herkunft wurde bei dieser Razzia ebenfalls sichergestellt. Der Pakistani wie auch Zia wurden festgenommen. Das Rauschgift stammte ebenfalls aus Südwestasien.

Teil II: Trends und Arbeitsmethoden

1. Kokain versteckt in Rollstühlen für Behinderte

1991 gelangen dem französischen Zoll innerhalb einer Woche zwei Beschlagnahmungen, bei denen zwei behinderte kolumbianische Staatsangehörige bei dem Versuch festgenommen wurden, Kokain in Rollstühlen zu schmuggeln. Im einen Fall fand man 4,36 Kilo Kokain, im anderen Fall 4,70 Kilo Kokain in den Batterien der elektrisch betriebenen Rollstühle. Der eine Kurier war ein »Scheintourist«, der andere hatte falsche Angaben über einen Termin bei einem Arzt im »Hospital Broussais« wegen seiner Behinderung gemacht.

2. Kokain in Taucherflaschen versteckt

Am 16.02. 1992 wurden in der südfranzösischen Stadt Menton 12,34 Kilo Kokain beschlagnahmt. Das Rauschgift war in zwei Taucherflaschen versteckt. In dieser Sache wurde ein auf Urlaub in Frankreich befindlicher italienischer Zollbeamter mitsamt seiner Dienstwaffe in Gewahrsam genommen. »Marisa«, eine in Rio de Janeiro wohnhafte Brasilianerin, die ebenfalls in dieser Sache verhaftet wurde, hatte das Rauschgift dem italienischen Zöllner ausgehändigt, der es wiederum zu seinem Bruder nach Rom bringen sollte. Der Zöllner gab »Marisa« eine Milliarde Lire als Anzahlung für die Ware. »Marisa« sollte ihrerseits diesen Betrag in Dollar umtauschen und das Geld dann über Monaco auf ein Konto in New York, USA, transferieren. »Marisa« arbeitet *für einen Drogenhändlerring mit Sitz in Rio de Janeiro. Angaben über das Vorleben der betreffenden Person siehe TEIL III. Im Zusammenhang mit dieser Methode bitten wir auch den Artikel »Tauchgeräte als Versteck« in Ausgabe 11/91 zu beachten.*

3. Heroin in Bällen und Kokain in Spazierstock versteckt

Bei einer Drogenrazzia in Dakar, Senegal, wurden im Januar 1992 1,60 Kilo Kokain, 600 Gramm Heroin, 700 Gramm Haschischöl sowie 1,2 Kilo »Gras« sichergestellt. Das Heroin war in Bällen, das Kokain in einem Spazierstock versteckt. Die Drogen wurden von vier Kurieren – einem Senegalesen, einem Ghanaer und zwei Nigerianern – weitergegeben. Sie wurden in Brasilien erworben und gelangten via Abidjan (Elfenbeinküste) und Banjul (Gambia) in den Senegal. Die Drogen waren für London, Großbritannien, Spanien und die Schweiz bestimmt ...

Und so geht es weiter, insgesamt zehn Seiten lang: Woche um Woche ein neues Kapitel im Kampf gegen die Drogen.

17. Kapitel
Geldwäsche

Auf dem internationalen Flughafen von Los Angeles prüfte an einem Januarmorgen 1988 ein Angestellter der Loomis Armored Transport Co. eine Lieferung, die während der Nacht mit einer UPS- (United Parcel Service-)Maschine eingetroffen war. Dabei fiel ihm ein Riß in einem Karton auf, der laut Frachtbrief »Goldabfall« enthielt, den ein Juwelier aus New York an einen hiesigen Goldhändler namens Ropex schickte. Doch der Inhalt des Kartons schien leichter als Gold zu sein, und als der Mann das Paket genauer inspizierte, konnte er durch den Riß im Karton akkurat gestapelte Geldscheinbündel erkennen.

Irritiert rief er bei Ropex im Schmuckhändlerviertel von Los Angeles an, wo man ihm erklärte, das Geld sei von der Ostküste herübergeschickt worden, um von den günstigeren Zinssätzen bei kurzfristigen Anlagen zu profitieren, die eine lokale Bank hier an der Westküste biete. Die Aufschrift sollte lediglich das Geld vor einem eventuellen Diebstahl schützen.

Loomis ist ein renommiertes internationales Unternehmen, das sich um viele exotische Sendungen kümmert, doch Ropex' Antwort ergab keinen Sinn. Es geht bequemer, sicherer und schneller, große Summen per elektronischer Überweisung um die Welt zu schicken anstatt in sperrigen Kartons.

Wie alle Werttransportfirmen in den USA bemüht sich auch Loomis um gleichermaßen gute Kontakte zu Gesetzesbehörden und Kunden. Deshalb ließ der Loomis-Mann die Sendung zustellen – er benachrichtigte aber auch das FBI.

Fast zur gleichen Zeit wurde bei einer Filiale der Wells Fargo Bank im Zentrum von Los Angeles ein neues Konto eröffnet. Es gehörte einer Goldmaklerfirma namens Andonian Brothers, die auch prompt große Beträge einzuzahlen begann. Als der Kontostand im ersten Quartal auf fünfundzwanzig Millionen Dollar hochschnellte, was selbst für internationale Goldmakler ungewöhnlich viel ist, rief Wells Fargo die INS (Steuerbehörde) an.

Die Tips von Loomis und Wells Fargo betrafen zwar zwei verschiedene Firmen, aber bei beiden ergab sich eine Spur in dieselbe Richtung: ins Schmuckhändlerviertel von Los Angeles. Diese beiden Hinweise lösten internationale Ermittlungen aus, die dreizehn Monate dauerten und an denen neben dem FBI auch die INS, die DEA, die amerikanische Zollbehörde sowie vier Interpol-NZB in Washington, Kolumbien, Uruguay und Panama beteiligt waren. Alle Informationen wurden ständig an die Spezialisten vom Geldwäschedezernat der Organisation nach Lyon weitergeleitet. Die Aktion erhielt die Bezeichnung »Operation Polar Cap«. Und sie verlief äußerst erfolgreich, denn sie deckte eine massive kriminelle Verschwörung auf, die so effektiv und einträglich war, daß die Drogenbosse des kolumbianischen Medellínkartells, für die dabei über 1,2 Milliarden Dollar an Profiten aus dem Kokaingeschäft gewaschen wurden, sie »La Mina«, die Goldmine, nannten.

Der Plan war so einfach wie genial. Im Juni 1985 wurden ein kolumbianischer Geldwäscher namens Raul Vivas und ein Edelmetallhändler aus Uruguay in der uruguayischen Hauptstadt Montevideo Geschäftspartner mit dem Ziel, Gold in die Vereinigten Staaten zu exportieren. Dabei ließen sie sich auch von der Tatsache, daß Uruguay keine einzige Goldmine hat, nicht abhalten: Sie schickten mit einem Goldüberzug versehene Bleibarren an ihre »Kunden«, Ropex und Andonian Brothers, zwei Scheinfirmen, die von drei kurz zuvor aus dem Nahen Osten eingewanderten Männern betrieben wurden. Ropex gehörte einem wohlhabenden Armenier syrischer Herkunft namens Wanis Koyomejian, und die Andonian Brothers waren zwei Libanesen, Nazareth und Vahe, die ebenfalls die Annehmlichkeiten von Los Angeles den Spannungen im kriegsgebeutelten östlichen Mittelmeerraum vorgezogen hatten.

Ropex und Andonian Brothers »verkauften« dann das vermeintliche Gold aus Uruguay an Juwelierläden und mehrere andere Abnehmer in New York, Miami, Houston und Los Angeles. Diese wiederum »bezahlten« die Lieferungen ganz regulär mit Bargeld (nie mit Schecks), nämlich den Einnahmen aus unzähligen Straßendeals mit Kokain: Das erklärte auch die große Menge von US-Dollars, die der Angestellte von Loomis durch den Riß im Karton erspäht hatte.

Somit ergossen sich buchstäblich Dollarmillionen Woche für Woche aus dem ganzen Land über die beiden Firmen in Los Angeles. In ihren Hinterzimmern wurden ganze Palettenladungen Geld gezählt, gestapelt, gebündelt und dann auf Konten bei örtlichen Banken eingezahlt. Den Bankangestellten erzählte man, die Gelder seien Gewinne aus dem Verkauf von Gold an Investoren und Schmuckfabrikanten. Warum diese Einzahlungen in Millionenhöhe denn immer in bar vorgenommen würden? »Wir tätigen unsere Geschäfte in bar, um dem Risiko plötzlicher Kurseinbrüche bei Edelmetallen vorzubeugen«, lautete die Begründung. Einige Banken wie Wells Fargo wurden mißtrauisch und verweigerten jede weitere Zusammenarbeit, andere dagegen begnügten sich mit der Erklärung und verbuchten hocherfreut kurzfristige Einlagen in Höhe von Hunderten von Millionen Dollar.

Nach der Annahme durch die örtlichen Banken verwandelte sich das Geld relativ schnell in elektronische Ziffern auf einem Computermonitor, die Ropex und Andonian Brothers wenig später telegraphisch nach New York und von dort über Panama City nach Kolumbien transferierten.

Schließlich machte man sich nicht einmal mehr die Mühe, falsche Goldbarren aus Montevideo zu importieren. Das Ganze wurde eine reine Transaktion auf dem Papier, in deren Rahmen die beiden Firmen Gold »erwarben«, das ihnen zwar nie geliefert, jedoch in Rechnung gestellt wurde, um es anschließend an ihre Abnehmer in den Staaten »weiterzuveräußern«, die es ebenfalls nie erhielten – für das sie aber mit echtem Geld bezahlten, das am

Ende natürlich hübsch und sauber gewaschen in Medellín landete.

Die Sache flog auf, als verdeckte Ermittler, die mit Genehmigung der zuständigen Bundesbehörde das Telefon der Andonian Brothers anzapften, am 24. Januar 1989 einen geheimnisvollen Anruf aus New York auffingen: »Vier Kilo acht sechs neun sind unterwegs.« Man brauchte kein Genie zu sein, um zu wissen, daß es sich um die Summe von 4 869 000 Dollar handeln mußte. Dies war die größte einzelne Bargeldlieferung bis dahin.

Auf dem New Yorker Flughafen ließ man also in jener Nacht an Bord einer UPS-Transportmaschine einen Spürhund vom amerikanischen Zoll los. In einem für Loomis bestimmten Frachtraum stöberte das Tier eine Sendung aus dreißig Kartons auf, die ein New Yorker Juweliergeschäft nach Los Angeles aufgegeben hatte. Ein Zollbeamter öffnete die Kartons: Sie enthielten lauter Fünfdollarscheine im Gesamtwert von 4 869 000 Dollar.

Als die Pakete am folgenden Tag nicht eintrafen, registrierten die Abhörspezialisten, wie sich Nazareth Andonian mehrmals äußerst nervös bei Loomis erkundigte, wo seine Lieferung abgeblieben sei. Es folgten Anrufe bei dem New Yorker Juwelier, der die Sendung aufgegeben hatte. Schließlich zeichneten die Polizisten mehrere verzweifelte Telefonate mit »wichtigen Neuigkeiten« nach Montevideo auf.

Knapp vier Wochen später, am 22. Februar 1989, fand in den Schmuckvierteln von Los Angeles, New York und der anderen beteiligten Städte in den USA eine Großrazzia statt, bei der über fünfunddreißig Personen, darunter Wanis Koyomejian und die Brüder Andonian festgenommen und weitere fünfundsechzig Millionen Dollar in Scheinen beschlagnahmt wurden. Raul Vivas und sein uruguayischer Partner wurden aufgrund einer Interpol-Fahndung, der eine internationale Ausschreibung folgte, in Montevideo verhaftet und im Dezember 1989 an die USA überstellt, nachdem die uruguayischen Gerichte ihr Gesuch, sie nicht auszuliefern, abgelehnt hatten.

»Der Fall ist ein Musterbeispiel«, sagt Gerald Moebius, der deutsche Kriminaloberrat an der Spitze des Interpol-Geldwaschdezernats von Lyon. »Er ist heute schon ein Klassiker.«

Geldwäsche ist so alt wie das Verbrechen selbst. Erfolgreiche Kriminelle waren schon immer bestrebt, das »schmutzige« Geld aus ihren dunklen Geschäften in »sauberes« zu verwandeln. Wie Moebius sagt, »war das Ziel dabei stets, sein Geld als ehrlich verdient hinzustellen, um so dessen kriminellen Ursprung zu vertuschen und die Gesetzeshüter von sich abzulenken«.

Der Begriff selbst stammt aus den vierziger und fünfziger Jahren, als die US-Mafia als Teil ihres Plans, mit ihren illegalen Profiten aus Schmuggel, Glücksspiel und Prostitution legale Geschäfte zu kaufen, stark in Waschsalons investierte, die damals überall in den Vereinigten Staaten wie Pilze aus dem Boden schossen. Die Mafiagangster steckten Geld aus verbrecherischen Unternehmen in diese von ihnen kontrollierten Waschsalons und verwandelten auf diese Weise »schmutziges« Geld in »saubere« Einnahmen der Wäschereien.

Internationale Berühmtheit – und die Aufmerksamkeit von Interpol – erlangte die Redewendung aber erst mit der explosionsartigen Zunahme des illegalen Drogenhandels, vor allem mit Kokain aus Südamerika, in den frühen achtziger Jahren. Noch nie in der langen Geschichte des Verbrechens war es dabei weltweit um solch riesige Summen gegangen. Im Mai 1983 wurde Ramon Rodriguez, ein Buchhalter aus Florida, kurz vor seinem Abflug nach Panama mit zehn Millionen Dollar in einem Koffer aufgehalten. Im Haus eines Kokaindealers in Pennsylvania fand man zweiundvierzig Millionen Dollar in kleinen Scheinen versteckt. Beschlagnahmungen von dreihunderttausend bis 1,3 Millionen Dollar erfolgten an der amerikanischen Grenze in Autos, die von Kolumbien nach Kanada gefahren wurden. Am Londoner Flughafen Heathrow griffen Zollbeamte, die Passagiere aus Florida nach möglichen Kokainschmugglern musterten, eine Frau heraus, die mit dreihunderttausend Dollar eingereist war. Man mußte sie gehen lassen, weil sie nicht gegen das englische Gesetz verstoßen hatte – doch was zum Teufel ging da eigentlich vor?

1984 wurden bei dem als »Pizza Connection« berühmten Fall, dem ersten über das Interpol-Netz bearbeiteten Fall von Geldwäsche, Drogengelder in Höhe von sechzig Millionen Dollar über eine landesweite Kette legaler Pizzalokale aus den USA in die Schweiz und nach Italien geschafft. Noch heute gelten in Italien (und nicht nur dort) viele Pizzerias landauf, landab als bevorzugter Absatzmarkt für die Mafia.

Die Kriminalität hatte eine neue Dimension erreicht. Die Summen, die hierbei im Spiel waren, überstiegen jedes Vorstellungsvermögen. Der Begriff »Narcodollar« war in den Polizeijargon eingegangen. Im April 1990 berichtete eine internationale Einsatzgruppe, die von den G-7, dem jährlichen Weltwirtschaftsgipfel der Präsidenten und Premierminister der sieben führenden Industrienationen der Erde, initiiert worden war, daß sich die geschätzten Einnahmen aus illegalen Heroin-, Kokain- und Haschischverkäufen allein in den Vereinigten Staaten und Europa (nicht mitgerechnet der boomende Markt der synthetischen Drogen) auf hundertzweiundzwanzig Milliarden Dollar pro Jahr beliefen. Davon seien fünfundachtzig Milliarden Dollar Reingewinn, den es über das Bankensystem der Welt zu waschen gelte. Fünf Monate davor hieß es in einem Bericht eines Sonderausschusses des britischen Unterhauses, daß in jedem Jahr allein davon über britische Banken – ohne deren Wissen – 1,8 Milliarden Pfund transferiert würden.

Seitdem hat sich die Lage weltweit noch verschlimmert. Auf dem Londoner Weltwirtschaftsgipfel im Juli 1991 kam offen zur Sprache, daß dem illegalen Drogenhandel aufgrund der Lockerung der Grenzen zwischen Ost- und Westeuropa vermehrte Möglichkeiten geboten würden. »Die politischen Umwälzungen in Mittel- und Osteuropa sowie die Öffnung der dortigen Grenzen haben zu einer verstärkten Bedrohung durch Drogenmißbrauch geführt und den illegalen Handel erleichtert«, stand im Wirtschaftskommuniqué des Gipfels zu lesen.

Ein Schweizer Verbindungsoffizier für die DEA äußerte sich konkreter. »Die ehemalige Sowjetunion ist der Wilde Westen der Drogenwelt«, sagte er einem Reporter der Londoner *Times*. »Die Polizei dort ist zu schwach, schlecht ausgerüstet und häufig korrupt, und die einheimische Mafia besitzt Macht und einen guten Draht zum KGB und anderen zwielichtigen Organisationen der Vergangenheit. Rußland erweist sich auch als Paradies für Geldwäscher, da niemand dort ›Narco‹- oder sonstige Dollar ausschlagen würde.«

Ein möglicher sowjetischer »Deal«

Nach Alarmierung durch Interpol griff die Schweizer Polizei im Dezember 1990 bei einem Geschäft ein, das gerade in Genf über die Bühne gehen sollte und das für eine Geldwaschoperation für das Medellínkartell gehalten wurde. Die daran Beteiligten gestanden, daß sie über einen riesigen Geldumtausch verhandel-

ten, bei dem es um siebzig Milliarden Rubel gehe. Doch nach drei Wochen Ermittlungsarbeit ordnete der Untersuchungsrichter ihre Freilassung an.

»Ich konnte einfach nicht glauben, daß irgendwer bei klarem Verstand ›Narcodollar‹ gegen Rubel tauschen würde, die kein Mensch ausgeben kann. Da dies kein Fall war, der Geschworene überzeugen würde, sah ich mich gezwungen, diese Leute auf freien Fuß zu setzen«, erklärte er. Als aber zwei Monate später in Moskau ein Skandal publik wurde, bei dem der sowjetische Ministerpräsident gegen einen britischen Geschäftsmann wegen des versuchten Schwarztauschs von 7,7 Milliarden Dollar gegen hundertvierzig Milliarden Rubel Anklage erhob, wurde er hellhörig. »Wenn mir irgendein Polizist einen Bericht mit neuen Beweisen schickt, kann ich den Fall rasch wieder aufrollen«, sagte er.

Wie läuft das nun? Wie verdienen die Geldwäscher ihr Geld? Die älteste und zugleich simpelste Methode besteht darin, es einfach außer Landes zu schmuggeln und damit faktisch dorthin zurückzubringen, wo es hingehört: also nach Kolumbien, Thailand und in andere Länder. Tom Winkler, ein im Interpol-Geldwaschdezernat in Lyon arbeitender Beamter vom amerikanischen Zoll, meint: »In den letzten Jahren war diese Methode rückläufig, doch jüngste Berichte lassen vermuten, daß manche Dealer, die wegen Banken, die verdächtige Einzahlungen melden, besorgt sind, wieder auf sie zurückgreifen.«

Ein Hauptproblem für die Syndikate sind Gewicht und Volumen. Das bei Drogengeschäften gemachte Geld beansprucht viel mehr Platz als das Rauschgift selbst. Die Schmuggler geben sich auch nicht mehr mit dem mühsamen Geldzählen ab. Sie wissen, daß eine Million Dollar in Zwanzigdollarscheinen ein Gewicht von fast fünfzig Kilogramm ergeben, und wiegen das Geld nur noch. Ebenso verfahren die amerikanischen Zöllner mit großen Mengen beschlagnahmter Geldnoten, statt sie in mühevoller Handarbeit zu zählen.

Wie wir wissen, geht es hier um teilweise astronomische Summen. So konfiszierten im Januar 1989 FBI-Agenten zwanzig Millionen Dollar in bar bei kolumbianischen Geldwäschern in Los Angeles, die diese gerade versandfertig machten. Im Oktober 1990 beschlagnahmte eine Einsatzgruppe der New Yorker Drogenpolizei in zwei Lagerhäusern auf Long Island 13,7 Millionen Dollar aus Drogengeschäften. Das Geld war für das Calikartell bestimmt und in fünfundzwanzig Kabeltrommeln versteckt. Fünf Kolumbianer wurden verhaftet, und am nächsten Tag posierte eine Gruppe Polizisten ausgelassen für die Presse – eingerahmt von hübsch verpackten Geldstapeln, die fast die gesamte Breite des Raums einnahmen.

Den Job übernehmen in der Regel professionelle Kuriere, die sich hierzu ähnlicher Methoden bedienen wie beim Drogenschmuggel selbst: Das Geld wird in Koffern versteckt oder in Geldwesten auf dem Leib unter der normalen Kleidung getragen, wenn es sich um größere Beträge handelt. Bares wurde gleichfalls in Warensendungen von elektronischen Bauteilen, Videospielen, Fernsehern, Plüschtieren und – in einem Fall in Amerika – Wegwerfwindeln entdeckt. Die amerikanischen Geldwäscher benutzen außerdem Privatflugzeuge: Bei einer Ermittlung mit dem Decknamen »Operation Greenback« stürmten US-Zollagenten in Texas auf einen Privatflugplatz und stoppten mit entsicherten Handraketen einen Learjet, der schon die Startbahn entlangrollte. Die Reise nach Mexiko mit fünf Millionen Dollar Taschengeld an Bord mußte abgesagt werden.

Eine Geldwäsche beinhaltet jedoch meist viel mehr, als lediglich das Geld aus dem Land zu schaffen, in dem es illegal kassiert wurde. Die Wahrheit ist, daß hier die Strafverfolgungsbehörden bis heute keine besonderen Erfolge zu verzeichnen haben. Die Geldwäscher sind ihnen nur zu oft um mindestens einen, wenn nicht gar zwei oder drei Schritte voraus. »Allein die Phantasie setzt den Methoden der Geldwäscher Grenzen«, heißt es in einer von der DEA herausgegebenen Zeitung.

Schmutziges Geld zu »waschen« kann leicht eine Dutzende Länder überspannende Spur von Papieren und ein Netz finanzieller Transaktionen von unglaublicher Komplexität nach sich ziehen, einschließlich der gesamten Skala von ausländischen Banken, Tarnfirmen und dem ganzen übrigen Drumherum solcher internationaler Geschäfte im großen Stil. So, wie ein einflußreicher Verbrecher seinen Anwalt oder Buchhalter anruft, damit der ihn aus einem kleinen persönlichen Problem herauslaviert, so telefoniert er – vor allem im Drogenbereich – mit seinem Geldwäscher (in der Regel einem freien Börsenmakler), der sich ebenfalls freut, für ein nettes Sümmchen einen Dienst zu erbringen. Ein Drogenring wird im allgemeinen die Arbeit nicht selbst erledigen, sondern einen Profi von draußen anheuern und ihm bereitwillig seine Provision zahlen, die je nach den vorherrschenden »Marktkräften« ein bis acht Prozent betragen kann – genau wie in jedem anderen Geschäft auch. Zwei FBI-Agenten, die für das *Law Enforcement Bulletin* des FBI schreiben, zitieren »Gespräche mit Geldwäschern« als Quelle für ihre Aussage, daß ein amerikanischer Broker bei einem Transfer von einer Million Dollar üblicherweise mit einem Verdienst von fünf Prozent, also fünfzigtausend Dollar, rechnen kann dafür, daß er das Geld außer Landes schafft.

Und hierbei gilt stets: Sollte der Wäscher das Geld durch polizeiliches Eingreifen oder aus irgendeinem anderen Grund (wozu auch persönliche Habgier zählen kann) »verlieren«, so muß er es aus eigener Tasche zurückzahlen – oder den Besuch eines Killers einkalkulieren.

Beim Geldwaschen gibt es drei Hauptstufen.

Die erste Stufe heißt »Plazierung«. Das Geld kann in Form einer legalen Lebensversicherungspolice für den Dealer und jeden Angehörigen seiner Familie, dem er trauen oder den er einschüchtern kann, angelegt werden. Es läßt sich aber auch zum Ankauf von bedeutenden Kunstwerken, Juwelen, Antiquitäten, teuren Autos und natürlich Roulettejetons verwenden.

Doch alledem sind Grenzen gesetzt. So lassen sich wohl ein paar Millionen unterbringen, nicht aber die Milliarden, die hier wirklich zur Disposition stehen.

Und so gehen wir weiter zur zweiten Stufe mit dem Namen »Streuung«. Genau darum dreht sich alles bei der Geldwäsche. Es ist der entscheidende Schritt, bei dem der Wäscher seine illegalen Einkünfte von ihrer Quelle trennt und eine Vielzahl finanzieller Transaktionen startet, welche die Spur verwischen und Anonymität gewährleisten sollen. An diesem Punkt beginnt er seine eigene Version der »Pizza Connection«.

Doch bevor man in den Vereinigten Staaten einen solchen Rang erreichen kann, muß man sich oft erst als »Schlumpf« hochdienen. Wie wir sehen werden, sind die US-Banken von der amerikanischen Gesetzgebung angewiesen, das Finanzamt über alle Bargeschäfte von zehntausend Dollar und darüber zu informieren. Was tun also die Wäscher? Sie schicken Dutzende niederer Laufburschen – nach den liebenswerten kleinen Comicfiguren mit dem Spitznamen »Schlümpfe« bedacht – zu den verschiedenen Lokalbanken mit Packen von neuntausend Dollar plus etwas mehr los, für die sie sogenannte »Cashier Checks« kaufen sollen. Diese nur in den USA üblichen Schecks, welche die Bank für eine Gebühr von ein paar Dollar pro Stück abgibt, garantieren der Person, die auf dem Papier unterschrieben hat, die Auszahlung. Sie sind effektiv so gut wie Bargeld, jedoch kein Zahlungsmittel und müssen daher auch nicht gemeldet werden. Sodann kauft eine andere Gruppe von Schlümpfen mit vielen dieser kleineren Schecks weit größere Schecks, die der »Oberschlumpf« dann entweder mit der Post ins Ausland schickt, oder er bedient sich eines Kuriers, der sie, hübsch in der Brieftasche gefaltet, per Flugzeug nach Südamerika bringt.

Das amerikanische Bankengesetz zur Meldung von Bartransfers gilt nicht für den elektronischen Zahlungsverkehr. Daher kann ein Geldwäscher auch seine Schlümpfe große Cashier Checks bei örtlichen Banken einlösen und die Gelder dann telegraphisch an Banken in Panama, Mexiko, Kolumbien oder sonstwohin überweisen lassen. Mit einer guten Operation ist ohne weiteres die »Versilberung« von einer Million Dollar täglich möglich, wobei zehn Leute mit jeweils hunderttausend Dollar fünfzehn bis zwanzig Transaktionen durchführen. So einfach ist das.

Die dritte und letzte Stufe einer erfolgreichen Geldwaschanlage heißt »Integration«. Nach einiger Zeit bringt der Wäscher das Geld wieder so in den legalen Wirtschaftskreislauf, daß es als normales Geschäftskapital erscheint. So wird dann etwa ein Kunstwerk verkauft, eine Lebensversicherungspolice ausbezahlt – oder Geld auf einem ausländischen Bankkonto dient als Sicherheit, um von einer regulären Finanzierungsgesellschaft ein Darlehen oder eine Hypothek in beträchtlicher Höhe zu erlangen.

Über welche Kanäle es auch laufen mag – das schmutzige Geld ist sauber geworden.

Die Antwort des Gesetzes auf all das ist bis jetzt beklagenswert unzureichend. Die Länder, in denen Geldwäsche immerhin einen Straftatbestand erfüllt, lassen sich an den Fingern zweier Hände abzählen. Die Trennlinie, wo Geldwäsche endet und legales Bankwesen anfängt, kann sehr unscharf sein, und angesichts der weltweiten wirtschaftlichen Instabilität heutzutage sind viele Regierungen darauf bedacht, sie nicht zu eindeutig zu zeichnen.

Obwohl Kendall bereits im Dezember 1985 persönlich die Chefs aller NZB anschrieb und ihnen ein von einem Interpol-Ausschuß entworfenes Gesetzesmodell zur Weiterleitung an ihre Regierungen beifügte, haben bis heute nur die Vereinigten Staaten, Großbritannien, Frankreich und Japan Geldwäsche tatsächlich als Verbrechen eingestuft; die letzten beiden erst im Sommer 1990. Im Juni 1991 faßte der EG-Ministerrat einen Beschluß, worin allen zwölf EG-Ländern offiziell vorgeschrieben wurde, bis zum 1. Januar 1993 umfassende neue Antigeldwäsche-Gesetze einzuführen. Mit dem Hochgehen der Schlagbäume innerhalb der EG an diesem Tag sollten gleichzeitig der Vereinbarung zufolge neue Landesgesetze in Kraft treten, die Geldwäsche als Verbrechen ächten und die Banken verpflichten, die Landesbehörden über alle verdächtigen Transaktionen sowie jede Bar- oder Scheckeinzahlung von mehr als fünfzehntausend Ecu – der EG-eigenen Währungseinheit (ungefähr dreißigtausend D-Mark) – zu informieren. Es klang eindrucksvoll, als dies im britischen Unterhaus und zweifellos auch in anderen Landesparlamenten verkündet wurde, doch die EG-Anweisungen werden nicht immer befolgt.

So schrieb ein deutscher Rechtsanwalt im *International Law Enforcement Reporter* in der Ausgabe vom November 1991 über sein Land: »Damit diese Direktive in den Mitgliedsstaaten in Gesetze übertragen werden kann, müssen die gesetzgebenden Organe jener Länder entsprechende Maßnahmen erlassen. Deshalb muß die Bundesregierung, obgleich auf ihr nun ein stärkerer Druck, solche Gesetze zu schaffen, lastet, das Gesetzgebungsverfahren noch immer selbst durchführen. Ob das in der kommenden Legislaturperiode geschieht oder nicht, bleibt abzuwarten.«

Im Dezember 1988 übernahm die internationale Bankengemeinschaft die in der Schweiz veröffentlichte Basler Grundsatzerklärung, worin die Banken in aller Welt aufgefordert werden, den nationalen Behörden jegliche Geldtransfers zu melden, die ihnen verdächtig erscheinen. Doch das ist nur ein frommer Wunsch. Wie wir noch sehen werden, wurde diese Erklärung zwar in Großbritannien akzeptiert, rechtlich bindend ist sie jedoch nicht.

Wie verhält es sich denn nun mit dem aktuellen Stand bei der internationalen Gesetzgebung zum Thema Geldwäsche?

Die Vereinigten Staaten sind auf diesem Gebiet schon lange ein Vorreiter. Bereits in den frühen sechziger Jahren verabschiedete der Kongreß Gesetze, die das FBI und die DEA mit weitreichenden Vollmachten ausstatteten, unterschiedlichsten Besitz im Zusammenhang mit Rauschgift zu beschlagnahmen, auch wenn es sich damals in erster Linie noch um ein US-internes Problem handelte. 1970 war jedoch ein entscheidendes Datum. In jenem Jahr definierte der Racketeer Influenced and Corrupt Organisation Act (RICO), Amerikas wichtigstes Antimafiagesetz, neben zahlreichen anderen Verfügungen Geldwäsche als ein kriminelles Vergehen – als erstes Gesetz der Welt –, und der Bank Security Act [Banksicherheitsgesetz] verpflichtete die amerikanischen Banken, das Finanzamt über jede Einzahlung von zehntausend Dollar oder mehr zu informieren. Dieses Gesetz wurde 1986 durch das Geldwäsche-Kontrollgesetz und 1990 durch das Verbrechensgesetz verschärft. »Wir meinen es wirklich ernst«, sagte mir ein FBI-Agent auf der Interpol-Generalversammlung im Oktober 1990 in Ottawa.

Trotzdem können selbst den erfolgreichsten Operationen der amerikanischen Strafverfolgung von außen Beschränkungen durch die Politiker auferlegt werden. Man denke nur an die Geschichte der berüchtigten Bank of Credit and Commerce International (BCCI), jenes Zwanzig-Milliarden-Dollar-Gauner-Imperiums, das im Juli 1991 von der Bankaufsicht in zweiundsechzig Ländern stillgelegt wurde, und an die »Operation C-Chase«, die bis heute erfolgreichste multinationale Antigeldwäsche-Aktion, an der neben den Vereinigten Staaten auch Großbritannien, Frankreich und Interpol beteiligt waren.

Operation C-Chase[64]

Im Juli 1986 vertauschte ein Team aus zwanzig verdeckten Ermittlern der amerikanischen Zollbehörde aus Tampa, Florida, ihre Bürotätigkeit mit dem Geschäft einer Gruppe vermeintlicher Geldwäscher: Sie betrieben ein kleines lokales Netzwerk, dem eine Pendelfluglinie, eine Finanzberatungsfirma sowie mehrere Restaurants und Fischmärkte angehörten. Schon bald hatten sie das Vertrauen eines bedeutenden Geldwäschers und Börsenmaklers gewonnen, der für das Medellínkartell arbeitete, und wenig später waren sie in sieben amerikanischen Städten aktiv an der »Schlumpfarbeit« für diesen Broker beteiligt: in Chicago, Detroit, Houston, Los Angeles, Miami, New York und Philadelphia.

Sie erhielten Anweisung, das Geld mittels zweier Banken, die der BCCI in Miami gehörten, über Panama nach Kolumbien rauszuschaffen.

Mit steigender Akzeptanz wurde auch die Rolle der Gruppe wichtiger: Bei einer Transaktion allein zahlte sie Beträge von insgesamt einer Million Dollar bei den zwei Banken in Miami ein. Dieses Geld wurde dann telegraphisch nach New York überwiesen und von da weiter zur Hauptverwaltung der BCCI nach Luxemburg. Dort wurde damit ein Depositenschein gekauft, der dann als Sicherheit für einen Kredit über eine Million Dollar diente, den die BCCI-Filiale in der Londoner Leadenhall Street gewährte. Dieser »Kredit« wurde nach Tampa rücktransferiert und auf vom Medellínkartell kontrollierte Konten in Uruguay weitergeleitet, bis er schließlich beim Heimatstützpunkt in Kolumbien eintraf.

Der leitende Beamte der verdeckten Einsatzgruppe genoß inzwischen so hohes Ansehen, daß man ihn zu Treffen mit hochrangigen BCCI-Funktionären nach Miami, Paris und London einlud. Was diese Herrschaften nicht ahnen konnten: Er hatte einen Sender in der Tasche, und die aufgezeichneten Gespräche lieferten zweifelsfrei den Beweis, daß sie sich über die Herkunft der Gelder, die sie wuschen, im klaren waren.

Nachdem man so mit Hilfe der landeseigenen Zollagenten über einunddreißig Millionen Dollar erfolgreich aus den Vereinigten Staaten »herauslegalisiert« hatte, entschloß man sich schließlich, dieses Treiben zu beenden. Im Oktober 1988 wurden die führenden kolumbianischen Geldwäscher und BCCI-Funktionäre zur »Hochzeit« von zwei der verdeckten Ermittler nach Tampa eingeladen – und am Vorabend beim Junggesellenabschied verhaftet. Für die BCCI-Büros in den USA, London und Paris ergingen Durchsuchungsbefehle. Bankguthaben wurden eingefroren und beschlagnahmt. Nicht weniger als vierundachtzig Personen wanderten ins Gefängnis.

Die Nachricht verbreitete sich wie ein Lauffeuer innerhalb der internationalen Bankengemeinschaft: Mit einem Gesamtvermögen von zwanzig Milliarden Dollar und vierhundertsiebzehn Filialen in dreiundsiebzig Ländern rangierte die BCCI weltweit als siebtgrößte Privatbank. »Das ist der erste Fall in der Geschichte der Vereinigten Staaten, bei dem eine komplette internationale Finanzinstitution mitsamt ihren Spitzenfunktionären wegen des Waschens von Geldern aus dem Verkauf illegaler

Drogen angeklagt wird«, verkündete die amerikanische Zollbehörde voller Stolz in einer offiziellen Presseerklärung.

Und was geschah wirklich?

Viele der vierundachtzig Festgenommenen wurden ordentlich verurteilt und inhaftiert – die Bank hingegen kam relativ ungeschoren davon. Fünfzehn Monate danach, im Januar 1990, schloß die US-Regierung mit der BCCI einen Handel: Sie ließ sämtliche Anklagen wegen Geldwaschens gegen das Stammhaus in Luxemburg fallen, im Gegenzug mußten sich die beiden Tochterfirmen in Florida schuldig bekennen. Ihre Bosse wurden anschließend zu einer Geldstrafe von fünfzehn Millionen Dollar verurteilt (weniger als die Hälfte der Summe, die bei der Operation C-Chase erfolgreich gewaschen wurde) – und für fünf Jahre auf Bewährung freigelassen. Gerald Lewis, Rechnungsprüfer des Staates Florida, meinte hierzu: »Geldwäsche ist die Essenz des Drogenhandels. Wir sollten das wirklich ernst nehmen. Mit diesem Kuhhandel haben wir denen nur mal auf die Finger geklopft.«

Doch was hatte Mister Lewis eigentlich erwartet? Als sich fünf Monate zuvor Noriegas in Panama ansässige Banco del Oriente in Atlanta vor Gericht in mehreren Anklagepunkten der Geldwäsche für schuldig erklärte – als Resultat einer eingehenden Untersuchung im Zusammenhang mit der »Operation Polar Cap«, bei der ebenfalls verdeckte Ermittler der amerikanischen Polizei ihr Leben riskiert hatten –, wurde es auch ihren Verteidigern gestattet, auf lächerliche fünf Millionen Dollar Strafe zu plädieren. *Und* die amerikanische Regierung ließ eine gegen die Bank angestrengte Zivilklage über vierhundertzehn Millionen Dollar fallen.

Es war ja letztlich ein US-Präsident, Calvin Coolidge, der schon im Januar 1925 in seiner Ansprache zur Lage der Nation gesagt hatte: »Das Geschäft der Vereinigten Staaten ist das Geschäft.«

Polizisten und Zollbeamte mögen das anders sehen, doch was ist schon eine kleine Geldwäsche unter Freunden?

Als zweites Land der Erde ächtete Großbritannien die Geldwäsche offiziell als ein Verbrechen – aber erst, nachdem das Parlament 1986 das Gesetz gegen Drogenhandel verabschiedet hatte. Es besagt, daß jemand, der Geld waschen hilft und weiß, daß es möglicherweise aus Rauschgiftgeschäften stammt, zu einer Freiheitsstrafe von bis zu vierzehn Jahren verurteilt werden kann und die gewaschenen Gelder eingezogen werden. Es gilt nur für Drogen, wurde jedoch durch zwei weitere Gesetze 1988 und 1989 auch auf andere gewinnbringende Verbrechen und den Terrorismus ausgedehnt. Dennoch ist es bei vielen Richtern unbeliebt, weil hier die normale in Großbritannien (und den USA) übliche Beweislast umgekehrt wird: Statt daß der Staatsanwalt nachweisen muß, daß das Vermögen des Angeklagten auf illegale Weise erworben wurde, wird zu seinen Ungunsten »angenommen«, daß es »eine Zahlung oder Prämie im Zusammenhang mit Drogengeschäften« darstellt. Der Angeklagte muß das Gegenteil beweisen, und das sieht man nicht gern in einem Land, das als erstes die wichtigste Grundregel der angloamerikanischen Rechtsprechung geschaffen hat: nämlich, daß der Staatsanwalt die Schuld des Angeklagten beweisen muß und nicht jener seine Unschuld. In eindeutigen Fällen spielen die Gerichte bereitwillig mit – ansonsten jedoch nur selten.

Ohne sich gesetzlich hierzu verpflichtet zu fühlen und im Vorgriff auf die Basler Grundsatzerklärung melden die britischen Banken – oder zumindest die angesehensten – seit 1987 freiwillig alle verdächtigen großen Transaktionen der Polizei. Die drei Gesetze von 1986 bis 1989 gaben ihnen den rechtlichen Schutz für diesen Bruch des Bankgeheimnisses, und das nationale Drogenfahndungsdezernat richtete bei New Scotland Yard einen Telefondienst rund um die Uhr als Sammelstelle für Informationen ein. In den drei Jahren von 1987 bis 1989 meldeten die Banken insgesamt nur eintausendsiebenhundert verdächtige Geldbewegungen, 1990 dagegen waren es allein zweitausendzweihundert.

Operation Puma: ein Beispiel für amerikanisch-britische Zusammenarbeit

Bis Anfang 1992 hatte man im Rahmen dieser Geldwäsche-Spüraktion dreihundertachtzehn Millionen Dollar als schmutziges Geld nachweisen können. Die Umtauschkette, in die sieben Drogenringe verwickelt waren, spannte sich von der Isle of Man über die Britischen Jungferninseln in der Karibik bis zum US-amerikanischen Festland. Im Mittelpunkt jeder Transaktion stand ein Anwalt, der die Bewegungen des Geldes zwischen den ausländischen Bankkonten, Tarnfirmen und Scheindirektoren koordinierte.

Eine typische Methode bestand darin, die ausländischen Unternehmen der Syndikate Hypotheken auf mit illegalem Geld erworbenes Eigentum aufnehmen zu lassen. Bei oberflächlicher Prüfung sahen die Papiere absolut legal aus – die Hypothek war echt, und die Zinsen wurden pünktlich bezahlt. Doch nach der Freilegung der monetären Schichten kam der kriminelle Ursprung des Geldes ans Tageslicht. Die »Operation Puma« läuft noch. Mindestens vierzig Personen wanderten bis jetzt hinter Gitter.

Im übrigen beschränken sich solche Länder, die Antigeldwäsche-Gesetze eingeführt haben (und die sind innerhalb der Interpol-Mitgliedsstaaten in der Minderzahl), nur darauf, ihre Gerichte zu ermächtigen, daß sie Bargeld, Schecks und andere verkehrsfähige Papiere beschlagnahmen können – jedoch nie reale Waren oder Eigentum wie einen Nerzmantel oder ein Luxusappartement. Und die Amtsgewalt kommt in der Regel nur dort zur Wirkung, wo jemand wegen einer kriminellen Tat verurteilt worden ist – woanders nicht. Wenn, sagen wir, in Argentinien, Griechenland, Norwegen oder der Schweiz schmutziges Geld gefunden wird, aber in diesen Ländern niemand eines diesbezüglichen Verbrechens schuldig gesprochen wurde, so kann kein nationales Gericht es einziehen und kein Polizist oder Zollbeamter es konfiszieren.

Das Geldwaschdezernat im Interpol-Hauptquartier gibt eine regelmäßig aktualisierte »Enzyklopädie der Vermögenswerte« heraus, die für eine aufregende – und deprimierende – Lektüre bürgt. Als Reaktion auf einen Fragebogen des Dezernats, der die Aufnahme einer Angabe in die Enzyklopädie betrifft sowie, ob sie mit den Strafverfolgungsbehörden anderer Länder Informationen austauschen würden, erwiderten die meisten der Regierungen, die sich zumindest zu einer Antwort aufrafften, frei heraus: »Informationen über Geldtransfers können ausländischen Behörden von Polizei, Zoll und Justiz nicht zugänglich gemacht werden.«

Es sind dies folgende Länder:

Belgien, Brunei, Burundi, Dänemark, Deutschland, Dominikanische Republik, Finnland, Gabun, Gibraltar, Griechenland, Indonesien, Irak (aber nicht Libyen, dessen Polizei eine Zusammenarbeit befürwortet), Irland, Island, Israel, Jamaika, Jordanien, Kenia, Kuwait, Luxemburg, Malta (ja – aber nur über Interpol), Niederlande, Niederländische Antillen, Österreich, Pakistan, Peru, die Philippinen (ja – doch seltsamerweise nur mit Erlaubnis des Einzahlers), Portugal, Katar (ja – aber nur über Interpol), Schweden, Senegal (ja – doch nur zu statistischen Zwecken), Sri Lanka, Südkorea, Tansania, Uganda, Uruguay (ja – aber nur, wenn ein zweiseitiges Abkommen oder ein Vertrag besteht), Vereinigte Arabische Emirate und Zypern.

Die Verwaltung von Gibraltar erklärte immerhin: »Gibraltar ist nicht darauf vorbereitet, sich an einem von Interpol geförderten Projekt zur Überwachung und Unterdrückung des Handels mit verkehrsfähigen Papieren zu beteiligen.« Brasilien, Mexiko, Kolumbien (natürlich!), Ecuador und die meisten lateinamerikanischen Staaten antworteten nicht einmal auf den Fragebogen – was *ihre* Einstellung zu diesem Problem deutlich zeigt.

Scheinheiligkeit oder Selbstgefälligkeit ist alles. Monaco nennt sich ein souveränes Fürstentum, nicht größer als der Londoner Hyde Park oder der Central Park in New York. Es verkörpert eine Oase für die Superreichen, wo es in den Straßen der Villenviertel passieren kann – so versicherte mir ein dort wohnhafter Steuerflüchtling stolz –, daß nachts junge Leute in Bluejeans von einer Polizeistreife angehalten und gefragt werden, was sie denn dort trieben. Außerdem sind hier elf einheimische Banken und vierundzwanzig Filialen von Großbanken aus Frankreich, Italien, Großbritannien und den USA vertreten – und das bei knapp achtundzwanzigtausend Einwohnern, von denen die meisten kleine Läden besitzen und vom Tourismus leben.

Bei einem für mich von Giovanni Batista, dem Interpol-Drogenbeauftragten für den europäischen Mittelmeerraum, arrangierten Interview im Dezember 1990 beharrten mehrere hohe Polizeibeamte vom NZB Monaco beharrlich auf ihrer Überzeugung, daß Geldwäsche in ihrem Zwergstaat »kein Problem« darstelle. »Der Fürst würde es nicht dulden!«

»Und das Spielkasino? Das muß doch sicher ein Paradies für Geldwäscher aus Italien sein, die lediglich ein paar Kilometer die Küste herunterzufahren brauchen – von den französischen ›Kollegen‹ aus Nizza ganz zu schweigen.« – »Nein. Das Kasino gehört der Société des Bains de Mer de Monte Carlo, an der der Fürst mehrheitlich beteiligt ist. Unter keinen Umständen würden wir zulassen, daß es von Geldwäschern benutzt wird.«

Ich kann nur sagen, daß ich anschließend sofort zur öffentlichen Bibliothek von Monte Carlo ging und mit großem Interesse in der

Lokalpresse einen ausführlichen Bericht über einen Skandal las, der damals die Geschäftswelt erschütterte. Die Banque Industrielle de Monaco (BIM), eines der angesehensten einheimischen Geldinstitute des Fürstenhauses – gegründet 1949 unter Beteiligung einer Prinzessin von Bourbon-Parma, einer Blutsverwandten von Fürst Rainier, als nicht geschäftsführender Direktorin – mit Filialen in Brüssel, Abidjan (Elfenbeinküste), Kairo, Libreville (Gabun) und Hongkong war bankrott gegangen. Der Bankdirektor hatte sich erschossen – und es war herausgekommen, daß zig Millionen kolumbianischer »Narcodollar« via Panama über seine Bank geflossen waren: auf Konten in Frankreich und Luxemburg, deren Inhaber angeblich als Schatzmeister des Calikartells fungierte. Dieser und zwei weitere Kolumbianer waren im Sommer 1990 in Luxemburg verhaftet worden; gleichzeitig wurden in Europa vierzig Millionen und in Panama fünfzehn Millionen Dollar schmutziges Geld beschlagnahmt. Hierüber war allerdings vom örtlichen NZB kein Wort zu erfahren.

Was das Kasino angeht, so stattete ich ihm eines Abends zusammen mit einem amerikanischen Freund einen Besuch ab. Abgesehen davon, daß wir unsere Pässe zeigten, wurde unsere Identität nicht näher überprüft. Außerdem gab es kein Limit, bis zu welcher Höhe wir Geldbeträge hätten in Spielchips oder Jetons umtauschen können. Wir sahen, wie an den Spieltischen etliche Italiener riesige Summen setzten. Es gab keine Möglichkeit, von irgendwem hier zu erfahren, ob das schmutziges Geld war oder nicht.

»Natürlich benutzen Geldwäscher unser Kasino«, sagte mir ein Einheimischer. »Bei unserer geographischen Lage und unserem Ruf als Finanzdorado wäre es schon komisch, wenn's nicht so wäre!« Und er erzählte mir von einem geheimnisvollen italienischen Luxusrestaurant, das mit viel Publicity ungefähr ein Jahr zuvor eröffnet hatte. Es war der große Renner. Wann immer er jedoch später einen Tisch reservieren lassen wollte – es nahm niemand den Telefonhörer ab. Die Sache interessierte ihn. An mehreren Abenden ging er dort vorbei, und stets strahlte das Restaurant in hellem Glanz, die Tische waren gedeckt – und die Türen verschlossen. Und niemand ließ sich blicken. »Aber sie werden Bücher führen, die belegen, daß sie große Gewinne einstreichen«, sagte er, »und dafür bereitwillig Abgaben entrichten. Das hält die Finanzbehörden bei Laune, und diesen Leuten macht das absolut nichts aus. Sie zahlen liebend gern. Jeder weiß, daß Al

Capone nur geschnappt wurde, weil er bei seiner Einkommensteuer geschwindelt hatte.«

Soviel zu jenen Ländern, die sich bezüglich ihrer Wachsamkeit im Kampf gegen Geldwäsche nicht eben ein Bein ausreißen. Dagegen gibt es aber auch mehrere Staaten, die sich geradezu um die Schaffung von Geldwascheinrichtungen bemühen. »Einige sind sehr bekannt«, sagt Gerald Moebius in Lyon. »Jeder hat schon von Liechtenstein und der Schweiz[65] gehört. Diese beiden Staaten befinden sich jedoch mittlerweile in guter Gesellschaft. Das beste Indiz sind viele internationale Banken oder Firmen in einem kleinen Land mit noch geringerer Bevölkerung.« Und er nannte Luxemburg (143 Banken kommen auf 378 400 Einwohner), Gibraltar (Zahlen liegen nicht vor), die Kanalinseln (530 Banken auf 24 900 Einwohner)[66], die Bahamas (382 internationale Geldinstitute auf 175 900 Einwohner), die ehemalige holländische Kolonie Aruba, die Caymaninseln (530 Banken auf 24 900 Einwohner) sowie etliche britische Kolonien oder Protektorate in der Karibik: darunter Montserrat, die Britischen Jungferninseln, Anguilla (für die alle keine Zahlen vorliegen) und die Turks- und Caicosinseln (6729 eingetragene Firmen bei einer Bevölkerung von 3000 überwiegend verarmten Eingeborenen).

»Ein typisches Beispiel, wie das System funktioniert«, sagt Moebius, »ist folgendes: Mister Smith aus der englischen Stadt Bristol hat eine Million Pfund schmutziges Geld an der Hand. Also überweist er es auf eine Bank auf den Britischen Jungferninseln. Von dort transferiert er es zu einer Bank auf den Caymaninseln. Dann beantragt er bei einer Londoner Bank einen Kredit über eine Million Pfund und gibt als Sicherheit das Geld auf seinem Konto auf den Caymaninseln an. Es funktioniert immer!«

Panama galt früher in Geldwäscherkreisen als allererste Adresse, doch nachdem im Dezember 1989 US-Truppen einmarschierten, um General Manuel Noriega zu stürzen und ihn wegen Beteiligung am Drogenhandel festzunehmen, sank die Beliebtheit des kleinen Landes in den einschlägigen kriminellen Kreisen auf einen Minusrekord. Doch nur für kurze Zeit: Bis zum Sommer 1991 liefen die Geschäfte schon wieder so gut, daß die Regierung Bush mit der Streichung weiterer wirtschaftlicher Hilfen drohte, falls Staatspräsident Guillermo Endara nicht einem neuen bilateralen Strafverfolgungsabkommen mit den Vereinigten Staaten zustimme, in dem einem scharfen Vorgehen gegen Geldwäsche oberste Priorität zukam.

Panamas Politiker und Banker protestierten lautstark. Ruben Carles, Endaras Präsident des Rechnungshofes, räumte ein: »In einem traditionellen Sinn bringt Geldwäsche Bargeld ins Land, das eingezahlt und dadurch sauber wird.« Er griff jedoch die Vereinigten Staaten scharf an, weil sie von den panamaischen Banken und Behörden verlangten, sie sollten Ursprung und Legitimation von Überweisungen und solchen Schecks, die auf US-Banken ausgestellt wurden, um Waren in Panama zu kaufen, nachprüfen. »Wie kann das in Panama schmutziges Geld sein, nicht aber in New York oder Miami?« fragte er mit einer aus seiner Sicht zugegeben logischen Argumentation.

Edgardo Lasso Valdes, der Präsident der Bankenvereinigung Panamas, wurde noch deutlicher: »Im Bankwesen ist man stets davon ausgegangen, daß eine Überweisung von einer anderen Bank als sauberes Geld gelten konnte. Nun erzählen die einem, daß Überweisungen aus den Vereinigten Staaten schmutzig sein können! Keiner, der Geld wäscht, tut dies umsonst. Für mich ist es dann Geldwäsche, wenn der Banker weiß, was er tut und er die Summen aufzuteilen und weiterzuleiten hilft. Wenn ich nicht weiß, daß das Geld aus Drogengeschäften stammt, ist das für mich kein Verbrechen.

In einem Land wie Panama, wo man Kapital absolut freizügig ein- und ausführen darf, wo der Dollar die Basis des Währungssystems und Inflation beinahe ein Fremdwort ist, wird es als logisch angesehen, daß Menschen aus vielen Ländern Geld hereinbringen. Drogendollars sind da zweifelsohne auch darunter.

Während der Diktatur wurden Drogenhandel und Geldwäsche durch Noriega und seine Freunde gedeckt. Ich kann nicht sagen, daß es inzwischen keine Geldwäsche mehr gibt, doch wenn das der Fall sein sollte, so wird sie nicht von der Regierung gedeckt.«[67]

Natürlich nicht.

Was kann Interpol bei alledem ausrichten? Aus Sicht des Generalsekretariats lautet die wahrheitsgemäße Antwort: »Nicht sehr viel.«

Auf der Generalversammlung von Cannes im Oktober 1983 verabschiedeten die Delegierten, nachdem sie von der amerikanischen Delegation mit Unterstützung der Autorität John Simpsons, des neuen Vizepräsidenten, massiv »bearbeitet« worden waren, eine Resolution. Darin wurde der Generalsekretär, der damals noch André Bossard hieß, dringend aufgefordert, ein Dezernat einzurichten, das sich speziell mit internationaler Geldwäsche befassen sollte. Da die Franzosen formal noch das Kommando führten, erhielt das Dezernat einen französischen Namen: Fopac, ein Akronym aus dem französischen »Fonds provenants d'activités criminelles« (Gelder aus kriminellen Aktivitäten).

In der Resolution wurde festgelegt, daß der Generalsekretär »der Besetzung der Gruppe mit geeigneten Experten Vorrang einräumen« sollte. Wie viele Leute, glauben Sie, bemühen sich heute in der Fopac, mit all diesen schmutzigen Pfund- und Dollarmilliarden fertig zu werden, die im Bankennetz der Welt herumgeistern – zwanzig, fünfzehn, zehn? Die Antwort ist: drei Vollzeitkräfte plus gelegentlich eine Aushilfe. Dem Vollzeittrio gehören der hochmotivierte Gerald Moebius an, der die Gruppe seit 1985 leitet, sowie zwei US-Beamte, die von der Steuerbehörde (zur Zeit Alan Freeland) beziehungsweise vom Zoll (zur Zeit Tom Winkler) hierherbeordert wurden.

Moebius gibt zu: »Natürlich hätte ich gern mehr Leute! Ich hätte auch gern Verbindungsoffiziere, die wie bei der Unterabteilung Drogen in der Welt herumreisen. Doch besorgen Sie mir mal eine solche Verstärkung!«

Er sagt ganz offen, daß Fopac nicht die Möglichkeiten hat, um fallspezifisch vorzugehen. »Wir sind nicht in der Lage, Fälle zu untersuchen. Wir können die Gesamtsituation überblicken und versuchen, isolierte Fälle miteinander in Verbindung zu bringen. Wenn wir hier im Generalsekretariat feststellen, daß da bei Fällen, die uns von den NZB gemeldet werden, gewisse Parallelen bestehen – beispielsweise, daß zweimal dieselbe Kontonummer oder Firma oder namentlich genannte Person auftaucht –, dann können wir ihnen natürlich Bescheid geben – und das tun wir auch ...

Mehr als das ist uns nicht möglich. Wie ich schon sagte: Geben Sie mir die Leute, und schon sieht alles ganz anders aus.«

Was tut denn nun die Fopac *wirklich*? Sie gibt ein Bulletin mit Informationen über jene Fälle heraus, die ihr von den NZB gemeldet werden; sie organisiert Besprechungen für Interpol-Mitglieder zum Thema Geldwäsche; sie hält Gemeinschaftstagungen mit dem Internationalen Zollrat ab; sie besucht so viele internationale Konferenzen und Seminare für Strafverfolgungsbehörden zum Thema

Geldwäsche wie möglich; sie bespricht sich mit dem Bankenverband der Europäischen Gemeinschaft; sie baut eine Finanzdatenbank auf, um jene NZB mit Informationen zu versorgen, die verdächtige Personen oder Firmen unter die Lupe nehmen wollen – und wie wir ja bereits wissen, veröffentlicht und aktualisiert sie von Zeit zu Zeit die Loseblattsammlung ihrer »Enzyklopädie der Vermögenswerte«.

Alles durchaus achtbar, jedoch kaum weltbewegend. Und so, wie diese Welt aussieht, wäre es auch unrealistisch, mehr zu erwarten.

Auch 1993 hat sich an der Situation nicht viel geändert. Das »Schlumpfen« ist in den Vereinigten Staaten populärer denn je: Es ist in der Tat marktfähig geworden. So werden nicht nur Bankschecks über weniger als zehntausend Dollar gekauft (um unter dem Höchstwert zu bleiben, ab dem solche Transaktionen dem Finanzamt gemeldet werden müssen) – jetzt kaufen die Geldwäscher auch noch leichter erhältliche Geldanweisungen im Wert von knapp dreitausend Dollar, um einen ähnlichen Höchstwert zu umgehen. So wuschen in einem New Yorker Fall mehr als hundert Schlümpfe erfolgreich fast dreihunderttausend Dollar aus Straßenverkäufen von Drogen, indem sie gleichzeitig vier oder fünf Zahlungsanweisungen über Beträge zwischen fünfhundert und siebenhundert Dollar kauften, dabei aber nie zweitausendachthundert Dollar überschritten.

Etwas weiter vorne haben Sie ja von den vierzig Millionen schmutziger Dollar gelesen, die im Sommer 1990 in Luxemburg bei der Verhaftung kolumbianischer Geldwäscher sichergestellt wurden. Im Januar 1993 erlebte der Fall eine bedauerliche Fortsetzung. Auf Antrag blieb die fünfjährige Haftstrafe für Franklin Jurado Rodriguez und Edgar Garcia Montilla bestehen – dafür aber wurde die Freigabe von sechsunddreißig Millionen Dollar, die auf Bankkonten in Luxemburg und anderswo in Europa eingefroren waren, angeordnet. Warum? Weil als Kontoinhaber nicht sie fungierten, sondern ein Dritter, der damals bereits tot war. Somit erhielten seine Erben den Rechtstitel auf das Geld. Wer war er? Ein Herr namens Heriberto Castro Meza. Es spielte überhaupt keine Rolle, daß er, wie DEA-Beamte unter Eid aussagten, der verstorbene Schwiegervater des Anführers des Calikartells war.

Immerhin aber hat man die Fopac-Abteilung in Lyon ausgebaut.

Sie ist inzwischen mit vier statt drei Vollzeitkräften besetzt. Wir sollten wenigstens dafür dankbar sein.

18. Kapitel
Terrorismus

Montag, 7. Oktober 1985, 8.45 Uhr. Zu diesem Zeitpunkt, da es in Washington D.C. erst 1.45 Uhr war und die Delegierten der Interpol-Generalversammlung noch friedlich in ihren Hotelbetten schlummerten, glitt der italienische Luxusliner »Achille Lauro« majestätisch von Alexandria, Ägypten, nach Port Said. Plötzlich stürmten vier bewaffnete Passagiere, junge PLO-Angehörige mit falschen Pässen, in den Speisesalon und eröffneten sofort das Feuer. Dabei wurden zwei Personen verwundet.

Es war die erste Entführung eines Kreuzfahrtschiffs auf hoher See seit fünfundzwanzig Jahren, und auf dem Schiff gab es keinen Sicherheitsplan, nicht einmal einen Metalldetektor.

Die Palästinenser übernahmen sofort das Kommando und befahlen dem Kapitän, einen Hafen in Syrien anzulaufen; gleichzeitig verlangten sie die Freilassung von fünfzig in Israel inhaftierten Landsleuten. Eine Zeitlang bestand über ihr Vorhaben absolute Unklarheit, und nach Alarmierung durch das NZB in Rom bat Kendall andere Interpol-Büros in der Region, unverzüglich das Hauptquartier zu informieren, sollte das Schiff in den Hoheitsgewässern ihrer Länder aufkreuzen. Davon bekamen die Terroristen natürlich nichts mit. Sie drohten, die Passagiere einen nach dem anderen zu töten, falls Israel auf ihre Forderungen nicht einginge. Und um zu zeigen, daß sie es ernst meinten, erschossen sie den neunundsechzigjährigen Leon Klinghoffer, einen beherzten, an den Rollstuhl gefesselten amerikanisch-jüdischen Touristen, und befahlen den anderen Passagieren, seine Leiche über Bord zu werfen.

Sie baten Syrien um Asyl, doch Präsident Assad lehnte ab – nicht aus Abscheu vor der Greueltat, sondern weil dies eine erstklassige Gelegenheit schien, die Autorität des PLO-Führers Jasir Arafat zu untergraben. Das Schiff nahm wieder Kurs auf Ägypten.

Am nächsten Tag flog Abul Abbas, ein Mitglied des PLO-Führungsgremiums und Anführer ihres terroristischen Flügels, der Volksfront zur Befreiung Palästinas (PFLP), vom PLO-Hauptquartier in Tunis nach Kairo. Offiziell kam er als Vermittler, doch er hatte kaum mit den jungen Entführern Funkkontakt aufgenommen, um mit ihnen über die Freilassung der Geiseln zu sprechen, da begrüßten sie ihn: »Kommandeur, wir freuen uns, deine Stimme zu hören.«

Viele Passagiere waren amerikanische Touristen, und in den USA herrschte bei jedermann bis hinauf zu Präsident Reagan Entsetzen. Unter der Einsatzplanung von Oberst Oliver North, der später wegen seiner Verwicklung in die Iran-Contra-Affäre zu trauriger Berühmtheit gelangte, brach ein Sondereinsatzkommando der US Army vom Luftwaffenstützpunkt Charleston auf. Die Männer hatten Anweisung, das Schiff zu entern und jeden Terroristen zu töten, der sich ihnen in den Weg stellte. Der Flugzeugträger »USS Saratoga« erhielt den Befehl, volle Kraft voraus Kurs auf das neue Zielgebiet zu nehmen. Die Amerikaner waren zur Rettung ihrer Landsleute entschlossen.

Aber dazu kam es nicht. Abul Abbas beschloß, die Mission abzubrechen. Der amerikanische Botschafter warnte die ägyptischen Behördenvertreter: »Teilen Sie Ihrem Außenministerium gefälligst mit, daß wir die strafrechtliche Verfolgung dieser Scheißkerle verlangen!« Abbas überredete jedoch Präsident Mubarak, die Entführer unbehelligt nach Tunis zur PLO-Zentrale zurückfliegen zu lassen.

Die Amerikaner waren wie vor den Kopf gestoßen und wütend. Vom Flugdeck der »Saratoga« hoben vier Tomcat-Jäger ab, begleitet von zwei weiteren Flugzeugen, in denen schwerbewaffnete Angehörige des Sondereinsatzkommandos saßen, um die Boeing 737 der Egyptair abzufangen, die mit den vier jubelnden Entführern und Abul Abbas an Bord nach Tunis unterwegs war. Sie zwangen sie auf einem NATO-Luftwaffenstützpunkt der Insel Sizilien zur Landung, und mit ihren Gewehren im Anschlag umringten amerikanische Soldaten die ägyptische Maschine, als sie auf dem Rollfeld zum Stehen kam. Italienische Polizisten kreisten daraufhin ebenfalls sofort mit gezogenen Waffen die Amerikaner ein. Es sah so aus, als könnte es eine Schießerei geben.

Doch man reagierte besonnener, und die US-Streitkräfte überließen die Entführer und Abul Abbas den Italienern.

Dann geriet der tragische Tod Leon Klinghoffers nachträglich beinahe zur Farce. Die italienische Regierung lehnte es ab, Abbas und seine Leute an die Vereinigten Staaten auszuliefern; allerdings sicherte man Präsident Reagan zu, sie vor ein italienisches Gericht zu stellen. Schließlich hatten die Terroristen ein italienisches Schiff in ihre Gewalt gebracht und befanden sich nun auf italienischem Boden. »Sie mögen davonlaufen – verstecken können sie sich nicht«, ließ sich Reagan voller Stolz vernehmen.

Die Angelegenheit erwies sich als leere Phrasendrescherei. Schon am folgenden Tag gestattete die italienische Regierung, deren Feigheit gegenüber dem arabischen Terrorismus nur noch von jener der Griechen übertroffen wird, Abul Abbas die Ausreise nach Belgrad, wo ihm die jugoslawische Regierung, die sich auf das Spiel der PLO einließ, postwendend diplomatische Immunität gewährte. Anschließend flog er nach Bagdad weiter, wo er bis heute ein geschätzter Gast Saddam Husseins ist und sich weiterhin als terroristisches Superhirn des Mittelmeerraums betätigen darf.

Die italienische Regierung behauptete, hinsichtlich der Beteiligung Abul Abbas' an der Entführung der »Achille Lauro« hätten »die Vereinigten Staaten nur zweifelhafte Beweise vorgelegt«. In Wahrheit hatte das US-Justizministerium binnen weniger Tage genügend belastendes Material gegen ihn zusammengetragen, um von einem amerikanischen Bundesrichter einen Haftbefehl zu erhalten. Es war bloß eine dürftige Ausrede von seiten der Italiener. Als diese ihm mehrere Monate danach in Abwesenheit den Prozeß machten, räumte auch der Staatsanwalt ein: »Abbas war der Drahtzieher hinter der Aktion, er wählte die Täter aus, trainierte sie und gab ihnen ihre Befehle.«

In einem spiegelfechterischen Hieb gegen den Terrorismus sprach das italienische Gericht den Angeklagten in Abwesenheit schuldig und verurteilte ihn zu lebenslanger Haft. Inzwischen hatte man auch gegen die vier jungen Entführer das Verfahren eröffnet, jedoch erhielt keiner von ihnen lebenslänglich. Die längste Freiheitsstrafe von dreißig Jahren bekam Yussef Magid Molqi, der Leon Klinghoffer erschossen hatte.

Und Interpol? Angewidert von der Tatsache, daß die Italiener Abul Abbas freigelassen hatten, beauftragte der amerikanische Justizminister Edwin Meese jr. das NZB in Washington, auf der Grundlage des vom Bundesrichter ausgestellten Haftbefehls in Saint-Cloud eine rote internationale Fahndungsausschreibung zu beantragen. Kendall erfüllte den Wunsch gern, und die Organisation brachte ihre erste amerikanische »Rotecke« für die Verhaftung eines internationalen Terroristen in Umlauf. Es war ein historisches Ereignis – doch als ich im November 1990 darum bat, man möge mir doch diese Ausschreibung einmal aus der Lyoner Datenbank auf den Monitor holen, sagte man mir, daß sie nicht mehr existiere.

Die Begründung: Im Januar 1988, etwas über zwei Jahre nach Präsident Reagans großspuriger Behauptung: »Sie mögen davonlaufen – verstecken können sie sich nicht«, ersuchte das NZB Washington um die Löschung des Eintrags – und das Generalsekretariat mußte der Bitte nachkommen. Das Justizministerium hatte den Haftbefehl gegen Abbas aufgehoben; infolgedessen bestand keine Rechtsgültigkeit mehr für die rote Ausschreibung.

Was veranlaßte das Justizministerium zu dieser Entscheidung? Am 17. Januar 1988 zitierte ein Bericht der Nachrichtenagentur Associated Press einen Sprecher mit den Worten, man habe den Fall überprüft, und da Abbas schon in Italien zu einer lebenslänglichen Freiheitsstrafe verurteilt worden sei, »war es nicht von entscheidender Bedeutung, ihn auch in den Vereinigten Staaten verurteilen zu lassen«. Die Italiener hatten übrigens nie um eine rote Ausschreibung nachgesucht – bis heute nicht. Nachdem also das amerikanische Fahndungsersuchen zurückgezogen worden war, konnte sich der Mann wieder auf der ganzen Welt frei und ohne rechtliche Einschränkung bewegen.

Der wahre Grund für die Entscheidung des Justizministeriums war, daß die US-Regierung bereits damals in langwierigen geheimen Verhandlungen mit der PLO steckte. Diese führten im Dezember 1988 zu Jasir Arafats historischem Rückzieher in einer Rede vor der UN-Vollversammlung, als er erstmals das Existenzrecht Israels anerkannte. Dafür auf die Verfolgung eines seiner Adjutanten zu verzichten – den sein irakischer Gastgeber, wie jeder wußte, sowieso nicht auszuliefern gedachte –, dies war nur ein kleiner Preis, einer der »Appetithappen« auf dem Weg zu einer Einigung mit Arafat.

Leon Klinghoffers Söhne schrieben in ihrer Verzweiflung an die *Washington Post*: »Damit wurde unser Recht darauf, daß der Mörder unseres Vaters vor einem amerikanischen Gericht zur Verantwortung gezogen wird, verwirkt. Nach unserer Ansicht ist mit der Aufhebung des Haftbefehls keiner Sache gedient, und wir appellieren an den Präsidenten, das Justizministerium, die Entscheidung zu revidieren.« Ein solcher Widerruf blieb jedoch aus.

Interpols Kampf gegen den Terrorismus war stets mühselig. Während der Jahre unter Nepote durfte die Organisation wegen der Besorgnis um die »politische« Natur des Verbrechens so gut wie gar nicht eingreifen. Als dann die Generalversammlung von Luxemburg im September 1984 neue Richtlinien entwarf, die eine Intervention Interpols erlaubten, sofern die Terroristen außerhalb ihres Heimatlandes agierten, dauerte es trotzdem noch ein Jahr – und erst Kendall mußte dafür sorgen –, bis die Generalversammlung von Washington der Schaffung einer speziellen Antiterrorgruppe ihren Segen gab.

Selbst dann erlangte die »TE-Gruppe«, wie ihre Bezeichnung lautet, erst im Januar 1987 unter ihrem FBI-Boß Don Lavey[68] volle Einsatzfähigkeit. Und erst im März 1987 verschickte das Generalsekretariat an die NZB einen zweiundsechzigseitigen »Leitfaden« (offizieller Titel: »Guide for Combatting International Terrorism« – Handbuch zur Bekämpfung des internationalen Terrorismus) über die Kooperation mit der TE-Gruppe. Ich bin nicht befugt, aus diesem vertraulichen Dokument zu zitieren. Doch nachdem ich es lesen durfte, kann ich bestätigen, daß es detaillierte Anweisungen für leitende Polizeibeamte in aller Welt zu Fragen enthält, was sie, soweit es Interpol betrifft, bei einem terroristischen Akt im Rahmen ihrer Rechtssprechung genau zu tun haben. Kendall bemerkt hierzu nicht ohne Ironie: »Es dauerte fünfzehn Jahre seit unserem absoluten Tiefpunkt bei den Olympischen Spielen 1972 in München, um etwas auf die Beine zu stellen, was man ebensogut in einem oder zwei Jahren hätte schaffen können.«

Doch damals wie heute hat sich Interpol mit zwei Problemen auseinanderzusetzen, die ihre Effektivität bei der Bekämpfung einer Form des internationalen Verbrechens, bei der alljährlich zahllose unschuldige Menschen abgeschlachtet und das Leben Tausender anderer bedroht wird, erheblich einschränken.[69]

Problem Nummer eins ist die einfache Tatsache, daß die europäischen Regierungen mit der Trevi-Gruppe und der Europäischen Polizei-Arbeitsgemeinschaft ihre eigenen Antiterrorbekämpfungsstrategie geschaffen haben. Und das geschah unter anderem, weil Interpol, wie wir im 12. Kapitel gesehen haben, es zu Beginn der siebziger Jahre versäumte, dem Terrorismus entschlossen entgegenzutreten. Die europäischen Polizisten brauchen Interpol vielfach nicht wirklich: Sie verfügen bereits über eigene Alternativen, mit denen sie meist auch vollauf zufrieden sind. Doch beim Terrorismus in Europa übt Interpol in vier entscheidenden Punkten eben *doch* eine wichtige Funktion aus.

Erstens: Wenn die Polizei eines Landes eine Verhaftung vornehmen will, muß sie dies über Interpol tun. Niemand in der Europäischen Gemeinschaft wird einen Ausländer wegen einer außerhalb jenes Landes begangenen Straftat ohne rote Fahndungsausschreibung oder Fahndungsfunkspruch von Interpol verhaften.

Zweitens: Interpol wird eingeschaltet, sobald sich nach einem terroristischen Akt in Europa die Ermittlungen auf die restliche Welt ausdehnen. Dies geschah etwa bei der großangelegten internationalen Untersuchung der Katastrophe von Lockerbie, von der im nächsten Kapitel die Rede sein wird. Kendall hat schon recht, wenn er sagt: »Wir sind die einzige Polizeiorganisation, deren Aktionsradius die ganze Welt ist.«

Drittens: Durch fachkundigen Rat und professionelle Hilfe, etwa bei Sprengstoffen und Feuerwaffen, trägt Interpol zur Bekämpfung des Terrorismus in Europa bei. Seit 1986 ist Interpols Polizeiabteilung ein ständiger Sonderbeauftragter vom Büro für Alkohol, Tabak und Feuerwaffen (BATF) des US-Finanzministeriums zugeteilt. Bereits im März 1986 half der damalige BATF-Mann auf Wunsch des Stockholmer NZB, über das Interpol-Netz eine Kugel zu identifizieren, die man nach der Ermordung des schwedischen Ministerpräsidenten Olof Palme am Tatort gefunden hatte.

Joey Thurman, der jetzige BATF-Beamte, ist nicht mehr auf individuelle, fallspezifische Ermittlungen fixiert. Seit August 1990 wird bei allen Fällen mit Schußwaffen und Sprengstoffen einheitlich verfahren. Er erklärt:

»Wir haben Formulare sowie eine Broschüre entworfen, die an jedes NZB rausgehen mit der Bitte, sie im Falle eines Bombenanschlags, eines großen Waffendiebstahls oder der Beschlagnahmung von Schußwaffen bei Dealern so präzise wie möglich auszufüllen und an uns zurückzuschicken. Ich kann dann die Informationen durch unseren Computer jagen.

Das System ist neu, weshalb unsere Datenbank logischerweise praktisch noch bei Null steht. Aber ich kann Ihnen sagen, was unser langfristiges Ziel ist: Nehmen wir an, in Rom geht eine Bombe hoch. Ich bekomme das Formular vom dortigen NZB und füttere den Computer mit den Daten: Bombentyp, Sprengstoff, Zeitschalter oder Fernzünder, Opfer, Tageszeit, Wochentag, Monat und so fort. Und dann lösen die den Fall nicht: Sie liefern einige Hinweise, können aber die Leute nicht verhaften. Doch ein Jahr darauf explodiert wieder eine Bombe, diesmal in Genf. Ich kriege das Formular zu diesem Vorfall auf den Tisch, oder der ermittelnde Beamte ruft mich auf der Notleitung an. Ich werde seine Angaben im Computer auswerten, und wenn sich, angenommen, zwanzig Übereinstimmungen mit dem Attentat von Rom ergeben, dann rufe ich den Beamten in Genf zurück – nicht übers Telefon, weil das nicht sicher ist, sondern über das MRB – und informiere ihn über die Ähnlichkeiten zu dem Vorfall von Rom und schlage ihm vor, direkt mit dem dortigen NZB Kontakt aufzunehmen.

So wollen wir künftig die Sache angehen. Momentan ist es frustrierend, weil wir einfach nicht die Zeit hatten, eine ausreichende Datenbank aufzubauen. Aber geben Sie uns ein paar Jahre, dann läuft der Laden. Es ist eine Schande, daß wir einen solchen Plan nicht schon vor Jahren faßten. Selbst die IRA kann in unserem Register auftauchen. Ich weiß, normalerweise haben wir mit denen nichts zu tun, doch die meisten ihrer Sprengstoffe werden außerhalb Großbritanniens fabriziert – Semtex etwa –, und wenn nun also bei einem Anschlag diese Sorte ›ausländischen‹ Sprengstoffs benutzt wird und das britische NZB bittet uns, dies aufzunehmen, dann gebe ich's für später in unser System ein.«

Viertens: Interpol hat sich, nicht zuletzt aufgrund des zielstrebigen Handelns von Don Lavey, dem Chef der TE-Gruppe, einen vorzüglichen Ruf dadurch erworben, daß sie ihre Mitgliedsstaaten vor möglichen terroristischen Aktionen warnt, insbesondere vor Entführungen von oder Bombenanschlägen auf Zivilflugzeuge.[70] Lavey erläutert: »Als wir damals Anfang 1987 begannen, hatten wir wegen Interpols Tätigkeit – oder besser gesagt: Untätigkeit – auf dem Gebiet des internationalen Terrorismus zweifellos ein echtes Problem mit unserer Glaubwürdigkeit. Wir dachten also: Man kann nicht alles bekämpfen, aber versuchen, realistisch zu beurteilen, was praktisch möglich ist. Bald erkannten wir, daß die Sicherheit in der Luftfahrt ein Betätigungsfeld war, worauf wir uns konzentrieren konnten. Das brachte weniger politische Probleme mit sich: Kein Land der Erde sieht es gern, wenn seine Flugzeuge entführt oder vom Himmel gebombt werden!«

Das Vertrauen der Mitgliedsstaaten zu gewinnen war eine langwierige Aufgabe, doch im September 1990 konnte Kendall der

Generalversammlung in Ottawa berichten, daß die TE-Gruppe im Vorjahr achtzehn Alarm- oder Warnmeldungen herausgeschickt habe, und zwar im Zusammenhang nicht nur mit Luftterrorismus, sondern auch mit Anschlägen auf Botschaften oder Diplomaten.

»Niemand bestreitet die Tatsache«, sagte Lavey, »daß jedes Land alle möglichen dubiosen Anrufe und Berichte bekommt – man wird dies in die Luft sprengen, das hochjagen und so weiter und so fort. Wir müssen also auf die professionelle Einstellung dieses betreffenden Landes bauen, das beschließt, uns die Informationen zu schicken. Wie Sie ja schon aus dem ›Handbuch‹ wissen, ist unsere Vorgehensweise exakt festgelegt. Wenn man uns telegraphisch meldet: ›Uns liegen Berichte vor, denen zufolge einer Fluggesellschaft das und das zustoßen kann oder daß diese Person ermordet wird, weil er oder sie an Bord dieses Flugzeugs ist‹ oder sonst irgendwas anderes, dann gehen wir folgendermaßen vor: 1. fragen wir sofort in jenem Land nach, ob es sonst noch irgendwelche Einzelheiten gibt; 2. bitten wir, uns mitzuteilen, für wie glaubwürdig man *dort* die Informationen einschätzt; und 3. bitten wir um die Erlaubnis zur Weiterleitung der Mitteilungen – beziehungsweise wir fragen eher negativ nach: ›Gibt es Länder, denen wir diese Informationen nicht übermitteln sollen?‹ Und ob sie was dagegen hätten, wenn wir sie an die beiden internationalen für die Sicherheit der Zivilluftfahrt verantwortlichen Behörden schicken würden: IATA [International Air Transport Association] und ICAO [International Civil Aviation Organisation]. Dann überprüfen wir alles noch mal, um sicher zu sein, daß alles so gemeint war, wie es gesagt wurde: Wir benutzen immer die tatsächlich verwendeten Worte. Und wenn wir per Zufall ergänzende Informationen aus anderer Quelle haben, nehmen wir das in den Bericht mit auf.

So erhielten wir zum Beispiel einmal ein Telegramm aus Budapest wegen einer Drohung gegenüber Scandinavian Airlines. Es war teilweise verstümmelt; also fragten wir beim NZB in Budapest nach, worin nun eigentlich die Drohung bestand. Einen oder zwei Tage zuvor war bei uns schon eine Meldung aus Nordeuropa über eine ähnliche Drohung gegen dieselbe Fluggesellschaft eingegangen. Deshalb packten wir alles in eine Warnung.

Ob es was gebracht hat? Wie soll ich das wissen? Mir ist nur bekannt, daß es keinen terroristischen Anschlag auf Scandinavian

Airlines gab – vielleicht, weil unsere Warnung bewirkte, daß die Gesellschaft ihre Sicherheitsmaßnahmen verstärkte; möglicherweise bekamen auch die Terroristen Wind davon, oder die ganze Sache war eine Ente. Na und? Wenn im Umfeld des Terrorismus die Chancen auch nur eins zu einer Million stehen, daß vielleicht das Leben eines Menschen gerettet wird, dann finde ich, muß man tun, was erforderlich ist. Ich meine, man kann doch nicht einfach dasitzen und Däumchen drehen!«

Problem Nummer zwei an der Terrorismusfront erwächst aus den hartnäckigen Zweifeln der führenden Westmächte an der Sicherheit des Interpol-Kommunikationsnetzes. Im März 1991 erläuterte Darrel W. Mills, der Leiter des NZB Washington, dem Internationalen Strafrechtsausschuß der amerikanischen Anwaltskammer folgenden Sachverhalt: »Viele unserer Informationen über Antiterrormaßnahmen sind geheim und können nicht ins Interpol-Netz gelangen [...] Solche Mitteilungen dürfen auf keinen Fall verbreitet werden.« Als ich ihm zwei Monate später an seinem Schreibtisch in Washington D.C. gegenübersaß, erzählte er mir im Prinzip das gleiche, fügte aber noch hinzu: »Deshalb kann ich, soweit es die Vereinigten Staaten betrifft, nicht absehen, wann wir einmal ohne unser Gesandtensystem auskommen werden, bei dem ein Sonderbeauftragter des FBI in den wichtigen Hauptstädten der jeweiligen amerikanischen Botschaft als Rechtsattaché zugeteilt ist. Die USA werden ausschließlich auf der Grundlage, daß sich der Rechtsattaché um sensibles Material kümmert und weniger vertrauliche Angelegenheiten über das Interpol-Netz laufen – und ich spreche als ehemaliger Rechtsattaché in London –, mit Interpol beim Terrorismus kooperieren.«

Auf der anderen Seite des Atlantiks stieß zwei Wochen später Roy Penrose, Leiter der Abteilung Terrorismusermittlung und internationale operative Einsätze bei Scotland Yard, ins gleiche Horn: »Sobald ein Land Interpol als Lagerhaus für operative Erkenntnisse benutzt, die eventuell andere Länder betreffen, hat es absolut keine Kontrolle darüber, wohin diese Informationen gehen. Wenn Sie beispielsweise Erkenntnisse über Terrorismus in den westeuropäischen Staaten einbringen, so gibt es nichts, was ein arabisches Land, von dem man annehmen darf, daß es für die Sache des Terrorismus eine gewisse Sympathie hegt, davon abhalten könnte, diese Informationsquelle anzapfen zu wollen. Ich glaube, der

Standpunkt Großbritanniens dürfte ähnlich lauten wie Darrell Mills' Aussage in bezug auf Terrorismus.«

Quintin J. Shea, ein ehemaliger Abteilungsleiter für Datenschutz und Bürgerrechte im US-Justizministeriums, ging noch einen Schritt weiter. Am 4. März 1991 zitierte ihn die *Washington Times* mit den Worten, angesichts der jüngsten demütigenden Niederlage Saddam Husseins im Golfkrieg könnten proirakische Terroristen Interpols gewaltiges Nachrichtendienstnetz anzapfen, um Anschläge auf amerikanische und andere westliche Ziele zu verüben. Des weiteren sagte er: »Brisante Antiterror-Informationen Interpol in die Hände zu geben, das hieße unter Umständen, sie antiamerikanischen Terroristen auf dem Präsentierteller darzubieten.«

Im Lyoner Interpol-Hauptquartier sprach ich Paul McQuillan, den Leiter der »Unterstützungsabteilung«, auf diese Verdächtigungen an, und er meinte: »Ich bin ganz sicher, daß nichts in unserem System in die falschen Hände gerät. Ich werde Ihnen jetzt natürlich nicht sagen, wie das funktioniert, aber es handelt sich um narrensichere interne Kontrollen. Und was sensibles Material betrifft – ja, auch das bekommen wir regelmäßig von den NZB herein.« Er ließ sich jedoch nicht entlocken, ob auch Interpol Washington darunter sei.

Don Lavey, der – wir erinnern uns – selbst dem FBI angehört, ist da entgegenkommender: »In den Vereinigten Staaten ist das FBI für die Gerichtsbarkeit in Terrorismusangelegenheiten zuständig. Doch mindestens achtundneunzig Prozent dessen, was die USA im Hinblick auf internationalen Terrorismus bearbeiten, unterliegt der Geheimhaltung, und Interpols Kanäle wird man dafür nicht nutzen.« Trotzdem sprechen die Vereinigten Staaten nicht für die gesamte Menschheit. Lavey räumt denn auch ein: »Wenn wir anfangen, über unterschiedliche Regionen der Erde und verschiedene Länder zu reden, stellt sich die Situation anders dar. Als im November 1987 eine Boeing 707 der Korean Airlines am Himmel explodierte und hundertfünfzehn Menschen starben, suchte ein Vertreter der südkoreanischen Polizei mein Büro in Saint-Cloud auf und nutzte Interpols Kontakte, um allen möglichen Hinweisen nachzugehen. So kommen neben diplomatischen und vertraulichen Kontakten auch die rein polizeilichen Verbindungen über Interpol zur Wirkung.

Dann fand außerdem im September 1988 unser erstes Terrorismussymposium statt – dem mehrere nachfolgen sollten. Der

Schwerpunkt lag beim asiatischen Terrorismus, und ich war absolut erstaunt über die Offenheit der japanischen Vertreter. Sie hielten ein sehr interessantes Referat über die Rote Armee Japans, die sich etwa fünfzehn Jahre lang ruhig verhalten hatte, nun aber wieder aus der Versenkung auftauchte. Sie machten präzise Angaben zu deren taktischer Ausbildung im Libanon und nannten sehr konkrete Hinweise bezüglich der Unterstützung aus Libyen. Das war schon interessant, weil Libyen normalerweise zu jeder Veranstaltung von Interpol Vertreter entsendet. Uns lagen bereits die Namen zweier Libyer vor, die für das Symposium angemeldet waren, doch dann in letzter Minute nicht erschienen!«

Auf die Gretchenfrage nach der Benutzung von Interpol für heikle Informationen antwortet er unverblümt: »Wenn irgendein Land uns etwas zusendet, das man dort für brisant hält, so sage ich mir: ›Sie, Land X, erledigen Ihre Arbeit nicht richtig, indem Sie uns Ihrer Meinung nach brisante Informationen über Interpol-Kanäle zukommen lassen, denn hierfür gibt es ja auch andere Mittel und Wege.‹ Ein Beispiel: Wir nehmen an, daß John Smith aus Kanada irgendwo ein Rädchen in einer terroristischen Infrastruktur sein könnte, wissen aber nichts Genaues. Ich finde, mit so was sollte sich Interpol nicht befassen. Wer weiß, ob John Smith mit drin hängt oder nicht? Das herauszufinden ist Sache der Sicherheitsdienste und anderer Leute. Hat man es dagegen mit John Smith zu tun, der in der Vergangenheit an einem speziellen Verbrechen beteiligt war und nun angeblich in Kontakt mit einem Dritten stehen soll, dann erscheint mir Interpols Engagement ein bißchen glaubwürdiger.«

Im britischen Unterhaus berichtete der Innenausschuß für »Praktische Zusammenarbeit der Polizei in der Europäischen Gemeinschaft« im Juni 1990: »Außer bei juristischen Gelegenheiten oder zu Beweiszwecken oder zur Fahndung nach Terroristen besteht auf seiten der europäischen Sonderbehörden eine ausgeprägte Abneigung, das Interpol-Netz zur Kommunikation über Terrorismus zu nutzen.«

Es muß gesagt werden, daß diese weitverbreitete Angst verständlich ist, denn es besteht kein Zweifel, daß ein staatlich geförderter Terrorismus existiert – und daß die meisten der betreffenden Länder Mitglied bei Interpol sind.

Bereits im Juni 1985 brachten westliche Nachrichtendienste die Entführung des TWA-Flugs 847 von Athen nach Beirut mit der vom Iran gelenkten und finanzierten islamisch-fundamentalistischen Hisbollah (Partei Gottes) in Verbindung. Im folgenden Monat brandmarkte Präsident Reagan bei einer Rede vor der amerikanischen Anwaltsvereinigung öffentlich fünf Nationen – Iran, Libyen, Nordkorea, Kuba und Nicaragua – als Mitglieder einer »Konföderation terroristischer Staaten« und ergänzte in seiner typischen Art: »Das amerikanische Volk wird diese Angriffe von gesetzlosen Staaten, an deren Spitze die seltsamste Ansammlung von Eigenbrötlern, Verrückten und verkommenen Verbrechern seit dem Dritten Reich steht, nicht tolerieren.«

Syrien hätte ebenfalls genannt werden sollen; davon sahen die Vereinigten Staaten allerdings offiziell ab in Würdigung der zweifelhaften Verdienste Präsident Assads, der gegen Ende des Geiseldramas die Gelegenheit wahrnahm, den Iran auszubooten, und sich für die Freilassung der letzten neununddreißig amerikanischen Geiseln einsetzte, die noch immer in der entführten Maschine auf dem Beiruter Flughafen festgehalten wurden. Sechzehn Monate danach korrigierte das US-Justizministerium den Bericht, indem es eine Aufstellung mit sechsundvierzig Terrorakten vorlegte, die angeblich auf Syriens Konto gingen und »exemplarisch sind für Syriens Beteiligung an und Unterstützung von terroristischen Gruppen«.

In der Tat veröffentlicht das US-Außenministerium jedes Jahr eine Liste von Ländern, die den Terrorismus finanziell unterstützen. So wurden beispielsweise im Mai 1991 Syrien, Irak, Iran, Libyen, Kuba und Nordkorea namentlich erwähnt.

Das überraschte niemanden. Oberst Gaddafis Libyen ist schon lange ein Zufluchtsort für internationale Terroristen, und im Gegensatz zu zahlreichen früheren Dementis räumte Gaddafi im Mai 1992 gegenüber dem Generalsekretär der Vereinten Nationen in einem Brief praktisch ein, den mörderischen Feldzug der IRA in Nordirland zu unterstützen. Und auch Syrien gewährt seit über zwei Jahrzehnten mehreren palästinensischen Terrorgruppen Asyl, wenngleich das Land seit Anfang 1991, als es sich mit den Vereinigten Staaten und Großbritannien im Golfkrieg gegen Irak verbündete und später gemeinsam mit den USA auf den arabisch-israelischen Friedensprozeß in Nahost hinwirkte, einen zahmeren Kurs verfolgt – zumindest für eine Weile. Im März 1991 sagte der damalige US-Außenminister James Baker, er habe das Thema tatsächlich mit Präsident Assad diskutiert, und dieser habe »einige Maßnahmen« getroffen, den Terrorismus einzudämmen.

Seit dem Sturz des Schahs im Jahr 1979 fördert der Iran schiitische moslemische Terrorgruppen, die vorwiegend vom Libanon aus operieren und deren wichtigste die Hisbollah ist. Auch sie nahm nach dem Golfkrieg etwas ihren Finger vom Abzug und befahl gemeinsam mit Syrien ihren Schergen in Beirut, eine ganze Schar westlicher Geiseln freizulassen. Doch alte Gewohnheiten lassen sich nicht von heute auf morgen austreiben. Als sich die Delegierten im Oktober 1991 in Madrid zu jener Konferenz trafen, auf der die ersten zögerlichen Schritte Richtung Nahost-Friedensprozeß eingeleitet wurden, beschimpfte Ajatollah Ali Khamenei, der geistige Nachfolger Ajatollah Khomeinis, die Konferenz als »Verrat« und forderte den Tod von US-Präsident George Bush und allen teilnehmenden Führern, welche er als *moharebs* bezeichnete, als Männer, die Krieg gegen Gott führen.

Von den sechs Ländern, die das US-Außenministerium im Mai 1991 als Förderer des Terrorismus nannte, ist übrigens nur Nordkorea nicht Mitglied der Interpol – was vielen Menschen etwas merkwürdig vorkommen wird.

Ich selbst war bei der Generalversammlung von Ottawa im Oktober 1990 Zeuge, wie ein libyscher Abgeordneter Kendall auf arabisch anschrie und übel beschimpfte, was die Delegierten auch sofort in englisch, französisch und spanisch auf ihrem Kopfhörer zu hören bekamen. Er behauptete, das Generalsekretariat habe im Zusammenhang mit einer Flugzeugentführung drei Libyer als gesucht gemeldet, ohne zuvor ihre Nationalität vom libyschen NZB bestätigen zu lassen. Nach Rücksprache mit Lyon wies Kendall am folgenden Tag den Vorwurf zurück – ohne Geschrei.

Staatlich gesponserter Terrorismus durch Interpol-Mitglieder ist im günstigsten Fall überaus peinlich für die Organisation. Trotzdem zahlen diese Länder (außer Kuba) ihre Beiträge pünktlich, entsenden regelmäßig Delegierte zu Generalversammlungen und anderen Veranstaltungen der Interpol und geben sich bei »normalen Verbrechen« ausgesprochen kooperativ. General Mohamed Khaddour ist der Leiter der Kriminalpolizei in der syrischen Hauptstadt Damaskus. Vor einer Arbeitssitzung in Ottawa empfing er mich morgens um acht in seiner Hotelsuite. Mit Hilfe eines französischen Dolmetschers plauderte er charmant mit mir und schenkte mir Kaffee ein – er weigerte sich aber beharrlich, über Terrorismus zu reden. Lieber diskutierte er über Syriens Zusammenarbeit mit Interpol in solchen Angelegenheiten wie dem Drogenhandel, dem internationalen Markt für gestohlene Nobelkarossen und grenzübergreifendem Wirtschaftsbetrug.

Kendall jedenfalls hält die Frage nach staatlich finanziertem Terrorismus für vollkommen irrelevant. Er vertritt die gleiche Linie wie Don Lavey. »Wir – und speziell ich mit meiner Erfahrung aus der Terrorismusabteilung – sind uns des Unterschieds bewußt zwischen dem, was Sie als nachrichtendienstliche Informationen ansehen würden und was als polizeiliche Informationen. Für mich ist ganz klar: Im Umgang mit dem internationalen Terrorismus läßt sich nichts bewegen, so wie es etwa Präsident Reagan mit seiner Pauschalverurteilung Libyens zur Zeit des Vergeltungsangriffs der Amerikaner auf Tripoli im April 1986 vorhatte. Und auch nicht auf die Art und Weise, wie Margret Thatcher Syrien an den Pranger stellen wollte – damals bekam Nezar Hindawi in Old Bailey fünfundvierzig Jahre, weil er dreihundertsechzig Menschen in die Luft zu sprengen plante, indem er am Londoner Flughafen Heathrow seine Freundin mit einer Bombe im Gepäck in eine El-Al-Maschine setzte. Es geht nicht, daß Leute rufen: ›Wir haben Beweise für bestimmte Dinge gegen ein ganzes Land‹, aber keiner weiß, was das für Beweise sind.

Es ist nicht dasselbe, ob etwas hinreichend bewiesen wird, um jemand vor Gericht zu bringen – worin ich geschult bin –, oder ob der Beweis genügt, daß er eine politische Linie als seine eigene übernommen hat.«

Er ist der Ansicht, daß das »verschwörerische« Element zu sehr betont wird. Das wirkliche Leben ist kein John-le-Carré-Roman. Er erzählt, wie Interpol von der tunesischen Polizei über zwei gestohlene Pässe benachrichtigt wurde, die mit großer Wahrscheinlichkeit von palästinensischen Terroristen bei koordinierten Anschlägen auf Eincheckschalter der israelischen Fluggesellschaft El Al in den Flughäfen von Rom und Wien im Dezember 1985 benutzt wurden. Dabei kamen sechzehn Menschen ums Leben, und über hundert trugen zum Teil schwerste Verletzungen davon. Die Paßnummern wurden ordnungsgemäß auf einer grünen Ausschreibung an alle Mitgliedsstaaten weitergegeben, denn die Pässe konnten ja noch weiteren kriminellen Taten dienen. Terroristen und andere internationale Verbrecher verändern stets Name und Foto in einem gestohlenen Paß – nie jedoch dessen Nummer. Das könnte an einem Einreiseschalter erhebliche Probleme verursachen.

Was geschah also? Irgendwie kam die CIA schon vor Interpols »Grünecke« an die Nummern heran – und hielt sie vor dem FBI als »geheime Information« zurück. Als die Ausschreibung beim NZB Washington eintraf und man ihren Inhalt zu verbreiten begann, rief ein CIA-Agent dort an und fragte wütend: »Woher, zum Teufel, haben Sie das?«

Kendall ist auch des Säbelrasselns der Politiker überdrüssig. »Hat es im Fall der El-Al-Bombe wirklich was gebracht, daß man in Old Bailey mit Bestimmtheit wußte, daß die syrische Regierung selbst irgendwie damit zu tun hatte? Solche Anspielungen bringen nichts. Man geht nicht her und stellt den syrischen Präsidenten unter Arrest, aber man kann durchaus einen Syrer verhaften. Mit Libyen ist's das gleiche. Nach dem Bombenanschlag auf das Grand Hotel in Brighton, bei dem Margret Thatcher und der Großteil ihres Kabinetts mit knapper Not dem Tod entgingen, war Libyen eines der über vierzig Länder, mit denen wir Kontakt aufnahmen, um alle Personen ausfindig zu machen, die sich zwischen der Deponierung der Bombe und der eigentlichen Explosion in dem Hotel aufgehalten hatten. Auf dem Gebiet der polizeitechnischen Kooperation kann ich ihre Mitarbeit nicht bemängeln. Die Regierungen dieser beiden Länder im Zusammenhang mit internationalem Terrorismus auf unserem Niveau der praktischen Polizeiarbeit zu zitieren, ist für mich ein Ablenkungsmanöver.«

Offiziell sind die Verbindungsoffiziere der Drogenabteilung die einzigen Polizeibeamten in Lyon, die Mitgliedsländern vor Ort bei ihrer Arbeit helfen – doch gilt dies auch ohne jede Publicity für die TE-Gruppe. In einem Fall brauchte die französische Polizei Unterstützung beim Aufspüren und bei der Verhaftung italienischer Terroristen, die sich in Südfrankreich versteckt hielten, und der italienische Beamte in der Gruppe fuhr dorthin und stand den Kollegen mit Rat und Tat zur Seite – obgleich er die eigentlichen Festnahmen wie immer der örtlichen Polizei überließ. In einem anderen Fall flog die russisch sprechende Französin in der TE-Gruppe nach Moskau, um dem dortigen NZB bei einem Problem zu helfen.

Das Generalsekretariat hat wie jedes private Unternehmen einen

Arbeitstag von 9 bis 17.15 Uhr. Doch wenn alle anderen Feierabend machen, übernehmen ein Rumpfstab im MRB (siehe Seite 241) sowie ein Beamter für den allgemeinen Dienst die Bereitschaft. Don Lavey erinnert sich, wie er einmal zu Hause um Mitternacht einen Anruf bekam, in dem ihm mitgeteilt wurde, daß eine Nachricht aus der damaligen Tschechoslowakei über mögliche Aktivitäten von Terroristen aus dem Nahen Osten in Europa hereingekommen sei – allerdings in spanischer Sprache. »Die Informationen waren ziemlich bedeutsam«, sagt er. »Ich war nur überrascht, daß die Tschechen es vorzogen, auf spanisch über die Interpol-Kanäle zu kommunizieren.» Warum? Über diesen Punkt hüllte er sich in Schweigen.

Denn natürlich ist ein Großteil der Arbeit der TE-Gruppe von Natur aus streng vertraulich. Doch einmal im Monat liefern all die verschiedenen Einheiten in Lyon einen schriftlichen Bericht über ihre Tätigkeit bei Kendall ab. Es folgen nun einige Beispiele aus der Arbeit der TE-Gruppe:

- *Memo betreffs Flughafensicherheit. Luftsicherheit angesichts der Bedrohung durch Terrorismus. Die in Frankreich eingesetzten Mittel. Neue Ziele der Terroristen. Der Zustand mehrerer afrikanischer Flughäfen.*
- *Versuchter Staatsstreich durch die Jamaat-Al-Muslimeen-Gruppe, vereitelt von der Regierung von Trinidad und Tobago. Bei dem Vorfall wurden das Polizeihauptquartier wie auch das Interpol NZB durch eine Bombe zerstört.*
- *Bericht aus glaubwürdiger Quelle über eine Verschwörung mit dem Ziel, König Hussein von Jordanien bei seinem Europabesuch zu ermorden.*
- *Laut einer unbestätigten Meldung von Interpol Manila soll eine Gruppe von überwiegend libanesischen Terroristen Anschläge gegen saudische Interessen und Persönlichkeiten außerhalb Saudi-Arabiens planen. Die Namen der Terroristen wurden mitgeteilt.*
- *Morddrohungen gegen den Papst während seines bevorstehenden Besuchs in Südamerika wurden aus zuverlässiger Quelle gemeldet. Die Informationen sind an die betreffenden Mitgliedsstaaten weitergeleitet worden.*
- *Eine Drohung gegen weltweite türkische Interessen als Vergeltung für die militärisch-politische Haltung der Türkei in Nahost.*

- *Verlorene oder vermißte kuwaitische Pässe wurden gemeldet sowie neue Gültigkeitsbestimmungen für diese.*
- *Eine Interpol-Ausschreibung wurde verbreitet über Modus operandi, nach dem Sprengstoff in Ostereiern transportiert wird. Diese Methode kam erstmals 1987 auf dem Flughafen von Mailand zum Einsatz und wird nun offenbar wieder benutzt.*
- *Sechs Koffer mit Sprengstoff sollen in Westeuropa in den Flugzeugen einer namentlich genannten amerikanischen Fluggesellschaft herumreisen. Drei hat man bereits gefunden. Bis jetzt erfolgte eine Festnahme.*
- *Eine Studie über die spanische Terrororganisation Grapo konnte abgeschlossen werden. Ziele dieser 1975 gegründeten Gruppe sind der gewaltsame Sturz der spanischen Regierung und die Errichtung eines marxistischen Staates. Obwohl die meisten Mitglieder der Gruppe 1985 von der spanischen Polizei verhaftet wurden, trat sie 1989 wieder in Aktion.*
- *Aktivitäten der Hisbollah wurden aus Spanien gemeldet, wo man Sprengstoff und Waffen für den Einsatz in anderen europäischen Ländern beschlagnahmte. Dies gehört zu einem neuen Plan der Nahost-Terroristen, von Nordafrika aus über Spanien nach Westeuropa einzureisen.*

Zu den interessantesten Männern in Lyon zählt ein pensionierter Oberst der US Air Force, der direkt bei der Organisation auf der Gehaltsliste steht und ein führendes Mitglied von Don Laveys TE-Gruppe ist. Er hat mich gebeten, seinen Namen aus taktischen Gründen nicht zu nennen, gibt jedoch diese wertvollen Einblicke in die Arbeit seiner Gruppe:

»Wenn du sagst, du bist von Interpol, meinen die Leute: ›Sie müssen aber eine Menge Geheimnisse kennen.‹ Die Realität sieht indes so aus, daß es bei uns wie auf jedem beliebigen Polizeirevier oder in jeder anderen Polizeiorganisation zugeht: Man verbringt Stunden, in denen man den Computer mit Sachen füttert, Schreibkram erledigt, liest, wo sich absolut nichts Aufregendes tut – und plötzlich gibt's für ein paar Minuten den totalen Horror, wo einem die Arbeit über den Kopf wächst und man gar nicht weiß, was zuerst erledigt werden muß.

Ich trage viele Einzelinformationen zusammen und speichere sie im Computer ab. Wir haben jede Menge Speicherplatz! Beim

Terrorismus möchte man nichts löschen, was vielleicht eines Tages wertvoll sein könnte. Deshalb geben wir die Informationen so ein, wie wir sie von den NZB gemeldet bekommen. Und wenn wir sie brauchen, rufen wir sie ab, oder manchmal tauchen sie auch von selbst auf dem Monitor auf. Das ist aufregend!

Terrorismus steht fast auf gleicher Stufe mit Kriegsführung, vor allem dann, wenn ein Land Terrorismus als Staatspolitik betreibt. Leider funktioniert das – und es ist billig.

Wollen Sie wissen, wie viele Terrorakte sich weltweit ereignen? Ich habe hier eine Liste, nach der sind es dreihundertvierzig in den ersten zehn Monaten dieses Jahres [1990] gewesen. Doch ich muß Ihnen sagen, daß ein großer Teil davon nicht internationaler, sondern *nationaler* Terrorismus ist. Ich schätze mal, daß von diesen dreihundertvierzig Fällen – die ich alle in den Computer eingebe – vielleicht lediglich zwanzig Prozent wirklich internationaler Natur sind. Und die Öffentlichkeit erfährt nur von sehr wenigen, vielleicht fünf oder sechs im Jahr. Denn dabei kommen dann viele Menschen ums Leben, oder es gibt eine große Explosion, und darauf stürzen sich dann die Medien. Wer also ›Terrorismus‹ sagt, meint nur dasjenige, über das berichtet wird, doch es gibt sehr viele Vorkommnisse, von denen Sie nichts erfahren – wir hingegen schon.

In Indien etwa vergeht nicht eine Woche, ohne daß sich irgendwelche Sikhs, Hindus oder Moslems gegenseitig niedermetzeln. Aber das ist ein ausschließlich nationales Problem, weshalb wir uns da auch nicht wirklich reinhängen. Doch wenn ein Sikh nach Kanada rübergeht und ein Flugzeug in die Luft jagt, dann wird die Sache international. Hierfür hatten wir zwei Beispiele: Im einen Fall wurde eine Bombe in einor Tasche an Bord einer Air-India-Maschine, die nach England fliegen sollte, geschmuggelt. Sie explodierte über dem Atlantik und riß dreihundertneunundvierzig Menschen in den Tod – das war im Juni 1985. Und die andere detonierte auf einem japanischen Flughafen nach der Landung des Flugzeugs im Frachtraum; dabei kam ein Japaner ums Leben.

Wir haben sechshundertachtundvierzig Terrororganisationen in unserem Computer gespeichert. Oft kommen die Leute zu uns und sagen: ›Das ist eine unbekannte Organisation.‹ Aber dann befrage ich meinen Computer – ich finde bestimmt etwas darüber. Sie ist also keineswegs so ›unbekannt‹!

Auf welcher Grundlage wir unsere gespeicherten Terrororganisationen auflisten? Es sind diejenigen erfaßt, die schon aktiv waren, und wir aktualisieren ständig. Wir geben viele sogenannte Warnungen und Alarme heraus. Eine Warnung ist, wenn wir über ein NZB eine spezielle Drohung reinbekommen: Wir erhielten eine Morddrohung gegen Präsident Bush von einer südamerikanischen Terrorgruppe, als er zu Besuch in Chile weilte; und wann immer der Papst irgendwohin reist, flattert uns auch für ihn eine auf den Tisch. Ein Alarm ist, wenn wir selbst stark davon ausgehen, daß etwas im Busch sein könnte. Ein Beispiel dazu ist, daß wir vier oder fünf Telegramme aus verschiedenen Teilen der Welt bekommen, worin es heißt, daß sich eine Terrorgruppe hier und eine andere da bewegt. Wir kombinieren dies und das – und wir sehen ein Bild entstehen. Es kann schon sein, daß wir nicht wissen, was eigentlich dahintersteckt, doch ich meine, wir sollten es besser jemanden wissen lassen, was da vor sich geht. Daher teile ich dem oder dem betroffenen NZB mit – es können ja mehrere sein: ›Das haben wir reingekriegt. Verwenden Sie es, wie Sie es für richtig halten, und falls wir Ihnen helfen können oder Sie noch etwas herausfinden, informieren Sie uns bitte.‹

Kurz nachdem ich hier anfing, sprachen wir mit Kolumbien, und die sagten uns: ›Wir haben erfahren, daß die Killer eines Drogenkartells im Anmarsch auf die Hauptstadt Bogotá sind, sie werden die amerikanische und andere ausländische Botschaften beschießen.‹ Solche Dinge passieren da unten! Also schickten wir Meldungen an alle NZB heraus, deren Länder in Bogotá durch eine Botschaft vertreten sind – und zwei Tage später feuerten sie tatsächlich eine Rakete auf die amerikanische Botschaft ab.

Dieses Jahr erteilten wir schon ungefähr zwanzig Warnungen. Und wissen Sie, unsere Informationen stammen nicht nur von den NZB. Vor einigen Monaten bekam ich einen Anruf von einem mir bekannten Sicherheitsmann bei einer Fluglinie. Er sagte damals, soeben sei in Schweden eine Person verhaftet worden, und irgendwo in Europa würden drei Koffer mit Sprengstoff herumgondeln. Die Entscheidung lag bei uns: Sollten wir uns die Zeit nehmen, die Angelegenheit zu verifizieren, oder sollten wir den betroffenen Ländern sagen: ›He, haltet mal schön die Augen offen‹? Die Zeit drängte, deshalb entschlossen wir uns, es ungeprüft rauszugeben, und teilten denen mit: ›Wir wissen nicht, ob es stimmt oder nicht, aber wir geben es Ihnen weiter, weil es uns so zugetragen wurde.‹

Wie sich herausstellte, wußten die in Schweden gar nichts von diesem Kerl, den sie angeblich verhaftet hatten, und wir hörten nie wieder was von den Koffern. Aber wenigstens konnte ich ruhig schlafen, denn wenn etwas passiert wäre, so hätte ich immerhin alles getan, was in meiner Macht stand, um es zu verhindern.«

Vom internationalen Terrorismus geht nach wie vor eine ernsthafte Bedrohung für die internationale Sicherheit aus, und Interpol kommt bei seiner Bekämpfung auch künftig eine enorm wichtige Rolle zu. Nachdem im Februar 1993 eine gewaltige Bombenexplosion die Fundamente des New Yorker World Trade Center erschüttert hatte, wobei fünf Menschen getötet und über tausend verletzt wurden, nahm das FBI sofort telefonisch Kontakt zum NZB Washington auf und bat Interpol um Hilfe. Schon zuvor in diesem Monat hatte mir Dino Fumignan, ein italienisches Mitglied der TE-Gruppe in Lyon, erzählt, daß rings um den Erdball siebenhundert internationale Terroristen gesucht werden, die in Interpol-Ausschreibungen oder -Mitteilungen aufgeführt seien. 1991 hatten die NZB dem Hauptquartier hundertvierundvierzig Fälle von internationalem Terrorismus gemeldet; in den ersten zehn Monaten des Jahres 1992 waren es hundertzwanzig. 1992 waren über das Interpol-Netz fünfundzwanzig Warnungen und Alarmmeldungen gelaufen.

»Man muß stets auf der Hut sein«, sagte mir Fumignan auf französisch. »Es gibt Phasen der Ruhe, wo man sagt, alles ist still, es ist vorbei. Dann kommt ein Knall, und kurz darauf der nächste.«

19. Kapitel
Lockerbie – Erfolg und Pleite

Mittwoch, 21. Dezember 1988, kurz vor neunzehn Uhr. Eine halbe Stunde nach dem Zwischenstopp auf dem Londoner Flughafen Heathrow befindet sich die Boeing 747 des PanAm-Flugs 103 von Frankfurt nach New York auf ihrer zweiten Etappe in gut neuntausend Meter Höhe über der schottischen Grenze. Vereinzelt peitscht Regen gegen die Fenster. Ein Strahlstrom von hundertfünfzehn Knoten verursacht eine leichte Turbulenz. Dicke Schichten von Stratokumuluswolken liegen wie ein undurchdringlicher Teppich über der nachtschwarzen Landschaft.

Plötzlich explodiert mit trockenem Knall die in einem Koffer im

Laderaum versteckte Terroristenbombe. Sie wiegt nicht mal soviel wie ein Pfund Zucker. Aber sie reicht aus, daß der riesige Jumbojet jäh zur Erde abkippt und durch die schwarze Nacht auf die kleine Stadt Lockerbie zustürzt.

Bei der Katastrophe sterben zweihundertsiebzig Menschen: zweihundertneunundfünfzig in der Maschine – darunter hundertachtzehn Amerikaner, die Weihnachten daheim verbringen wollten – und elf Einwohner des Ortes.

Die besten – und schlechtesten – Aspekte der Rolle Interpols im Kampf gegen Terrorismus versammeln sich in der nun folgenden Untersuchung, die noch immer nicht abgeschlossen werden konnte. Daß Interpol daran beteiligt war, ist in der Öffentlichkeit so gut wie unbekannt.

Doch die wichtigsten Fakten des Berichts müssen genannt werden – und zwar in diesem Stadium.

Viele werden sich vielleicht noch erinnern, daß vor der Katastrophe eine Warnung ausgesprochen wurde, die man von seiten der Behörden leider nicht hinreichend beachtete. Ja, es gab sogar zwei – und beide wurden via Interpol und das deutsche Bundeskriminalamt (BKA) ausgegeben.

Die erste Warnung ging Anfang November 1988 nach draußen. Sie bezog sich auf die Volksfront zur Befreiung Palästinas – Generalkommando (PFLP-GC), eine von Syrien unterstützte Terrorgruppe unter der Führung Ahmed Jibrils, eines Palästinensers, der als Offizier in der syrischen Armee gedient hatte. Sie wurde aufgrund der nachfolgenden Fakten ausgegeben.

Am 28. Oktober 1988 führte das BKA im Rahmen seiner gegen PFLP-GC-Zellen in der Bundesrepublik gerichteten »Operation Herbstlaub« in einer von Arabern angemieteten Hinterhofwohnung in Neuss eine Razzia durch. Das Haus war schon seit einiger Zeit unter dem Verdacht, daß dort Bomben hergestellt würden, observiert worden. Bei dieser Aktion wurden unter anderen der dreiundvierzigjährige Syrer Hafez Dalkamoni, der Einsatzleiter des PFLP-GC für Europa, und der dreiundvierzigjährige Marwan Khreesat, ein bekannter Sprengstoffexperte derselben Organisation, der erst kürzlich aus Damaskus eingetroffen war, verhaftet. Und man entdeckte zwei selbstgebastelte Bomben, die eine in besagter Wohnung, die andere im Kofferraum von Dalkamonis grünem Ford Taunus.

Bei den Sprengkörpern handelte es sich um schwarze Toshiba-Radiorecorder, die mit Semtex-Sprengstoff vollgestopft und mit einem barometrischen Zünder ausgerüstet waren: ideal, um eine Explosion auszulösen, sobald ein Flugzeug eine bestimmte Flughöhe erreicht hatte.

Die Razzia war kein durchschlagender Erfolg. Irgend jemand schien den Arabern einen Tip gegeben zu haben. Jedenfalls befand sich Khreesats brauner Samsonite-Koffer nicht mehr im Kofferraum von Dalkamonis Wagen, obwohl BKA-Beamte noch kurz zuvor beobachtet hatten, wie er ihn dort deponierte. Desgleichen fehlten mindestens drei weitere von ihm konstruierte Bomben, wie die in der Wohnung gefundenen Spuren bewiesen.

Dalkamoni befindet sich noch in Haft, allerdings wurde Khreesat schon wenig später per richterlichen Beschluß auf freien Fuß gesetzt, weil es gegen ihn »in dieser Phase« keinen hieb- und stichfesten Beweis gab. Er tauchte auch prompt spurlos unter und gelangte schließlich in seine jordanische Heimt – wo er einem amerikanischen Fernsehjournalisten gegenüber zugab, daß er tatsächlich die Toshiba-Bomben gebaut habe. Er bestritt aber, daß sie auf dem Lockerbie-Flug eingesetzt werden sollten. So ziemlich die gleiche Geschichte hat Dalkamoni dem BKA aufgetischt.

Doch normalerweise glauben Polizeibeamte nicht den Beteuerungen von Terroristen. Am 9. November 1988, einen Tag vor Khreesats Entlassung aus der Untersuchungshaft, gab das BKA über Sicherhoitsleitungen und Interpol eine Warnung wegen der fehlenden Toshiba-Bomben mit ihren ominösen Zündern heraus. Weder das BKA noch Laveys TE-Gruppe konnten damals präzisere Angaben machen. »Es war etwas allgemein formuliert. Jeder will Einzelheiten. Es fehlten genauere Details«, räumt Lavey ein.

Aber wieso fertigte diese von Syrien unterstützte Terrorgruppe Tausende Kilometer von ihrem Stützpunkt in Damaskus entfernt Bomben, welche eindeutig in der Luft explodieren sollten?

Die fast sichere Antwort erhält man, wenn man vier Monate in der Zeit zurückgeht. Am 5. Juli 1988 schoß der amerikanische Zerstörer »USS Vincennes« im Persischen Golf einen iranischen Airbus ab, den man irrtümlich für einen F-14-Jagdbomber gehalten hatte. Keiner der zweihundertneunzig Passagiere an Bord überlebte. Es war eine tragische Panne, und Präsident Reagan mußte sich öffentlich bei den Iranern entschuldigen und den Hinterbliebenen finanzielle Entschädigung anbieten.

Doch damit ließ es die iranische Regierung nicht auf sich beruhen. Der pensionierte Oberst der US Air Force in Interpols TE-Gruppe berichtet: »Die Iraner zahlten Ahmed Jibril zehn Millionen Dollar dafür, daß er ein amerikanisches Flugzeug vom Himmel pustete, wie es die Navy ihnen angetan hatte. Es war eine direkte Vergeltung für den Abschuß ihres Airbus. Jibril tat es für Geld. Seien Sie nicht so überrascht! Viele dieser Typen tun es allein des Geldes wegen. Ich nenne sie terroristische Söldner. Jemand sagt: ›Ich will, daß ein Flugzeug hochgeht‹, und die sagen: ›Wir erledigen das für Sie.‹

Es dreht sich alles nur ums Geld. Das sind im Grunde lediglich Ganoven. Sie wählen wohl auch Ziele nach ideologischen Aspekten aus, aber viele haben nur das Geld im Kopf. Vielleicht spielt auch der politische Aspekt eine Rolle, aber nur eine untergeordnete, denke ich. Es sind terroristische Söldner, sage ich Ihnen!«

Doch wo waren nach der Razzia in der Neusser Wohnung der fehlende braune Samsonite-Koffer und Khreesats restliche Bomben abgeblieben? Und wofür sollten die Sachen benutzt werden?

Am 5. Dezember 1988 meldete sich bei der amerikanischen Botschaft in Helsinki telefonisch ein Mann mit einem orientalischen Akzent und sagte dem Sicherheitsbeamten, daß sich bei einem PanAm-Flug von Frankfurt in die USA eine Bombe an Bord befinden werde. Sofort wurde über nachrichtendienstliche Kanäle und Interpols TE-Gruppe eine zweite offizielle Warnung nach Frankfurt, Washington und London durchgegeben.

Sowohl die Behörden des Frankfurter Flughafens als auch PanAm verstärkten ihre Sicherheitsmaßnahmen[71], trotzdem kam es zur Katastrophe. Daraus ergaben sich sogleich zwei Fragen: Wessen Sicherheitsdienst hatte versagt – war die Bombe in Frankfurt oder in Heathrow an Bord gelangt? Und wer war für den Anschlag verantwortlich, wo doch die in Deutschland operierenden PFLP-GC-Terroristen im Gefängnis saßen oder anderweitig aus dem Verkehr gezogen waren?

Da Lockerbie zum dünnbesiedelten Verwaltungsbezirk Dumfries and Galloway gehört, oblag die Jagd nach den Attentätern Schottlands kleinster Polizeitruppe mit gerade mal etwa dreihundertfünfzig Beamten. Doch vom ersten Tag an war es ein generalstabsmäßig geplanter internationaler Großeinsatz. In einer ehemaligen Grundschule wurde ein Lagezentrum eingerichtet, das mit New

Scotland Yard, dem FBI-Hauptquartier in New York, anderen schottischen Polizeikräften, der bundesdeutschen Polizei und mit Lyon verbunden war. Ein Team von FBI-Agenten zog ein, und auch Kendall stattete dem Lagezentrum in den folgenden drei Jahren mehrmals einen persönlichen Besuch ab. Ein örtlicher Superintendent wurde für einige Zeit nach Lyon abgestellt, und als örtliche Beamte dreiundzwanzig der siebzig Länder besuchten, in denen Ermittlungen durchgeführt wurden, steckte oftmals Interpol als Organisator dahinter.

Doch in den Tagen unmittelbar nach der Tragödie bestand die erste Aufgabe darin, alle vorhandenen Einzelteile des Wracks einzusammeln. Über fünftausend Polizisten von dreizehn schottischen und englischen Polizeiverbänden sowie eintausendeinhundert Soldaten wurden zusammengezogen, um ein Gebiet von über zweitausendzweihundert Quadratkilometern abzusuchen. Vier Millionen zum Teil winzige Wrackteile wurden geborgen – darunter Splitter des Koffers, den Wissenschaftler am Waffenforschungsinstitut RARDE (Royal Armament Research and Development Establishment) sehr bald als Versteck der Bombe identifizierten, aber auch Fetzen der Kleidungsstücke, in denen der Sprengkörper eingewickelt gewesen war. Bei dem Koffer handelte es sich um einen braunen Samsonite – also die gleiche Marke und Farbe wie jener, der aus Dalkamonis Wagen verschwunden war. Und die Bombe selbst? Es dürfte wohl kaum überraschen, daß die RARDE-Experten sie zweifelsfrei als einen schwarzen, in Handarbeit präparierten Toshiba-Radiorecorder mit Semtexfüllung von exakt derselben Machart ausmachten, wie sie von der deutschen Polizei bei Dalkamoni und Khreesat beschlagnahmt worden war. Die Kleidung? Erstaunlicherweise trug ein Wäschestück noch einen Originalaufnäher »Malta Trading Co.«.

Was um alles in der Welt hatte die kleine Mittelmeerinsel Malta mit dieser Geschichte zu tun?

Interpol half, Licht in dieses Dunkel zu bringen. Zwei Beamte aus Dumfries and Galloway flogen zur Inselhauptstadt Valletta, wo sie mit dem Leiter der maltesischen Kriminalpolizei, George Grech, und Superintendent (Kriminalrat) Andrew Seychell, dem Chef des NZB Malta, zusammentrafen. Mit ihrer Hilfe gelang es ihnen, die Herkunft aller Kleidungsstücke einem bestimmten Laden in Sliema zuzuordnen. Das war ein entscheidender Durchbruch. Der Sohn des Inhabers erinnerte sich an »einen Libyer«, der einige Monate zuvor etliche Kleidungsstücke wahllos und ohne auf Farbe oder Größe zu achten gekauft hatte. Er überprüfte das Datum in seinen Büchern: 23. November 1988 – also knapp vier Wochen nach der BKA-Razzia in der Neusser Wohnung.

Auf Malta leben viele Libyer, und ein sogenanntes Libysches Volksbüro befindet sich in derselben Straße; daher wunderte sich der Sohn des Ladenbesitzers nicht über die Nationalität des Kunden. Für die Polizei hingegen tat sich eine ganz neue Dimension auf: eine libysche Connection.

Mehr als ein Jahr danach zeigte sich George Grech auf der Generalversammlung in Ottawa immer noch so zugeknöpft in dieser Angelegenheit, daß er Libyen nicht mal namentlich erwähnte. Als ich ihn nach Libyens Beteiligung an staatlich subventioniertem Terrorismus fragte, erwiderte er: »Das ist sehr heikel ... das Land, was Sie eben erwähnten.«

Was wissen wir also bis jetzt? Das Bild ist eindeutig: Das Attentat wurde von den Iranern bezahlt und sollte von einer von Syrien unterstützten Terrorgruppe ausgeführt werden. Aber nachdem Ahmed Jibrils Terroristen bei einer BKA-Razzia aus dem Verkehr gezogen worden waren, mußte jemand anderer einspringen: die Libyer.

David Leppard ist stellvertretender Chefredakteur des Ressorts Recherche bei der Londoner *Sunday Times*. Sein 1991 veröffentlichtes Buch *»On the Trail of Terror«* (Auf den Spuren des Terrors) schweigt sich im Lockerbie-Fall über Interpols Rolle dabei aus, zitiert jedoch einen CIA-Chef mit den Worten: »Jibril komponierte das Stück, aber Gaddafi spielte es.« Gut unterrichtete Kreise im Westen sind überzeugt, daß wenige Tage nach der BKA-Razzia bei einer Chefbesprechung im Hauptquartier des libyschen Nachrichtendienstes in einem Vorort von Tripoli ein Alternativplan für eine Explosion während des Fluges aufgestellt wurde. In dieser Phase wurde dann auch der PanAm-Flug 103 am 21. Dezember 1988 speziell ausgewählt. Warum? Weil mit dem zweimaligen Zusteigen von Passagieren in Frankfurt und London eine große Zahl amerikanischer Bürger für die Heimreise über Weihnachten an Bord sein würden – *und* der Abflugtermin von Frankfurt paßte perfekt zur Ankunftszeit des Air-Malta-Flugs KM 180 vom maltesischen Flughafen Luqua. Im Laderaum dieser Maschine würde Manwar Khreesats brauner Samsonite-Koffer reisen – ohne Begleitung, aber dafür mit einer seiner Toshiba-Bomben, verpackt in den Klamotten aus dem Laden in Sliema. Er würde gleich zwecks Weiterbeförderung zum New Yorker John F. Kennedy International Airport an Bord von PanAm 103 gebracht werden. »Rush JFK« würde auf einem Air-Malta-Gepäckaufkleber stehen.

Wieso Malta? Weil es sich geographisch anbot: Libyer konnten dort frei und ohne besondere Formalitäten verkehren, die Sicherheitsvorkehrungen am Flughafen wurden nicht so streng gehandhabt wie auf dem europäischen Festland – und ein Offizier des libyschen Nachrichtendienstes namens Al Amin Khalifa Fhimah fungierte als Kontaktmann für Libyan Arab Airlines auf der Insel. Das war alles sehr praktisch.

Es gab bloß ein Problem: Die Zünder in Khreesats Radiobomben reagierten auf den Luftdruck und sollten die Explosion auslösen, sobald ein Flugzeug eine bestimmte Höhe erreichte. Das hätte genau zum ursprünglichen Plan gepaßt: Eine amerikanische Maschine sollte auf dem Flug ab Frankfurt – oder einem anderen deutschen Flughafen – in der Luft explodieren. Doch jetzt war das hinfällig; schließlich durfte die Bombe ja nicht schon in der Air-Malta-Maschine hochgehen.

Daher wurde ein neuer Zündmechanismus – ein digitaler Zeitschalter – montiert, so daß man den Moment der Explosion präzise darauf festlegen konnte, wenn die Maschine mit ihrer erwarteten Höchstlast unterwegs sein würde: nach dem Start von Heathrow auf der zweiten Etappe ihrer Reise.

Das war zumindest die Theorie des Lockerbie-Teams – doch wie ließ sie sich beweisen? Im August 1990 schließlich identifizierten die RARDE-Wissenschaftler, die noch immer über einigen der Wrackpartikel brüteten, ein winziges Stück Mikroelektronik als Teil des Zünders der Bombe. Es stammte von einer digitalen Zeitschaltuhr, die ausschließlich von einer Schweizer Firma hergestellt wurde – konnte da irgendwo eine Verbindung zu den Terroristen bestehen? Interpol lieferte die Antwort.

Gemäß der in Interpols Antiterror-»Handbuch« festgelegten Vorgehensweise gab Superintendent Bill Woodings NZB bei New Scotland Yard über das Netz eine Anfrage um Hilfe heraus – und zurück kam eine Antwort vom NZB in Dakar, der Hauptstadt des kleinen westafrikanischen Staates Senegal, der als eines der ersten Länder Afrikas bereits 1961 der Organisation beigetreten war. Danach waren am Morgen des 19. Februar 1988 zwei libysche

Staatsangehörige mit falschen libanesischen Pässen beim Verlassen einer Maschine der Air Afrique, die um fünf Uhr im nahe gelegenen Benin gestartet war, von Sicherheitsbeamten verhaftet worden. In ihrem Gepäck befanden sich neun Kilogramm Semtex – und zehn Digitaltimer desselben Schweizer Fabrikats, das man später im Lockerbie-Wrack fand.

Die beiden Männer, die unter den Aliasnamen Mohammed al-Marzouk und Mansour Omran Saber reisten, gehörten dem Libyschen Volksbüro in Benin an und standen im Verdacht, gemeinsam mit einem zwei Tage zuvor verhafteten Senegalesen, der per Bahn ins Land einzureisen versuchte, eine Serie von Bombenanschlägen im Senegal zu planen. Zu der Zeit lieferte sich Gaddafi gerade eine erbitterte Privatkontroverse mit Senegals langjährigem Präsidenten, Abdiou Diouf.

Die drei Verschwörer ließ man vier Monate später, ohne Anklage gegen sie zu erheben, wieder laufen, weil Gaddafi und Diouf inzwischen ihre Differenzen ausgeräumt hatten. Doch was die Ermittlungen in Lockerbie betraf, so war hier im August 1990 das letzte Steinchen des Puzzles gefunden worden, das Libyen als den tatsächlich Schuldigen am Todesflug von PanAm 103 ausmachte.

Es dauerte noch einmal fünfzehn Monate, bis am 14. November 1991 bei einer zeitgleich in Washington und Dumfries abgehaltenen Pressekonferenz bekanntgegeben wurde, daß in beiden Städten offizielle Haftbefehle für zwei vermutliche Beamte des libyschen Nachrichtendienstes im Zusammenhang mit der Katastrophe ausgestellt worden seien. Lord Fraser of Carmyllie, der damalige Generalstaatsanwalt und höchste Justizbeamte Schottlands, schloß die Möglichkeit weiterer Haftbefehle nicht aus – aber der neununddreißigjährige Abdel Basset Ali Al-Megrahi, der frühere Sicherheitschef für Libyan Arab Airlines, und der fünfunddreißigjährige Al Amin Khalifa Fhimah, der ehemalige Kontaktmann in Malta für dieselbe Fluggesellschaft, schienen sehr kleine Fische zu sein angesichts einer internationalen kriminaltechnischen Mammutuntersuchung, die fast drei Jahre gedauert hatte und den britischen Steuerzahler allein schon runde siebzehn Millionen Pfund kostete.

Die Bekanntmachungen lösten unverzüglich eine Kontroverse und allgemeine Ungläubigkeit aus. Fast zwei Jahre zuvor hatte George Esson, der damalige Polizeipräsident von Dumfries and

Galloway, öffentlich bestätigt[72], daß Ahmed Jibrils PFLP-GC »mit im Brennpunkt der Ermittlungen« stünde, und auf beiden Seiten des Atlantiks waren in der Presse mehrere Storys über Andeutungen seitens westlicher Sicherheitsdienste veröffentlicht worden, denen zufolge die iranische Regierung Jibril mit zehn Millionen Dollar entlohnte, damit dieser das Lockerbie-Attentat als Rache für den Abschuß des iranischen Airbus im Juli 1988 ausführte.

Doch jetzt, wo sich die Vereinigten Staaten und Großbritannien im Trubel des westlich-arabischen Zusammenschlusses nach dem Golfkrieg intensiv um bessere Beziehungen mit dem Iran und Syrien bemühten *und* um die Freilassung der letzten amerikanischen und britischen Geiseln buhlten, die in Beirut von mit iranischem Geld bezahlten Hisbollah-Terroristen festgehalten wurden, übersah man völlig, welche Rolle der Iran und Syrien bei der Katastrophe gespielt hatten: »Von den Akten erschlagen«, wie es im amerikanischen Gerichtsjargon heißt. Trotz der Tatsache, daß Libyen nur in das todbringende Unternehmen hineinschlitterte, weil das BKA Jibrils Bombenbastler in Neuss hochgenommen hatte, wurde dieses Land nun der Welt als Alleinschuldiger präsentiert. Sowohl der amtierende US-Justizminister William P. Barr als auch der britische Außenminister Douglas Hurd strengten sich mächtig an, deutlich zu machen, daß – wie Hurd dem Unterhaus berichtete – frühere Hinweise auf eine mögliche Beteiligung Syriens, Irans oder palästinensischer Terroristen an diesem »teuflischen Akt des Bösen« mittlerweile »unbegründet gewesen zu sein scheinen«. Die erst kurz zuvor reaktivierten diplomatischen Beziehungen zu Syrien und dem Iran würden daher nicht beeinträchtigt.

Präsident Bush meinte, Syrien für Lockerbie die Schuld in die Schuhe zu schieben, sei eine »miese Tour«, und Richard Boucher, ein offizieller Sprecher des US-Außenministeriums, wurde noch deutlicher, als er behauptete: »Das war von A bis Z eine libysche Operation.«

Es herrschte ein kaum noch zu überbietender Zynismus. Doch was sollen einfache Polizisten tun, wenn die Politiker ihre skrupellosen Spielchen treiben? »Ich muß Ihnen 'ne Menge erzählen, wenn das hier alles mal vorbei ist. Jetzt kann ich nicht reden«, sagte mir Mitte Dezember 1991 ein Beamter des Londoner NZB, dessen Aufgabe es war, das siebenunddreißig Seiten umfassende Fahndungsersuchen des schottischen Generalstaatsanwalts in eine rote Interpol-Ausschreibung umzuformulieren.

Vier Tage nach Bekanntgabe der Namen der beiden Libyer wurden Terry Waite, die letzte und bekannteste britische Geisel, und Thomas Sutherland, eine von vier verbliebenen amerikanischen Geiseln, freigelassen. Unter einem großen Foto des syrischen Präsidenten Assad, der jovial auf die Szenerie herabblickte, richteten sie vor den Fernsehkameras und Reportern aus aller Welt in einem Raum des syrischen Außenministeriums in Damaskus höfliche Worte des Dankes an Syrien. Die drei anderen amerikanischen Geiseln folgten wenig später in diesem makabren Schauspiel. Niemand kann ihnen etwas vorwerfen, doch es war schon eine ziemlich traurige Angelegenheit. In einem scharf formulierten Leitartikel kommentierte die Londoner *Sunday Times* bissig: »London und Washington haben von offizieller Seite aus in einer Vertuschungsaktion die Rolle Syriens und Irans bei dem Bombenanschlag von Lockerbie unter den diplomatischen Teppich gekehrt. Anstatt sämtliche Drahtzieher des schlimmsten Massenmordes aller Zeiten auf britischem Territorium aufzuspüren und vor Gericht zu stellen, war man vom Wunsch beseelt, vor zwei terroristischen Staaten zu katzbuckeln, die beschlossen haben, es sei für sie nun vorteilhafter, bessere Beziehungen zum Westen aufzubauen.« Peter Lowenstein aus New Jersey, dessen einundzwanzigjähriger Sohn Alexander ebenfalls bei dem Attentat von Lockerbie ums Leben kam, formulierte es noch drastischer: »Die Libyer mögen Kugeln abgefeuert haben. Wir wollen wissen, wer für die Kugeln bezahlt hat.«

Oberst Gaddafi, der sagt, er habe die beiden in der roten Interpol-Ausschreibung genannten Männer verhaften lassen, verweigert seitdem beharrlich ihre Überstellung, und der UN-Sicherheitsrat in New York sah sich nach monatelangem Hinhalten gezwungen, Sanktionen gegen Libyen zu verhängen. Während ich im Juli 1992 diese Zeilen schreibe, ist das politische Tauziehen noch im Gang. Kurz nach der Tragödie aber hatte Gaddafi im italienischen Fernsehen unverfroren einem Journalisten weiszumachen versucht, auf PanAm 103 sei überhaupt kein Terroranschlag verübt worden. Vielmehr sei die Maschine aufgrund des schlechten Wetters abgestürzt, habe eine Tankstelle gestreift und sei danach explodiert.

Das ist eine schändliche, verlogene Behauptung – aber hören sich nicht die Äußerungen einiger westlicher Spitzenpolitiker zu einem Massenmord in der Luft, der so viele Briten und Amerikaner das Leben kostete, nicht mindestens ebenso schlimm an?

Leider – und das war absehbar – gibt es nichts Neues zu berichten. »Seit wir die roten Ausschreibungen für die beiden gesuchten Libyer herausgegeben haben, hat sich meines Wissens in dieser Sache nichts weiter bewegt«, sagt Laurence Torti, ein französisches Mitglied der TE-Gruppe.

20. Kapitel
Wirtschafts- und Computerkriminalität

Als die Sonne über dem fernen Mittelmeer aufging, umstellte eine Abteilung bewaffneter Polizisten lautlos eine rosa, luxuriöse Stuckvilla im südfranzösischen Ort Mougins. Selten hatte diese Kleinstadt hoch in den Hügeln hinter Cannes eine solche Geschäftigkeit erlebt. Picasso hatte hier gelebt und war hier auch gestorben. Sie war berühmt für die Superreichen unter ihren zehntausend Einwohnern, aber auch für jene vier Restaurants, die im Guide Michelin sämtlich mit Sternen ausgezeichnet waren. An einem solchen Ort erwartete man keine Razzia im Morgengrauen, schon gar nicht zeitlich abgestimmt mit anderen gleichgearteten Aktionen in der Schweiz, der Bundesrepublik Deutschland und in weiteren Städten Frankreichs.

Insgesamt wurden an jenem Morgen dreiundzwanzig Personen festgenommen, doch kein so charismatischer oder attraktiver wie der fünfzigjährige Amerikaner, der gemeinsam mit seiner jungen Lebensgefährtin Rochelle Rothfleisch in Handschellen auf dem Rücksitz eines bereitstehenden Streifenwagens Platz nahm. Der ehemalige New Yorker Anwalt Thomas Quinn war, nachdem er 1970 wegen Aktienmanipulation sechs Monate in einem amerikanischen Gefängnis verbracht hatte, aus der Anwaltskammer ausgeschlossen worden und hatte seitdem offenbar aufgrund dubioser Geschäfte ein unbeschwertes Leben in Luxus geführt. Erst im Jahr davor hatte er sich aus schwerwiegenden Anschuldigungen von seiten der amerikanischen Börsenaufsichtsbehörde bezüglich der Scheinverkäufe sogenannter »heißer Aktien« herauslaviert. Er hielt sich für unangreifbar.

Und nun ging die Fahrt geradewegs zum Pariser La-Santé-Gefängnis, nicht eben eine der modernsten oder komfortabelsten Haftanstalten Europas.

Die Geschichte begann schon neunzehn Monate früher, im Januar 1987 in der liechtensteinischen Hauptstadt Vaduz, mit der Gründung einer Investmentgesellschaft, die als Keimzelle für ein Schwindelunternehmen diente, das sich über fünf Kontinente erstreckte. Joseph Grundfest, der Leiter der US-Börsenaufsicht, bezeichnete es als »das beste Beispiel eines wahrhaft internationalen Betrugs«.

Es war ein wirklich grandioser Schwindel, der sich einerseits auf überragenden Professionalismus der Leute von Quinn und – wie es so oft der Fall ist – andererseits auf Habgier und Leichtgläubigkeit seiner Opfer gründete.

Die Sache funktionierte folgendermaßen:

In so verschiedenen Ländern wie der Schweiz, Großbritannien, den Vereinigten Staaten, Spanien, Schweden, Brasilien, Australien und den Vereinigten Arabischen Emiraten erschienen immer wieder Anzeigen in angesehenen Zeitungen und Finanzblättern, in denen ein »kostenloses Probeabonnement« für ein Investment-Infoletter offeriert wurde. Gleichzeitig wurden Briefe an ortsansässige Ärzte, Rechtsanwälte, leitende Büroangestellte und wohlhabende Ruheständler verschickt, deren Inhalt den gleichen Service anpries. Nach Erhalt von einer oder zwei Ausgaben einer raffiniert und überaus seriös aufgemachten Publikation wurde dann das Opfer von einem aalglatt daherredenden Verkäufer angerufen, der in der Regel mit einem attraktiven britischen oder amerikanischen Akzent sprach. Großenteils sind diese Leute wahrscheinlich von Quinn und seinen Helfershelfern genauso hereingelegt worden wie ihre Opfer. Sie operierten von im Gewerbejargon als »Kesselräumen« bekannten Räumen aus – kleine Verkäufertrupps, die in einem provisorischen Büro unter Hochdruck schuften und ihre Umgebung intensiv bearbeiten, bevor sie umziehen.

»Sie hatten sämtlich Namen, wie sie in James-Bond-Filmen vorkommen – James Church oder Charles Snow oder Fleming Windsor«, erzählte später ein Genfer Rechtsanwalt, der zweihundert Mandanten mit Schadenersatzforderungen in Höhe von insgesamt fünf Millionen Dollar vertrat, einem Journalisten. »Jeder von ihnen war mit allen Wassern gewaschen und wußte, wie man Geschäfte tätigt.«

Das konnte man ihnen mit Sicherheit bescheinigen. In aller Regel schafften sie es, den Leuten ein persönliches Beratungsgespräch aufzuschwatzen. Dabei schlugen sie zuerst solide, konservative Investitionen vor und rieten zum Kauf von Spitzenaktien.

Dann aber schweiften sie geschickt ab und überredeten den »Kunden«, sein Geld in sehr spekulative, »unter dem Ladentisch gehandelte« US-Aktien zu stecken. Eine typische Masche (nachdem man noch einmal die unbestrittenen Vorzüge einer Geldanlage für Spitzenaktien gerühmt hatte) war sodann ein Lockmittel wie etwa: »Wir haben da aber noch eine, bei der wir wissen, daß die Beteiligung und die Gewinne weit höher sind. Natürlich ist damit ein Risiko verbunden...«

Fast immer fielen die Opfer darauf herein. Sie kauften Aktien, für die sie ordnungsgemäß formelle Zertifikate erhielten sowie Computerausdrucke, die ihren Bestand auflisteten. Diese waren in Wirklichkeit jedoch wertlose, wie die Amerikaner sagen, »penny stock issues«, die buchstäblich über den Ladentisch verscherbelt werden, weil sich ein angesehener Börsenmakler nicht mit ihnen die Finger schmutzig machen würde. Zwei der Unternehmen waren Scheinfirmen, deren Aktien sogar nicht mehr gehandelt werden durften.

Es war ein gigantischer Schwindel, von dem zehntausend Investoren in achtzig Ländern betroffen waren und der Quinn und seinen Hintermännern, wie ihm bei seinem anschließenden Prozeß in Paris vorgerechnet wurde, einen Reingewinn von über fünfhundertsiebzig Millionen Dollar eintrug. Das Erstaunliche ist, daß keiner der Anleger jemals einen Pfennig Dividende gesehen hat. Wenn sie sich danach erkundigten, wurden sie mit Entschuldigungen abgespeist oder gar noch überredet, weitere Aktien zu kaufen. Es hätte nicht bis in alle Ewigkeit so weitergehen können. Eines Tages mußte der Ballon platzen – und er tat es. Nach weniger als einem Jahr begannen die Klagen zu Hunderten aus aller Herren Länder einzutrudeln: Allein aus der Schweiz gingen funfhundertsiebzig Klagen ein, und ein Investor am Persischen Golf gab an, siebenhundertfünfzigtausend Dollar verloren zu haben.

Doch in der Zwischenzeit verschwanden die »Kesselräume«, die redegewandten Verkäufer tauchten über Nacht unter, und alles, was die Investoren vorfanden, war eine Reihe miteinander verflochtener »Scheinfirmen«. In dieser Phase trat Interpol auf den Plan. Georges Tremeac, ein französischer Chefinspektor, der zur Unterabteilung Wirtschafts- und Finanzkriminalität abgestellt wurde, die heute in Lyon ihren Sitz hat, damals aber noch von Saint-Cloud aus operierte, meint hierzu: »Wir sehen unsere Aufgabe darin, die verschiedenen NZB, die an einem Fall arbeiten, nach

Kräften zu unterstützen, damit sie zu einem Erfolg gelangen. Außerdem wollen wir die Zusammenarbeit zwischen Mitgliedern erleichtern und ihnen, wo möglich, von einem internationalen Standpunkt aus zusätzlichen Einblick in ihre nationalen Ermittlungen geben.« Und genau das geschah in diesem Fall. »Es fiel uns auf, daß mehrere NZB Fälle von betrügerischem Aktienhandel meldeten, die alle nach der gleichen Methode abzulaufen schienen.«

Daher schickte er eine Meldung zum Modus operandi heraus, worin er auf diesen Punkt hinwies, und schließlich wurde ein Arbeitstreffen in Saint-Cloud abgehalten, das die wichtigsten Ermittlungsbehörden in dieser Angelegenheit an einen Tisch brachte.

Der Coup bestand aus einem buchstäblichen Firmenlabyrinth. Quinn war der festen Überzeugung, solchermaßen seine Spuren unauffindbar verwischt zu haben. Wie kam es dann, daß die französische Polizei schließlich doch an der Tür seiner Villa klopfte? Tremeacs Antwort besteht aus nur zwei Worten: »Ein Informant.« Jemand hatte Quinn verpfiffen. War es ein von Interpol bezahlter V-Mann, oder hatte den Amerikaner jemand aus dessen Team ans Messer geliefert, um seine eigene Haut zu retten? Hierüber schweigt Tremeac sich aus.

Am 10. Juli 1991 wurde Quinn in Paris wegen betrügerischen Handels, unbefugten Aktienverkaufs und Benutzung falscher Pässe für schuldig befunden. Das Urteil für seine Lebensgefährtin lautete auf Freispruch, wohingegen er vier Jahre Haft abbrummen und eine Geldstrafe von dreihunderttausend Francs bezahlen muß. Es dürfte einige Zeit vergehen, bis er seine rosa Villa hoch über dem Mittelmeer wiedersieht. Die Schweiz und die Vereinigten Staaten warten nämlich schon darauf, ihm den Prozeß zu machen, sobald er das französische Gefängnis als freier Mann verläßt.

Quinn mußte übrigens nicht allein hinter schwedische Gardinen. Die meisten der dreiundzwanzig bei den frühmorgendlichen Razzien vom Juli 1988 verhafteten Personen teilen sein Schicksal. Doch von der bei ihrem Coup abgesahnten halben Milliarde Dollar ist bislang so gut wie nichts aufgetaucht. Die Aufgabe, den Großteil davon zurückzuholen, wird wohl bis zur Freilassung der Gaunerbande warten müssen. Das Generalsekretariat hat der Börsenaufsichtsbehörde jedenfalls zugesichert, daß seine Datenbank »bereitstehen« wird.

»Der internationalen Wirtschaftskriminalität gelten hier in Lyon dreißig Prozent unserer Bemühungen«, sagt Sidney Ribeiro-Bittancourt, ein uruguayischer Polizist, der die Unterabteilung Wirtschafts- und Finanzdelikte leitet. »Nur der weltweite Drogenhandel mit all seinen kriminellen Aktivitäten erfordert noch eine vergleichbare Aufmerksamkeit, doch die Tendenz weist in Richtung einer stetigen Zunahme wirtschaftlicher Straftaten.«

Er unterschätzt das Problem nicht. »Das Tempo dieses Anstiegs vervielfacht die Gefahren für die Wirtschaft eines jeden Landes, speziell für jene der Entwicklungsländer. Da der internationale Betrug mit jedem Tag bessere Organisationsformen entwickelt, beginnt er die politische Stabilität von Ländern zu gefährden. Der Kampf muß entschlossen, kreativ und mutig geführt werden, soll er sich als wirksam erweisen. Und die internationale Zusammenarbeit der Polizei muß umfassend und vollständig sein, da der Erfolg von ihrer Reichweite abhängt.«

Seine Worte sind deutlich. Ob sie nur innerhalb seiner eigenen Organisation Beachtung finden oder bei Polizisten in aller Welt, bleibt der eigenen Meinung überlassen. Denn im Grunde hat sich seit Mitte der achtziger Jahre nur wenig verändert. Schon im Dezember 1986 erzählte mir in Saint-Cloud Ribeiro-Bittancourts Vorgänger Robert Littas, daß der volkswirtschaftliche Schaden durch die internationale Wirtschaftskriminalität bereits *damals* »schlicht und ergreifend Abermilliarden von Dollar im Jahr« betrug.

Zu Beginn der neunziger Jahre steht Ribeiro-Bittancourts Abteilung unter enormem Druck. Sven-Erik Ladefoged, seine rechte Hand aus Dänemark und Leiter der Gruppe für Betrug und Wirtschaftskriminalität, weiß das und ist darüber nicht sehr glücklich.

»Wir sind nur drei voll ausgebildete Kräfte in der Gruppe, mich nicht eingerechnet«, sagt er, »ein deutscher Polizeibeamter, ein Frankokanadier und Georges Tremeac. Zwei weitere Männer sind eben erst zu uns gestoßen – aus Simbabwe und Französisch-Guayana. Doch um ehrlich zu sein – wenn eine kleine Gruppe wie die unsrige durch zwei neue Beamte ›verstärkt‹ wird, ist es ein Problem, sie auszubilden. Die können nichts dafür. Sie wissen nichts über Wirtschaftskriminalität, und es dauert im günstigen Fall etwa ein bis zwei Jahre, bis sie sich wirklich gut auskennen – und dann sind sie weg, und man fängt wieder von vorne an. Bei den übrigen Abteilungen im Haus ist das nicht so schlimm – Drogen, allgemeine Kriminalität –, fast jeder Polizist kann da gleich voll einsteigen; wir hingegen stehen definitiv vor einem Problem.

Wir brauchen erfahrene Beamte; doch solange wir nicht selbst entscheiden, wen wir uns holen, sondern nehmen müssen, wen wir bekommen, wird unsere Arbeit darunter leiden. Und ich selbst räume hier schon in zwei Wochen meinen Platz! Nach fast sechs Jahren gehe ich zurück nach Dänemark. Als Ersatz kommt zwar ebenfalls ein dänischer Beamter nach Lyon, aber er wird sich um Drogen kümmern. Selbst in diesem späten Stadium weiß niemand, wer meinen Job übernehmen wird. Wir bearbeiten derzeit rund zweihundert internationale Betrugsfälle pro Jahr, und es werden immer mehr.

Ich finde mich damit ab, daß es im internationalen Betrugsgeschäft um zig Milliarden Dollar geht. Wir haben mit solchen Zahlen täglich zu tun. Es bedeutet uns gar nichts mehr. Drogen indes stuft man verständlicherweise als wichtiger ein, denn an denen sterben Menschen – Wirtschaftskriminalität hingegen ist nicht tödlich. Deshalb habe ich effektiv nur drei Beamte, das dürfte der Grund sein.«

Der Fall Quinn ist das »Meisterstück« von Ladefogeds Gruppe. Meist verwendet sie ihre Zeit darauf, solide Informationen beizusteuern, vorwiegend zu Routinefällen, und auf Schulungsseminaren und internationalen Kongressen in Lyon und anderswo über Trends zu berichten. Im Laufe der Jahre hat sie eine Liste mit nicht weniger als dreißig verschiedenen Arten internationaler Geschäftsdelikte erstellt: Grundstücks-Investmentbetrug, Termingeschäftsbetrug[73], Telextransferbetrug, Warenfälschungen (hierzu mehr im nächsten Kapitel), Flugticketbetrug, Timesharingbetrug, Schiffahrtsbetrug, Reisescheck- und Kreditkartenbetrug (mehr dazu im Kapitel über organisierte Kriminalität), Aktienmanipulationen, Titelhandel, Scheinakademien und so weiter.

Die Liste ist endlos. Luxusautos, in England für einen »Urlaub in Westeuropa« gemietet, landen irgendwann in Nahost, wo sie illegal an wohlhabende Geschäftsleute verkauft werden, die sich ein rollendes Statussymbol wünschen – zu einem Sonderpreis. Gefälschte Euroschecks, die vermeintlich von einer belgischen Bank stammen und unter Vorlage von Identitätsnachweisen durch südamerikanische Schwindler eingelöst werden. Kinos, die Kassenschlager (aus Japan, Indien und den USA) zeigen, werden von

Leuten überfallen, welche die Filmrollen stehlen, um sie später als Videoraubkopien auf den Markt zu werfen. Betrügereien mit Telexverzeichnissen, bei denen internationale Großunternehmen per Post Rechnungen von einem »Herausgeber« (häufig mit Sitz in Liechtenstein) erhalten für ein Inserat, das sie angeblich in einem internationalen Telexverzeichnis geschaltet haben – und die Firmen sind so groß und unübersichtlich, daß sie bezahlen, obwohl eine solche Anzeige nie bestellt wurde. Falscher Schmuck sowie »frisierte« (unechte) Edelsteine und Metalle, die zwar nicht als echt verkauft, aber dafür als Sicherheit für hohe Kredite von Banken oder Finanzierungsgesellschaften dienen. Es ist erstaunlich, wie leicht selbst kühl kalkulierende Geschäftsleute immer wieder cleveren Gaunern auf den Leim gehen. »Wir haben gerade erst einen Fall aus Norwegen hereinbekommen«, sagt Ladefoged, »bei dem eine Bank gegen die Hinterlegung von Goldbarren einen enormen Kredit gewährt hat. Die beiden ersten Exemplare, die man ihnen präsentierte, waren auch aus Gold – und sie machten sich nicht die Mühe, die restlichen zu prüfen. Es passiert jeden Tag. Du betrittst gut gekleidet und mit gewinnendem Auftreten eine Bank, holst zwei echte Goldbarren aus der Tasche, und – schwupps! – vertrauen dir die Leute. Bemerkenswert.«

»Es gibt einen neuen Trend, dieselbe Ware zwei- oder dreimal zu verkaufen«, erklärt Robert Codere, ein frankokanadischer Polizist aus Montreal mit mehrjähriger Erfahrung im Betrugssektor in Kanada und das einzige Mitglied in Ladefogeds Gruppe mit vorherigen einschlägigen Fachkenntnissen, die ihm bei seiner jetzigen Arbeit gelegen kommen. »Nigeria, nach Südafrika das wirtschaftlich zweitstärkste Land des Schwarzen Kontinents, spielt hierbei eine Hauptrolle. Dies bereitet inzwischen manchen europäischen Ländern, vor allem den Niederlanden, gewaltige Sorgen. Kriminelle Organisationen in Nigeria verkaufen dieselbe Ladung Rohöl zwei- oder dreimal an verschiedene Käufer. Sie wird zunächst beispielsweise in die Niederlande verschifft, wo die Holländer meinen, sie hätten sie erworben – aber dann feststellen müssen, daß sie woandershin weiterveräußert worden ist!«

Mit Beginn der neunziger Jahre ist Nigeria als ein wichtiger Markt für internationalen Wirtschaftsbetrug in Erscheinung getreten. In der britischen Presse finden sich hierzu gelegentlich Andeutungen: Im Juli 1990 brachte die *Sunday Times* eine Story über Millionenverluste britischer Firmen. Diese hatten Aufträge von nigerianischen Kunden erhalten, die mit allerbesten Referenzen von Handelsbanken aufwarteten, deren Londoner »Büros« sich im nachhinein lediglich als Postadressen entpuppten. Inzwischen waren die Bankschecks als Liquiditätsnachweis des Kunden eingetroffen und die Waren daraufhin zum Versand gebracht worden – und der geleimte britische Lieferant durfte nun versuchen, einen gefälschten Scheck einzulösen oder Geld von einer Bank zu holen, die nicht existierte. Achtzehn Monate danach berichtete im Januar 1992 die *Daily Mail* über einen Riesenschwindel mit Tankern, die angeblich »billiges« Öl geladen hatten. Dabei enterten Gangster die Schiffe und zwangen den Kapitän, ihnen die Benutzung seines Fax- oder Telexgeräts zu gestatten: entweder durch Androhung von körperlicher Gewalt oder mit dem Hinweis, Drogen an Bord zu verstecken, die ihre Freunde bei der Polizei dann »entdecken« würden. Per Fax oder Telex nahmen sie sodann Kontakt mit dem Käufer auf und vereinbarten die Einzelheiten des Andockens, was absolut echt wirkte.

So weit, so gut. Dann folgte der Trick: eine Bitte um eine Vorauszahlung von beispielsweise einer Viertelmillion Dollar zur Beilegung fiktiver Schwierigkeiten beim Andocken oder eines anderen Problems, wobei der Käufer die Zusicherung erhielt, daß sich die Angelegenheit mit Schmiergeld leicht aus der Welt schaffen ließe. In Kenntnis der Geschäftsmethoden des Landes glaubte das Opfer den Ganoven und schickte das Geld.

»Nigerianische Kriminelle sind mit allen Wassern gewaschen«, sagt Codere. »Wir haben den Punkt erreicht, wo wir darum bitten, daß eine Arbeitsgruppe in Lyon endlich einmal über das Problem diskutiert.« Und er nannte diese zwei Beispiele:

»*Erstens:* In Nigeria arbeiten ziemlich viele britische Staatsangehörige. Was tun also die Gauner? Sie fangen deren briefliche Bankbenachrichtigungen aus England ab – die sich ganz leicht äußerlich erkennen lassen; viele Banken bestehen nach wie vor darauf, ihre Umschläge vorne zu bedrucken –, und dann benutzen sie sämtliche Daten: die Kontonummer, den aktuellen Saldo und dergleichen. Anschließend beauftragen sie die Bank, etwa per Fax, sie möge diesen und jenen Betrag auf das und das Konto beispielsweise in Belgien überweisen. Dort hebt ein Kumpan das Geld sofort, nachdem es eingegangen ist, von diesem Konto ab. Das ist alles sehr einfach, und es wird im großen Stil praktiziert. Bei Einzelpersonen sind es kleine Beträge, aber es gehören auch Firmen zu den Geschröpften, und in deren Fall kommen schon Millionen zusammen.

Zweitens: Sie bieten Ihnen eine ›Provision‹ von dreißig Prozent, damit Sie ihnen helfen, sagen wir, fünf Millionen Dollar, außer Landes zu bringen, weil in Nigeria wie in vielen Ländern der dritten Welt die Währung kontrolliert wird. Sie werden Ihnen erzählen, daß das möglich ist, weil einige Regierungsbeamte bestochen worden sind – und das überrascht kaum jemand, der auch nur eine Ahnung hat, wie es in Nigeria zugeht! Sie willigen also ein, und dann sagen die: ›Wir brauchen von Ihnen die Telexnummer, die Faxnummer, vier Blankobriefbögen und vier gestempelte und unterschriebene Blanko-Proforma-Rechnungen, damit wir einen Scheinvertrag aufsetzen können, um die Zustimmung der Regierung zu bekommen, sowie Ihre Bankdetails, damit wir Ihnen das Geld überweisen können – von dem Sie dann Ihre Provision abziehen dürfen.‹ Sie sehen darin nichts Riskantes und tun, wie Ihnen gesagt wurde. Und schon haben die Sie am Wickel!

Die Gauner werden Ihrer Bank einen Auftrag schicken, geschrieben und unterzeichnet auf Ihrem Briefpapier, worin diese angewiesen wird, soundso viel Geld von Ihrem Firmenkonto auf ein genanntes Konto in der Schweiz, nehmen wir an, in Genf, zu überweisen. Auf diese Weise leiern die einem Millionen aus dem Kreuz. Es ist schon komisch, wie die Leute darauf reinfallen.«

Ich fragte ihn, ob denn in Betrugsfällen wie diesen schon überhaupt jemand verhaftet worden sei. »In England wurden einige Nigerianer festgenommen, die den Vorgang beschleunigen wollten«, erwiderte Codere, »aber niemand in Nigeria selbst.« Und wer von Europa aus hinüberfliegt, um auf eigene Faust Nachforschungen anzustellen, begibt sich in große Gefahr: Im Juli 1991 wurde David Rollings, ein einundsechzigjähriger »Geschäftsmann« aus Bristol, tot in seinem Hotelzimmer in der Hauptstadt Lagos aufgefunden. Er war ein bekannter »Mann für alle Fälle«, der die Rückgabe von zwei Millionen Pfund erzwingen wollte, um die man seinen Geschäftspartner betrogen hatte. Niemand wurde dieses Verbrechens angeklagt.

Soviel zur »traditionellen« Wirtschaftskriminalität, die trotz ihrer modernen Verpackung in Wahrheit nur eine fortschrittliche

Form der guten altmodischen Kunst des Trickbetrugs verkörpert. Völlig neu hingegen ist die Computerkriminalität.

Der große Aids-Coup

Dr. James Gordon (das ist nicht sein richtiger Name, denn bis heute wurde dieser Mann weder freigesprochen noch verurteilt) ist ein brillanter amerikanischer Wissenschaftler. Als Anthropologe war er für die Weltgesundheitsorganisation (WHO) der Vereinten Nationen tätig, bevor er in seine Heimat zurückkehrte, um dort als medizinischer Gutachter zu arbeiten.
Anfang 1989, inzwischen neununddreißig Jahre alt, faßte er den Entschluß, wieder zur WHO zu gehen, und bewarb sich um einen Posten im Aids-Forschungsprogramm der Organisation. Um so größer war seine Enttäuschung, als man ihn ablehnte.
Er beschloß, sich an den medizinischen Einrichtungen der Welt zu rächen – und inszenierte den bis heute größten bekanntgewordenen Erpressungsversuch per Computer. Im Erfolgsfall hätte ihm das die ansehnliche Summe von etwas mehr als siebeneinhalb Millionen Dollar Reingewinn eingebracht.
Im Dezember 1989 sollte in London eine groß angekündigte internationale Ärztetagung zum Thema Aids stattfinden. Es gelang Dr. Gordon, sich die Namen und Adressen von zwanzigtausend Ärzten, Krankenhäusern, Universitäten und Handelsfirmen aus aller Welt zu verschaffen, die auf der Konferenz vertreten oder anderweitig engagiert waren. Somit stand ihm ein höchst wertvolles Anschriftenverzeichnis zur Verfügung. In der Folge erhielten diese Personen oder Organisationen eine attraktiv verpackte Demodiskette, auf der angeblich für ein neues, sensationelles Medikament im Kampf gegen Aids geworben werden sollte.
Die Leute schoben die Diskette in ihren Computer – und auf dem Monitor erschien eine Nachricht, in der es hieß, sie hätten nun ihr System mit einem Virus verseucht, der den Computer nach hundert Betriebsläufen lahmlegen würde. An diesem Punkt würden dann ihre gesamten Forschungsdaten unwiederbringlich verlorengehen. Die einzige Möglichkeit, dies zu verhindern, bestünde darin, sofort eine »Lizenzgebühr« in Höhe von dreihundertachtundsiebzig Dollar für ein Reparaturprogramm an eine Firma mit Postfach in Panama City zu zahlen.

Was sollten die Adressaten tun? Die Nachricht konnte echt sein – oder ein Bluff. Womöglich ließen sich ihre Computer noch mehr als hundertmal benutzen, ohne daß etwas passierte. Doch lohnte es sich, dieses Risiko einzugehen? Einige zahlten schnell die »Lizenzgebühr« und warteten ungeduldig auf das versprochene Antivirusprogramm. Andere gingen schnurstracks zur Polizei, die rasch handeln mußte.
Da der Fall offiziell noch nicht abgeschlossen ist, können Ermittlungsdetails nicht genannt werden. Nur so viel sei verraten, daß die Abteilung für Computerkriminalität bei New Scotland Yard in Kooperation mit dem NZB London die Basisarbeit leistete. Bald darauf wurden das Generalsekretariat und die NZB in Panama City und Washington hinzugezogen. Doch die Zeit lief ihnen davon: Bis Mitte Januar 1990 traten bereits bei einigen Computern Funktionsstörungen auf.
Zum Glück stellte die Londoner Magistratur in der Bow Street einen Haftbefehl gegen James Gordon aus, der vom Londoner NZB unverzüglich nach Washington weitergeleitet wurde. Am 2. Februar 1990 wurde Gordon von FBI-Beamten in seinem Büro in Cleveland festgenommen.
Nach dreizehn Monaten, während denen er sich gegen die Auslieferung nach England wehrte, saß Dr. Gordon im März 1991 auf der Anklagebank in der Bow Street, wo man ihn der Erpressung in elf Fällen beschuldigte. Zur Hauptverhandlung wurde er dem Schwurgericht von Southwark überstellt.
Doch am 18. November 1991 teilte der Staatsanwalt dem Richter Geoffrey Rivlin mit, daß er beantrage, den Fall auf unbestimmte Zeit zu vertagen. Dr. Gordon habe einen schweren Nervenzusammenbruch erlitten: Er habe begonnen, mit einem Pappkarton in der Gegend herumzulaufen und sich Lockenwickler in seinen Bart zu drehen, um vermeintliche Radioaktivität aufzuspüren. Richter Rivlin erklärte sich bereit, den Prozeß auszusetzen, damit Gordon zur Behandlung nach Amerika zurückkehren konnte. »Ihn jetzt vor Gericht zu stellen, würde lediglich dazu dienen, daß die Verhandlung zu einem öffentlichen Spektakel verkommt«, meinte er.

Robert Codere, der sich als einziger in Ladefogeds Gruppe mit Computerdelikten befaßt, sagt: »Wir bekommen nicht viele Fälle von den NZB gemeldet – und auch wir melden denen nicht viel, weil die Banken, Abrechnungsstellen, Großunternehmen und dergleichen, die den Großteil der Opfer der Computerkriminalität ausmachen, selten die Polizei einschalten. Ihre Kunden sollen nicht mitkriegen, daß sie übertölpelt worden sind. Sie meinen, das würde ein schlechtes Licht auf ihre Zuverlässigkeit werfen.

Aber im Fall Gordon lagen die Dinge anders. Die Opfer hatten auch durch öffentliche Enthüllungen nichts zu verlieren. Ich glaube, das ist das einzige dem Generalsekretariat bekannte Vorkommnis, bei dem ein Verdächtiger tatsächlich im Zusammenhang mit internationaler Computerkriminalität verhaftet wurde.

Der erste programmierbare Elektronenrechner wurde von Professor Max H. A. Newman bereits während des Zweiten Weltkriegs entwickelt. Mit seiner Hilfe gelang es dem britischen Nachrichtendienst, die verschlüsselten Botschaften der deutschen Chiffriermaschine Enigma zu knacken. Doch erst mit der Erfindung und Entwicklung des Mikrochips Anfang der siebziger Jahre begannen die kommerzielle Nutzung des Computers auf breiter Front und sein Siegeszug in vielen Bereichen.

Dies löste eine Revolution auf dem Gebiet der Kommunikationstechnik und der Informationsspeicherung aus. Computer und Personalcomputer wurden – und sind – ein fester Bestandteil des modernen Lebens: Großunternehmen wie Schüler besitzen sie. Einer Schätzung nach gibt es allein in den Vereinigten Staaten rund dreißig Millionen PC.

Doch wie bei so vielem im Leben hat auch diese Medaille eine Kehrseite. Dem Bericht eines finnischen Polizeibeamten in der *Internationalen Kriminalpolizeilichen Rundschau* zufolge wurde 1958 der Welt erster Fall von Computerkriminalität registriert; die erste strafrechtliche Verfolgung in den Vereinigten Staaten betraf 1966 manipulierte Bankinformationen in Minneapolis, und in einem skandinavischen Land fanden erstmals im Februar 1968 anläßlich eines Softwarediebstahls polizeiliche Ermittlungen statt. Leider nennt der Artikel keine Einzelheiten.

Mittlerweile hat das Problem eine andere Dimension erreicht. Es ist längst nicht mehr der kuriose Sonderfall. An jedem Tag einer jeden Woche landet irgend jemand irgendwo auf der Welt einen großen Coup – und in aller Regel wird der Geschädigte es vorziehen, sich die Wunden zu lecken und seinen finanziellen Aderlaß zu verschweigen. »Eine neue Form des internationalen Verbrechens von unfaßbarer Tragweite ist entstanden«, sagte ein hoher norwegischer Polizeibeamter bereits im Dezember 1979 auf der ersten Interpol-Tagung zum Thema Computerkriminalität in Saint-Cloud. Prophetischer hätten seine Worte nicht sein können.

1989 zitierte Hugo Cornwalls *»Handbuch für Hacker«* gutinformierte Kreise mit den Worten, der in den USA durch Computerbetrug angerichtete Schaden habe sich seinerzeit auf drei Milliarden Dollar im Jahr belaufen – wobei die erfaßten Verbrechen nur hundert Millionen Dollar ausmachten –, und in Großbritannien sei die Zahl irgendwo bei zweieinhalb Milliarden Pfund pro Jahr gelegen. Im Hinblick auf eine Strafverfolgung hatte ein ehemaliger Leiter für Computersicherheit in der US Army geschätzt, daß nur einer von hundert Fällen aufgedeckt würde. Davon kämen wiederum nur höchstens fünfzehn Prozent zur Anzeige – und von diesen angezeigten Delikten werde lediglich jedes dreiunddreißigste erfolgreich verfolgt. Daraus ergebe sich eine »Erfolgsquote« von eins zu zweiundzwanzigtausend.

Es ist alles so einfach, trotz der hochmodernen Sicherheitseinrichtungen von heute. So schrieb etwa der französische Superintendent J.C. Bellour in Interpols *Internationaler Kriminalpolizeilicher Rundschau:*

»Für den Betrüger ist der Computer ein bißchen wie ein menschliches Gehirn, das seine Fähigkeit, zwischen Fiktion und Realität zu unterscheiden, verloren hat, und von daher ein ideales Opfer. Es kann nur die ihm eingegebenen Daten speichern und sie in gedruckter Form wieder ausspucken. Um die Öffentlichkeit zu betrügen, muß der Kriminelle deshalb lediglich die einem Computer eingegebenen Instruktionen ändern.«

Es gibt zwei grundlegende Methoden, wie sich ein »Hacker« Zugang zu einem Computersystem verschaffen und ihm neue Anweisungen geben kann. Entweder er verschickt eine infizierte Diskette, die der Empfänger dann arglos eigenhändig seinem Gerät eingibt wie die Opfer von Dr. Gordons großem Aids-Coup. Oder – und diese Variante ist weit geläufiger – der Hacker verläßt sich nicht auf die bloße Möglichkeit, daß seine präparierte Diskette eingeschoben wird, sondern er schaltet sich selbst ins System ein. Und das ist mitunter erstaunlich leicht. Alle vernetzten Privat- und Geschäftscomputer sind auf die eine oder andere Weise mit dem öffentlichen Telefonnetz verbunden – und das ist ihr

Schwachpunkt. Wenn ein Computer Zugang zur Außenwelt hat, dann hat umgekehrt auch die Außenwelt Zugang zu ihm.

Somit bleiben wiederum die Datenbanken von Interpol und anderen Gesetzesbehörden unantastbar. Sie sind über Telefonleitungen vernetzt, die ausschließlich der polizeilichen Nutzung zur Verfügung stehen. Es existiert keinerlei Verbindung zur Außenwelt, und daher kann auch niemand von außen eindringen.

Die Allgemeinheit stellt sich einen Hacker gern als einen etwas exzentrischen, fast schon kauzigen Zeitgenossen vor: ein hochintelligenter Außenseiter, der sein elektronisches Know-how anwendet, um sich in ein Computersystem einzuschleichen und sich dort auf seine eigene, reichlich bizarre Weise zu amüsieren. Einen solchen Typus verkörperte Kevin Mitnick aus Los Angeles, den schon als Teenager Computerspiele wie »Space Invaders« zu langweilen begannen. Mit fünfundzwanzig Jahren stöberte er überall auf der Welt in ausländischen elektronisch verschlüsselten Forschungsprogrammen herum, wälzte die anfallenden vierstelligen Telefonrechnungen auf nicht existierende Teilnehmer ab und stahl Software zum Spaß. Zu seinen Opfern zählte sogar der Zentralcomputer der Universität Leeds. Mitnick wurde 1989 schließlich geschnappt, nachdem er bei einem Forschungscomputer in Massachusetts einen Schaden von viereinhalb Millionen Dollar verursacht hatte.

Hier noch zwei weitere Beispiele:

Das »Krümelmonster«

Als damals in den siebziger Jahren die Studenten in den Vereinigten Staaten ihre Personalcomputer bearbeiteten, die sämtlich an das Universitätsnetz angeschlossen waren, erschien irgendwann das Wort »Keks« auf ihrem Monitor und begann langsam, aber sicher ihre Arbeit anzuknabbern. Dann leuchtete die dringende Bitte auf: »Keks, Keks, gib mir einen Keks.« Diese Forderung blinkte über den ganzen Bildschirm, bis sich das »Monster« schließlich erweichen ließ und den Bildschirm freigab, wobei es sich mit dem Satz: »Ich wollte sowieso keinen Keks«, verabschiedete. Es tauchte irgendwo hinab in die elektronischen Eingeweide des Computers, um woanders erneut zuzuschlagen. Man konnte sich von dem Monster befreien, in-

dem man das Wort »Keks« eingab, worauf es mit »Danke« antwortete und dann verschwand.

Der Michelangelo-Virus

Im März 1992 versetzte dieser vermutlich in Australien entwickelte bösartige Virus die Computerwelt in Angst und Schrecken. Er war auf infizierten Disketten enthalten und sollte am 6. März, dem Geburtstag Michelangelos, die Speicher Zehntausender von Computern auf der ganzen Welt löschen und Kauderwelsch auf ihre Bildschirme schreiben. Computerexperten wie Gesetzesbehörden waren völlig aufgeschmissen. Die vielleicht beste Idee stammte von Scotland Yards Abteilung für Computerkriminalität: die interne Uhr des Computers um einen Tag auf den 7. März vorstellen und damit das Auslösedatum überspringen.

In den meisten Ländern verstoßen solche Spielchen bis heute nicht gegen das Gesetz, sofern sie keinen Schaden an Hard- oder Software verursachen. Lediglich in Großbritannien, den Vereinigten Staaten, Kanada, Deutschland, Schweden, Australien und einigen anderen Ländern wird unbefugtes Herumpfuschen an einem Fremdcomputer bestraft – ob mit oder ohne kriminelle Absicht oder Schaden – die Tätigkeit an sich ist schon strafbar.

Der wahre Computerkriminelle ist jedoch nicht der Hacker, so schädlich der auch mitunter sein mag, sondern der unzufriedene Angestellte, der durchaus kein großer Fachmann in Sachen Elektronik zu sein braucht. Er muß nicht von außen in ein System einbrechen – er ist bereits drin: als Bankangestellter oder anderweitiges, relativ junges Belegschaftsmitglied, das mit dem eigenen Kennwort spielt oder irgendwie an andere Kennwörter herangekommen ist.

Genau solche Delikte werden, falls sie auffliegen, nicht der Polizei gemeldet; nur zu oft aber werden sie gar nicht entdeckt. Wie 1988, als der Versuch, achtunddreißig Millionen Pfund aus einer Schweizer Bank in der Londoner City verschwinden zu lassen, nur deshalb im letzten Moment vereitelt wurde, weil die Computer der Bank abschalteten.

John Stalker, der ehemalige Polizei-Vizepräsident von Manchester, hat kürzlich in einer Buchrezension geschrieben, daß Mordfälle im allgemeinen »rasch durch die übliche Kombination aus Glück und harter Arbeit aufgeklärt werden«. Sobald es sich um Computerkriminalität handelt, spielt das Pech der Gauner eine weit wichtigere Rolle als die harte Arbeit der Polizei.

Lesen Sie einmal die folgenden typischen Geschichten, über die auf Interpol-Fortbildungsseminaren berichtet wurde:

»Mr. Zzwicke«

Er war Programmierer in einer amerikanischen Bank und der Meinung, einen absolut narrensicheren Plan ausbaldowert zu haben. In der Tat handelte es sich um ein erstklassiges Beispiel jener bekannten »Salamitechnik«, bei der man von vielen Quellen kleine Beträge abzweigt und sie dann auf einem großen Konto ansammelt. In seinem Fall schlug er zehn Cent auf jede von seinen Arbeitgebern erhobene Servicegebühr unter zehn Dollar auf und einen Dollar für jede Servicegebühr über zehn Dollar; dann schrieb er sich die Differenz auf einem Konto gut, das er unter dem unwahrscheinlichen Namen Zzwicke bei derselben Bank eröffnet hatte.
Doch die Bank veranstaltete eine Werbeaktion und beschloß, dem ersten und letzten Namen in ihrer Kundenliste ein hübsches Geschenk zu machen – und der letzte Name in dieser Liste war natürlich der fiktive »Mr. Zzwicke.« Er wurde schließlich mit Hilfe einer roten Interpol-Ausschreibung vor Gericht gebracht.

Der Mann, der beinahe Dollarmillionär wurde

Auch diese Geschichte handelt von einem glücklosen amerikanischen Bankkaufmann, der den Computer in der Bank so programmierte, daß dieser ihm eine Million Dollar auf ein Konto bei einer Schweizer Bank überwies. Innerhalb einer Stunde danach bestieg er ein Flugzeug von New York nach Zürich, wo er das Geld abhob und in Diamanten anlegte. Diese wollte er sodann in die Vereinigten Staaten bringen und dort mit beträchtlichem Gewinn verkaufen, um anschließend die Million zurückzuzahlen und den Computer anzuweisen, alle Daten über das »Darlehen« zu löschen.
Clever ausgedacht und ein wirklich netter, kleiner Plan! Jedoch

ein wachsamer Zollbeamter am Kennedy Airport erwischte ihn beim Versuch, die Diamanten in die Vereinigten Staaten einzuführen, ohne sie zu verzollen.

Die erfolgreichsten Computerdelikte sind möglicherweise jene, bei denen sich ein unabhängiger Profi mit dem illoyalen Mitarbeiter einer Firma oder Organisation zusammentut und sie ihre jeweiligen Kenntnisse miteinander kombinieren. Dann bildet wirklich nur noch der Himmel die Grenze. Und das ist nicht bloß ein Wortspiel. 1986 drang eine Gruppe von begeisterten deutschen Hackern ins SPAN (Space Physics Analysis Network) ein: Über dieses weltweite Netz ist die amerikanische Raumfahrtbehörde NASA mit über anderthalbtausend wissenschaftlichen Forschungszentren in Großbritannien, Deutschland, Frankreich, der Schweiz und Japan verbunden. Das konnte den Computerfreaks kaum ohne interne Schützenhilfe gelingen, und sie bekamen Zugriff auf hundertfünfunddreißig Computer im Netz. Bis zum heutigen Tag weiß niemand, ob sie es tatsächlich schafften, an irgendwelche Geheimpläne des US-Raumfahrtprogramms heranzukommen: »Uns ist nicht bekannt, daß als geheim eingestufte Informationen über unser Netz abgerufen werden können«, meinte ein NASA-Sprecher knapp.

Doch der Chaos-Computer-Club Hamburg, zu dem die Hacker Verbindung hatten, behauptete, er besitze einen zweihundertseitigen Ausdruck mit vertraulichem Material, das man aus Verantwortung der Öffentlichkeit gegenüber nicht zum Abdruck freigebe. Wem soll man nun glauben?

Im Oktober 1990 berichtete die britische Zeitung *Independent on Sunday*:

»Mindestens vier britische Girobanken und eine Handelsbank in der Londoner City werden derzeit von einer mysteriösen Computerhackerbande erpreßt, die in den vergangenen sechs Monaten in ihre Zentralrechner eingedrungen ist. Diese Datenschutzverletzung ist vielleicht der gravierendste und raffinierteste Fall dieser Art im britischen Bankwesen überhaupt.
Die elektronischen Einbrüche könnten für die betroffenen Banken chaotische Folgen nach sich ziehen. Sind die Hacker erst einmal in einem System drin, könnten sie Informationen stehlen oder nach Herzenslust Sabotage betreiben: beispielsweise

durch Eingabe falscher Daten oder indem sie komplexe Programmstrukturen schädigen. Es ist jedoch unwahrscheinlich, daß sie über die Möglichkeit verfügen, Geld zu stehlen. Bislang haben sich die Hacker damit begnügt, von den Banken beträchtliche Summen zu fordern, um dann den Instituten zu zeigen, wie die Systeme geknackt wurden. Keine der Banken hat bis jetzt bezahlt.«

Für derartige Operationen muß Insiderhilfe als fast sicher vorausgesetzt werden, und Network Security Management, eine Firma, die private Ermittlungen durchführt und einer Bank (Hambros) – nicht der Polizei – gehört, bestätigte, daß die Täter eingeschleust worden waren. Hat man Geld an die Erpresser gezahlt? Hier gaben sich alle sehr zugeknöpft. Doch niemand wurde irgendeines Verbrechens angeklagt.

Die Gesamtsituation spitzte sich so bedrohlich zu, daß zum Jahresende 1990 acht führende britische Banken eine kleine Zentralstelle für Betrugsfälle einrichteten, mit der man über einen Probezeitraum von zwölf Monaten auf Vollzeitbasis die Sammlung von Erkenntnissen über solche Betrügereien innerhalb der Industrie koordinieren wollte. Nach Ablauf dieses Jahres wurde sie in British Bankers Association (BBA) Fraud Intelligence Unit [Betrugsmeldestelle des britischen Bankenverbunds] umbenannt und als Dauereinrichtung neu konzipiert. Doch obwohl eine Zusammenarbeit mit der Polizei und anderen Gesetzesbehörden beabsichtigt ist, bleibt sie eine private Ermittlungsstelle, die sich das Recht auf eigene Geheimhaltung vorbehält.

Und Interpol selbst? Wie abgeschottet ist die umfassendste polizeiliche Datenbank der Welt? Robert Codere sagt zwar, er sei »hundertprozentig sicher«, daß sie gegen äußere Eingriffe immun ist, da das System nicht mit der Außenwelt in Verbindung steht, räumt jedoch ein: »Intern kann man nur Vorsorge treffen, das Risiko zu minimieren. Ich glaube nicht, daß es schon einmal vorgekommen ist, doch von innen läßt es sich machen, ja. Für jemand in einem Büro ist es immer ganz leicht, das Kennwort eines anderen herauszukriegen. In unserem Fall ändern wir die Kennwörter alle dreißig Tage, aber eine absolute Garantie gibt es nicht. Ja, hier drinnen bei uns könnte es schon passieren.«

Der ungleiche Kampf geht weiter. Ladefoged und Codere sind beide in ihre Heimat zurückgekehrt und durch neue Männer ersetzt worden, die sich erst an ihr umfangreicheres Aufgabengebiet auf internationaler Ebene gewöhnen müssen. Ihre Gruppe ist nach wie vor eine kleine Einheit mit nur fünf Mitarbeitern. Dennoch haben sie Erfolge vorzuweisen:

Der flüchtige Lyoner Geschäftsmann

In Lyon, der Heimatstadt seiner Frau, gehörte Pierre Innocenti zu den bekanntesten Geschäftsleuten. Gerade siebenunddreißig Jahre alt, genoß er als Versicherungsmakler, Spezialist für alte Münzen, Anlageberater und Besitzer einer kleinen Ladenkette für Konfektionsbekleidung weithin Achtung. Er war einer der reichsten Männer der Stadt, um dessen Lebensstil ihn viele beneideten. Dann platzte die Seifenblase. 1985 hatte er einige der reichsten Bürger Lyons dazu überredet, beträchtliche Ersparnisse in sein Geschäft mit alten Münzen zu investieren, und Gewinne von zehn Prozent in fünf Jahren und fünfzehn Prozent in fünfundzwanzig Jahren versprochen. Das Geld verwendete er allerdings nicht zum Ankauf alter Münzen aus aller Welt. Zusammen mit Einkünften aus anderen dubiosen Transaktionen zahlte er angeblich nicht weniger als sechzig Millionen französische Francs (rund zwanzig Millionen D-Mark) auf geheime Bankkonten in Frankreich, der Schweiz und anderen Ländern ein.

Als im Herbst 1990 die ersten Investoren ihr Geld hätten erhalten sollen, speiste er sie mit Ausflüchten ab. Anfangs gingen sie noch darauf ein. Einige erstatteten jedoch später Strafanzeige bei der örtlichen Staatsanwaltschaft. Nun kamen auch andere finanzielle Unregelmäßigkeiten auf internationaler Ebene ans Tageslicht. Eine formelle Untersuchung wurde eingeleitet; Interpol trat auf den Plan – und im Februar 1992 setzte sich Innocenti nebst Gattin nach Montevideo ab. In ihrem Gepäck: angeblich fünfunddreißig Millionen französische Francs in bar und Goldbarren. Eine rote Ausschreibung erfolgte. Im August 1992 wurden die beiden in Montevideo verhaftet. Doch zwischen Frankreich und Uruguay besteht kein Auslieferungsabkommen; Monate schwieriger Verhandlungen folgten.

Auf der Generalversammlung in Dakar im November 1992 berichtete Kendall den Delegierten, die Abteilung für Betrug und Wirtschaftskriminalität habe 1991 – dem letzten Jahr, für das vollständige Zahlen vorlagen – 1926 neue Fälle bearbeitet: hundertsechzig durchschnittlich pro Monat. Dies war eine Zunahme um dreiunddreißig Prozent im Vergleich zu 1990, das seinerseits einen Anstieg von über siebenundzwanzig Prozent gegenüber dem Vorjahr aufgewiesen hatte. Man kann sich bloß fragen, was sie noch alles erreichen könnten, wenn sie über mehr Mittel verfügten.

21. Kapitel
Blüten und Imitationen

Die beiden Nigerianer in dem teuren Frankfurter Uhren- und Schmuckgeschäft waren elegant gekleidet und wortgewandt. Sie sahen aus wie ganz normale Manager aus einem der wohlhabendsten Länder Afrikas auf Geschäftsbesuch in Deutschland. Es war nicht mal etwas Ungewöhnliches daran, daß einer von ihnen für eine Cartier-Uhr statt mit D-Mark mit acht Hundert-Dollar-Scheinen bezahlen wollte. Ausländische Touristen und Besucher bezahlen für westeuropäische Waren oft mit der US-Währung: Amerikanische Dollars sind stets willkommen, und der Ladenbesitzer hat zudem den Vorteil, daß er keine Provision an eine Kreditkartengesellschaft abführen muß.

»Ich telefoniere nur eben kurz mit der Bank und erkundige mich nach dem heutigen Wechselkurs«, sagte der Verkäufer. Die beiden Männer waren darüber nicht im mindesten überrascht, weil dies international üblich ist.

Aber der Verkäufer rief nicht die Bank, sondern das nächste Polizeirevier an, denn ihm gefielen die Scheine nicht. Durch seine Finger gingen häufig Dollarnoten, und auch wenn er beileibe kein Experte war, so kam ihm an diesen etwas merkwürdig vor: Die einzelnen Nennwerte der US-Banknoten ziert jeweils ein anderes Porträt eines berühmten Amerikaners, doch Benjamin Franklins Augen auf diesen Hundert-Dollar-Scheinen wirkten nicht so klar und leuchtend wie sonst. Sie guckten eine Spur zu verschwommen. »Vielleicht irre ich mich«, räumte er am Telefon dem Hauptwachtmeister gegenüber ein, »aber ich hätte lieber vorher Gewißheit als hinterher Ärger.«

Der Beamte pflichtete ihm bei. »Halten Sie die beiden hin«, sagte er. »Wir sind gleich bei Ihnen.«

Als dem Verkäufer nach etwa zehn Minuten so allmählich die Begründungen ausgingen, mit denen er die beiden Männer am Verlassen des Ladens hindern konnte, betraten der Hauptwachtmeister und ein weiterer Beamter das Geschäft, und der Inhaber übergab ihnen die Scheine. Auch den Polizisten kamen sie nicht ganz einwandfrei vor. Aber die Nigerianer bestanden auf ihrer Echtheit. »Wir haben sie erst gestern bei unserer Ankunft von der offiziellen Wechselstube am Frankfurter Flughafen erhalten«, sagte einer. »Wir haben Reiseschecks im Wert von tausend Dollar getauscht. Schauen Sie, hier ist die Quittung!« – und händigte sie den Polizisten aus.

Doch damit gaben sich die deutschen Beamten nicht zufrieden. Sie baten die beiden Männer, mit ihnen zum Frankfurter Flughafen zu fahren – wo die Wechselstube den Umtausch bestätigte: Die beiden Männer hatten tatsächlich zehn echte Hundert-Dollar-Scheine erhalten.

Was tun? Der Revierleiter griff zum Telefon und rief die Falschgoldabteilung der Interpol in Lyon an. Er brauchte nicht das NZB Wiesbaden einzuschalten, wozu ein Polizist in einem anderen Land verpflichtet wäre, denn wie jeder bundesdeutsche Polizeibeamte hatte er den Status eines NZB-Mitarbeiters. Außerdem hatte er bei einer Interpol-Fortbildungstagung Peter Wolfram, das deutsche Mitglied des Falschgelddezernats in Lyon, kennengelernt. Deshalb sagte er jetzt: »Peter, ich hab hier diese beiden Männer. Ich hab's schon mit Wiesbaden abgeklärt, es ist keine bekannte Blüte. In der *Review* steht nichts darüber.[74] Trotzdem gefallen uns die Scheine nicht – die Männer übrigens auch nicht. Anhand ihrer Pässe ist ersichtlich, daß sie sich die letzten zwei Monate in Italien und Frankreich aufgehalten haben, und sie sagen, sie seien an der italienischen Riviera und in Südfrankreich gewesen. Wie sollen wir weiter vorgehen?«

Wolfram sagte, er werde die Scheine mit dem Computer überprüfen und ihn dann zurückrufen. »Ich ging also zum Computer«, erzählte er mir später, »und da mir mein deutscher Kollege eine gute Beschreibung gegeben hatte, konnte ich sofort sagen, daß es sich *doch* um eine bekannte, allerdings ganz neue Blüte handelte. Monaco und Italien hatten erst kürzlich Beschlagnahmungen von genau diesem Notentyp gemeldet. Aufgetaucht war er im Spielkasino von Monte Carlo und in einem Fotogeschäft an der italienischen Riviera – und die Datumsangaben fielen exakt in den fraglichen Zeitraum, als sich diese beiden Männer, wie ihre Pässe belegten, in Monaco und Italien aufhielten!«

Innerhalb von dreißig Minuten rief Wolfram nach Frankfurt zurück, und die beiden Nigerianer wurden verhaftet. Natürlich wurden auch die üblichen »Verbrecherfotos« geschossen, jedoch nicht bloß fürs Archiv; vielmehr schickte man Kopien an die NZB in Monaco und Rom. Vier Tage darauf bestätigten ein Beamter der Wechselstelle im Kasino von Monte Carlo und ein Verkäufer in einem Fotogeschäft an der italienischen Riviera der örtlichen Polizei, daß es sich bei den Männern auf den Fotos um die Personen handelte, mit denen sie zu tun gehabt hatten.

Beide landeten für fünf Jahre hinter deutschen Gittern.

»Das war ein gutes Stück internationaler polizeilicher Teamarbeit«, sagt Wolfram, »aber auch ein Musterbeispiel für die Methoden der Falschgeldverbreitung. Man schützt sich, indem man sich bei einer Wechselstube echte Scheine auszahlen läßt – was man ja nachträglich anhand der Quittung belegen kann –, und dann gibt man mit vollen Händen die falschen aus und macht sich ein schönes Leben.«

Die beiden Nigerianer hatten sich wahrscheinlich am Vorabend ein tolles Essen in einem der teuersten Restaurants der Stadt gegönnt – und wären vermutlich mit ihrer Mischung aus echten und falschen Scheinen zur großen Deutschlandreise aufgebrochen, hätte der Verkäufer in Frankfurt nicht ein so wachsames Auge gehabt.

Die Herstellung von Falschgeld – Scheinen wie Münzen – hat eine jahrhundertealte Tradition. Von Kaiser Nero heißt es, er habe als erster in großem Stil gefälscht, indem er bereits vor fast zwei Jahrtausenden schlichte Eisenmünzen prägen und mit einem Silberüberzug versehen ließ, um seine eigenen Untertanen zu täuschen. Die vor 1700 verbuddelten Utensilien eines Münzfälschers wurden im Oktober 1990 in einem Graben in England entdeckt. Falschgeld zählt seit jeher zu den Hauptsorgen jedes souveränen Staates, der darauf bedacht ist, die Integrität seiner Währung und somit seine wirtschaftliche Stabilität zu sichern. Deshalb hat sich Interpol im Kampf gegen Falschgeld stets besonders engagiert. Auf der allerersten Versammlung in Wien im September 1923, wo man die Internationale Kriminalpolizeiliche Kommission ins Leben rief, einigten sich die Delegierten darauf, eine frühe Version der *Counterfeits and Forgeries Review* herauszugeben, und verabschiedeten eine Resolution, in der sie erklärten:

»Es wäre von allergrößter Wichtigkeit, in jedem Land ein Büro einzurichten, das für Falschgeldfälle verantwortlich ist [...] Darüber hinaus verpflichten sich die Delegierten, zwecks des Aufbaus dieser Zentralbüros an ihre Regierungen heranzutreten.«

Tatsächlich richteten viele Länder ihre eigenen Falschgelddezernate ein, und drei Jahre später wurde in Wien die Vorläuferin der heutigen internationalen Falschgeldgruppe gegründet. 1929 verlieh ihr die Internationale Konvention zur Bekämpfung von Falschgeld den rechtlichen Status einer offiziellen Sammelstelle für sämtliche internationalen polizeilichen Informationen auf diesem Sektor. Daran hat sich nichts geändert. Sie ist Interpols Unterabteilung für Wirtschafts- und Finanzverbrechen angegliedert; Chef ist derzeit der Italoamerikaner Guido Gombardi, ein nach Lyon abgestellter Agent des amerikanischen Secret Service und ein absoluter Profi. Seiner Gruppe gehören insgeamt acht Mann an: Peter Wolfram aus Deutschland, ein weiterer Agent des US Secret Service, zwei Polizeibeamte aus Frankreich, einer aus Irland und zwei für die *Review* zuständige französische Angestellte.

Er muß sich mit dem chronischen Problem herumschlagen, Beamte mit der richtigen Erfahrung ins Team zu holen. »Es sind nicht alles Experten«, sagt er, »manche schon, andere wiederum nicht. Hierher beorderte Beamte werden uns auf der Basis von Interpols Personalbedarf zugeteilt und nicht wegen ihrer Vorkenntnisse. ›Bei Ihnen wird eine Stelle frei?‹ – ›Wir geben Ihnen den nächsten, der reinkommt.‹ Gelegentlich darf ich auch mal wählen, aber nicht oft. Vor einigen Monaten wurde mir ein italienischer Kollege zugeteilt, der *hatte* echt Ahnung von der Materie, aber das geschah bloß, weil ich über sein Kommen informiert war: Wir waren zwei Jahre zuvor auf einen Fall in Italien angesetzt und in Verbindung geblieben. Ich konnte ihn mit einem Extragesuch anfordern, weil ich etwa um diese Zeit einen meiner Leute verlor.«

Und er sagt: »Wir sind die einzige Gruppe bei Interpol, die von den Mitgliedsländern wirkliche Proben zur Analyse zugesandt bekommt. Niemand schickt Drogen an die Rauschgiftabteilung – wir hingegen kriegen jedes Jahr Hunderte von verdächtigen Banknoten, die in unserem Labor untersucht werden sollen. Heute morgen sind erst wieder zwanzig Stück eingetroffen! Von High-Tech-Ländern wie Großbritannien, den Vereinigten Staaten, Deutschland oder Kanada bekommen wir nichts herein, doch alle Mitgliedsstaaten schicken uns ihre neuen Banknoten zu. Wir haben die größte Sammlung echter und nachgemachter Geldscheine auf der Welt.«

Wie beim Generalsekretariat üblich, besteht auch hier eine Wechselbeziehung zwischen dem Falschgelddezernat und den NZB, ohne die das Ganze nicht funktionieren könnte. »Hätten die NZB Monaco und Rom keine Meldungen über die Beschlagnahmungen dieser neuen Sorte Hundert-Dollar-Blüten geschickt, so wäre die deutsche Polizei niemals zu dem Beweis gekommen, der diese beiden Nigerianer letztlich überführte«, sagt Peter Wolfram. Und das Dezernat ist nicht nur an einer neuen Erscheinungsform von Blüten interessiert. Ebensogern hätte sie auch Berichte über sämtliche Beschlagnahmungen von bekannten Blüten, um deren Verbreitung zu verfolgen. »In gewissem Sinne sind Blüten wie Fingerabdrücke«, erklärt Wolfram. »Ich kann Ihnen stets sagen, welche Blüten von welchem Falschgeldring stammen. Jeder Typ ist einmalig.«

Unterschiedliche Formen existieren je nachdem, ob die Fälschung bekannt ist oder nicht. Es folgen zwei Beispiele mit den jeweils wichtigsten Angaben, wobei Namen und Daten aus Gründen der Vertraulichkeit verändert wurden, sowie ein Rundschreiben der Gruppe an alle NZB. Sie sind nie zuvor veröffentlicht worden und gewähren einen interessanten Einblick in die Wechselbeziehung zwischen Lyon und den NZB.

Neue Fälschung

Von Interpol WIEN	*Datum: 10. März 1991*
	Kopie an USSS, *US-Botschaft Paris*
Unser Zeichen: *No. 148828-92/91*	*Interpol MADRID* *Interpol FRANKREICH* *Interpol WIESBADEN* *Interpol ROM* *Interpol SCHWEIZ*

Art der Fälschung: US-Banknoten zu 50 Dollar
Anzahl der entdeckten Falsifikate: Sieben (7)
Funddatum und -ort: 14. Februar 1991 Innsbruck (Österreich)

Zusammenfassung des Falls: DUBOIS, Jean, festgenommen 14. 2. 1991 Innsbruck bei versuchter Übergabe einer der beschlagnahmten Banknoten in einem Geschäft. Bei seiner Durchsuchung fand man bei ihm sechs weitere Scheine. Als seine Bezugsquelle nannte DUBOIS einen PIETRO, Familienname unbekannt, den er am 2. 2. 1991 in einem Café »Remus«, Via Fiume 72, Rom, Italien, getroffen haben will. Besagter PIETRO wird wie folgt beschrieben: männlich, zirka 45 Jahre, 170–175 cm groß, schlank, dunkler Teint. War elegant gekleidet. Sprach nur italienisch.

Identität der in den Fall verwickelten Person(en):
1. DUBOIS, Jean
geb. 19. 4. 1942, Lausanne (Schweiz)
Schweizer Staatsbürger
Hotelportier
wohnhaft in Genf (Schweiz)
2. PIETRO
Alter 45 Jahre
vermutlich italienischer Staatsbürger

Am 10. März 1991 wurde DUBOIS, Jean, in Innsbruck (Österreich) zu drei Monaten Gefängnis wegen Verbreitung/Besitz von Falschgeld verurteilt.

Anlage: Ein gefälschter 50-Dollar-Schein
Seriennummer M 12345678 C

Bekannte Fälschung

INTERPOL ROM (Italien) — *Datum: 25. Juni 1991*
Für Information:
USSS, US-Botschaft, Paris
Interpol PARIS

Art der Fälschung: US $ 100 (Banknote)
US $ 50 (Banknote)

Diese Fälschung wurde bereits erwähnt in:

(a) 12A6357 Variante G (Richmond 1989 C, C1/9/9: »Counterfeits and Forgeries«, Juli/August 1988, Vol. 1e, Abschnitt 1, Seite Am74.

(b) 12A3122 (San Francisco, 1988 A, C1/1/6: »Counterfeits and Forgeries«, März/April 1989, Vol. 2e, Abschnitt 1, Seite Am185.

Anzahl der entdeckten Falsifikate: 1 × US $ 100
1 × US $ 50

Seriennummern: (a) A 34467849 B
(b) E 26531277 C

Funddatum und -ort: 20. Mai 1991, Mailand, Italien

Zusammenfassung des Falls: GRAVET, Jean-Claude, versuchte die beiden gefälschten Scheine in der Banca d'Italia zu wechseln.

Identität der in den Fall verwickelten Person(en):
GRAVET, Jean-Claude
geb. am 17. Juli 1954 in Versailles, Frankreich;
Sohn von GRAVET, André, und Paulette, geb. DURAND; französischer Staatsbürger; Ingenieur;
Adresse: 10, rue du Bercy, Paris 6 (Frankreich);
Paß No. 13149, ausgestellt am 16. April 1986 von der Präfektur Versailles, Frankreich

Anlagen: 2 gefälschte US-Banknoten
(1 × $ 100 und 1 × $ 50)

Der Informationsaustausch erfolgt natürlich in beiden Richtungen. Wann immer Gombardis Gruppe auf eine interessante, neue Entwicklung stößt, informiert sie die NZB. Hier ist ein typisches Rundschreiben, bei dem nur die Daten abgeändert sind:

Eingeschränkter Empfängerkreis *Datum: Januar 1991*
Nur für offizielle Strafverfolgungsbehörden bestimmt

Gegenstand: Zwischen zwei zusammengeklebten Postkarten versteckte Geldscheine sollen auf dem Postweg von Norwegen in die Türkei gelangen.
Umstände: Von den norwegischen Behörden im November 1990 durchgeführte Ermittlungen ergaben, daß sich zwischen zwei zusammengeklebten, mit türkischem Zielort adressierten Postkarten Geldscheine befanden, die vermutlich zur Finanzierung des Drogenhandels dienen sollten.
Beschreibung: Die oben erwähnten Postkarten wurden in insgesamt fünfzehn Umschlägen gefunden. Eingeklebt zwischen den Postkarten waren immer zwei deutsche Banknoten. Die entdeckten Umschläge waren für die Beförderung in die Türkei frankiert und adressiert.
Länder, in denen diese Methode zur Anwendung kam: Norwegen.

Alle zehn Jahre lädt Interpol zu einer Internationalen Falschgeldkonferenz ein, meist ins Generalsekretariat. Die letzte fand im Juli 1987 statt, und die damals vorgelegten Zahlen zeigten, daß die Falschgeldgruppe in den vergangenen zehn Jahren mit 62 774 Fällen und 5620 verschiedenen Blütentypen aus insgesamt 59 Ländern zu tun hatte. »Die am häufigsten nachgemachte Währung in der Welt ist aber ohne jeden Zweifel der US Dollar«, sagt Guido Gombardi. »Wir haben Probestücke von zirka 15 000 verschiedenen Typen in unserem Labor. Der am häufigsten gefälschte Nennwert: hundert, zwanzig und fünfzig Dollar, in dieser Reihenfolge.«

Von allen Beschlagnahmungen in Europa hat der US-Dollar einen Anteil von achtzig Prozent, gefolgt von der italienischen Lira, der D-Mark, dem französischen Franc und der spanischen Peseta. Doch im Schnitt werden fünfundachtzig Prozent sämtlicher weltweit hergestellten Dollarblüten konfisziert, bevor sie in Umlauf gelangen. Im Vergleich dazu ist die Bank von England stolz auf die Tatsache, daß das britische Pfund von allen bedeutenden Währungen der Welt am seltensten gefälscht wird. Die Ursache hierfür liegt in einer Einstellung begründet, die sich grundlegend von derjenigen des US-Finanzministeriums unterscheidet.

Seit ehedem hat die Bank von England stets die Vorsorge der Heilung vorgezogen. Um die Integrität ihrer Währung zu schützen, würde sie eher eine Banknote herausbringen, die den technologischen Fähigkeiten jedes Geldfälschers meilenweit voraus ist, als zu sehr auf Strafverfolgung zu bauen – wie effizient diese auch sein mag. Die Bank variiert das Muster, die Farbe und sogar das Format ihrer Scheine mit einer Regelmäßigkeit, wie sie in den Vereinigten Staaten unbekannt ist, denn dort sind das Grundformat und -motiv der einzelnen Nennwerte unverändert geblieben, seit 1863 der erste »Greenback« gedruckt wurde. So betrieb etwa der traditionelle Geldfälscher seine heimliche Druckerwerkstatt, doch 1959 ließ ein japanischer Erfinder den ersten Farbkopierer der Welt patentieren. Und wenn sich damit auch die Herstellung von Falschgeld erst um die Mitte der siebziger Jahre ermöglichen ließ, so machte sich das Designteam der Bank von England dennoch gleich an die Arbeit und entwarf ein komplizierteres Motiv mit zusätzlichen Farbtönen und mehr Details, das 1970 in neuen Scheinen resultierte. Auch ruhte sich die Bank nicht auf ihren Lorbeeren aus. Angesichts einer zunehmenden künftigen Gefahr durch die immer besseren und raffinierteren Farbkopierer, Graphikcomputer und Laserscanner brachte sie im Juni 1990 die erste einer neuen Serie von Banknoten heraus: vollkommen neu, mit einer noch diffizileren Feinzeichnung und Farbnuancierung nebst einem geheimen »Fingerabdruck«, vor dem selbst der supermodernste Farbkopierer kapitulieren muß.

Die Amerikaner lassen ihr Papier, das ausschließlich von einer bestimmten Firma in Massachusetts geliefert wird, mit speziellen Sicherheitsmerkmalen versehen; entsprechend verwenden ja auch die Briten und mehrere andere europäische Länder vorzugsweise Papier mit einem charakteristischen Wasserzeichen. Was allerdings die eigentliche Gestaltung der Banknoten betrifft, so ließ sich das US-Finanzministerium erst im Sommer 1991 endlich dazu herab, die »Optik« seiner Scheine zu ändern – und dies auch nur schrittchenweise –, wobei der ganze Vorgang nicht vor 1995 abgeschlossen sein soll. Und selbst jetzt waren die »Änderungen« – die ersten nach über dreißig Jahren – kaum von einschneidender Natur. Sie beschränkten sich auf ganze zwei neue Merkmale: ein fast unsichtbares, mit Mikroschrift versehenes Band rings um das

Porträt auf der Vorderseite und ein ins Papier eingearbeiteter Sicherheitsfaden aus Polyester, der winzige Buchstaben enthält, die nur gegen das Licht erkennbar, für einen Kopierer jedoch nicht zu erfassen und somit nicht reproduzierbar sind. Man darf gespannt sein, was für einen Abschreckungseffekt sie haben.

Aber wie sieht die heutige Situation aus? Was sagt Interpols Statistik darüber, nach der Dollarblüten immer noch am wahrscheinlichsten auftauchen? Nicht alle NZB informieren Lyon über jährlich beschlagnahmte Mengen, und selbst jene, die es tun, lassen manchmal ein Jahr aus. Deshalb basiert die folgende »Hitliste« nur auf Durchschnittswerten. Sie mag einige Überraschungen bieten:

Frankreich:	12 013 070 (Dollar)
Deutschland:	9 181 538
Großbritannien:	5 646 910
Belgien:	4 641 630
Kanada:	3 792 529
Kolumbien:	3 100 000
Italien:	2 991 927
Schweiz:	2 827 260
Niederlande:	1 893 282
Indien:	1 569 866
Libanon:	1 279 500

Sie fragen sich, wieso kleine oder arme Länder wie Kolumbien und der Libanon zwischen diesen großen oder reichen Nationen auftauchen? Die Antwort ist, daß Drogenlieferungen – sowie Söldner wie auch Waffen für Terroristen – sehr häufig mit Falschgeld bezahlt werden. »Sie bekommen größte Schwierigkeiten, wenn das die Typen rauskriegen, mit denen Sie zu tun haben«, sagt Gombardi. »In dieser Branche ist man nicht eben zimperlich. Sie sollten besser erstklassige Blüten hinblättern, sonst haben Sie keine Ruhe mehr. Sie sind ein toter Mann!« Warum gehen Leute ein solches Risiko ein? »Da wird geklaut! So was wie Ganovenehre gibt's nicht. Die würden Sie, ehe Sie sich's versehen, doch ebenso rasch beklauen – selbst auf die Gefahr hin, daß sie ihr Leben mit einem häßlichen kleinen Loch zwischen den Augen beschließen.«

In den zehn Jahren zwischen den beiden letzten Interpol-

Falschgeldkonferenzen hat sich die Menge der sichergestellten Blüten verdreifacht. Die Zeit des kleinen privaten Fälscherrings oder Einzeltäters mit ein oder zwei illegalen Druckereien und einem eigenen begrenzten Vertriebsnetz gehört der Vergangenheit an. Das organisierte Verbrechen drängt mit aller Macht in die Branche. Und nicht nur in Italien hat die Mafia in den letzten Jahren ihre frühere Vormachtstellung auf der Fälscherszene zurückerobert. Die »neue Welle« schwappt von der ehemaligen Sowjetunion – wo durch Interpol-Kooperation im Juni 1991 eine Druckerei ausgehoben wurde, die falsche Dollarnoten hergestellt hatte, welche neun Monate zuvor an der schweizerisch-französischen Grenze beschlagnahmt worden waren – bis nach Großbritannien hinein.

Im Dezember 1989 wurde im Park eines öffentlichen Gebäudes in Romford am Stadtrand von London eine vierköpfige Bande auf frischer Tat ertappt – mit einem Lieferwagen voll von falschen Zwanzig- und Fünfzig-Dollar-Noten im Wert von nahezu fünf Millionen Dollar. Es handelte sich um die größte Menge Dollarblüten, die je in Großbritannien sichergestellt werden konnte, und das war nur ein Teil einer weit größeren Geschichte.

Doch es geht nicht nur um US-Dollar. Hierzu der Experte Peter Wolfram: »Heutzutage ist jede harte Währung auf der Welt gefährdet. Bei weichen sieht die Sache anders aus. Wenn Sie mit einem ganzen Lastwagen voll haitischer Banknoten nach Europa kämen, würde keine Bank sie annehmen – selbst wenn sie echt wären!«[75] Dafür gelang Kriminalbeamten von Scotland Yard im Januar 1992 nach einer verdeckten Überwachungsaktion, die sich auf ein Haus in Willesden Green im Norden Londons konzentrierte, die Sicherstellung der größten Falschgeldmenge in der Geschichte Englands: Sechshunderttausend säuberlich gestapelte holländische Hundert-Gulden-Scheine im Gesamtwert von sechzig Millionen Gulden (dreiundfünfzig Millionen D-Mark) wurden mit einem Polizeitransporter abtransportiert.

Aber nicht alles ist High-Tech- und Millionen-Dollar-Geschäft. Guido Gombardi erzählte mir diese Geschichte:

»Ich glaube sicher, daß wir unseren Mitgliedern, vor allem aber den Ländern in der dritten Welt, einen wertvollen Dienst erweisen. Vor einiger Zeit bekamen wir ein paar Hundert-Dollar-Noten vom NZB im westafrikanischen Ghana zugeschickt. Die örtliche Polizei hatte einen Mann festgenommen, der mehrere dieser

Scheine bei sich trug, und man hielt sie für nicht sauber. Der Typ saß bereits rund vier Wochen hinter Gittern, bevor wir uns die Scheine anschauen konnten! Deshalb überprüften wir sie sofort – und konnten denen mitteilen, daß sie echt waren. Danach traf ein Dankesbrief bei uns ein – vom Leiter des ghanaischen NZB, nicht von dem zu Unrecht Inhaftierten. Der war wohl wütend, daß man ihn die ganze Zeit über eingesperrt hatte.«

Wir sind in einem lichtdurchfluteten, modernen Büro hoch über der Londoner Kensington Street. Als Gesprächspartner sitzt mir Robert Littas, ein ehemaliger schwedischer Polizeibeamter und früherer Leiter von Interpols Unterabteilung Wirtschaftskriminalität gegenüber, der heute Geschäftsführer der Abteilung Risikomanagement und Sicherheit für Europa, Afrika und Nahost bei Visa International ist.

»Bargeld ist eindeutig noch immer das Zahlungsmittel Nummer eins auf der Welt, doch der Anteil von Plastikgeld und Schecks, einschließlich Reiseschecks, nimmt mit jedem Tag zu. Auf diesem Gebiet wird sich auch für Interpol etwas tun. In fünf Jahren, wenn nicht gar noch früher, wird das Zahlungsmitteldezernat des Generalsekretariats seine Zeit zu gleichen Teilen auf Falschgeld und auf gefälschte alternative Zahlungsmittel verwenden müssen – allerdings habe ich keine Ahnung, mit welchen Mitteln sie das bewerkstelligen will. Doch schon jetzt zirkulieren vier bis fünf Milliarden Dollar im Jahr statt in bar über private Kreditkarteninstitute. Darauf wird sich Interpol stärker konzentrieren müssen.

Im Mai dieses Jahres [1991] tat Interpol etwas bislang Einmaliges, das meiner Ansicht nach künftig viel öfter geschehen sollte: Sie veranstaltete einen zweitägigen Arbeitskreis auf Wunsch einer privaten Organisation – Visa International. Fremde Organisationen waren auch früher schon bei Arbeitsgruppen vertreten – ich erinnere mich daran, daß die Internationale Vereinigung für Sicherheit im Bankwesen an Konferenzen zum Thema Geldwäsche teilgenommen hatte –, aber speziell in unserem Fall beraumte das Generalsekretariat eine solche Tagung erstmals auf Wunsch von Außenstehenden an. Ich mußte zwar etwas Druck machen und hatte in Bill Wooding auch eine zuverlässige Stütze bei Interpol London; aber es hat sich gelohnt.

Der Zweck war, über gefälschte Reiseschecks zu diskutieren, die uns auf diesem Sektor momentan mit die größten Kopfschmerzen bereiten, und im besonderen über einen Multi-Millionen-Dollar-Coup mit gefälschten Reiseschecks in Südostasien, der noch andauert und über den wir, um ehrlich zu sein, aufgrund unserer privaten Ermittlungen mehr wissen als die Polizei in jedem einzelnen Land. Wir hatten Visa-Leute aus Kalifornien, Hongkong und London hier. American Express war ebenfalls anwesend, aber auch Polizisten aus aller Herren Länder – und natürlich von meiner früheren Abteilung für Wirtschaftskriminalität beim Generalsekretariat. Den Löwenanteil der Informationen steuerten wir bei, denn schließlich hatten wir sie ja auch zusammengetragen, und das war das Bezeichnende an der Sache.

Interpol erkennt, daß sie neben den Polizeiverbänden auch andere Quellen zur Informationsbeschaffung nutzen muß – und, ja, es wanderte tatsächlich alles in ihre Akten.«

Littas schilderte, wie er persönlich an diesen Fall geriet und wie der Schwindel funktioniert:

»Eines Sonntags bekam ich zu Hause einen Anruf: Jemand habe gefälschte Reiseschecks in London eingelöst. Ich erschrak: Es war *unser* neuester Typ. Ich sagte, daß umgehend die Polizei einzuschalten sei, und die Leute waren wirklich gut. Die erkannten, welche Dimensionen dahintersteckten. Man bat auch das Hotel, in dem das Ganze passiert war, die anderen Luxushotels in der Stadt telefonisch zu benachrichtigen, denn es stand fest, daß der Kerl sich die besten Häuser aussuchte und sagte: ›Ich hätte hier gern ein Zimmer.‹ Und wenn man ihm den Zimmerschlüssel ausgehändigt hätte: ›Ach ja, ich möchte noch ein paar Reiseschecks einlösen.‹ Dann machte er also einige Schecks über ein paar tausend Dollar zu Bargeld – und betrat nicht einmal sein Zimmer. Er suchte lediglich einen Vorwand, um die Schecks loszuwerden.

Dank der polizeilichen Bemühungen sowie des Umstands, daß wir gehörig Druck machten und die Hotels außerdem erkannten, daß sie etwas unternehmen mußten, konnte der Mann jedoch schließlich dingfest gemacht werden. Für die Polizei war das zunächst lediglich ein Kriminalfall weniger, dem sie keine allzu große Beachtung geschenkt hätte. Doch als wir dem leitenden Ermittlungsbeamten erklärten, daß dies nur die Spitze eines Millionen-Dollar-Eisbergs und dieser Mann, ein Malaysier mit einem falschen japanischen Paß, ein wichtiges Glied eines Scheckbetrügerrings sei – er hatte sich zuvor in Spanien, Deutschland, Luxemburg und Belgien aufgehalten –, wofür wir die Beweise vorlegen konnten, verlieh das seiner Berufseinstellung eine ganz neue Wertigkeit! Deshalb konnten wir unsere Arbeitsgruppe in Lyon aufbauen, und deshalb war auch Bill Wooding beim NZB so wertvoll für uns.

Dieser Betrug fällt mit Sicherheit unter das organisierte Verbrechen. Bei etwas, das so gut organisiert und über so viele Länder verbreitet ist, könnte es kaum anders sein. Unserer Meinung nach steckt nicht die Yakuza, das japanische Pendant zur Mafia, dahinter. Die Operationsbasis dürfte eher südlich von Japan angesiedelt sein – in Thailand, Malaysia oder Singapur. Die Scheckeinlöser sind entweder wirklich Japaner, meist aber Malaysier, die sich als Japaner ausgeben. Denn Japan ist, realistisch gesehen, diejenige Nation Asiens, die wohl am ehesten weltweit als superreich angesehen wird.«

Falschgeld und andere gefälschte Zahlungsmittel sind jedoch beileibe nicht die einzigen Imitationen, denen man Anfang der neunziger Jahre überall auf der Welt begegnet. Robert Codere, der sich in der tatkräftigen, aber unterbesetzten Gruppe für Wirtschaftskriminalität in Lyon neben Computerdelikten mit gefälschten Waren befaßt, sagt: »Die Fälscherei dehnt sich auf sämtliche Bereiche von Handel und Wirtschaft aus. Es ist unglaublich! Wir denken da nur an Parfüms oder andere Luxusartikel, doch es betrifft fast alles, was man sich nur vorstellen kann. Und die Sachen kommen nicht mehr ausschließlich, ja nicht einmal mehr vorwiegend aus Taiwan oder Thailand beziehungsweise sonstwoher aus Fernost. Heutzutage werden viele Imitationen ebenso in Europa produziert. Eine Masse Betrüger scheffelt rings um den Erdball eine Riesenmenge Gold.«

Die Zahlen scheinen ihm gewiß recht zu geben. Niemand vorfügt über amtliche Statistiken – das ist allein schon aufgrund der Natur dieses verborgenen Geschäfts ausgeschlossen –, doch inoffizielle Schätzungen beiderseits des Atlantiks gehen ins Horrende. Beginnen wir unsere kleine Presseschau beim britischen *Guardian* vom August 1990: »Schallplatten- und Kassettenpiraterie kosten eine Milliarde Dollar pro Jahr – jede vierte verkaufte Kassette ist eine Raubkopie; die europäische Fahrzeugteilindustrie erleidet jährlich Einbußen von zweihundert Millionen Dollar durch Imitationen; die Schweizer Uhrenindustrie schreibt Verluste in Höhe von achthundertfünfzig Millionen Dollar.« Im *European* vom Oktober

1990 steht zu lesen: »Der Welthandel mit Imitationen hat ein Volumen von vier Milliarden Dollar.« Die Zeitschrift *Newsweek* berichtet im Oktober 1990: »Weltweit gehen amerikanischen Firmen nahezu zwei Milliarden Dollar verloren, davon allein in den USA mehr als sechzehn Millionen.« Und das *Time Magazine* schreibt im Juni 1991: »Die Computerindustrie in den Vereinigten Staaten hat im Jahr über vier Milliarden Dollar Umsatzeinbußen zu verzeichnen, und die Piraterie bei Videos, Büchern und Tonträgern kostet die amerikanische Unterhaltungsbranche mindestens die gleiche Summe.«

Zu den wenigen, die sich nicht auf Schätzungen festlegen lassen, zählt Codere. Doch auch er konnte mir von keiner einzigen Festnahme wegen Plagiats berichten, an der Interpol beteiligt war. Der Fehler liegt weder bei der Organisation selbst noch bei den Landespolizeiverbänden, sondern ist in der Tatenlosigkeit der Regierungen zu suchen – und in der Abneigung der Industrie, der Welt zu sagen, daß man sie geleimt hat. Gefälschte Arzneimittel etwa können gesundheitliche Probleme verursachen, und aus Ländern der dritten Welt wie Nigeria und Mexiko liegen verbürgte Berichte vor, daß sie zum Tod von Menschen führten. Im November 1990 stand in *Newsweek* zu lesen: »Dieses Problem möchten die multinationalen Pharmakonzerne am liebsten unter den Tisch kehren. Das ist so, ›als würde man jemand fragen, wie seine Frau im Bett ist‹, sagt ein Anwalt eines großen US-Pharmaherstellers.«

In den letzten Jahren haben Großbritannien, die Vereinigten Staaten, Frankreich und Kanada das Fälschen von Waren – oder »Urheberrechtsverletzungen«, wie es das Gesetz nennt – unter Strafe gestellt. Leider greifen die Behörden aber nur selten ein, und in den meisten anderen Länder wird lediglich nach dem Zivilrecht verfahren, sofern es bei ihnen überhaupt gesetzlich verankert ist. Der Hersteller der echten Ware kann selbst vor Gericht gehen und Schadenersatz einklagen oder die Auflage zur Vernichtung der Falsifikate erwirken – jedoch ist hierbei die Polizei nicht beteiligt. Deshalb beauftragen inzwischen so viele Großfirmen einen Privatdetektiv oder arbeiten mit einer eigenen Ermittlungsabteilung. Und seit der Aufhebung der Grenzen zu Beginn des Jahres 1993 in Europa rollt eine Lawine unaufhaltsam auf uns zu.

Derzeit gibt es in Europa, ja selbst innerhalb der EG, keine einheitlichen gesetzlichen Regelungen. In Frankreich beispielsweise hat die Regierung auf Druck renommierter Modehäuser einen vermeintlich harten Kurs gegen Fälscher eingeschlagen. Aber als bei einem der seltenen Prozesse ein türkischer Hersteller – in Abwesenheit – des Exports von hunderttausend Flaschen mit falschem Givenchy-Parfüm nach Frankreich schuldig gesprochen und zu einem Jahr Gefängnis verurteilt wurde (was er nie abzusitzen braucht, solange er außer Landes bleibt), verhängte das Gericht zusätzlich eine läppische Geldbuße in Höhe von dreihunderttausend Francs. In Italien ist es noch übler. In einem Fall verklagte ein führender Hersteller von Seidenschals einen Plagiator in einer Kleinstadt. Der Richter wertete den Fall als eindeutig, weigerte sich jedoch, die Firma schließen zu lassen, da sie der größte Arbeitgeber am Ort war und infolgedessen die meisten Einwohner ihren Job verloren hätten. Ergebnis: Der Produzent der Originalwaren mußte mit der Firma einen Handel abschließen. Er vergab eine Lizenz, für die er im Gegenzug Qualitätskontrolle und eine geringe Gebühr erhielt – und weiterhin um achtzig Prozent unterboten wurde.

Von diesem letzten Fall erzählte mir Robert Codere, doch als ich mich nach seiner Quelle erkundigte, mußte er eingestehen, daß er aus einer Zeitung darüber erfahren hatte. Er und seine Organisation können nur innerhalb der Koordinaten agieren, in die sie eingebunden sind. »Viele Länder haben nicht genügend Polizeikräfte, um sich mit solchen Dingen zu befassen«, meint er realistisch. »Fälscherei wird vielfach nicht vorrangig behandelt. Sie ist kein Gewaltverbrechen. Also engagiert man sich besser im Kampf gegen Diebstahl, Körperverletzung, Mord und Drogen. Warenfälschung steht erst an letzter Stelle – was auch verständlich ist.«

Aber Codere wie auch sein dänischer Chef Sven-Erik Ladefoged berichteten mir über eine Sparte im Fälschereigeschäft, die so gut wie nicht geahndet wird und die ich ausgesprochen kriminell finde. »Sie sind wegen Ihrer Recherchen für dieses Buch häufig mit dem Flugzeug unterwegs«, sagte Codere lakonisch zu mir. »Sie könnten in einer Maschine mit einem gefälschten Teil reisen.« Während ich diese etwas unangenehme Mitteilung verdaute, fuhr er fort: »Wir hatten einen Fall in Kanada, bei dem der Fahrer eines Reisebusses während einer Ausflugsfahrt mit dreißig Senioren die Kontrolle über das Fahrzeug verlor, weil die Bremsen versagten – es waren keine Originalteile. Jedenfalls stürzte der Bus in einen See, und es gab keine Überlebenden. Mit Flugzeugteilen ist es das gleiche. Mir sind zwar bis jetzt keine Todesfälle bei einem Linienflug bekannt, doch wer will behaupten, daß es hierbei nicht passieren kann?«

Ich schreibe ein Buch über Interpol und nicht über nachgemachte Flugzeugteile, doch ich mußte einfach dieser fast nebenbei gemachten Bemerkung ein bißchen nachgehen. Was dabei herauskam, klingt hochgradig beunruhigend.

Chris Mason ist ein alter Freund von mir, der früher PR-Beauftragter bei Scotland Yard war. Heute übt er die gleiche Tätigkeit bei der britischen zivilen Luftfahrtbehörde, der CAA, aus, der die Sicherheit aller britischen Zivilflugzeuge obliegt. Er schickte mir die erste von mehreren CAA-Meldungen zum Thema »Pseudoteile«, wie sie in der Industrie heißen. Sie datiert bereits vom 2. Oktober 1981 und lautet:

Das Problem mit Pseudoteilen

Die Bundesluftfahrtbehörde der Vereinigten Staaten von Amerika macht sich seit langem Sorgen wegen »Pseudoteilen«, von denen, wie sich herausstellte, erhebliche Mengen in Gebrauch sind. Typisch ist, daß viele dieser Teile den Originalen aufs Haar gleichen. Obwohl dieses Problem in Großbritannien, bedingt durch andere Zulassungsverfahren für Luft- und Raumfahrtprodukte, nicht in demselben Maße aufgetreten ist, wurden dennoch Pseudoteile entdeckt *[meine eigene Hervorhebung], und die CAA ist über deren Auftauchen im Vereinigten Königreich besorgt [...]*
Die Erfahrung in Großbritannien zeigt, daß das Problem der Pseudoteile nicht auf die Vereinigten Staaten begrenzt ist, und anhand typischer Beispiele, die in den Akten der CAA stehen, läßt sich dokumentieren, daß beim Kauf von Flugzeugersatzteilen britischer wie ausländischer Herkunft zur Vorsicht geraten werden muß. Solche Posten sollten entweder direkt vom Hersteller bezogen werden oder von einem Händler, dem der Käufer aufgrund eigener Erfahrung vertrauen kann.«

K. P. R. Smart, Chefinspektor für Flugzeugzwischenfälle bei der Untersuchungsabteilung für Luftfahrtunfälle in Farnborough, war so freundlich, mir alle Unterlagen über den einzigen Fall »in den letzten Jahren« zu schicken, bei dem ein Pseudoteil ein Flugzeugunglück verursachte. Während eines Flugs über Yorkshire kam am 30. Juli 1983 um 9.15 Uhr der erfahrene Pilot eines einmotorigen Leichthubschraubers vom Typ Bell 47 ums Leben, als die Hydraulik plötzlich ausfiel und seine Maschine wie ein Stein vom Himmel stürzte. »Ein Gleitlager am Antriebsgestänge hatte sich festgefressen, weil es zu stark befestigt und außerdem korrodiert war«, heißt es im offiziellen Bericht. »Weder das Material als solches noch seine Oberflächenbearbeitung entsprachen den vom Hersteller des Fluggeräts vorgeschriebenen Anforderungen.«

Chris Mason von der CAA versichert mir, daß es keinen Beweis gibt für die Annahme, ein Pseudoteil habe den Absturz irgendeines Flugzeugs einer britischen Fluggesellschaft im Linien- oder Charterbetrieb verursacht oder irgendein Passagier sei aus diesem Grunde getötet oder verletzt worden. Trotzdem schickte er mir die Fotokopie eines Artikels von Ian Verchere in der Ausgabe 11/91 einer führenden Industriepublikation, der *Interavia Aerospace Review*. Daraus nun die einleitenden Abschnitte:

> *Angesichts von über achthundert Flugzeugen, die weltweit zum Verkauf stehen und von denen viele verschrottet werden sollen, macht sich hinsichtlich der Gefahr, daß zu viele Ersatzteilimitate in das Wartungssystem hineingelangen könnten, bei Fluglinien wie Aufsichtsbehörden Unbehagen breit.*
>
> *In den USA, wo fünfundzwanzig Prozent aller Fluggesellschaften praktisch vor dem Bankrott stehen, sind diese Sorgen noch ausgeprägter, und die Industrie versucht, einige skandalöse Hintertürchen zu schließen.*
>
> *Während Aufsichts- und Betriebspersonal verständlicherweise bei allem vorsichtig sind, was ein schlechtes Licht auf ihre Funktion als Wächter über die öffentliche Sicherheit werfen könnte, läßt sich die Tatsache nicht von der Hand weisen, daß Teile von – wie sich ein Industrieprofi ausdrückt – »beängstigender Unzuverlässigkeit« aus kaputten oder abgewrackten Flugzeugen in den Wartungsbetrieb sickern. Eine beliebte Anekdote ist die von der Fluggesellschaft, die ein Teil verschrotten ließ und einige Monate später entdeckte, daß es über einen freien Zwischenhändler zurückgekauft worden war.*
>
> *Welche Gefahr nun genau von diesen nichtgenehmigten Ersatzteilen für die Lufttüchtigkeit von Flugzeugen ausgeht, ist rein spekulativ. »Dies ist heutzutage kein Sicherheitsproblem«, be-*

hauptet Donald Collier, der betriebstechnische Direktor des amerikanischen Lufttransportverbandes (ATA), »aber es gibt Schwachstellen, die genannt werden müssen. Mit Hilfe einer speziellen Projektgruppe entwerfen wir beratende Rundschreiben, welche die Verantwortlichkeiten jedes einzelnen in der Vertriebskette der Teile abklären.«

Verbrechensbekämpfung mittels beratender Rundschreiben ist ein neues Konzept. In den letzten zehn Jahren wurden in den gesamten Vereinigten Staaten nur etwa fünf Mittelsmänner wegen Ersatzteilschwindels gerichtlich belangt.

Und das hat mir John B. Drake, der Leiter der technischen Abteilung Luftfahrt im Nationalen Amt für Transportsicherheit in Washington D.C. geschrieben:

»Zwar ist das Amt für Sicherheit über die mögliche Verwendung von Pseudoteilen in der Luftfahrt besorgt, doch unsere Ermittlungen haben ergeben, daß sie bei den von unserer Behörde untersuchten Unfällen nur selten eine Rolle spielten. So stießen wir etwa, als wir die Daten jener Unfälle und Vorfälle im Flugverkehr der letzten sechs Jahre, von denen Aufzeichnungen vorliegen, sichteten, auf ganze neun Fälle, in denen solche Pseudoteile vom Amt erwähnt wurden. Da aber unsere Behörde jedes Jahr rund dreitausend Flugzeugunglücke und Vorfälle untersucht, hielt man demnach in nur etwa 0,05 Prozent der Ermittlungen falsche Ersatzteile für ursächlich. Außer im Zusammenhang mit jenen Einzelfällen, bei denen solche Teile gefunden wurden, hat das Amt für Sicherheit keine speziellen Untersuchungen von Pseudoteilen im Luftverkehrswesen durchgeführt.«

Von Mr. Drakes neun Fällen bezogen sich sieben auf ein- oder zweisitzige Leichtflugzeuge; einer betraf einen Bell-47-Helikopter und einer eine kleine, alte Turboprop-Maschine, die einer kleinen Inlandsfluglinie gehörte. Nur sechs Personen wurden bei diesen Unfällen verletzt, und lediglich eine kam ums Leben – was erfreulich ist, solange man nicht selbst diese eine Person ist oder sie zum engsten Familienkreis zählt.

Hier können Interpols Beamte für Wirtschaftskriminalität bloß mit den Schultern zucken und sich jenen Problemen widmen, die einige Erfolgsaussichten versprechen. »Manchmal habe ich das Gefühl, es ist einfach alles zu erdrückend«, sagt Sven-Erik Ladefoged. »Die amerikanische Weltraumbehörde NASA hat offen zugegeben, daß nachgemachte Bauteile ohne ihr Wissen in eines ihrer Spaceshuttles eingebaut wurden. Aber erinnern Sie sich noch, wie Präsident Carter im April 1980 seinen Versuch, die Teheraner Geiseln zu befreien, abbrechen lassen mußte, weil einige Hubschrauber der Rettungsmission nach ihrer Landung im Iran nicht wieder starten konnten? Ein Mitarbeiter des US-Verteidigungsministeriums erzählte mir auf einer Tagung in Rom, daß falsche Teile schuld gewesen seien. Ich weiß nicht, ob an dem was Wahres dran ist. Aber niemand wird das je öffentlich zugeben. Ich mache denen da keinen Vorwurf, und Sie?«

Die achte internationale Falschgeldkonferenz (nach fünf Jahren die erste) fand im April 1992 in Ottawa statt. Sidney Ribeiro-Bittancourt berichtete den Delegierten, die Zahl der dem Generalsekretariat in den letzten zehn Jahren gemeldeten Falschgeldfälle habe sich um dreihundert Prozent erhöht. Wie er auch der Generalversammlung in Dakar im November 1992 bestätigte, sei der US-Dollar nach wie vor die meistgefälschte Währung, doch es werde immer deutlicher, daß die alten Tage, als Blütendrucker noch kriminelle, von anderen Sparten des Verbrechens isolierte Einzelgänger waren, vorüber seien.

Er berichtete, seine Unterabteilung decke fortlaufend immer engere Verbindungen zwischen Geldfälscherei und illegalem Waffenhandel, Drogenschmuggel sowie organisiertem internationalen Terrorismus auf. Warum? Nicht nur weil man in Gaunerkreisen das alte Spielchen, wonach jeder jeden mit Falschgeld bezahlt, betreibt, sondern auch, weil das internationale Verbrechen – in dieser wie auch anderer Hinsicht – nicht länger nach »Kategorien« gegliedert ist. Die internationale Kriminalität ist wie das grenzüberschreitende Geschäft korporativ geworden.

Zudem existiert dieses Phänomen nicht nur im Westen. Aufgrund von Informationen seitens der NZB in Moskau und Rom, die mit dem FBI-Rechtsattaché bei der jeweiligen amerikanischen Botschaft zusammenarbeiteten, beschlagnahmte die russische Polizei im Dezember 1992 in einem Moskauer Hotel gefälschte US-Banknoten im Wert von einer Million Dollar und verhaftete sechs Männer: einen Russen, einen Ukrainer, einen Letten und drei Italiener. Auf beiden Seiten des Gesetzes hatte es eine Ost-West-Kooperation gegeben: Die Blüten waren in Italien gedruckt worden.

Aber die Falschgeldfahndung ist nur eine der Aktivitäten der Stammgruppe. »Wir haben dreihundert weitere Nachforschungen im Zusammenhang mit dieser und anderen kriminellen Organisationen laufen«, äußerte sich ein Beamter des russischen Ministeriums für Staatssicherheit gegenüber Journalisten. »Sie betreffen ebenso den Schmuggel von Edelmetallen und Ikonen aus Rußland wie die Falschgeldproduktion. Nach unseren Schätzungen sind in Rußland derzeit US-Blüten im Wert von elf Millionen Dollar in Umlauf – und über die Hälfte der Währung im zentralasiatischen Teil der Russischen Republik besteht aus Falschgeld.«

22. Kapitel
Das organisierte Verbrechen

Es sah aus wie bei jeder anderen routinemäßigen Drogenrazzia zu Beginn der neunziger Jahre. Jemand klopfte an die Eingangstür einer schmuddeligen städtischen Mietwohnung – in White City im Westen Londons –, Kripobeamte zwängten sich nach drinnen, ein Durchsuchungsbefehl wurde präsentiert. Man fand Rauschgift – in diesem Fall kleine, weiße Crackbrötchen – im Küchenschrank versteckt, und die beiden Männer, die hier wohnten, wurden wegen Verdachts auf Drogenhandel festgenommen.

Es ging sehr unkompliziert über die Bühne – eine alltägliche Routine.

Sie waren beide Schwarze und gaben an, Briten zu sein – und das war das erste, was dem erfahrenen, mit diesem in jeder Hinsicht ungewöhnlichen Fall betrauten Detektivsergeanten auffiel. Denn er wußte, daß der rasch wachsende Crackhandel in England – bislang nur eine Angelegenheit armer Zuwanderer aus Jamaika und von den Westindischen Inseln – von den »Yardies« kontrolliert wird. Das sind gewalttätige Banden von Dealern und manchmal auch Erzeugern (alles, was man dazu braucht, ist etwas Kokain, zwei Gasbrenner und ein bißchen freie Zeit), *sämtlich gebürtige Jamaikaner*. Wie kam es also, daß diese beiden Männer Briten waren?

Die zwei schienen ihre Aussagen mit umfassenden Belegen stützen zu können. Sie hatten sich einige Jahre lang mal hier, mal da als Plattenproduzenten in der Reggaeszene versucht. Der eine hatte einen britischen Paß auf den Namen Norman Smith, geboren in Coventry im Dezember 1959, dazu einen Führerschein und ein Bankkonto auf denselben Namen. Der andere nannte sich Ivan Thomas und besaß einen Führerschein auf diesen Namen. Alles schien hinreichend authentisch.

Aber zum Glück hatte der Kripomann die Idee, die Sache zur Sicherheit via Interpols NZB bei Scotland Yard überprüfen zu lassen. Und das erwies sich als goldrichtig: Sie *waren* nämlich beide gebürtige Jamaikaner, und gegen jeden lag auf Antrag der US-Behörden ein roter Interpol-Haftbefehl vor wegen mutmaßlicher Straftaten, begangen in New York über einen Zeitraum von vier Jahren hinweg.

»Norman Smith« hieß in Wirklichkeit Leroy Francis, und »Ivan Thomas« war sein Bruder Victor. Leroy war mit einem korrekten jamaikanischen Paß nach England eingereist, den er nach Erhalt eines gefälschten britischen Ausweises vernichtet hatte – kurioserweise gab es einen vollkommen unschuldigen Norman James Smith, geboren in Coventry im Dezember 1959, der in dieser Zeit mit seinem eigenen echten Paß Europa bereiste. In den Vereinigten Staaten (und Kanada) heißen die Yardies »Posses«, und diese zwei Männer waren vermutlich Mitglieder der Rankers Posse, einer der brutalsten und berüchtigsten Banden in New York.

Sie hatten sich offenbar nach London aufgemacht, um einen Crackumschlagplatz für die Rankers einzurichten – und um dem FBI und der New Yorker Polizei zu entwischen. Beide wurden wegen Mordes und anderer Verbrechen gesucht. In Victors Haftbefehl hieß es: »Diesem Mann wird Beteiligung an neun Mordfällen vorgeworfen; außerdem sind über achtundvierzig Anklagen wegen organisierten Bandentums und Crack-/Kokainhandels anhängig.«

Einer der Morde, die man ihm anlastete, war die rituelle Tötung eines siebzehnjährigen Jungen, der im Verdacht stand, Delroy Edwards, dem einstigen Anführer der Rankers, Geld und Crack gestohlen zu haben. Als abschreckendes Beispiel für andere hatte man den Halbwüchsigen erst geschlagen und ihm kochendes Wasser ins Gesicht geschüttet, bevor er in der Folterkammer der Bande in Brooklyn, halb bewußtlos von der Decke hängend, einen qualvollen Tod erlitt. Das half Delroy Edwards aber auch nicht viel: Der Mann mit dem Spitznamen »Uzi« (wegen seiner Vorliebe für die gleichnamige israelische Maschinenpistole) wurde seitdem in zweiundvierzig Anklagepunkten schuldig gesprochen, darunter sechsfacher Mord, fünfzehn Schießereien, eine Entführung, eine

Messerstecherei, bewaffneter Raub, Geldwäsche – und Drogenhandel.

All das spielte sich auf einem viel höheren Niveau der Kriminalität ab als eine vergleichsweise geringfügige Anklage wegen Crackdealens. Deshalb verzichteten die Briten darauf, die Brüder Francis vor Gericht zu stellen, und lieferten sie statt dessen im August 1991 an die Vereinigten Staaten aus – was ohne Interpols rote Fahndungsausschreibungen nie geschehen wäre.

Paul Nesbitt ist Detektiv-Superintendent aus Hongkong, von schottischer Abstammung, und er leitet die Abteilung für organisierte Kriminalität in Lyon. Er sagt: »Sobald man von ›organisiertem Verbrechen‹ redet, denken die meisten Leute gleich an die Mafia. Das ist die anerkannte, traditionelle Auslegung des Begriffs: der Film ›Der Pate‹, Marlon Brando und so weiter. Aber diese Banden, die aus Jamaika kommen, sind Teil der neuen – und sehr wichtigen – ethnischen Gruppen in der organisierten Kriminalität, die es heute gibt.«

Natürlich ist das mit dem organisierten Bandentum nicht neu. Die Mafia selbst entstand um die Mitte des neunzehnten Jahrhunderts auf Sizilien. Die in einigen Büchern erwähnte Behauptung, das Wort Mafia stehe für den Schlachtruf *»Morte alla Francia Italia amela!«* (»Tod den Franzosen ist Italiens Ruf!«) und stamme aus dem zwölften Jahrhundert, als sich die italienischen Staaten gegen die französischen Angreifer zur Wehr setzten, ist total aus der Luft gegriffen. Wie Luigi Barzini in seinem Buch *»Die Italiener«* erläutert, kommt es vom sizilianischen Wort »mafia« (mit kleinem »m«) und bedeutet:

> *»[...]*
> *eine Geisteshaltung, eine Lebensphilosophie, eine Auffassung von Gesellschaft, ein Moralkodex, eine besondere Empfindlichkeit, die allen Sizilianern zu eigen ist. Man legt es ihnen in die Wiege, oder sie kommen schon mit diesem Wissen zur Welt, daß sie einander helfen, ihren Freunden beistehen und gemeinsame Feinde bekämpfen müssen, selbst wenn die Freunde im Unrecht und die Feinde im Recht sind. Jeder muß seine Würde um jeden Preis verteidigen und darf niemals auch nur die kleinste Kränkung oder Beleidigung ungestraft durchgehen lassen; sie müssen schweigen können und sich stets vor offiziellen Behörden*

und Gesetzen in acht nehmen. In diesen Grundsätzen sind alle Sizilianer vereint, und die Prinzipien werden von den Sizilianern im restlichen Italien oder im Ausland sorgsam gehütet. Solchermaßen ist jeder ein Mafioso, der mit sichtlichem Stolz auftritt. ›Oh, wie mafioso!‹ werden Sizilianer beim Anblick eines anmutigen Hengstes ausrufen, der in vollem Zaumzeug, den Hals in den Nacken geworfen, mit geblähten Nüstern und feurigen Augen vorbeistolziert. Sie meinen damit natürlich nicht, daß das Pferd Mitglied eines äußerst gefährlichen Geheimbundes ist.«

Der »äußerst gefährliche Geheimbund« entstand, als die Macht der korrupten Bourbonenkönige des Königreichs Neapel-Sizilien, (das spätere Königreich beider Sizilien), die das Land vom fernen Neapel aus regierten, zu schwinden begann. Er agierte sowohl als frühe Widerstandsbewegung als auch als zynische Horde von Ausbeutern eben jener Menschen, die er doch aus der Unterdrückung befreien sollte. Als 1862 das vereinigte Königreich Italien ausgerufen wurde und die Bourbonen aus Neapel flüchteten, konnten sich die *Mafiosi* gänzlich einem Leben in Gesetzlosigkeit widmen. Sie waren nicht länger kriminell gesinnte Freiheitskämpfer, die sich in den Bergen versteckten und von dort aus das Land ausplünderten, sondern stiegen ganz offen zu den wahren Herrschern der Insel auf – woran sich bis heute nichts geändert hat.[76]

Und sie emigrierten bereits um 1880 in die Vereinigten Staaten. Sie kamen mit der ersten großen Welle italienischer Auswanderer über den Atlantik. Die beliebteste amerikanische Stadt für diese wagemutigen Sizilianer war New Orleans, denn dessen Klima entsprach in etwa jenem, das sie von ihrer Heimat gewöhnt waren. Das erste verbürgte Opfer der Mafia auf amerikanischem Boden war Vincenzo Ottumvo: Er wurde am 24. Januar 1889 in New Orleans anläßlich eines Gebietsstreits getötet, in dem es um die Kontrolle der Docks am Mississippi ging. Während des nächsten Jahres flammten die Gewalttätigkeiten immer wieder auf; schließlich geriet der städtische Polizeichef David Hennessy in einen Hinterhalt und wurde erschossen. Die Große Strafkammer, die neunzehn Sizilianer wegen des Mordes anklagte, stellte ohne Schwierigkeiten fest, daß »die Gründung einer geheimen Organisation, der sogenannten Mafia, zweifellos erfolgt ist«. Und das war vor über hundert Jahren.

Doch jahrzehntelang bestritten die US-Strafverfolgungsbehörden vehement die Existenz der Mafia auf amerikanischem Boden. Es erfolgten zwar Verhaftungen, doch deren Hintergründe kamen vor Gericht nur selten ans Licht. 1963 schließlich brach ein verurteilter Mafiosi namens Joe Valachi als erster die *Omertá*, den Eid der Verschwiegenheit, und packte über das Syndikat aus. Dieser dunkelhäutige Killer mit seiner Reibeisenstimme, der fortan um sein Leben fürchten mußte, nachdem ihm sein ehemaliger *Padrino*, mit dem er eine Gefängniszelle teilte, den »Todeskuß« gegeben hatte, faszinierte Millionen Zuschauer am Fernseher, als er im Verlauf einer fast zwei Monate währenden Zeugenaussage die intimsten Geheimnisse der Organisation an einen Senatsausschuß verriet – wofür man ihm eine Bewachung rund um die Uhr versprach. Er half dabei dem FBI-Chef J. Edgar Hoover aus einer peinlichen Verlegenheit heraus, indem er sagte, daß die Organisation nicht Mafia, sondern *La Cosa Nostra* (»Unsere Sache«) hieße. Der Kriminalhistoriker Richard Hammer hierzu: »Um Hoover zu täuschen, mußte ein neuer Name geschaffen werden.«

Heutzutage bestreitet niemand mehr die Existenz der Mafia oder ihre enorme Macht. So schrieb Raymond Kendall in der *Internationalen Kriminalpolizeilichen Rundschau:* »Mafia, La Cosa Nostra, Camorra, Hell's Angels, kolumbianische Kokainkartelle und eine Menge anderer niederträchtiger, krimineller Organisationen sind gleichbedeutend mit Korruption, Mord, Erpressung, Terror, Manipulation und Betrug. Sie verkörpern die Summe des organisierten Verbrechens.«

Überraschenderweise erhielt Interpols Generalsekretariat aber erst am 1. Januar 1990 eine eigene Gruppe für organisierte Kriminalität. Zwar hatte man schon knapp drei Jahre zuvor, im März 1987, eine kleine Unterabteilung geschaffen; diese war jedoch in eine Gemeinschaftsgruppe (OC-Fopac) eingebunden, deren überfordertes Team sich ja der Bekämpfung der Geldwäsche widmete. Bis dahin glich Interpols offizielle Einstellung zu diesem Problem fast genauso der berühmten Vogel-Strauß-Haltung wie jene des FBI, bevor Joe Valachi 1963 seinen Schweigeeid brach.

Das Problem drehte sich nicht zuletzt um die Frage der Definition, denn was genau ist »organisierte Kriminalität?« Die Frage ist leichter gestellt als beantwortet. Unterschiedliche Strafgesetzgebungen vertreten unterschiedliche Auffassungen. Im Mai 1988 lud die OC-Fopac zu Interpols erstem internationalen Symposium über organisierte Kriminalität nach Saint-Cloud ein. Sechsundvierzig Länder entsandten Delegationen, und sogleich mußte man sich erst einmal über die Definition einigen. Heraus kam schließlich folgendes »Provisorium«: »jede Unternehmung oder Gruppe von Personen, welche fortgesetzt eine illegale Aktivität ausübt, deren oberster Zweck die Erzielung von Profiten ist, ungeachtet nationaler Grenzen.«

Das klingt ja schon recht konkret, könnte man meinen. Doch von einer allgemeinen Akzeptanz war man noch weit entfernt. Italien und Spanien monierten, man habe die Notwendigkeit einer verbindlichen Befehlsstruktur innerhalb der Organisation übergangen. Diesem Argument schloß sich auch Deutschland an. Bereits 1982 hatte eine Arbeitsgruppe des BKA organisierte Kriminalität wie folgt definiert: »jede Gruppe von Personen, die bewußt und vorsätzlich beschlossen haben, über einen bestimmten Zeitraum bei illegalen Aktivitäten zusammenzuarbeiten, wobei sie die Aufgaben untereinander aufteilen und *sich häufig moderner Infrastruktursysteme bedienen* [meine Hervorhebung] mit dem vorrangigen Ziel, schnellstmöglich beträchtliche Profite anzuhäufen«.

Auch die Amerikaner und Kanadier waren nicht zufrieden. Ihrer Ansicht nach hatte das Symposium ein wesentliches Element außer acht gelassen: die rücksichtslose Anwendung von Gewalt. Hierzu die Stellungnahme einer kanadischen Polizeibeamtin aus Detektiv-Superintendent Nesbitts Gruppe für organisierte Kriminalität, die nicht namentlich genannt sein will: »Wenn man in Kanada und den Vereinigten Staaten von organisierter Kriminalität spricht, meint man damit wirklich nur eines: mafiaähnliche Vereinigungen mit einer Hierarchie, die jener von Firmen ähnelt – die aber auch bereit sind, zur Durchsetzung ihrer Ziele jede erforderliche Form von Gewalt einzusetzen. Als ich im Sommer 1990 hierher kam[77], erkannte ich zum erstenmal, daß Europäer es wirklich nicht so sehen. Ihnen fehlt unsere Erfahrung mit dieser Art Gewaltkriminalität, und für sie beschränkt sich die Angelegenheit darauf, daß die Banden strukturell organisiert sind.«

Paul Nesbitt räumt ein, daß unterschiedliche Auffassungen darüber, was »organisierte Kriminalität« bedeutet, die Effektivität seiner Gruppe anfänglich behindert haben, wie bei der OC-Fopac, an deren Stelle sie trat. »Unser Team besteht aus fünf Leuten. Ich befasse mich mit dem Fernen Osten, denn ich bin ja von dort. Eine kanadische Kollegin übernimmt Nordamerika, ein Chilene Südamerika, ein Italiener und ein Schwede teilen sich Europa, und der schwedische Beamte kümmert sich nun auch um Mütterchen Rußland. Doch wie jede andere Gruppe oder Einheit in Lyon können wir nur effektiv funktionieren, wenn die NZB umfassend mit uns kooperieren. Außerdem stellten wir fest, daß wir unser Arbeitskonzept zum organisierten Verbrechen erweitern mußten, damit möglichst viele Mitgliedsländer sagen konnten, daß dies ihren Erfahrungen mit organisierter Kriminalität entsprach.«

Auf der Grundlage eines Vorschlags von Commander Roy Penrose von Scotland Yard legte er somit diese Definition vor: »jede Gruppe mit einer festen Struktur, deren oberstes Ziel es ist, durch illegale Aktivitäten Geld zu machen und die sich häufig auf Angst und Korruption begründet«.

»Damit ist jeder glücklich«, sagt Nesbitt, »und so können wir hoffentlich unsere Arbeit in der Weise machen, wie sie für uns vorgesehen ist.«

Wie sieht also, von Interpols Standpunkt aus gesehen, die Situation im internationalen organisierten Verbrechen heute aus?

Laut Paul Nesbitt gibt es drei verschiedene Kategorien. Unter die erste fallen die traditionellen, streng strukturierten Gruppen. Deren bekannteste Vertreter sind die Mafia und die kolumbianischen Drogenkartelle; daneben gibt es noch die japanische Yakuza, die chinesischen Triaden und die hauptsächlich in den USA ihr Unwesen treibenden Hell's Angels.

Die Yakuza beherrscht die nationale Verbrechensszene in Japan und ist nun im Begriff, im Ausland Fuß zu fassen. Diese Organisation, von japanischen Polizeibehörden weniger schmeichelhaft als »Boryokudan« (»Gewalttätige«) bezeichnet, bildet seit langem die Basis für japanische Verbrechersyndikate. Einst hatte sie ein »Robin-Hood«-Image: Sie beraubte die Reichen, um die Armen zu beschenken, doch inzwischen stopft sie das Geld nur noch in die eigenen Taschen. Sie ist der Spitzenverdiener unter den Unternehmen des Landes: 1990 machte sie etwa fünfeinhalb Milliarden Pfund Gewinn – mehr als achtmal soviel wie der Zweitplazierte, der Toyota-Konzern.

Gleich der US-amerikanischen und italienischen Mafia haben sich ihre Fangarme tief in die legale Wirtschaft des Landes vorgetastet. Nach Kalkulationen der japanischen Polizei stammen zwanzig Prozent ihrer Einnahmen aus regulären Geschäften, und die schätzungsweise fast neunzigtausend Mann zählende Yakuza vermochte sich in der Öffentlichkeit ein seriöses Erscheinungsbild zuzulegen, wobei der Ganove der neuen Generation sein amerikanisches Gangsteroutfit, bestehend aus dunklem Anzug, dunkler Krawatte und Sonnenbrille, mit einem diskreten Geschäftsanzug vertauscht. Trotzdem wird er auch weiterhin stolz den charakteristischen Anstecker seiner Gruppe am Revers tragen und Fremde anhand seiner Visitenkarte begrüßen, auf seinen Rang innerhalb der Organisation hinweisen. Das größte Syndikat, die Yamaguchi Gumi, druckt sogar ein achtzehnseitiges internes Telefonverzeichnis.

Mitunter schießt die Yakuza auch übers Ziel hinaus: Ein solcher Fall ereignete sich im Mai 1991, als die Präsidenten von Nomura Securities und Nikko Securities, zwei der führenden Aktienhändler Japans, zum Rücktritt gezwungen wurden, nachdem bekannt wurde, daß ihre Filialen (angeblich unwissentlich) jeder zwei Milliarden Yen (rund einundzwanzig Millionen D-Mark) an Susumu Ishii, den Boß des zweitgrößten Verbrechersyndikats Inagawa Kai, verliehen hatten.

Doch Geschäft ist Geschäft. Im November 1991 enthüllte die Tokioer Zeitung *Asahi Shimbun*, daß die Yamaguchi Gumi weitere zwei Milliarden Yen von siebzehn Geldinstituten und vier Privatfirmen für den Bau neuer Büros und zur Finanzierung ihrer legalen Geschäfte geliehen bekommen habe. Wie schon zuvor sagten die Kreditgeber zwar, sie hätten keine Ahnung von den Verbindungen ihrer Kunden zur Unterwelt; angesichts der momentan angespannten Wirtschaftslage weigerten sich jedoch die meisten, ihre Kredite zu stornieren.

International unterhält die Yakuza seit den frühen siebziger Jahren enge Beziehungen zu Nordamerika: nicht zuletzt deshalb, weil die Syndikate sich ihre Waffen – von denen sie ohne Zögern Gebrauch machen – aus den Vereinigten Staaten holen, da in Japan seit dem Zweiten Weltkrieg der Schußwaffenbesitz für Privatpersonen unter Strafe steht. Und wie bereits im Kapitel über Drogen zu lesen war, hat sich die Yakuza mittlerweile intensiv dem Rauschgiftgeschäft gewidmet: Sie liefert Ice in die USA und importiert Kokain aus Kolumbien.

Wie sieht die offizielle Haltung der japanischen Polizei angesichts dieser neuen Entwicklung aus? Das waren ihre Worte auf dem zweiten internationalen Symposium über organisierte Kriminalität, das im Oktober 1990 in Lyon stattfand:

»Die Polizeiverbände haben sich unermüdlich um die Zerschlagung der Boryokudan bemüht. Diese sind jedoch bedauerlicherweise in letzter Zeit dabei, ihre Aktivitäten zunehmend auf das Ausland auszudehnen. Und das bedeutet, daß eine internationale Kooperation unerläßlich ist, will man eine solche Situation noch in den Griff bekommen; zu diesem Zweck werden nun auch Anstrengungen unternommen, die Zusammenarbeit mit Untersuchungsbehörden in Übersee zu festigen [...]
Dennoch ist es eine traurige Tatsache, daß sich bis zum heutigen Tage die Boryokudan immer wieder trotz massiver Razzien dem Zugriff der Polizeitruppen entziehen können und zugleich große Macht behalten, wodurch der Gesellschaft schwerer Schaden zugefügt wird. Hinzu kommt noch, daß die Bedrohung durch die Boryokudan sich inzwischen auch in Übersee bemerkbar macht. Die Nationale Polizeibehörde Japans verpflichtet sich, künftig noch mehr Anstrengungen zu unternehmen und durch fortgesetzte enge Zusammenarbeit mit maßgeblichen Ländern über die Grenzen Japans hinaus auf die Zerschlagung der Boryokudan hinzuwirken.«

Zhou Nian-shan, der stellvertretende Leiter des NZB der Volksrepublik China in Peking, plädierte auf eben jenem Symposium im Namen seiner Regierung mit ziemlich gleichlautenden Worten für eine verstärkte internationale Zusammenarbeit, als er in seinem Referat auf die Triaden zu sprechen kam, die er »die schwarzen Gesellschaften« nannte. Das sind die traditionellen chinesischen Geheimbünde, die den Großteil des südostasiatischen Heroinhandels aus dem Goldenen Dreieck kontrollieren. Zunächst jedoch berichtete er bemerkenswert ehrlich über die Geschehnisse im Landesinneren von China seit, wie er sich ausdrückte, der »Wirtschaftsreform und politischen Öffnung« in den frühen achtziger Jahren:

»Viele kriminelle Vereinigungen agieren wie die früheren geheimen Feudalgesellschaften. Aufgrund der Nachwirkungen des Gifts einer tausendjährigen Feudalideologie und einiger Anreize von außen seit unserer Wirtschaftsreform und politi-

schen Öffnung imitieren manche Verbrecherbanden schwarze Gesellschaften aus Film und Fernsehen und geben sich eine Vielzahl von Decknamen wie ›Die Grüne Drachenbande‹, ›Bettlerbande‹, ›Westbank-Kommando‹ und dergleichen [...] Angesichts der reformpolitischen Fortschritte und der politischen Öffnung nutzten in den letzten Jahren auswärtige kriminelle Elemente und schwarze Gesellschaften die Gunst der Stunde, um unser Land zu unterwandern und innerhalb dessen Grenzen ihre eigenen Organisationen im Einvernehmen mit ansässigen Ganoven aufzubauen. Bedingt durch die Auflösung der alten Strukturen, an deren Stelle neue treten, und die konsumorientierte Entwicklung sind manche Gebiete und bestimmte Bereiche außer Kontrolle geraten.
Daher ist prinzipiell der Boden für das Gedeihen und die Vermehrung der schwarzen Gesellschaften bereitet. Viele Banden sind allmählich zum organisierten Verbrechen übergegangen, das von einer engmaschigen Struktur gekennzeichnet wird. Vor allem in den Küstenregionen Chinas stocken derzeit die Mitglieder der schwarzen Gesellschaften aus Hongkong, Macao und Taiwan ihre Organisationen mit Gangstern auf, um diese für sich als Schlägertrupps rauben, stehlen und erpressen zu lassen. Ihre Fühler haben sie krakengleich bis ins Landesinnere vorgestreckt. In manchen Küstenbezirken nehmen Schmuggel, Drogengeschäfte, Menschenhandel, Fälschungen und der Warenverkehr mit Ausländern ebenfalls dramatisch zu. Diese organisierten, die gesellschaftliche Ordnung und die Stabilität des Landes bedrohenden kriminellen Aktivitäten haben in Regierungskreisen große Besorgnis ausgelöst.«

Und deshalb maß sein Land der Interpol-Mitgliedschaft so große Bedeutung bei und wünschte eine noch engere Zusammenarbeit als bisher:

»Herr Vorsitzender, verehrte Delegierte, ohne internationale Kooperation ist es schwierig, die Unterwanderung durch diese Kräfte des Bösen zu bekämpfen. Daher hoffen wir auf eine intensivere Zusammenarbeit mit den Polizeibehörden in anderen Ländern und Regionen. Im zukünftigen Kampf gegen das organisierte Verbrechen wünschen wir uns, daß es Interpol möglich sein wird, neue Wege zu beschreiten, um den so oft

praktizierten Austausch von Informationen, neuen Entwicklungen und Methoden, die in den einzelnen Ländern und Regionen erarbeitet werden, zu intensivieren, damit ein jedes Mitgliedsland sich eine generelle Vorstellung machen kann. Verbreiten Sie Erkenntnisse über die Mitglieder von ländergreifenden kriminellen Organisationen und kriminaltechnische Hinweise, rufen Sie die betroffenen Länder und Regionen zu gemeinsamen Ermittlungen auf, und die informierten Länder sollten ihrerseits rasch Antwort geben!
Dem Generalsekretariat von Interpol kommt im Kampf gegen internationale Verbrechersyndikate eine tragende Funktion in bezug auf Koordinierung und Organisierung seiner Mitgliedsländer zu.«

Soviel zur Yakuza und den Triaden. Und die Hell's Angels? Diese Motorradgangs, die ihre wilde Freiheit kompromißlos ausleben und sich damit brüsten, »Gesetzlose« zu sein, und auf die normale Gesellschaft spucken, platzten anläßlich eines Aufruhrs am amerikanischen Unabhängigkeitstag (4. Juli) 1948 in der kalifornischen Kleinstadt Hollister in die amerikanische Szenerie. Die American Motorcycle Association ließ verbreiten, daß neunundneunzig Prozent der Motorradfahrer des Landes anständige, gesetzestreue Bürger seien – deshalb nannten sich die Hell's Angels prompt »Einprozenter« und machten das Wort »Bürger« zu ihrem schlimmsten Schimpfwort.

Diese von einer streng hierarchischen Befehlsstruktur und von einem unbedingten Treuegelöbnis geprägte Vereinigung von Kriminellen stellte schon bald Beziehungen zur US-Mafia her und machte sich nützlich, indem sie Morde auf Bestellung ausführte und Außenstände durch einschüchternde Demonstrationen von »Muskelkraft« eintrieb. Bis Anfang der siebziger Jahre waren die Hell's Angels ins benachbarte Kanada vorgedrungen, und ein Jahrzehnt später hatten sie bereits »Ortsgruppen« in Westeuropa, Australien und Neuseeland gegründet.

Dank ihrer offenkundigen Mobilität und Schnelligkeit vermochten sie sich nun in den neunziger Jahren als ideale Drogenhändler zu etablieren und sind oft als ihre eigenen Kuriere unterwegs. »Alle Anzeichen sprechen dafür, daß sie jetzt auch in Europa ganz groß einsteigen, nachdem 1993 die Grenzen aufgehoben worden sind«, sagt die kanadische Polizistin aus dem Dezernat für organisierte Kriminalität. Paul Nesbitt hat sie beauftragt, einen gesonderten Bericht vorzubereiten über das, was wohl auf uns zukommt. Sie wird Vertraulichkeit wahren; dennoch muß gesagt werden, daß bereits jetzt in Frankreich die erste größere Beschlagnahmung erfolgte: Bei einer Razzia im Pariser Hauptquartier der Hell's Angels im Juli 1991 wurden achtundzwanzig Kilo Haschisch, siebenhundertfünfzig Gramm Kokain, mehrere Revolver und ein Maschinengewehr sichergestellt.

Die zweite Kategorie des internationalen organisierten Verbrechens von heute ist das, was Nesbitt »die Profis« nennt. Sie verfügen über einen hierarchischen Aufbau, und mit bestimmten Aufgaben werden jeweils Spezialisten betraut. Es handelt sich jedoch um keine permanenten Organisationen, und in Westeuropa setzen sie nur selten Gewalt ein. Sie werden für einen speziellen Job – oder eine Reihe von Jobs – zusammengestellt, und danach tauchen sie entweder für immer unter oder formieren sich irgendwann neu, falls eine ähnliche kriminelle Aufgabe ansteht. Italien schlägt sich noch mit den Traditionsunternehmen Mafia und Camorra herum[78], wogegen »die Profis« im ganzen übrigen Europa – national und international – das Standardschema der organisierten Kriminalität praktizieren.

Und die kann in den einzelnen Ländern auch in sehr unterschiedlichen Formen auftreten: So haben sich Österreich und Bulgarien bei Interpol über internationale Schmugglerringe aus Nahost und Nordafrika beklagt. Schweden und Norwegen hatten unter Kreditkartenbetrügereien durch organisierte Syndikate mit Sitz in Nordafrika und Asien zu leiden. Im Juli 1991 nahm die schwedische Polizei drei Nordafrikaner fest, in deren Besitz sich gefälschte Kreditkarten fanden, die größtenteils Kopien gestohlener Originalkarten skandinavischer Touristen waren. Und im September 1990 wurden aufgrund eines Interpol-Hinweises auf dem Osloer Flughafen vier Malaysier mit dreißig Duplikaten von Visa-Gold-Karten im Gepäck verhaftet, die ausnahmslos Norwegern gehörten, die eine Fernostreise angetreten hatten. Im März 1992 legte eine Vereinigung von Girokreditinstituten in London Zahlen vor, nach denen das organisierte Verbrechen den britischen Banken und Baugesellschaften im Vorjahr 165,6 Millionen Pfund Verluste aufgrund betrügerischer Benutzung von Kredit- und Scheckkarten einbrachte – kein Wunder bei durchschnittlich fünfeinhalbtausend verlorenen oder gestohlenen Karten pro Tag. Österreich hat Interpol Einzelheiten über südamerikanische Taschendiebe mitgeteilt, die, teilweise in Italien angeheuert, regelmäßig Wien und andere Hauptstädte heimsuchen. Das BKA in Wiesbaden weiß von tschechischen und slowakischen Banden zu berichten, die gestohlene Metalle nach Deutschland schmuggeln und gegen harte D-Mark an bayerische Recyclingfirmen verkaufen.

Moden unterliegen dem Wandel, das Wesentliche bleibt jedoch unverändert. In den siebziger und zu Beginn der achtziger Jahre wurden mit von spezialisierten Diebesbanden in ganz Europa »organisierten« Luxusautos hauptsächlich reiche Araber und nordafrikanische Drogenhändler, aber auch Kundschaft in den Vereinigten Staaten versorgt (auf dem Kontinent gestohlene Rolls-Royce erhielten gegenüber den aus Großbritannien entwendeten den Vorzug wegen der in Resteuropa üblichen Linkssteuerung). Dieser Handel besteht bis heute fort: Im Mai 1990 traf sich in Lyon eine Arbeitsgruppe, die sich speziell mit einem Verbrecherring befaßte, der in Italien gestohlene Autos über Deutschland nach Belgien schleuste, wo sie neu zugelassen und für den Export »verkauft« wurden. In den späten achtziger und den frühen neunziger Jahren aber wurde durch den Zusammenbruch der kommunistischen Diktaturen in Rußland und Osteuropa ein zusätzlicher Markt erschlossen.

Mittlerweile ist Polen der weltweit größte Umschlagplatz für gestohlene Nobelkarossen, die in die einstige Sowjetunion und andere ehemalige kommunistische Staaten ausgeführt werden sollen. Laut BKA-Angaben stieg die Zahl der in Westdeutschland gestohlenen Autos von siebzehntausend im Jahr 1989 – dem Jahr, als die Berliner Mauer fiel – auf schätzungsweise vierzigtausend im Jahr 1991. Von den 1989 geklauten Pkw, so das BKA, seien etwa zehntausend in Polen gelandet. Jeder kann sich selbst ausmalen, wie die aktuelle Lage aussieht, da die Polizeiverbände im gesamten ehemaligen Ostblock unterbesetzt und unterbezahlt sind und mitunter nicht einmal über die einfachsten Errungenschaften der modernen Technik verfügen.

»Die gesellschaftliche und politische Umwälzung, der wirtschaftliche Kollaps, der Wertewandel, die Abschaffung der Reisebeschränkungen und die Liberalisierung des Strafrechts, dazu ein mangelhafter Professionalismus auf seiten der neugeschaffenen

Polizeidienste – all dies hat einen qualitativen wie quantitativen Anstieg der kriminellen Aktivitäten begünstigt«, räumte Krzysztof Jablonski, der Chef der polnischen Kriminalpolizei, im April 1991 in London anläßlich der jährlichen Interpol-Regionalkonferenz für Europa ein.

Gennadi Schebotarew, stellvertretender Leiter der Abteilung für organisierte Kriminalität im damaligen Innenministerium der Sowjetunion, malte den Konferenzteilnehmern so ziemlich das gleiche Bild von demoralisierten Polizisten, die sich vergeblich einer neuen, alles verschlingenden Woge der Kriminalität entgegenzustemmen versuchen. Er sagte, seine Abteilung habe rund siebenhundert Untergrundführer identifiziert, die in organisierte Verbrechen wie Betrug, Erpressung, Schieber- und Fälschergeschäfte verwickelt seien. »Unsere Kriminellen sind sehr, sehr brutal, viel brutaler als bei Ihnen. Sie greifen leicht zu Schußwaffen und Folter. Eine beliebte Methode sind Folterungen mit einem heißen Bügeleisen. Sie nennen das ›den Kunden aufweichen‹.«

Die alte Sowjetunion war ein Polizeistaat, und in einem solchen Gebilde kann das organisierte Verbrechen meist nur schwerlich gedeihen. Inzwischen aber sind Begriffe wie *mafiozniki, rekel* [vom englischen »Racketeer« = Schieber, Ganove] und *biznis* in den alltäglichen Sprachgebrauch der Russen eingegangen. »Vergessen Sie Boris Jelzin oder wer gerade im Kreml sitzt«, sagte zu mir im Februar 1992 ein britischer Geschäftsmann, der ein Büro in Moskau unterhält. »Die organisierte Kriminalität regiert im heutigen Rußland. Sie hat von den Kommunisten die Macht übernommen, und ihre Bosse sind die wahren Herrscher im Lande.«

In den sechziger Jahren verkörperten das organisierte Verbrechen in England die Brüder Kray aus London, die jetzt beide wegen Mordes eine lebenslange Freiheitsstrafe verbüßen, und die ebenfalls geschnappte und eingelochte Richardson-Bande, gefürchtete Gewaltverbrecher, die mit Revolvern und Macheten regierten. Die Krays versuchten gar, mit der New Yorker Mafia ins Geschäft zu kommen und sie nach England zu holen, doch das klappte nicht. Die Amerikaner schickten einen Gesandten nach London – der prompt im Hotel »Mayfair« verhaftet wurde und bis zu seiner Ausweisung im Gefängnis von Brixton schmoren durfte. »Ich dachte, Sie hätten mir erzählt, das Hotel gehöre Ihnen«, war sein wütender Kommentar, als ihn die Zwillinge in Brixton besuchten.

In unserem Jahrzehnt sind es die modernen, »professionellen« Organisationen, die sich durchsetzen. Duncan Campbell meint hierzu in seinem Buch über das moderne Verbrechen in England: »Früher baten sich die alten Gangster ›Respekt‹ aus; die neuen sind daran nicht mal mehr ansatzweise interessiert. Respekt bedeutet Aufmerksamkeit, und diese wiederum bedeutet Kontrolle. Mit Respekt wird weder das Internat des Jungen bezahlt noch die Mitgliedschaft im Squashklub. Das letzte, was sich der Kriminelle von heute wünscht, ist, in einem Klub im Norden Londons erkannt zu werden, und das Verlangen nach Diskretion hat dazu geführt, daß viele ›Gesichter‹ in der Szene durch Abwesenheit glänzen.«[79]

Aber diese neuen Ganoven der neunziger Jahre brauchen Kontakte und nützliche Verbindungen über die Grenzen ihres Landes hinweg in noch stärkerem Maße als die alten Schurken dreißig Jahre zuvor. Und genau hier kommt natürlich Interpol ins Spiel – mit einigem Erfolg.

An dieser Stelle seien nur zwei Beispiele genannt:

Das absolute Millionending

Am 2. Mai 1990 wurde um 9.38 Uhr morgens in der Nicholas Lane, einer engen, belebten Straße in der Londoner Innenstadt, der achtundfünfzigjährige Bote eines Finanzmaklers auf seiner täglichen Runde von einem kräftigen jungen Schwarzen gepackt und mit einem Messer bedroht. Es bestand nicht die geringste Chance auf Gegenwehr. Der Mann, der eine Bomberjacke aus braunem Leder trug, riß den Koffer des Boten an sich und tauchte rasch im dichten Gewühl der Fußgänger unter. Trotz eines Phantombildes der Polizei und einer guten Beschreibung wurde der flinkfüßige Räuber nie gefaßt.

Es war der größte Straßenraub aller Zeiten, denn der Koffer enthielt 291,9 Millionen Pfund in Schatzbriefen und Depositenscheinen. Im Unterschied zu Aktienurkunden waren diese »Inhaberobligationen« fast so gut wie richtiges Geld und konnten leicht in Bares umgewandelt werden.

Ein Sprecher der Londoner Polizei sagte, die Tat sei ein reiner Zufallstreffer gewesen. Er hätte nicht gründlicher danebenliegen können. Sechs Monate später erhob eine New Yorker Geschworenenkammer Anklage gegen zwölf Personen, darunter drei Briten, wegen Beteiligung an einer kriminellen transatlan-

tischen Verschwörung in einem schwerwiegenden Fall. Und tatsächlich hatte eine moderne, »professionelle« Verbrecherorganisation mit Verbindungen rund um den Erdball zugeschlagen.

Innerhalb von vier Monaten nach dem Raub trieb die Polizei in England, Schottland, der Bundesrepublik Deutschland und Zypern 184,9 Millionen Pfund der geraubten Wertpapiere auf und verhaftete acht Personen. Bis zum Januar 1991 waren weitere Festnahmen in den Vereinigten Staaten und in Singapur erfolgt, in deren Folge nur noch der Verbleib von vier Millionen Pfund offenblieb. Bis zum März 1992 hatten die Polizeibehörden weltweit insgesamt einundsiebzig Personen verhaftet, und angeblich blieben zum Schluß nur zwei Millionen Pfund unauffindbar – mit wohl nur geringen Aussichten auf Wiederbeschaffung.

Detektivsergeant Steve Young von der Londoner Polizei formulierte es so: »Interpol wurde im Laufe der Ermittlungen zu diesem Raub ausgiebig in Anspruch genommen und hat großen Anteil am Erfolg der gesamten Operation.« Es war eine kuriose Geschichte: Im Juli 1990 ging ein Mann namens Mark Lee Osborne der Polizei ins Netz, als er versuchte, unter Zeitdruck einige der Wertpapiere einem verdeckten Ermittler des FBI zu verkaufen. Er wurde danach »umgepolt« und als Werkzeug in den weiteren Ermittlungen verwendet. Doch nur drei Wochen später fand man ihn in Houston, Texas, auf dem Rücksitz eines Autos – getötet mit zwei Kopfschüssen.

Das Syndikat der Nobelkarossenklauer

Im Juni 1991 meldete das regionale Kriminalkommando Südwest, seine Beamten hätten die Spuren von über fünfzig während des letzten halben Jahres in Europa gestohlenen Ferrari, Porsche und Mercedes im Wert von mindestens drei Millionen Pfund ausfindig gemacht. Die Autos waren in Frankreich, Italien und Deutschland entwendet und dann nach Spanien gefahren worden, von wo aus sie auf Passagierfähren vom nordspanischen Hafen Santander als Touristenfracht nach Plymouth in Devon gingen.

Sobald man sie in Großbritannien mit gefälschten Dokumenten »gewaschen« hatte, wurden sie in den Nahen Osten und nach

Ostasien exportiert, wo sie mittlerweile das Doppelte ihrer Pendants aus europäischen Autohäusern kosteten. Aber das Polizeikommando hatte einige Erfolge zu verbuchen: Nachdem auf Antrag von Interpol Madrid an Interpol London eine Überwachungsaktion begann, wurden auf dem Londoner Flughafen Heathrow ein Mercedes und ein Ferrari beschlagnahmt, die in Kürze ausgeflogen werden sollten. Hier die Stellungnahme des damals mit dem Fall beauftragten Beamten: »Das ist wirklich ein Vorgeschmack auf die Dinge, auf die wir uns gefaßt machen dürfen, wenn Ende 1992 die Grenzen fallen.«

Die dritte Kategorie des internationalen organisierten Verbrechens der Gegenwart sind Figuren wie die Yardies, bei denen wir begannen. Paul Nesbitt dazu in Lyon: »Die neuen ethnischen Gruppen im organisierten Verbrechen schießen wahrlich überall auf der internationalen Szene wie Pilze aus dem Boden.

Die Gründe sind schwer zu verstehen, doch ich glaube, der wichtigste Grund dürfte das Mißverhältnis zwischen dem Lebensstandard eines Einwanderers und jenem des größten Teils der einheimischen Bevölkerung sein. Der Neuankömmling landet im allgemeinen in einem Slumviertel, wo er leben und sich irgendwie durchschlagen muß. Da besteht leicht die Chance, daß er im Dunstkreis seiner Landsleute in die organisierte Kriminalität hineinschlittert. Ja, man wird ihn oft zum Mitmachen animieren, denn wie soll er sonst seinen Lebensunterhalt verdienen? Vielleicht ist er auch ein illegaler Einwanderer, und die verbreiten sich ja wie eine Epidemie, soweit ich es beurteilen kann.

Aus welchem Grund auch immer – die ethnischen Gruppen sind eine mächtige neue Kraft, die man nicht unterschätzen darf.«

Das ist besonders beunruhigend, weil, wie der norwegische Delegierte auf dem Lyoner Symposium im Oktober 1990 berichtete, »sich das organisierte Verbrechen innerhalb bestimmter ethnischer Gruppen zu einem immer ernsteren Problem entwickelt. Der wichtigste Aspekt sind natürlich die Verstöße an sich und deren negative Folgen für die Gesellschaft. Zudem provoziert diese Form der Kriminalität Rassismus in der Gesellschaft, die Opfer solcher Aktionen sind. Im schlimmsten Fall kann dies den Nerv des rechtsstaatlichen Prinzips treffen.«

Das Problem ist weit verbreitet: In Norwegen sind afrikanische und asiatische Einwanderer (vor allem Pakistani) »im Heroingeschäft überrepräsentiert«; in der Bundesrepublik waren 1989 laut einem BKA-Bericht auf dem Symposium vom Oktober 1990 Jugoslawen und Polen in den Zahlen für organisierte Kriminalität »überrepräsentiert«, wogegen türkische Einwanderer – außer bei Drogendelikten, speziell Heroin – die Minderheit bildeten; in Österreich organisierten Jugoslawen in erster Linie die systematischen Diebstähle von Geräten der Unterhaltungselektronik im Grenzgebiet zu ihrem Heimatland. Was die Schweiz betrifft, so kampieren laut einem Artikel des stellvertretenden Polizeichefs von Bern in der *Internationalen Kriminalpolizeilichen Rundschau* jugoslawische Zigeunerfamilien in Frankreich oder Deutschland in Grenznähe und schicken ihre Sprößlinge zu den Eidgenossen herüber, »damit sie an im vorhinein sorgsam ausgewählten Plätzen Einbrüche begehen sollen. Danach versetzen sie das Diebesgut und verlassen die Schweiz so schnell wie möglich.« In Kanada, so berichtete ein französischsprachiger Delegierter dem Symposium, »stellt die Präsenz von Kriminellen aus Asien wie auch anderer ethnischer Herkunft [er erwähnte die jamaikanischen Yardies nicht, was er aber hätte tun können] eine wichtige Herausforderung für Polizeikräfte dar, und zwar sowohl auf Bundes- als auch auf Provinz- und Gemeindeebene«.

In den Vereinigten Staaten sind die Zahlen wie üblich höher als irgendwo sonst. Im Januar 1992 behauptete ein großer Bericht der US-Banken, daß die amerikanische Geschäftswelt während eines normalen Jahres durch organisierte Wirtschaftskriminelle aus Nigeria um eine Milliarde Dollar betrogen werde und daß von hunderttausend Nigerianern an der Ostküste »fünfundsiebzigtausend in betrügerische Aktivitäten verwickelt sind«.

Die Situation spitzt sich insbesondere auf dem Rauschgiftsektor derart zu, daß Lyon zwei Arbeitstagungen über Hawala-Banking abhielt. Hierbei handelt es sich um ein altes Geldtauschsystem indischen Ursprungs, das inzwischen aber von vielen Volksgruppen auf der ganzen Welt verwendet wird. Es verlangt größtes gegenseitiges Vertrauen zwischen Kunde und Banker im »neuen Land« und Banker und Bevollmächtigtem des Kunden im »alten Land«. Das System an sich ist vollkommen legal und begann vor Jahrhunderten in den geldverleihenden Pathan-Gemeinden Pakistans und der Marwari-Geschäftsgemeinde in Kalkutta. Mittlerweile ist es aber auch in der arabischen Welt und in anderen Ländern unter immer anderen Namen gebräuchlich: In China heißt es »Chop-Shop Banking«, in anderen Teilen Asiens »Chiti Banking« sowie »Stash House« in den Vereinigten Staaten und in Lateinamerika.

Doch das Prinzip ist überall das gleiche: Wenn beispielsweise Person A in England tausend Pfund an Person B in Pakistan bezahlen möchte, überläßt sie das Geld in Pfund Sterling einem Hawala-Banker in England, der – gegen eine Provision – zu seinen Familienangehörigen in Pakistan Kontakt aufnimmt und sie bittet, den Betrag in Rupien an Person B weiterzuleiten. Auf diese Weise werden Währungskontrollen und offizielle Umtauschkurse ebenso umgangen wie die wachsamen Augen der Gesetzeshüter. Normale schriftliche Unterlagen sind dabei überflüssig, doch der Banker im »neuen Land« stellt mitunter eine Quittung aus. Dies kann etwas so einfaches wie eine zerrissene Spielkarte sein: Die eine Hälfte gibt er dem Kunden, die andere Hälfte behält er selbst.

Verborgen hinter Sprachbarrieren, ihrer fremden Kultur und geheimen Verbindungen zu ihrem Herkunftsland stellen ethnische Gruppen im organisierten Verbrechen eine beispiellose Herausforderung an die Polizeikräfte der Welt dar.

Die Lage hat sich verschlechtert – und zwar in erschreckendem Maße. Die größte neue Bedrohung geht vom organisierten Verbrechen im alten Sowjetblock aus, das sich nicht mehr damit begnügt, innerhalb seiner früheren Grenzen zu operieren, sondern sich weit darüber hinaus ausdehnt. Jede Ware, von Gold bis Petroleum, wird inzwischen von organisierten Banden außer Landes geschmuggelt, die sich oft an unterbezahlten und demoralisierten Beamten »vorbeibestechen«. Dennoch konfiszierte der russische Zoll im Oktober 1992 fünfundzwanzig Tonnen Bronze, sechseinhalb Kilo Marihuana, einundfünfzig mit Walzstahl beladene Eisenbahnwaggons, sechs Waggons Aluminiumbarren, fünfundvierzig Waggons Flüssigschwefel und neunundfünfzig Zisternen Rohöl – alles transportbereit in Richtung Ausland.

Doch die *Mafiozniki* exportieren nicht nur ihre »Errungenschaften«: In einigen Teilen Mitteleuropas sitzen sie bereits persönlich. So haben beispielsweise organisierte Verbrecherbanden aus Rußland und der Ukraine Prag zu einem Hauptstützpunkt für den Waffen- und Drogenhandel und die grenzüberschreitende Prostitution gemacht. Unter ihrer Kontrolle werden mittlerweile achtzig Prozent der in Deutschland auf dem Markt erhältlichen Amphetamine in der neuen Tschechischen Republik und der benachbarten Slowakei hergestellt und über die Grenze verfrachtet. Verbindungen zu älteren Formen organisierter Kriminalität wurden bereits hergestellt: Im November 1992 fand in Prag ein »Gipfeltreffen« von Mafiabossen aus Rußland, Jugoslawien, der Ukraine – und aus Italien und den USA statt.

Seine fast offene Grenze zu Osteuropa macht Deutschland besonders anfällig. Das Risiko, daß einem von organisierten Schieberbanden in Polen das Auto geklaut wird, ist inzwischen so groß, daß Berliner Mietwagenfirmen ihren Kunden Fahrten dorthin untersagen. Am Frankfurter Flughafen, über den die meisten Drogen nach Deutschland gelangen, kämpfen die *Mafiozniki* mit chinesischen Triaden, jugoslawischen Gangstern und kolumbianischen Kartellen um das lukrative Geschäft.

Ihre Aktivitäten sind nicht nur auf das europäische Festland beschränkt. Im März 1993 wurden zwei russische Brüder in ihrer exquisiten Londoner Nobelwohnung ermordet, während sie mit einem verurteilten amerikanischen Betrüger, der Kontakte zur US-Mafia unterhielt, über einen Kredit von hundertdreiundsiebzig Millionen Pfund verhandelten. Und beim Washingtoner NZB sagte man mir im Februar 1993, daß vermutlich nicht weniger als zweitausend *Mafiozniki* – offiziell Flüchtlinge – allein im Großraum New York operieren.

»Die Polizeibeamten in Rußland und anderen osteuropäischen Staaten wissen, was da abläuft«, erzählte mir einen Monat später ein Kriminalbeamter des Londoner NZB. »Sie sind fast rührend bemüht, alles zu tun, was in ihrer Macht steht, um dagegen anzukämpfen. Aber ihnen ist auch klar, wie unterbesetzt und schlecht ausgestattet sie sind. Der Chef des estnischen NZB war erst kürzlich hier bei uns. Sie brauchen unsere Hilfe – und die anderer NZB in Westeuropa –, und wir tun unser möglichstes. Doch ganz ehrlich, momentan werden sie vom Ausmaß ihrer Aufgabe beinahe erdrückt.«

23. Kapitel
Der moderne weiße Sklavenhandel

Am 8. April 1989 brachte ein dicker blonder Holländer zwei Filipinas zu einem billigen Hotel nahe beim Düsseldorfer Hauptbahnhof, wo er bereits ein Doppelzimmer für sie reserviert hatte. Er legte ihre Pässe auf den Tresen, aus denen ersichtlich war, daß die beiden Frauen gerade erst am Düsseldorfer Flughafen Lohausen aus Bangkok angekommen waren. Er ging mit ihnen nach oben aufs Zimmer, dann verließ er das Hotel. Sie sprachen kein Deutsch, wie das NZB Wiesbaden in einem späteren Bericht festhielt, »nur ganz wenig und schlechtes Englisch«.

Düsseldorf gilt als »das deutsche Paris«, doch diese beiden Frauen machten keine Anstalten, sich die schönen alten Gebäude anzuschauen oder auch nur einen Kaffee in einem der Cafés auf der Königsallee zu trinken, der Flaniermeile im Herzen der Stadt. Sie aßen lediglich im Speisesaal des Hotels, das sie keinen Moment lang verließen. Sie waren eindeutig keine Touristinnen.

Am folgenden Nachmittag kam der korpulente Holländer und holte sie ab. »Er hatte blonde Haare und einen Schnauzbart«, hieß es im NZB-Bericht, »wahrscheinlich würde aber niemand in der Lage sein, ihn wiederzuerkennen.«

Später an jenem Abend ereignete sich in einem kleinen Dorf nahe der holländischen Grenze ein Verkehrsunfall. Ein mit vier Personen – der Fahrer vermutlich ein Inder, ein dicker blonder Mann auf dem Beifahrersitz und zwei orientalisch aussehende Frauen im Fond – besetzter Mietwagen mit französischem Kennzeichen war mit dem Auto eines Einheimischen zusammengeprallt. Dieser ging die Polizei holen, und als er zum Unfallort zurückkehrte, waren alle vier Insassen des anderen Wagens spurlos verschwunden. Freie Felder ohne jede Grenzpatrouille auf der anderen Straßenseite erleichterten ihnen die Flucht in Richtung Niederlande.

Doch sie hatten sich etwas zu hastig davongemacht. Im Handschuhfach des französischen Wagens fand man die Wagenpapiere und den mit dem Fahrer abgeschlossenen Mietvertrag. Daraus ging hervor, daß er aus Sri Lanka stammte. Und das war aber noch nicht alles. Bei seiner überstürzten Flucht war ihm sein Notizbuch aus der Tasche gefallen – mitsamt seiner Adresse in Paris und diverser Telefonnummern in Frankreich und Holland.

Am nächsten Tag bat das NZB Wiesbaden die Kollegen in Paris und Den Haag um eine Überprüfung des Singhalesen sowie der Telefonnummern aus seinem Notizbuch. Paris antwortete zuerst: Er war der französischen Polizei als mutmaßlicher Heroin- und Frauenhändler (so vielseitig präsentiert sich das internationale Verbrechen von heute) aus Südostasien bekannt. Der Mann aus Sri Lanka gehörte vermutlich einem Ring an, der einerseits gezielt Prostituierte nach Europa schleuste, aber auch anständige Mädchen herüberlockte mit dem Versprechen, ihnen einen Arbeitsplatz zu besorgen, und sie dann zur Prostitution zwang. Seine Spezialität war es, einen kleinen »Vorrat« an Frauen zu »lustigen« Partys anzuschleppen – so, wie Diskjockeys als Mitbringsel zu weniger freizügigen geselligen Anlässen einen Stapel der neuesten Platten mitnehmen.

Einige Tage darauf kam die Antwort vom NZB Den Haag: Eine der Telefonnummern war die eines Holländers aus Amsterdam. Er stand im Verdacht, mit Frauen aus Fernost zu handeln – und er war blond, sehr korpulent und hatte einen Schnauzer.

Was die Behörden betraf, so geschah fast drei Wochen lang nichts weiter. Bis zum 28. April, als sich ein französischer Grenzpolizist der verkehrsreichen Paßkontrollstelle am französisch-italienischen Grenzübergang an der Autobahn A 10 in den Hügeln hinter Menton weniger langweilte als sonst. Sein Mißtrauen hatte sich bemerkbar gemacht in dem Moment, da ein französischer Mietwagen über die Grenze fuhr, dessen Fahrer für sich einen singhalesischen Paß und für seine vier Begleiterinnen philippinische Pässe vorzeigte. Ein Mann aus Sri Lanka mit vier Frauen von den Philippinen: Was hatten sie in Italien vor, was hatten sie in Frankreich gemacht? Wie das NZB Paris dem NZB Wiesbaden später mitteilte, »konnte er weder für die Anwesenheit der jungen Frauen noch für die Reise selbst einen vernünftigen Grund angeben«.

Ergebnis: Die französische Polizei mußte den Mann gehen lassen, denn es gab keine hinreichenden Beweise, ihn wegen irgendeiner Sache festzuhalten. Die vier Frauen allerdings wurden per Flugzeug in ihre Heimat abgeschoben. Die Pässe von zweien belegten, daß sie am 8. April 1989 in Düsseldorf-Lohausen gelandet waren...

Und hier endet die Geschichte, wie sie mir die deutsche Hauptkommissarin Sabine Manke, eine der wenigen Frauen im Lyoner

Hauptquartier, erzählte. Auf halber Strecke und mitten in der Luft. Was wurde aus dem Singhalesen mit der Vorliebe für Mietwagen? Oder dem sehr korpulenten, blonden, schnauzbärtigen Holländer? Oder den vier Philippininnen, als sie zögernd wieder heimatlichen Boden betraten? »Ich weiß es nicht«, sagt sie. »Ich bin froh, daß ich wenigstens diese Information hier habe. Die NZB schicken uns sehr wenig über den internationalen Handel mit Prostituierten oder allgemein über Menschenhandel. Meiner Meinung nach räumen sie dem keine allzu hohe Priorität ein.«

Trotz aller pathetischen Reden und moralisierenden Zeigefinger von hochrangigen Politikern und Polizeibeamten – diese Worte kommen der Wahrheit über ein aus Sicht der internationalen Strafverfolgung äußerst niederträchtiges und schmutziges Gewerbe schon ziemlich nahe.

Der weiße Sklavenhandel stammt nicht aus dem Reich der Science-fiction. Er ist auch keine Erfindung eines Schriftstellers mit ausufernder Phantasie. Selbst angesichts der Feststellung, daß er früher existierte, glauben die meisten dennoch, so was gäbe es schon lange nicht mehr. Doch für die Mädchen, die in diesem widerlichen Geschäft gefangen sind, war und ist er eine bittere, tragische Realität.

Der Handel ist weltumspannend, und im allgemeinen dominiert immer noch die Vorstellung, daß weiße Sklavinnen aus Europa an dunkelhäutige arabische Scheichs oder südamerikanische Bordellbesitzer verschachert werden. Das ist die klassische Version, bei der die landläufige Volksmeinung die weiße Unschuld von einem Dunkelhäutigen unterjocht sieht.

Tatsächlich aber waren, als der Begriff in der zweiten Hälfte des neunzehnten Jahrhunderts aufkam, Sklavin wie auch Sklavenhalter von weißer Hautfarbe, und der Handel war eine rein inländische Angelegenheit. Er florierte ausschließlich in den Vereinigten Staaten und hatte keine internationale Bedeutung. Das Wort »weiß« diente zur Unterscheidung dieser modernen Sexsklavinnen vom traditionellen Handel mit schwarzen Sklaven. Ein Transport per Schiff rund um die Welt fand nicht statt.

Carl Sifakis schildert in seiner *»Enzyklopädie des amerikanischen Verbrechens«*, wie Mary Hastings, eine angesehene Dame im Chicago der achtziger und neunziger Jahre des letzten Jahrhunderts, den Mittelwesten auf der Suche nach leichtgläubigen jungen Mädchen vom Lande zwischen dreizehn und siebzehn Jahren durchstreifte. Nachdem sie die armen Dinger mit der Aussicht auf eine gute Arbeit in »die große Stadt« gelockt hatte, sperrte sie sie im obersten Stock ihres Hauses ein und bot sie ihrer geschätzten Kundschaft als einen neuen, verlockenden Service an. Schließlich gelang es einem ihrer jugendlichen Opfer, einen Zettel aus dem Fenster zu werfen. Darauf stand: »Hilfe! Ich werde als Sklavin festgehalten!«

Die Polizei stürmte das Etablissement und befreite die Mädchen. Ein Zeitungsreporter, dessen Name nicht überliefert ist, berichtete in einer Lokalzeitung über den Vorfall, und er war es, der, inspiriert durch den Zettel des gefangenen Mädchens, den Begriff »weißer Sklavenhandel« prägte, der sich rasch durchsetzte. Romane erschienen, ebenso unzählige Zeitschriftenartikel: Die Vorstellung faszinierte – und erregte – die Phantasie der Menschen.

All dies fiel zeitlich mit dem enormen Aufschwung der modernen Transportmittel gegen Ende des neunzehnten Jahrhunderts zusammen. Sehr bald schon entwickelte der weiße Sklavenhandel internationale Verzweigungen. 1899 veranstaltete die Liga gegen Prostitution ihren ersten internationalen Kongreß zur Unterdrükkung der weißen Sklaverei. 1904 unterzeichneten dreizehn Nationen ein halbamtliches internationales »Abkommen« zur Bekämpfung des Geschäfts mit Frauen. Eine vollständige internationale Konvention zum Frauen- und Kinderhandel folgte 1910. In jenem Jahr fand auch die Bezeichnung »weiße Sklavin« erstmals Eingang in ein Dokument nationaler Gesetzgebung: den US White Slave Traffic Act, nach seinem Initiator, dem Politiker James Robert Mann aus Illinois, allgemein Mann-Gesetz benannt. Darin wurde der Transport von Frauen über Staatsgrenzen hinweg zu unmoralischen Zwecken geächtet. Den unmittelbaren Anstoß zu dem Gesetz, das bis heute in Kraft ist, lieferte ein Skandal von internationalem Ausmaß: die Enthüllung, daß die lasterhaften Eheleute Alphonse und Eva Dufaur zwanzigtausend Frauen und Mädchen aus Lateinamerika zur Auffrischung ihrer zahlreichen Freudenhäuser importiert hatten. 1933 wurde eine weitere internationale Konvention zum Thema Frauenhandel verabschiedet.

Außer daß sie die Hände in moralisch-frommer Verurteilung rangen, unternahmen die Behörden in all diesen Jahren angesichts dieses internationalen Problems kaum etwas Nennenswertes.

Nicht solide Fakten, sondern vielmehr Spekulationen beherrschten das Feld. Es mag heute lächerlich klingen, aber ältere Menschen in Großbritannien werden sich noch an Erzählungen aus der Zeit zwischen den beiden Weltkriegen erinnern: Sie handeln von sittsamen Mädchen, die beim Besuch des örtlichen Kinos plötzlich einen Nadelstich von einem neben ihnen sitzenden Mann verpaßt bekamen und schließlich, nach weiteren Betäubungsspritzen, in einem südamerikanischen oder arabischen Bordell erwachten. Vielleicht waren diese Altweibergeschichten am Ende doch nicht so weit hergeholt. »Ich bin sicher, daß solche Dinge regelmäßig vorkamen«, sagt Sabine Manke.

Doch gegen Ende der vierziger Jahre kamen modernere Methoden zum Einsatz. Die Spritze erwies sich als überflüssig, und während der beiden nächsten Jahrzehnte stieg mit dem aufkommenden Düsenzeitalter die Nachfrage des weißen Sklavenhandels gewaltig, ebenso die Reiselust bei den Jugendlichen. Mädchen waren viel abenteuerlustiger, als ihre Mütter es je sein konnten. Sie wollten die Welt sehen. Ein »Menschenhändler«, wie Interpol diese Sorte Kriminelle bezeichnet, brauchte seine Opfer nicht mehr zu betäuben, sondern lediglich über eine verlockende Anzeige in der Zeitung nach Bardamen oder Hostessen für Arbeit im Ausland (»keine zusätzlichen Kosten«) zu suchen. Oder wenn er einfach behauptete, er stelle gerade eine Tanztruppe für eine Tournee durch den Mittleren Osten zusammen (»keine Vorkenntnisse erforderlich«), dann konnte er sich über einen Mangel an Bewerberinnen sicher nicht beklagen. Doch nur zu oft endete das Abenteuer der Mädchen schon gleich bei ihrer Ankunft tragisch. Ich zitiere aus einem bis dato unveröffentlichten Bericht des Generalsekretariats, welcher der Generalversammlung von Rio de Janeiro im Juni 1965 vorgelegt wurde:

»Zahlreiche Fälle sind ans Licht gekommen, in denen Frauen mit Gewalt oder Entlassung gedroht wurde, falls sie Kunden nicht zu Willen waren. Eine Zwangsmethode besteht darin, den Frauen bei ihrer Anwerbung eine recht beachtliche Summe zu leihen, so daß sie erst gehen dürfen, nachdem sie das Geld zurückgezahlt haben. Manche Arbeitgeber nehmen sogar die Pässe oder Rückflugtickets der Frauen (die gekauft wurden, um das Aufenthaltsverfahren im Gastland zu erleichtern) an sich. Das Fehlen jeglicher Mittel für die Rückreise sowie die Andro-

hung, daß bei Vertragsbruch Schadenersatzansprüche in enormer Höhe gegen sie gestellt werden können, führt schließlich in der Regel dazu, daß die Frauen sich in ihr Schicksal fügen. Finanzielle Not und Enttäuschung zerstören die Moral der Frauen. Langeweile und Alkohol machen sie schläfrig und gefügig. Anfangs versuchen sie noch, sich ihre Partner auszuwählen, doch am Ende nehmen sie jeden Dahergelaufenen.«

Nicht nur unschuldige junge Frauen wurden auf diese Weise in ein Leben voll Elend und Erniedrigung gelockt. Auch Prostituierte meinten, nicht selten aufgrund der Versprechungen, ihre Zelte freiwillig abbrechen zu müssen, um die neuen Märkte abzukassieren, die sich dank preisgünstiger und schneller Flüge anboten – und merkten dann, daß das Leben nicht so einfach war, wie sie geglaubt hatten. Dieser Prozeß ist noch im Gange. Sabine Manke hierzu: »Ich muß mich vorsichtig ausdrücken, weil wir keine offiziellen Informationen erhalten, aber ich weiß aus nichtamtlichen Quellen, daß manche Prostituierte aus Europa nach wie vor beispielsweise in arabische Länder auswandern, weil die Bezahlung dort besser ist. Aber inwieweit sie hierzu gezwungen werden oder was mit ihnen geschieht, sobald sie erst einmal dort sind, entzieht sich unserer Kenntnis.«

Der traditionelle weiße Sklavenhandel, bei dem unschuldige oder waghalsige Mädchen in die Knechtschaft gelockt werden, blüht noch immer und bringt skrupellosen Geschäftemachern riesige Summen. Doch die farblichen Nuancen haben sich gewandelt. Inzwischen ist nicht mehr vorwiegend die »weiße« Sklavin dem braunen oder schwarzen Sklavenhalter ausgeliefert, sondern die braun- oder schwarzhäutige Sklavin dem weißen Unterjocher – oder einem ihrer eigenen Hautfarbe.

Wie Sabine Manke sagt, sind »heutzutage die Verhältnisse anders. Der ›Warenverkehr‹ von den Entwicklungsländern in die Industriestaaten ist weit wichtiger als der in der Gegenrichtung.« Sie schildert, wie der neue weiße Sklavenhandel prinzipiell funktioniert, und es erinnert an die Methode aus dem Bericht des Generalsekretariats von 1965, bloß mit umgekehrten Vorzeichen:

»In sehr armen Ländern der dritten Welt werden viele Frauen sogar von den eigenen Eltern zur Prostitution gezwungen. Manche tun es auch, ohne ihren Eltern davon zu erzählen. Dann taucht ein fremder Mann auf, ein Weißer. Er hat viel Geld und sagt: ›Ich zahle dir einen Flug nach Deutschland‹, um mal ein Beispiel zu nennen. ›Da kriegst du gute Arbeit und gute Bezahlung.‹ Also unterschreibt sie einen Vertrag und kommt nach Deutschland – oder in ein anderes europäisches Land –, und am Zielort nimmt man ihr den Paß ab und zwingt sie zur Prostitution. Was soll sie machen? Sie beherrscht die Sprache nicht. Sie kennt niemanden. Sie hat das Gefühl, in der Schuld zu stehen, und sie möchte arbeiten.

Aus Angst vor einer Abschiebung traut sie sich nicht, zur Polizei zu gehen. Sie ist froh, das triste Leben zu Hause hinter sich gelassen zu haben. Das war ja der Hauptgrund, warum sie nach Europa kam! Und wenn auch ihre Familie nicht weiß, was sie getan hat, schämt sie sich womöglich zu sehr, um zurückzukehren.

Sie steckt also in einer sehr mißlichen und traurigen Lage.«

Das Gesetz ist in dieser Frage absolut unkompliziert. Als Prostituierte zu arbeiten, ob versklavt oder freiwillig, ist in England, Deutschland, Frankreich und den meisten anderen Ländern der Erde für sich allein noch kein Verbrechen – außer in den USA, wo die meisten Staaten die Prostitution zwar als leichtes Vergehen ahnden, jedoch nur selten Anklage erheben. In der Regel ist eine Hure keine Kriminelle, solange sie nicht den öffentlichen Anstand in irgendeiner Form verletzt: etwa in England, indem sie auf der Straße um Freier wirbt. Auch ihr Kunde bricht normalerweise das Gesetz nicht, außer er verstößt öffentlich gegen Sitte und Anstand, wenn er (wiederum beispielsweise in England) auf der Straße obszön wird. Doch jede zivilisierte Nation erachtet die *Ausbeutung* von Prostituierten als schweres Vergehen, auf das in der Regel hohe Strafen stehen. Und dieser Grundsatz ist im Völkerrecht verankert.

Im Dezember 1949 wurden die vorangegangenen internationalen Übereinkünfte von einem Beschluß abgelöst, in dem man einen wichtigen neuen Schritt gegen das Übel sah: der Konvention zur Unterdrückung des Menschenhandels und der Ausbeutung der Prostitution anderer. Sie wurde von der Generalversammlung der Vereinten Nationen einstimmig verabschiedet. Die Mehrzahl der Länder der Erde hat diese Konvention unterzeichnet und sich damit verpflichtet (woran sich die meisten auch hielten), nationale Gesetze zu erlassen, »um jede Person zu bestrafen, die zur Befriedigung der Leidenschaften eines Dritten

1. eine andere Person, selbst mit deren Zustimmung, verkuppelt oder zur Prostitution verführt;
2. die Prostitution einer anderen Person, selbst mit deren Zustimmung, ausbeutet«.

Der internationale weiße Sklavenhandel wird somit fast weltweit als illegal verurteilt. Doch welche Erfolge hat Interpol bislang im Kampf gegen die Zuhälterei vorzuweisen?

Keine ausgesprochen ermutigenden, fürchte ich. Das betrifft aber auch die jeweiligen nationalen Polizeibehörden, nicht nur die internationale Ebene. Teilweise liegt das Problem darin begründet, daß – obwohl viele hohe Polizeibeamte im Generalsekretariat wie auch auf nationaler Ebene tatsächlich beunruhigt sind – sich traditionelle Vorurteile der Männer gegen das »älteste Gewerbe der Welt« hartnäckig halten. Und die allermeisten Polizisten dieser Welt sind nun einmal Männer. Bereits im dreizehnten Jahrhundert schrieb der heilige Thomas von Aquin, daß eine Stadt Prostituierte so nötig brauche wie ihre Kanalisation, um sich ihres körperlichen Schmutzes zu entledigen. Nichts hat sich während all der Zeit verändert. Der französische Küchenpapst Paul Bocuse, der sich über eine Plakataktion von McDonald's in den Niederlanden ärgerte, die ihn mit den Hamburgern der bekannten Imbißkette in Verbindung brachte, erzählte im Februar 1992 einem Reporter, er habe nichts gegen McDonald's-Hamburger. »Das ist wie mit den Nutten im Pariser Bois de Boulogne – wenn sie nicht da wären, dann deshalb, weil sie kein Mensch bräuchte.«

Der Fairneß halber sei gesagt, daß das Generalsekretariat in all den Jahren stets sein Bestes tat – im Rahmen seiner Handlungsfähigkeit, die ohne die echte und umfassende Kooperation seitens der Mitglieder natürlich Beschränkungen unterworfen ist. Im Oktober 1960 legte es der Generalversammlung von Washington nach dreijähriger Vorbereitung einen Bericht über den »internationalen Frauenhandel« vor, der nie veröffentlicht wurde und sich ernüchternd liest. Nur siebenunddreißig NZB der damals sechsundsechzig Mitgliedsstaaten hatten sich die Mühe gemacht, einen detaillierten Fragebogen zur Situation des Menschenhandels innerhalb ihrer eigenen Gerichtsbarkeit zu beantworten. Trotzdem konnte das Generalsekretariat unter seinem damaligen Chef Marcel Sicot genügend Material sammeln, um zu kritisieren, wie unzureichend sich der Wortlaut der Konvention von 1949 der Praxis gegenüber erwiesen habe, und um die Schwierigkeiten zu beklagen, »auf die die Polizei allerorten bei der Sammlung der Beweismittel für die Straftat stößt«. Nach einer etwas trägen Diskussion baten die Delegierten das Generalsekretariat um Ausarbeitung eines weiteren Berichts, worin dargelegt werden sollte, welcher Ergänzungen die Konvention von 1949 zwecks Erhöhung der Effektivität bedürfe.

Fünf lange Jahre später, auf der Generalversammlung von Rio de Janeiro im Juni 1965, wurde dieser zweite Bericht vorgelegt. Aber er ist nie veröffentlicht worden, allerdings habe ich bereits daraus zitiert. Er regte drei spezifische Ergänzungsartikel zur Konvention von 1949 an und machte deutlich, der Hauptkritikpunkt liege darin, daß, »um jemand unter Artikel 1 gerichtlich zu belangen, die Absicht einer Verführung von Frauen zur Prostitution bewiesen werden muß. Da ein solcher Beweis nur schwer erbracht und in den meisten Fällen eine Absicht lediglich nachgewiesen werden kann, indem man die Resultate der Anheuerungsverträge und Engagements etc. sowie die Verbindungen zwischen diesen Aktivitäten und der Prostitution der Opfer aufzeigt, scheint es angeraten, *kraft der Resultate* [meine eigene Hervorhebung] als Straftat zu ahnden, wenn Frauen angeheuert oder verführt werden.«

Was geschah also? Die Delegierten verabschiedeten eine Resolution, in der sie den damaligen Generalsekretär Jean Nepote baten, die Entwürfe für die Ergänzungsartikel an die Vereinten Nationen zu senden. Das tat er auch ordnungsgemäß – doch bis zum heutigen Tag wurde Artikel 1 der Konvention von 1949 in keiner Form ergänzt. Dieser Teil einer völkerrechtlichen Gesetzgebung bleibt weiterhin mit grundlegenden Mängeln behaftet.

Man kann den Zynismus von Oberst Patrick Montgomery, des damaligen Sekretärs der in London ansässigen Gesellschaft gegen Sklaverei, verstehen, als er im August 1973 in der *Contemporary Review* schrieb:

> *Es herrscht stilles Einvernehmen bei den Vereinten Nationen darüber, welche Nationen offen für ihre Mißachtung der Menschenrechte angeprangert werden dürfen. Diese Solidarität, über die Alexander Solschenizyn in seiner Nobelpreisrede sagte, sie sollte als die Organisation der Vereinten Regierungen bezeichnet werden, wurde durch einen Vorfall verdeutlicht, als man in der Kommission für Menschenrechte gerade über Sklaverei debattierte.*

Ich warb um Unterstützung für eine kleine, bescheidene Resolution und trat an den Delegierten von Pakistan heran. »Ich werde meine Zeit nicht damit vergeuden, daß ich Ihre Resolution lese«, sagte er. »Wir kennen in unserem Land keine Sklaverei, aber wir haben Nachbarn, in deren Ländern es sie gibt. Und die werde ich bestimmt nicht in eine peinliche Lage bringen.«

Doch nicht nur die Vereinten Nationen verharrten in Tatenlosigkeit. Auch innerhalb von Interpol tauschten die NZB in dieser Sache noch nicht jene umfassenden Informationen aus, die erforderlich gewesen wären. Auf der Generalversammlung von Cannes im September 1974 berichtete Jean Nepote den Delegierten, daß die wechselseitige Kommunikation zwischen NZB zwar schon oft ausgezeichnete Ergebnisse gezeitigt habe, »aber nichtsdestotrotz unzureichend ist«. Eine weitere Resolution wurde verabschiedet: Diese betonte »die Tatsache, daß es auf nationaler Ebene das wichtigste Ziel der Polizei sein muß, die internationalen Zuhälterringe zu sprengen, die sich auch in anderen Sparten des Verbrechens betätigen. Hierzu ist es notwendig, daß die NZB den Informationsaustausch über jene Personen forcieren, die sie im eigenen Land aufgreifen und die aller Wahrscheinlichkeit nach direkt oder indirekt in internationale Zuhälterkreise verwickelt sind«.

Ein Jahr danach, auf der Generalversammlung von Buenos Aires im Oktober 1975, legte das Generalsekretariat seinen dritten Bericht vor, der sich auf die Antworten von neunundsechzig Ländern (der insgesamt hundertzwanzig Mitgliedsstaaten) auf einen neuen Fragebogen stützte. Darin hieß es, der Handel floriere noch immer hauptsächlich aufgrund jener Masche, nach der »Frauen in einem Land für bestimmte Jobs in einem anderen Land – beispielsweise als Tänzerinnen, Bardamen usw. – unter Bedingungen angeheuert werden, die sie zur Prostitution zwingen, verführen oder ihr preisgeben. In nahezu allen Fällen waren die Frauen offensichtlich einverstanden«. Zum erstenmal aber äußerte sich der Bericht über die altmodische weiße Zwangsversklavung: »Es gab anscheinend kaum Fälle, in denen die Opfer gegen ihren Willen entführt wurden«, hieß es. Um die Mitte der siebziger Jahre mußte es demnach also doch *einige* Fälle gegeben haben.

Der Bericht (der ebenfalls nie offiziell publik gemacht wurde) zeigte, wie gut organisiert der Handel mittlerweile ablief. Erstmals beschrieb er geographische Verflechtungen:

Südamerikanische Frauen werden nach Puerto Rico, Südeuropa und in den Nahen Osten »exportiert«.

Es existiert ein europäischer »Regionalmarkt«, der auch Verbindungen zu anderen Regionen, speziell zum Nahen Osten, unterhält.

Manche Frauen werden in Europa angeworben und in bestimmte afrikanische Länder geschickt.

Es gibt einen ostasiatischen Markt.

Im Libanon sind sehr viele Prostituierte aus arabischen Ländern anzutreffen.

Drei Jahre vergingen bis zur Einberufung eines internationalen Symposiums über Glücksspiel, Prostitution und andere Aktivitäten in Saint-Cloud im November 1979. Doch es mußten noch einmal neun Jahre verstreichen, ehe endlich im September 1988 ein erstes internationales Symposium zum Thema Menschenhandel abgehalten wurde. Auf der Teilnehmerliste standen neunzehn Nationen aus fünf Kontinenten: Australien, Belgien, Bundesrepublik Deutschland, China, Frankreich, Großbritannien, Indien, Irak, Luxemburg, Mali, Niederlande, Norwegen, Saudi-Arabien, Schweiz, Senegal, Spanien, Thailand, Tunesien und die Vereinigten Staaten. Doch die Botschaft war so ziemlich die gleiche wie zuvor. Hier ein Auszug aus der *Internationalen Kriminalpolizeilichen Rundschau:* »Die Teilnehmer des Symposiums waren sich alle darin einig, daß bezüglich Menschenhandel und Zuhälterei ein weltweiter Anstieg zu verzeichnen ist. Die Diskussionen bestätigten denn auch die Existenz von organisierten Syndikaten.« Und natürlich erging erneut die Bitte an die Mitgliedsländer, sie mögen doch »den Austausch von Informationen über Personen oder Organisationen vorantreiben, die dafür bekannt sind oder im Verdacht stehen, in illegale Aktivitäten im Zusammenhang mit Prostitution verwickelt zu sein«.

Im Juni 1989 fand in Lyon der erste Arbeitskreis zum Thema Prostitution statt; er war allerdings auf Europa beschränkt. Trotz der jahrelangen Aufforderungen, das Generalsekretariat mit Informationen zu versorgen, enthüllte ein anonymer Artikel in der nächsten Ausgabe der *Internationalen Kriminalpolizeilichen Rundschau*, daß sich der komplette Datenbestand im Hauptquartier auf lediglich sechzig internationale Fälle belief, von denen der allergrößte Teil, nämlich vierundfünfzig, aus Europa gemeldet wurde – was kaum verwundern dürfte angesichts eines Kontinents, dessen Gesamtbevölkerung von den Vereinten Nationen auf eine halbe Milliarde Menschen geschätzt wird.

Wieso aber wurden aus dem Umfeld jener vier Milliarden Menschen, die laut UN-Statistik in Asien, dem Mittleren Osten, Afrika und Lateinamerika leben, nur ganze sechs Fälle bekannt? Ein Grund ließe sich unter anderem mit der üblichen lässigen Handlungsweise der männlichen Polizeibeamten bei diesem Problem erklären; es könnte aber auch etwas viel Negativeres dahinterstekken. Die örtlichen NZB in jenen Gegenden, die für ihre Informationen (wie immer) auf die eigene unterbesetzte, unterbezahlte und – das muß gesagt werden – oft notorisch korrupte Polizei angewiesen sind, können sehr wohl verurteilungswürdige private Gründe gehabt haben, das Hauptquartier der eigenen Organisation nicht über ihre internationalen Fälle zu benachrichtigen.

Und die Situation hat sich keineswegs gebessert. Sabine Manke meint: »Es kommt vor, daß wir selbst auf eine spezielle Anfrage an das NZB Bangkok vergeblich auf Antwort warten. Das ist eines unserer Hauptprobleme: Wir kriegen nicht genug Informationen. Es dürfte sicher eine Menge internationaler Fälle geben, die für uns interessant wären, doch die Entscheidung, ob sie uns informieren wollen oder nicht, liegt bei den NZB.«

Und so geht es weiter. Nach der Beendigung meines zweiten Aufenthalts in Lyon im Januar 1991 schickte Frau Manke einen Fragebogen an alle NZB, worin sie um einen ausführlichen Bericht über sämtliche Fälle mit internationalen Verzweigungen betreffs Frauen- oder Kindersklaverei aus dem Vorjahr bat. Dies war nicht bloß eine Übung auf dem Papier. Kendall erzählte einem französischen Reporter: »Wir haben beschlossen, daß dem Verbrechen gegen Kinder aus Sicht unserer Organisation eine weltweite Priorität eingeräumt werden muß, und an alle Mitgliedsstaaten einen sehr detaillierten Fragebogen geschickt. Doch wir dürfen uns keinen Illusionen hingeben. Wir können nichts unternehmen, solange die Mitgliedsstaaten es hinnehmen, daß ihre eigenen Landesgesetze gebrochen werden beziehungsweise wenn sie eine Beteiligung an internationalen Aktionen ablehnen.«

Er brauchte nicht lange zu warten. Bis Juni 1991 waren dem Generalsekretariat von lediglich fünfundfünfzig NZB der nunmehr hundertvierundfünfzig Mitgliedsstaaten der Organisation Auskünfte auf den Tisch geflattert.

Und was besagten sie? Dreiundfünfzig NZB berichteten, sie hätten von ihrer jeweiligen Landespolizei keinerlei Meldungen über irgendwelche Frauen- oder Kindersklaverei bekommen. Es waren dies:

Andorra, Anguilla, Argentinien, Aruba, Australien, Bahamas, Bahrein, Bulgarien, Dänemark, Dschibuti, Ecuador, Fidschi, Finnland, Frankreich, Griechenland, Großbritannien, Hongkong, Island, Israel, Jemen, Jordanien, Kanada, Kenia, Kongo, Lesotho, Libyen, Luxemburg, Malawi, Malta, Marokko, Neuseeland, Niederlande, Norwegen, Österreich, Pakistan, Peru, Polen, Portugal, Schweden, Seychellen, Simbabwe, Singapur, Spanien, Sri Lanka, Sudan, Thailand, Türkei, Uganda, Ungarn, Venezuela, Vereinigte Arabische Emirate und Zypern.

Italien und die Sowjetunion zeigten sich ein wenig entgegenkommender. Das NZB Rom teilte mit, im Juli 1990 habe die örtliche Polizei am Stadtrand von Mailand zehn Zigeunerkinder der Argatisippe gefunden, die als Sklaven in einem Lager der Cergarisippe lebten – sie waren entweder gekauft oder entführt worden. Und das neue Moskauer NZB berichtete, es habe im Laufe des Jahres dreihundertzweiundzwanzig Fälle gegeben, in denen Frauen unfreiwillig und ohne ihre Zustimmung zur Heirat gezwungen worden seien.

Und das war's auch schon. Offiziell gab es nichts weiter kundzutun. Man wird beiläufig feststellen, daß unter anderen die NZB in Belgien, Deutschland, Japan, Mexiko und den Vereinigten Staaten nicht antworteten.

In jedem zivilisierten Land der Welt existieren Paragraphen und Verordnungen gegen sexuelle Gewalt an Minderjährigen, und es gibt über achtzig internationale Gesetze, Abkommen und Deklarationen zum Schutz der »Rechte des Kindes«, die in der Internationalen Kinderrechtskonvention der Vereinten Nationen im November 1989 ihren bisherigen Höhepunkt fanden. Doch für zig Millionen Kinder in aller Welt sind diese nationalen und internationalen Gestze nichts als verschwendetes Papier.

Inzest und sexueller Mißbrauch innerhalb der Familie zählen wahrhaft zu den verdammenswertesten Delikten, doch steckt wenigstens kein kommerzielles Motiv dahinter. Kinderprostitution und Kinderpornographie sind dagegen ein wirklich großes, ekelerregendes Geschäft. Es folgt nun eine Übersicht der Weltsitua-

tion, zusammengestellt unter Verwendung eines Artikels aus der *Internationalen Kriminalpolizeilichen Rundschau,* Ausgabe Januar 1991, von Anima Basak, einer führenden Streiterin der Frauenrechtsbewegung, sowie aus anderen Quellen:
Thailand: Die Behörden bestreiten wiederholt ihre Existenz. Jedoch stand in einer so maßgeblichen Quelle wie *Forum*, einer Publikation des Europarats, zu lesen, daß in Bangkok eine junge Prostituierte eine zehnköpfige Familie ernähren kann und daß von den eine Million Prostituierten des Landes sechshundertfünfzigtausend zwischen zwölf und sechzehn Jahre alt sind. Die meisten, verarmt und elend, bieten sich aus freiem Willen an, andere werden von ihren Eltern verkauft. Laut einer Untersuchung bedienen sie drei Freier am Tag, es können aber auch zwölf oder fünfzehn sein. Pro Kunde bekommen sie fünfzig bis hundertfünfzig Baht (etwa drei bis neun D-Mark), die sie mit ihrem Zuhälter teilen. Wie auf den Philippinen sind unter ihren Kunden Millionen von »Sextouristen« aus dem Westen.
Philippinen: Mehr als achthunderttausend Kinder, Jungen wie Mädchen, prostituieren sich Schätzungen zufolge in diesem traditionell von Armut geplagten Land. Der Tourismus – vor allem der »Sextourismus« aus Japan und dem Westen – stellt einen wichtigen Erwerbszweig dar. In Manila und anderen Orten wimmelt es nur so vor Bars, Saunen, Nachtklubs, Massagesalons und Bordellen.
Japan: Das Land hat seine eigenen Kinderprostituierten, »importiert« aber auch Tausende von den Philippinen und aus Thailand. In Tokio, Osaka, Hiroshima und anderen Großstädten verkaufen sie sich angeblich »wie warme Semmeln«.
China: Nicht nur in den kapitalistischen Ländern blüht dieses Gewerbe. Aus dem Reich der Mitte sickern Nachrichten zwar nur spärlich durch, doch im Mai 1970 etwa berichtete die amtliche Tageszeitung *China Daily*, in der Provinz Sichuan seien sechsundzwanzig mutmaßliche Kidnapper verhaftet worden, als Antisklaverei-Einsatzkommandos fünf Banden zerschlugen und über siebentausend Frauen und Kinder befreiten, die entführt und in die Sklaverei verkauft worden waren. Im Februar 1991 stand in der Londoner *Times*, daß in der Provinz Henan fünf Männer wegen Frauen- und Kinderhandels hingerichtet wurden. Und im Juli 1991 schrieb die französische Tageszeitung *Le Monde* über die Hinrichtung von elf Männern in der Provinz Shanxi, die neunzig Frauen entführt und in die Sklaverei verkauft hatten.

Indien: In diesem bitterarmen Land »leben Hunderte und Tausende von Kindern in absoluter Armut, bloß um in jeder Hinsicht mißbraucht, ausgebeutet und in die moralische und körperliche Erniedrigung hinabgezogen zu werden«, sagt Anima Basak. Allein in Bombay gibt es fünftausend Bordelle mit hunderttausend Prostituierten, von denen zwanzig Prozent minderjährig und einige sogar erst neun Jahre alt sind. Im nördlichen Bundesstaat Uttar Pradesh hat sich ein florierendes Geschäft mit Kindern aus den Nachbarländern Nepal, Bangladesch und aus anderen Teilen Indiens entwickelt, die an Bordellbesitzer in Indien oder nach Pakistan und in arabische Länder in Nahost verkauft werden. Unter den hundertvierzig Millionen indischen Muslimen gibt es einen schwunghaften Handel mit zehn- und elfjährigen Mädchen, die von ihren Eltern als »Bräute« an wohlhabende alte Araber, gewöhnlich aus Saudi-Arabien, zwangsverkauft werden, während Buben zwischen fünf und zehn Jahren gekauft, außer Landes geschmuggelt und – abgesehen vom Mißbrauch als Lustobjekt – unter Gewaltanwendung als »Jockeys« bei dubiosen Kamelrennen herhalten müssen.
Nepal: Internationale Syndikate operieren zwischen dem Himalajastaat und dem benachbarten Indien und schmuggeln Kinder zur sexuellen Versklavung außer Landes. Das widerliche Geschäft ist den Regierungen beider Länder sehr wohl bekannt, man unternimmt jedoch keine Anstalten, es zu unterbinden.
Sri Lanka: Auf der Insel vor dem indischen Subkontinent, auf der pädophile Touristen illustrierte Führer mit Preisangaben, Adressen und »einschlägigen« Hotels kaufen können, stellt eher die Knaben- als die Mädchenprostitution ein Problem dar.
Kenia: Das Land mit der ausgedehntesten Kinderprostitution Afrikas. Sowohl »Strandboys« für ausländische Touristinnen und homosexuelle Männer als auch Teeniemädchen für den heterosexuellen Besucher bieten ihre Dienste an. Frau Basak zitiert ein Mitglied der Afrikanischen Nationalunion Kenias: »Die Deutschen und die Schweizer wandeln die Küstenregion in ihre eigene neokoloniale Sexprovinz um. Die weiße Herrenrasse und sexhungrige Frauen vergiften mit ihrem Geld die Seelen unzähliger junger kenianischer Frauen und Männer.« Ein kenianischer Sozialarbeiter erzählte der Reporterin Jane Perlez von der *New York Times:* »Das hat wirtschaftliche Gründe. Das Leben in der Stadt ist sehr teuer. Ohne Geld gibt es nichts, nicht mal Wasser. Jetzt wer-

den die Mädchen sogar von den Eltern auf die Straße geschickt, um Geld ranzuschaffen; also gehen sie auf den Strich.«

Schweden und *Dänemark:* Die beiden skandinavischen Länder sind die größten Hersteller und Lieferanten im Bereich Kinderpornographie – Filme, Videos, Disketten und Magazine – an die Vereinigten Staaten, die dafür als Abnehmer weltweit an erster Stelle rangieren.

Niederlande: Holland ist eine wichtige internationale »Umschlagzentrale«, wo Teenager aus Asien, Lateinamerika und Afrika für die Prostitution in anderen Teilen Europas und den arabischen Ländern »weitervermittelt« werden. Im Rückgriff auf vergangene Zeiten des weißen Sklavenhandels pumpt man die Mädchen häufig mit Drogen voll, um sie sich gefügig zu machen. Es gibt schätzungsweise tausend Kinderprostituierte, und auf Auktionen werden Kinder anhand von Fotos an die Pornoindustrie verkauft.

Lateinamerika: Im April 1991 sagte der brillante argentinische Schriftsteller und Friedensnobelpreisträger Adolfo Perez Esquivel: »In Lateinamerika leben, essen und schlafen heute hundert Millionen Kinder auf der Straße. Was noch vor zehn Jahren ein Kennzeichen Bogotás war, ist mittlerweile überall in Süd- und Mittelamerika die Norm.« Die einzige Möglichkeit, wie diese Kinder der Straße zu etwas Geld kommen können, sind Botengänge, wozu sie sich jedoch nur bedingt eignen – oder sie verkaufen ihren Körper, was die meisten tun. Hierbei ist der Verdienst jedoch dermaßen gering, daß das organisierte Verbrechen an dieser Art von Geschäft kein Interesse zeigt. Abgesehen von ein paar ausländischen Touristen ist das Gewerbe auf die lokale Ebene beschränkt.

Große Summen kommen hingegen zusammen, wenn Kinder – hauptsächlich aus Lateinamerika, aber auch aus anderen Teilen der Welt – nicht zum Zwecke der Prostitution oder des sexuellen Vergnügens, sondern zur offiziellen oder formlosen »Adoption« an kinderlose Paare beispielsweise in den Vereinigten Staaten, Europa und anderswo vermittelt werden.

Im Januar 1992 berichtete der Londoner Polizeiarzt Dr. David Jackson auf einer Tagung des Verbandes der Medizinjournalisten, daß ausländische Babys in der britischen Hauptstadt verkauft werden, nachdem sie in Heathrow in Begleitung von Kurieren gelandet sind, die sich als ihre Eltern ausgeben. Die Deals finden in Hotels in Flughafennähe statt; die »Lieferung« der Kinder erfolgt im Anschluß daran an reiche Ehepaare in Nahost und anderen Ländern. Die Kuriere benutzen gefälschte Pässe, so daß die Kinder als angebliche Familienmitglieder die Einwanderungskontrollen passieren können.

Dr. Jackson sprach auch über Englands Rolle als Durchgangsstation für diesen Handel. Er erzählte, wie man ihn vor einiger Zeit angerufen hatte, weil er in Heathrow vermeintliche Vierlinge auf der Durchreise untersuchen sollte. Die Kinder litten an durch Vitaminmangel verursachten Blutergüssen. Er sagte: »Ich stellte fest, daß sie keine Vierlinge sein konnten, denn sie waren im Alter etwa ein Vierteljahr auseinander. Sie reisten in Begleitung einer algerischen Kurierin, und ich bin sicher, daß ein Verkauf der Kinder geplant war. Doch solange sie nicht mißbraucht wurden, und das war nicht der Fall, gab es keine rechtliche Handhabe, sie festzuhalten.«

Vereinigte Staaten: Nach Ansicht von Experten hat das Land mindestens zweihunderttausend Kinderprostituierte, wobei viele Kinder über die New Yorker Docks aus Puerto Rico, Jamaika, Mittelamerika und Mexiko hereingeschleust werden. In seinem Buch *»Crime Inc.«* bezeichnet Martin Short Pornographie als »den expansivsten Wirtschaftszweig der Mafia mit einem Jahresumsatz von sechs Milliarden Dollar«, und Kinderpornographie hat an diesem Markt einen beträchtlichen Anteil. »Hübsche« Kinder werden aus Mexiko, Guatemala, El Salvador, Nepal, den Philippinen und anderen Entwicklungsländern eingekauft.

Was unternimmt Interpol gegen all das? Bei der offiziellen Einweihung des neuen Hauptquartiers in Lyon im November 1989 ließ sich der französische Staatspräsident Mitterrand mit dem ganzen Gespür eines scheinheiligen Politikers für feine Wortwahl wie folgt vernehmen:

»Angesichts der Tendenzen in der Kriminalität, die nach meinem Dafürhalten eine Intensivierung Ihrer Arbeit erfordern, möchte ich stellvertretend lediglich zwei herausgreifen.

Erstens die Ausbeutung von Kindern in ihrer ganzen Bandbreite: Sklavenarbeit, sexuelle Sklaverei, Kinderhandel, Mißbrauch von Kindern als Drogenschmuggler. Dies ist ein Bereich unsäglichen Leids, der uns alle mit Abscheu und Empörung erfüllt. Hier haben die Vereinten Nationen vor kurzem mit der Annahme der Internationalen Kinderrechtskonvention etwas Großartiges geleistet. Und wir müssen ihr nun zur Geltung verhelfen. Könnte Interpol doch nur ohne viel Umschweife auf diesen Worten aufbauen, indem sie auf dem Gebiet der polizeilichen Kooperation echte und konkrete Fortschritte erzielt, so würde dies, das kann ich Ihnen versichern, der Gemeinschaft der Völker einen außerordentlich großen Dienst erweisen.«

Und dann wandte sich der Präsident dem zweiten »Verbrechenstrend« zu, der seiner Ansicht nach vermehrte Aufmerksamkeit verlange: Drogen. »Interpol kennt diesen alten Feind gut. Ja, Ihre Organisation steht in diesem Kampf schon lange in der vordersten Front...« Und so flossen ihm die Phrasen weiter munter über die Lippen.

»Wir müssen den von Präsident Mitterrand für uns vorgezeichneten Weg beschreiten«, sagte mir Ivan Barbot, der damalige französische Interpol-Präsident, im Juni 1991 in Paris.

Doch wie sieht die Wirklichkeit aus? Eine einzige Polizeibeamtin kümmert sich in Lyon um all die weltweiten Verzweigungen moderner Versklavung von Erwachsenen und Jugendlichen: die gewissenhafte, engagierte Sabine Manke. Und sie kann sich nicht allein die ganze Welt aufbürden.

Erfolgreiche – ja selbst erfolglose – Verfolgung in Fällen von internationalem Kindesmißbrauch sind eine Seltenheit. Sabine konnte mir nur von dreien berichten:

So wenig Beweise

1988 wurden in Hildesheim ein vierundvierzigjähriger deutscher Bordellbesitzer und seine achtunddreißigjährige, aus Thailand stammende Exehefrau wegen Mädchenhandels zu vier Jahren Haft verurteilt, die Hälfte davon auf Bewährung. Die Frau mußte außerdem eine Geldstrafe von zweihunderttausend D-Mark bezahlen. Laut Staatsanwaltschaft hatten die beiden Angeklagten über zwei Jahre lang drei Bordelle in der Region mit zur Prostitution gezwungenen thailändischen Mädchen versorgt.

Der vorsitzende Richter beklagte die Beweisnot in dem Fall, denn nach der Verhaftung der beiden Angeklagten seien viele der Thailänderinnen verschwunden – möglicherweise von anderen Ausbeutern im selben Gewerbe versteckt. Er verriet auch, daß der Fall erst ins Rollen gekommen sei, nachdem die Mutter

eines der Mädchen bei einer thailändischen Privatorganisation zur Unterdrückung von Prostitution eine umfassende Aussage gemacht habe. Allerdings habe sie es später abgelehnt, diese zu wiederholen oder als Zeugin der Anklage aufzutreten.
Das NZB Bangkok war anscheinend nicht sonderlich daran interessiert, die beiden Menschenhändler vor Gericht zu bringen.

Ein Fall aus Norwegen

Das norwegische Strafrecht gilt, wie es auch in den meisten anderen Ländern übliche Praxis ist, nur bei Verbrechen, die im eigenen Land begangen werden. Bei Fällen von Kindesmißbrauch aber hat das norwegische Parlament (wie übrigens auch der Deutsche Bundestag) eine Ausnahme gemacht. Im März 1990 wurde in Oslo ein hochangesehener Geschäftsmann und Professor wegen sexuellen Mißbrauchs von Kindern bei einem Ferienaufenthalt im thailändischen Pattaya verurteilt. Den Beweis lieferte eines der Urlaubsvideos des Angeklagten, denn er hatte sich beim gegenseitigen Masturbieren mit den Kindern gefilmt. Der Fall war nicht aufgrund einer roten Ausschreibung oder irgendeiner anderen Maßnahme seitens des NZB Bangkok aufgeflogen, sondern weil die oben erwähnte thailändische Privatorganisation von dem Vorfall erfahren und die norwegischen Behörden alarmiert hatte.

Von Rom nach Los Angeles

Hier war das Interpol-Netz ausnahmsweise einmal beteiligt. Auf dem New Yorker Kennedy Airport wurde ein Italiener festgenommen, der, gerade von Rom kommend, nach Los Angeles umsteigen wollte. Das FBI hatte dort eine private Telefonnummer angezapft und auf Band aufgenommen, wie man ihn einlud, herüberzukommen, um dort mit einem elfjährigen Mädchen, das ihm zur Verfügung gestellt werden sollte, »zu tun, was immer er wolle«. Die Aufzeichnung war Teil eines grauenerregenden Films über Kindesmißbrauch in der Welt, den das NZB Oslo in Zusammenarbeit mit dem norwegischen Justizministerium produzierte und bei dessen Betrachtung ich zusammen mit fassungslosen NZB-Polizeianwärtern bei einer Schulung in

Lyon im November 1990 den Italiener fragen hörte: »Und was, wenn ich sie umbringen will?« – »Das können Sie auch tun«, antwortete sein Gesprächspartner am anderen Ende der Leitung.

Was geschah mit ihm, als er vor einem Gericht in Los Angeles schuldig gesprochen wurde? Er hätte für vierzig Jahre hinter Gitter wandern können. Der Richter verurteilte ihn zu einem Jahr Haft plus einem weiteren Jahr auf Bewährung. Selbst wenn man also einen solch perversen Kriminellen in die Finger bekommt, besteht keine Garantie, daß er angemessen bestraft wird.

Insgesamt kann man Sabine Manke ihre deprimierte Einstellung nicht verdenken: »Es ist frustrierend. Wir bekommen nicht genügend Informationen von den NZB, weder über Menschenhandel noch über Ausbeutung von Kindern. Ich glaube wirklich, man räumt diesen Dingen keinerlei Priorität ein – ganz gleich, wie rigoros die UN-Konventionen auch sein mögen. Und dann müssen Sie bedenken, daß es in den beiden am ärgsten betroffenen fernöstlichen Ländern, den Philippinen und Thailand, nicht einfach so ist, daß man sich gleichgültig verhält: Man sieht es sogar wohlwollend. In beiden Ländern fördert die Regierung den Sextourismus als eine Tourismusvariante, die Besucher – und Geld – ins Land bringt, und von Thailand ist bekannt, daß selbst manche Polizeibeamte Teilhaber an Bordellen sind.«

Mein persönliches Fazit: In Europa herrscht Desinteresse, und woanders denkt man nur an sich selbst – eine starke Kombination.

Einen weiteren Aspekt gilt es zu beleuchten, und dieser ist äußerst grauenvoll: Kinder werden nicht nur als lebendige Wesen ausgebeutet. Als ich 1979 in Thailand Recherchen anstellte zu einem Buch über »die chinesische Mafia«, wie ich die Geheimbünde der Triaden nannte, die den Großteil des Heroingeschäfts aus dem Goldenen Dreieck kontrollieren, erfuhr ich als erstes von einer barbarischen Methode, das Rauschgift über die Grenze im Süden des Landes nach Malaysia zu schmuggeln. Dazu wurden Babys entführt oder gelegentlich auch ihren Eltern abgekauft, getötet, ihre inneren Organe entfernt und ihre kleinen Körper mit heroingefüllten Plastiksäckchen ausgestopft. Dann trugen »liebevolle Mütter« die vermeintlich schlafenden Säuglinge in den Armen über die Grenze.

Das war noch nicht alles. Die Kinder mußten unter zwei Jahre alt sein, damit die lange »Schlafphase« nicht unnatürlich wirkte, und binnen zwölf Stunden nach ihrem Tod verwendet werden, solange die natürliche Farbe noch nicht aus den Gesichtern gewichen war.

In manchen Teilen der Welt werden heutzutage Kinder entführt oder häufiger noch verkauft, um ihnen lebenswichtige Organe entnehmen und damit den stark expandierenden weltweiten Organmarkt beliefern zu können. »Ich kann nur auf Zeitungsartikel verweisen, in denen so was steht«, sagt Sabine, einen kleinen Stapel französischer Illustrierter und eine amerikanische Tageszeitung (die *New York Times*) in der Hand. »Über Polizeikanäle haben wir nichts reinbekommen.«

Im Mai 1990 verabschiedete das Europaparlament eine Resolution, in der man die Vereinigten Staaten wegen der – unbewiesenen – Praxis verurteilte, Slumbabys in Honduras und Guatemala zu kaufen und als Organspender für die Kinder reicher Amerikaner auszunehmen. Die Resolution wurde von einem kommunistischen Abgeordneten aus Frankreich eingebracht und erntete scharfe Proteste des US-Außenministeriums, das darin eine von den Sowjets lancierte Desinformationskampagne witterte. Doch inzwischen amtierte Michail Gorbatschow bereits seit fünf Jahren als Staatsoberhaupt der Sowjetunion. *Glasnost* und *Perestroika* regierten. Waren diese Andeutungen bloß die »unausgegorenen Hirngespinste« und »zynischen Lügen«, als die sie das Außenministerium hinstellte?

Und die Geschichten nehmen kein Ende. Im Januar 1991 brachte eine der großen britischen Sonntagszeitungen, die *Sunday Times*, einen Bericht aus Mexico City über »Kinder, die zwecks Verkauf ihrer Organe zur Transplantation in Amerika und anderswo geraubt werden. Obwohl keine Beweise vorgelegt wurden, sind Ärzte, Rechtsanwälte und Sozialarbeiter vom wahren Inhalt der Behauptungen überzeugt.«

Soweit mir bekannt, sah sich Interpol bisher nicht in der Lage, solche Andeutungen zu konkretisieren – oder zu entkräften. Doch auf dem gesamten Gebiet des Kindesmißbrauchs ist die Organisation nur sehr beschränkt von Nutzen.

Keine drei Kilometer vom Interpol-Hauptquartier entfernt, in einer kleinen Gasse im Herzen Lyons und gleich um die Ecke von dem möblierten Appartement, das ich immer für die Zeit meiner

Arbeit beim Generalsekretariat mietete, befindet sich ein Sexshop, der regelmäßig Kinderpornographie in Fotomagazinen offeriert. Sie sind die teuersten Hefte im Laden und waren bei jedem meiner drei Aufenthalte in Lyon, verteilt über einen Zeitraum von achtzehn Monaten, erhältlich. Angesichts dieser schmutzigen Tatsache empfand ich die noblen Worte von Präsident Mitterrand, wie notwendig ein energischeres Durchgreifen der Polizei im Kampf gegen die bedrohliche Kindesausbeutung sei, im nachhinein wie Hohn.

Auf der Generalversammlung von Dakar im November 1992 gab es endlich einige handfeste Resultate – wenn auch nur auf dem Papier – als Reaktion auf Präsident Mitterrands energischen Appell nach Taten drei Jahre zuvor. Einer Empfehlung des internationalen Symposiums zu Gewalttätigkeiten gegen Kinder und Jugendliche folgend, das im April 1992 in Lyon stattgefunden hatte, befürworteten die Delegierten einstimmig die Einrichtung eines permanenten Ausschusses mit dem Ziel, »praktische Lösungen des Problems vorzuschlagen, Projekte, die eine Zusammenarbeit mit den Vereinigten Staaten erfordern, zu koordinieren sowie ein Netz von Verbindungsoffizieren aufzubauen«. Es wurde angeregt, daß sich dieses neue Gremium, dessen Verwirklichung so lange dauerte, »spätestens sechs Monate nach der *nächsten* Tagung der Generalversammlung« treffen sollte.

So dürfte ein hocheffizienter Plan kaum aussehen, doch egal, wie mühsam es vorangeht – jetzt wird der Überbau für eine internationale Zusammenarbeit der Polizei auf diesem Gebiet errichtet. Und dem vorgeschlagenen Einsatz von Verbindungsoffizieren, die nicht mehr ausschließlich auf Antidrogen- oder Antiterrorismusarbeit festgelegt sind, kommt vorrangige Bedeutung zu. Wie wir im letzten Kapitel sehen werden, ist er Teil einer wichtigen neuen Phase in der Entwicklung von Interpols Arbeitsmethoden.

Sabine Manke hierzu: »Das ist ein entscheidender Punkt, ein sehr wichtiger Schritt. Wir haben noch nicht abgeklärt, ob es Interpol-Verbindungsoffiziere oder Beamte der jeweiligen nationalen Polizeikräfte sein werden. Doch immerhin besteht jetzt auf diesem Sektor eine echte Hoffnung auf Verbesserung.«

Ich fragte sie, wie es denn bei anderen Formen des Menschenhandels – Frauen und menschlichen Organen – aussähe. Ihre Antwort kam nicht sehr überraschend: »Leider gibt es hier keine

Fortschritte. Da hat sich nicht viel verändert, seit Sie das letztemal bei uns waren.«

Und bei meinem vierten Besuch des Sexshops im Zentrum von Lyon hatten die Kinderpornohefte noch immer ihren »Ehrenplatz« in den Regalen...

24. Kapitel
Kunstraub

Es passierte am Sonntag, dem 6. November 1983, um fünf Uhr morgens. Die Sonne hielt sich noch hinter dem Horizont versteckt. Im Budapester Museum der Schönen Künste, einem Bau aus dem letzten Jahrhundert, schaltete der bewaffnete Nachtwächter die Beleuchtung des im ersten Stock gelegenen großen Saals ein – und traute seinen Augen kaum: Wo bis dahin sieben Gemälde an den Wänden hingen, waren jetzt kahle Flächen. Es fehlten Raffaels *Esterházy-Madonna*, sein Porträt *Pietro Bembo* sowie fünf weitere Gemälde von Meistern der italienischen Renaissance im Gesamtwert von mindestens fünfzig Millionen Mark. Somit hatte Ungarn, zu der Zeit noch ein kommunistisches Land, das sich jedoch langsam dem Westen öffnete, seinen ersten großen Kunstraub.

Der Einstieg muß überraschend leicht gewesen sein, und alle Anzeichen ließen eine Unterstützung von innen vermuten. Sechs Tage zuvor war auf mysteriöse Weise die Alarmanlage des Museums ausgefallen und seitdem außer Betrieb. An der einen Seite des Gebäudes, dessen Fassade damals gerade renoviert wurde, stand ein Baugerüst. Die Diebe waren also einfach hinaufgeklettert und hatten sich auf einen Balkon an der Vorderseite des Gebäudes geschwungen – und schon waren die Gemälde zum Greifen nah, nur durch ein verschlossenes Fenster geschützt. Vorsichtig schlugen sie die Scheibe ein, stiegen hinein, trugen die Gemälde nach draußen auf den Balkon, lösten sie aus ihren Rahmen und kletterten wieder über das Gerüst nach unten. Doch trotz der geschickten Planung des Raubes und der Leichtigkeit seiner Durchführung waren die Diebe bemerkenswert amateurhaft vorgegangen. Sie hatten eine Plastiktüte zurückgelassen, mehrere Stücke einer markant rot-weiß-grün gemusterten Schnur (die sich später als italienisches Fabrikat herausstellte), einen italienischen Schraubenzieher – und diverse Fingerabdrücke.

Die ungarischen Kripobeamten gingen trotz ihrer Unerfahrenheit auf diesem Sektor am Tatort umsichtig und effizient vor. Sie erkannten, daß ein ungarischer Verbrecher nicht über das Knowhow verfügt hätte, einen so spezialisierten Raub ganz allein zu planen und auszuführen. Die Diebe hatten genau gewußt, was sie wollten. Die ungarische Polizei mutmaßte sofort – und ihre Annahme erwies sich später als richtig –, daß die Gemälde im Auftrag gestohlen worden waren, und zwar von Ungarn, die mit erfahreneren »Experten« aus Italien zusammenarbeiteten und danach das Land auf dem schnellsten Weg verließen. An sämtliche Polizeidienststellen und Grenzposten erging eine allgemeine Alarmmeldung, bei etwaigen verdächtigen Ein- und Ausreisen italienischer Besucher wachsam zu sein.

Doch dabei ließ man es nicht bewenden. Ungarn war erst zwei Jahre zuvor im Rahmen seiner allmählichen Wiederannäherung an die westliche Welt der Interpol beigetreten: Binnen weniger Stunden hatte das NZB Budapest via Telex Kontakt mit dem Generalsekretariat in Saint-Cloud, dem NZB Rom, dem NZB Washington (wo man die enorme Erfahrung des FBI bei bedeutenden Kunstdiebstählen anzapfen wollte) sowie den NZB der Nachbarländer in Wien und Belgrad aufgenommen. Der Franzose Boumedian Berouiguet, der damalige Leiter des Dezernats Eigentumsdelikte in Saint-Cloud, funkte sofort eine Eilmeldung an alle europäischen NZB, um sie zu warnen, daß die gestohlenen Gemälde möglicherweise innerhalb ihrer Grenzen auftauchen könnten.

Doch der erste Hinweis kam aus Ungarn selbst. Am 10. November wurde dreißig Kilometer stromabwärts von Budapest eine durchnäßte Jutetasche aus der Donau geborgen. Darin fand man einen Glasschneider, einen Bilderrahmen, einen Führer durch das Museum der Schönen Künste sowie andere Dinge, die eindeutig mit dem Raub in Zusammenhang standen. Wie zur Bestätigung der Verbindung nach Italien trug die Tasche den Aufdruck »Made in Italy«.

Die ungarische Polizei machte kein Hehl aus ihrer Unerfahrenheit auf diesem Gebiet. Innerhalb von drei Wochen nach dem Diebstahl hatte das NZB Budapest einen zweitägigen Arbeitskreis organisiert, zu dem Polizisten der NZB Wiesbaden, Wien, Washington und Rom kamen. Sie vertraten die gleiche Auffassung: Es mußte sich um einen von Italienern mit örtlicher Unterstützung ausgeführten Raub handeln, der in Auftrag gegeben worden war.

Derweil berichteten am 11. November die Eltern der siebzehnjährigen Katalin Kadar (das ist nicht ihr richtiger Name) der Polizei in einem Vorort von Budapest, daß ihre Tochter seit zwei Tagen verschwunden sei. Ein aufmerksamer Polizist spitzte die Ohren, als er hörte, daß Katalin eine besondere Vorliebe für junge Italiener habe und daß sie, wie es später in einem geheimen Polizeibericht hieß, »ihre Bekanntschaften in lokalen Nachtklubs machte und sehr schnell intime Beziehungen mit ihren neuen Freunden einging«. (In Lyon gab man mir eine Kopie dieses sehr informativen Rapports.)

Am 29. November, vier Tage nach der Arbeitsbesprechung, informierte das NZB Rom die Kollegen in Budapest über einen vertraulichen Tip, daß zwei Italiener, Ivano Scianti und Graziano Iori – beide mit einem Vorstrafenregister und von der italienischen Polizei gesucht –, an dem Kunstraub beteiligt gewesen sein könnten. Sie waren einige Zeit zuvor mit falschen Papieren aus Italien geflohen und angeblich in Rumänien untergetaucht.

Am 1. Dezember ergab eine Befragung unter den Freunden der vermißten Katalin, daß das Mädchen kurz vor ihrem Verschwinden zwei nur als Mario und Carlo bekannte Italiener kennengelernt habe. Dann meldete sich die Gesuchte persönlich, indem sie ihre Schwester anrief und sagte, sie sei mit ihrem neuen »Verlobten« und dessen Freund in Rumänien, und die wollten sie nach Italien mitnehmen. Es gäbe da bloß ein Problem: Sie hätten ihr nicht den versprochenen falschen Paß besorgen können, ob denn sie nicht in Budapest irgendwie einen echten organisieren könne.

Die Schwester informierte die Polizei und überredete auf deren Vorschlag hin Katalin, sie solle doch zurückkommen und die Sache selbst in die Hand nehmen. Damit war Katalin einverstanden – und wurde am 5. Dezember prompt an der Grenze festgenommen. Zunächst leugnete sie, überhaupt etwas von irgendeinem Kunstdiebstahl zu wissen, und tischte aus überschwenglicher Liebe zu »Mario« der Polizei eine falsche Geschichte nach der anderen auf. Doch allmählich gab sie ihren Widerstand auf, und als man ihr schließlich die Fotos von »Mario« und »Carlo« auf den italienischen Haftbefehlen gegen Ivano Scianti und Graziano Iori zeigte, die das NZB Rom geschickt hatte, brach sie in Tränen aus und gestand, daß die beiden für den Diebstahl verantwortlich gewesen seien. Sie nannte der Polizei auch die Namen der beiden ungarischen Komplizen.

Diese wurden umgehend verhaftet. Im Haus eines der beiden Männer fand die Polizei auch das Raffael-Porträt von Pietro Bembo. Der Mann sagte, er wisse nichts über den Verbleib der restlichen sechs Gemälde, aber er habe den Raffael behalten, um sicherzugehen, daß er und sein Freund die zehntausend Dollar erhielten, die man ihnen als ihren Anteil versprochen hatte. (Dieser mickrige »Lohn« verdeutlicht, wie wenig die zwei »Kunstexperten« über den wahren Wert des mit ihrer Hilfe gestohlenen Diebesguts wußten.)

Die Befragung der beiden Männer förderte die Namen von drei weiteren Italienern zutage, die ihre Finger mit im Spiel hatten: Giacomo Morini, Antonio Ruocco und Gennaro Policano. Mit einundfünfzig galt Scianti als der Älteste und Erfahrenste im Team. In seinem roten Fiat Ritmo war er am 30. Oktober, sechs Tage vor dem Raub, in Ungarn eingetroffen, wo am 3. November Ruocco und Policano zu ihm stießen. Alle drei hatten das Land in Sciantis Wagen in der Nacht zum 7. November verlassen, keine vierundzwanzig Stunden nach dem Raub – mit der *Esterházy-Madonna* und den anderen fünf Gemälden im Kofferraum.

Seit der Arbeitsbesprechung Ende November war so viel passiert, daß die ungarischen Kripobeamten noch einmal einen persönlichen Gesprächstermin mit ihren italienischen Kollegen erbaten. Kurz vor Weihnachten trafen sich daher Beamte der NZB Budapest und Rom in der ungarischen Hauptstadt zu einem zweitägigen Informationsaustausch. Die Italiener berichteten, sie hätten nun die Bestätigung, daß es sich bei dem Mann, in dessen Auftrag der Diebstahl erfolgte und zu dem die drei Italiener im roten Fiat mit den Gemälden unterwegs waren, um einen griechischen Multimillionär handle – seinen Namen kannten sie allerdings nicht.

Es bedarf eigentlich keiner Erwähnung, daß die Ungarn daraufhin postwendend mit dem Athener NZB Kontakt aufnahmen. Ein paar Tage später kam die Antwort: Der Fiat war am Stadtrand von Itea, einem kleinen Küstenstädtchen am Golf von Korinth unweit Athens, kaputt aufgefunden worden – leer.

Am 6. Januar wurden die Italiener, die Ungarn mit dem Wagen verlassen hatten und mittlerweile wieder in ihrer Heimat waren – Morini, Ruocco und Policano –, festgenommen. Drei Tage darauf flogen ungarische Kripobeamte nach Rom, wo sie ihren italienischen Kollegen die von Ruocco und Policano bei den ungarischen Paßbehörden eingereichten Visumanträge präsentierten, mitsamt ihren Fotos und Fingerabdrücken. Jetzt nahm der Fall eine überraschende Wende: Zwei der in Italien inhaftierten Männer waren nicht jener »Ruocco« beziehungsweise jener »Policano«, die mit diesen Visa nach Ungarn einreisten. So lauteten zwar ihre richtigen Namen, aber sie hatten zwei italienischen Ganoven namens Giordano Incerti und Carmine Palmese erlaubt, die Fotos in Pässen und Visumanträgen auszutauschen. Die Polizei gab sich damit zufrieden; jene beiden wußten ehrlich nichts von dem Raub und wurden wieder auf freien Fuß gesetzt. Doch schon einige Tage danach wurden Incerti und Palmese verhaftet – und Incertis Fingerabdrücke paßten haargenau zu jenen, die man am Tatort gefunden hatte.

Was aber war mit dem mysteriösen griechischen Multimillionär? Kurz nach der Rückkehr der ungarischen Polizeibeamten nach Budapest meldete das NZB in Athen, daß bei eingehenden Nachforschungen nur ein Mann ermittelt worden sei – und sie gaben seinen Namen durch. Die Ungarn brachen schnurstracks Richtung Athen auf, wo die örtliche Polizei bestätigte, man sei sicher, daß Morini und seine Komplizen die Gemälde in Griechenland einem engen Mitarbeiter dieses Millionärs übergeben hätten. Doch beweisen konnten sie das nicht.

Die ganze Zeit über hatte sich die Polizei nicht in die Karten schauen lassen. Über ihre Aktivitäten war nichts in die Presse gelangt. Doch jetzt, in der heikelsten Phase der Ermittlungen, gelang es Giacomo Morini, seine Komplizen *aus einem italienischen Knast heraus* über sämtliche Vorgänge zu benachrichtigen. Der Polizei war damit die Tarnkappe heruntergerissen: keine verdeckten Ermittlungen mehr, keine weitere Kooperation mit Interpol hinter verschlossenen Türen. Im nachfolgenden Bericht der ungarischen Polizei hieß es: »Die italienischen Behörden sahen sich gezwungen, alles publik zu machen, was durchgesickert war. Dies erschwerte die Verfolgung der noch in Freiheit befindlichen Täter erheblich.«

Doch wenigstens wußte der griechische Auftraggeber, daß ihm die Polizei mehrerer Länder auf den Fersen war. Sechs Tage danach erhielt das Polizeihauptquartier in Athen einen anonymen Anruf: Sie sollten den Garten eines Klosters unweit der Stadt durchsuchen. Und tatsächlich fand ein Einsatzkommando der griechischen Polizei inmitten eines Olivenhains, versteckt in einem grünen Koffer, die fehlenden sechs Gemälde, ordentlich zusammengerollt und unbeschädigt.

Aus Mangel an Beweisen mußte man auf eine Verhaftung des Millionärs und seines Mitarbeiters verzichten – aber das Budapester Museum erhielt seine Schätze zurück, was nicht oft der Fall ist, wie wir noch sehen werden. Und eine dankbare ungarische Regierung ehrte Boumedian Berouiguet, den damaligen Leiter des Dezernats Eigentumsdelikte beim Interpol-Hauptquartier, mit einer Medaille.

Mit Beginn dieses Jahrzehnts haben sich Kunstdiebstähle zu einem expansiven Wirtschaftszweig gemausert. Nach einer Schätzung der renommierten britischen Fachzeitschrift *Antique Collector* vom September 1991 beliefen sich allein in England die Verluste durch gestohlene Antiquitäten und Kunstwerke im Vorjahr auf insgesamt hundert Millionen Pfund. Sie machte die Berichterstattung der Medien über horrende Auktionspreise, »sensationslüsterne« Raubmeldungen und unzureichende Polizeiarbeit für die gestiegenen Diebstahlszahlen verantwortlich und behauptete, Kunst habe sich nach Drogen und Waffenschieberei zum lukrativsten Sektor des internationalen Verbrechens entwickelt.

Die letzte Bemerkung mag zutreffen oder auch nicht, ich persönlich bezweifle sie eher: Es sind selbst mit Interpols Hilfe einfach nicht genügend Informationen verfügbar, um solch eine kühne Vermutung mit Anspruch auf Zuverlässigkeit zu äußern. Es ist jedoch zweifellos erwiesen, daß Kunstdiebstähle in den letzten Jahren eine neue Dimension im internationalen Verbrechen erlangt haben. Jedoch variieren die Vorstellungen der Journalisten von den Summen, die im Spiel sind, nach den subjektiven Betrachtungsweisen. Sarah Jane Checkland beispielsweise, die Kunstmarktkorrespondentin der Londoner *Times*, schrieb im Oktober 1990 selbstsicher: »Jedes Jahr werden Kunstwerke im Wert von schätzungsweise zwei Milliarden Pfund gestohlen.« (Zufällig rangierten Kunstdiebstühle bei ihr an Position zwei – nicht an Position drei – auf der Welthitliste der Verbrechen.) Dagegen bezifferte Joseph Williams drei Monate zuvor in derselben Zeitung den Schaden auf drei Milliarden Pfund pro Jahr, und Lisa Buckingham behauptete im *Guardian*, die Schätzungen lägen zwischen fünfhundert Millionen und unglaublichen zweieinhalb Milliarden Pfund.

Die Wahrheit ist, daß niemand die genaue Zahl kennt – und

diese Ansicht vertreten sowohl Gordon Henley, der englische Kriminalhauptkommissar an der Spitze der »GC-Gruppe« (des modernen Dezernats für allgemeine Kriminalität in Lyon, das an die Stelle des in der Zuständigkeit beschränkteren Dezernats Eigentumsdelikte getreten ist), und Madame Elisabeth Graae, die lebhafte französische Polizistin, die mit Hilfe eines pensionierten Kollegen der französischen Polizei für die Aufklärung von Kunstdiebstählen innerhalb der neuen Gruppe zuständig ist. »Das läßt sich unmöglich beziffern«, sagt Madame Graae. »Wie könnte ich Ihnen eine Zahl nennen? Wir sind völlig von den Informationen der NZB abhängig, und diese wiederum sind darauf angewiesen, daß ihre eigenen Landespolizeibehörden *sie* mit Informationen versorgen, von denen sie annehmen, sie könnten für uns unter internationalem Aspekt von Interesse sein.

Was ich mit Bestimmtheit sagen kann, ist, daß in dieser Sparte jedes Jahr rings um den Globus Hunderte von Dollarmillionen umgesetzt werden. Dessen bin ich mir sicher.«

Tatsächlich sind Kunstdiebstähle fast so alt wie die Kunst selbst. In früheren Epochen aber wurden sie meist nicht von Einzeltätern begangen. Ein Land plünderte die Kunstschätze eines anderen als zusätzliche Kriegsbeute und aus Eroberungslust. Napoleon mit seinen Raubzügen in den besiegten Ländern Westeuropas im neunzehnten Jahrhundert und Hitler, der mit Görings dienstbeflissener Unterstützung im zwanzigsten Jahrhundert so ziemlich das gleiche veranlaßte, traten lediglich in die Fußstapfen der alten Griechen und Römer.

Erst mit Beginn dieses Jahrhunderts fing man wirklich an – dank der Bemühungen so inspirierter Händler wie Joseph Duveen –, individuelle Kunstwerke als überaus wertvolle Handelswaren zu empfinden. 1907 bezahlte Duveen eine Million Pfund für die Rodolphe-Kahn-Kollektion von Bildern und *objets d'art*, darunter ein Dutzend herrlicher Rembrandts. 1910 brachte die Yerkes-Auktion in Amerika über 2 707 000 Dollar ein, unter anderem 137 000 Dollar für Frans Hals' *Porträt einer Frau*, und anläßlich einer Auktion bei E. H. Gary wurden 2 297 000 Dollar erzielt, darunter 270 000 Dollar für Gainsboroughs *Erntewagen*. Mantegnas *Madonna mit Kind* erzielte 1912 in Berlin 31 000 Pfund, und etwa um die gleiche Zeit wechselte Rembrandts Porträt seines Sohnes Titus in den USA für 270 000 Dollar den Besitzer.

Diese Summen müssen sämtlich mit dem Faktor zwanzig multipliziert werden, damit man eine Vorstellung von ihrem heutigen Wert bekommt. Doch selbst dann muten sie noch wie Sonderangebote gegenüber den sogenannten »Rekordverkäufen« der Neuzeit an: 82,5 Millionen Dollar für Van Goghs *Porträt von Dr. Gachet* bei Christie's, New York, im Mai 1990; 77,5 Millionen Dollar nur drei Tage danach für Renoirs *Au Moulin de la Galette* bei Sotheby's, New York; und ein Jahr zuvor 47,8 Millionen Dollar für Picassos Selbstporträt *Yo Picasso*, ebenfalls beim New Yorker Auktionshaus Sotheby's. Dagegen belief sich die höchste Summe, die je bei einer Auktion für ein Werk eines britischen Malers (Constables *The Lock*) bezahlt wurde, auf bescheidene 10,78 Millionen Pfund: gezahlt im November 1990 bei Sotheby's, London.

So wie diese zuletzt genannten Summen Bestandteil einer medienwirksamen Eskalation von Kunstpreisen sind, die Kunstdieben Anreiz in nie gekanntem Ausmaß gegeben hat, so vermittelten jene früheren Verkäufe geschickten Langfingern erstmalig das Gefühl, daß ein schönes Gemälde oder eine anmutige Skulptur ebenso einen Diebstahl lohnte wie ein Zobelmantel oder eine Brillantbrosche – wenn nicht noch mehr.

Im August 1911 geschah das nach den Worten einer französischen Tageszeitung »Unfaßbare«: Das berühmteste (und wohl auch wertvollste) Gemälde der Welt, Leonardo da Vincis *Mona Lisa*, wurde von seinem Ehrenplatz im Pariser Louvre geraubt. An einem Tag, an dem das Museum wegen Reparaturen geschlossen war, hatte der Museumsangestellte Vincenzo Perugia, ein aus Italien gebürtiger Schreiner, keine Mühe, in dem verwaisten Saal das Bild abzuhängen. Er verbarg das Gemälde unter seinem langen weißen Kittel und lief zur Treppe. Dort löste er es aus dem Rahmen und eilte zu einer Tür, die zur Straße führte – aber sie war abgeschlossen. Für einen Augenblick geriet er in Panik, jedoch dann erschien plötzlich ein Arbeitskollege und schloß ihm bereitwillig auf.

Natürlich waren alle, die im Museum arbeiteten, potentiell verdächtig. Jeder einzelne wurde befragt – und konnte wieder gehen. Die Polizei fand eine Akte mit Perugias Fingerabdruck von einer früheren Verhaftung. Doch in jenen Tagen basierte das System der französischen Polizei allein auf dem rechten Daumen. Auf dem Glas von *Mona Lisas* Rahmen entdeckte man auch einen Abdruck – allerdings eines linken Daumens.

Zwei Jahre lang blieb das Gemälde verschollen, während denen es die meiste Zeit, in rote Seide verpackt, zwischen alten Werkzeugen und Schuhen in einem weißen Kasten unter Perugias Bett lag. Er wurde schließlich geschnappt, als er es dem Direktor der Uffizien in Florenz zu einem »Sonderpreis« von hunderttausend Dollar verkaufen wollte.[80] Er behauptete, aus »reinem Patriotismus« gehandelt zu haben, und er sei von dem Wunsch beseelt gewesen, das Meisterwerk seiner italienischen Heimat zurückzugeben, wo es König Franz I. von Frankreich vor fast vierhundert Jahren erstanden hatte. Man sollte die Macht des Patriotismus nie unterschätzen: Die Geschworenen glaubten ihm, und nach Szenen aufgewühlter Emotionen wurde er zu einer Strafe von einem Jahr Gefängnis verurteilt, von der er jedoch nur acht Monate absaß.

Was aber die meisten Menschen nicht wußten: Während der zwei Jahre, in denen die *Mona Lisa* nicht ausgestellt war, wurden sechs meisterhafte Kopien angefertigt und für dreihunderttausend Dollar pro Stück nach Amerika an reiche und leichtgläubige Sammler verkauft; sie wurden alle eidlich zu Verschwiegenheit verpflichtet – und alle glaubten, nur sie allein besäßen das geraubte Meisterwerk.

Die Geschichte der gestohlenen *Mona Lisa* zeigt, daß bereits in den Jahren vor dem Ersten Weltkrieg der Kunstdiebstahl von drei wesentlichen Elementen geprägt war, die sich bis in die heutige Zeit erhalten haben:

erstens die erstaunliche Leichtigkeit, mit der selbst heute – trotz aller Fortschritte auf dem Gebiet der modernen Sicherheitstechnik – Kunstwerke von größtmöglichem finanziellem Wert gestohlen werden können;

zweitens die egoistische Gier von Verbrechern, denen es nichts ausmacht, Millionen Kunstliebhaber zu prellen und um das Vergnügen zu bringen, Werke von großer Schönheit in öffentlichen Museen und Galerien bewundern zu können;

drittens das charakterlose Verlangen einer bestimmten Sorte superreicher, krankhaft selbstsüchtiger Menschen, ihre Sammlung durch ein berühmtes Kunstwerk zu krönen, das sonst niemand auf der Welt besitzt – obwohl sie wissen, daß es gestohlen ist, und sie ihren Besitzerstolz als ein wohlgehütetes Geheimnis bewahren müssen, das sie noch nicht einmal mit den engsten Vertrauten teilen können.

Interpol engagiert sich im Kampf gegen Kunstraub – wenn auch zunächst nur geringfügig – fast schon seit Beginn ihres Bestehens. In einer der allerersten Ausgaben der Zeitschrift *Internationale öffentliche Sicherheit* vom Februar 1925 heißt es:

Bilderdiebstahl

Am 17. Februar 1925 wurde aus dem Wallraf-Richartz-Museum zu Köln ein Ölgemälde gestohlen. Das Bild zeigte die Heilige Jungfrau; es war 30 cm hoch und 20 cm breit und in einem Rahmen aus schwarzer Eiche gerahmt.
Die heilige Maria ist vor einem Brokatteppich sitzend dargestellt, wie sie das nackte Kind auf ihrem Arm betrachtet. Ihre blonden Locken, die mit einem mit Perlen und anderen kostbaren Steinen besetzten Diadem zusammengebunden sind, fallen ihr über die Schultern. Die rechte Brust ist entblößt. Ihr Mantel fällt über eine steinerne Balustrade, auf der man eine Walnuß erkennt. Zu beiden Seiten des Teppichs sieht man eine Miniaturlandschaft, links ein Schloß auf einem hohen Berg, rechts einen See. Am oberen Rand ist das Bild durch einen Bogen aus Edelsteinen und Ranken in spätgotischer Manier abgeschnitten.
Die Suche nach diesem Gemälde wird nachdrücklich erbeten, und wir bitten dringend, die Presse über den Diebstahl zu unterrichten.
Für die Wiederbeschaffung des Bildes ist eine Belohnung von 1000 Goldmark ausgesetzt, auf die jedoch niemand irgendeinen gesetzlichen Anspruch hat.
Kriminaldirektion Köln, K.D. No. 41.869/I.

Neun Monate später erschien im November 1925 diese Notiz:

Zurückgezogen

Die veröffentlichte Anzeige betreffs des Diebstahls eines antiken Gemäldes der Heiligen Jungfrau aus dem Wallraf-Richartz-Museum, Köln, wird zurückgezogen, da der Täter Franz Ehrenberg aus Köln festgenommen und das Bild, das bei ihm gefunden wurde, beschlagnahmt wurde. K.D. 41.869/I. Kriminaldirektion Köln.

Gegen Ende des Zweiten Weltkriegs nahm der Alltag der Deutschen aufgrund der erbarmungslosen Luftangriffe der Alliierten und der Vorstöße ihrer Armeen tief ins Landesinnere immer alptraumhaftere Formen an. Man hätte vielleicht denken können, daß die Aufmerksamkeit der Kunstdiebe wie auch die der Polizei nunmehr anderen Dingen galt. Doch die folgende Meldung erschien in der Kriegsausgabe von Interpols *Internationaler Kriminalpolizei* vom 30. April 1944:

Diebstahl von Gemälden

Am 12. 11. 43 wurden aus dem Lagerhaus des Schleißheimer Schlosses bei München die nachfolgend aufgelisteten Bilder aus dem Besitz der Bayrischen Staatsgalerie gestohlen:
1. Deutscher Maler, 18. Jahrhundert: »Studie eines Männerkopfs«, älterer Mann mit braunmeliertem Haar und Vollbart, rotbrauner Teint. Größe 63 × 48 cm, auf Leinwand. Katalog Nr. 7483/10587;
2. Johann Peter von Langer: »Diana trauernd vor der Urne ihres Gemahls«. Größe 76 × 58 cm, auf Leinwand. Katalog Nr. 7636/7908.
3. Johann Peter von Langer: »Die Muse Urania, Muse der Astronomie«, in weißem Gewand und blauem Mantel, auf braunen Wolken sitzend, den Blick himmelwärts gerichtet, hält sie eine Kugel des Firmaments in ihrer rechten Hand auf dem Schoß. Größe 38 × 48 cm, auf Leinwand. Katalog Nr. 7637/7909.
4. Robert von Langer: »Homer am Meeresufer, zur Harfe singend«, vor ihm eine Frau auf einem Felsen. Größe 84 × 91 cm, auf Leinwand. Katalog Nr. 7635/7933.
Reproduktionen der Gemälde sind beigefügt.
(Siehe auch Deutsches Kriminalpolizeiblatt *Nr. 4829 vom 14. 3. 44.).*
Hinweise über den Verbleib der Gemälde bitte an die Internationale Kriminalpolizeiliche Kommission in Berlin-Wannsee, Am Kleinen Wannsee 16.

Eine der Neuerungen Jean Nepotes nach dem Zweiten Weltkrieg war 1947 die Einführung eines Systems illustrierter Suchmeldungen für gestohlenes Eigentum in französischer und englischer Sprache. Damit sollten die vom Generalsekretariat veröffentlichten Meldungen bedeutender internationaler Diebstähle durch die NZB innerhalb ihrer eigenen Polizeiverbände und Zolldienststellen verbreitet werden. Handelte es sich in der Meldung um ein gestohlenes Kunstwerk, so waren die NZB gehalten, sie auch an Museen, Galerien, Auktionshäuser und Kunsthändlervereinigungen weiterzuleiten.

Zunächst hatten Interpol wie auch die nationalen Polizeikräfte hauptsächlich mit dem Typ des exzentrischen Kunsträubers zu tun, der international kaum eine Bedrohung darstellt: Menschen wie jener anonyme Kunststudent, der Rodins Statue *Psyche* aus einer Londoner Galerie entwendete und sie vier Monate später nebst einigen Zeilen des irischen Poeten William Butler Yeats zurückgab; beigefügt außerdem eine Zehn-Schilling-Note für den Spendenfonds der Tate Gallery zum Ankauf von Rodins besonderem Meisterwerk *Der Kuß*. Oder jener Dieb, der ein Bild des italienischen Malers Giorgio Morandi in dessen Todesjahr aus dem Palazzo Pitti in Florenz stahl und eine Kopie des Originals in den Rahmen steckte mit dem Vermerk auf der Rückseite: »Herzlichen Dank. Ich liebe Morandi. 18. 6. 64.«

In den sechziger Jahren aber erschien ein neuer, professionellerer Typ Kunsträuber auf der internationalen Bildfläche. Es begann in Südfrankreich, der berühmten Heimat der Wohlhabenden und vom Glück Begünstigten, wo sich plötzlich die Diebstähle epidemieartig mehrten. Im Januar 1960 wurde in Villefranche die Villa von Armand Drouant, einem bekannten Kunsthändler und -sammler, um dreißig Gemälde im Wert von hundertdreißigtausend Dollar erleichtert. Zwei Monate später verschwanden aus dem Stadtmuseum von Menton sieben Gemälde, darunter ein Modigliani und ein Utrillo, im Gesamtwert von vierundsechzigtausend Dollar. Dann wurden am 23. März 1960 zwanzig superbe impressionistische Gemälde im Wert von sechshunderttausend Dollar geklaut, die die Wände des zu Recht berühmten Restaurants »Colombe d'Or« in Saint-Paul-de-Vence zierten. Wie es auch heute noch oft der Fall ist (man glaubt es kaum), waren die Bilder nicht versichert: Daher schraubten die Diebe ihre Lösegeldforderungen auf »magere« dreißigtausend Dollar herunter. Die Besitzer des Restaurants haben sich stets in Schweigen gehüllt, ob ein Lösegeld bezahlt wurde, wenngleich der Betrag von zehntausend Dollar häufig genannt wurde. Wie auch immer – ein knappes Jahr danach kündigte ein anonymer Anrufer, der sich als Priester ausgab, der Marseiller Polizei das Eintreffen eines Briefes an, der einen Gepäckschein enthalten sollte. Dieser war mit folgendem Hinweis versehen: »Benutzen Sie ihn, und Sie erleben eine Überraschung.« Am Gare Saint-Charles, dem Hauptbahnhof, fand die Polizei denn auch alle Gemälde bis auf eines – und das, von einem unbedeutenden Künstler namens Bézanne, hatte sich einer der Bande mit einem Sinn für Geschmack wohl als Souvenir unter den Nagel gerissen.

Wenig später folgte eine Flut von Diebstählen mit Lösegeldforderungen in Frankreich, ganz Europa und in den Vereinigten Staaten. Obwohl viele dieser Fälle keine internationale Bedeutung hatten, erkannte Jean Nepote, daß sich Interpol stärker mit dem Problem befassen mußte. 1963 trennte er die Meldungen gestohlener Kunstwerke von den allgemeinen Meldungen entwendeten Eigentums und rief eine kleine Abteilung ins Leben – den Vorläufer des heutigen Dezernats –, die sich speziell um gestohlene Kunstwerke und Kulturgüter kümmern sollte.

Anfang der siebziger Jahre begann dann die weltweite Eskalation der großen Kunstdiebstähle, die sich mittlerweile zu einer der lukrativsten Sparten des internationalen Verbrechens entwickelt haben. Viele Feuilletonisten schreiben über den gegenwärtigen Boom, als sei er erst in den letzten fünf Jahren aufgetreten. Dem ist aber nicht so. Elisabeth Graae meint hierzu in Lyon: »Es fing vor etwa zwanzig Jahren an – mit dem Diebstahl religiöser Gegenstände, was ein sehr wichtiger Teil der Geschichte ist. Bis zu jenem Zeitpunkt, denke ich, waren die Menschen mehrheitlich religiös und wären nicht im Traum auf die Idee gekommen, solche Verbrechen zu begehen. Sie hätten es nicht gewagt, etwas aus einer Kirche zu rauben. Heute ist das so, als wenn man in einem Hotel einen Aschenbecher mitgehen läßt!

Die Zunahme von Kunstdiebstählen war, glaube ich, anfänglich mit den Diebstählen religiöser Gegenstände verknüpft. Ich mache diesen Job nun schon seit fünf Jahren, und wenn ich mich recht entsinne, habe ich zu Anfang überwiegend Ausschreibungen für gestohlene religiöse Gegenstände erstellt – inzwischen sind es weniger. Vielleicht, weil nichts mehr da ist, was man stehlen könnte, vielleicht auch, weil viele Kirchen jetzt geschlossen sind.«

Sie meinte die Kirchen im Westen. Doch wie Roger Boyes in der Londoner *Times* im Mai 1991 aus Polen berichtete, hat nun der Prozeß wieder im gesamten Osten eingesetzt. Die ungeschützten katholischen Kirchen in Polen und der Slowakei sowie die orthodoxen Kirchen Ostpolens und der damaligen Sowjetunion wurden »systematisch ausgeplündert, Altargemälde und Ikonen dutzendfach abgeräumt und herausgeschmuggelt, denn die Kunstschätze des Ostens wandern in den Westen – ob legal oder auf ungesetzliche Art und Weise«.

Das ist ein Teil des Preises, den die vormals kommunistischen Länder für die Freuden der Demokratie und Freiheit bezahlen mußten. Wassili P. Truschin, der damalige stellvertretende Innenminister der Sowjetunion, erzählte mir auf der Generalversammlung von Ottawa im Oktober 1990, daß sein Land erst ein halbes Jahr zuvor mit dem ersten internationalen Kunstraub konfrontiert wurde: Aus einem Moskauer Museum waren Gemälde gestohlen und in den Westen geschmuggelt worden. »Dies ist einer der Gründe, warum wir hier jetzt der Interpol beitreten wollen«, sagte er.

Wer betätigt sich in diesem neuen ultraprofessionellen Gewerbe, dem hervorragend organisierten internationalen Kunstraub, und worauf haben es die Täter abgesehen?

»Es spielt sich – wie sagt man bei Ihnen? – in einer anderen Liga als der des heimischen Kunstraubes ab«, sagt Madame Graae. »Auch dieser kann heutzutage natürlich sehr gut organisiert sein. In aller Regel jedoch handelt es sich hier um gewöhnliche Kunstwerke, wie man sie in einer normalen Kirche oder einer gewöhnlichen Nobelvilla finden würde, und sie werden nur wegen ihres unmittelbaren Wertes gestohlen. Im allgemeinen veräußert man sie innerhalb von zwei, drei Jahren, manchmal auch schon früher, an ahnungslose Käufer, und meist verlassen sie nicht mal das Land.

Was das internationale Verbrechen hingegen betrifft, so besteht ein Unterschied zwischen den Werken unbedeutender und denjenigen bedeutender Maler. Die Werke eines nicht so renommierten Künstlers werden gestohlen, um sie nach kurzer Zeit und wahrscheinlich im Ausland auf dem freien Markt zu verkaufen. Eben weil der Maler nicht so bekannt ist, funktioniert es. Im Falle eines berühmten Malers braucht sich indes niemand Hoffnung machen, dessen Bild irgendwo in der Welt absetzen zu können – außer vielleicht so in zwanzig Jahren –, also sind das die Gemälde, die man als ›Auftragsarbeit‹ stiehlt. Ich weiß wirklich nicht, ob die

Bilder von einem bestimmten Sammler ›geordert‹ oder von einem Spezialistenteam geraubt werden, das weiß, wo es sie loswerden kann.

Bei solchen Gegenständen sind auch etliche Dinge wie Drogen, Terrorismus, Geldwäsche im Spiel – wieso auch nicht?«

Hier sind drei Beispiele:

Ein großer Auftragsraub

Während sich am Sonntag, dem 18. März 1990, in den dunklen Morgenstunden der Festumzug zum Saint Patrick's Day durch die Straßen von Boston wälzt, klopften zwei als Polizisten verkleidete Männer Mitte Dreißig an die Hintertür des Isabella-Stewart-Granger-Museums der Stadt. Sie sagten den Nachtwächtern, eine Störung untersuchen zu wollen. Ohne zu prüfen, ob an der Geschichte etwas Wahres dran war, ließen die Wachen sie hinein – und wurden prompt überwältigt, gefesselt und geknebelt. Die Einbrecher setzten die Alarmanlage außer Gefecht und rissen die Videobänder aus den Überwachungskameras. Sie ließen Tizians Entführung der Europa, *nach Ansicht mancher Experten das schönste Meisterwerk in einer amerikanischen Sammlung, unbeachtet hängen und liefen zielsicher zu den Sälen für niederländische und französische Kunst. Dort stahlen sie Vermeers* Das Konzert *(von diesem niederländischen Meister des siebzehnten Jahrhunderts sind nicht einmal vierzig Gemälde bekannt), Rembrandts* Der Sturm auf dem Meer von Galiläa *(vermutlich seine einzige Meeresansicht), ein Selbstporträt Rembrandts, einen Manet, einen Degas und sieben weitere Gemälde – dazu noch das älteste Kunstwerk im Museum, einen chinesischen Bronzebecher aus der Shang-Dynastie um 1200 vor Christus, sowie einen vergoldeten hölzernen Adler von einer Fahnenstange aus napoleonischer Zeit.*

»Die Diebe hatten offensichtlich eine Einkaufsliste, an deren erster Stelle der Vermeer stand, ein sehr guter Vermeer aus der Zeit nach 1660, dem Höhepunkt seines Schaffens«, sagte Franklin Robinson, ein Fachmann für niederländische Malerei und Direktor des Kunstmuseums an der Rhode Island School of Design. Die Beute wurde auf »mindestens 200 Millionen Dollar« beziffert. Nicht einer der gestohlenen Gegenstände konnte bisher sichergestellt werden. Im März 1992 fiel dem FBI nichts

Besseres mehr ein, als in einem Inserat in der Londoner Times *eine Belohnung in Höhe von sechshunderttausend Pfund für Hinweise, die zu einer Verhaftung führen, zu bieten – was Scotland Yard angeblich mißfiel.*

Ein Raub zur Unterstützung irischer Terroristen

*Im Mai 1986 wurden in der Republik Irland aus einem Landhaus in der Grafschaft Wicklow siebzehn Gemälde im Wert von dreißig Millionen Pfund gestohlen, darunter ein weiterer Vermeer (*Briefschreibende Frau mit Zofe*), ein Goya, ein Frans Hals und ein Velásquez. Sie gehörten zu einer hundertteiligen Sammlung, die Sir Alfred Beit als Stiftung dem Staat überlassen hatte.*

Sechs der Bilder wurden schon wenig später wiedergefunden, doch die übrigen elf blieben verschwunden – bis zum Februar 1990, als man ein Werk des niederländischen Meisters Gabriel Metsu aus dem siebzehnten Jahrhundert fand, das ausgerechnet in der Türkei veräußert werden sollte. Madame Craac und andere Fachleute von der Polizei glauben, daß mit diesem versuchten Verkauf Kapital für die »loyalistische« Freiwilligenarmee von Ulster, eine paramilitärische Anti-IRA-Organisation Nordirlands, aufgebracht werden sollte.

Die Diebe, wegen denen fünf Pariser Museen schlossen

Kurz nachdem der Louvre an einem Werktag im Juli 1990 morgens seine Pforten geöffnet hatte, stieg ein unbekannter Dieb über das Absperrseil vor Renoirs Porträt einer Frau *und schnitt das Gemälde mit einer Rasierklinge flink aus seinem Rahmen heraus. Das Meisterwerk war zwar an eine Alarmanlage angeschlossen, wie Jacques Sallois, der Leiter der Museumsabteilung der französischen Regierung, später erklärte, doch der Dieb war »äußerst geschickt« zu Werke gegangen. In derselben Woche – und mit der gleichen Methode – stahl jemand Ernest Héberts* Porträt von Monaluccia *aus dem seinem Werk gewidmeten kleinen Hébert-Museum und ein Landschaftsbild von Paul Heut aus dem Carnavalet-Museum. Die Museumsabteilung verfügte prompt die Schließung des Hébert-Museums sowie vier weiterer kleiner Museen in Paris für Einzelbesucher;*

nur Gruppen in Begleitung eines Führers sollten künftig eingelassen werden.

Elisabeth Graaes Abteilung in Lyon mag zwar klein sein, dennoch erfüllt sie eine wichtige Funktion. »Im Schnitt gebe ich pro Jahr etwa zweihundert Ausschreibungen für gestohlene Kunstwerke heraus«, sagt sie. »Ich tue das nicht aus eigenem Entschluß; die NZB müssen zuerst konkret darum nachsuchen und bestimmte Punkte erfüllen. Früher stellte ich eine Ausschreibung aus, wann immer ein NZB mich darum bat. Wir dachten, die Mitglieder zahlen doch dafür, also dürfen sie das auch erwarten. Letztes Jahr allerdings erkannte ich, daß wir Ausschreibungen herausschickten und um internationale Hilfe baten in Fällen, bei denen es nicht immer gerechtfertigt war.

Daher habe ich jetzt die folgenden Kriterien festgelegt. Erstens muß der Fall international sein. Das läßt sich mitunter nur schwer nachweisen. Wenn natürlich ein Rembrandt oder ein Vermeer gestohlen wurde, hat er aufgrund der Bekanntheit des Künstlers automatisch grenzübergreifende Bedeutung. Doch in anderen Fällen läuft das nicht immer so glatt ab. Die NZB müssen eine eigene Einschätzung abgeben. Sie kennen ihre Fälle, ich nicht.

Der zweite Punkt ist der, daß es sich um ein echtes Kunstwerk handeln muß. Ich gebe mittlerweile – außer in Ausnahmefällen – keine Ausschreibungen mehr für Schmuckstücke heraus, weil ich sie nicht für Kunstwerke halte.« (Dann zeigte sie mir eine Ausschreibung, die sie als »Ausnahme« ansah: ein Kreuz, geschnitten aus einem Smaragdsolitär, mit drei Brillanten an jedem der vier Enden, gefaßt auf einem goldenen Trägerkreuz, das einst Königin Isabella II. von Spanien gehörte. Es war im November 1989 während einer Zugfahrt von Genf nach Paris gestohlen worden, und das französische NZB hatte um die Ausschreibung gebeten.)

»Meine dritte Bedingung ist, daß ein Foto vorliegen muß. Es ist wirklich sinnlos, eine Ausschreibung in Form einer bloßen Beschreibung zu veröffentlichen. Und Sie wären erstaunt, wie viele Kunstwerke gestohlen werden, von denen kein ordentliches Foto existiert.

Und schließlich muß das gestohlene Objekt von einem beträchtlichen Wert sein. Es ist manchmal schwierig, diesen zu taxieren, insbesondere bei einigen religiösen Objekten; trotzdem will ich, soweit irgend möglich, einen Schätzwert von den NZB haben.«

Jean Nepote war seiner Zeit voraus. Bereits im Juni 1972 führte er neben den gewöhnlichen Einzelausschreibungen ein jährliches, von den NZB unabhängiges System der »zwölf meistgesuchten Kunstwerke« ein. Die Objekte wurden von der Abteilung Kunstdiebstähle selbst ausgewählt auf der Basis von Material, das sie schon in Einzelausschreibungen verbreitet hatte.[81] Diese jährlichen Bulletins hatten jedoch den Nachteil, daß man sie nicht in Form von Plakaten in Polizeidienststellen und anderswo aushängen konnte, da sich die Objektbeschreibungen stets auf der Rückseite befanden. Kurz nach ihrer Amtsübernahme 1987 änderte Madame Graae das Format in ein einfaches Plakat ab, das zweimal pro Jahr erschien und schlicht »Die meistgesuchten Kunstwerke« übertitelt war.

Wie erfolgreich waren diese Ausschreibungen und Plakate? »Ich wünschte, ich wüßte es«, sagte sie. »Die NZB teilen uns nicht alle Erfolge mit. Wir haben jedes Jahr eine Schulung für neues NZB-Personal, und wir trichtern den Leuten ständig ein: ›Bitte informieren Sie uns‹ – doch sie tun's nicht.«

Sie reichte mir das Plakat vom Dezember 1988 und deutete auf eines der Objekte: ein Gemälde auf Holz von Fra Angelico, das im Februar desselben Jahres aus einer New Yorker Galerie gestohlen worden war. »Ich erfuhr erst aus einer amerikanischen Zeitschrift, daß es wieder da war. Ich mußte eine Nachricht an das NZB Washington schicken mit der Bitte um offizielle Bestätigung.«

Externe Fachkreise sind im Hinblick auf die Erfolgsquote der Polizeiarbeit pessimistisch. Nach Schätzungen der britischen Fachzeitschrift *Antique Collector*, Ausgabe September 1991, beträgt die Chance, gestohlene Kunstwerke ihren Besitzern zurückzuführen, weniger als drei Prozent. Die International Foundation for Art Research (IFAR) in New York, eine Institution, die sich als einzige ihrer Art in den Vereinigten Staaten auf die Wiederbeschaffung gestohlener Kunstgegenstände spezialisiert hat, beziffert die Erfolgsquote auf zirka zehn Prozent. Diese Ansicht teilt auch Gordon Henley, der britische Polizist an der Spitze der GC-Gruppe in Lyon, wogegen sich Madame Graae mit ihrer Schätzung näher beim *Antique Collector* bewegt: »Ich würde sagen, die Wiederbeschaffungsrate liegt bei fünf Prozent – so um den Dreh herum.«

Von den zwölf in der ersten Meistgesuchtenliste vom Juni 1972 genannten Kunstwerken konnte offiziell nur eins wiederbeschafft werden: Ein Porträt Toulouse-Lautrecs mit dem Titel *Marcelle* aus dem Museum von Albi im Südwesten Frankreichs wurde im Dezember 1968 aus dem Museum für Moderne Kunst in Kyoto, Japan, gestohlen, wo es sich als Leihgabe für eine Ausstellung befand. Es gab auch einen unbestätigten Bericht (in der Londoner *Times* im Mai 1991), demzufolge das unschätzbar wertvolle Gemälde *Die Geburt des heiligen Lorenz* von Caravaggio, das im Oktober 1969 aus der Kirche San Lorenzo in Palermo gestohlen wurde und ebenfalls in jener ersten Suchausschreibung aufgeführt war, Sizilien nie verlassen hat, wie man ursprünglich annahm. Es mußte wohl im Gegenteil während all dieser Zeit den örtlichen Mafia-»Familien« als Sicherheit für ihre Drogengeschäfte herhalten.

All diesem Pessimismus zum Trotz habe ich aber doch eine – wenn auch etwas zwiespältige – Erfolgsstory:

Die Corots und die Monets

Nachdem an einem Freitag im Oktober 1984 das Stadtmuseum im burgundischen Semur-en-Auxois für das Wochenende geschlossen hatte, brachen Diebe ein und stahlen fünf Gemälde von Camille Corot, einem der bedeutendsten französischen Landschaftsmaler des neunzehnten Jahrhunderts.

Interpol gab eine Einzelausschreibung über die gestohlenen Bilder heraus, und die französische Polizei ging jeder möglichen Spur nach. Tatsächlich löste sie den Fall zu ihrer Zufriedenheit, obgleich sie nicht genug Beweismaterial für eine Festnahme sammeln konnte. Man war überzeugt, daß die Tat auf das Konto der »Aubervilliers-Bande« ging, eines Haufens Ganoven aus den Pariser Vorstädten, die dafür berüchtigt waren, daß sie sich für jede Art von Verbrechen anheuern ließen: bewaffneter Überfall, Bankraub, Kunstdiebstahl. Ihre »Kunden« in diesem speziellen Fall? Niemand anderer als die Yakuza, Japans organisiertes Verbrechen, die wiederum ihre eigenen »Kunden« hatte: superreiche japanische Industrielle, die diese Corots in den eigenen vier Wänden sehen wollten und nicht an jenen eines beschaulichen französischen Provinzmuseums.

Fast genau ein Jahr darauf schlug dieselbe Bande erneut zu, diesmal im Marmottan-Museum, einem einstigen Privathaus am Stadtrand von Paris nahe der Galopprennbahn Auteuil. Kurz nachdem das Museum am Sonntag, dem 27. Oktober 1985, um zehn Uhr morgens geöffnet hatte, zogen sieben »Kunstliebhaber« im Salle Monet plötzlich Pistolen, befahlen den wenigen anwesenden Besuchern im Raum, sich mit dem Gesicht nach unten auf den Boden zu legen, und hängten neun Gemälde ab – darunter Claude Monets Impression Soleil Levant, *das der gesamten Kunstrichtung in Frankreich ihren Namen gab. Dieser Diebstahl wurde mit Recht sowohl in einer Einzelausschreibung als auch in einem »Zwölf-meistgesuchte-Kunstwerke«-Plakat aufgeführt.*

Jeder meinte, diese kostbaren Kunstwerke seien für Frankreich für alle Zeiten verloren. Doch im Oktober 1987 erfolgte in Tokio die Rückgabe der Corots, und im Dezember 1990 wurden alle neun aus dem Marmottan-Museum geraubten Gemälde unversehrt auf dem Speicher eines arbeitslosen Barmixers in Porto Vecchio, Korsika, gefunden.

Kriminaloberrätin Mireille Ballestrazi, die Chefin des französischen Zentralbüros zur Unterdrückung des Kunstdiebstahls, das seinen Sitz im Pariser Vorort Nanterre hat, flog als leitende Beamtin der französischen Polizei zur Übernahme der gestohlenen Corots nach Japan. Geschäftsmäßig routiniert und wortkarg, gab sie sich nicht übermäßig auskunftsfreudig, als ich sie im April 1991 bat, mich über die Geschehnisse aufzuklären.

»Die Leute, die die Corots in Japan gekauft hatten, sagten, sie hätten sie in gutem Glauben erworben, jedoch konnte ich sie mit Unterstützung der japanischen Polizei zur Rückgabe der Gemälde bewegen. Ja, Interpol spielte eine Rolle in der Angelegenheit. Sie sollte die internationale polizeiliche Kooperation gewährleisten, ohne die es nicht gegangen wäre. Die beiden NZB in Paris und Tokio stellten die Kontakte her, und auch das Generalsekretariat leistete Hilfe.«

Und das war's auch schon. Mehr ließ sie sich nicht über die, wie ich an anderer Stelle erfahren hatte, zähen und stellenweise schwierigen Verhandlungen entlocken. Doch war sie bereit, mir zu erklären, was ihrer – auf beträchtlicher Erfahrung beruhenden – Ansicht nach wirklich passiert, wenn ein Kunstwerk »im Auftrag gestohlen« wird.

»Ich glaube, oft ist es nicht der ›Kunde‹ selbst, der da sagt: ›Ich will dies und das haben und zahle Ihnen dafür soundso viel.‹ Vielmehr haben sich die Spezialisten vorher, da bin ich mir sicher, über den persönlichen Geschmack ihrer Klienten infor-

miert. Die Leute, die diese großen Kunstdiebstähle begehen, kennen ihren Markt. Sie wissen, wer welches spezielle Kunstwerk kaufen wird. Es ist nicht so, daß irgendein steinreicher Sammler verlangt: ›Klauen Sie das für mich‹, sondern der Dieb sagt sich: ›Ich werde dies oder jenes stehlen, denn ich weiß, daß Monsieur X oder Y es kaufen wird.‹«
Wieso tauchten dann die Bilder aus dem Marmottan-Museum auf dem korsischen Dachboden auf? Darüber hüllen alle sich in Schweigen, aber die französische Presse hat öffentlich behauptet, daß diese Werke – wie die Corots – für die Yakuza gestohlen wurden und daß ein französischer Diplomat 1986 Fotos der Gemälde in Japans Hauptstadt Tokio zu sehen bekam. Man darf davon ausgehen, daß tatsächlich irgendein Lösegeld bezahlt wurde, doch ist dies bislang nicht offiziell bestätigt worden und wird es wohl auch nicht werden.

Im Oktober 1990 richtete Interpol in Lyon eine Datenbank für internationale Kunstdiebstähle ein – eine Maßnahme, die wahrlich viel eher hätte geschehen sollen. In den Vereinigten Staaten besitzt die IFAR eigene Akten über mehr als zweiunddreißigtausend Kunstdiebstähle. In Großbritannien gibt es zwei private Verzeichnisse gestohlener Kunstwerke: das International Art Loss Register, das im Januar 1991 mit finanzieller Unterstützung von Organisationen wie Sotheby's, Christie's, der Gesellschaft der Auktionatoren für Schöne Kunst und Lloyd's of London geschaffen wurde, und das Magazin *Trace*, eine private Monatszeitschrift, die gestohlene Kunstwerke und Antiquitäten jeweils aktuell mit Foto veröffentlicht.

Seit ihrer Einführung im November 1988 konnte diese Zeitschrift, die sämtliche Polizeieinheiten in Großbritannien und viele Polizeidienststellen in Europa, Australien, Japan, den Vereinigten Staaten, Kanada und Südamerika, aber auch Museen, Kunsthändler, Versicherungsgesellschaften und dergleichen in aller Welt abonniert haben, zur Wiederbeschaffung von Kunstwerken im Gesamtwert von über zehn Millionen Pfund beitragen.

Die privaten Register stehen jedoch nicht in Konkurrenz mit Interpol, sie ergänzen diese. In den beiden ersten Monatsausgaben des *Trace*-Magazins von 1992 war das britische NZB mit fünf Einzelposten vertreten (Bronzeskulpturen von Aristide Maillol, gestohlen aus einem Wohnhaus in Yorkshire im Oktober 1991;

eine Messingstatue von Julian Bedoya, geraubt im November 1990 aus einem Wohnhaus in New York; ein Gemälde von Renoir, das im März 1991 aus einem Museum in Bagnols-sur-Cèze, Frankreich, entwendet wurde; vier Ikonen im byzantinischen Stil, die Kirchendiebe im August 1990 auf Zypern mitgehen ließen, und ein Aquarell von Paul Delvaux, das im Mai 1991 aus einem Kulturzentrum im belgischen Knokke-Heist verschwand), und das kanadische NZB steuerte einen Eintrag bei (zwei Bronzeskulpturen des kanadischen Künstlers Gérard Bélanger, welche im April 1991 aus einer Galerie in Montreal geraubt wurden).

Realistisch betrachtet stimmen die Zukunftsaussichten dennoch nicht gerade optimistisch. Auf die Frage eines Reporters, welche Auswirkung seiner Ansicht nach der Wegfall der Grenzkontrollen in Europa nach 1992 haben würde, antwortete Philip Saunders, der Geschäftsführer des *Trace*-Magazins: »Keine. Die werfen doch jetzt schon die Sachen einfach auf den Rücksitz eines Autos und verschwinden außer Landes.«

Die Herausforderungen an Interpol sind heute größer denn je. Die Öffnung der Grenzen hat nicht nur das Problem in Westeuropa vergrößert – in Osteuropa nimmt es mittlerweile krisenhafte Ausmaße an. Im Januar 1993 berichtete die *Washington Post*: »Eine Grenze, die früher zu den dichtesten in Europa gehörte, steht nun praktisch offen. Schmuggel, Hehlerei, ja selbst die totale Plünderung von Kunstschätzen sind im früheren Ostblock allerorten an der Tagesordnung.« Die Region wird derzeit von Kunstdieben richtiggehend ausgeplündert, wobei viele der geraubten Werke ihren Weg in den Westen finden – einschließlich Großbritanniens.

Lyon hat aber noch immer kein umfassendes Verzeichnis gestohlener Kunstwerke in seiner EDV-Datenbank. Ganze zwei NZB von Interpols hundertneunundsechzig Mitgliedern verfügen über eine derartige Einrichtung – und zwar nicht England und die Vereinigten Staaten, wie man vielleicht hätte meinen können, sondern die Niederlande und Kanada.

Im NZB Ottawa erfuhr ich im Januar 1993 durch die kanadische Polizistin Lisa Schur einen praktischen Anschauungsunterricht, wie ROSA (Register of Stolen Art and Artefacts), das Verzeichnis gestohlener Kunstwerke und -erzeugnisse ihres Landes, funktioniert. Sie holte sich auf ihren Monitor eine ausgezeichnete Schwarzweißreproduktion eines Gemäldes des holländischen

Malers Van Goyen aus dem siebzehnten Jahrhundert, das schon 1979 aus einem Haus in London gestohlen wurde und bis heute nicht wieder aufgetaucht ist. In Sekundenschnelle hatte ich einen Ausdruck in der Hand.

»Wann wird Lyon ein solches System bekommen?« fragte ich. »Ich bin mir nicht sicher«, sagte sie. »Geplant ist es entweder für dieses Frühjahr oder aber für kommenden Herbst.« Das Wunder trat ein: Vor kurzem wurde es installiert.

25. Kapitel
Von Interpol gesucht

Alles schien auf eine Routinebefragung hinauszulaufen. Der Mann, der am 15. April 1991 vor dem Schreibtisch der US-Konsulin in der amerikanischen Botschaft in Tunis stand, hatte einen tunesisch klingenden Namen – Jafar Saidi –, aber er sprach mit einem stark amerikanisch gefärbten Akzent und legte einen US-amerikanischen Paß vor. Der Anlaß seines Besuches: Er wollte für seine kleine Tochter, die seine aus Marokko stammende Ehefrau vier Monate zuvor zur Welt gebracht hatte, einen amerikanischen Paß beantragen.

Daran war nichts Ungewöhnliches: Wenn die Frau wirklich mit ihm verheiratet war, würde das Kind eine Doppelstaatsbürgerschaft bekommen: die amerikanische und die tunesische. Der Mann wirkte freundlich und höflich, aber Greta Holtz, die US-Konsulin, erinnerte sich daran, daß vor einiger Zeit eine gebürtige Amerikanerin, die sich als »Mrs. Saidi« ausgab, sie aufgesucht hatte, um ihren Paß und die Ausweise ihrer Kinder verlängern zu lassen. Was mochte ihr zugestoßen sein?

Saidi erklärte, daß sie inzwischen geschieden seien, er aber keine Papiere besitze, da er seinen Namen »ein paarmal« geändert habe. Miss Holtz wurde argwöhnisch, und dies verstärkte sich noch, als er ihr seinen Paß aushändigte: Einige Seiten fehlten, andere waren zusammengeklebt. Wieso das? Er tischte ihr eine weitschweifige Geschichte auf, daß er dreimal seinen Namen habe ändern müssen, aber im letzten Juli von Marokko nach Tunesien umgezogen sei, wo er nun an einer privaten Sprachschule in Tunis Englisch unterrichte.

»Ich werde sehen, was ich tun kann«, sagte Miss Holtz. Sie

nahm seinen Paß mit und gab dem Außenministerium in Washington die drei verschiedenen Namen durch, die er angegeben hatte, darunter auch »Willie Austin«.

In der telegraphischen Antwort hieß es, daß elf Jahre zuvor ein Mann mit ähnlich klingendem Namen aus einem amerikanischen Gefängnis geflohen sei; ob sie bestätigen könne, daß dies derselbe Mann war. Weiterhin stand in dem Telegramm, daß er von Interpol per Haftbefehl, ausgestellt auf Ersuchen der US-Regierung, gesucht werde. Dieser würde natürlich sein Foto sowie andere persönliche Details enthalten.

Miss Holtz prüfte das in ihren Akten nach – und tatsächlich, da war die rote Ausschreibung, aus der »Jafar Saidis« Foto sie anstarrte. Sein wirklicher Name lautete William Alston, und er war ein Mörder. Mit vierundzwanzig Jahren hatte er bei einer Schießerei nach einem Banküberfall in einer Kleinstadt in Pennsylvania einen Polizisten getötet. Das hatte sich vor neunzehn Jahren zugetragen. Er war zu lebenslanger Haft verurteilt worden und 1980 aus der Strafanstalt Graterford geflohen.

Danach verschwand er von der Bildfläche. Keiner vermochte auch nur die geringsten Hinweise zu geben, wo er sich aufhielt – obwohl er seinen Paß für den Flug nach Nordafrika benutzt hatte. Und aus dem Dokument selbst war klar ersichtlich, daß er es bei der US-Botschaft in Algier verlängern ließ.

Niemand vor Greta Holtz hatte den richtigen Riecher gehabt.

Doch das war nicht das Ende der Geschichte. Alston mußte nun nach Pennsylvania in seine Gefängniszelle zurückgebracht werden – und das würde aus zwei Gründen nicht leicht sein:

Erstens bestand kein Auslieferungsabkommen zwischen Tunesien und den Vereinigten Staaten; daher würde die amerikanische Regierung die tunesische Regierung bitten müssen, ihn als Geste des guten Willens auszuliefern. Und zweitens stand das Verhältnis zwischen den beiden Ländern zu der Zeit auf besonders wackligen Beinen. Der Golfkrieg war gerade erst vorüber, und Tunesien gehörte nicht zu jenen moslemischen Ländern, die sich der von den USA und Großbritannien angeführten Anti-Irak-Allianz angeschlossen hatten. Erschwerend kam noch hinzu, daß der farbige Alston Moslem war – und nicht auf den Kopf gefallen. Bei seiner Festnahme durch die tunesische Polizei behauptete er denn auch sofort, er werde von den Vereinigten Staaten verfolgt, weil er Moslem und dazu noch Afroamerikaner sei.

Der Iran und andere islamische Länder griffen seinen Fall auf und übten massiven Druck auf Tunesien aus, ihn nicht auszuliefern. So veröffentlichte beispielsweise eine iranische Tageszeitung einen Leitartikel mit der Überschrift »Ein Testfall für die Würde der Araber und Moslems«. Darin wurde Alston als ein Vietnamveteran hingestellt, der als Zeuge der amerikanischen Kriegsverbrechen mit dem glühenden Wunsch heimgekehrt sei, den Rassismus in Amerika zu bekämpfen. Seine Auslieferung an die US-Behörden, so tönte die Zeitung, würde die »edle« Tradition der Araber, nach der der Gastgeber zum Schutz seines Gastes sein Leben zu riskieren bereit ist, »ernstlich« verletzen.

Alston jedenfalls protestierte und sagte, er sei unschuldig an dem Mord, dessentwegen man ihn verurteilt habe. Er bat darum, in Tunesien bleiben zu dürfen oder im Iran politisches Asyl gewährt zu bekommen. Die Tunesier spielten auf Zeit, und eine tunesische Strafkammer räumte der amerikanischen Regierung eine Frist von dreißig Tagen ein, um einen schriftlichen Beweis seiner Schuld beizubringen. In Pennsylvania arbeiteten der örtliche Bezirksstaatsanwalt und sein Assistent fieberhaft daran, und schon zehn Tage vor Ablauf der Frist traf das Päckchen mit dem Beweismaterial ein.

Doch das politische Tauziehen ging weiter: Auf der einen Seite übte die iranische Regierung, unterstützt von der iranischen und der tunesischen Presse, permanent Druck aus, indem sie verlangte, man solle Alston erlauben, in Tunesien zu bleiben oder in den Iran ausreisen zu dürfen. Auf der anderen Seite sah sich die tunesische Regierung der Zerreißprobe zwischen der Unterstützung ihrer islamischen Glaubensbrüder und dem Bemühen, die ehemals guten Beziehungen mit den Vereinigten Staaten wiederaufzubauen, ausgesetzt. Die Zeit wurde knapp, denn der tunesische Außenminister wollte in Kürze nach Washington fliegen, und ein hoher Senator aus Pennsylvania hatte sowohl ihn als auch den tunesischen Botschafter schriftlich zur Auslieferung Alstons gedrängt. Zudem stand auch die heikle Frage im Raum, ob die Vereinigten Staaten ihre Tunesienhilfe, die vor dem Golfkrieg dreißig bis vierzig Millionen Dollar pro Jahr betrug, in vollem Umfang erneuern würden.

Schließlich empfahlen die tunesischen Richter dem Präsidenten des Landes, General Zine el-Abidine Ben Ali, dem Ersuchen Amerikas um Alstons Auslieferung zu entsprechen, was dieser auch tat. Das Ende der Straße war nahe für Alston – der sich in seinem neuen Leben so sicher gefühlt hatte, daß er sogar das Risiko auf sich nahm, für sein Töchterchen einen Paß zu beantragen, obwohl er noch gar keine konkreten Reisepläne hegte. Am 30. Juni 1991 wurde er von tunesischen Polizisten in ein Flugzeug nach New York gesetzt.

Nachdem die Maschine ihre Reiseflughöhe von zehntausend Meter Höhe erreicht hatte, tippte ihm einer der beiden US Marshals, die ihn in Empfang genommen hatten, sachte auf die Schulter und eröffnete ihm, daß er unter Arrest stehe.

Marshal – läßt dieser Begriff nicht die Erinnerung an alte Hollywood-Western aufkommen? Der US Marshals Service, die älteste Bundesgesetzbehörde Amerikas, ist seit 1979 dafür zuständig, flüchtige US-Bürger im Ausland ausfindig zu machen und festnehmen zu lassen. Seit seiner Gründung im Jahr 1789 durch George Washington, den ersten Präsidenten der USA, hat er die Aufgabe übernommen, zeitweilig in Arbeitsteilung mit dem FBI flüchtige Personen der Justiz zuzuführen.

Inzwischen bildet die internationale Fahndung nach Gesetzesflüchtigen, koordiniert und geleitet vom International Branch (IOB), ihrer Vollzugsabteilung im Hauptquartier in McLean, Virginia, eine der expansivsten Aktivitäten dieser Beamten. Hierzu ein Kommentar von G. Wayne (»Duke«) Smith, außerordentlicher Einsatzleiter und Chef des IOB, der mir Einzelheiten zum Fall William Alston verriet: »Seit 1987, also seit vier Jahren, haben wir Interpol vierzehntausend Fälle gemeldet, die bis heute [Sommer 1991] ganze achthundertsiebenundsechzig für uns abzuschließen in der Lage war. Umgekehrt sind, wiederum seit 1987, sechshundertsechsundachtzig Anträge des hiesigen NZB beim Marshals Service eingegangen, Leute ausfindig zu machen, und davon haben wir fünfhundertsiebenundachtzig erledigt. Bei uns geht's also wirklich rund!«

Aber die Marshals haben auf fremdem Boden keine Verhaftungsbefugnis. Aus diesem Grund warteten die beiden Beamten, bis sich die Maschine mit William Alston in der Luft über internationalen Gewässern befand, um ihn dann formell unter Arrest zu stellen. »Duke« Smith erklärt, wie das System funktioniert: »Zum Glück haben wir wie beim Fall Alston meistens genügend Vorlaufzeit, so daß wir zwei Beamte ins Flugzeug setzen können. In der Luft sprechen unsere Jungs dann technisch gesehen die Festnahme aus – vorausgesetzt, es ist eine amerikanische Maschine. Daher bemühen wir uns, sie nach Möglichkeit in ein Flugzeug unserer Fluggesellschaften zu setzen. Andernfalls kann die Sache haarig werden.

In welchem Moment die beiden Marshals die Festnahme aussprechen? Das ist von Fall zu Fall verschieden. Hat man es mit einem passiven, gesetzten, ruhigen Passagier zu tun, so geht man zu ihm hin und sagt: ›Guten Tag, United States Marshals. Wir möchten Ihnen mitteilen, daß Sie unter Arrest stehen. Entspannen Sie sich, nehmen Sie sich einen Drink, essen Sie etwas. Wir werden am Flughafen abgeholt, und man wird sich um Ihre Belange kümmern.‹ Wird man dagegen mit einem feindseligen, möglicherweise sehr aggressiven Zeitgenossen konfrontiert, lehnt man sich zurück und behält ihn im Auge, und wenn die Maschine aufsetzt, in Miami zum Beispiel, tippt man ihm auf die Schulter und sagt: ›Handschellen!‹

Diese Dinge entscheiden wir individuell.«

Mit William Patrick Alston alias Jafar Saidi hatten sie keine Probleme.

Der US Marshals Service hat nun zwei Vertreter als ständige Mitarbeiter dem NZB Washington zur Seite gestellt, und seit 1982 arbeitet auch ein US Marshal im Interpol-Generalsekretariat. Als im Oktober 1984 in Saint-Cloud eine neue internationale Fahndungsgruppe gebildet wurde, übertrug man dem Gast aus den USA das Kommando.

Im Herbst 1990, als ich mich zwecks Recherchen für dieses Buch fast zwei Monate lang in Lyon aufhielt, wurde die Gruppe von James Sullivan geleitet, einem knochenharten, Cowboystiefel tragenden Vietnamveteranen, in dessen Büro passenderweise ein altes Filmplakat hing, auf dem John Wayne mit einem silbernen Marshalabzeichen zu sehen war. Als Mitarbeiter standen ihm Jacques Mercier, ein langfristig abkommandierter französischer Polizist, und drei französische Bürokräfte zur Seite.

Damals wie heute gab und gibt die Gruppe etwa sechshundert rote Ausschreibungen im Jahr heraus. Sie alle basieren auf einem Standardformular, das sich seit der Einführung der Interpol-Ausschreibungen durch Jean Nepote 1946 (siehe Seite 117f.) nur wenig verändert hat. Es ist in drei Sprachen gedruckt – Französisch, Englisch, Spanisch (in dieser Reihenfolge!) – und enthält alle wesentlichen Informationen, anhand derer ein Polizist an jedem Ort der Welt zu einer positiven Identifizierung imstande ist: Name, Aliasnamen, Beruf, Geburtsort und -datum, Personenbeschreibung, gesprochene Sprachen, Fingerabdrücke und Foto.

Man beachte den Hinweis auf die Fingerabdrücke. Rote Ausschreibungen können nicht nur zur Festnahme eines Schuldigen verhelfen, sondern auch die Freilassung eines Unschuldigen erwirken. Hierfür zwei gute Beispiele:

Mittels »Rotecke« gefaßt – wegen einer anderen Straftat

In der Nacht zum 13. Juli 1987 brach eine Diebesbande ins Knightsbridge-Depositenzentrum in London ein. Es war ein meisterhafter Coup. Inhaber von Schließfächern sind nicht in jedem Fall daran interessiert, daß die Polizei von deren gesamtem Inhalt erfährt, und bis heute weiß niemand genau, wieviel gestohlen wurde: Die Schätzungen liegen zwischen vierzig und sechzig Millionen Pfund. Doch der Mann, der den Raub geplant hatte, war unachtsam und hinterließ seine Fingerabdrücke am Tatort. Diesmal hatte die Polizei Glück: Sie fand ein perfektes Gegenstück in ihren Akten. Aber die Abdrücke gehörten keinem gängigen englischen »Experten«, sondern einem dem äußeren Schein nach achtbaren, wohlhabenden Playboy aus Italien namens Valerio Viccei, der erst kurz zuvor seinen Wohnsitz nach London verlegt hatte.

Wie kamen sie in die Kartei? Sie waren routinemäßig von einer internationalen roten Interpol-Ausschreibung übertragen worden, die auf Viccei ausgestellt wurde, nachdem er achtzehn Monate zuvor in Abwesenheit wegen bewaffneten Raubes in Italien zu einer Haftstrafe verurteilt worden war. Er wurde festgenommen und bekam zweiundzwanzig Jahre – aber erst, nachdem er vermutlich bis zu dreißig Millionen Pfund aus dem Raub erfolgreich gewaschen hatte.

Mit Goldkettchen um den Hals, eine teure »Rolex-Oyster«-Uhr am Handgelenk und ein T-Shirt mit dem Aufdruck »I love Knightsbridge» tragend, wurde er im November 1992 von einem britischen Hochsicherheitsgefängnis zurückgeflogen, um seine Haftstrafe in einem italienischen Gefängnis abzusitzen – und um weiteren vierzig Anklagepunkten entgegenzusehen.

Unschuld durch rote Ausschreibung bewiesen

Ein costaricanischer Killer und Sprengstoffexperte erhielt den Auftrag, einen hochrangigen General im benachbarten Nicaragua zu ermorden. Als Fotograf getarnt verschaffte er sich Zutritt zu einer Pressekonferenz in Managua, der Hauptstadt Nicaraguas. Es gab jedoch eine Panne: Mehrere Soldaten und Journalisten kamen ums Leben, der General wurde indes nur verwundet. Dem Attentäter gelang die Flucht. Es erfolgte eine internationale rote Ausschreibung, und einige Zeit darauf, im Januar 1993, wähnte man ihn unterwegs nach Kanada. Bei der Einreise wurde am Flughafen von Toronto ein Passagier verhaftet, doch die Fingerabdrücke auf der »Rotecke« bewiesen, daß es sich nicht um den Gesuchten handelte. Mit der Bitte um Entschuldigung wurde er freigelassen.

Eine internationale rote Ausschreibung nennt auch die grundlegenden Fakten zum Fall und liefert die gesetzliche Basis für ihre Ausfertigung im Antragsland: das heißt Haftbefehl, Anklageschrift der Staatsanwaltschaft oder was auch immer. Darin heißt es: »Bei Auffinden der Person, ganz gleich an welchem Ort, bitte in Haft behalten und Nachricht geben« – und dann folgen Adressen des ersuchenden NZB und des Generalsekretariats in Lyon. Und sie enthält stets den wichtigen Satz: »Auslieferung in jedem Land der Welt erbeten« oder im Falle einer von den USA beantragten roten Ausschreibung: »Auslieferung in jedem Land, in dem ein Auslieferungsabkommen mit den Vereinigten Staaten besteht, erbeten. In anderen Ländern bitte observieren. In jedem Fall sofort informieren.«

Welche Folgen hat eine solche internationale Ausschreibung? Sullivan sagte hierzu: »Wunsch und Wirklichkeit klaffen da manchmal auseinander. Folgendes sollte passieren: Da sie bereits die Kriterien eines hinreichenden Verdachts erfüllt (es fand ja schon im Antragsland eine gerichtliche Untersuchung des Falls statt), hat man bereits einen Rechtstitel zur Unterstützung des Antragslandes sowie des Landes, das eine Auslieferung angekündigt hat, in der Hand – sie sollte in das Computernetz des Empfängerlandes eingehen. Wird also die Person bei einer Grenzkontrolle aufgehalten oder von einem Polizisten gestoppt, sei es nun wegen einer Geschwindigkeitsübertretung oder zur Überprüfung der Personalien, egal – sobald ihr Name auf einer Karte erscheint, sollte daraus automatisch hervorgehen, daß diese Person in einem anderen Land wegen einer bestimmten Straftat gesucht wird.

Leider geben manche Länder wegen ihrer diplomatischen Bestimmungen und dieser verrückten Auslieferungsgesetze keine roten Interpol-Ausschreibungen in ihre Computer ein, weil sie dazu besondere diplomatische Dossiers benötigen. Ein Beispiel sind die Vereinigten Staaten und Frankreich: Bevor Frankreich jemand aufgrund einer internationalen Ausschreibung verhaftet, brauchen die von uns eine urkundliche Bestätigung, daß in den Vereinigten Staaten bereits ein Haftbefehl ergangen ist. Diese wird von unserem Außenministerium abgesandt, von den Juristen im Justizministerium weitergeleitet, nachdem sie zuvor noch bei der amerikanischen Botschaft ins Französische übersetzt worden ist. Erst dann stellen die Franzosen einen einstweiligen Haftbefehl aus und verhaften den Knaben. Das ist ein ganz schön langwieriges Verfahren.

Und da haben Sie völlig recht: Bis der Papierkram erledigt ist, könnte der Flüchtige schon längst nach Venezuela oder sonstwohin abgehauen sein. Das ist mir persönlich schon passiert.«

Und er erzählte folgende Geschichte:

Wegen Drogenschmuggels wurde in Glencoe, Südgeorgia, gleich an der Grenze zu Florida, ein Amerikaner angeklagt und verurteilt. In dieser Region ist der Garnelenfang ein maßgeblicher Wirtschaftsfaktor, und die Fischer brachten nebenbei große Mengen Marihuana und Kokain von Schiffen an Land, die draußen in internationalen Gewässern ankerten. Nach seiner Verurteilung ließ man ihn vor Haftantritt gegen Kaution frei – und er floh. Kurze Zeit später gaben wir eine internationale Interpol-Ausschreibung heraus.

Dann wurde er hier in Frankreich wegen zu schnellen Fahrens gestoppt. Der Gendarm fütterte den Computer mit seinem Namen, konnte ihn aber nicht finden, denn er war dort natürlich noch nicht EDV-mäßig erfaßt. Doch dieser Polizist gab so schnell nicht auf. Er prüfte weiter, denn irgendwas gefiel ihm an der Sache nicht, und er stellte fest, daß dieser Typ tatsächlich von Interpol gesucht wurde. Die französische Brigade des Stupéfeants *(Drogeneinsatzkommando) in Paris nahm Kontakt mit*

mir auf. Ich wandte mich an das NZB Washington und sagte: »Hey, wir haben diesen Typen. Wir wissen, wo er steckt. Er hockt auf einem Boot in Marseille. Ich brauche sofort einen Haftbefehl.« Doch wegen der bereits erwähnten Verfahrensmühle dauerte das zwei Wochen, und bis dahin war er über alle Berge!
Er wurde dann aber doch verhaftet, und zwar in Australien. Wie das ablief? Nun, man überwachte das Boot von Marseille aus auf seiner ganzen Reise nach Australien via Satellit, und bei seiner Ankunft stand das Empfangskomitee schon bereit. Nein, in Australien mußten im Gegensatz zu Frankreich nicht erst auf diplomatischem Wege die nötigen Voraussetzungen geschaffen werden, und deshalb brauchten sie auch nicht noch einmal von vorn anzufangen.«

Sullivans Kommentar: »Theoretisch müßte das System prima funktionieren. Die Ausschreibung sollte herausgeschickt werden und die Person in den Fahndungscomputer des Landes wandern, denn sie operiert offensichtlich über Grenzen hinweg. Sobald der Betreffende, aus welchem Grund auch immer, gestoppt wird, sollte der Computer einige Informationen über ihn parat haben – und zwar aus zwei Gründen: Grund Nummer eins ist natürlich die Erwirkung einer Festnahme, und – was mir wichtiger erscheint – Grund Nummer zwei ist der, daß die Person gefährlich sein könnte. Vielleicht hat man es mit einem Terroristen oder einem psychopathischen Amokschützen zu tun; auf diese Weise kann das Leben eines Polizisten geschützt werden.

Aber der Zwang, den diplomatischen Weg zu beschreiten, gilt für jedes Land, das mit den Vereinigten Staaten in Verbindung steht: wegen dieses Auslieferungsabkommens von 1902, glaube ich. Obwohl sich die Welt seitdem sichtlich gewaltig verändert hat, praktizieren sie nach wie vor die gleiche Vorgehensweise. Bevor ich nach hier kam, hatte ich schon einmal einen umgekehrten Fall. In Palm Springs, einen Katzensprung von Los Angeles, hielt sich ein IRA-Terrorist auf, der von Großbritannien gesucht wurde. Da saß ich und guckte ihn an – und konnte ihn nicht festnehmen, solange ich keinen einstweiligen Haftbefehl von den US-Behörden hatte. Und als es dann endlich soweit war, da hatte sich der Typ aus dem Staub gemacht.

Innerhalb der EG ist das was anderes. Die Mitgliedsstaaten brauchen sich nicht alle die rote Ausschreibung diplomatisch bestätigen lassen. Doch für uns ist das ein echtes Problem. Die einzige Möglichkeit besteht darin, sich einen soliden Vorsprung zu verschaffen, wenn man die Adresse von dem Typen kennt und weiß, daß er sich dort einige Zeit aufhalten wird, um sich dann diese diplomatische Note im voraus ausstellen zu lassen. So hatte ich beispielsweise hier in Lyon einen solchen Vorsprung: Mir war bekannt, daß sich der Gesuchte in Paris aufhielt. Ich hatte die Adresse, an die wir mittels einer elektronischen Abhöranlage gelangt waren. Wir konnten exakt zurückverfolgen, von welchem Apparat aus telefoniert wurde, und wir bekamen die diplomatische Bestätigung rechtzeitig. Beim Polizisten auf der Straße aber klappt das wie gesagt leider nicht auf diese Weise, von Zufällen mal abgesehen.«

Andererseits jedoch besteht die Schwierigkeit für das NZB darin, nicht Lyon um Veröffentlichung einer vollständigen internationalen Ausschreibung mit Foto, Fingerabdrücken und dem ganzen Drumherum zu bitten, sondern selbst über das Interpol-Netz via Funk oder Telex ein allgemeines Kommuniqué oder »Alle-Punkte-Bulletin« rauszuschicken, natürlich mit einer Kopie an Lyon. Heutzutage ist dies eine weit geläufigere Maßnahme als die herkömmliche Ausschreibung. Diese kann hinterher immer noch formell erfolgen, aber wenigstens kommt die Sache mal ins Rollen, und wo kein Zweifel an der Identität des Gesuchten besteht, ist dieses Mittel rechtlich ebenso wirksam und gibt der Polizei in einem Mitgliedsland das Recht, jemanden »vorläufig festzuhalten und zu vernehmen«, wie es Sullivans französischer Assistent Jacques Mercier damals formulierte. Wird die Identität tatsächlich ohne eine umfassende rote Ausschreibung bestätigt, so teilt das Antragsland »über normale diplomatische Kanäle« mit, daß es genau wie im Falle einer internationalen Ausschreibung einen Auslieferungsantrag stellen wird.

Auf diese Weise erübrigt sich die vollständige Ausschreibung manchmal. Ein Beispiel dafür ist folgender Fall:

Die Frau, die über das Fernsehen gefaßt wurde

Im April 1986 stellte ein Richter im sizilianischen Städtchen Caltanisetta einen Haftbefehl gegen die damals neununddreißigjährige Sizilianerin Rosetta Magaddino aus, gesucht wegen

Mittäterschaft in einer zehnköpfigen Bande, die zu Beginn der achtziger Jahre einen Heroinschmuggel zwischen Italien und New York City betrieb. Doch sie floh außer Landes und wurde im März 1986 in Abwesenheit zu sieben Jahren Haft verurteilt. Das NZB Rom bat das Generalsekretariat nicht um Ausstellung einer internationalen Ausschreibung. Man beschränkte sich auf die Verbreitung der grundlegenden Fakten und endete mit der Standardfloskel: »Bei Auffinden bitte festhalten und sofort unser NZB informieren. Auslieferung wird über die üblichen Kanäle beantragt. Grüße.«

Der Fall geriet nicht in Vergessenheit. Es gab Vermutungen, nach denen die Frau in den Vereinigten Staaten Zuflucht gesucht haben könnte. Daher bat man den Marshals Service, sich in die Fahndung einzuschalten. Zur gegebenen Zeit kam die Rückmeldung, daß sie sich wahrscheinlich in den USA aufhielt, jedoch war eine Ortsangabe nicht möglich.

In den Vereinigten Staaten gibt es eine äußerst erfolgreiche TV-Sendung namens America's Most Wanted *[entspricht Aktenzeichen XY … ungelöst], in der man die Zuschauer bittet, bei der Fahndung nach flüchtigen Tätern mitzuhelfen. Dazu werden ihnen die bekannten Fakten über einzelne Fälle präsentiert, und wer meint, jemanden erkannt zu haben, soll sich telefonisch melden. Anfang 1991 setzten sich die Programmacher mit dem Marshals Service in Verbindung. Sie wollten erstmals versuchen, jemanden international Gesuchten zur Strecke zu bringen. Rosetta Magaddinos Fall paßte hervorragend ins Konzept: Er war zweifellos international, Interpol war eingeschaltet (ein Schlagwort für die Publicitywirksamkeit vor der Sendung), die Sizilianerin führte wahrscheinlich ein völlig normales Leben und war in ihrer Gemeinde recht gut bekannt.*

Der Erfolg blieb nicht aus. Am Freitag, dem 17. Mai 1991, ging die Sendung über den Äther, und schon am nächsten Tag verhafteten die Marshals Frau Magaddino, die mittlerweile einen anderen Namen angenommen hatte, als sie von ihrem Haus in Charlotte, Florida, gerade wegfahren wollte. Mehrere Leute hatten sie erkannt und sich beim Sender gemeldet. Umgehend bestätigten die dankbaren Italiener »über normale diplomatische Kanäle«, daß sie einen Auslieferungsantrag stellen würden. Am 13. September 1991 fand sich Rosa Magaddino in ihrer Heimat wieder.

Von der roten Ausschreibung wird häufig als einem »internationalen Haftbefehl« gesprochen. Und auch ich habe sie im Laufe der Jahre in diversen Zeitschriftenartikeln und weiter vorne in diesem Buch so bezeichnet. Das heißt jedoch nicht, daß die Polizei in einem Mitgliedsland daraufhin in jedem Fall zur Tat schreitet, selbst wenn sich eine solche Ausschreibung im Fahndungscomputer ihres Landes befindet. Die nationale Souveränität hat immer noch Vorrang, und jeder Staat stellt seine eigenen Regeln auf. Die meisten Länder – so auch Großbritannien, Frankreich, Deutschland und die Vereinigten Staaten – erlauben nur eine Festnahme, wenn ein Richter oder richterlicher Beamter im eigenen Land einen vorläufigen Haftbefehl ausgestellt hat. Tatsächlich bestehen die meisten Länder (obwohl in jeder internationalen Ausschreibung ausdrücklich davon die Rede ist, daß eine Auslieferung beantragt wird) noch immer darauf, daß die ersuchende Behörde in jedem einzelnen Fall »über normale diplomatische Kanäle« – das heißt schriftlich durch ihre jeweilige Botschaft – eigens bestätigt, daß sie weiterhin eine Auslieferung zu beantragen gedenkt, bevor ihrer eigenen Polizei gestattet wird, bei einem Richter oder richterlichen Beamten um einen vorläufigen Haftbefehl nachzusuchen. »Was passiert, wenn ein Flüchtiger in der Zwischenzeit untertaucht?« fragte ich einen Polizisten im Londoner NZB. »Er geht uns durch die Lappen!« antwortete er. »Aber das ist nicht unsere Schuld. Es liegt, wenn man so will, am Rechtssystem.«

Die Polizei in anderen Ländern sieht das lockerer. Odilon Emond, ein Kanadier, der bei meinem Besuch 1990 die Polizeiabteilung in Lyon leitete. »Für uns in Kanada beispielsweise ist ein allgemeines Kommuniqué so gut wie eine rote Ausschreibung, da gibt's gar keinen Zweifel. Daheim in Vancouver jedenfalls ließe ich den Gesuchten bestimmt rund um die Uhr observieren, bis ich den Rechtstitel in den Händen hätte, und dann wäre er fällig. Und wenn er versuchen würde, vorher das Land zu verlassen? Er käme nicht raus! Wir fänden schon einen Weg, ihn festzuhalten, und sei es über das Einwanderungsgesetz oder anderweitig. Und manchmal, das muß ich gestehen, haben wir Leute auch von Fall zu Fall einfach so, ohne eigentlich dazu berechtigt zu sein, nicht weggelassen. Ich kann Ihnen nur sagen, daß wir einen geeigneten Weg finden würden.

Denken Sie daran: Es hängt alles vom jeweiligen Land ab. Manche Länder werden diesen zusätzlichen Schritt tun wie wir in

Kanada, und auch die Amerikaner haben da im allgemeinen keine Hemmungen. Ich weiß aber ebenso, daß in einigen Ländern die Polizei aufgrund der jeweiligen Gesetzeslage nicht über jene Machtbefugnisse verfügt, wie vielleicht ich sie habe – oder sie hat sogar noch weniger. Es kommt auch auf die Art des Verbrechens an, für das ein Täter gesucht wird. Wir wollen solche Dinge nicht auf geringfügige Verstöße ausdehnen.«

Manchmal reicht es schon, zum Telefonhörer zu greifen wie in diesem Fall aus den USA:

Der Mafiakiller

Ein fünfundzwanzigjähriger Amerikaner, der wegen eines regelrechten Hinrichtungsmordes in Massachusetts im Zusammenhang mit Drogengeschäften angeklagt war, setzte sich im Januar 1986 noch vor dem Urteilsspruch aus den Vereinigten Staaten ab. Auf Antrag des NZB Washington gab Interpol eine internationale Ausschreibung heraus, und mit Hilfe der Polizei Irlands konnten die Fahnder des Marshals Service den Fluchtweg des Mafioso bis auf die Grüne Insel verfolgen. Sie machten seine Adresse ausfindig. Doch gerade, als man auf dem besten Wege war, die »bürokratischen Formalitäten« zu erledigen, verschwand er.

Im spanischen Malaga nahmen die Verfolger erneut seine Spur auf, und diesmal war Larry Homenick, ein Vorgänger von »Duke« Smith als Chef des IOB, entschlossen, nichts anbrennen zu lassen. Er rief die US-Botschaft in Madrid an und bat diese, dringend mit den spanischen Behörden Kontakt aufzunehmen, um sicherzustellen, daß der Mann nach seiner Festnahme unverzüglich den Vereinigten Staaten ausgeliefert würde.

Diese Zusicherung traf ein, die spanische Polizei verhaftete den Mann, und nachdem ein spanisches Gericht seine Auslieferung verfügt hatte, flogen zwei US Marshals herüber, um ihn abzuholen.

Doch selbst wenn rechtlich alles absolut in Ordnung ist, bleibt jedem Land die Entscheidung vorbehalten, ob man solchen Ausschreibungen eine Vollstreckung folgen läßt oder nicht, und in heiklen Fällen, bei denen nationales Eigeninteresse mitspielt, stellt man sich auch schon mal stur. Dies kann sogar auf beiden

Seiten passieren – sowohl in dem Land, von dem die Vollstrekkung der internationalen Ausschreibung erwartet wird, als auch in jenem, das zuerst darum nachgesucht hatte:

Der Fall »Rainbow Warrior«

Im Juli 1985 lag die »Rainbow Warrior«, ein Schiff der Umweltschutzorganisation Greenpeace, im neuseeländischen Auckland vor Anker. Es sollte in Kürze eine medienwirksame Protestflotte zum französischen Atomtestgelände auf dem Muroroa-Atoll im Südpazifik anführen. Plötzlich zerrissen zwei Sprengsätze den Schiffsrumpf unterhalb der Wasserlinie, und die »Rainbow Warrior« sank. Während neun Personen an Bord unverletzt blieben, kam ein Fotograf ums Leben.
Die französische Regierung stritt entrüstet eine Beteiligung an dem ab, was David Lange, der damalige Premierminister Neuseelands, als einen Akt von staatlich gefördertem Terrorismus nannte. Später gab man von seiten Frankreichs allerdings zu, daß Agenten des französischen Geheimdienstes die Bomben angebracht hätten, und zahlte an Neuseeland eine Entschädigung in Höhe von 7,6 Millionen Pfund.
Sechs Männer sollen angeblich an dem Anschlag beteiligt gewesen sein. Vieren gelang die Flucht, die beiden anderen, Alain Mafart und Dominique Prieur, wurden jedoch gefaßt und vor Gericht gestellt. Sie waren geständig und erhielten wegen Totschlags eine Haftstrafe von jeweils zehn Jahren. Zwei Jahre darauf kapitulierte die neuseeländische Regierung vor den drohenden Wirtschaftssanktionen sowie dem Druck der Vereinten Nationen und schloß mit Frankreich ein Abkommen: Demzufolge durften die beiden verurteilten Agenten auf die französische Insel Hao ausreisen – wo sie eigentlich noch drei Jahre in Gewahrsam hätten bleiben sollen. Frankreichs Regierung scherte sich jedoch einen Dreck um die Vereinbarung und holte sie kurze Zeit später in die Heimat zurück.
Inzwischen hatte Interpol auf Antrag des neuseeländischen NZB vier internationale Ausschreibungen für jene Geheimdienstleute ausgestellt, denen damals offenbar die Flucht gelungen war. Aber von offizieller französischer Seite weigerte man sich beharrlich, diese Ausschreibungen zu akzeptieren, und lehnte eine Festnahme der Männer oder ihre Auslieferung

an Neuseeland ab. Dann kam im November 1991 aus heiterem Himmel die Nachricht, daß die Schweizer Polizei aufgrund der Fahndungsausschreibungen einen Froschmann des französischen Geheimdienstes namens Gerald Andries verhaftet habe, der als Beteiligter an dem Anschlag genannt worden war. Er wurde bei seiner Einreise in die Schweiz festgenommen.

Wenige Tage später platzte die Bombe: Die neuseeländische Regierung, deren Führung mittlerweile gewechselt hatte, ließ verlauten, daß sie nicht auf eine Auslieferung dränge. Ein neuer Justizminister erklärte, die Entscheidung sei »aus einer Mischung aus politischen und juristischen Gründen« getroffen worden. Gerald Andries wurde aus dem Basler Gefängnis entlassen, und der ehemalige Premierminister David Lange meinte, mit diesem Beschluß würden seine Landsleute zu »Volltrotteln« gemacht.

Die Schweizer lassen sich bei internationalen Ausschreibungen nicht ins Bockshorn jagen. Als zwei Tage vor Weihnachten 1991 der fünfundzwanzigjährige Iraner Zeyal Sarhadi in Bern aufgrund einer vom Generalsekretariat wegen mutmaßlicher Beteiligung am Mord an Schapur Bachtiar im August 1991 in Paris auf Antrag des französischen NZB ausgestellten Ausschreibung verhaftet wurde, warnten iranische Zeitungen, Schweizer Diplomaten könnten womöglich üblen Repressalien ausgesetzt sein, falls die Schweizer Behörden Sarhadi, der angeblich im Auftrag der iranischen Regierung handelte, nicht freiließen. (Bachtiar war der letzte Ministerpräsident des Schahs von Persien und lebte seit 1979 in Frankreichs Hauptstadt im Exil.) »Sollte Sarhadi weiterhin festgehalten werden, könnten die Sicherheit und Bewegungsfreiheit der Schweizer diplomatischen Mission in Teheran gefährdet sein«, hieß es in einer Zeitung. Die Schweizer »müßten die Konsequenzen tragen«, falls sie den Mann in Gewahrsam behielten, drohte eine andere. Als Antwort lieferte die Schweiz Sarhadi am 25. Februar 1992 an Frankreich aus.

Bis zur Ausfertigung einer internationalen Ausschreibung vergehen vier bis sechs Wochen, eingerechnet die Beförderungsdauer per Post. Per *Post*? »Ja«, meinte James Sullivan, »das haben wir schon immer so gemacht.« Bereitwillig räumte er ein, daß der gesamte Vorgang viel zu lange dauere. »Entscheidend sind bei flüchtigen Tätern die ersten achtundvierzig Stunden, aber sicherlich auch die ersten Wochen. Die Informationen müssen schnell rausgehen, denn dann haben die Typen noch keinen Unterschlupf gefunden und lassen sich leichter schnappen. Entweder man schafft das gleich zu Anfang, oder die Ermittlungen ziehen sich gewaltig in die Länge.«

Doch er gab sich im Hinblick auf die Zukunft optimistisch. »Mit der ASF, der Automatic Search Facility [Automatisches Suchsystem], das wir demnächst bekommen, sind wir in der Lage, uns direkt mit den NZB kurzzuschließen. Dort werden die gleichen Terminals wie die des Archivsystems stehen, wie wir sie ja schon haben, und sie werden direkt dort reingehen können und sich die Informationen selbständig holen. In Zukunft – ich meine, in allernächster Zukunft, je nachdem, wie schnell die einzelnen Länder die erforderliche Hardware anschaffen – werden sie sich in dieses automatische Suchsystem einklinken und können uns die für die Ausschreibung benötigten Informationen reingeben, und wir sind dann imstande, sie sofort in die Welt rauszuschicken! Ich gehe davon aus, daß sich der Bearbeitungsvorgang – falls wir nicht vor Arbeit ersticken – von sechs Wochen auf vierundzwanzig oder achtundvierzig Stunden reduziert. Das hängt auch davon ab, wie lange die Übersetzer zur Übertragung in die vier amtlichen Interpol-Sprachen brauchen.«

Aber er bestand auch auf der positiven Effizienz des jetzigen Systems. »Wenn ein Polizist diese Ausschreibung in der Hand hat, wenn er dieses Foto, diese Fingerabdrücke hat, und er nimmt eine Verhaftung vor, und dann behauptet die betreffende Person: ›Das bin ich nicht‹, so kann er sie sofort unter anderem anhand der Fingerabdrücke widerlegen.

Folgendes ist hier schon mehrfach passiert: Da gab es zum Beispiel mal einen Nigerianer, der wegen Heroinschmuggels in Baltimore gesucht wurde. Die Nigerianer sind wichtige Heroinkuriere, die den Stoff vor allem aus dem Goldenen Halbmond, Pakistan und Afghanistan herausbefördern. Jedenfalls war dieser Typ in den Vereinigten Staaten festgenommen worden; er kam gegen Kaution frei, türmte und wurde in Abwesenheit wegen Schmuggels von fünf Kilo Heroin verurteilt. Nach etwa einem Jahr landete hier ein Antrag aus den Vereinigten Staaten auf Ausstellung einer internationalen Ausschreibung mitsamt Foto und Fingerabdrücken von dem Kerl. Wann immer wir Fingerabdrücke reinbekommen, überlassen wir sie zur Überprüfung unseren diesbezüglichen Spezialisten. Und diesmal sagten sie: ›Den Knaben führen wir schon unter einem anderen Namen.‹

Also sah ich mir den Fall einmal an und entdeckte, daß der Verdächtige etwa ein halbes Jahr zuvor das letztemal bei uns aktenkundig geworden war: Er wurde in Heathrow bei dem Versuch, Heroin aus dem Halbmond nach England zu schmuggeln, verhaftet. Ich setzte mich mit Bill Wooding von Scotland Yard in Verbindung und sagte zu ihm: ›Können Sie den Kerl mal überprüfen?‹

Bills Antwort lautete, er sei vor Gericht gestellt und verurteilt worden und säße gegenwärtig unter einem anderen Namen in einem englischen Gefängnis. Und dies teilte ich wiederum den Vereinigten Staaten mit.«

Sullivan schätzte, daß »mindestens sechzig Prozent« der mit roten Ausschreibungen gesuchten Personen letztlich geschnappt werden. »Ich sage nicht, daß es über Nacht passiert – es kann Jahre dauern –, doch die meisten landen schließlich im Knast. Manche sterben allerdings, bevor sie gefaßt werden können. Nehmen Sie zwei Fälle, die gerade auf meinem Schreibtisch liegen. Mal sehen, hier wird ein Schwede wegen Betrugs – neun Millionen Kronen – gesucht; die Ausschreibung datiert vom September dieses Jahres, und verhaftet wurde er im November in Dänemark. Hier noch einer, ein Holländer. Wird seit 1985 aufgrund einer deutschen internationalen Ausschreibung gesucht: Drogenschmuggel. Verhaftet in Antwerpen, Belgien, und im November 1990 an Deutschland ausgeliefert. So läuft das eben: Bei der einen Meldung erfolgt die Festnahme schon nach zwei Monaten, bei der anderen dauert's fünf Jahre.

Es geht mal schnell, mal weniger schnell, doch das System funktioniert wirklich.«

Mehr als zwei Jahre danach, im Februar 1993, erzählt mir Frank Devlin, wiederum ein freundlicher US Marshal und Sullivans Nachfolger als Leiter der Fahndungsabteilung in Lyon (Sullivan ist mittlerweile in die Vereinigten Staaten zurückgekehrt): »Auch wenn demnächst das neue ASF-System installiert wird, nennen wir sie weiterhin *Rotecken.* In der EDV-Anlage kann man sie zwar nach Farben unterscheiden. Aber sie werden wie gehabt per Post verschickt, vorläufig zumindest noch. Das könnte sich ändern, wenn das neue System in Betrieb geht, weil wir dann eigentlich keine Hardcopy der Ausschreibung mehr benötigen: Man kann sie sich dann direkt ausdrucken lassen. Das wird ein echter Fortschritt für uns sein.

Einige Länder aber werden sich vielleicht wegen der damit verbundenen Kosten das System nicht leisten können, und für die werden wir die Ausschreibungen auch künftig ausdrucken müssen – und sie auch mit der Post versenden.«

Laut Devlin befinden sich mittlerweile rund viertausend rote Ausschreibungen in seinen Akten und ungefähr zehntausend *diffusions*. »Unser größtes Problem ist, daß wir mehr Unterstützung seitens der Polizeiabteilung in den jeweiligen Ländern brauchen. Betrachtet man einmal, wie viele Länder Interpol-Mitglied sind, nämlich hundertneunundsechzig, und wie viele *diffusions* und Ausschreibungen wir laufen haben – das steht in keinem Verhältnis! Ich bin mir sicher, daß allein in den USA wohl an die fünfzigtausend Personen flüchtig sind, doch wie viele Ausschreibungen davon betreffen Amerikaner? Ich weiß nicht, vielleicht ein paar hundert.

Es ist jedoch ein funktionsfähiges System, und es funktioniert auch *wirklich*, wenn man's einsetzt. Derzeit nützen es bloß noch nicht genügend Länder in vollem Umfang.«

Wie viele Gesetzeshüter in seinem eigenen Land wissen über Interpol Bescheid? »Leider muß ich sagen, daß die Zahl wohl kaum berauschend sein dürfte. Aber das ist ein weltweites Problem. Wir bilden unsere Polizei nicht aus. In manchen Ländern läuft das besser, weil sie eine nationale Polizeitruppe haben; wir hier in den Staaten haben das nicht. Es ist die Frage, wie all die unterschiedlichen Polizeiabteilungen und Polizeibehörden geschult werden sollen.

Ich weiß nicht, wie viele flüchtige Personen auf der Welt rumlaufen, doch auf alle Fälle sind es mehr als vierzehntausend! Ich meine, wir sollten mindestens hundertvierzigtausend Ausschreibungen und *diffusions* draußen haben!

Wir sind hier als ein Dienst für jene Länder, die Mitglied der Organisation sind, doch können wir diesen Dienst nur mit ihrer Hilfe erbringen.«

Als er mir das sagte, war Devlin erst wenige Monate in Lyon. Leider hatte er schon die bittere Wahrheit über internationale Polizeikooperation kennengelernt.

Eine der einschneidendsten Neuerungen von Raymond Kendall nach seinem Amtsantritt als Generalsekretär war die Einführung einer Variante des vom FBI produzierten »Zehn-Meistgesuchten«-Konzepts bei Interpol. Im März 1986 hatte die internationale Fahndungsgruppe erstmals ein »Von Interpol gesucht« betiteltes Plakat mit internationalen Flüchtigen veröffentlicht. Das Plakat wurde seitdem zwar regelmäßig auf den aktuellen Stand gebracht, kann jedoch nicht eine solch breite Streuung aufweisen wie die berühmte FBI-Liste. Es ist nur zum vertraulichen Gebrauch innerhalb der Polizei gedacht. Dies hat in der Weltpresse vielerlei Spekulationen über seinen Inhalt ausgelöst, die jedoch sämtlich das Ziel verfehlten. Es war von sieben oder zehn Personensteckbriefen die Rede, richtig ist aber: Es sind zwölf.

Hier sind die Namen des ersten, mittlerweile historischen Plakats:

Licio Gelli – Italiener, siebenundsechzig. Von Italien wegen Betrugs und Korruption gesucht, bei denen es um über siebzig Millionen Pfund ging. Großmeister der verbotenen Freimaurerloge P2. Soll am internationalen Waffen- und Drogenhandel sowie an Erpressungen beteiligt gewesen sein. Ein enger Verbündeter Roberto Calvis, des Präsidenten der bankrotten Banca Ambrosiana – bekannt als »Bankier Gottes«, da die Priester im Vatikan über sie bezahlt wurden –, der im Juni 1982 erhängt unter der Blackfriars Bridge in London aufgefunden wurde. Wurde auch von der Schweiz gesucht wegen Flucht aus einem Gefängnis, nachdem er beim Versuch, einen Scheck über zwanzig Millionen Pfund einzulösen, festgenommen worden war.

Francis Edward Terpil – Amerikaner, sechsundvierzig, ehemaliger CIA-Agent. Von den Vereinigten Staaten gesucht wegen Waffen- und Sprengstoffhandels sowie Verschwörung zum Mord. Hatte erwiesenermaßen Kontakte zur IRA. Auf der Flucht vor einer dreiundfünfzigjährigen Haftstrafe, die ein amerikanisches Gericht wegen Waffenschmuggels an lateinamerikanische Rebellen gegen ihn verhängt hat. »Gilt als gefährlich«, warnte Interpol.

Albert Spaggiari – Franzose, vierundfünfzig. Dem berühmtesten Bankräuber Frankreichs gelang nach einem unglaublichen Husarenstück, bei dem Bargeld, Schmuck und Goldbarren im Wert von sechs Millionen Pfund aus vierhundert Schließfächern der Societé Générale de Nice erbeutet wurden, die dreiste Flucht aus der Untersuchungshaft.

Iljich Ramirez Sanchez – Venezolaner, siebenunddreißig. »Carlos der Schakal«, der berühmteste nichtarabische Terrorist der Welt, dessen größter Coup neben vielen anderen die Geiselnahme von elf Ölministern auf einer OPEC-Konferenz 1975 in Wien war. Nach viertägiger Belagerung entkam er und hinterließ drei Tote und acht Verletzte. »Gilt als gefährlich«, warnte Interpol.

Robert Trimbole – Australier, fünfundfünfzig. Australiens meistgesuchter Verbrecher, ein Drogenhändler und Mörder. »Gilt als gefährlich«, warnte Interpol.

Ismail Hacisuleymanoglu – Türke, dreiundvierzig. Eine finstere Gestalt in der westlichen Welt. Von der Türkei und Italien wegen Mordes und Rauschgifthandels gesucht. »Gilt als gefährlich«, warnte Interpol.

Yasar Avni Musullulu – Türke, vierundvierzig. Von der Türkei, Italien und der Schweiz wegen Waffen- und Drogenhandels gesucht. Hatte Schätzungen zufolge mindestens vierzig Millionen Dollar am Rauschgiftschmuggel verdient. Eine Schlüsselfigur im Heroinschmugglerring »Pizza Connection«, der zwischen 1979 und 1984 Heroin im Wert von schätzungsweise 1,65 Milliarden Dollar über Pizzerias in den USA abgesetzt hatte. »Gilt als gefährlich«, warnte Interpol.

Carlos Enrique Lehder Rivas – Kolumbianer, siebenunddreißig. Von Kolumbien und den Vereinigten Staaten wegen Drogenschmuggels in großem Stil gesucht. Einer der Anführer des Medellínkartells. »Gilt als gefährlich«, warnte Interpol.

Inge Viett – Deutsche, zweiundvierzig. Von der Bundesrepublik Deutschland wegen bewaffneter Terroranschläge gesucht. Ehemalige Kindergärtnerin. Auf der Flucht seit 1976, als sie aus dem Westberliner Gefängnis Moabit floh, wo sie im Zusammenhang mit dem Mord an einem Richter und der Entführung eines Kommunalpolitikers in Untersuchungshaft saß. Als früheres Mitglied der Baader-Meinhof-Bande hielt man sie noch immer für »gefährlich«.

Arnoldo Rodriguez-Beeche – Costaricaner, achtundvierzig. Eine weitere zwielichtige Figur. Von den Vereinigten Staaten gesucht wegen seiner Flucht aus einem normal bewachten kalifornischen Gefängnis im Jahr 1982, wo er eine vierjährige Haftstrafe verbüßte wegen illegalen Telefonabhörens und Postunterschlagung. Wichtiger aber war, daß auch Spanien wegen diverser größerer, nicht näher bezeichneter Betrugsdelikte nach ihm fahndete. »Gilt als gefährlich«, warnte Interpol.

Umberto Ortolani – Italiener, dreiundsiebzig. Von Italien gesucht wegen schweren Betrugs und Mittäterschaft bei fingierten Bankrotten. Galt auch als internationaler Waffenschieber.

Oral Celik – Türke, siebenundzwanzig. Gesucht von den türkischen und Schweizer Behörden wegen Mordversuchs, Drogenhandels und Mordes. Mitglied der rechtsextremen türkischen Terrorgruppe Graue Wölfe. Angeblich ein Komplize von Mehmet Ali Agca beim Mordanschlag auf Papst Johannes Paul II. im Mai 1981. War außerdem in mehrere politische Morde in der Türkei verwikkelt. »Gilt als gefährlich«, warnte Interpol.

Das bislang neueste »Von-Interpol-gesucht«-Plakat erschien im Sommer 1991. In den dazwischenliegenden fünf Jahren waren acht der ursrpünglich zwölf Gesuchten aus der Liste verschwunden. Sie saßen entweder hinter Gittern oder hatten ganz normal das Zeitliche gesegnet: Gelli (ergab sich), Spaggiari und Ortolani (verstorben), Trimbole, Hacisuleymanoglu, Lehder-Rivas und Viett (verhaftet).

Die aktuelle Liste verzeichnet deshalb folgende »Neuzugänge«:

Luis Rosado – Amerikaner, einundvierzig. Von den Vereinigten Staaten gesucht wegen Bombenanschlägen, Erpressung und bewaffneten Raubes. Die letzte noch in Freiheit befindliche Zentralfigur der berüchtigten *Fuerzas Armadas de Liberación Nacional* (FALN), einer puertoricanischen Separatistengruppe, die zwischen 1977 und 1984 hauptsächlich in New York und Chicago über hundertsechzig Bombenattentate, Schießereien und Brandanschläge verübte. »Gilt als gefährlich«, warnt Interpol.

Salvatore Greco – Italiener, vierundsechzig. Von Italien gesucht wegen krimineller Verschwörung, Mordes, Waffen- und Drogenhandels sowie Betrugs. Ein mit dem »Paten« vergleichbarer sizilianischer Mafioso, der 1987 in Abwesenheit wegen Verschwörung und Drogenhandels zu achtzehn Jahren Haft verurteilt, in mehreren Mordanklagepunkten jedoch mangels Beweisen freigesprochen wurde.

Tom J. Billman – Amerikaner, einundfünfzig. Von den Vereinigten Staaten gesucht wegen Erpressung, Verschwörung, Post- und Paßbetrügereien. Der einzige Wirtschaftskriminelle in der aktuellen Liste. Hat angeblich mindestens zweiundzwanzig Millionen Dollar von seinem inzwischen bankrotten Gemeindebausparverein in Bethesda, Maryland, beiseite geschafft, 1988 seine Frau mitsamt drei Kindern sitzengelassen und sich nach Europa abgesetzt, kurz bevor ein Geschworenengericht Anklage gegen ihn erhob. Im Juni 1991 schrieb dann der US Marshals Service Geschichte, indem er erstmalig ein bezahltes Inserat in der Pariser *International Herald Tribune* veröffentlichte, worin er eine »hohe Belohnung« für Hinweise, die zur Ergreifung Billmans führten, in Aussicht stellte.

Izchak Schwarz – Israeli, dreiundsechzig. Von Italien wegen »schweren Diebstahls« gesucht. Ein mysteriöser Ganove, der mit Vorliebe kostbare religiöse Schätze der Juden raubt.

Jean-Marie Marc van Dam und *Philippe Jean Marcel Lacroix* – beide aus Belgien, beide einunddreißig. Von ihrem Land gesucht wegen vierfachen bewaffneten Raubes und der Entführung des früheren belgischen Premierministers Paul van den Boeynants im Januar 1989 sowie Erpressung eines Lösegelds in Millionenhöhe. »Beide gelten als gefährlich«, sagt Interpol über die Männer.

Alois Brunner – Österreicher, neunundsiebzig. Von Deutschland wegen Mordes gesucht. Der Jüdische Weltkongreß bezeichnete ihn als »den berüchtigsten lebenden Nazi-Kriegsverbrecher«. Verantwortlich für den Tod von mindestens 143 000 französischen Juden in den Gaskammern von Auschwitz. Nach jahrelangen Bemühungen israelischer Kreise um eine Ausschreibung – die von der alten Interpol im Falle von Kriegsverbrechern kategorisch abgelehnt worden war – genehmigte Raymond Kendall im August 1987 sie dann doch. Von Brunner ist seit langem bekannt, daß er in Syrien lebt, und die internationale rote Ausschreibung (Aktenzeichen A-261/8-1987) nennt sogar seine Adresse: Shaariet George Haddad 7, Damaskus. Doch laut Aussage des syrischen NZB ist unter dieser Anschrift, wann immer jemand von ihnen dort vorbeischaut, nie eine Person dieses Namens anzutreffen: Er nennt sich inzwischen ja auch George Fischer. Im Dezember 1991 wurde Beate Klarsfeld, eine bekannte französische Nazijägerin, festgenommen und abgeschoben, nachdem sie mit einem Trick ins Land eingereist war und mutterseelenallein vor dem syrischen Innenministerium protestiert hatte.

Salvatore Riina – Italiener, einundsechzig. Von Italien gesucht wegen Drogenhandels und krimineller Verschwörung in einem besonders schweren Fall. Angeblich der mächtigste aller sizilianischen »Paten« und für mehrere Morde verantwortlich, wurde er 1987 in Abwesenheit zu lebenslanger Haft verurteilt.

»Normalerweise bringen wir die Ausschreibung neu heraus, wenn die Hälfte der Typen verhaftet ist«, sagt Frank Devlin. »Bis jetzt haben wir nur drei Männer aus der aktuellen Ausschreibung erwischt. Sie muß also noch ein Weilchen laufen.«

Bei den drei Männern handelt es sich um:

Salvatore Riina – verhaftet im Januar 1993 von der örtlichen Polizei in seiner Heimatstadt Palermo. Es sickerte durch, er habe die Stadt nie verlassen und die ganze Zeit, während der er auf der Liste stand, ein normales Privat- und Verbrecherleben geführt. »Nicht eben ein Ruhmesblatt für Interpol«, bemerkte ich zwei Wochen später zu Devlin. Er zuckte die Achseln: »Es steht uns hier bei Interpol nicht zu, unseren Mitgliedern vorzuschreiben, wie die Polizei in ihrem Land vorzugehen hat. Wir können lediglich Informationen verbreiten. Riina ist in erster Linie deshalb von der Liste verschwunden, weil das NZB Rom sagte: ›Wir wollen ihn!‹ Manche Polizeiverbände sind besser als andere. Das gehört zur internationalen Polizeiarbeit.«

Van Dam und Lacroix – eine rühmlichere Geschichte. Verhaftet wurden die beiden in der kolumbianischen Küstenstadt Barranquilla im März 1991, nachdem die örtliche Polizei über die NZB Brüssel und Bogotá Hinweise von der belgischen Polizei erhalten hatte. Beide waren im Besitz von je einem Dutzend gefälschter Personalausweise, rund hundertsiebzigtausend Dollar in bar (die sie den Beamten bei der Festnahme anboten) und mehrerer Telefonnummern von Kokainbossen des Medellínkartells. Als Fachleute für Sprengstoffe, einer bevorzugten Waffe der Drogenmafia, wollten sie ihre Dienste anbieten – doch binnen einer Woche befanden sie sich an Bord einer belgischen Militärmaschine auf dem Rückflug nach Belgien, obwohl zwischen den beiden Ländern kein Auslieferungsabkommen bestand.

Neben den roten Ausschreibungen stellt Interpol auch vier nicht so geläufige Ausschreibungen aus: blaue, grüne, schwarze und gelbe (siehe Seite 117f.). Sullivans Gruppe gibt pro Jahr etwa hundert »Blauecken« heraus. Das sind in erster Linie Bitten um weitere Angaben zu einer bestimmten Person. Eine solche wurde im März 1989 auf Antrag des NZB Wiesbaden im Falle eines siebenundvierzigjährigen deutschen Marineoffiziers verschickt, der im November 1987 im schweizerischen Kilchberg ein Wohnmobil gemietet hatte. Nach zwei Wochen meldete er das Fahrzeug bei der

Zürcher Polizei als gestohlen, doch die konnte seine Geschichte nicht überprüfen, weil sie nicht wußte, wo sie ihn finden sollte. Es fehlte ja immerhin ein Wohn*mobil*. Daher ersuchte das NZB Wiesbaden das Generalsekretariat um Ausfertigung einer auf Europa und die angrenzenden Mittelmeerländer beschränkten blauen Ausschreibung, in der die NZB mit der Standardfloskel gebeten wurden, diesen Mann »ausfindig zu machen und aufzuspüren«, um zu prüfen, was denn nun wirklich passiert war.

Blaue Ausschreibungen kommen in den allermeisten Fällen bei internationalen Taschendieben zum Einsatz. »Viele dieser Personen kommen aus Südamerika nach Europa«, sagt James Sullivan. »Sie arbeiten in Gruppen und grasen Großveranstaltungen wie Olympische Spiele ab, und es ist mitunter schon sehr hilfreich, wenn man genau weiß, mit wem man's zu tun hat.«

Und tatsächlich: Der erste flüchtige Straftäter aus den USA, der im März 1991 von der ehemaligen Sowjetunion in die Staaten abgeschoben wurde, war das Opfer einer blauen Ausschreibung – und nicht etwa einer roten, wie man hätte annehmen können. Es handelte sich um den zweiundvierzigjährigen Felix Kolbovsky, einen gebürtigen Russen, der in die USA ausgewandert war und die amerikanische Staatsbürgerschaft angenommen hatte. Mit dem Vorwurf konfrontiert, die private US-Gesundheitsfirma Medicare durch unnötige ärztliche Tests in seiner diagnostischen Klinik in Saint Louis, Missouri, um zehn Millionen Dollar betrogen zu haben, setzte er sich, als die Ermittlungen zu heiß wurden, ins Ausland ab. Auf Antrag des NZB Washington stellte Lyon eine blaue »Auffind-und-Aufspür«-Ausschreibung aus.

»Duke« Smith erzählt: »Das war aufgrund der Zeitdifferenz mal wieder eine dieser Drei-Uhr-morgens-Geschichten. Das Moskauer NZB rief Washington an, um mitzuteilen, daß man bereit sei, ihn abzuschieben, doch sie hatten eindeutig keine Ahnung, was zu tun war. Es war für sie etwas völlig Neues, und sie gingen die Sache auf unorthodoxe Weise an. Unorthodox nach unseren Maßstäben, muß man sagen.

Daraufhin rief mich das NZB an und sagte, die Russen würden den Mann innerhalb von vierundzwanzig Stunden abschieben, denn sie hatten ihn festgenommen – und sobald jemand verhaftet war, gehörte dies zum üblichen Dienstvorgang. Aber ich sagte: ›Moment mal. Wir müssen einen US Marshal rüberschicken und all das in die Wege leiten. Jetzt heißt es rasch handeln.‹ Ich erkundigte mich, welcher Bundesbeamte am schnellsten nach Moskau könnte. ›In Ordnung‹, meinten die, ›wir haben einen DEA-Mann in Brüssel.‹ Der Job hatte zwar nichts mit Rauschgift zu tun, aber ich sagte: ›Super! Lassen Sie ihn nach Moskau fliegen. Dort soll er sich einfach in der internationalen Zone des Flughafens aufhalten. Richten Sie ihm aus, er möge auf den Burschen warten, und wenn die Russen ihn hereinführen, soll er mit ihm nach London-Heathrow fliegen. Ich sorge dann dafür, daß ihn bei seiner Ankunft in London zwei US Marshals in Empfang nehmen.‹«

Die nächste Ausschreibung ist die »Grünecke«. Davon werden etwa hundert im Jahr ausgestellt, und zwar vom Generalsekretariat im eigenen Ermessen – also nicht auf Antrag eines NZB. Derartige Ausschreibungen gehen raus, wenn der Leiter der internationalen Fahndungsabteilung es für angebracht hält, Mitgliedsstaaten vor einer bestimmten Person zu warnen, die eventuell bei ihnen aufkreuzen könnte. Sullivan erläuterte damals die Hintergründe: »Es muß sich um einen bekannten internationalen Straftäter handeln, der in drei verschiedenen Ländern für eine spezielle Sparte von Verbrechen bekannt ist und gegen den momentan kein Verfahren ansteht.« So ergingen beispielsweise im Januar 1989 Warnungen an NZB, sie sollten vor einem diebischen Peruaner mit einer ganzen Latte von Vorstrafen in aller Welt auf der Hut sein, der zu jenem Zeitpunkt im Verdacht stand, »Attachékoffer auf Flughäfen zu stehlen und Autos zu fahren, die anschließend nicht an ihre rechtmäßigen Eigentümer zurückgegeben worden sind«.

Dann gibt es noch schwarze Ausschreibungen, von denen im Jahr rund fünfzig Stück verschickt werden. Wie ihre Farbe vermuten läßt, beziehen sie sich auf Tote, die von den örtlichen Polizeibehörden nicht identifiziert werden konnten. Sie enthalten ein Foto, Fingerabdrücke – wie im Fall des fünfundzwanzig bis dreißig Jahre alten Unbekannten, der im Januar 1989 in Salzburg aufgefunden wurde – genaue Angaben über die Kleidung des Verstorbenen bis hin zu seiner Unterwäsche.

Die vierte Art der Interpol-Ausschreibungen, die »Gelbecke«, nimmt eine Sonderstellung ein. Sie ist die einzige, die von den NZB selbst und nicht vom Generalsekretariat ausgestellt wird. Auch hiervon gibt es im Jahr zirka hundert Stück. Es sind Ausschreibungen für vermißte Personen, welche von Mitgliedsländern als ein letzter verzweifelter Versuch veröffentlicht werden,

den aktuellen Aufenthaltsort eines Bruchteils der Abertausenden von Erwachsenen und Kindern zu ermitteln, die alljährlich verschwinden. Sullivan sagte hierzu: »Wenn wir die vermißte Person finden – und das kommt wirklich vor –, und sie ist bereits volljährig und will nicht, daß ihre Familie weiß, wo sie sich aufhält, so respektieren wir ihre Wünsche in jedem Fall. Wir melden dem anfragenden NZB, daß die betreffende Person gefunden wurde, und daß es ihr gutgeht, aber damit hat sich's.«

Und er ergänzte: »Wir vergleichen immer die gelben mit den schwarzen Ausschreibungen, und ab und zu sind wir sofort in der Lage zu sagen, daß die vermißte Person in Wirklichkeit tot ist. Wenigstens können dann die Angehörigen zu trauern beginnen. Ich glaube ganz sicher, daß sie die Wahrheit einer quälenden Ungewißheit vorziehen, selbst wenn dies bedeutet, daß ihr geliebter Mitmensch nicht mehr unter den Lebenden weilt. Wenn jemand vermißt wird, muß die Familie eine Menge durchmachen. Ihnen versuche ich zu helfen. Bei den übrigen Ausschreibungen handelt es sich um einen Job, aber das hier ist etwas anderes.«

Der Franzose Jacques Mercier, ehemaliger Assistent Sullivans und nun dessen Nachfolger, sieht das im Prinzip genauso. Er erinnert sich an ein Ereignis im Sommer 1987: »Ich bearbeitete gerade einen Fall aus Frankreich: den Fund der Leiche eines vierjährigen Mädchens, das vergewaltigt und erwürgt worden war. Das Plakat hing überall im Land aus, doch niemand meldete sich, der sie wiedererkannte. Daher bat uns das NZB in Paris um die Verbreitung einer schwarzen Ausschreibung.

Nach einigen Tagen bekamen wir eine gelbe Ausschreibung aus Kuwait herein – sie betraf ebenfalls ein vierjähriges Mädchen. Ich schaute mir das Foto an und war mir sicher, daß es sich beide Male um dasselbe Kind handelte. Sogar denselben Schal trug es um den Hals. Daher schickte ich die gelbe zusammen mit der neuen schwarzen Ausschreibung an die Kollegen vom NZB in Kuwait zurück mit der Bitte, sich bei den Eltern des Mädchens rückzuversichern, ob das ihre Tochter sei. Doch die Eltern erkannten sie nicht wieder. Ich bin mir sicher, sie wollten es nicht. In der arabischen Welt ist die Vergewaltigung eines kleinen Kindes etwas noch Abscheulicheres als bei uns. Bis heute bin ich davon überzeugt, daß es sich um dasselbe Mädchen handelte, bloß wollten die Eltern einfach nicht hinnehmen, daß es geschändet worden war.«

Vierter Teil

Die Zukunft

26. Kapitel
Der Blick nach vorn – Prognosen

Auf dem technischen Sektor sieht die Zukunft äußerst vielversprechend aus. In Kürze werden fünf Länder – Großbritannien, Frankreich, die Schweiz, Dänemark und Norwegen – das Automatische Suchsystem ASF nutzen, mit dessen Hilfe sich die Polizei ohne Umweg über das Message Response Branch (MRB) direkt in die Datenbank von Lyon einklinken kann, wodurch sich der Beantwortungszeitraum auf wenige Stunden verkürzt. In neun weiteren Ländern – Kanada, Belgien, Spanien, den Niederlanden, Irland, Katar, den Vereinigten Arabischen Emiraten, Kuwait und Marokko – hofft man, mit dem System ab Ende 1994 arbeiten zu können. Jean Nepotes Traum aus den siebziger Jahren von einer internationalen Datenbank über Verbrechen und Verbrecher, auf die nationale Polizeikräfte einen Direktzugriff haben, wird bis Mitte unseres Jahrzehnts Realität.[82]

Nicht nur der geschriebene Text in Lyons EDV-Akten ist bereits über das ASF abrufbar: Es werden auch Bilder – Fotos, Fingerabdrücke, Kunstwerke und Fälschungen – übermittelt. Ziel ist, daß eines Tages – mit polizeilicher Unterstützung – ein Einwanderungsbeamter an irgendeinem der großen Flug- oder Überseehäfen der Welt, der Zweifel an der Identität des Einreisewilligen hat, sich direkt über die Datenbank davon überzeugen kann, ob die Person von Interpol gesucht wird. So erklärte mir Serge Sabourin, inzwischen Leiter der neugeschaffenen Automatischen Such- und Archivabteilung, im Februar 1993 stolz: »Das System arbeitet bereits vierundzwanzig Stunden am Tag, sieben Tage die Woche. Es ist das erste Sofortidentifizierungssystem für die Polizei weltweit.«

Ein rechnergestütztes X.400-Mailboxsystem wurde zusammen mit einer ultramodernen Chiffrieranlage, die Informationen über hundert Jahre lang verschlüsselt sichert, in Betrieb genommen. Subregionale Hauptquartiere, Kleinausgaben der internationalen

Zentrale in Lyon, nahmen in Buenos Aires, Abidjan und Bangkok ihren Dienst auf (letzteres als Ausbauversion des alten südostasiatischen Verbindungsbüros); ein viertes, hofft man, soll in Tokio folgen.

Das erklärte Ziel ist es, die Organisation technologisch bedarfsgerecht für das letzte Jahrzehnt des zwanzigsten Jahrhunderts – und darüber hinaus – auszurüsten. Niemand wünscht eine Rückkehr zu den veralteten und noch bis vor wenigen Jahren praktizierten Methoden.

Werden aber die Mitglieder diese völlig neue und verwirrende Technik auch in vollem Umfang nützen?

In einem Schreiben an den Unterausschuß für Bürger- und Verfassungsrechte im US-Repräsentantenhaus bezeichnete Gerald Arenberg, der leitende Direktor der Nationalen Vereinigung der Polizeichefs von Amerika, die elftausend der vierzehntausend ranghöheren Polizeibeamten der Vereinigten Staaten vertritt, Interpol im März 1992 als »Willkürbehörde und eine Bedrohung für die Sicherheit und Privatsphäre von Bürgern in aller Welt«.

Er drängte den Kongreß, die Geldmittel für die Organisation zu streichen.

Mit diesem Brief gab er seiner Empörung darüber Ausdruck, daß dem Palästinenser Georges Habasch einige Wochen zuvor durch hohe französische Staatsbeamte die Einreise nach Frankreich angeblich zu einer ärztlichen Behandlung gestattet worden war. Die dafür Verantwortlichen mußten ihren Dienst quittieren. Arenberg zufolge habe Interpol gewußt, daß Habasch nach Paris komme, die Information jedoch vor den zuständigen französischen Polizeibehörden geheimgehalten. Ivan Barbot als Präsident von Interpol warf ihm postwendend »völlige Unkenntnis« der Arbeit Interpols vor und wies die Unterstellung entschieden zurück.

Auf die Frage eines Reporters, welche Beweise er zur Untermauerung seiner Behauptung habe, erwiderte Arenberg: »Verdammt, ich sehe doch das Foto, auf dem Kendall Manuel Noriega eine Ehrenmedaille an die Brust heftet!« Während ich diese Zeilen schreibe, schaue ich mir besagtes Foto an. Es prangt auf der Titelseite eines reißerisch aufgemachten Pamphlets der Scientology Church, das in englisch, deutsch und französisch erschienen ist, und zeigt einen sichtlich befremdeten Kendall, der eine Medaille in den Händen hält, die ihm wohl soeben von einem lächelnden

Noriega überreicht worden ist. Im Begleittext dazu heißt es, Kendall zeichne Noriega mit einer Medaille aus. In Wirklichkeit verhält es sich genau umgekehrt: Noriega drückt Kendall eine Medaille von der Art in die Hand, wie sie sich alle Polizeibeamten auf der ganzen Welt bei offiziellen oder feierlichen Anlässen einander zum Geschenk machen. Und bei diesem Anlaß handelte es sich um eine von der Fopac-Gruppe einberufene Arbeitstagung der Interpol zum Thema Geldwäsche im April 1987 in Panama City. Noriega war der erste Mann im Staat und früher auch Chef der panamaischen Drogenpolizei. Zu jener Zeit hatte noch kein amerikanisches Gericht Anklage gegen ihn erhoben. George Bush, der damalige Vizepräsident der USA, der Noriega vor noch gar nicht so langer Zeit öffentlich gewürdigt hatte, hätte eine solche Medaille – wäre sie ihm angeboten worden – ebenfalls annehmen müssen.

Was wäre Kendall denn anderes übriggeblieben? Hätte er durch eine Ablehnung des Erinnerungsgeschenks anläßlich einer internationalen Polizeitagung das Gastgeberland brüskieren sollen?

Tatsächlich muß die moderne Interpol hart – vielleicht noch härter – arbeiten, um sich die Unterstützung aller ihrer Mitgliedsländer noch umfassender zu sichern. Trotz allem, was Paul McQuillan und andere im Generalsekretariat über die Unverletzlichkeit ihrer Datenbank sagen, bleiben dennoch Zweifel an ihrer Sicherheit darüber bestehen, und ob man ihr hochsensibles, vertrauliches Material überlassen kann. J. Wilzing, der Leiter des niederländischen NZB in Den Haag, sagt offen: »Brisante Informationen schikken wir nicht über Interpol-Kanäle. Ich weiß, daß Lyon versucht, das in den Griff zu bekommen. Sie sagen einem, man könne inzwischen verlangen, daß bestimmte Informationen nicht an gewisse Länder rausgehen sollen. Doch man weiß nie, wohin das führt, weil so viele Leute sie auf dem Übermittlungsweg in die Finger bekommen. Bei streng vertraulichen Informationen benutzen wir unsere eigenen Geheimkontakte.«

In England immerhin existiert inzwischen ein neues Bewußtsein für die Organisation. So äußerte sich Superintendent William Wooding, Leiter des britischen NZB bei Scotland Yard, 1991: »Was ich so allgemein von meinen Kollegen in den britischen Polizeiverbänden höre, ist, daß Interpol jetzt aufgewacht und wieder lebendig geworden ist. Jeder diensttuende Kripobeamte hat nun kapiert, worum es bei Interpol eigentlich geht.«

Das wiedergewonnene Prestige drückte sich auch darin aus, daß im September 1992 das Büro, nunmehr verstärkt auf dreißig Männer und Frauen aus den Polizeiverbänden des Landes (und nicht nur aus Londons Metropolitan Police), mitsamt seinem zivilen Mitarbeiterstab von Scotland Yard getrennt und dem neugeschaffenen, landesweiten National Criminal Intelligence Service in Spring Gardens, Vauxhall, angegliedert wurde.

Im Februar 1993 mußte Bill Wooding allerdings bedauernd einräumen: »Eines unserer Probleme ist der typische Durchschnittsbeamte, dem man prinzipiell überall begegnen kann und der von einem verlangt: ›Ich will nicht, daß meine Ermittlungsakten auch in Libyen landen.‹ Sie haben die falsche Vorstellung, daß alles, was wir über das Interpol-Netz schicken, an jeden Punkt der Welt geht. Das stimmt nicht. Wenn wir eine Mitteilung für Deutschland haben, so geht sie direkt dorthin, ohne daß irgendwer sonst sie sieht oder zu Gesicht bekommen könnte. Sie wissen ja: Sind wir der Meinung, daß diese Nachricht Angaben enthält, die dem Generalsekretariat beim Aufbau seiner Datenbank von Nutzen sein dürften, so können die sie lesen. Doch die Entscheidung liegt bei uns. Technisch hat die Mitteilung nach Deutschland über das Generalsekretariat zu laufen, aber praktisch kann man sie dort nicht lesen, es sei denn, wir kodieren sie entsprechend.

Dem Übermittler einer von irgendeinem NZB weitergegebenen Information obliegt die Kontrolle über diese Nachricht, indem er sie entsprechend adressiert – und das gilt weltweit. Aber versuchen Sie erst einmal, ein paar sture, rückständige Polizeibeamte zu überzeugen!«

Es hängt alles von der jeweiligen Einstellung und der Fähigkeit ab, mit der Zeit zu gehen. So sagt »Duke« Smith vom US Marshals Service: »Tatsache ist, daß Interpol sehr gute Arbeit leistet. Die Öffentlichkeit versteht Interpol größtenteils noch immer nicht. Sie hält sie noch immer für jenen geheimnisvollen Apparat, der klammheimlich irgendwo von Frankreich aus gelenkt wird. Sie hat großenteils keine Ahnung, daß sie im Grunde eine Tauschbörse für Informationen und Koordination ist, aber sie arbeitet sehr, sehr gut. Ich bin froh, daß wir sie haben, und die Zukunft sieht gut aus.«

Tatsächlich sind die Zahlen der Mitteilungen von Mitgliedern, der von der zentralen Datenbank in Lyon abgefragten Informationen sowie das Eingabevolumen neuer Fakten in jene Datenbank mit jedem Jahr permanent gestiegen. Es besteht kein Grund, daran zu zweifeln, daß sich dieser Prozeß in den kommenden Jahren fortsetzen, wenn nicht gar beschleunigen wird. Der wissenschaftlich-technische Fortschritt wird seinerseits den Nutzen der Organisation erhöhen. Eine Veränderung zum Positiven auf der einen Seite bewirkt zwangsläufig auch eine entsprechende Resonanz auf der anderen Seite. Jeder Polizeibeamte sieht gern Resultate. Und in dem Maße, wie Interpol sich weiter verbessert und ihre Effizienz steigert, werden auch jene Institutionen ihren Wert zunehmend zu würdigen wissen, ohne die man in Lyon nicht überleben oder gedeihen kann: die NZB.

Der Amerikaner James Sullivan, ehemaliger Leiter der internationalen Fahndungsabteilung, gab im November 1991 zu: »Die Vereinigten Staaten nutzen Interpol nicht in dem Umfang, wie sie es sollten.« Er fügte jedoch hinzu: »Das wird sich erst allmählich ändern«, und meinte, daß jetzt, da Interpols neues High-Tech-Gesicht einen höheren Bekanntheitsgrad erlange, der normale US-Polizist entsprechend positiver darauf ansprechen werde: »Die Polizei in den Staaten ist an Computer gewöhnt, ja, wohl auch stärker als ihre Kollegen in der restlichen Welt auf Computer fixiert. Die Polizisten haben einen Computer in ihrem Wagen. Den befragen sie und können in Sekundenschnelle das Vorstrafenregister einer Person oder eine Führerscheinauskunft abrufen. Sie bemühen sich um eine rasche Antwort. Daran sind sie gewöhnt. Und da Interpols Antworten dank ASF immer schneller kommen, wird der amerikanische Cop immer häufiger bei Interpol anfragen, bis es ihm in Fleisch und Blut übergeht. So wird es ablaufen, das glaube ich ganz bestimmt.«

Doch soweit es das Generalsekretariat betrifft, wird die Nutzung der Organisation durch die Mitglieder wohl auch in Zukunft mit einem Makel behaftet bleiben. Seit den Tagen des Neuanfangs unmittelbar nach dem Zweiten Weltkrieg und der beständigen Ermahnung des ersten französischen Generalsekretärs Louis Ducloux an die Adresse der NZB, das Generalsekretariat stets über kriminelle Aktivitäten auf dem laufenden zu halten, hat es ständig darum gebeten, ihm mehr Fälle zu melden sowie mehr aktuelle Nachträge hierzu – und trotzdem hinken die NZB seitdem ebenso ständig hinterher.

In gewisser Weise ist das nur menschlich. Johann Dittmar, Leiter der Abteilung Telekommunikation beim Wiesbadener NZB, erklärt: »Keiner ist an dieser Extraarbeit interessiert. Schauen Sie, ein Polizist schließt eine Ermittlung ab, der Verbrecher wird verhaftet und vor Gericht gestellt. Dann bekommt der Beamte eine Mitteilung, daß sein Ganove zwölf Jahre abbrummen darf. Meinen Sie, der setzt sich hin und sagt: ›Oh, das ist aber interessant. Das sollte ich Interpol mitteilen.‹ Und macht sich an die Arbeit – womöglich muß er noch eine Übersetzung in Auftrag geben? Nein! Das passiert nicht, wenngleich ich mit Ihnen übereinstimme, daß es gut wäre – und zwar gleichermaßen bei einem Freispruch wie bei einer Verurteilung des Angeklagten.

Aber da ist noch ein anderer Aspekt. Nehmen wir an, der Beamte leistet bereits Überstunden, wie es oft der Fall ist. Kein Polizeiverband zahlt gern zuviel Vergütung für Überstunden. Wie also kann ich sagen: ›Oh, Sie müssen dieses Formular ausfüllen, wir müssen Interpol benachrichtigen.‹?«

Es gibt nur eine Möglichkeit: Das Generalsekretariat muß sich den NZB besser verkaufen. Johann Dittmar weiter: »Kendall bemüht sich ja schon darum. Er tut sein Bestes. Doch es ist ein Problem, die richtigen Leute hier reinzukriegen. Geht man all die Leute dort durch, abgesehen von Kendall, so weiß niemand, wie man Interpol den NZB schmackhaft macht. Einer allein ist damit jedoch überfordert.«

Soviel zu den bestehenden Mitgliedern. Wie sieht's mit neuen aus? Mit hundertneunundsechzig Mitgliedern im November 1992 – zehn mehr, als den Vereinten Nationen angehören – hat die Organisation ihre Kapazitätsgrenze nahezu erreicht. Doch obwohl ihr einmaliger Vorteil darin liegt, die einzige weltumspannende Polizeiorganisation zu sein, bedeutet Größe für sich allein noch nicht zwangsläufig etwas Positives. So sagte der pensionierte André Bossard im April 1991 in Paris: »Größe ist nicht alles. Die Umstellung auf EDV hat zwar den Papierkram verringert, aber es gilt, darauf zu achten, daß an seine Stelle nicht eine andere Bürokratie tritt: die der internationalen Beziehungen. Zank darüber, ob ein neuer Büroleiter Engländer oder Russe oder Amerikaner sein sollte – aus ›paritätischen‹ Erwägungen. Bei der UNO spielt sich das so ab. Ich würde es begrüßen, wenn es bei Interpol anders abliefe.«

Er ist auch nicht allzu glücklich bei dem Gedanken, daß die

Interpol-Mitgliedschaft als Symbol für Unabhängigkeit angesehen wird. »Die afrikanischen Länder traten der Organisation bei, sobald sie unabhängig waren. Das war so eine Art Konsequenz zur Erlangung ihrer politischen Souveränität. Doch anschließend gab es von ihrer Seite aus nicht viel Kooperation, ausgenommen vielleicht in den Ländern des Mittelmeerraums. Das gilt übrigens auch für Asien und Lateinamerika.«

Dieser Gefahr läßt sich unter anderem mittels Regionalisierung begegnen, wobei die neu entstehenden subregionalen Hauptquartiere mit umfassenderen Kompetenzen und Befugnissen ausgestattet werden. Wie wir gesehen haben, ist eine solche Umgestaltung bereits im Gang, und die letzten drei Generalversammlungen von Ottawa 1990 bis Dakar 1992 haben die Organisation verpflichtet, diesen Weg auch weiterhin zu beschreiten.

Ein künftiges Problem, das sich Interpol selbst zuzuschreiben hat, dessen sie sich aber leider bislang kaum bewußt zu sein scheint, ist das völlige Fehlen eines Karriereplans für internationale Polizeibeamte. Eigentlich gibt es so etwas wie einen internationalen Polizisten ja gar nicht, von Raymond Kendall vielleicht einmal abgesehen, und auch der war noch bis vor wenigen Jahren lediglich auf zeitweiliger Basis von der Metropolitan Police abgestellt.

Mehrere der engagierten, erfahrenen und *betroffenen* Polizeibeamten, die ich bei meinen diversen Aufenthalten in Lyon ausführlich interviewte, werden zum Zeitpunkt, da dieses Buch erscheint, ihren Platz geräumt haben und nach Hause zurückgekehrt sein – wohin? Einige von ihnen befürchteten, sich in einer beruflichen Sackgasse wiederzufinden: Die Jahre ihres Ausstiegs aus dem heimatlichen Konkurrenzkampf würden sich für sie als nachteilig erweisen; und fast alle meinten, daß ihre beim Generalsekretariat gesammelte internationale Erfahrung nach ihrer Rückkehr völlig nutzlos sei. »Ich weiß nicht, was auf mich zukommt«, erzählte mir einer, »aber es hat mit Sicherheit nichts mit dem zu tun, was ich während der letzten Jahre zuerst in Saint-Cloud und dann hier gemacht habe.«

Polizeichef William Wooding erkennt dieses Problem nicht nur bei den nach Lyon abgestellten Beamten, sondern auch bei jenen, die in ihrem Heimat-NZB Dienst tun. Im Januar 1993 sagte er: »Die übliche Amtsdauer hier für Polizeikräfte beträgt drei Jahre. Sie kann verlängert werden, doch nach dieser Zeit werden die Betreffenden ständig überprüft. Worauf wir achten müssen, ist, daß hier keiner zu lange bleibt, der im Polizeidienst Karriere machen will, denn das ist in solchen Fällen von Nachteil.«

Wie solchermaßen Talent und sauer erworbene Erfahrung vergeudet werden, ist eine Schande. Aber das war schon immer der Fall. Ich entsinne mich noch, wie ich Mitte der siebziger Jahre mehrmals mit jenem britischen Polizisten zu tun hatte, der Kendalls Nachfolger als Leiter der Unterabteilung Drogen wurde. Zu dem Zeitpunkt, als er nach zwei Jahren in Saint-Cloud seinen Posten aufgab, kannte sich in der gesamten britischen Polizei keiner im internationalen Rauschgifthandel besser aus als er. Welche Aufgabe also wiesen ihm die Chefs von Scotland Yard zu? Die Übernahme des Drogendezernats vielleicht? Das wäre nur logisch gewesen. Nein, sie übertrugen ihm die Leitung der Kripoabteilung (CID) beim Westlondoner Polizeirevier Hammersmith. Erst Jahre später gaben sie ihm eine Aufgabe beim Yard – die allerdings nichts mit Drogen zu tun hatte.

Das gleiche erlebt so mancher internationale Korrespondent einer Zeitschrift oder Tageszeitung, der nach interessanter, wenn auch nicht spektakulärer Tätigkeit wieder seinen Platz am heimatlichen Schreibtisch einnimmt: Ihm können sehr wohl Eifersucht und Ressentiments entgegenschlagen. Nicht viel anders sieht es im Staatsdienst aus, sobald im Ausland stationierte leitende Beamte zur Zentrale zurückkehren oder wieder nach Hause beordert werden. Man benachteiligt sie oft wegen ihrer »guten Jahre« in fremden Gefilden. Die menschliche Natur ändert sich nicht, nur weil man eine Polizeiuniform trägt.

Nach Bill Wooding kommt zu dem Verlust, den die Polizei insgesamt – und nicht nur der einzelne Beamte – erleidet, noch eine Dimension hinzu: »Man darf der Menge an Wissen und Kontakten, die man über einen gewissen Zeitraum angehäuft hat, keinen Wert beimessen. Ganz ehrlich, in dem Moment, wo man Sie auf ein gewöhnliches Polizeirevier versetzt, können Sie neunundneunzig Prozent Ihrer gesammelten Erfahrungen nicht an Ihre Nachfolger weitergeben. Sie können wohl Fallakten, aber nicht die Leute, die Sie kennen, Ihre Kontakte, mit übergeben. Es ist einfach nicht machbar, weil es sich um Menschen handelt.«

Eine Woche danach gab Wooding, ein Interpol-Veteran, der Anfang der achtziger Jahre nach Saint-Cloud zurückging, seinen Posten als Chef des Londoner NZB auf und trat wieder in den allgemeinen Dienst bei Scotland Yard ein. Sein Nachfolger wurde Barry Taylor, ein fähiger, langjähriger Polizeichef mit umfassenden Kenntnissen, jedoch eingeschränkter Interpol-Erfahrung.

Was ist mit der Struktur der Organisation selbst? Bestehen diesbezüglich Chancen einer Umgestaltung? Mit dem Umzug nach Lyon sollten sechs Amtssprachen Gültigkeit haben: Neben den bestehenden (Englisch, Französisch, Spanisch und Arabisch) waren noch zwei weitere vorgesehen. Früher hatte man gehofft, daß dies Russisch und Chinesisch sein würden. Doch das war zu der Zeit, als die Sowjetunion noch existierte. Seit den sensationellen Ereignissen vom Sommer 1991 in Moskau hat Rußland stillschweigend die Nachfolge der UdSSR als Mitglied von Interpol angetreten, ebenso wie in der UNO und vielen weiteren internationalen Einrichtungen. Es dürften aber verständlicherweise noch viele Jahre vergehen, bis es den vollen Status seines Vorläufers in der Welt erlangt haben wird. Russisch kann trotzdem eine Amtssprache bei Interpol werden, in diesem Jahrhundert wohl allerdings kaum noch.

Und was Chinesisch, die andere mögliche neue Sprache, betrifft, so erzählte mir Zhu-En-Tao, Generaldirektor der Abteilung Internationale Zusammenarbeit im Ministerium für öffentliche Sicherheit in Peking und damals einer der Interpol-Vizepräsidenten, anläßlich der Generalversammlung von Ottawa 1990: »Ich glaube nicht, daß dafür eine Chance besteht, denn es wäre mit großen Kosten verbunden. Nicht nur für China, sondern auch für die Organisation. Möglicherweise irgendwann einmal, aber nicht in absehbarer Zukunft.«

Doch es *gibt* einen Kandidaten für wenigstens eine weitere Amtssprache: Deutsch. Hierzu Jürgen Storbeck, der damalige Leiter des Wiesbadener NZB: »Ja, wir würden das begrüßen. Vielleicht könnten wir uns sogar über regionale wie auch weltweite Interpol-Sprachen Gedanken machen. Momentan haben wir ein starkes System. In Europa ist Spanisch eine Interpol-Sprache, die aber nur von fünfzig Millionen gesprochen wird. Betrachtet man dagegen die deutschsprachigen Länder – also Deutschland, Österreich und die Schweiz –, so leben dort vielleicht neunzig Millionen Menschen, die Deutsch sprechen. Und was auch ganz interessant ist: In vielen Ländern Osteuropas ist Deutsch neben Englisch zweite Fremdsprache. Das hat Tradition. Beispielsweise ist es möglich, daß das Interpol-Büro in Lissabon ein Telex in spanischer Sprache nach Budapest oder Moskau schickt, weil das die einzige Fremdsprache ist, die man in Portugal beherrscht – und in Ungarn beziehungsweise Rußland gibt es keinen, der es wirklich versteht. Die sind dort nicht dran gewöhnt. Wenn man aber ein Telex in deutsch an die Niederlande oder nach Skandinavien schickt, verursacht das dort keine Probleme.

Von den dreißig europäischen Ländern wird, glaube ich, in insgesamt zwölf oder fünfzehn das Deutsche bei der internationalen Zusammenarbeit akzeptiert.«

Auf der Generalversammlung in Dakar im November 1992 wählte Interpol einen neuen Präsidenten, weil Ivan Barbots vierjährige Amtszeit abgelaufen war. Sein Nachfolger durfte kein Franzose sein – laut Satzung der Organisation war es einem Land untersagt, zweimal hintereinander den Präsidenten zu stellen.

Aber Frankreichs Regierung gab nicht leichtfertig die Aussicht auf, bezüglich dieser prestigeträchtigen Position auf ihr Mitspracherecht zu verzichten – um zumindest jemanden aus ihrem Einflußbereich, sozusagen einen »Ersatzfranzosen«, zu protegieren.

Anfang 1992 gab Norman Inkster, Kommissar von der Royal Canadian Mounted Police mit jahrelanger Interpol-Erfahrung im Exekutivkomitee und als NZB-Delegierter bei früheren Generalversammlungen, seine Kandidatur bekannt. Es wäre eine populäre und wohlverdiente Wahl gewesen. Aber die französische Regierung begrüßte sie nicht gleich, wie nahezu alle anderen führenden Regierungen, sondern gab sich höflich-unverbindlich: Man hielt sich noch ein Hintertürchen offen.

Der Senegal, in dessen Hauptstadt Dakar ja die Generalversammlung stattfand, zählt seit langem zu jenen afrikanischen Staaten, die starkem französischen Einfluß unterliegen. Einer langjährigen Tradition zufolge wird als neuer Interpol-Präsident fast immer jemand aus dem Land gewählt, das als Gastgeber im Jahr der Präsidentschaftswahl fungiert. Eine Zeitlang, im Frühling und Frühsommer 1992, bemühten sich daher die Franzosen intensiv um allgemeine Unterstützung, um Senegals Polizeichef als neuen Präsidenten zu nominieren. Doch bei allem Respekt für den Mann – er hatte offensichtlich nicht das Format des Chefs der weltberühmten »Mounties«.

Schließlich fügten sich die Franzosen widerwillig ins Unvermeidliche: Im November 1992 wurde Inkster als einziger Kandidat und per Akklamation gewählt. Die Höflichkeiten blieben gewahrt: Auf Kendalls Vorschlag hin ernannte man Barbot zum Ehrenpräsidenten (bevor er als verdienter französischer Staatsbeamter abtrat, um den Vorsitz des Mont-Blanc-Tunnel-Komitees zu übernehmen), und durch die Berufung von Lyons Polizeichef Michel Richardout ins Exekutivkomitee war auch Frankreichs etwas ramponierter Nationalstolz wieder versöhnt.

Dann machten sich die Delegierten an die weniger anstrengende Aufgabe, die sonnige Karibikinsel Aruba als jenen Ort zu bestimmen, wo man sich im September 1993 aus Anlaß des siebzigsten Jahrestages der Organisation zur nächsten Generalversammlung treffen würde.[83]

Zwei Monate nach seiner Wahl zum Präsidenten im heißen, schwülen Dakar sprach ich mit dem vierundfünfzigjährigen Norman Inkster im eisigen, verschneiten Ottawa. Dieser Mann, der seit 1987 die Mounties bis heute führt, beabsichtigt, offenbar ein ganz anderer Präsident als sein französischer Amtsvorgänger zu werden.

Ivan Barbot, der auf keine frühere Erfahrung als Polizist in seinem Heimatland zurückgreifen konnte (höhere französische Polizeibeamte sind weit häufiger Repräsentanten des Staates als echte Polizisten), hatte seine Rolle vorrangig als die des höchsten Interpol-Vertreters gesehen, der dreimal im Jahr die Zusammenkunft des Exekutivkomitees sowie die jährliche Generalversammlung leitete, sich ansonsten aber damit begnügte, als Goodwill-Botschafter für die Organisation (und für Frankreich) durch die Welt zu reisen, mit wenig aktiver Beteiligung an der internen Führung der Organisation. Inkster sagt dagegen unverblümt: »Ich will mich als Präsident voll einbringen. Ich bin nicht da, die Hände in den Schoß zu legen und zuzusehen, was so passiert.«

Er hat sich offenbar eine Menge Gedanken zu dem Thema gemacht. Wir redeten fast eine Stunde lang über seine Pläne für seine vierjährige Amtszeit und darüber, was er in Zusammenarbeit mit Raymond Kendall zu bewegen hofft, mit dem er natürlich schon seit Jahren bekannt ist.

Doch woher die Zeit dafür nehmen? Wie läßt sich das mit seinem Job als Leiter einer großen nationalen Polizeitruppe vereinbaren? »Ich werde soviel Zeit haben wie nötig«, meint er. »Bei der RCMP stehen mir vier Stellvertreter aus dem Hauptquartier zur Seite. Würde morgen der Chef sterben – die RCMP geriete nicht einen Moment lang aus dem Tritt. Ich bin sicher, der eine oder andere würde mich einen oder auch zwei Tage lang vermissen, doch für die RCMP bliebe das ohne die geringste Auswirkung. Wenn ich einen Teil meiner Freizeit darauf verwenden muß, um einige meiner Initiativen für Interpol in Gang zu bringen, so bin ich hierzu bereit, und die RCMP wird folglich nicht darunter leiden.«

Dies sind nun seine Prioritäten:

»Zuerst müssen wir uns in der, wie ich es nenne, ›organisatorischen Erneuerung‹ engagieren. Auch wenn die Organisation bei EDV-Aufrüstung, Nachrichtenübermittlungssystemen und dergleichen technologisch bald Spitzenniveau aufweist, können wir nur so weit und so schnell voranschreiten wie das schwächste Glied in der Kette. Hier wartet Arbeit auf uns.

Der zweite Punkt – und auch der betrifft die ›organisatorische Erneuerung‹ – ist der, daß wir uns fragen müssen: ›Gibt es irgend etwas, das Interpol als Organisation tun kann, um die ihr zur Verfügung stehenden Informationen besser auszuwerten?‹ Die Übermittlung einer Akte zwischen zwei Mitgliedsstaaten über die Interpol-Schaltstelle ist wichtig – daran wird sich auch nichts ändern –, aber sollten wir als Organisation mit dem vorhandenen Material nicht viel mehr tun bezüglich seiner Auswertung, um Trends und Entwicklungen zu bestimmen? Und solchermaßen eine aktive Vorreiterrolle übernehmen und Mitgliedsländer informieren: ›Wußtet ihr, daß der Soundso in diese Art von Verbrechen verwickelt war und diese und jene Verbindung benutzt hat?‹ – und sie dann eigene kriminaltechnische Ermittlungen durchführen lassen, versehen mit diesen Erkenntnissen als Rückhalt? Ich bin mir nicht sicher, ob das in dem Maße geschieht, wie es möglich wäre.

Dafür brauchen wir einige neue Leute. Nach unserer eigenen Erfahrung in der RCMP hat man kriminalanalytisches Gespür praktisch im Blut. Es bedarf einer speziellen ›Geisteshaltung‹. Es wäre ungerechtfertigt, anzunehmen, daß die Leute, die jetzt in Lyon tätig sind, alle das Zeug zum Analytiker haben. Manche vielleicht schon: Wir müssen es herausfinden – aber wir werden die Organisation noch einmal unter die Lupe nehmen und dafür Sorge tragen, daß die geeigneten Leute am richtigen Platz sitzen.

Das könnte einige Veränderungen mit sich bringen bezüglich derjenigen, die schon längere Zeit mit dabei sind.

Der dritte Punkt ist der, daß da draußen – ob uns das nun gefällt oder nicht – nach wie vor eine Spur Argwohn und Mißtrauen gegenüber Interpol besteht. ›Wenn ich meine Informationen Interpol überlasse, werden sie dort geschützt sein? Können Sie mir zusichern, daß sie niemand sonst in die Finger kriegt?‹

Wir müssen mit unseren Klienten, den NZB, reden und ihnen genau erklären, wie dieses System heute funktioniert. Diejenigen, die mit Computertechnik vertraut sind, werden es akzeptieren, jene mit geringeren EDV-Kenntnissen nicht. Daher sollten wir noch einen Schritt weitergehen und einem Mitglied – nehmen wir an, aus Asien – sagen: ›Okay, wir können einen Posten für Asien schaffen, so daß Ihre Informationen dort landen. Wenn Sie bei diesem Job auf Nummer sicher gehen wollen, können Sie sich selbst darum kümmern. Sie haben dann mit Ihrer eigenen Person zu tun, und die ist doch gewiß jemand, dem Sie vertrauen können!‹

Der letzte Punkt ist der, daß wir trotz unserer umfassenden Technik noch immer Klagen hören wie: ›Interpol ist zu langsam. Die Antworten lassen einfach zu lange auf sich warten.‹ Ich weiß nicht, ob solche Vorwürfe in der heutigen Zeit angebracht sind; dennoch müssen wir eine, wie man es im Geschäftsleben nennt, ›Erhebung über die Kundenzufriedenheit‹ durchführen, uns also mit unseren Klienten zusammensetzen und sie fragen: ›Was ist Ihrer Ansicht nach bei Interpol verbesserungswürdig?‹ Dann müssen wir alles zusammentragen und auswerten, um herauszufinden, welche Bedenken gerechtfertigt sind und was wir diesbezüglich unternehmen können. Ich bin nicht sicher, ob das bis heute je geschehen ist, aber wenn es vorwärtsgehen soll, sehe ich darin die einzige Möglichkeit.«

Das klang alles sehr neu; tatsächlich aber hörte ich nicht zum erstenmal, daß sich Interpol intensiver und schon vom Ansatz her analytischer mit ihrem Nachrichtenwesen befassen sollte. Sowohl Robert van Hove, ein ehemaliger Vizepräsident von Interpol, und J. Wilzing, der Leiter des niederländischen NZB, hatten sich mir gegenüber im Oktober 1990 in Brüssel und im April 1991 in Den Haag in etwa gleichlautenden Sätzen geäußert: Van Hove habe ich diesbezüglich schon an früherer Stelle zitiert.

Was also sagt Kendall: »Inkster hat mich wegen der Notwendigkeit einer ›organisierten Erneuerung‹ bereits angeschrieben«, erzählte er mir in Lyon drei Wochen nach meinem Interview mit dem neuen Präsidenten, »und ich pflichte ihm darin bei.«

Bis jetzt hatte man sich in der Vorgehensweise streng an die Reihenfolge gehalten. Kendalls oberste Priorität bei seinem Amtsantritt als Generalsekretär 1985 war die technische Modernisierung der Organisation, ohne die sie bestimmt nicht überlebt hätte. Nachdem dieser Prozeß in Gang gesetzt worden war, folgten weitere Veränderungen: In den Anfangstagen der High-Tech-Euphorie in Lyon konnte man spüren, daß die neue Generation von Technikexperten anscheinend mehr zählten als die Polizisten. Damals wedelte des öfteren der Schwanz mit dem Hund. Zu Beginn des Jahres 1991 aber brachte Kendall mit Unterstützung Odilon Emonds, des damaligen Leiters der Polizeiabteilung, das Hauptquartier auf Vordermann und reformierte seine Struktur und sein Aufgabengebiet mit Blick auf Paul McQuillans Telekommunikationsressort. Der gesamte Kriminalnachrichtendienst, einschließlich des Message Response Branch und der internationalen Fahndungsabteilung, wurde erneut der Polizeiabteilung unterstellt, und das Schwergewicht liegt da, wo es von Anfang an hingehört hätte: bei den Polizisten und nicht bei den Technikern.

1993 ist es nun also wieder an der Zeit für einen neuen Schritt nach vorn. Kendall dazu: »Was wir heute als Notwendigkeit erachten – und der Anstoß kommt von unserem Europakomitee[84] wie auch von Inkster –, ist, daß wir nun, da wir über ein modernes Computersystem verfügen, sicherstellen müssen, daß dieses technische Hilfsmittel richtig genutzt und aufgebaut wird. Was wir jetzt auszuarbeiten haben – teilweise ist es ja schon Realität, doch um ehrlich zu sein, kaum zu bemerken –, ist die optimale Nutzung unserer Datenbank unter dem Aspekt kriminaltechnischer Ermittlungen. Darauf wird nun der Schwerpunkt liegen, auch was unsere eigene interne Struktur hier im Sekretariat betrifft.

Es muß eine Neubewertung erfolgen, welche Art von Personal wir beschäftigen werden, denn ein Großteil der kriminalnachrichtendienstlichen Tätigkeiten ist in vielen Polizeiverbänden Zivilisten überlassen. Wir selbst unterliegen bei der Einstellung ziviler Analytiker Etatbeschränkungen: Auf absehbare Zeit sind wir auch weiterhin vorrangig auf die von unseren Mitgliedern abkommandierten Polizeibeamten angewiesen. Deshalb werden wir die Polizisten, die bei uns ihren Dienst aufnehmen, im Hinblick auf diese neue Situation schulen müssen. Ebenso wird sich auch unsere eigene interne Organisation anzupassen haben.«

In der Tat nimmt Kendall diesen neuen Ansatz so ernst, daß er die Polizeiabteilung umbenennt: Ab Sommer 1993 wird sie »Abteilung für Kriminalnachrichtendienste und Verbindungen« heißen. »Ich möchte, daß sie das von den übrigen Diensten unterstützte Herzstück der Organisation wird.« Einen standfesten neuen Mitarbeiter hat er hierbei in Luc Généreux, einem weltgewandten Kanadier, der im Dezember 1992 von seinem RCMP-Kollegen Odilon Emond die Leitung der Polizeiabteilung übernahm.[85] »Als ich aus Ottawa herüberkam, wo ich Direktor für Auslandsdienste und Leiter des NZB war – davor reiste ich jahrelang als Verbindungsoffizier der RCMP um die Welt –, erkannte ich die Notwendigkeit, sowohl unsere Klienten weit umfangreicher als bisher mit analytischen Nachrichten zu versorgen als auch unser Kontaktpotential auszubauen. Die alten Zeiten, in denen Beamte fest in die Unterabteilung Drogen eingespannt wurden, sind vorbei. Wir müssen unsere eigenen Männer und Frauen nach draußen in die Welt schicken – natürlich nicht als Vollstreckungsbeamte, aber immer bereit, vor Ort mit Rat und Fachwissen zu helfen.«

Jean Nepote dürfte heute stolz sein auf seine »Erfindung« des Interpol-Verbindungsoffiziers aus den frühen siebziger Jahren. Damals sagte er zu mir: »In ihm sehe ich eines der wichtigsten Elemente unserer weiteren Entwicklung. Es ist die Zukunft, es hat Zukunft.« Heute meint Kendall: »Für mich verkörpert der Verbindungsmann das Öl in der Maschine. Er muß nicht ständig präsent sein – aber sehr wohl dann, wenn die Ermittlungen etwas ins Stocken geraten sind und eine hilfreiche Hand brauchen.«

Die Aussicht, daß ein echter »Mann von Interpol«, ein internationaler Polizeibeamter – obgleich noch immer ohne Waffe und Verhaftungsbefugnis – durch die Welt reist, rückt immer näher, während wir auf das einundzwanzigste Jahrhundert zusteuern.

Haben Sie schon einmal von »Europol« gehört? Sagt Ihnen das irgend etwas? Es handelt sich hierbei um eine deutsche Idee, die in Bundeskanzler Helmut Kohl einen starken Fürsprecher hat. Den ersten Anstoß hierzu gab der damalige Leiter des Wiesbadener NZB, Rainer Schmidt-Nothen, in einem Artikel in der *Internationalen Kriminalpolizeilichen Rundschau* vom September 1989:

»Es ist oft von der Notwendigkeit die Rede, eine europäische Polizeibehörde – EUROPOL – für kriminaltechnische Ermittlungen zu schaffen.
Dieses Konzept setzt voraus, daß es zu einer Einigung im Rahmen eines Zusammenschlusses kommt. Eine solche Union ist das oberste Ziel der zwölf EG-Mitgliedsstaaten. Sollte eine politische Einigung dieser zwölf Länder erreicht werden, dann gäbe es elf Länder weniger in Europa. Für jedes EG-Mitglied wären die übrigen elf Staaten nicht länger Ausland. Käme ein derartiges Gebilde zustande, so wäre es logisch, eine europäische Polizeiorganisation einzurichten, die als Zentralbüro zur Informationssammlung über Straftäter und Verbrechen, zum Auffinden von Personen und Diebesgut, zur Herstellung von Computer- und Telekommunikationsverbindungen, zur Identifizierung von Kriminellen und dergleichen arbeiten würden. Außerdem müßte eine solche Behörde befugt sein, in wichtigen Fällen der Schwerkriminalität Untersuchungen im gesamten EG-Raum anzustellen. Daher wäre eine umfassende Harmonisierung des Strafrechts und der Strafverfahren notwendig [...]
EUROPOL fungierte dann als das Nationale Zentralbüro von Interpol für alle EG-Staaten gemeinsam, während deren eigene NZB aufgelöst würden.«

Ausgehend von seiner Vorstellung eines geeinten Europa, wird sehr schnell deutlich, warum Bundeskanzler Kohl, ein überzeugter Anhänger des Föderalismus, diese Idee mit Freuden aufgreifen sollte und bei der Verleihung der Ehrendoktorwürde der Universität Edinburgh an ihn im Mai 1991 seinen Standpunkt vertrat, daß der Fortschritt in Richtung einer europäischen Polizeiorganisation von vitaler Bedeutung und längst überfällig sei. »Wir brauchen dringend eine gemeinsame europäische Polizei, die direkt in den Mitgliedsstaaten ohne Beeinträchtigung in den wichtigen Bereichen der jeweiligen inneren Sicherheit operieren kann«, sagte er in seiner Rede.

Er verkündete also nichts Neues. Was nun vielleicht überrascht, ist, daß Großbritanniens Premierminister John Major, vermutlich ein nicht minder überzeugter Gegner des Föderalismus, in diesem Punkt mit ihm übereinstimmen sollte. Im November 1991 schrieb

Tristan Garel-Jones, Staatsminister im Auswärtigen Amt, in der Londoner *Daily Mail*:

> *»Recht und Gesetz in Europa sind ein weiteres ergiebiges Thema der Torys. Kriminelle, Betrüger, Terroristen [...] bewegen sich mit Leichtigkeit durch die Welt. John Major hatte völlig recht, Helmut Kohl bei dessen Ruf nach Europol – einer europäischen Version der Interpol – zu unterstützen und den Weg zu ebnen für eine engere Zusammenarbeit hinsichtlich der Sicherheit unserer Bürger.«*

Wissen Politiker überhaupt, wovon sie sprechen? Ob sie sich je mal die Mühe machen, die Konsequenzen ihrer leichtfertigen Äußerungen zu überdenken? Es fällt schwer, zu glauben, daß Mister Garel-Jones oder Mister Major wußten, daß sie im Grunde einem föderativen Europa mit einer Bundespolizei zustimmten, indem sie der »Europol«-Idee ihren Segen gaben.

Damals im Dezember 1990 fragte ich Kendall nach seiner Meinung hierzu: »Der Aufbau einer europäischen Polizeiorganisation wird nicht so leicht sein«, antwortete er. »Die Leute erkennen nicht, daß hierzu ein, wie es die Franzosen nennen, ›Rechtsraum‹ erforderlich wäre – ein Gesetzeskodex, der für jedes EG-Land akzeptabel ist. Und ich glaube nicht, daß wir das in den nächsten dreißig Jahren erleben werden.«

Über dasselbe Thema ließ er sich auch im April 1991 im Gespräch mit einem Reporter vom *European* aus: »Innerhalb deutscher Polizeikreise scheint man verschiedentlich davon auszugehen, daß Europol funktionieren wird. Diese Ansicht kann ich überhaupt nicht teilen ... Es ist unsinnig, ein grenzübergreifendes Team für Ermittlungsarbeiten anzuvisieren. Man stelle sich einmal vor, Frankreich ließe Deutsche auf seinem Hoheitsgebiet Untersuchungen anstellen, oder die britische Polizei würde dies französischen Kollegen gestatten.« Seiner Meinung nach müsse vielmehr die Idee eingehend diskutiert werden, daß sich Polizeiverbände aufgrund von individuellen Gegebenheiten zusammenschließen und Sondereinheiten für internationale Kriminalfälle bilden. »Sonderkommissionen wie die für Lockerbie sind – auf dem Gebiet der Ermittlungen, nicht auf funktionaler Ebene – von unschätzbarem Wert.«

Solche Gedanken sind schon auf zahlreichen Polizeitagungen

wiederholt von hohen britischen Polizeibeamten und deren Kollegen aus anderen europäischen Ländern geäußert worden. Trotzdem sagte John Major am 20. November 1991 vor dem britischen Unterhaus, bevor er einen Monat später zu den Verhandlungen für die zukunftsweisenden EG-Verträge zum Maastrichter Gipfel reiste:

»Die Zwölf erwägen die Schaffung einer europäischen Version der Interpol, um unsere Zusammenarbeit auf einer festgefügten Grundlage zu koordinieren. Ich begrüße diesen Vorschlag. Dies ist ein klassischer Fall zwischenstaatlicher Kooperation der EG-Mitgliedsländer untereinander, nicht nur einer Zusammenarbeit im Rahmen der EG-rechtlichen Bedingungen. Es ist ein Gebiet, auf dem Regierungen, nicht die Kommission, Erfahrung besitzen. Ich hoffe, daß auf dem Europagipfel in Maastricht auf zwischenstaatlicher Basis die Grundlage für Europol geschaffen werden kann.«

Was in aller Welt sollte dies bedeuten? Anfang Januar 1992 schrieb ich an Mister Major und fragte nach. Nachfolgend die Antwort, die mir Geoffrey Burton vom Innenministerium im Namen des Premiers zukommen ließ:

»Auf dem Treffen des Europarats von Maastricht im Dezember wurde der Einrichtung von Europol grünes Licht erteilt. Man hat sich darauf verständigt, zuerst eine Europol-Drogenabteilung einzurichten – hoffentlich bis zum Jahresende – und sich gleichzeitig darüber Gedanken zu machen, welche anderen Bereiche der Kriminalität von Europol in adäquater Weise abgedeckt werden könnten.
Die Schaffung von Europol reduziert nicht Großbritanniens Unterstützung von Interpol. Es besteht seit vielen Jahren eine enge polizeiliche Zusammenarbeit zwischen EG-Mitgliedsstaaten im Rahmen der Trevi-Vereinbarung, und Europol ist nur eine Konsequenz aus diesen Beschlüssen. Es gibt sowohl einen Platz für die verbesserte regionale Kooperation, die Europol bietet, als auch für Interpol, die Großbritannien all die Jahre unterstützt hat und dies auch künftig tun wird.«

Nach wie vor war mir nicht klar, worauf dieses ganze nichtssagende Gerede hinauslief. Daher schrieb ich an Kendall und bat ihn um einen Kommentar zur »Schaffung einer europäischen Version der Interpol«. Hier seine Antwort:

> *»Es liegt auf der Hand, daß Verbrecher und kriminelle Organisationen angesichts der Erleichterungen im Reise- und Zahlungverkehr sowie im Güteraustausch zwischen den Ländern Europas nicht länger zögern werden, dies zu ihrem Vorteil auszunutzen. Ich erkenne vollauf die Notwendigkeit, alles nur Erdenkliche zu tun, um die Zusammenarbeit auf polizeilicher Ebene zu verbessern und diese Kooperation effektiver zu gestalten. Interpol wird sich selbstverständlich darum bemühen, eine enge Arbeitsbeziehung mit jeder neuen internationalen Polizeiorganisation aufzubauen, die von der EG ins Leben gerufen wird.*
>
> *Ich möchte jedoch zwei Warnungen aussprechen. Erstens sollten alle Anstrengungen unternommen werden, um zu gewährleisten, daß jede Neuschöpfung komplementär zu Interpol ist und somit Verschwendung und doppelte Arbeit vermieden werden. Ich denke dabei sowohl an den Einsatz von Technik als auch an die Aufgabenverteilung für einzelne Ressorts. Zweitens beinhaltet das Konzept von Europol, wie ich es verstehe, als Einheit befugt zu sein, langfristig in den EG-Ländern zu agieren. Eine solche Idee birgt einen gewissen Reiz; dennoch frage ich mich, wie effektiv die Einheit sein könnte, wenn die Nationen, denen sie nützen würde, keine einheitliche Sprache sprechen, grundlegend verschiedene Rechtssysteme sowie enorm voneinander abweichende Kontrollorgane und Zuständigkeiten haben. Erst, wenn eine adäquate gesetzliche Infrastruktur verwirklicht ist, wäre es sinnvoll, den nächsten Schritt zu tun und eine länderübergreifende Polizeitruppe für die Europäische Gemeinschaft aufzubauen.«*

Seitdem gab es, wie übrigens vielfach beim Nach-Maastricht-Syndrom, Stillstand und nichtssagendes Gerede. In Straßburg wurde ein hauptsächlich von den Franzosen finanziertes Europol-Projektbüro eingerichtet (die damit ihren Nationalruhm in der gleichen Weise zu mehren hoffen wie damals, als sie 1946 die verarmte Nachkriegs-Interpol übernahmen) mit Jürgen Storbeck an der Spitze, der diesen Posten neben seinem Vollzeitjob als Leiter des deutschen NZB in Wiesbaden bekleidet. Eigentlich hätte es zum 1. Januar 1993 einsatzfähig sein sollen, doch bis jetzt, wo ich diese Zeilen zu Papier bringe (April 1993), konnten sich die EG-Mächte nicht auf den Sitz seines Hauptquartiers einigen. Die Holländer boten ihre alte Nachrichtenzentrale der Kriminalpolizei in Den Haag an, aber die Franzosen sagten, dies wäre aufgrund der notarisch laxen Einstellung der niederländischen Polizei bei Drogenverstößen unannehmbar, worauf die Holländer postwendend Frankreichs Hoffnungen auf Straßburg als künftigen Dauersitz vereitelten. Auf strategischer Ebene tut sich vorläufig nichts – und es sieht auch nicht danach aus, als ob es je dazu käme – zumindest für lange Zeit nicht.

Bei meinem Gespräch mit Kendall im Februar 1993 gab sich der Interpol-Generalsekretär philosophisch in bezug auf die Vorkommnisse. »Als dem Vorhaben von seiten der EG-Mitglieder grünes Licht gegeben wurde, waren es zwölf von achtundzwanzig oder neunundzwanzig Ländern. Mittlerweile, nach den jüngsten Ereignissen in Osteuropa, sind es zwölf von vierzig. Die Bedeutung Europols, auf das einzelne Land bezogen, ist somit ziemlich geschrumpft, wenngleich ich politisch natürlich nicht ignorieren konnte, was eine Gruppe von Ländern tut, die zufälligerweise zu meinen wichtigsten Beitragszahlern gehören. Aus Gründen des Politikbewußtseins muß ich deshalb davon Notiz nehmen; was aber meine persönliche Haltung betrifft, fahre ich so fort, als ob Europol nicht existiere.

Schließlich befindet sie sich noch in der Projektphase. Sie haben sich nicht darüber verständigt, wo ihr Hauptquartier sein wird; sie können sich nicht einigen, wer die Verantwortung dafür haben und welcher Sprachen man sich bedienen soll. Sie haben nicht die Möglichkeit einer legalen Existenz, doch da sie das glauben, sollte diese Existenz auf einer internationeln Konvention basieren, was selbst bei sehr optimistischen Prognosen in den nächsten zwei Jahren nicht zu realisieren sein dürfte. Sie meinen, daß sie auf der Grundlage eines interministeriellen Abkommens funktionieren könne, was möglich ist oder auch nicht – jedenfalls ist das ganz wichtig, denn wenn sie wie wir eine internationale Datenbank führen und solche Rechtsfragen wie Vertraulichkeit, Datenschutz und so weiter abdecken wollen, kriegen sie Probleme.

Trotz allem haben wir stets die Ansicht vertreten, daß ein richtiger Dialog zwischen uns und dem Projektteam notwendig ist. Damit dieser auch offiziell stattfinden kann, müssen die Minister dem verantwortlichen Projektleiter, Herrn Storbeck, die Erlaubnis geben, offiziell mit mir in Verbindung zu treten, und bis jetzt haben sie ihm diese amtliche Befugnis nicht erteilt. Wir haben also dort, wo wir Kontakte bezüglich des Projekts unterhalten – wir beantworten die an uns gerichteten Fragen etc. –, eine inoffizielle Beziehung. Strenggenommen gibt es keinen offiziellen Dialog, was kurios ist, wenn man sich's mal überlegt.«

Andere können darin vielleicht ein Musterbeispiel für die behördliche Arroganz vieler anderer EG-Einrichtungen sehen. Es dürfte damit aber auch die Tatsache verschleiert werden, daß beim Europol-Projekt momentan anscheinend die Luft raus ist. Es ist Teil des verblassenden Konzepts eines geeinten Europa, von dem nun alle abrücken bis auf einige machtlüsterne Eurokraten in Brüssel und ehrgeizige Politiker in Bonn und Paris.

Auf jeden Fall wird Europol, wenn sie denn Realität werden sollte, zwangsläufig doppelte Arbeit und Verschwendung von Arbeitskraft bedeuten. In den siebziger Jahren mußte die Trevi-Gruppe den Kampf gegen den internationalen Terrorismus aufnehmen, da sich Interpol als kein ebenbürtiger Gegner in den Auseinandersetzungen erwiesen hatte. Es gibt in den neunziger Jahren keine Rechtfertigung für eine neue europäische Gesetzesbehörde auf EG-Boden. Europol wird, sollte sie wirklich aus den Startlöchern kommen, trotzdem mit Interpol, der einzigen weltumspannenden Polizeiorganisation, kooperieren müssen, wenn sie effektiv mit Ländern außerhalb Europas zusammenarbeiten will. Die Befürchtungen wegen zweier konkurrierender Organisationen dürften also unbegründet sein.

1995 wird Raymond Kendall zehn Jahre als Generalsekretär im Amt sein. Mit seinen dann zweiundsechzig Jahren könnte er gemäß Interpols Statuten für eine dritte Amtszeit antreten. Aber wird er das tun? Im Februar 1993 sprach er erstmals offen über seine persönliche Situation und die Nachfolge.

Er sagte, es sei nun vielleicht an der Zeit für einen formellen Stellvertreter (derzeit vertritt ihn in Abwesenheit inoffiziell der österreichische Jurist Dr. Schlanitz als der am zweitlängsten amtierende Mitarbeiter im Generalsekretariat), schränkt jedoch ein: »Sie dürfen sich das nicht so vorstellen, daß dieser Stellvertreter automatisch zur Nummer eins aufrückt, wenn ich gehe.«

Hinsichtlich seines Nachfolgers meint er: »Leute wie Inkster sagen: ›Sie bleiben, solange Sie wollen, aber wenn Sie zum Abtreten bereit sind, okay, dann machen wir uns darüber Gedanken.‹ Doch ich finde, so darf man die Sache nicht sehen. Wie Sie wissen, kann der Generalsekretär laut Satzung bis zur Altersgrenze von fünfundsechzig Jahren so oft gewählt werden, wie ihn jemand haben will, und wenn er vorher ein Mandat übernimmt, kann er es auch beenden. So, wie ich es inzwischen sehe, wäre es in meinem eigenen Interesse und vielleicht auch im Interesse der Organisation, wenn ich für die verbleibenden anderthalb oder zwei Jahre, bis ich fünfundsechzig bin, wiedergewählt werden könnte, damit der Übergang korrekt erfolgt. Es würde auch den Zeitraum bis zur nächsten Präsidentschaftswahl, die für 1996 ansteht, überbrücken helfen, und dadurch wäre sowohl ein ordnungsgemäßer Wechsel auf Präsidialebene als auch ein relativ reibungsloser Übergang im Hinblick auf die Position des Generalsekretärs gewährleistet.

Und ich finde, es gilt auch folgendes zu berücksichtigen: Wir haben bereits das Jahr 1993. 1995 kommt sehr schnell, und wir sind immer noch mit dem Aufstellen unseres Fünfjahresplans zum regionalen Auf- und technischen Ausbau beschäftigt. Ich möchte 1994 als Jahr der Konsolidierung und Stabilisierung sehen. Wir hatten so viele Dinge in Bewegung gesetzt. Sie würden nicht glauben, wie kompliziert es war, das alles zu managen und zu koordinieren, was in den letzten drei Jahren nach dem Umzug von Paris passiert ist! Vor allem aber müssen wir noch unser wichtigstes Vorhaben abschließen: die umfassende Realisation des ASF-Systems. Mit Beendigung all dessen wäre ich bereit zu gehen.«

Wer, denkt er, könnte sein Nachfolger werden? Es ist unwahrscheinlich, daß hierfür jemand aus dem Sekretariat selbst in Frage kommt. Vielmehr dürfte es fast sicher eine außenstehende Persönlichkeit sein, die enge Kontakte zur Organisation pflegt – vielleicht ein aktuelles oder ehemaliges Mitglied des Exekutivkomitees. Noch vor einiger Zeit hielt ich Jürgen Storbeck für einen aussichtsreichen Kandidaten, doch durch seine Einwilligung, den Posten des Europol-Projektleiters zu übernehmen, dürfte er sich seine Interpol-Karriere vorerst verbaut haben. Wer also dann? Eines steht fest: Ein Franzose wird es nicht sein. Es ist einfach niemand vorhanden, der die notwendigen Voraussetzungen mitbringt, und soweit ich es beurteilen kann, wünscht sich niemand innerhalb der Organisation wieder einen französischen Generalsekretär. Vierzig Jahre sind genug.

Selbst Barbot sagte mir im Sommer 1991: »Als Franzose tut es mir leid, daß das Generalsekretariat nicht länger in Frankreichs Händen liegt. Als Präsident von Interpol sehe ich darin jedoch etwas Positives für die Organisation.« Die beiden noch lebenden französischen Alt-Generalsekretäre stimmten ebenfalls darin überein, daß es in absehbarer Zeit unangebracht wäre, wenn wieder einer ihrer Landsleute das Kommando übernehmen würde. Jean Nepote faßte die Situation mit beispielhafter Klarheit und Fairneß zusammen: »Ich tat das in meinen Augen Notwendige für die Organisation und vor allem für mein Land. Frankreich verdiente einen Franzosen in dieser Position. Es hatte eine Menge für die Organisation geleistet, und es lag auf der Hand, einen Franzosen zu ernennen, soweit dies möglich war. Mittlerweile ist das nicht mehr so notwendig, da die Organisation zunehmend weltumspannende Dimensionen angenommen hat.

Das Wichtige bei diesem Job ist, den richtigen Mann zu finden. Er muß Ausstrahlung besitzen, Phantasie, eine Art persönlicher Autorität. Ein Interpol-Generalsekretär hat weniger Autorität als jeder andere, außer über seine Mitarbeiter – vergleichbar einem Erzbischof, der seine Priester leitet, nicht aber seine Gläubigen. Es muß ein überzeugungsstarker Mann sein, der von einer Generalversammlung und von seinem Land die Befugnis erhält, das zu tun, was ihm selbst vorschwebt.«

Soviel zu Interpols innerer Struktur. Wie sieht nun die eigentliche *Arbeit* der Organisation aus, was die unaufhaltsam vorrückenden neunziger Jahre betrifft? Mit welchen neuen Herausforderungen wird sich Interpol konfrontiert sehen? Laut Prognosen vieler Kommentatoren hätte die Abschaffung der Grenzen innerhalb des Gemeinsamen Marktes im Januar 1993 die Öffnung der »Schleusentore des europäischen Verbrechens« nach sich ziehen müssen. Düstere Prophezeiungen machten die Runde, denen zufolge die zwölf EG-Staaten von einer neuen Welle »grenzenloser« Kriminalität überschwemmt werden würden.

Ich habe das immer für höchst unwahrscheinlich gehalten. Wie jeder, der in den letzten Jahren mit dem Auto eine EG-interne Grenze passiert hat, bestätigen kann, kontrollierten die Beamten auch schon vor dem 1. Januar 1993 nur noch sehr sporadisch. Oft wurde man, wenn man langsam heranfuhr, um seinen Paß vorzuzeigen, ungeduldig durchgewunken. Eine wirksame Kontrolle der innereuropäischen Grenzen durch Polizei oder Zoll findet schon seit einiger Zeit nicht mehr statt. 1987 etwa erlebten die Niederlande bei gerade mal fünfzehn Millionen Einwohnern über zweihundert Millionen Grenzüberquerungen. Wie in aller Welt ließen sich diese oder auch nur die meisten davon wirkungsvoll kontrollieren – außer auf Stichprobenbasis oder aufgrund der gelegentlichen Tips eines zuverlässigen Informanten?

Darüber äußerte sich Raymond Kendall bereits im Dezember 1990: »Ich glaube, daß es 1993 kaum Veränderungen bezüglich der Polizeiarbeit in Europa geben wird. Viele Leute meinen, wir bräuchten mehr Personal für diesen oder jenen Zweck, aber ich sehe das nicht so.

Was wir jedoch benötigen, ist eine Konsolidierung unserer Koordination und nachrichtendienstlichen Tätigkeiten. Darüber sind wir uns aber schon seit einigen Jahren im klaren. Seit 1988 haben wir beim Hauptquartier unter Leitung eines deutschen Polizisten ein Europasekretariat, dessen Hauptaufgabe darin besteht, die Polizeieinsätze in Europa quer durch das ganze Spektrum unserer Aktivitäten zu koordinieren und Kontakte zu knüpfen – nicht nur auf dem Drogensektor . . .«[86]

Und so ist es eingetreten. Die Horrorvisionen bezüglich des Wegfalls der Binnengrenzen im Westen entbehrten jeder Grundlage. Die Drogensituation ist natürlich nicht besser geworden, aber auch nicht merklich schlimmer. Wie Sir John Cope, Großbritanniens Schatzkanzler und verantwortlicher Minister für die Finanzabteilung für indirekte Steuern, einem Reporter vom *Guardian* im Januar 1993 erzählte, »werden durch die Schaffung des gemeinsamen europäischen Marktes und die Beseitigung der roten und grünen Zollkanäle in Häfen und Flughäfen keine größeren Drogenmengen ins Land gelangen. Es gab eine große Umbildung und Neuordnung von Ressourcen als Reaktion auf den einheitlichen Markt.« Zwei Monate zuvor hatte sich Jim Collier, Leiter der Drogenabteilung in Lyon, auf der Generalversammlung in Dakar mit folgenden düsteren Worten geäußert (bevor er Interpol verließ und nach Washington ins DEA-Hauptquartier zurückkehrte): »Die Lage hat sich weltweit verschlimmert, sowohl im Hinblick auf den Konsum illegaler Drogen als auch den Handel damit«, und er sähe in absehbarer Zeit wenig Hoffnung auf Verbesserung.

Doch die Abschaffung der Grenzen im EG-Binnenmarkt hat sich

für diesen deprimierenden weltweiten Trend als nahezu unerheblich erwiesen. Jedenfalls führten, selbst als die Grenzen noch mit kompletten Zolleinheiten besetzt waren, Stichproben in der Regel nur zur Beschlagnahmung vergleichsweise geringer Mengen. Die Sicherstellung von Ware großen, wirklich bedeutenden Umfangs war praktisch immer das Ergebnis nachrichtendienstlicher Arbeit, die statt an der Grenze ebensogut zu einer Festnahme in einem Lagerhaus oder Güterdepot hätte führen können.

Es *gab* jedoch eine Panne bei den Grenzkontrollen in Europa mit verheerenden Folgen für die internationale Strafverfolgung; jedoch ging diese nicht auf die formelle Aufhebung der Grenzen in Westeuropa zurück, sondern auf den inoffiziellen Zusammenbruch beinahe aller effektiven Grenzkontrollen in Osteuropa.

Das ist die neue, unsägliche Geschichte des Verbrechens im Europa der neunziger Jahre, deren Eskalation sich mittlerweile in immer erschreckenderem Maße abzeichnet.

Als die alte Sowjetunion im Dezember 1991 zu existieren aufhörte und schließlich der ehemalige Warschauer Pakt in Osteuropa zerfiel, sahen sich die äußerst mühsam Tritt fassenden jungen Demokratien einem verwirrenden Anstieg von Kriminalität und Korruption gegenüber. Es war beinahe so, als zahlten sie den Preis für ihre neugewonnene Freiheit. Wie Plünderer nach einem Aufruhr, so freuten sich die einheimischen Verbrecher schon bald über leichte Beute, weitgehend unbehelligt von einer schlechtbezahlten, mit veralteter Technik ausgerüsteten Polizei, deren Leute oft zu demoralisiert waren, um die Korruption einzudämmen oder dieser zu widerstehen. Und es dauerte nicht lange, bis organisierte Banden draußen erkannten, welch gewaltiges Potential für riesige neue Gewinne hier jetzt brachlag.

Die organisierte Inlandskriminalität breitete sich epidemieartig über viele der früheren Sowjetrepubliken aus, die nun in der Gemeinschaft Unabhängiger Staaten (GUS) zusammengschlossen waren, wobei das Zentrum der Macht von der russischen Mafia in Moskau kontrolliert wird. Rußlands Präsident Boris Jelzin mußte selbst zugeben: »Das organisierte Verbrechen stellt eine direkte Bedrohung für die strategischen Interessen Rußlands und die nationale Sicherheit dar. Die Korruption frißt sich buchstäblich von oben nach unten durch den Leib der Gesellschaft.« In einer blutigen Neuauflage Chicagoer und New Yorker Straßenschlachten während der zwanziger und dreißiger Jahre wurden allein in Moskau bei Bandenkriegen jede Woche vier oder fünf prominente Geschäftsleute ermordet.

Es ist jedoch kein internes Problem geblieben. Wie wir schon zuvor anhand aktuellen Materials gesehen haben, erlebt Westeuropa gegenwärtig, da das Chaos und die skrupellose Jagd nach gesetzeswidrigem Profit über die praktisch unbesetzten Grenzen hereinbrechen, eine massive neue Verbrechenswelle. Eine Kommission unter Vorsitz von Rußlands Vizepräsident Ruzkoj ermittelte, daß über tausend der Verbrecherbanden seines Landes internationale Verbindungen geknüpft hatten. Als Gegenleistung für die Kooperation beim Eröffnen neuer Schmuggelwege sollen die kolumbianischen Drogenkartelle den Russen ihre Chemiker ausgeliehen haben, um ihnen das zum Ausschöpfen des riesigen Drogenpotentials in den alten Sowjetrepubliken nötige Fachwissen zu vermitteln. Man bedient sich italienischer Anwälte und Buchhalter der Mafia und lernt von ihnen, wie die westlichen Geldmärkte zu bearbeiten sind. Die sizilianische Mafia soll angeblich den Russen helfen, ihre Drogenprofite zu waschen.

Im Januar 1993 gestatteten sieben der neuen GUS-Staaten einem Expertenteam der Vereinten Nationen einen Blick hinter ihre Kulissen, und bei der Rückkehr äußerte sich ein Mitglied der Delegation gegenüber der französischen Tageszeitung *Le Monde*: »Wir müssen diese massive neue Kriminalität unbedingt in ihren eigenen Grenzen halten.« Andernfalls werde »eine Drogenwelle den europäischen Markt überschwemmen«.

In der Tat schlägt unterdessen die neue Kriminalität bereits allenthalben mit voller Wucht durch.

Auf dem Gebiet der ehemaligen DDR verhökern Angehörige der einst stolzen Roten Armee kurz vor ihrer Rückkehr nach Rußland noch schnell gestohlene Waffen, Munition und sogar Panzer. In Budapest handeln Dutzende kleiner Lagerhäuser, die Ägyptern gehören, mit allen möglichen Drogen, die über die südlichen GUS-Republiken aus dem Iran und Afghanistan ins Land geschmuggelt werden. In der ungarischen Hauptstadt sind auch Hunderte von der italienischen und russischen Mafia finanzierte Spielkasinos wie Pilze aus dem Boden geschossen. In Bulgarien kontrolliert die russische Mafia die Schutzgelderpressung bei neuen Geschäften. In Polen geht ein Drittel aller schwerkriminellen Delikte auf das Konto der russischen Mafia, neue Amphetaminfabriken nehmen in Lodz und Krakau die Produktion auf, und das Land ist insgesamt zur Drehscheibe im lukrativen Handel mit gestohlenen Westautos geworden, die im Osten weiterverkauft werden sollen.

Die alten Städte Prag und Berlin haben sich zu Standorten für die Kommandozentralen der Mafiaaktivitäten in Europa entwikkelt, und schon gibt es Anzeichen einer Unterwanderung der Finanzmärkte von Paris, Brüssel und Wien. Selbst im normalerweise friedlichen Stockholm, das seit jeher von solchen ausländischen kriminellen Invasionen verschont geblieben ist, wurde kürzlich ein Mafioso aus Sankt Petersburg aufgefunden – mit abgetrenntem Kopf.

Es ist ein furchterregendes Bild: Bis jetzt gibt es keine wirklich effektive Gegenmaßnahme seitens der Polizeiverbände der betroffenen Länder. Großbritannien, Deutschland, Finnland, die Tschechische Republik und Ungarn haben zwar nachrichtendienstliche Spezialeinheiten für organisierte Kriminalität gebildet, doch bis April 1993, als ich dieses Kapitel schrieb, war sonst nicht viel geschehen.

Interpol ist sich dieser überaus wichtigen neuen Herausforderung bewußt. Im Januar 1993 sagte Norman Inkster: »Die frühere Sowjetunion hat einige ganz spezielle Bedürfnisse. Es ist nicht übertrieben zu behaupten, daß derzeit einige Teile der alten Sowjetunion von, wie sie es nennen würden, Kriminalität westlicher Art überrollt werden. Das ist für sie eine völlig neue Erfahrung, und sie sind weder technisch noch anderweitig darauf vorbereitet. Ich bin der Meinung, daß Interpol ihnen soviel wie nur möglich helfen muß.

Auch die räumlich so weit von Europa entfernten USA sind inzwischen von der *Organizatsiya*, wie sich die russische Mafia drüben nennt, eingeholt worden. Selbst in New York, dieser gewalttätigsten aller Städte, hat sie bereits neue Tiefen der Gewalt ausgelotet, und ihre Fühler tasten sich allmählich weiter vor.

Teilweise birgt diese neue Gefahr aus dem Osten einen erschrekkenden, der Allgemeinheit nahezu unbekannten Aspekt. Im Generalsekretariat von Lyon informierte mich Laurence Torti, eine französische Polizistin in Dienst von Don Laveys Terrorismusgruppe, im Februar 1993 über den neuen und äußerst beunruhigenden Handel mit radioaktivem Material, das aus Kernreaktoren und großen Atomwaffenlagern in der ehemaligen Sowjetunion und dem Ostblock nach Westeuropa geschmuggelt wird. Die Hauptachse verläuft dabei nach Deutschland über seine fast offene Grenze zu Polen.

Nicht jedes nukleare Material eignet sich zur Herstellung einer Atombombe. Das hängt von der jeweiligen Substanz ab: Natürliches Uran, Cäsium 137 und Strontium 90 sind »lediglich« hochradioaktiv und können Menschen töten oder verstümmeln, die mit ihnen ungeschützt in Berührung kommen. Andererseits können waffentaugliches Plutonium und »hochangereichertes« Uran mit dem dazu erforderlichen Wissen und in ausreichenden Mengen leicht zur Herstellung von Atombomben oder anderer furchtbaren Erfindungen verwendet werden.

Die Aussicht, daß irgendein Verrückter mit seinem eigenen Atomwaffenarsenal die Welt in ihrem Überleben bedroht, ist keine dramatische Fiktion mehr.

»Trotz Berichten in der europäischen Presse über Beschlagnahmungen waffenfähiger Materialien ist uns bis heute nicht ein Fall gemeldet worden, bei dem Tests ergeben hätten, daß das Material nukleartechnisch einsatzfähig wäre«, beschwichtigt Laurence Torti. »Dieses neue Phänomen, der Handel mit nuklearen Substanzen, ist zwar ein brisantes Thema für Ihr Buch, bis jetzt aber haben wir noch von keiner Beschlagnahmung mit möglichen Konsequenzen für terroristische Aktivitäten erfahren.« In der Bibliothek des Generalsekretariats stieß ich dagegen auf ein Interview, das US-Senator Sam Nunn im November 1992 der *Washington Post* gegeben hatte. Darin spricht er offen über »die Frage, ob nicht schon Sendungen mit Uran und hochangereichertem Uran, das für Waffen verwendet werden könnte, durchgekommen sind«.

An beiden Aussagen könnte etwas Wahres dran sein.

Gewiß, es gab einige bizarre Fälle. Festnahmen erfolgten in Deutschland, Österreich, der Schweiz, Belgien, Italien, Ungarn, Polen, der alten Tschechoslowakei und Rumänien. In Bayern wurde ein katholischer Priester beschuldigt, er habe in seiner kleinen Pfarrgemeinde ein Faxgerät für eine militärische Beschaffungsoperation im Auftrag der kroatischen Regierung benutzt. In Flensburg wurde ein britischer Geschäftsmann unter dem Verdacht verhaftet, achtzig Kilo Plutonium aus Rußland geschmuggelt zu haben. Ein vierunddreißigjähriger Pole, den die Polizei in einer Autobahnraststätte bei Frankfurt festnahm, starb wenige Stunden später qualvoll im Krankenhaus, nachdem zweihundert Gramm Cäsium 137 aus einem Plastikbeutel in seiner Hemdtasche ausgelaufen waren. Zwei Geschäftsleute, die in Stolen in der neuen Slowakischen Republik mit drei Kilo Uran im Gepäck verhaftet wurden, nachdem ihr Auto bei einer Routinekontrolle angehalten worden war, mußten einen Tag danach auf freien Fuß gesetzt werden, weil die Staatsanwaltschaft nicht binnen vierundzwanzig Stunden, wie es das slowakische Gesetz vorschreibt, Anklage erheben konnte. Hunderte von Menschen, überwiegend Osteuropäer, wurden in Hotelzimmern und Wohnhäusern, auf Innenstadtparkplätzen und an Autobahnraststätten in ganz Mittel- und Westeuropa festgenommen.

Interpol hat sich sehr schnell diesem großen neuen Problem gestellt. Auf Anregung des Bundeskriminalamts hin fand im Januar 1993 in Lyon die erste internationale Konferenz über den illegalen Handel mit nuklearen Materialien statt. Das Ergebnis bleibt abzuwarten.

Die Organisation hat ihren Wert unter Beweis gestellt. Sie hat eine bewegte und mitunter düstere Geschichte überlebt. Natürlich ist ihre Arbeit mit Mängeln behaftet, und auch ihr sind Grenzen gesetzt. Doch wie wäre es um die Aussichten im Kampf gegen das internationale Verbrechen ohne sie bestellt?

Anmerkungen

Erster Teil

1 *»Interpol, Le Siège du Soupçon«*, Paris 1986.

2 Tatsächlich ließ sich Monaco mit seinem Beitritt siebenundzwanzig Jahre Zeit: bis 1950, einem Jahr nach Fürst Rainiers Thronbesteigung.

3 Colliers »Internationaler Polizeikongreß« entpuppte sich als Flop. Die Polizisten aus aller Welt genossen seine Gastfreundschaft (er bezahlte ihre gesamten Reise- und Hotelkosten), doch was die echte Polizeiarbeit betraf, zogen sie ihre eigene, stetig effektiver werdende Organisation vor.

4 Die Kommission erhielt erst 1935 ihr eigenes Funknetz.

5 In einem Artikel in Interpols offiziellem Magazin *International Public Safety* vom 15. Oktober 1925.

6 Marinescu war der meistgehaßte Mann in Rumänien. Als König Carol zwei Jahre später mit seiner Mätresse Magda Lupescu außer Landes fliehen mußte, schloß Marinescu sich ihnen an, doch er wurde aus dem Zug gezerrt und buchstäblich in Stücke gerissen.

7 Dr. Wilhelm Stuckart, Staatssekretär im Innenministerium, dessen Buch über *»Rassenhygiene im Deutschen Reich«* Oskar Dressler in der *Internationalen Kriminalpolizei,* Ausgabe März 1939, so gut überarbeitet hatte.

8 Warum »Frühstück«, wenn die Mahlzeit nach der für Mittag angesetzten Besprechung stattfinden sollte? Fleming erläutert, daß »Frühstück« unter solchen Umständen so eine Art »Mittagsfrühstück« bedeute, »eher ein leckerer Imbiß als eine Mahlzeit«. Bei uns hat sich hierfür die amerikanische Bezeichnung »Brunch« eingebürgert.

Zweiter Teil

9 Ein Bericht aus dem Jahr 1941 von der deutschen Polizei an das Interpol-Hauptquartier in Berlin mit neuen Informationen über eine Frau namens Eugenia Kubiszatel, geb. Kurek, ist in Dresslers Buch als Beispiel dafür abgedruckt, wie eine Akte korrekt zu ergänzen ist. Darin heißt es: »Die obengenannte Person wurde am 26. 03. 1940 in Krakau, Polen, verhaftet und am 12. 10. 1940 vom Sondergericht zu 18 Monaten Zwangsarbeit verurteilt.« Um ein solches Urteil zu rechtfertigen und um überhaupt in den Akten der Organisation aufzutauchen, muß sie eine notorische Gesetzesbrecherin gewesen sein.

10 In seinem Buch *»The Police of France«* (»Die Polizei Frankreichs«) gibt Philip John Stead eine wohl objektive Einschätzung der Lage ab: »Der Zweite Weltkrieg, der zunächst eine teilweise und dann die totale Besatzung durch den Feind brachte, traf die Polizei besonders schwer. Was sollte ein Polizist in einer solchen Situation tun – eine Situation, mit der sich die

amerikanische und die britische Polizei niemals auseinandersetzen mußten?
Mehrere Wege standen der französischen Polizei in der Zeit von 1940 bis 1944 offen. Einer bot die Möglichkeit, mit dem Feind zu kollaborieren, was manche auch taten. Wie viele ihrer Landsleute (und auch viele Menschen in anderen Ländern) dachten sie wohl, daß es besser sei, wenn die Nazis den Krieg gewinnen (danach sah es 1940/41 ja auch aus), als daß Europa vom russischen Kommunismus überrollt wird: eine nette Wahlmöglichkeit zwischen Hitler und Stalin, den größten Schlächtern aller Zeiten. Resignation war der zweite Weg, den manche wählten, doch wenn dies sehr viele Beamte getan hätten, wäre die Polizeiarbeit ihrer Kollegen (und ihre eigene) in die strengen Hände der deutschen Feldgendarmerie gefallen. Im Dienst zu bleiben und sich nach besten Kräften weiterhin für den Schutz der Gesellschaft und die Bekämpfung des Verbrechens einzusetzen, war die dritte Alternative, die auch die meisten Polizisten wählten.«

11 Es gibt wenig Neues unter der Sonne: Fünfundzwanzig Jahre danach, im Juni 1968, wurde einer meiner Klienten vom Londoner Hauptkriminalgericht zu acht Jahren Haft verurteilt – er hatte in raffinierter Weise elf Fünfpfundnoten zerschnitten, so daß sie zwölf ergaben.

12 Vielleicht eine Nebenerscheinung der »Operation Bernhard«.

13 Formal war die Sowjetunion in dieser unmittelbaren Nachkriegsära zwar noch eine der vier Siegermächte, doch die Beziehungen zum Westen hatten sich bereits abgekühlt; schon im März 1946 hatte Winston Churchill in seiner berühmten Rede in Fulton, Missouri, den Begriff »Eiserner Vorhang« geprägt. Damals, 1927, hatten sich die Sowjets geweigert, der Organisation beizutreten, und in den Jahren vor dem Krieg hatte man die Einladung nie wiederholt. Louwage war glücklich, dem Präzedenzfall zu folgen.

14 Weder Berlin noch Wien kamen hierfür weiterhin in Frage: Berlin wegen seiner engen Verwicklungen mit den Nazis und weil es von den Truppen der vier Siegermächte besetzt war, und Wien, weil es ebenfalls der Viermächtebesatzung unterlag.

15 Die Antwort lautete, daß zwanzigtausend Reichsmark noch auf einem Konto bei einer Berliner Bank lagen, während die gleiche Summe zusammen mit tausend Schweizer Franken von den Alliierten gesperrt worden war.

16 Der frühere Interpol-Präsident Sir Richard Jackson gibt einen aufschlußreichen Einblick in das, was »andere geeignete Maßnahmen« sein könnten, in seiner Geschichte über eine Bande italienischer Gauner, die sich Anfang der sechziger Jahre in Großbritannien mit dem Verkauf von falscher »feuerfester« Kleidung an leichtgläubige Tankstellenpächter eine goldene Nase verdienten. Nur durch eine beiläufige Unterhaltung auf einer Interpol-Versammlung kam er später dahinter, daß der gleiche Betrug schon in mehreren anderen Ländern Europas gemeldet worden war. »Hätten wir die Fakten gleich damals, als wir erstmals davon hörten, in Umlauf gesetzt«, schrieb er, »wäre es vielleicht möglich gewesen, diese kleine Bande viel eher hochgehen zu lassen: vielleicht allein durch eine diskrete Verweigerung von Einreisevisa, eine der einfachsten Waffen von Interpol.«

17 Viele Jahre später, 1972, führte er wegen des neuen (und anhaltenden) Trends zu großen Kunstdiebstählen eine weitere Ausschreibungskategorie ein: eine zweimal jährlich erscheinende Liste mit Fotos der »zwölf meist-

gesuchten gestohlenen Kunstwerke«. Diese erscheinen oft in Zeitungen in aller Welt.

18 Von Soderman bereits früher als »sehr harmloser Nazi« beschrieben und in der Tat Vertreter des deutschen Innenministeriums beim Kontrollausschuß der Interpol.

19 Da wir noch oft auf diesen so überaus wichtigen Hintergrundbericht zu sprechen kommen, werde ich ihn künftig einfach »Das FBI-Memorandum« nennen.

20 Im *L'Express* vom 16. Mai 1981 erhob Jacques Derogy den schwerwiegenden Vorwurf: »Interpol steht im Verdacht, [...] die enormen antisemitischen Hinterlassenschaften der Gestapo gelagert zu haben.«

21 Sie kamen nicht ausschließlich aus Europa: Argentinien, Bulgarien, Ecuador, Finnland, Italien, Kolumbien, Libanon und Ungarn.

22 Ein hin und wieder benutzter Titel in ausgewählten Hauptstädten der Welt als Tarnbezeichnung für den dortigen FBI-Spezialagenten.

23 Doch es ging nicht über Nacht. Zwei Jahre später, im Juni 1949, mußte Nepote in Ducloux' Namen ein Rundschreiben verschicken, in dem die NZB aufgefordert wurden, die Post- und Fernmeldeämter über ihren neuen Namen in Kenntnis zu setzen. »Einige Büros verwenden nur das ›Interpol‹-Rufzeichen für die Stationen im internationalen Polizeinetz«, schrieb er, »und haben diese Adresse nicht bei den Postbehörden registrieren lassen. Ernstliche Unannehmlichkeiten haben sich daraus ergeben, denn wenn die betreffende IKPK-Funkstation ausfällt oder geschlossen ist, wird das Telegramm auf dem normalen Postweg versandt und mit dem Vermerk ›Adressat unbekannt‹ an den Absender zurückgeschickt.«

24 In der Satzung von 1956, die von der 25. Generalversammlung in Wien im Juni desselben Jahres verabschiedet wurde und bis heute gilt, wurde der Artikel 1 in drei separate Artikel umformuliert, wobei man den Verbrechenssparten, bei denen die Organisation nicht aktiv werden durfte, den Begriff »militärisch« hinzufügte. Der heutige Artikel 3 lautet: »Es ist der Organisation streng verboten, jegliche Interventionen oder Maßnahmen von politischem, militärischem, religiösem oder rassischem Charakter zu ergreifen.«

25 Siehe 4. Kapitel, Seite 64.

26 Das Bureau of Narcotics, rekonstituiert als das Bureau of Narcotics and Dangerous Drugs (BNDD) und danach als die Drugs Enforcement Administration (DEA), wurde 1968 dem Justizministerium übertragen.

27 Der offizielle, ziemlich umständliche Name der Organisation lautet bis zum heutigen Tag »Internationale Kriminalpolizeiliche Organisation – Interpol«.

28 Wie noch im 13. Kapitel zu sehen sein wird, sollte diesem einen Wort »überwiegend« in der Folge eine vitale Bedeutung beigemessen werden – was damals mit Sicherheit so gut wie keiner ahnte.

29 Als man beschloß, das Hauptquartier nach Lyon zu verlegen, formulierte die Generalversammlung von Luxemburg im September 1984 den Artikel 1 neu: »Der Sitz der Organisation soll in Frankreich sein.«

30 Mehrere Mitglieder des Exekutivkomitees haben tatsächlich mehr als eine Amtsperiode absolviert, jedoch nie in direkter Folge.

31 In der Praxis ließ dies beträchtlichen Raum fürs Feilschen – oder für »Verhandlungen«, wie man es höflicher nannte.

32 1973 belief sich die Grundeinheit auf 4850 Schweizer Franken; bis 1985 war sie auf 12 500 und bis 1987 auf 15 000 Schweizer Franken angestiegen.

33 Nach zwei aufeinanderfolgenden Amtszeiten von jeweils fünf Jahren, wie sie die Satzung von 1946 (an deren Entwurf er selbst federführend mitgewirkt hatte) gestattete, trat Louwage 1956 – wenngleich mit unverhohlenem Widerwillen – endlich zurück. Sein Nachfolger wurde Lourenço, der die in der neuen Satzung von 1956 festgelegte vierjährige Amtszeit absolvierte und seinerseits von Jackson abgelöst wurde.

34 Die RAF existiert noch in Deutschland; Baader und Meinhof jedoch begingen im Oktober 1977 beziehungsweise im Mai 1976 Selbstmord in deutschen Gefängnissen.

35 Persönlich brachte es Marighella nur Unglück: Er wurde kurz nach Veröffentlichung seines »Handbüchleins« aus einem Polizeihinterhalt heraus erschossen.

36 So verließ Hitler beispielsweise demonstrativ das Stadion, als die Zuschauer den farbigen Amerikaner Jesse Owens nach dessen Sieg über 200 Meter mit stehenden Ovationen feierten.

37 Ihre ersten internationalen Sporen verdiente sie sich im Oktober 1977, als eine Lufthansa-Maschine mit neunundsiebzig Passagieren an Bord auf dem Flug von Mallorca nach Frankfurt von vier maskierten Arabern entführt wurde und schließlich in der somalischen Hauptstadt Mogadischu landete. Dort stürmte die heimlich von ihrer Kaserne in Bonn eingeflogene GSG 9 die Maschine und befreite alle Passagiere. Bei der Gemeinschaftsaktion waren auch zwei SAS-Männer mit Blendgranaten beteiligt.

38 Messaid kehrte zehn Jahre danach (1982–1984) ins Exekutivkomitee zurück.

39 Bei allem Respekt vor Monsieur Nepote – es gibt sowohl in Großbritannien als auch in den Vereinigten Staaten hervorragende Arbeitsdefinitionen. Laut dem Gesetz zur Prävention gegen Terrorismus von 1989 versteht man unter Terrorismus in Großbritannien »die Anwendung von Gewalt für politische Ziele und zu dem Zweck, die Öffentlichkeit oder einen Teil davon in Angst zu versetzen«. Und in den Vereinigten Staaten operiert das FBI auf folgender Basis: »Terrorismus ist die ungesetzliche Anwendung von Zwang oder Gewalt gegen Personen oder Eigentum zur Durchsetzung von politischen oder gesellschaftlichen Zielen, um eine Regierung, die Zivilbevölkerung oder einen Teil davon einzuschüchtern oder zu nötigen.«

40 Jean Nepotes Erinnerung hat in der Sache recht, irrt aber im Detail. In Wahrheit handelte es sich nicht um eine Tat der linksradikalen Roten Brigaden, sondern um einen neofaschistischen Anschlag der Ultrarechten. Er geschah am 12. Dezember 1969; vierzehn Menschen wurden getötet, achtzig verletzt. Für zwei Flüchtige wurden – vergeblich – rote Fahndungsausschreibungen erstellt.

41 Dies war der größte Bankraub in der französischen Kriminalgeschichte. Am 17. Juli 1976 arbeiteten sich mehrere Ganoven durch die städtische Kanalisation über einen Tunnel in den Tresorraum der Société Générale de Nice vor und ließen aus vierhundert Schließfächern über fünfzig Millionen Francs in Bargeld, Schmuck und Goldbarren mitgehen. Trotz des brillanten Plans ermittelte die französische Polizei dessen Urheber. Kendalls Annahme erwies sich als richtig: Es war ein Franzose, Albert Spaggiari. Aber er sprang nach seiner Verhaftung aus dem Fenster des Untersuchungsrich-

ters und flüchtete auf einem wartenden Motorrad. Interpol gab ordnungsgemäß eine internationale Ausschreibung heraus, doch blieb er bis zu seinem Krebstod auf freiem Fuß. 1982 besuchte er, mit Perücke und falschem Bart verkleidet, Englands prominentesten Räuber Ronald Biggs (der ebenfalls per roter Ausschreibung »gesucht« wurde) in Rio de Janeiro. Die beiden posierten fröhlich für die Fotografen in der Gewißheit, daß Brasilien zwar Mitglied der Interpol war, jedoch kein Auslieferungsabkommen mit Großbritannien oder Frankreich hatte.

42 Wir werden später noch sehen, daß dies nicht mehr zutrifft. In den neunziger Jahren gibt es sowohl grenzübergreifende Kontakte zwischen nationalen Banden als auch wirklich internationale, organisierte Verbrechersyndikate mit einem hierarchischen Aufbau und zentralisierter Kontrolle.

43 Ein lohnendes Resultat konnte diese Generalversammlung dennoch verbuchen: Spanisch wurde die dritte Arbeitssprache der Organisation und bezeichnenderweise Arabisch die vierte – letztere jedoch mit der Einschränkung, daß die arabischen Staaten alle damit verbundenen Zusatzkosten übernehmen würden und daß, obwohl von nun an auch in Arabisch bei Tagungen der Generalversammlung und im Generalsekretariat gearbeitet würde, die des Arabischen nicht mächtigen NZB es nicht zu benutzen brauchten.

44 In seiner typischen Unverblümtheit erzählte Raymond Kendall einst Laurent Greilsamer: »Die französische Polizei ist vor lauter Routine und Verwaltung in den Gelenken eingerostet.«

45 Dies war, wie wir im folgenden Kapitel erfahren werden, eine seiner ersten Amtshandlungen als frischgebackener Generalsekretär nach André Bossards frühem Rücktritt.

46 Zwei Augenblicke gab es während der Generalversammlung von Manila, die Liebhaber des Bizarren genossen hätten. Der eine war, als Präsident Marcos die Delegierten mit den salbungsvollen Worten willkommen hieß, daß »die Interpol«, wie er sie nannte, »eine wirksame Waffe ist, deren Integrität im Kampf gegen das internationale Verbrechen außer Frage steht«. Herablassend bemerkte er: »Wir Politiker, die bei den feineren Nuancen internationaler Beziehungen Haarspaltereien betreiben, sollten uns von der Interpol einige Lektionen erteilen lassen. Seit mehr als einem halben Jahrhundert demonstriert diese Organisation, wie internationale Zusammenarbeit praktiziert werden sollte. Nie ist sie durch Angst oder Zweifel an ihrem Auftrag außer Gefecht gesetzt gewesen [...] Danke und noch einen schönen Tag!« Der zweite war, als seine Frau Imelda zum Mikrofon stöckelte und in ihrer Funktion als Wohnungsbauministerin der Philippinen und Gouverneurin der Riesenstadt Manila allen Anwesenden eine Moralpredigt über die Ethik der Strafverfolgung hielt. Einer ihrer bewegendsten Sätze war: »Die Stärke des Gesetzes liegt in der erleuchteten Führung seiner Hüter. Sie müssen ein denkendes Herz und einen fühlenden Verstand besitzen. Ihre Weisheit offenbart sich in ihrer Fürsorge und ihrem Schutz für die Gemeinschaft, in ihrer Anteilnahme, ihrer Aufopferung und Sorge für das Volk.«

47 So wurde etwa auf Drängen Kendalls als Leiter der Polizeiabteilung das Interpol-Netz dazu eingesetzt, die ganze legale und illegale Geschichte der Neunmillimeter-Browningpistole aufzudecken, mit der der dreiundzwanzigjährige Ali Agca am 23. Mai 1981 Papst Johannes Paul II. auf dem Peters-

platz in Rom zu ermorden versuchte, auch wenn man das als politisches Verbrechen hätte bezeichnen können. Die italienische Polizei fand später in der Behausung des türkischen Attentäters einen Brief, aus dem hervorging, daß er den Papst töten werde, »um der Welt die imperialistischen Verbrechen der Sowjetunion und der Vereinigten Staaten vor Augen zu führen«. Mit Hilfe routinemäßiger Ermittlungen gelang es Interpol, den Weg der Waffe über alle Besitzer von Belgien über die Schweiz und Österreich bis nach Italien nachzuzeichnen.

48 Wenn, was relativ selten vorkam, im Nahen Osten eine terroristische Splittergruppe im Übereifer einen Franzosen in ihre Gewalt bekam, so ordneten ihre Herren in der arabischen Welt an, diesen in der Regel viel schneller wieder freizulassen, als das bei anderen unschuldigen Geiseln aus Europa oder Amerika je der Fall war. Zweifellos hatten von allen westlichen Großmächten die französischen Regierungen kontinuierlich die besten Beziehungen zu den arabischen Staaten und pflegen diese auch intensiv.

49 Ein starker Anreiz war, daß der Bürgermeister Lyons, auf einen Prestigegewinn für seine große Stadt bedacht, ihnen ein herrliches Grundstück am Rhôneufer sehr günstig zur Pacht anbot.

50 Mit den Amerikanern wurde es indes nie so problematisch wie mit den Franzosen, deren enge Verbundenheit mit der Organisation völlig anders geartet ist. Die Franzosen interessierten sich hauptsächlich dafür, den »Ruhm« ihres Nationalprestiges zu fördern, die Amerikaner wollten einfach – und das bis heute – eine wichtige Aufgabe gut erledigen.

51 Laurent Greilsamer zitiert Jean Nepote, der die Haltung des Exekutivkomitees in den fünfziger Jahren so umschrieb: »Diese Fälle waren entweder politisch, militärisch oder beides zusammen« – und daher vom Artikel 3 ausgenommen.

52 Damals wie heute gibt es da eine feine Nuance. Alle amerikanischen und französischen Polizeibeamten werden von ihrem eigenen Land entsandt und bezahlt. Das trifft auch auf die meisten anderen zu, aber einige sind abgeordnet, was bedeutet, daß Interpol für ihr Gehalt aufkommt, obwohl sie noch der ausländischen Polizei angehören. Ein paar ältere Mitglieder des Personals sind weder entsandt noch abgeordnet, sondern stehen direkt bei der Organisation unter Vertrag. Überraschenderweise bezog sogar Kendall in seiner Anfangszeit als Generalsekretär weiterhin Gehälter von der Londoner Metropolitan Police. Er kam erst auf Interpols Gehaltsliste, als er nach Vollendung der üblichen dreißig Dienstjahre offiziell aus der Metropolitan Police ausschied und in den Ruhestand trat.

53 Das war dringend erforderlich: 1990 benötigte ein afrikanisches Land drei Wochen für die Bearbeitung einer dringenden Mitteilung, und ein NZB in Südostasien reagierte überhaupt nicht auf Anfragen. Das Generalsekretariat spendete einen Fernschreiber – doch Antworten blieben weiterhin aus. Ein Beamter aus Lyon besuchte das NZB anläßlich einer Konferenz in der Gegend und fand das Gerät noch unausgepackt in einem Schrank. Niemand kannte sich mit der Bedienung aus.

54 Warum wurde Interpol angegriffen? In Saint-Cloud tauchten Flugblätter auf, auf denen die Action Directe ihre Absicht erklärte, »die Zentren der Macht zu treffen, die ihre politische, wirtschaftliche und militärische Strategie an die stärksten Gegensätze zwischen dem internationalen Proletariat und der [...] Bourgeoisie knüpfen«. Was immer das heißen mag.

55 Die amerikanischen Polizisten in Lyon sind häufig besser für ihren Job geeignet als ihre Kollegen aus anderen Ländern. So werden beispielsweise die Beamten aus Großbritannien, Frankreich, Deutschland, Dänemark und Italien unabhängig von ihren Vorkenntnissen immer dort eingesetzt, wo die Personalstelle der Verwaltungsabteilung sie hinbeordert – meist, weil gerade eine freie Stelle besetzt werden muß. Die Amerikaner hingegen sind auf Wunsch ihrer Regierung deutlich »handverlesener«. Der Leiter der Unterabteilung Drogen ist ein DEA-Mann, der Leiter der Antiterroreinheit ein FBI-Spezialagent, der Leiter des Fälscherdezernats ein Falschgeldspezialist vom amerikanischen Finanzministerium; der Chef der Abteilung für Fahndungsausschreibungen gehörte dem US Marshals Service an, der schon seit jeher für das Aufspüren flüchtiger amerikanischer Bundesbürger zuständig ist, und der Sprengstoffexperte des Hauses kommt vom US-Büro für Alkohol, Tabak und Feuerwaffen.

Dritter Teil

56 Gelegentlich kommt es zu tragischen Unfällen wie dem jenes vierundzwanzigjährigen Studenten der Reading University, der im Juni 1987 bei seiner Rückkehr von einer Reise nach Ecuador der Verlockung nicht widerstehen konnte, nebenher etwas Geld zu verdienen. Er passierte problemlos die Zollsperren am Londoner Flughafen Heathrow, brach aber Stunden später vor Schmerzen schreiend zusammen, als einige der dreizehn mit reinem Kokain gefüllten Kondome in seinem Magen platzten – beim Eintreffen des Krankenwagens war er tot.

57 »Maulesel« (Kuriere) können auch zu clever sein. Im Juli 1990 fiel am San Juan International Airport auf Puerto Rico wachsamen US-Zöllnern ein junger Passagier der spanischen Fluggesellschaft Iberia auf, der sich bei einem Zwischenstopp seine merkwürdig dicken, steifen Beine vertrat. Es handelte sich um einen kolumbianischen »Touristen«, der von Bogotá nach Madrid reiste. Nach seiner Festnahme öffneten ihm die Ärzte im Krankenhaus die frischen Nähte an seinen Oberschenkeln und fanden ein Pfund Kokain, verpackt in vier Plastikbeuteln. Er war ein wandelnder Goldfisch!

58 Als »Cannabis« werden sowohl die getrockneten Blätter und Blütenstände der Pflanze als auch das Haschisch bezeichnet, das stärker ist und aus dem Harz der Pflanze gewonnen wird.

59 Ähnliche Tricks sind mittlerweile auch bei Heroin gang und gäbe. Es wurde schon mit Gips vermischt zu Töpferwaren modelliert, und bei den New Yorker Docks fand man Kleidung, die damit getränkt war – später sollte es dann in einer ganz normalen Waschmaschine herausgewaschen werden.

60 Lescek Lamparski, Generalkommandant der polnischen Polizei, erzählte mir im Oktober 1990 in Ottawa, als sein Land Interpol erneut beitrat: »Wir wissen, daß die jungen Leute bei uns Drogen nehmen und daß wir unsere eigenen Hersteller chemischer Drogen, insbesondere von Methamphetamin, haben. Sie exportieren es in andere Länder, doch klappt unsere Zusammenarbeit mit dem Westen gut.« Leider nicht immer so gut, wie sie sein sollte. Als im Juli 1991 dänische Grenzposten zwei polnische Lkw-

Fahrer stoppten und ein Kilo Methamphetamin, am Tank festgeklebt, entdeckten, erfuhr das Warschauer NZB hiervon zuerst aus der polnischen Presse. Polens Außenministerium mußte die dänische Botschaft in Warschau um eine Stellungnahme bitten.

61 Dr. Albert Hoffman vermerkte nach der experimentellen Einnahme von einem Viertelmilligramm in seinem Notizbuch, daß er »leichtes Schwindelgefühl, Unruhe, Konzentrationsschwächen, Sehstörungen und unkontrollierbares Lachen« registriere. Danach konnte er nicht weiterschreiben. Sein »Trip« dauerte sehr unangenehme sechs Stunden.

62 Ironischerweise war das ein reiner Zufallstreffer. Ein Anwohner hatte sich über starken Lkw-Verkehr beschwert und darüber, daß Leute das Lagerhaus »zu merkwürdigen Zeiten und in verdächtiger Weise« benutzten.

63 Dies ist nicht sein richtiger Name. Er bat mich ausdrücklich darum, seine Identität nicht preiszugeben, denn als schlimmes Relikt aus seiner Zeit bei der italienischen Polizei steht er noch heute auf der »Abschußliste« der Roten Brigaden, der mächtigsten Terrorgruppe Italiens.

64 Wieso »C-Chase«? »C« ist in gewissen Kreisen die Bezeichnung für einen Hundert-Dollar-Schein, das bevorzugte Zahlungsmittel im amerikanischen Drogenhandel.

65 Entgegen der landläufigen Ansicht ist die Schweiz unter den Geldwaschländern schon lange nicht mehr der Spitzenreiter. Die Schweizer Banken bieten Kunden, die sich nur mit einer Nummer identifizieren wollen, keine Konten mehr an. Dies wurde vor einigen Jahren per Gesetz angeordnet. Und im April 1991 erfolgte die Verfügung, daß jene Konten, bei denen nur der Vorname des Kontoinhabers bekannt war, ebenfalls bis zum September 1992 aufgelöst werden mußten. Doch kaum geht eine Tür zu, tut sich eine andere auf: Im Januar 1991 gab die Notenbank von Sri Lanka bekannt, daß örtliche Banken damit begonnen hätten, die bis dahin gängigen Nummernkonten des Schweizer Typs zu akzeptieren. Die erforderliche Anonymität gewährleiste ein neues Gesetz, mit dem ein Anreiz für ausländische Kapitalanleger geschaffen werden solle, »um Vertrauen in das Finanzsystem und die Wirtschaft der Insel schaffen zu helfen«.

66 Vor nicht allzu langer Zeit stießen in Großbritannien Ermittler, die der freiwilligen Meldung einer Londoner Bank über eine verdächtige Einzahlung nachgingen, auf vierzehn Konten, die auf Firmennamen auf Jersey, der größten der Kanalinseln, eröffnet worden waren. Die auf diese Konten eingezahlten Gelder waren von Kurieren in bar von Kanada nach London gebracht worden, wo sie zum üblichen Wechselkurs in Scheine mit hohem Nennwert getauscht wurden. Anschließend floß das Geld über fiktive Kredite wieder nach Nordamerika zurück, wobei die Bankguthaben auf Jersey als Sicherheiten dienten.

67 Carles und Valdes sprachen mit Shirley Christian vom *New York Times Service* und wurden am 7. Juni 1991 in der *International Herald Tribune* in Paris zitiert.

68 Lavey »bearbeitete«, wie er sich ausdrückt, den Terrorismus für das FBI in den Vereinigten Staaten von 1974 bis 1984. Danach wurde er dem Rechtsattaché bei der amerikanischen Botschaft in Paris zur Seite gestellt und schließlich im Oktober 1986 nach Saint-Cloud beordert, um beim Aufbau der TE-Gruppe zu helfen, die am 1. Januar 1987 ihre Arbeit aufnehmen sollte. Bis heute untersteht er dem FBI; zu seinem Stab gehören ein pensio-

nierter Oberst der US Air Force, der direkt bei Interpol unter Vertrag steht, eine russisch sprechende Französin von der französischen Polizei und zwei Beamte von der italienischen beziehungsweise südkoreanischen Polizei.

69 Nach Zählungen des amerikanischen Außenministeriums vom Mai 1991 hatte es 1990 weltweit nicht weniger als vierhundertfünfundfünfzig Terrorakte gegeben – und das in einem »ruhigen« Jahr, als der Terrorismus in Nahost nachließ und der Zerfall des Kommunismus in Osteuropa und die deutsche Wiedervereinigung bedeuteten, daß praktisch »sichere Zufluchtsorte« vielen Terroristen erstmals verwehrt blieben.

70 Zu Beginn der achtziger Jahre lösten Bombenanschläge Entführungen als bevorzugte Form des Luftterrorismus ab. In den zehn Jahren von 1981 bis 1991 gab es mehr als 30 versuchte oder vollendete Bombenattentate in der Luft, bei denen rund 750 Menschen ums Leben kamen. Abgesehen von Lockerbie mit 270 Todesopfern sind die bekanntesten Fälle die Sprengung einer Boeing 747 der Air India über dem Atlantik im Juni 1985, bei der es 329 Tote gab, und das Bombenattentat auf eine Boeing 707 der Korean Airlines im November 1987, bei dem 115 Opfer zu beklagen waren.

71 Im Mai 1990 machte eine von Präsident Bush eingesetzte Sonderkommission in erster Linie ein »deutlich mangelhaftes« Sicherheitssystem in der Luftfahrt für die Tragödie verantwortlich, das mit einem unfähigen Pan Am-Sicherheitsdienst in Frankfurt und London seinen Anfang nahm und durch das Versagen der US-Bundesluftfahrtbehörde, ihre eigenen Sicherheitsregeln durchzusetzen, noch verschlimmert wurde. Im Juli 1992 verurteilte ein New Yorker Gericht die (inzwischen) nicht mehr existierende PanAm zur Zahlung von 9,2 Millionen Dollar Schadenersatz an die Familie eines der Opfer wegen des »vorsätzlichen Fehlverhaltens« der Fluggesellschaft. Über zweihundertdreizehn weitere Ansprüche muß erst noch entschieden werden.

72 Wie die Londoner *Sunday Times* am 17. Dezember 1989 berichtete.

73 Ein seltenes Beispiel für einen solchen Fall, der tatsächlich vor Gericht endete, war der des siebenundzwanzigjährigen Tausendsassas Stephen Francis, der im August 1991 im Londoner Old Bailey in zwei Punkten des Dokumentenmißbrauchs zwecks Erschleichung von Krediten verurteilt wurde. Hinsichtlich acht weiterer Betrugsvorwürfe, die in den Akten verblieben, konnten sich die Geschworenen nicht einigen. Francis, den Interpol vor Gericht zu bringen half, hatte Dokumente einer US-Finanzierungsgesellschaft gefälscht, mit deren Hilfe er auf dem Terminmarkt agieren konnte, als ob er ihr Agent sei. Nach Einlösen der von ihm investierten Terminoptionen blieben die Bankiers, über die er die Geschäfte abwickelte, auf einem Verlust von sechs Millionen Pfund sitzen. Vor seinem Einstieg in die Kriminalität war er persönlich verantwortlich für ein Fünftel der neuseeländischen Staatsverschuldung, nachdem man ihm beinahe unbegrenzt Kredit gegeben hatte, um fast zweihundertfünfzig Millionen Pfund auf dem neuseeländischen Terminmarkt anzulegen.

74 Ein Hinweis auf die *Counterfeits and Forgeries Review*, eine Monatszeitschrift der Interpol mit erstklassigen Farbreproduktionen der neuesten echten Banknoten der Welt sowie der neuesten beschlagnahmten Blüten, die Lyon gemeldet werden. Es ist ein erfolgreiches kommerzielles Projekt, das von der bekannten holländischen Firma Keesing vermarktet wird. Die

Zeitschrift wird an NZB und über vierzehntausend Banken und Finanzhäuser in der ganzen Welt verkauft.

75 Für haitische Blüten gibt es sehr wohl einen Markt – in Haiti. Im Dezember 1988 wurde auf dem internationalen Flughafen von Montreal ein Koffer mit zirka fünftausend haitischen Hundert-Gourde-Scheinen im Wert von etwa hundertfünfzehntausend US-Dollar abgefangen. Ein eingebürgerter Kanadier haitischer Abstammung und ein gebürtiger Kanadier wurden festgenommen, und acht Tage später erfolgte in einer altmodischen Offsetdruckerei eine Razzia.

76 Die Camorra, eine ähnlich frühe Widerstandsbewegung, die sich rasch dem Gewaltverbrechen verschrieb, jedoch in Neapel heimisch ist, existiert ebenfalls noch. Und obwohl sie ihren Einfluß auf andere Teile Italiens auszudehnen vermochte, ist sie in ihrer Heimatregion fest verwurzelt und hat sich in keinem nennenswerten Umfang in den Staaten breitgemacht.

77 Sie erklärt, warum sie kam: »Es waren hauptsächlich zwei Gründe. Ich wollte schon immer zur Interpol, seit ich vor fünfzehn Jahren der RCMP [Royal Canadian Mounted Police] beitrat – doch jetzt hielt ich den Zeitpunkt für gekommen. Ich war im Drogenbereich tätig gewesen, im Einwanderungswesen, bei der nationalen Sicherheit – so nennen wir den Terrorismus –, und während der letzten drei Jahre hatte ich Rechtskunde an unserer Akademie gelehrt. Daher meinte ich, daß ich schon was zu bieten hätte. Zudem war ich ledig und wollte reisen und was von der Welt sehen; also versucht man, eine Stelle in Übersee zu ergattern. Als dann eine frei wurde, bewarb ich mich.«

78 Die weitverbreitete Abscheu der Italiener vor der Macht der »Piovra« (Krake), wie das organisierte Verbrechen auch bezeichnet wird, ist so groß geworden, daß bei den Parlamentswahlen im Mai 1992 Leoluca Orlando, der couragierte Führer der neuen Antimafiapartei »La Rete«, die zweitmeisten Stimmen aller Politiker im Land erhielt. Seine »Belohnung« war, daß ihn die Mafia ganz oben auf ihre Todesliste setzte, nachdem mit Paolo Borsellino, dessen Auto im Juli 1992 von einer Bombe zerrissen wurde, der zwölfte Richter in dreizehn Jahren ermordet worden war.

79 *»That was Business, This is Personal: The Changing Faces of Professional Crime«,* Secker & Warburg, London 1990.

80 Alfredo Geri, der Direktor der Uffizien, beanspruchte von der französischen Regierung einen gewissen Prozentsatz des Wertes des gestohlenen Gemäldes als Belohnung. Doch ein französisches Gericht wies die Forderung zurück – mit dem Argument, die *Mona Lisa* habe keinen Wert, da sie unschätzbar sei.

81 In typischer Interpol-Manier mußte diese Abkehr von einer traditionellen Praxis von den Delegierten auf der Generalversammlung von Ottawa 1990 natürlich als »Empfehlung« verpackt werden.

Vierter Teil

82 Als ich im April 1991 Nepote, seit nunmehr dreizehn Jahren im Ruhestand, erzählte, daß Kendall mir gesagt habe, Nepotes FIR-Projekt aus den frühen siebziger Jahren (das aus Geldmangel sowie aufgrund fehlenden Engagements der Mitglieder bei der internationalen Kooperation gestorben war)

sei der Vorläufer des ASF gewesen, war er sichtlich gerührt: »Das ist sehr edel von ihm«, sagte er. »Ich weiß das zu würdigen.«

83 Zum erstenmal in der Geschichte Interpols bot sich bei einer Abstimmung auch die Türkei als Gastgeber für die Generalversammlung zum siebzigsten Jahrestag an. Die Versammlung gab jedoch Aruba den Vorzug, obwohl sich der türkische Delegierte darüber beklagte, sein Land sei seit 1930 Mitglied der Organisation, und noch nie habe dort eine Generalversammlung stattgefunden. Als Trost erfuhr er, daß die Türkei vermutlich für den nächstmöglichen Termin vorgemerkt sei: 1996 – denn 1994 ist schon für Italien reserviert, und China drängt stark auf 1995.

84 Dieses wurde auf Betreiben Großbritanniens im Februar 1992 nach den Worten seines Vorsitzenden, Assistant Commissioner William Taylor von der Metropolitan Police, mit dem Ziel gegründet, »zu versuchen, im Europa des Gemeinsamen Marktes wie auch im größeren Interpol-Europa mit seinen rund fünfunddreißig Ländern die Tätigkeit der Organisation dynamischer zu fördern. Nach unserer Ansicht gab es viel mehr zu tun in der Region Europa, auf die schließlich achtzig Prozent der Arbeit von Interpol entfallen [...]«. Das Europakomitee, dem Interpol-Vertreter aus England, Frankreich, Holland, Deutschland, Italien, Norwegen, Belgien und Luxemburg angehören, tagt dreimal pro Jahr in Lyon und hat bereits einen »Fünfpunkte-Arbeitsplan für Europa« mit Projekten bis 1996 aufgestellt.

85 Emond kehrte nach nur zwei Jahren in Lyon »aus persönlichen Gründen« nach Kanada zurück.

86 Heute kommt dem Europasekretariat unter seinem derzeitigen Leiter, dem britischen Polizisten Stuart Cameron Waller, eine noch wichtigere Aufgabe zu. Mit nur fünf Mitarbeitern (darunter ein Russe) ist es allerdings noch beklagenswert weit von seinem auf zwanzig Mann veranschlagten Teamstab entfernt. Wie so oft fehlt es an Geld und Arbeitskräften.

Ausgewählte Literatur

Malcolm Anderson: *Policing the World* (Clarendon Press, Oxford 1989)
James A. Arey: *The Sky Pirates* (Charles Scribner's Sons, New York 1972)
Stephen Barlay: *Sex Slavery* (Coronet Books, London 1975)
Luigi Barzini: *The Italians* (Bantam Books, New York 1965)
François Beauval: *Les Grandes Enigmes de l'Interpol* (Cremille, Genf 1970)
R. W. Cooper: *The Nuremberg Trial* (Penguin Books, London 1947)
Hugh Cornwall: *New Hacker's Handbook* (Century, London 1989)
Jacques Delarue: *Histoire de la Gestapo* (Fayard, Paris 1962)
Christopher Dobson & Ronald Payne: *War Without End* (Harrap, London 1986)
Oskar Dressler: *Die Internationale Kriminalpolizeiliche Kommission und ihr Werk* (IKPK, Berlin 1944)
Rachel Ehrenfeld: *Narco Terrorism* (Basic Books, New York 1990)
Gerald Fleming: *Hitler and the Final Solution* (Hamish Hamilton, London 1985)
Michael Fooner: *Interpol: Issues in World Crime* (Plenum, New York 1989)
A. J. Forrest: *Interpol* (Allan Wingate, London 1954)
Conor Gearty: *Terror* (Faber and Faber, London 1991)
A. Goldenberg: *La Commission Internationale de Police Criminelle* (Paris University 1953)
Laurent Greilsamer: *Interpol: Le Siège du Soupçon* (Alain Moreau, Paris 1986)
John Gunther: *Inside Europe* (Hamish Hamilton, London 1940)
John E. Horwell: *Horwell of the Yard* (Andrew Melrose, London 1946)
Sir Ronald Howe: *The Pursuit of Crime* (Arthur Barker, London 1961)
Sir Richard Jackson: *Occupied with Crime* (Harrap, London 1967)
David Leppard: *On the Trail of Terror* (Jonathan Cape, London 1991)
Neil C. Livingstone & David Halevy: *Inside the PLO* (Wm. Morrow, New York 1990)
David E. Long: *The Anatomy of Terrorism* (Free Press, New York 1990)
Paul Marabuto: *La Collaboration Policière Internationale* (E. P. Don-Bosco, Nizza 1935)
Dorothy Gies McGuigan: *The Habsburgs* (W. H. Allen, London 1986)
Keith Middlemas: *The Double Market: Art Theft and Art Thieves* (Saxon House, London 1975)
Oliver L. North: *Under Fire* (Harper & Collins, London 1991)
J. A. Roux: *Actes du Congrès, Monaco 1914* (G. Godde, Paris 1926)
William L. Shirer: *The Rise and Fall of the Third Reich* (Mandarin, London 1991)
Marcel Sicot: *A La Barre de l'Interpol* (Productions de Paris, Paris 1961)
Carl Sifakis: *The Encyclopedia of American Crime* (Facts on File Inc., New York 1982)
Harry Soderman: *A Policeman's Lot* (Funk & Wagnalls, New York 1954)
Julian Symonds: *Crime and Detection* (Panther Books, London 1968)

Personen- und Sachregister